中国政治文化研究丛书

中国政治文化研究

——政治文化指数的变化

史卫民　田　华◎著

中国社会科学出版社

图书在版编目（CIP）数据

中国政治文化研究：政治文化指数的变化/史卫民，田华著 . —北京：
中国社会科学出版社，2019.9
（中国政治文化研究丛书）
ISBN 978 - 7 - 5203 - 3958 - 2

Ⅰ.①中…　Ⅱ.①史…②田…　Ⅲ.①政治文化—研究—中国
Ⅳ.①D6

中国版本图书馆 CIP 数据核字（2019）第 122722 号

出 版 人　赵剑英
责任编辑　安　芳
责任校对　张爱华
责任印制　李寡寡

出　　版　中国社会科学出版社
社　　址　北京鼓楼西大街甲 158 号
邮　　编　100720
网　　址　http://www.csspw.cn
发 行 部　010 - 84083685
门 市 部　010 - 84029450
经　　销　新华书店及其他书店

印刷装订　北京君升印刷有限公司
版　　次　2019 年 9 月第 1 版
印　　次　2019 年 9 月第 1 次印刷

开　　本　710×1000　1/16
印　　张　39.5
插　　页　2
字　　数　588 千字
定　　价　178.00 元

目　　录

第一章　基于全国性问卷调查的
政治文化指数建构

以指数反映事物的变动方向和变动程度，尤其是分析各种因素对变动的影响并综合说明所涉事物的发展趋势，已经是国内外学术界常用的"量化研究"方法。在中国现代化的进程中，不仅需要用经济指数说明中国经济的发展变化情况，用社会指数说明中国社会的发展进步状况，也需要用政治文化指数来说明中国政治的基本状况和发展趋势。

一　政治文化指数的指标体系

政治文化指数的建构，需要综合考虑政治认同与危机压力以及影响认同、压力的主要因素对公民的影响，形成一套完整的指标体系，并以问卷调查的方式对各指标进行定期的测量，以分析数据说明指数的变化情况。

为全国性问卷调查设计的政治文化指数指标体系，主要由两类指数构成。

第一类是政治文化指数。以政治认同和危机压力作为衡量政治文化状态的重要指标，已经是政治学研究中的重要方法。[①] 为综合反映中国的政治文化状态，既需要注意公民的体制认同、政党认同、身份

[①]　与此相关的理论解释，见史卫民、周庆智、郑建君、田华等《政治认同与危机压力》，中国社会科学出版社 2014 年版，第 1—17、25—27 页。

认同、文化认同、政策认同和发展认同状况，也需要注意公民所感受的政治危机压力、经济危机压力、社会危机压力、文化危机压力、生态危机压力，以及来自国外的国际性危机压力（包括可能发生的战争带来的压力），因为各种不同的认同和压力，都是影响政治文化状态的基本要素。由此需要设定两种重要的指数，一种是政治认同指数，主要反映公民的认同水平；另一种是危机压力指数，重点反映公民的压力感受程度。政治认同指数与危机压力指数的综合得分，即构成了综合性的政治文化指数，具体指标构成情况，见表1-1。

表1-1　　　　　　　　政治文化指数评估指标体系

一级指标		二级指标		三级指标	
指标名称	分值	指标名称	分值	指标名称	分值
政治文化指数	5.00	政治认同指数	5.00	体制认同指数	5.00
				政党认同指数	5.00
				身份认同指数	5.00
				文化认同指数	5.00
				政策认同指数	5.00
				发展认同指数	5.00
		危机压力指数	5.00	政治危机压力指数	5.00
				经济危机压力指数	5.00
				社会危机压力指数	5.00
				文化危机压力指数	5.00
				生态危机压力指数	5.00
				国际性危机压力指数	5.00

第二类是政治文化影响因素指数。权利认知、利益认知、政治沟通认知、政治参与行为、公民满意度，是影响政治认同、危机压力以及国家整体政治文化状态的五个重要因素。这五个因素可以构成支撑政治文化指数的另一指数体系，所要重点揭示的是这些因素对中国政

治文化状态的影响程度。① 由五个因素组成的政治文化影响因素指数，指标构成情况见表1-2。

表1-2 政治文化影响因素指数评估指标体系

一级指标		二级指标		三级指标	
指标名称	分值	指标名称	分值	指标名称	分值
政治文化影响因素指数	5.00	权利认知指数	5.00	权利重要性认知	5.00
				权利保障评价	5.00
		利益认知指数	5.00	公民利益取向	5.00
				利益保障评价	5.00
		政治沟通认知指数	5.00	政治沟通重要性认知	5.00
				政治沟通现状评价	5.00
		政治参与行为指数	5.00	政治参与认知	5.00
				实际政治参与	5.00
		公民满意度指数	5.00	个人生活满意度	5.00
				公共服务满意度	5.00

政治文化指数和政治文化影响因素指数的基本数据来自全国性的"中国公民政治文化"问卷调查，并可依据调查结果对指数的变化作科学性的分析。

二 两次全国性问卷调查的基本情况

2012年2—9月，中国社会科学院政治学研究所与中国社会科学院调查与数据信息中心联合进行的全国性"政治认同与政治稳

---

① 与此相关的理论解释，见史卫民、周庆智、郑建君、田华等《政治认同与危机压力》，第17—25页。

定"问卷调查，在调查中使用的是"中国公民政治文化问卷调查"的名称。① 2016 年 7—12 月，南开大学当代中国问题研究院进行的全国性问卷调查，则直接采用了"中国公民政治文化问卷调查"的名称。为便于比较，本书将中国社会科学院政治学研究所的问卷调查简称为"2012 年问卷调查"，将南开大学当代中国问题研究院的问卷调查简称为"2016 年问卷调查"。

为了解中国公民的政治认同程度和危机压力程度，以及一些重要因素对政治认同和危机压力的影响程度，2012 年和 2016 年两次问卷调查采用了基本相同的调查问卷。2012 年问卷调查使用的调查问卷，共计 70 个题目，分为三个部分，第一部分 26 个题目，主要测试被调查者的政治认同情况；第二部分 24 个题目，主要测试被调查者的危机压力情况；第三部分 20 个题目，主要了解被调查者对影响政治认同和危机压力五个主要因素的看法。2016 年问卷调查使用的调查问卷，与政治认同、危机压力和政治影响因素相关的共计 56 个题目（该次调查还涉及协商民主情况的调查），也分为三个部分，第一部分 23 个题目，比 2012 年减少了 3 个选择题；第二部分 23 个题目，比 2012 年减少了 1 个选择题；第三部分 10 个题目，比 2012 年减少了 10 个选择题。

两次问卷调查都采用了随机抽样的方法确定被调查对象，2012 年问卷调查的有效样本为 6159 份，2016 年问卷调查的有效样本为 6581 份，比 2012 年多 422 份。

2012 年问卷调查涉及的 6159 名被试中，男性被试 3072 人，占 49.88%；女性被试 3087 人，占 50.12%。2016 年问卷调查涉及的 6581 名被试中，男性被试 3296 人，占 50.08%；女性被试 3285 人，占 49.92%。2016 年与 2012 年相比，男性被试所占比例略有上升（见表 1 - 3）。

---

① 2012 年调查的具体情况，见史卫民、周庆智、郑建君、田华等《政治认同与危机压力》，第 28—50 页。

表1-3　　　　　　两次问卷调查被试的性别分布情况

项目		2012 年问卷调查			2016 年问卷调查			% 增减
		频率	%	有效%	频率	%	有效%	
有效	男	3072	49.88	49.88	3296	50.08	50.08	+0.20
	女	3087	50.12	50.12	3285	49.92	49.92	-0.20
	合计	6159	100.00	100.00	6581	100.00	100.00	

2012 年问卷调查有 3 名被试的民族身份信息缺失，在有民族身份信息的 6156 名被试中，少数民族被试 491 人，占 7.98%；汉族被试 5665 人，占 92.02%。2016 年问卷调查涉及的 6581 名被试中，少数民族被试 619 人，占 9.41%；汉族被试 5962 人，占 90.59%。2016 年与 2012 年相比，少数民族被试所占比例略有上升（见表 1-4）。

表1-4　　　　　　两次问卷调查被试的民族分布情况

项目		2012 年问卷调查			2016 年问卷调查			% 增减
		频率	%	有效%	频率	%	有效%	
有效	汉族	5665	91.98	92.02	5962	90.59	90.59	-1.43
	少数民族	491	7.97	7.98	619	9.41	9.41	+1.43
	合计	6156	99.95	100.0	6581	100.00	100.00	
缺失	系统	3	0.05					
	总计	6159	100.00					

两次问卷调查均采用三个年龄段对应三个公民群体：18—45 岁为青年人，46—60 岁为中年人，61 岁及以上为老年人。2012 年问卷调查有 3 名被试的年龄信息缺失，在有年龄信息的 6156 名被试中，青年被试 3233 人，占 52.52%；中年被试 1915 人，占 31.11%；老年被试 1008 人，占 16.37%。2016 年问卷调查有 2 名被试的年龄信息缺失，在有年龄信息的 6579 名被试中，青年被试 3719 人，占 56.53%；中年被试 2217 人，占 33.70%；老年被试 643 人，占

9.77%。2016 年与 2012 年相比，青年被试所占比例上升了 4.01 个百分点；中年被试所占比例上升了 2.59 个百分点；老年被试所占比例下降了 6.60 个百分点（见表 1-5）。

表 1-5　　　　两次问卷调查被试的年龄分布情况

项目		2012 年问卷调查			2016 年问卷调查			
		频率	%	有效%	频率	%	有效%	%增减
有效	青年	3233	52.49	52.52	3719	56.51	56.53	+4.01
	中年	1915	31.09	31.11	2217	33.69	33.70	+2.59
	老年	1008	16.37	16.37	643	9.77	9.77	-6.60
	合计	6156	99.95	100.00	6579	99.97	100.00	
缺失	系统	3	0.05		2	0.03		
总计		6159	100.00		6581	100.00		

　　两次问卷调查均以三类学历对应三个公民群体：初中及以下为低学历（在表格中均标注为"初中"），高中（含中专）为中等学历（在表格中均标注为"高中"），大专及以上为高学历（在表格中均标注为"大专"）。2012 年问卷调查有 4 名被试的学历信息缺失，在有学历信息的 6155 名中，初中及以下学历被试 3403 人，占55.29%；高中学历被试 1553 人，占 25.23%；大专及以上学历被试 1199 人，占 19.48%。2016 年问卷调查有 3 名被试的学历信息缺失，在有学历信息的 6578 名被试中，初中及以下学历被试 2899人，占 44.07%；高中学历被试 2144 人，占 32.59%；大专及以上学历被试 1535 人，占 23.34%。2016 年与 2012 年相比，初中及以下学历被试所占比例下降 11.22 个百分点，高中学历被试所占比例上升 7.36 个百分点，大专及以上学历被试所占比例上升 3.86 个百分点（见表 1-6）。

表1-6 　　　　　　两次问卷调查被试的学历分布情况

项目		2012 年问卷调查			2016 年问卷调查			% 增减
		频率	%	有效%	频率	%	有效%	
有效	初中	3403	55.25	55.29	2899	44.05	44.07	-11.22
	高中	1553	25.22	25.23	2144	32.58	32.59	+7.36
	大专	1199	19.47	19.48	1535	23.32	23.34	+3.86
	合计	6155	99.94	100.00	6578	99.95	100.00	
缺失	系统	4	0.06		3	0.05		
总计		6159	100.00		6581	100.00		

2012 年问卷调查有 6 名被试的政治面貌信息缺失，在有政治面貌信息的 6153 名被试中，中共党员被试 839 人，占 13.63%（中共党员被试在表格中均标注为"党员"）；共青团员被试 620 人，占 10.08%（共青团员被试在表格中均标注为"团员"）；群众被试 4694 人，占 76.29%（群众被试在表格中均标注为"群众"）。2016 年问卷调查涉及的 6581 名被试，中共党员 596 人，占 9.06%；共青团员 1063 人，占 16.15%；民主党派和群众 4922 人，占 74.79%。2016 年与 2012 年相比，中共党员被试所占比例下降 4.57 个百分点，共青团员被试所占比例上升 6.07 个百分点，群众被试所占比例下降 1.50 个百分点（见表 1-7）。

表1-7 　　　　　　两次问卷调查被试的政治面貌分布情况

项目		2012 年问卷调查			2016 年问卷调查			% 增减
		频率	%	有效%	频率	%	有效%	
有效	党员	839	13.62	13.63	596	9.06	9.06	-4.57
	团员	620	10.07	10.08	1063	16.15	16.15	+6.07
	群众	4694	76.21	76.29	4922	74.79	74.79	-1.50
	合计	6153	99.90	100.00	6581	100.00	100.00	
缺失	系统	6	0.10					
总计		6159	100.00					

　　参考传统的农民、工人、知识分子、干部、学生的职业与身份划分方法，2012 年问卷调查将被试的职业区分为六类：第一类是"务农人员"；第二类是"公司、企业、商业、服务业人员"，简称"工商人员"；第三类是"专业技术人员"，简称"技术人员"；第四类是"公务员"；第五类是"在校学生"；第六类是"其他职业人员"，简称"其他职业"。2012 年问卷调查有 2 名被试的职业信息缺失，在有职业信息的 6157 名被试中，务农人员被试 2307 人，占 37.47%；工商人员被试 1310 人，占 21.28%；专业技术人员被试 468 人，占 7.60%；公务员被试 152 人，占 2.47%；在校学生被试 256 人，占 4.16%；其他职业人员被试 1664 人，占 27.02%。2016 年问卷调查将"公司、企业、商业、服务业人员"分为"工商企业职工"和"个体经营和自由职业者"两类，并将"其他职业人员"分为"退休人员"和"其他职业人员"两类（在 2012 年的调查中，退休人员均计入"其他职业人员"中）。2016 年问卷调查有 1 名被试的职业信息缺失，在有职业信息的 6580 名被试中，务农人员被试 1805 人，占 27.43%；工商企业职工被试 674 人，占 10.24%；个体经营和自由职业者被试 1201 人，占 18.25%；专业技术人员被试 411 人，占 6.25%；公务员被试 119 人，占 1.81%；在校学生被试 758 人，占 11.52%；退休人员被试 648 人，占 9.85%；其他职业人员被试 964 人，占 14.65%。2016 年与 2012 年相比，务农人员被试所占比例下降 10.04 个百分点，专业技术人员被试所占比例下降 1.35 个百分点，公务员被试所占比例下降 0.66 个百分点，在校学生被试所占比例上升 7.36 个百分点，工商企业职工被试和个体经营和自由职业者被试所占比例上升 7.21 个百分点，退休人员被试和其他职业被试所占比例下降 2.52 个百分点（见表 1-8）。

表1-8　　　　　　两次问卷调查被试的职业分布情况

项目		2012 年问卷调查			2016 年问卷调查			
		频率	%	有效%	频率	%	有效%	% 增减
有效	务农人员	2307	37.46	37.47	1805	27.43	27.43	-10.04
	工商人员	1310	21.27	21.28	674	10.24	10.24	+7.21
	个体业者	/	/	/	1201	18.25	18.25	
	技术人员	468	7.60	7.60	411	6.25	6.25	-1.35
	公务员	152	2.47	2.47	119	1.81	1.81	-0.66
	在校学生	256	4.15	4.16	758	11.52	11.52	+7.36
	退休人员	/	/	/	648	9.85	9.85	-2.52
	其他职业	1664	27.02	27.02	964	14.65	14.65	
	合计	6157	99.97	100.00	6580	99.98	100.00	
缺失	系统	2	0.03		1	0.02		
总计		6159	100.00		6581	100.00		

2012 年问卷调查有 13 名被试的户籍信息缺失，在有户籍信息的 6146 名被试中，城镇户口被试 2649 人，占 43.10%；农村户口被试 3497 人，占 56.90%。2016 年问卷调查有 2 名被试的户籍信息缺失，在有户籍信息的 6579 名被试中，城镇户口被试 3049 人，占 46.34%；农村户口被试 3530 人，占 53.66%。2016 年与 2012 年相比，城镇户籍被试所占比例略有上升（见表 1-9）。

表1-9　　　　　　两次问卷调查被试的户籍分布情况

项目		2012 年问卷调查			2016 年问卷调查			
		频率	%	有效%	频率	%	有效%	% 增减
有效	城镇	2649	43.01	43.10	3049	46.33	46.34	+3.24
	农村	3497	56.78	56.90	3530	53.64	53.66	-3.24
	合计	6146	99.79	100.00	6579	99.97	100.00	
缺失	系统	13	0.21		2	0.03		
总计		6159	100.00		6581	100.00		

　　两次问卷调查均将被试的"单位"分为五大类：第一类是"国家机关"；第二类是"国有企事业单位"（在表格中简称"国营单位"）；第三类是"民营私营合资单位"（在表格中简称"民营单位"）；第四类是"基层群众组织和社会团体"（在表格中简称"组织社团"）；第五类是"其他性质单位"（在表格中简称"其他性质"）。2012年问卷调查有79名被试的单位信息缺失，在有单位信息的6080名被试中，国家机关被试166人，占2.73%；国有企事业单位被试946人，占15.56%；民营私营合资单位被试958人，占15.76%；基层群众组织及社会团体被试760人，占12.50%；其他性质单位被试3250人，占53.45%。2016年问卷调查有3名被试的单位信息缺失，在有单位信息的6578名被试中，国家机关被试162人，占2.46%；国有企事业单位被试814人，占12.38%；民营私营合资单位被试1439人，占21.88%；基层群众组织及社会团体被试339人，占5.15%；其他性质单位被试3824人，占58.13%。2016年与2012年相比，国家机关被试所占比例下降0.27个百分点，国有企事业单位被试所占比例下降3.18个百分点，民营私营合资单位被试所占比例上升了6.12个百分点，基层群众组织及社会团体被试所占比例下降了7.35个百分点，其他性质单位被试所占比例上升4.68个百分点（见表1-10）。

表1-10　　　　　　两次问卷调查被试的单位分布情况

项目		2012年问卷调查			2016年问卷调查			
		频率	%	有效%	频率	%	有效%	%增减
有效	国家机关	166	2.70	2.73	162	2.46	2.46	-0.27
	国营单位	946	15.36	15.56	814	12.37	12.38	-3.18
	民营单位	958	15.55	15.76	1439	21.87	21.88	+6.12
	组织社团	760	12.34	12.50	339	5.15	5.15	-7.35
	其他性质	3250	52.77	53.45	3824	58.11	58.13	+4.68
	合计	6080	98.72	100.00	6578	99.95	100.00	
缺失	系统	79	1.28		3	0.05		
	总计	6159	100.00		6581	100.00		

两次问卷调查均将被试的月可支配平均收入分为六大类：第一类是 500 元及以下，对应"低收入"；第二类是 501—1500 元，对应"较低收入"；第三类是 1501—2500 元，对应"中等偏低收入"（简称"中低收入"）；第四类是 2501—3500 元，对应"中等偏高收入"（简称"中高收入"）；第五类是 3501—5000 元，对应"较高收入"；第六类是 5001 元及以上，对应"高收入"。2012 年问卷调查有 17 名被试的收入信息缺失，在有收入信息的 6142 名被试中，低收入被试 2017 人，占 32.84%；较低收入被试 1583 人，占 25.77%；中低收入被试 1238 人，占 20.16%；中高收入被试 689 人，占 11.22%；较高收入被试 428 人，占 6.97%；高收入被试 187 人，占 3.04%。2016 年问卷调查涉及的 6581 名被试中，低收入被试 1420 人，占 21.58%；较低收入被试 1421 人，占 21.59%；中低收入被试 1406 人，占 21.37%；中高收入被试 1176 人，占 17.87%；较高收入被试 832 人，占 12.64%；高收入被试 326 人，占 4.95%。2016 年与 2012 年相比，低收入被试所占比例下降 11.26 个百分点，较低收入被试所占比例下降 4.18 个百分点，中低收入被试所占比例上升 1.21 个百分点，中高收入被试所占比例上升 6.65 个百分点，较高收入被试所占比例上升 5.67 个百分点，高收入被试所占比例上升 1.91 个百分点（见表 1-11）。

表 1-11　　　　**两次问卷调查被试的收入分布情况**

项目		2012 年问卷调查			2016 年问卷调查			
		频率	%	有效%	频率	%	有效%	%增减
有效	低收入	2017	32.75	32.84	1420	21.58	21.58	-11.26
	较低收入	1583	25.70	25.77	1421	21.59	21.59	-4.18
	中低收入	1238	20.10	20.16	1406	21.36	21.37	+1.21
	中高收入	689	11.18	11.22	1176	17.87	17.87	+6.65
	较高收入	428	6.95	6.97	832	12.64	12.64	+5.67

续表

项目		2012 年问卷调查			2016 年问卷调查			
		频率	%	有效%	频率	%	有效%	% 增减
有效	高收入	187	3.04	3.04	326	4.95	4.95	+1.91
	合计	6142	99.72	100.00	6581	100.00	100.00	
缺失	系统	17	0.28					
总计		6159	100.00					

　　两次问卷调查均将全国分为五大区域："都会区"包括北京、天津、上海、重庆4个直辖市;"东北地区"包括辽宁、吉林、黑龙江3个省;"东部沿海地区"包括河北、山东、江苏、浙江、福建、广东、海南7个省;"中部地区"包括山西、河南、湖北、湖南、江西、安徽6个省;"西部地区"包括内蒙古、广西、西藏、宁夏、新疆5个自治区和云南、贵州、四川、陕西、甘肃、青海6个省。2012年问卷调查涉及的10个省、自治区、直辖市,全体被试按五大区域计算,都会区(上海市和重庆市)1217人,占19.76%;东北地区(吉林省)645人,占10.47%;东部沿海地区(广东省和福建省)1227人,占19.92%;西部地区(新疆维吾尔自治区、四川省和青海省)1860人,占30.20%;中部地区(湖南省和山西省)1210人,占19.65%。2016年问卷调查涉及16个省、自治区、直辖市,全体被试按五大区域划分,都会区(北京市和天津市)821人,占12.48%;东北地区(辽宁省和吉林省)846人,占12.85%;东部沿海地区(广东省、河北省、山东省和福建省)1707人,占25.94%;西部地区(内蒙古自治区、宁夏回族自治区、甘肃省、云南省和青海省)1961人,占29.80%;中部地区(湖北省、河南省和山西省)1246人,占18.93%。2016年与2012年相比,都会区被试所占比例下降7.28个百分点;东部沿海地区被试所占比例上升6.02个百分点;西部地区被试所占比例下降0.40个百分点;东北地区被试所占比例上升2.38个百分点;中部地区被试所占比例下降0.72个百分点(见表1-12)。

表 1 - 12　　　　　　两次问卷调查被试的区域分布情况

项目		2012 年问卷调查			2016 年问卷调查			
		频率	%	有效%	频率	%	有效%	% 增减
有效	都会区	1217	19.76	19.76	821	12.48	12.48	- 7.28
	东部沿海地区	1227	19.92	19.92	1707	25.94	25.94	+ 6.02
	西部地区	1860	30.20	30.20	1961	29.80	29.80	- 0.40
	东北地区	645	10.47	10.47	846	12.85	12.85	+ 2.38
	中部地区	1210	19.65	19.65	1246	18.93	18.93	- 0.72
	总计	6159	100.00	100.00	6581	100.00	100.00	

　　本书将按照政治文化指数和政治文化影响因素指数的指标体系，对 2012 年问卷调查和 2016 年问卷调查的情况进行综合性的比较，说明各指数的变化情况，并依据调查数据对变化原因作出基本的解释。关于不同类别公民群体的指数变化和差异性分析，将在同时出版的其他著作中作具体的说明。

第二章 两次调查反映的政治认同情况

根据2012年问卷调查和2016年问卷调查的结果，可以对中国公民体制认同、政党认同、身份认同、文化认同、政策认同、发展认同的情况分别作出说明，并在此基础上说明政治认同总体得分的变化情况。

一 体制认同

两次问卷调查均以三道题目了解被试在体制认同方面的看法，并依据问卷调查设定的指标体系，为被试的体制认同赋分。

第一道题目询问被试是否同意"改革开放以来，中国的政治体制有力地推动了中国的发展"。

2012年问卷调查结果显示，在做出有效选择的6157名被试中，179人选择"非常不同意"，占2.91%；189人选择"不太同意"，占3.07%；639人选择"不确定"，占10.38%；2830人选择"比较同意"，占45.96%；2320人选择"非常同意"，占37.68%。

2016年问卷调查结果显示，在做出有效选择的6581名被试中，113人选择"非常不同意"，占1.72%；185人选择"不太同意"，占2.81%；801人选择"不确定"，占12.17%；3190人选择"比较同意"，占48.47%；2292人选择"非常同意"，占34.83%（见表2-1和图2-1）。

表2-1　　是否同意"改革开放以来，中国的政治体制有力地
推动了中国的发展"

项目		2012 年问卷调查			2016 年问卷调查			
		频率	%	有效%	频率	%	有效%	% 增减
有效	非常不同意	179	2.91	2.91	113	1.72	1.72	-1.19
	不太同意	189	3.07	3.07	185	2.81	2.81	-0.26
	不确定	639	10.37	10.38	801	12.17	12.17	+1.79
	比较同意	2830	45.95	45.96	3190	48.47	48.47	+2.51
	非常同意	2320	37.67	37.68	2292	34.83	34.83	-2.85
	合计	6157	99.97	100.00	6581	100.00	100.00	
缺失	系统	2	0.03					
总计		6159	100.00					

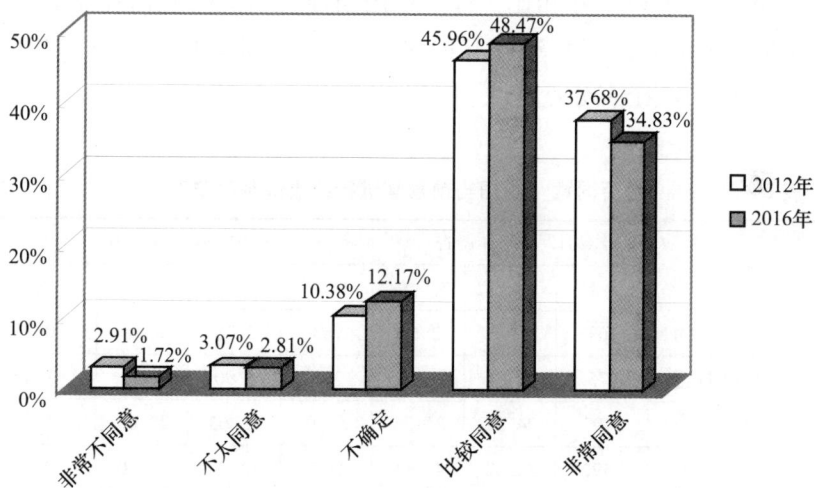

图2-1　是否同意"改革开放以来，中国的政治体制有力地推动了
中国的发展"选择比例的变化

2016 年与 2012 年相比，对"改革开放以来，中国的政治体制有力地推动了中国的发展"持赞同态度（选择"比较同意"和"非常

同意",均是对问卷列出的题目持赞同态度,下同)的被试,由2012年的83.64%下降到2016年的83.30%,下降了0.34个百分点。

第二道题目询问被试是否同意"中国当前急需进行政治体制改革"。

2012年问卷调查结果显示,在做出有效选择的6155名被试中,163人选择"非常不同意",占2.65%;275人选择"不太同意",占4.47%;1492人选择"不确定",占24.24%;2592人选择"比较同意",占42.11%;1633人选择"非常同意",占26.53%。

2016年问卷调查结果显示,在做出有效选择的6581名被试中,183人选择"非常不同意",占2.78%;388人选择"不太同意",占5.90%;1489人选择"不确定",占22.63%;2817人选择"比较同意",占42.80%;1704人选择"非常同意",占25.89%(见表2-2和图2-2)。

2016年与2012年相比,对"中国当前急需进行政治体制改革"持赞同态度的被试,由2012年的68.64%上升到2016年的68.69%,只上升了0.05个百分点。

表2-2　　是否同意"中国当前急需进行政治体制改革"

项目		2012年问卷调查			2016年问卷调查			
		频率	%	有效%	频率	%	有效%	%增减
有效	非常不同意	163	2.65	2.65	183	2.78	2.78	+0.13
	不太同意	275	4.47	4.47	388	5.90	5.90	+1.43
	不确定	1492	24.22	24.24	1489	22.63	22.63	-1.61
	比较同意	2592	42.08	42.11	2817	42.80	42.80	+0.69
	非常同意	1633	26.51	26.53	1704	25.89	25.89	-0.64
	合计	6155	99.93	100.00	6581	100.00	100.00	
缺失	系统	4	0.07					
总计		6159	100.00					

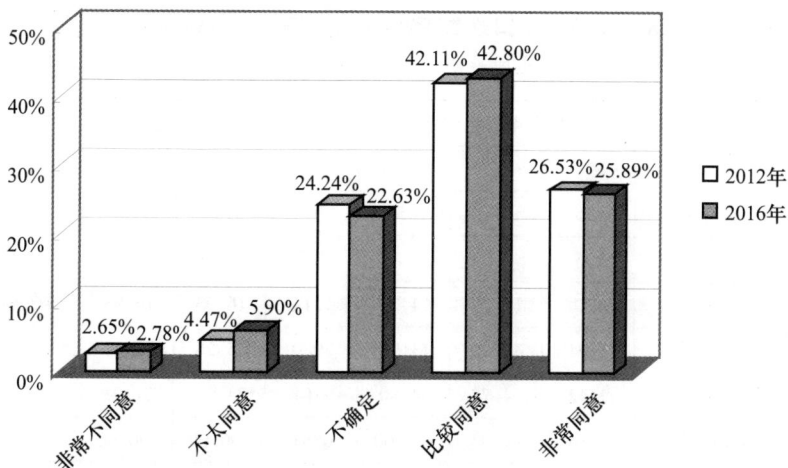

图 2 - 2 是否同意 "中国当前急需进行政治体制改革" 选择比例的变化

第三道题目询问被试是否同意 "中国改革开放以来的发展，充分体现了中国社会主义制度优越性" 的说法。

2012 年问卷调查结果显示，在做出有效选择的 6156 名被试中，155 人选择 "非常不同意"，占 2.52%；275 人选择 "不太同意"，占 4.47%；880 人选择 "不确定"，占 14.29%；2704 人选择 "比较同意"，占 43.92%；2142 人选择 "非常同意"，占 34.80%。

2016 年问卷调查结果显示，在做出有效选择的 6581 名被试中，99 人选择 "非常不同意"，占 1.50%；287 人选择 "不太同意"，占 4.36%；1114 人选择 "不确定"，占 16.93%；2980 人选择 "比较同意"，占 45.28%；2101 人选择 "非常同意"，占 31.93%（见表 2 - 3 和图 2 - 3）。

2016 年与 2012 年相比，对 "中国改革开放以来的发展，充分体现了中国社会主义制度优越性" 持赞同态度的被试，由 2012 年的 78.72% 下降到 2016 年的 77.21%，下降了 1.51 个百分点。

表 2 - 3　　　是否同意"中国改革开放以来的发展，充分体现了
中国社会主义制度优越性"

项目		2012 年问卷调查			2016 年问卷调查			
		频率	%	有效%	频率	%	有效%	% 增减
有效	非常不同意	155	2.52	2.52	99	1.50	1.50	- 1.02
	不太同意	275	4.46	4.47	287	4.36	4.36	- 0.11
	不确定	880	14.29	14.29	1114	16.93	16.93	+ 2.64
	比较同意	2704	43.90	43.92	2980	45.28	45.28	+ 1.36
	非常同意	2142	34.78	34.80	2101	31.93	31.93	- 2.87
	合计	6156	99.95	100.00	6581	100.00	100.00	
缺失	系统	3	0.05					
总计		6159	100.00					

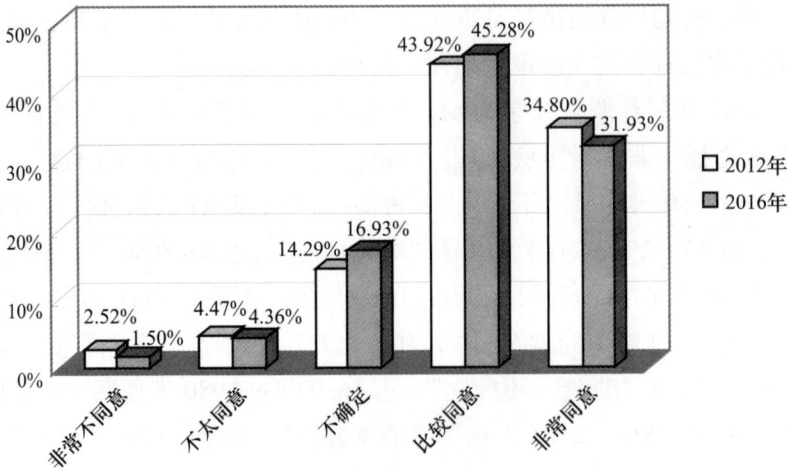

图 2 - 3　是否同意"中国改革开放以来的发展，充分体现了中国
社会主义制度优越性"选择比例的变化

　　与体制认同有关的三道题目，分别测试的是民众对"体制有效性""政改急迫性"和"制度优越性"的态度。从三道题目的得分情况看（见表 2 - 4 - 1、表 2 - 4 - 2 和图 2 - 4），两次问卷调查都是反

映"体制有效性"的题目得分最高（均值都是 4.12，2012 年问卷调查的标准差为 0.92，2016 年问卷调查的标准差为 0.85）；反映"制度优越性"的题目得分次之（2012 年问卷调查的均值为 4.04，标准差为 0.95；2016 年问卷调查的均值为 4.02，标准差为 0.89；2016 年的得分比 2012 年下降 0.02 分）；反映"政改急迫性"的题目得分最低（2012 年问卷调查的均值为 2.15，标准差为 0.95；2016 年问卷调查的均值为 2.17，标准差为 0.97；2016 年的得分比 2012 年上升 0.02 分）。

表 2 - 4 - 1　　　　　　　　　体制认同各项目得分情况

2012 年问卷调查	N	全距	极小值	极大值	均值		标准差
	统计量	统计量	统计量	统计量	统计量	标准误	统计量
体制有效性	6157	4	1	5	4.12	0.012	0.922
政改急迫性[a]	6155	4	1	5	2.15	0.012	0.951
制度优越性	6156	4	1	5	4.04	0.012	0.946
有效的 N	6152						
2016 年问卷调查	N	全距	极小值	极大值	均值		标准差
	统计量	统计量	统计量	统计量	统计量	标准误	统计量
体制有效性	6581	4	1	5	4.12	0.010	0.850
政改急迫性[a]	6581	4	1	5	2.17	0.012	0.971
制度优越性	6581	4	1	5	4.02	0.011	0.893
有效的 N	6581						

a. 反向计分已转化

表 2 - 4 - 2　　　　　　　　　体制认同各项目得分变化

项目	2012 年问卷调查	2016 年问卷调查	2016 年比 2012 年增减
体制有效性	4.12	4.12	0
政改急迫性[a]	2.15	2.17	+ 0.02
制度优越性	4.04	4.02	- 0.02

a. 反向计分已转化

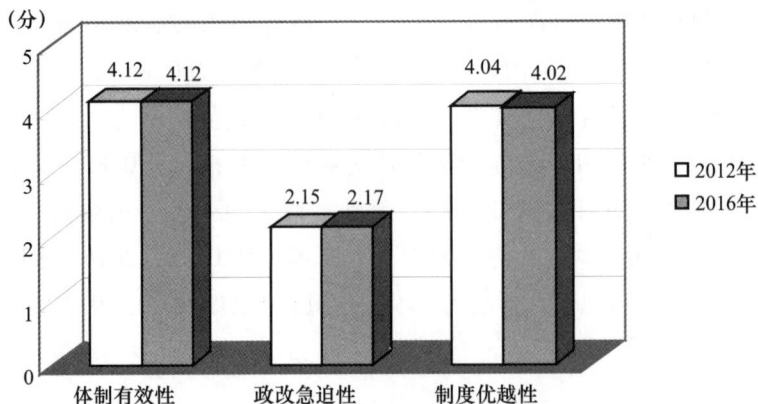

图 2-4 体制认同各项目得分变化

通过比较可以看出，体制认同各项目的得分，2012 年和 2016 年两次调查较为接近，但还是应该看到"制度优越性"认可程度没有提高和"政改急迫性"略有增强的细微变化。

2012 年问卷调查在体制认同方面设计了一道多项选择题，以了解民众对政治体制改革的具体看法。[①]

2016 年问卷调查为了解民众对制度改革的具体看法，对题目作了调整，在"您认为中国的制度改革应着重于以下哪些方面"下，列出了 10 个选项，请受访人在其中选择 3 项，并根据选项的重要性排序：（1）完善基本经济制度；（2）加快转变政府职能；（3）健全城乡一体化体制机制；（4）加强社会主义民主政治制度建设；（5）推进法治中国建设；（6）强化权力运行制约和监督体系；（7）推进文化机制体制创新；（8）加快生态文明制度建设；（9）创新社会治理体系；（10）加强和改善党对全面深化改革的领导。

2016 年问卷调查全体被试对制度改革着重点的看法（见表 2-5），第一选择按选择比例由高到低进行排序，排在第一位的是"完善基本

---

① 题目的具体选项和被试选择的情况，见史卫民、周庆智、郑建君、田华等《政治认同与危机压力》，第 53—56 页。

经济制度"（36.83%），排在第二位的是"健全城乡一体化体制机制"
（19.94%），排在第三位的是"推进法治中国建设"（11.27%），排在
第四位的是"加快转变政府职能"（10.67%），排在第五位的是"加强
社会主义民主政治制度建设"（5.88%），排在第六位的是"强化权力
运行制约和监督体系"（3.74%），排在第七位的是"加强和改善党对
全面深化改革的领导"（3.28%），排在第八位的是"加快生态文明制
度建设"（3.18%），排在第九位的是"推进文化机制体制创新"
（3.01%），排在末位的是"创新社会治理体系"（2.20%）。

表 2-5　　　　　　对制度改革着重点的选择（2016 年）

选项	第一选择		第二选择		第三选择		总提及	
	频率	百分比	频率	百分比	频率	百分比	频率	百分比
完善经济制度	2424	36.83	708	10.77	403	6.15	3535	17.94
转变政府职能	702	10.67	939	14.29	577	8.81	2218	11.25
健全城乡一体化	1312	19.94	1170	17.80	647	9.87	3129	15.88
加强民主制度	387	5.88	762	11.59	666	10.16	1815	9.21
推进法治建设	742	11.27	1080	16.43	718	10.96	2540	12.89
强化权力监督	246	3.74	459	6.98	656	10.01	1361	6.91
文化机制创新	198	3.01	499	7.59	546	8.33	1243	6.31
加快生态建设	209	3.18	447	6.80	1002	15.29	1658	8.41
创新社会治理	145	2.20	319	4.85	559	8.53	1023	5.19
加强党的领导	216	3.28	190	2.90	779	11.89	1185	6.01
合计	6581	100.00	6573	100.00	6553	100.00	19707	100.00

全体被试的对制度改革着重点的总提及频率（各因素在 3 个选项
中的选择频率，下同）由高到低排序，第一是"完善基本经济制度"
（17.94%）；第二是"健全城乡一体化体制机制"（15.88%）；第三
是"推进法治中国建设"（12.89%）；第四是"加快转变政府职能"
（11.25%）；第五是"加强社会主义民主政治制度建设"（9.21%）；
第六是"加快生态文明制度建设"（8.41%）；第七是"强化权力运

行制约和监督体系"（6.91%）；第八是"推进文化机制体制创新"（6.31%）；第九是"加强和改善党对全面深化改革的领导"（6.01%）；第十是"创新社会治理体系"（5.19%，总提及频率第六至第九位排序与第一选择不同，见图2-5）。

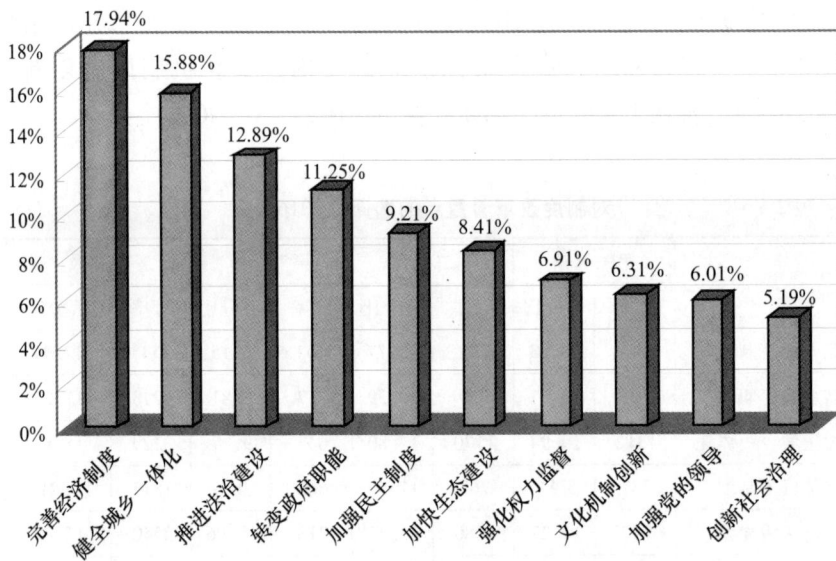

图2-5　制度改革着重点的总提及频率（2016年）

2016年问卷调查涉及的十项改革，五项（加快转变政府职能、加强社会主义民主政治制度建设、推进法治中国建设、强化权力运行制约和监督体系、加强和改善党对全面深化改革的领导）主要涉及的是政治体制改革；五项（完善基本经济制度、健全城乡一体化体制机制、推进文化机制体制创新、加快生态文明制度建设、创新社会治理体系）主要涉及的是经济、社会和文化体制改革。倾向于"政治体制改革"的总体提及频率的总比例（46.27%），略低于"经济、社会和文化体制改革"的总体提及频率的总比例（53.73%），显示对后者的关注程度更高一些（在总提及频率的排序上也显示出了这样的取向，经济、社会和文化体制改革的五项内容，排在第一、第二、第六、第八、第十位，政治体制改革的五项内容，排在第三、第四、第五、第七、第九位）。

二　政党认同

　　两次问卷调查均以三道题目了解被试在政党认同方面的看法，并依据问卷调查设定的指标体系，为被试的政党认同赋分。

　　第一道题目询问被试是否同意"坚持中国共产党的领导，对中国的发展极为重要"。

　　2012 年问卷调查结果显示，在做出有效选择的 6158 名被试中，137 人选择"非常不同意"，占 2.23%；164 人选择"不太同意"，占 2.66%；596 人选择"不确定"，占 9.68%；2396 人选择"比较同意"，占 38.91%；2865 人选择"非常同意"，占 46.52%。

　　2016 年问卷调查结果显示，在做出有效选择的 6578 名被试中，89 人选择"非常不同意"，占 1.35%；126 人选择"不太同意"，占 1.92%；609 人选择"不确定"，占 9.26%；3170 人选择"比较同意"，占 48.19%；2584 人选择"非常同意"，占 39.28%（见表 2-6 和图 2-6）。

表 2-6　　　　　是否同意"坚持中国共产党的领导，对中国的发展极为重要"

项目		2012 年问卷调查			2016 年问卷调查			
		频率	%	有效%	频率	%	有效%	%增减
有效	非常不同意	137	2.22	2.23	89	1.35	1.35	-0.88
	不太同意	164	2.66	2.66	126	1.91	1.92	-0.74
	不确定	596	9.68	9.68	609	9.25	9.26	-0.42
	比较同意	2396	38.90	38.91	3170	48.17	48.19	+9.28
	非常同意	2865	46.52	46.52	2584	39.27	39.28	-7.24
	合计	6158	99.98	100.00	6578	99.95	100.00	
缺失	系统	1	0.02		3	0.05		
总计		6159	100.00		6581	100.00		

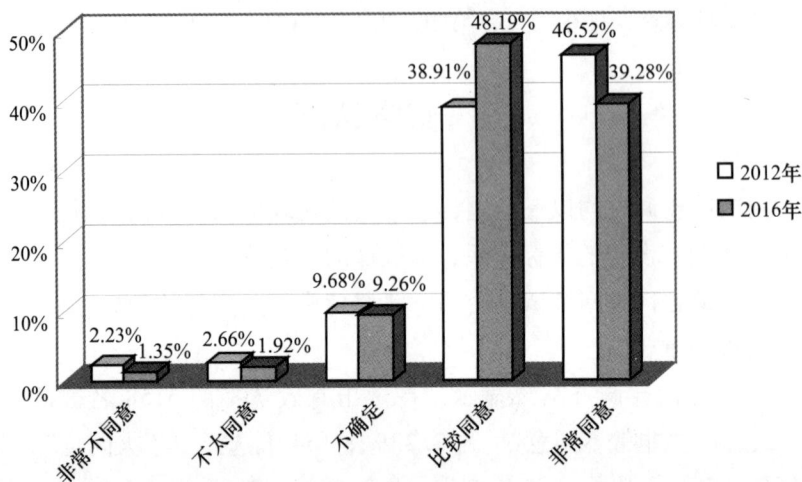

图 2 - 6　是否同意"坚持中国共产党的领导，对中国的
发展极为重要"选择比例的变化

2016 年与 2012 年相比，对"坚持中国共产党的领导，对中国的发展极为重要"持赞同态度的被试，由 2012 年的 85.43% 上升到 2016 年的 87.47%，上升了 2.04 个百分点。

第二道题目询问被试是否同意"中国的政治协商和多党合作制度，对改革开放以来中国的发展极为重要"。

2012 年问卷调查结果显示，在做出有效选择的 6149 名被试中，277 人选择"非常不同意"，占 4.50%；407 人选择"不太同意"，占 6.62%；1365 人选择"不确定"，占 22.20%；2369 人选择"比较同意"，占 38.53%；1731 人选择"非常同意"，占 28.15%。

2016 年问卷调查结果显示，在做出有效选择的 6576 名被试中，285 人选择"非常不同意"，占 4.33%；433 人选择"不太同意"，占 6.59%；1410 人选择"不确定"，占 21.44%；2795 人选择"比较同意"，占 42.50%；1653 人选择"非常同意"，占 25.14%（见表 2 - 7 和图 2 - 7）。

表2－7　　是否同意"中国的政治协商和多党合作制度，对改革
开放以来中国的发展极为重要"

项目		2012 年问卷调查			2016 年问卷调查			
		频率	%	有效%	频率	%	有效%	% 增减
有效	非常不同意	277	4.50	4.50	285	4.33	4.33	－0.17
	不太同意	407	6.61	6.62	433	6.57	6.59	－0.03
	不确定	1365	22.16	22.20	1410	21.43	21.44	－0.76
	比较同意	2369	38.46	38.53	2795	42.47	42.50	＋3.97
	非常同意	1731	28.11	28.15	1653	25.12	25.14	－3.01
	合计	6149	99.84	100.00	6576	99.92	100.00	
缺失	系统	10	0.16		5	0.08		
总计		6159	100.00		6581	100.00		

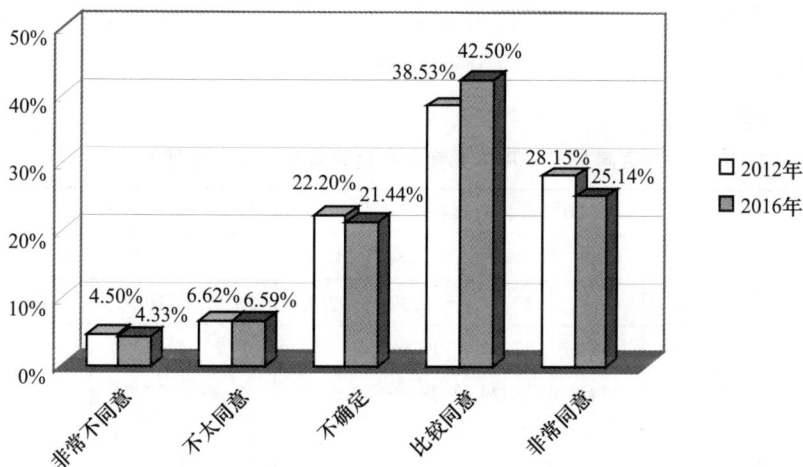

图2－7　是否同意"中国的政治协商和多党合作制度，对改革开放
以来中国的发展极为重要"选择比例的变化

2016 年与 2012 年相比，对"中国的政治协商和多党合作制度，对改革开放以来中国的发展极为重要"持赞同态度的被试，由 2012 年的 66.68% 上升到 2016 年的 67.64%，上升了 0.96 个百分点。

第三道题目询问被试是否同意"采用多党竞争制度更有利于中国发展"。

2012 年问卷调查结果显示，在做出有效选择的 6157 名被试中，746 人选择"非常不同意"，占 12.12%；1107 人选择"不太同意"，占 17.98%；1742 人选择"不确定"，占 28.29%；1585 人选择"比较同意"，占 25.74%；977 人选择"非常同意"，占 15.87%。

2016 年问卷调查结果显示，在做出有效选择的 6577 名被试中，718 人选择"非常不同意"，占 10.92%；1005 人选择"不太同意"，占 15.28%；1777 人选择"不确定"，占 27.02%；2166 人选择"比较同意"，占 32.93%；911 人选择"非常同意"，占 13.85%（见表 2-8 和图 2-8）。

2016 年与 2012 年相比，对"采用多党竞争制度更有利于中国发展"持赞同态度的被试，由 2012 年的 41.61% 上升到 2016 年的 46.78%，上升了 5.17 个百分点。

表 2-8　　**是否同意"采用多党竞争制度更有利于中国发展"**

项目		2012 年问卷调查			2016 年问卷调查			
		频率	%	有效%	频率	%	有效%	%增减
有效	非常不同意	746	12.11	12.12	718	10.91	10.92	-1.20
	不太同意	1107	17.97	17.98	1005	15.27	15.28	-2.70
	不确定	1742	28.29	28.29	1777	27.00	27.02	-1.27
	比较同意	1585	25.74	25.74	2166	32.91	32.93	+7.19
	非常同意	977	15.86	15.87	911	13.84	13.85	-2.02
	合计	6157	99.97	100.00	6577	99.93	100.00	
缺失	系统	2	0.03		4	0.07		
总计		6159	100.00		6581	100.00		

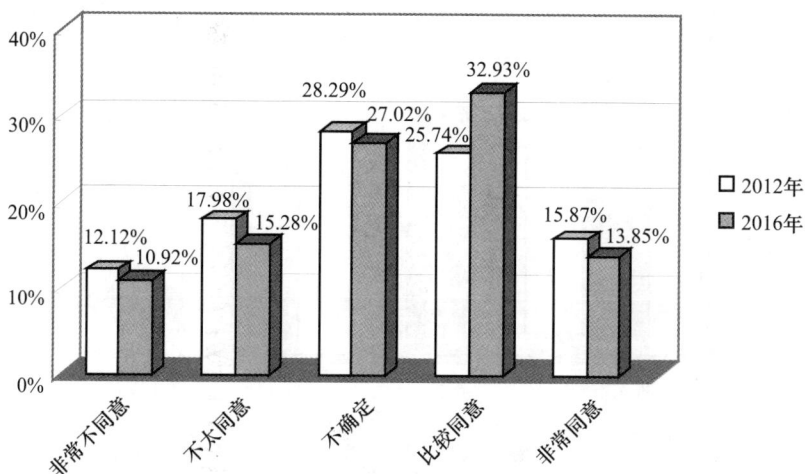

图 2 - 8 是否同意 "采用多党竞争制度更有利于
中国发展" 选择比例的变化

与政党认同有关的三道题目，分别测试的是民众对 "共产党领导重要性" "政党制度重要性" 的认知以及 "对多党竞争的态度"。从三道题目的得分情况看（见表 2 - 9 - 1、表 2 - 9 - 2 和图 2 - 9），两次调查都是反映 "共产党领导重要性" 的题目得分最高（2012 年问卷调查的均值为 4. 25，标准差为 0. 90；2016 年问卷调查的均值为 4. 22，标准差为 0. 80；2016 年的得分比 2012 年下降 0. 03 分）；反映 "政党制度重要性" 的题目得分次之（2012 年问卷调查的均值为 3. 79，标准差为 1. 06；2016 年问卷调查的均值为 3. 78，标准差为 1. 03；2016 年的得分比 2012 年下降 0. 01 分）；反映 "对多党竞争态度" 的题目得分最低（2012 年问卷调查的均值为 2. 85，标准差为 1. 24；2016 年问卷调查的均值为 2. 76，标准差为 1. 19；2016 年的得分比 2012 年下降 0. 09 分）。

比较 2016 年和 2012 年的调查结果，可以看出受访者依然高度认同中国共产党的领导和中国政党制度的重要性（相关项目的得分接近并略有下降），但是对多党竞争的兴趣也略有增强（表现为反向计分的相关项目得分有一定幅度的下降）。对于这样的变化，显然应该给予关注并在后面的章节中作出进一步的解释。

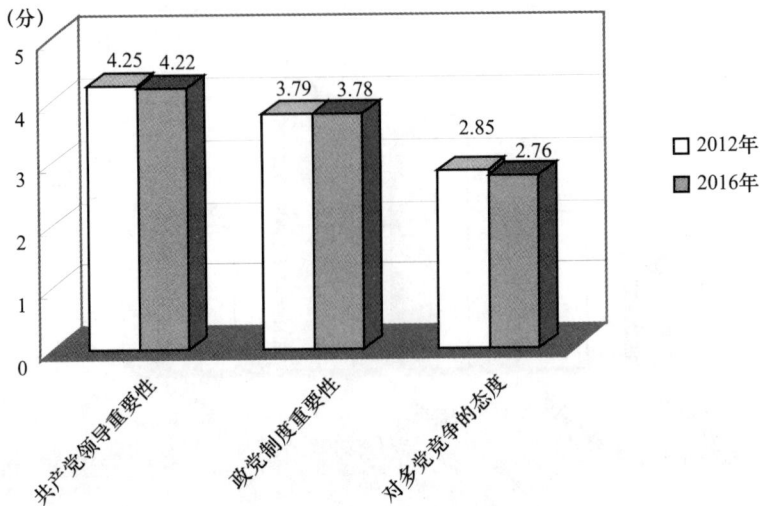

图2-9 政党认同各项目得分变化

表2-9-1　　　　　　　　政党认同各项目得分情况

2012年问卷调查	N	全距	极小值	极大值	均值		标准差
	统计量	统计量	统计量	统计量	统计量	标准误	统计量
共产党领导重要性	6158	4	1	5	4.25	0.011	0.898
政党制度重要性	6149	4	1	5	3.79	0.014	1.063
对多党竞争的态度a	6157	4	1	5	2.85	0.016	1.238
有效的N	6146						
2016年问卷调查	N	全距	极小值	极大值	均值		标准差
	统计量	统计量	统计量	统计量	统计量	标准误	统计量
共产党领导重要性	6578	4	1	5	4.22	0.010	0.797
政党制度重要性	6576	4	1	5	3.78	0.013	1.034
对多党竞争的态度a	6577	4	1	5	2.76	0.015	1.191
有效的N	6569						

a. 反向计分已转化

表 2 - 9 - 2   **政党认同各项目得分变化**

项目	2012 年问卷调查	2016 年问卷调查	2016 年比 2012 年增减
共产党领导重要性	4.25	4.22	-0.03
政党制度重要性	3.79	3.78	-0.01
对多党竞争的态度[a]	2.85	2.76	-0.09

a. 反向计分已转化

两次问卷调查都在问卷中专门设计了"您认为为了使中国更好地发展，中国共产党应该做哪些事情"的问题，请受访人在列出的 6 个选项中选择 3 项，并根据选项的重要性排序：（1）保持党的先进性、纯洁性；（2）坚持反腐败；（3）坚持改革开放的基本方针和路线；（4）推动党内民主；（5）提高党的执政能力；（6）注重政策的科学化、民主化、法治化。

2012 年问卷调查的结果显示，全体被试对共产党应做事情的第一选择按选择比例由高到低进行排序，排在第一位的是"保持党的先进性、纯洁性"（47.18%）；排在第二位的是"坚持反腐败"（27.58%）；排在第三位的是"坚持改革开放的基本方针和路线"（11.72%）；排在第四位的是"提高党的执政能力"（6.02%）；排在第五位的是"注重政策的科学化、民主化、法治化"（4.88%）；排在末位的是"推动党内民主"（2.62%）。2016 年问卷调查全体被试对共产党应做事情的第一选择按选择比例由高到低进行排序，排在第一位的是"保持党的先进性、纯洁性"（43.80%）；排在第二位的是"坚持反腐败"（24.73%）；排在第三位的是"坚持改革开放的基本方针和路线"（13.88%）；排在第四位的是"提高党的执政能力"（8.07%）；排在第五位的是"注重政策的科学化、民主化、法治化"（5.00%）；排在末位的是"推动党内民主"（4.52%，见表 2 - 10）。也就是说，两次调查的第一选择的选项尽管比例有所变化，但是各选项的排序相同。

表 2 – 10　　　　　　　　　　对中国共产党应做事情的选择

选项	2012 年问卷调查				2016 年问卷调查			
	第一选择		总提及		第一选择		总提及	
	频率	百分比	频率	百分比	频率	百分比	频率	百分比
保持先进性	2898	47.18	4170	22.68	2881	43.80	4411	22.45
坚持反腐败	1694	27.58	4550	24.74	1627	24.73	4601	23.42
坚持改革开放	720	11.72	2956	16.07	913	13.88	3398	17.29
推动党内民主	161	2.62	1106	6.01	297	4.52	1848	9.41
提高执政能力	370	6.02	2617	14.23	531	8.07	2925	14.89
注重政策质量	300	4.88	2992	16.27	329	5.00	2465	12.54
合计	6143	100.00	18391	100.00	6578	100.00	19648	100.00

　　2012 年问卷调查全体被试对共产党应做事情的总提及频率（各因素在 3 个选项中的选择频率）由高到低排序，第一是"坚持反腐败"（24.74%）；第二是"保持党的先进性、纯洁性"（22.68%）；第三是"注重政策的科学化、民主化、法治化"（16.27%）；第四是"坚持改革开放的基本方针和路线"（16.07%）；第五是"提高党的执政能力"（14.23%）；第六是"推动党内民主"（6.01%）。2016 年问卷调查全体被试对共产党应做事情的总提及频率由高到低排序，第一是"坚持反腐败"（23.42%）；第二是"保持党的先进性、纯洁性"（22.45%）；第三是"坚持改革开放的基本方针和路线"（17.29%）；第四是"提高党的执政能力"（14.89%）；第五是"注重政策的科学化、民主化、法治化"（12.54%）；第六是"推动党内民主"（9.41%）。也就是说，重要的变化是"注重政策的科学化、民主化、法治化"，由 2012 年第三位下降到 2016 年的第五位，"坚持改革开放的基本方针和路线"由 2012 年的第四位上升到 2016 年的第三位，"提高党的执政能力"由 2012 年的第五位上升到 2016 年的第四位（见图 2 – 10）。

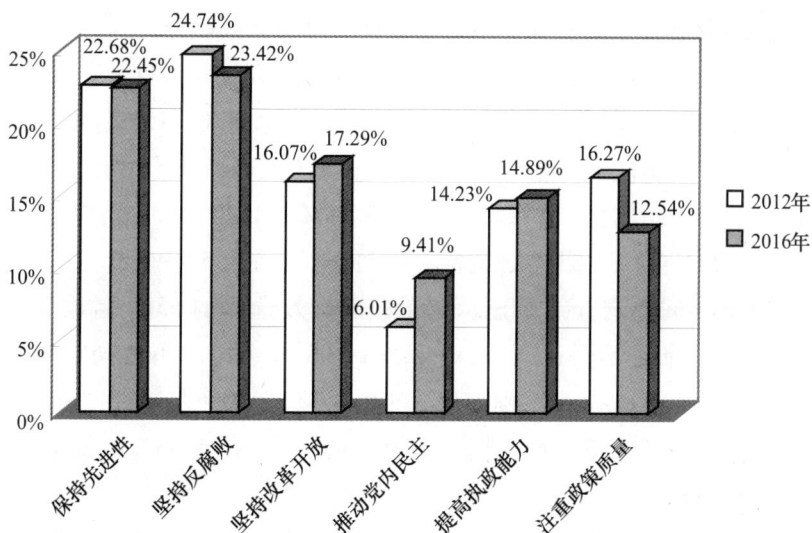

图 2-10 对中国共产党应做事情的总提及频率比较

问卷调查列出的 6 个选项，实际上涉及了中国共产党强化党的领导的两方面要求。一方面是"党建"要求，涉及的"坚持反腐败"、"保持党的先进性、纯洁性"和"推动党内民主"三项内容，两次调查的总提及频率排序都是第一、第二、第六位，显示民众对这方面的要求较为强烈。另一方面是"政策"要求，涉及的"坚持改革开放的基本方针和路线"、"注重政策的科学化、民主化、法治化"和"提高党的执政能力"三项内容，两次调查的总提及频率排序都是第三位至第五位，显示对"政策"方面的要求略弱于对"党建"方面的要求。倾向于"党建"要求的总提及频率的总比例，由 2012 年的 53.43% 上升到了 2016 年的 55.28%；倾向于"政策"要求的总提及频率的总比例，由 2012 年的 46.57% 下降到了 2016 年的 44.72%，显示的是民众对"党建"的重视程度有进一步的增强。

三 身份认同

两次问卷调查均以四道题目了解被试在身份认同方面的看法，并依据问卷调查设定的指标体系，为被试的身份认同赋分。

第一道题目询问被试是否同意"作为中国人，我很自豪"。

2012年问卷调查结果显示，在做出有效选择的6158名被试中，133人选择"非常不同意"，占2.16%；137人选择"不太同意"，占2.22%；344人选择"不确定"，占5.59%；1511人选择"比较同意"，占24.54%；4033人选择"非常同意"，占65.49%。

2016年问卷调查结果显示，在做出有效选择的6579名被试中，94人选择"非常不同意"，占1.42%；105人选择"不太同意"，占1.60%；536人选择"不确定"，占8.15%；2105人选择"比较同意"，占32.00%；3739人选择"非常同意"，占56.83%（见表2-11和图2-11）。

2016年与2012年相比，对"作为中国人，我很自豪"持赞同态度的被试，由2012年的90.03%下降到2016年的88.83%，下降了1.20个百分点。

表2-11　　　　　是否同意"作为中国人，我很自豪"

项目		2012年问卷调查			2016年问卷调查			
		频率	%	有效%	频率	%	有效%	%增减
有效	非常不同意	133	2.16	2.16	94	1.42	1.42	-0.74
	不太同意	137	2.22	2.22	105	1.60	1.60	-0.62
	不确定	344	5.59	5.59	536	8.14	8.15	+2.56
	比较同意	1511	24.53	24.54	2105	31.99	32.00	+7.46
	非常同意	4033	65.48	65.49	3739	56.82	56.83	-8.66
	合计	6158	99.98	100.00	6579	99.97	100.00	
缺失	系统	1	0.02		2	0.03		
总计		6159	100.00		6581	100.00		

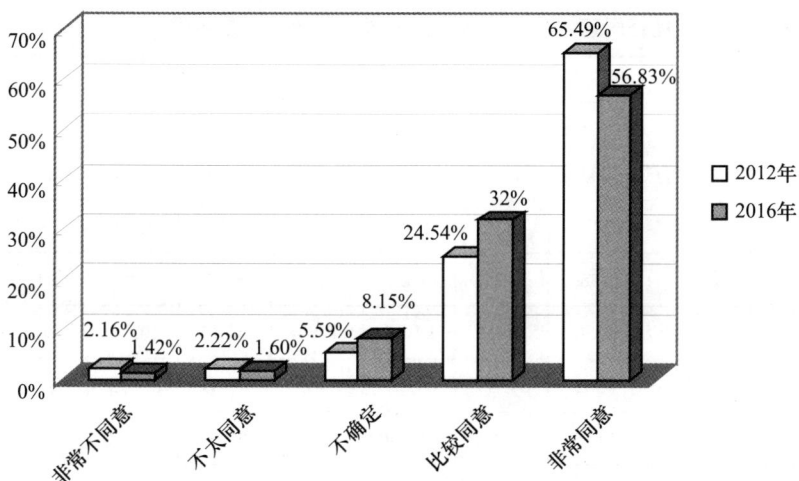

图 2 - 11　是否同意"作为中国人，我很自豪"选择比例的变化

　　第二道题目询问被试是否同意"到哪里我都会郑重地说明自己是中国人"。

　　2012 年问卷调查结果显示，在做出有效选择的 6155 名被试中，203 人选择"非常不同意"，占 3.30%；112 人选择"不太同意"，占 1.82%；358 人选择"不确定"，占 5.82%；1180 人选择"比较同意"，占 19.17%；4302 人选择"非常同意"，占 69.89%。

　　2016 年问卷调查结果显示，在做出有效选择的 6579 名被试中，78 人选择"非常不同意"，占 1.19%；115 人选择"不太同意"，占 1.75%；459 人选择"不确定"，占 6.98%；1984 人选择"比较同意"，占 30.15%；3943 人选择"非常同意"，占 59.93%（见表 2 - 12 和图 2 - 12）。

　　2016 年与 2012 年相比，对"到哪里我都会郑重地说明自己是中国人"持赞同态度的被试，由 2012 年的 89.06% 上升到 2016 年的 90.08%，上升了 1.02 个百分点。

表 2 – 12　　是否同意"到哪里我都会郑重地说明自己是中国人"

项目		2012 年问卷调查			2016 年问卷调查			
		频率	%	有效%	频率	%	有效%	% 增减
有效	非常不同意	203	3.30	3.30	78	1.19	1.19	– 2.11
	不太同意	112	1.82	1.82	115	1.75	1.75	– 0.07
	不确定	358	5.81	5.82	459	6.97	6.98	+ 1.16
	比较同意	1180	19.16	19.17	1984	30.15	30.15	+ 10.98
	非常同意	4302	69.85	69.89	3943	59.91	59.93	– 9.96
	合计	6155	99.94	100.00	6579	99.97	100.00	
缺失	系统	4	0.06		2	0.03		
总计		6159	100.00		6581	100.00		

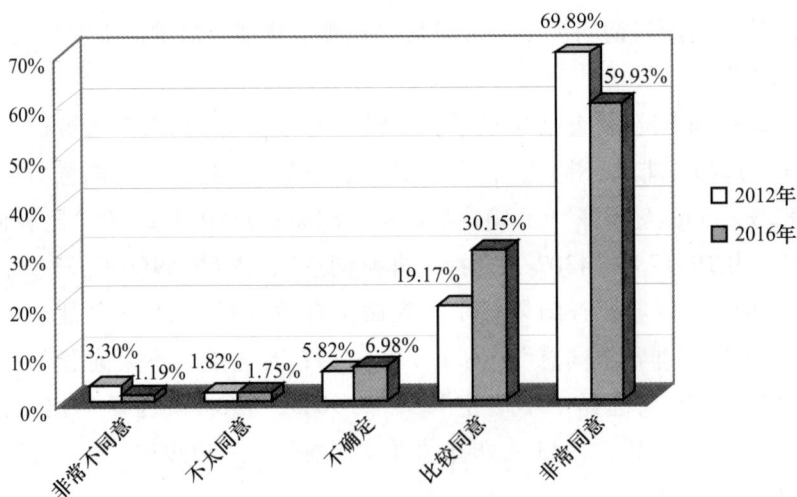

图 2 – 12　　是否同意"到哪里我都会郑重地说明自己是
中国人"选择比例的变化

　　第三道题目询问被试是否同意"公民的身份对个人来说是无所谓
的"。

2012 年问卷调查结果显示，在做出有效选择的 6158 名被试中，2447 人选择"非常不同意"，占 39.74%；1501 人选择"不太同意"，占 24.37%；830 人选择"不确定"，占 13.48%；849 人选择"比较同意"，占 13.79%；531 人选择"非常同意"，占 8.62%。

2016 年调查结果显示，在做出有效选择的 6578 名被试中，2016 人选择"非常不同意"，占 30.65%；1575 人选择"不太同意"，占 23.94%；1045 人选择"不确定"，占 15.89%；1304 人选择"比较同意"，占 19.82%；638 人选择"非常同意"，占 9.70%（见表 2-13 和图 2-13）。

2016 年与 2012 年相比，对"公民的身份对个人来说是无所谓的"持不赞同态度（选择"非常不同意"和"不太同意"，均是对问卷列出的题目持不赞同态度，下同）的被试，由 2012 年的 64.11% 下降到 2016 年的 54.59%，下降了 9.52 个百分点。

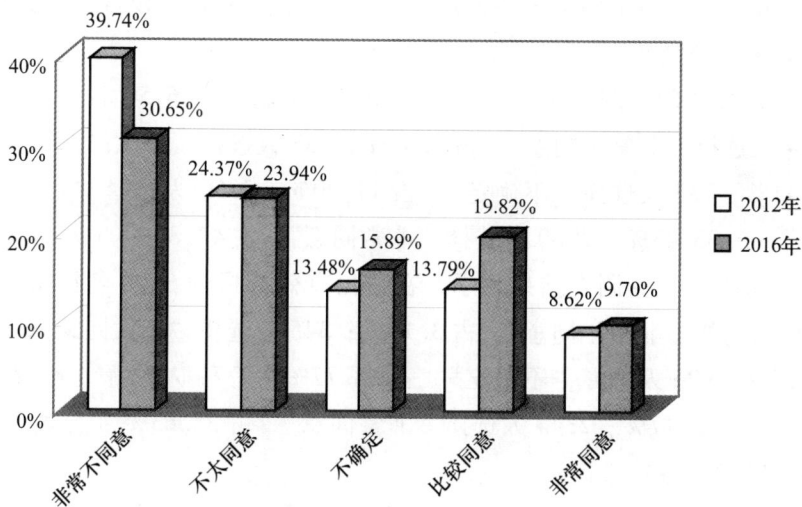

图 2-13　是否同意"公民的身份对个人来说是无所谓的"选择比例的变化

表 2 - 13　　　　是否同意"公民的身份对个人来说是无所谓的"

项目		2012 年问卷调查			2016 年问卷调查			
		频率	%	有效%	频率	%	有效%	% 增减
有效	非常不同意	2447	39.73	39.74	2016	30.63	30.65	-9.09
	不太同意	1501	24.37	24.37	1575	23.93	23.94	-0.43
	不确定	830	13.48	13.48	1045	15.88	15.89	+2.41
	比较同意	849	13.78	13.79	1304	19.82	19.82	+6.03
	非常同意	531	8.62	8.62	638	9.69	9.70	+1.08
	合计	6158	99.98	100.00	6578	99.95	100.00	
缺失	系统	1	0.02		3	0.05		
总计		6159	100.00		6581	100.00		

第四道题目询问被试是否同意"个人的民族身份（汉族或少数民族）不应该被忽视"。

2012 年问卷调查结果显示，在做出有效选择的 6159 名被试中，334 人选择"非常不同意"，占 5.42%；333 人选择"不太同意"，占 5.41%；733 人选择"不确定"，占 11.90%；2059 人选择"比较同意"，占 33.43%；2700 人选择"非常同意"，占 43.84%。

2016 年问卷调查结果显示，在做出有效选择的 6578 名被试中，209 人选择"非常不同意"，占 3.18%；345 人选择"不太同意"，占 5.25%；906 人选择"不确定"，占 13.77%；2774 人选择"比较同意"，占 42.17%；2344 人选择"非常同意"，占 35.63%（见表 2 - 14 和图 2 - 14）。

2016 年与 2012 年相比，对"个人的民族身份（汉族或少数民族）不应该被忽视"持赞同态度的被试，由 2012 年的 77.27% 上升到 2016 年的 77.80%，上升了 0.53 个百分点。

表2-14 是否同意"个人的民族身份（汉族或少数民族）不应该被忽视"

项目		2012 年问卷调查			2016 年问卷调查			
		频率	%	有效%	频率	%	有效%	% 增减
有效	非常不同意	334	5.42	5.42	209	3.18	3.18	-2.24
	不太同意	333	5.41	5.41	345	5.23	5.25	-0.16
	不确定	733	11.90	11.90	906	13.77	13.77	+1.87
	比较同意	2059	33.43	33.43	2774	42.15	42.17	+8.74
	非常同意	2700	43.84	43.84	2344	35.62	35.63	-8.21
	合计	6159	100.00	100.00	6578	99.95	100.00	
缺失	系统	0	0		3	0.05		
	总计	6159	100.00		6581	100.00		

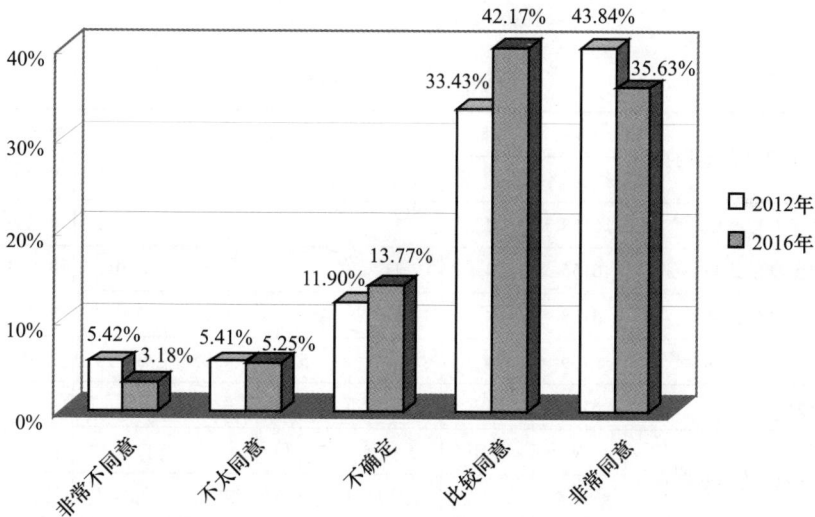

图2-14 是否同意"个人的民族身份（汉族或少数民族）不应该被忽视"选择比例的变化

与身份认同有关的四道题目，分别测试的是民众的"中国人自豪感""国民身份认知""公民身份认知"和"民族身份认知"状况。从四道题目的得分情况看（见表 2 - 15 - 1、表 2 - 15 - 2 和图 2 - 15），两次调查都是反映"国民身份认知"的题目得分最高（2012 年问卷调查的均值为 4.51，标准差为 0.93；2016 年问卷调查的均值为 4.46，标准差为 0.80；2016 年的得分比 2012 年下降 0.05 分）；反映"中国人自豪感"的题目得分次之（2012 年问卷调查的均值为 4.49，标准差为 0.87；2016 年问卷调查的均值为 4.41，标准差为 0.82；2016 年的得分比 2012 年下降 0.08 分）；反映"民族身份认知"的题目得分再次之（2012 年问卷调查的均值为 4.05，标准差为 1.12；2016 年问卷调查的均值为 4.02，标准差为 1.00；2016 年的得分比 2012 年下降 0.03 分）；反映"公民身份认知"的题目得分最低（2012 年问卷调查的均值为 3.73，标准差为 1.34；2016 年问卷调查的均值为 3.46，标准差为 1.36；2016 年的得分比 2012 年下降 0.27 分）。

表 2 - 15 - 1　　　　　　　　身份认同各项目得分情况

2012 年问卷调查	N	全距	极小值	极大值	均值		标准差
	统计量	统计量	统计量	统计量	统计量	标准误	统计量
中国人自豪感	6158	4	1	5	4.49	0.011	0.869
国民身份认知	6155	4	1	5	4.51	0.012	0.933
公民身份认知[a]	6158	4	1	5	3.73	0.017	1.336
民族身份认知	6159	4	1	5	4.05	0.014	1.122
有效的 N	6153						
2016 年问卷调查	N	全距	极小值	极大值	均值		标准差
	统计量	统计量	统计量	统计量	统计量	标准误	统计量
中国人自豪感	6579	4	1	5	4.41	0.010	0.820
国民身份认知	6579	4	1	5	4.46	0.010	0.797
公民身份认知[a]	6578	4	1	5	3.46	0.017	1.356
民族身份认知	6578	4	1	5	4.02	0.012	0.995
有效的 N	6571						

a. 反向计分已转化

表 2 - 15 - 2　　　　　　　　身份认同各项目得分变化

项目	2012 年问卷调查	2016 年问卷调查	2016 年比 2012 年增减
中国人自豪感	4.49	4.41	- 0.08
国民身份认知	4.51	4.46	- 0.05
公民身份认知ᵃ	3.73	3.46	- 0.27
民族身份认知	4.05	4.02	- 0.03

a. 反向计分已转化

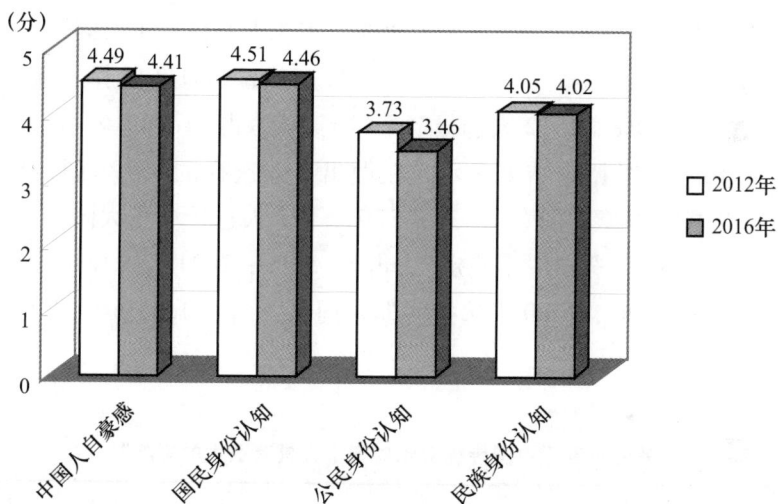

图 2 - 15　身份认同各项目得分变化

通过比较可以看出，在身份认同方面，无论是中国人自豪感，还是公民身份、民族身份认知，两次调查的得分都达到了高水平的 4 分以上，尽管 2016 年的得分均略低于 2012 年，但是并没有改变高度认同的基本态势。但是对公民身份的认知水平，2016 年比 2012 年有所下滑（表现为反向计分的相关项目得分有较大幅度下降），应该引起一定的警觉，因为公民身份认知在现代国家的身份认同中，也是至关重要的一个因素。

四　文化认同

两次问卷调查均以三道题目了解被试在文化认同方面的看法，并依据问卷调查设定的指标体系，为被试的文化认同赋分。

第一道题目询问被试是否同意"中国传统文化对您个人具有很大的影响"。

2012 年问卷调查结果显示，在做出有效选择的 6151 名被试中，203 人选择"非常不同意"，占 3.30%；478 人选择"不太同意"，占 7.77%；1027 人选择"不确定"，占 16.70%；2491 人选择"比较同意"，占 40.50%；1952 人选择"非常同意"，占 31.73%。

2016 年问卷调查结果显示，在做出有效选择的 6579 名被试中，123 人选择"非常不同意"，占 1.87%；422 人选择"不太同意"，占 6.41%；1153 人选择"不确定"，占 17.53%；2821 人选择"比较同意"，占 42.88%；2060 人选择"非常同意"，占 31.31%（见表 2 - 16 和图 2 - 16）。

表 2 - 16　是否同意"中国传统文化对您个人具有很大的影响"

项目		2012 年问卷调查			2016 年问卷调查			
		频率	%	有效%	频率	%	有效%	% 增减
有效	非常不同意	203	3.30	3.30	123	1.87	1.87	- 1.43
	不太同意	478	7.76	7.77	422	6.41	6.41	- 1.36
	不确定	1027	16.68	16.70	1153	17.52	17.53	+ 0.83
	比较同意	2491	40.44	40.50	2821	42.87	42.88	+ 2.38
	非常同意	1952	31.69	31.73	2060	31.30	31.31	- 0.42
	合计	6151	99.87	100.00	6579	99.97	100.00	
缺失	系统	8	0.13		2	0.03		
总计		6159	100.00		6581	100.00		

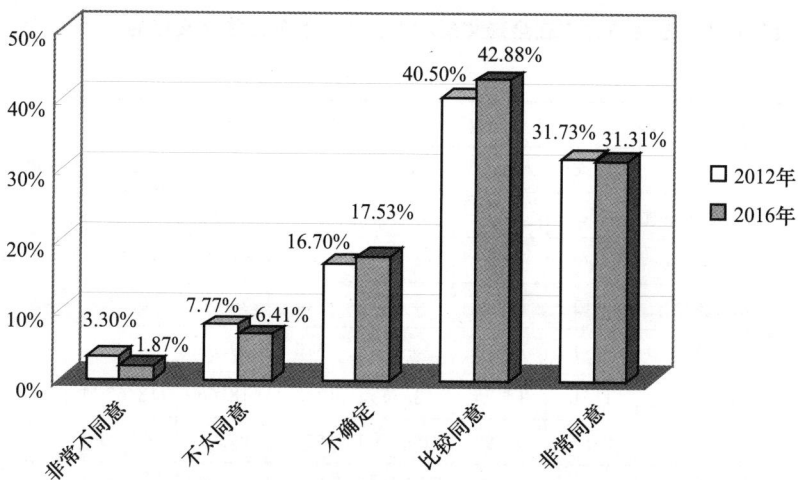

图 2 - 16　是否同意"中国传统文化对您个人具有很大的
影响"选择比例的变化

第二道题目询问被试是否同意"在全球化影响下，文化的多元性比文化的本土性更重要"的说法。

2016 年与 2012 年相比，对"中国传统文化对您个人具有很大的影响"持赞同态度的被试由 2012 年的 72.23% 上升到 2016 年的 74.19%，上升了 1.96 个百分点。

2012 年问卷调查结果显示，在做出有效选择的 6157 名被试中，257 人选择"非常不同意"，占 4.17%；796 人选择"不太同意"，占 12.93%；1812 人选择"不确定"，占 29.43%；2137 人选择"比较同意"，占 34.71%；1151 人选择"非常同意"，占 18.76%。

2016 年问卷调查结果显示，在做出有效选择的 6576 名被试中，259 人选择"非常不同意"，占 3.94%；775 人选择"不太同意"，占 11.79%；1744 人选择"不确定"，占 26.52%；2570 人选择"比较同意"，占 39.08%；1228 人选择"非常同意"，占 18.67%（见表 2 - 17 和图 2 - 17）。

表 2 - 17　是否同意"在全球化影响下，文化的多元性比文化的

本土性更重要"

项目		2012 年问卷调查			2016 年问卷调查			
		频率	%	有效%	频率	%	有效%	% 增减
有效	非常不同意	257	4.17	4.17	259	3.93	3.94	- 0.23
	不太同意	796	12.93	12.93	775	11.78	11.79	- 1.14
	不确定	1812	29.42	29.43	1744	26.50	26.52	- 2.91
	比较同意	2137	34.70	34.71	2570	39.05	39.08	+ 4.37
	非常同意	1151	18.75	18.76	1228	18.66	18.67	- 0.09
	合计	6157	99.97	100.00	6576	99.92	100.00	
缺失	系统	2	0.03		5	0.08		
	总计	6159	100.00		6581	100.00		

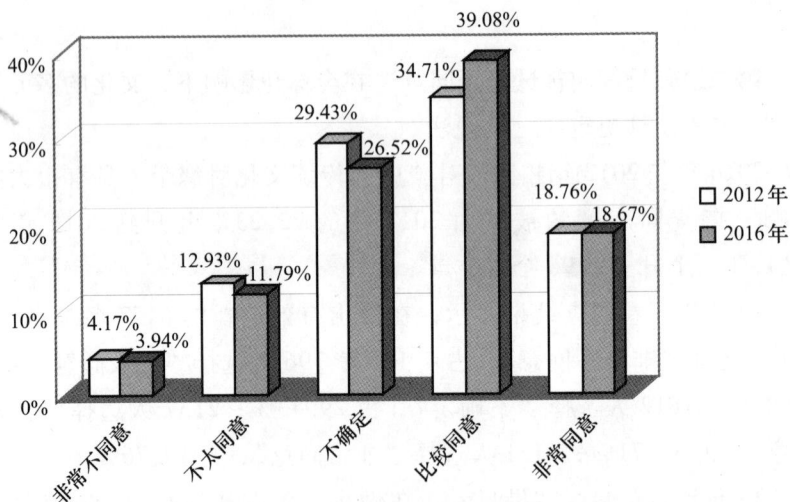

图 2 - 17　是否同意"在全球化影响下，文化的多元性比文化的

本土性更重要"选择比例的变化

2016 年与 2012 年相比，对"在全球化影响下，文化的多元性比文化的本土性更重要"持赞同态度的被试由 2012 年的 53.47% 上升

到 2016 年的 57. 75%，上升了 4. 28 个百分点。

第三道题目询问被试是否认同"党和政府强调的社会主义核心价值观"。

2012 年问卷调查结果显示，在做出有效选择的 6156 名被试中，140 人选择"非常不同意"，占 2. 27%；213 人选择"不太同意"，占 3. 46%；1373 人选择"不确定"，占 22. 30%；2624 人选择"比较同意"，占 42. 63%；1806 人选择"非常同意"，占 29. 34%。

2016 年问卷调查结果显示，在做出有效选择的 6581 名被试中，96 人选择"非常不同意"，占 1. 46%；194 人选择"不太同意"，占 2. 95%；1174 人选择"不确定"，占 17. 84%；3012 人选择"比较同意"，占 45. 76%；2105 人选择"非常同意"，占 31. 99%（见表 2 - 18 和图 2 - 18）。

2016 年与 2012 年相比，对"党和政府强调的社会主义核心价值观"持认同态度的被试由 2012 年的 71. 97% 上升到 2016 年的 77. 75%，上升了 5. 78 个百分点。

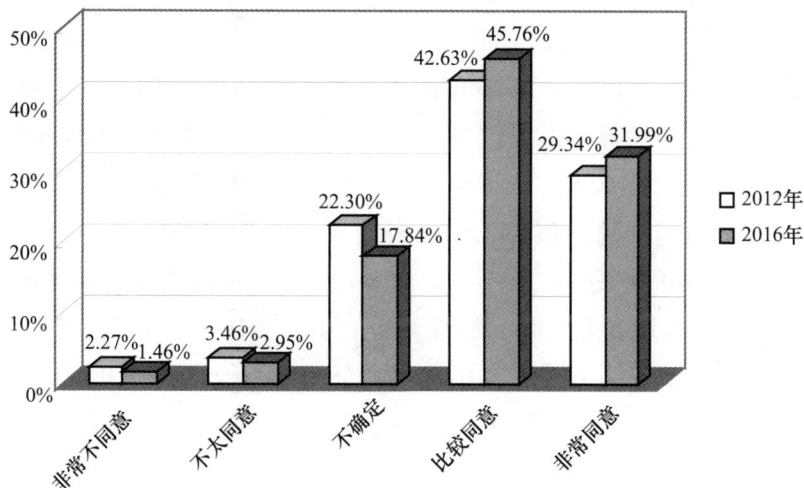

图 2 - 18 是否认同"党和政府强调的社会主义核心价值观"
选择比例的变化

表 2 - 18   是否认同"党和政府强调的社会主义核心价值观"

项目		2012 年问卷调查			2016 年问卷调查			
		频率	%	有效%	频率	%	有效%	% 增减
有效	非常不同意	140	2.27	2.27	96	1.46	1.46	-0.81
	不太同意	213	3.46	3.46	194	2.95	2.95	-0.51
	不确定	1373	22.29	22.30	1174	17.84	17.84	-4.46
	比较同意	2624	42.61	42.63	3012	45.76	45.76	+3.13
	非常同意	1806	29.32	29.34	2105	31.99	31.99	+2.65
	合计	6156	99.95	100.00	6581	100.00	100.00	
缺失	系统	3	0.05					
	总计	6159	100.00					

与文化认同有关的三道题目，分别测试的是民众对"文化传统性"、"文化多元性"和"核心价值观"的态度。从三道题目的得分情况看（见表 2 - 19 - 1、表 2 - 19 - 2 和图 2 - 19），两次调查都是反映"核心价值观"的题目得分最高（2012 年问卷调查的均值为 3.93，标准差为 0.93；2016 年问卷调查的均值为 4.04，标准差为 0.87；2016 年的得分比 2012 年上升 0.11 分）；反映"文化传统性"的题目得分次之（2012 年问卷调查的均值为 3.90，标准差为 1.04；2016 年问卷调查的均值为 3.95，标准差为 0.96；2016 年的得分比 2012 年上升 0.05 分）；反映"文化多元性"的题目得分最低（2012 年问卷调查的均值为 2.49，标准差为 1.07；2016 年问卷调查的均值为 2.43，标准差为 1.05；2016 年的得分比 2012 年下降 0.06 分）。

在文化认同方面，最值得注意的现象是民众对核心价值观的认同，在 2016 年进入了 4 分以上的高水平认知程度，对中国传统文化的认同水平也有所提高；但是应该注意到，中国民众对多元文化的认可程度也有所提高（表现为反向计分的相关项目得分有一定幅度的下降）。也就是说，既认可党和政府强调的社会主义核心价值观和中国传统文化，也在一定程度上承认多元文化，应该是中国当前具有代表性的一种文化心态。

表 2 – 19 – 1　　　　　　文化认同各项目得分情况

2012 年问卷调查	N	全距	极小值	极大值	均值		标准差
	统计量	统计量	统计量	统计量	统计量	标准误	统计量
文化传统性	6151	4	1	5	3.90	0.013	1.040
文化多元性[a]	6157	4	1	5	2.49	0.014	1.065
核心价值观	6156	4	1	5	3.93	0.012	0.925
有效的 N	6146						
2016 年问卷调查	N	全距	极小值	极大值	均值		标准差
	统计量	统计量	统计量	统计量	统计量	标准误	统计量
文化传统性	6579	4	1	5	3.95	0.012	0.955
文化多元性[a]	6576	4	1	5	2.43	0.013	1.045
核心价值观	6581	4	1	5	4.04	0.011	0.864
有效的 N	6575						

a. 反向计分已转化

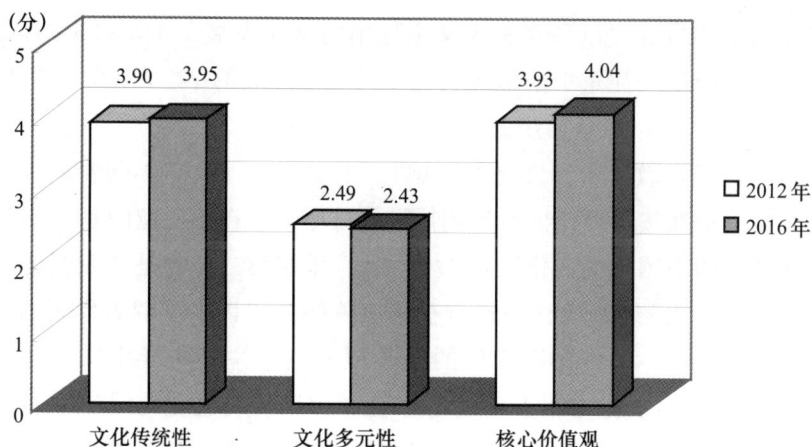

图 2 – 19　文化认同各项目得分变化

表 2 - 19 - 2   **文化认同各项目得分变化**

项目	2012 年问卷调查	2016 年问卷调查	2016 年比 2012 年增减
文化传统性	3.90	3.95	+ 0.05
文化多元性[a]	2.49	2.43	- 0.06
核心价值观	3.93	4.04	+ 0.11

a. 反向计分已转化

为了解民众对文化的看法，2012 年问卷调查在问卷中专门设计了"您认为在全球化和信息化的背景下，发展中国文化应着重于以下哪些方面"的问题，请受访人在列出的 6 个选项中选择 3 项，并根据选项的重要性排序：(1) 多种文化融合的中国现代文化；(2) 发扬光大中国传统文化；(3) 以马克思主义主导中国文化发展；(4) 用西方文化改造中国文化；(5) 注重中国传统文化与马克思主义的结合；(6) 注重宗教对中国文化的影响。2016 年问卷调查时，将"注重宗教对中国文化的影响"，改成了"以中国梦为代表的文化"，另五个选项相同。

2012 年问卷调查的结果显示，第一选择按选择比例由高到低进行排序，排在第一位的是"多种文化融合的中国现代文化"(46.28%)；排在第二位的是"发扬光大中国传统文化"(33.15%)；排在第三位的是"以马克思主义主导中国文化发展"(9.84%)；排在第四位的是"注重中国传统文化与马克思主义的结合"(6.94%)；排在第五位的是"用西方文化改造中国文化"(2.31%)；排在末位的是"注重宗教对中国文化的影响"(1.48%)。2016 年问卷调查显示，第一选择按选择比例由高到低进行排序，排在第一位的是"多种文化融合的中国现代文化"(34.58%)；排在第二位的是"发扬光大中国传统文化"(26.88%)；排在第三位的是"以中国梦为代表的文化"(23.56%)；排在第四位的是"以马克思主义主导中国文化发展"(7.36%)；排在第五位的是"注重中国传统文化与马克思主义的结合"(6.16%)；排在末位的是"用西方文化改造中国文化"(1.46%，见表 2 - 20)。也就是说，不考虑被替换的题目，两次调查的第一选择各选项的排序是相同的。

表 2 - 20　　　　　　　　**对中国文化发展着重点的看法**　　　　单位:%

选项	2012 年问卷调查				2016 年问卷调查			
	第一选择		总提及		第一选择		总提及	
	频率	百分比	频率	百分比	频率	百分比	频率	百分比
多种文化融合	2846	46.28	4614	25.12	2275	34.58	4121	20.98
发扬传统文化	2039	33.15	5113	27.83	1768	26.88	4789	24.37
马克思主义主导	605	9.84	2740	14.92	484	7.36	2822	14.36
西方改造中国	142	2.31	1056	5.75	405	6.16	2536	4.96
马克思结合传统	427	6.94	3486	18.98	96	1.46	975	12.91
宗教对文化影响	91	1.48	1360	7.40	/	/	/	/
"中国梦"文化	/	/	/	/	1550	23.56	4405	22.42
合计	6150	100.00	18369	100.00	6578	100.00	19648	100.00

2012 年问卷调查显示被试对中国文化发展着重点的总提及频率（各因素在 3 个选项中的选择频率）由高到低排序，第一是"发扬光大中国传统文化"（27.83%）；第二是"多种文化融合的中国现代文化"（25.12%）；第三是"注重中国传统文化与马克思主义的结合"（18.98%）；第四是"以马克思主义主导中国文化发展"（14.92%）；第五是"注重宗教对中国文化的影响"（7.40%）；第六是"用西方文化改造中国文化"（5.75%）。2016 年问卷调查显示被试对中国文化发展着重点的总提及频率由高到低的排序，第一是"发扬光大中国传统文化"（24.37%）；第二是"以中国梦为代表的文化"（22.42%）；第三是"多种文化融合的中国现代文化"（20.98%）；第四是"以马克思主义主导中国文化发展"（14.36%）；第五是"注重中国传统文化与马克思主义的结合"（12.91%），提及频率最低的是"用西方文化改造中国文化"（4.96%）。也就是说，不考虑被替换的题目，2016 年与 2012 年相比，重要的是"以马克思主义主导中国文化发展"排位上升，"注重中国传统文化与马克思主义的结合"则排位有所下降（见图 2 - 20）。

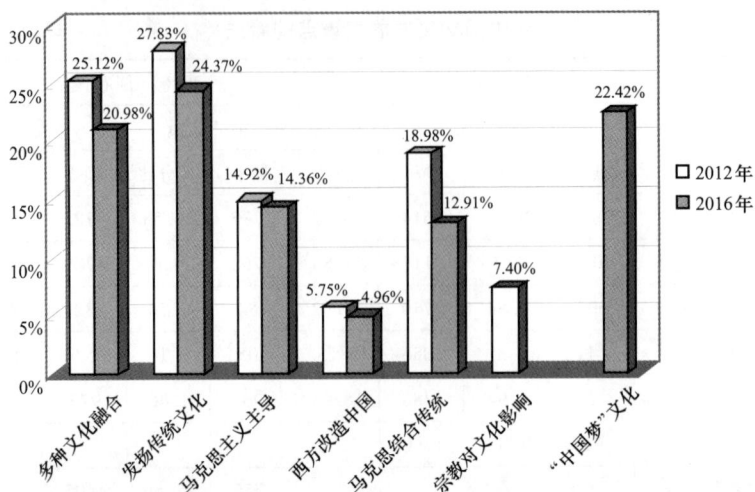

图 2 - 20 对中国文化发展着重点的总提及频率比较

与文化认同有关的选择题，代表的是中国文化的四种重要走向。一是注重传统文化的走向，"发扬光大中国传统文化"的总提及频率在两次调查中都排序第一，显示民众对这样的走向重视程度较高（总提及频率的比例由 2012 年的 27.83% 下降到了 2016 年的 24.37%）。二是注重多元文化的走向，"多种文化融合的中国现代文化"的总提及频率，2012 年问卷调查排序第二；2016 年问卷调查排序第三；显示民众对这样的走向也较为重视（总提及频率的比例由 2012 年的 25.12% 下降到了 2016 年的 20.98%）。三是注重马克思主义的文化走向，"注重中国传统文化与马克思主义的结合"和"以马克思主义主导中国文化发展"的总提及频率，2012 年问卷调查排序第三和第四；2016 年问卷调查排序第五和第四；表明民众也很看重这样的走向（两项内容相加的总提及频率的比例由 2012 年的 33.80% 下降到了 2016 年的 27.27%；但是加上与这两项内容有关的"以中国梦为代表的文化"，马克思主义走向的总提及频率的比例在 2016 年达到了 49.69%）。四是"西化"的文化走向，"用西方文化改造中国文化"的总提及频率在两次问卷调查中排序都在末位，显示多数民众不看重这样的走向（总提及频率的比例由

2012 年的 5.75% 下降到了 2016 年的 4.96%）。

五　政策认同

两次问卷调查均以三道题目了解被试在政策认同方面的看法，并依据问卷调查设定的指标体系，为被试的政策认同赋分。

第一道题目询问被试是否同意"党和政府的政策，比较符合改革开放以来中国发展实际"的说法。

2012 年问卷调查结果显示，在做出有效选择的 6154 名被试中，108 人选择"非常不同意"，占 1.76%；249 人选择"不太同意"，占 4.05%；909 人选择"不确定"，占 14.77%；3020 人选择"比较同意"，占 49.07%；1868 人选择"非常同意"，占 30.35%。

2016 年问卷调查结果显示，在做出有效选择的 6581 名被试中，66 人选择"非常不同意"，占 1.00%；201 人选择"不太同意"，占 3.06%；940 人选择"不确定"，占 14.28%；3605 人选择"比较同意"，占 54.78%；1769 人选择"非常同意"，占 26.88%（见表 2 - 21 和图 2 - 21）。

表 2 - 21　　是否同意"党和政府的政策，比较符合改革开放以来中国发展实际"

项目		2012 年问卷调查			2016 年问卷调查			
		频率	%	有效%	频率	%	有效%	% 增减
有效	非常不同意	108	1.76	1.76	66	1.00	1.00	- 0.76
	不太同意	249	4.04	4.05	201	3.06	3.06	- 0.99
	不确定	909	14.76	14.77	940	14.28	14.28	- 0.49
	比较同意	3020	49.03	49.07	3605	54.78	54.78	+ 5.71
	非常同意	1868	30.33	30.35	1769	26.88	26.88	- 3.47
	合计	6154	99.92	100.00	6581	100.00	100.00	
缺失	系统	5	0.08					
总计		6159	100.00					

2016 年与 2012 年相比，对"党和政府的政策，比较符合改革开放以来中国发展实际"持赞同态度的被试由 2012 年的 79.42%上升到 2016 年的 81.66%，上升了 2.24 个百分点。

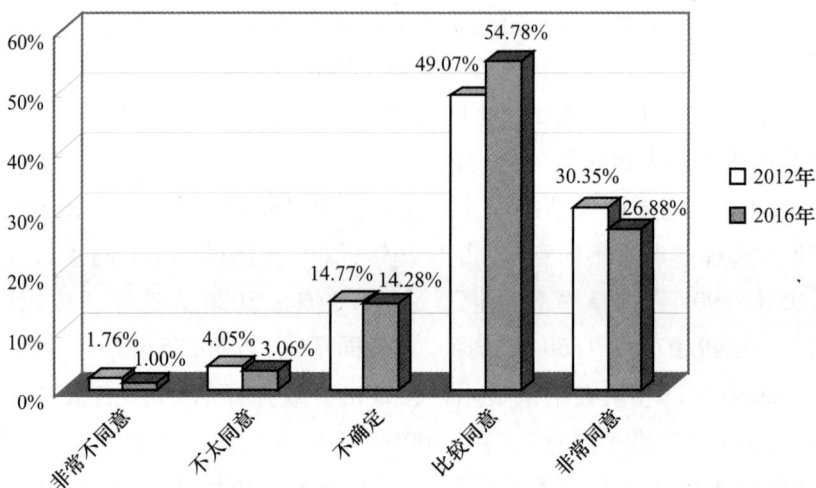

图 2-21　是否同意"党和政府的政策，比较符合改革开放以来中国发展实际"选择比例的变化

第二道题目询问被试是否认同"改革开放以来，党和政府的政策曾有严重失误"的说法。

2012 年问卷调查结果显示，在做出有效选择的 6157 名被试中，701 人选择"非常不同意"，占 11.38%；1219 人选择"不太同意"，占 19.80%；2360 人选择"不确定"，占 38.33%；1293 人选择"比较同意"，占 21.00%；584 人选择"非常同意"，占 9.49%。

2016 年问卷调查结果显示，在做出有效选择的 6580 名被试中，635 人选择"非常不同意"，占 9.65%；1159 人选择"不太同意"，占 17.61%；2319 人选择"不确定"，占 35.25%；1793 人选择"比较同意"，占 27.25%；674 人选择"非常同意"，占 10.24%（见表 2-22 和图 2-22）。

2016 年与 2012 年相比，对"改革开放以来，党和政府的政策曾有严重失误"持赞同态度的被试由 2012 年的 30.49% 上升到 2016 年的 37.49%，上升了 7.00 个百分点。

表 2-22　　　是否认同"改革开放以来，党和政府的政策曾有严重失误"

项目		2012 年问卷调查			2016 年问卷调查			
		频率	%	有效%	频率	%	有效%	% 增减
有效	非常不同意	701	11.38	11.38	635	9.65	9.65	-1.73
	不太同意	1219	19.79	19.80	1159	17.61	17.61	-2.19
	不确定	2360	38.32	38.33	2319	35.24	35.25	-3.08
	比较同意	1293	21.00	21.00	1793	27.25	27.25	+6.25
	非常同意	584	9.48	9.49	674	10.24	10.24	+0.75
	合计	6157	99.97	100.00	6580	99.99	100.00	
缺失	系统	2	0.03		1	0.01		
总计		6159	100.00		6581	100.00		

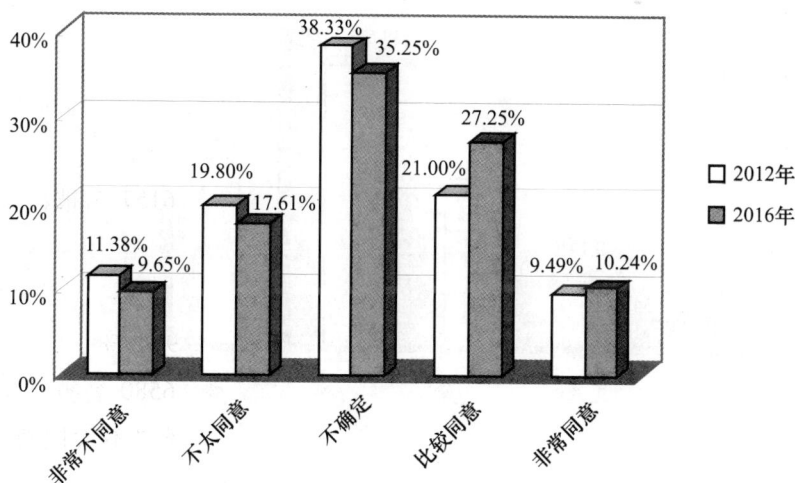

图 2-22　是否同意"改革开放以来，党和政府的政策曾有
严重失误"选择比例的变化

第三道题目询问被试是否同意"中央的重大决策能够在全国全面执行"。

2012 年问卷调查结果显示，在做出有效选择的 6159 名被试中，229 人选择"非常不同意"，占 3.72%；563 人选择"不太同意"，占 9.14%；1386 人选择"不确定"，占 22.50%；2440 人选择"比较同意"，占 39.62%；1541 人选择"非常同意"，占 25.02%。

2016 年问卷调查结果显示，在做出有效选择的 6578 名被试中，167 人选择"非常不同意"，占 2.54%；532 人选择"不太同意"，占 8.09%；1484 人选择"不确定"，占 22.56%；2867 人选择"比较同意"，占 43.58%；1528 人选择"非常同意"，占 23.23%（见表 2 - 23 和图 2 - 23）。

2016 年与 2012 年相比，对"中央的重大决策能够在全国全面执行"持赞同态度的被试由 2012 年的 64.64% 上升到 2016 年的 66.81%，上升了 2.17 个百分点。

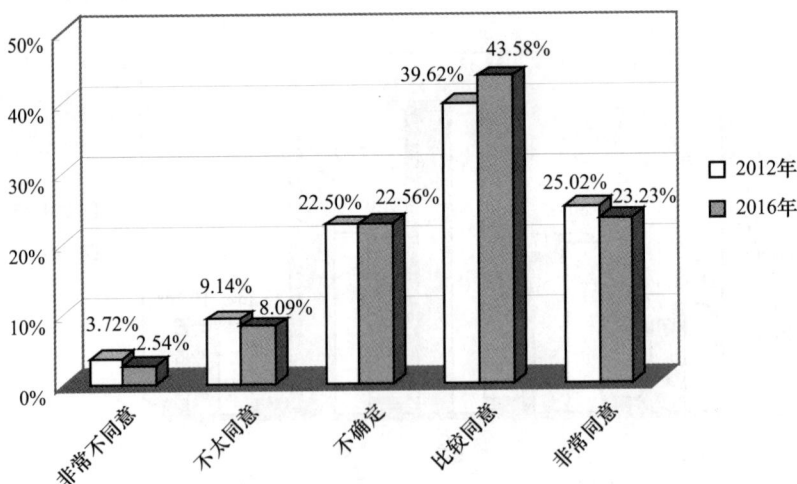

图 2 - 23 是否同意"中央的重大决策能够在全国全面执行"
选择比例的变化

表 2 - 23　　是否同意"中央的重大决策能够在全国全面执行"

项目		2012 年问卷调查			2016 年问卷调查			
		频率	%	有效%	频率	%	有效%	%增减
有效	非常不同意	229	3.72	3.72	167	2.54	2.54	-1.18
	不太同意	563	9.14	9.14	532	8.08	8.09	-1.05
	不确定	1386	22.50	22.50	1484	22.55	22.56	+0.06
	比较同意	2440	39.62	39.62	2867	43.56	43.58	+3.96
	非常同意	1541	25.02	25.02	1528	23.22	23.23	-1.79
	合计	6159	100	100.00	6578	99.95	100.00	
缺失	系统	0	0		3	0.05		
总计		6159	100.00		6581	100.00		

与政策认同有关的三道题目，分别测试的是民众对"政策适用性""政策失误"和"政策能够有效推行"的态度。从三道题目的得分情况看（见表 2 - 24 - 1、表 2 - 24 - 2 和图 2 - 24），两次调查都是反映

表 2 - 24 - 1　　　　　政策认同各项目得分情况

2012 年问卷调查	N	全距	极小值	极大值	均值		标准差
	统计量	统计量	统计量	统计量	统计量	标准误	统计量
政策适用性	6154	4	1	5	4.02	0.011	0.878
政策失误[a]	6157	4	1	5	3.03	0.014	1.115
政策能够有效推行	6159	4	1	5	3.73	0.013	1.050
有效的 N	6152						
2016 年问卷调查	N	全距	极小值	极大值	均值		标准差
	统计量	统计量	统计量	统计量	统计量	标准误	统计量
政策适用性	6581	4	1	5	4.03	0.010	0.789
政策失误[a]	6580	4	1	5	2.89	0.014	1.110
政策能够有效推行	6578	4	1	5	3.77	0.012	0.978
有效的 N	6577						

a. 反向计分已转化

表 2 - 24 - 2   政策认同各项目得分变化

项目	2012 年问卷调查	2016 年问卷调查	2016 年比 2012 年增减
政策适用性	4.02	4.03	+ 0.01
政策失误[a]	3.03	2.89	- 0.14
政策能够有效推行	3.73	3.77	+ 0.04

a. 反向计分已转化

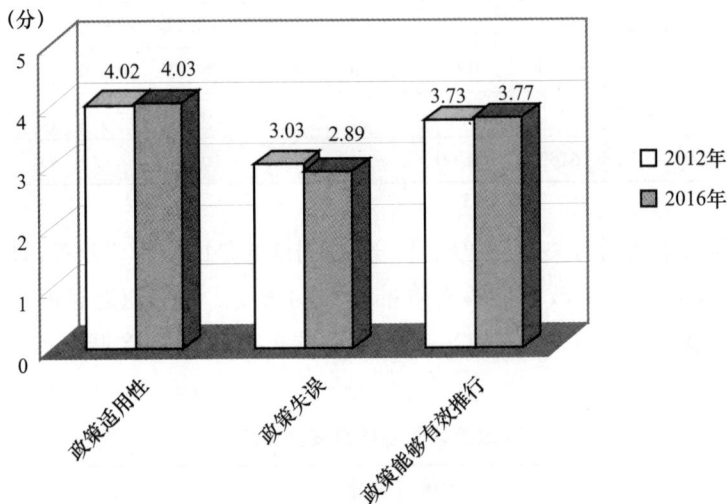

图 2 - 24   政策认同各项目得分变化

"政策适用性"的题目得分最高（2012 年问卷调查的均值为 4.02，标准差为 0.88；2016 年问卷调查的均值为 4.03，标准差为 0.79；2016 年的得分比 2012 年上升 0.01 分）；反映"政策能够有效推行"的题目得分次之（2012 年问卷调查的均值为 3.73，标准差为 1.05；2016 年问卷调查的均值为 3.77，标准差为 0.98；2016 年的得分比 2012 年上升 0.04 分）；反映"政策失误"的题目得分最低（2012 年问卷调查的均值为 3.03，标准差为 1.12；2016 年问卷调查的均值为 2.89，标准差为 1.11；2016 年的得分比 2012 年下降 0.14 分）。

通过比较可以看出，在政策认同方面，中国民众不仅对政策适用性持续给予了高度肯定，亦认为政策能够有效实施。但需要注意的是，对于可能出现或已经出现的重大政策失误，民众确实有一定的警觉（表现为反向计分的相关项目得分有较大幅度的下降）。

六 发展认同

两次问卷调查均以四道题目了解被试在发展认同方面的看法，并依据问卷调查设定的指标体系，为被试的发展认同赋分。

第一道题目询问被试是否同意"改革开放是中国发展的正确选择"。

2012年问卷调查结果显示，在做出有效选择的6155名被试中，96人选择"非常不同意"，占1.56%；141人选择"不太同意"，占2.29%；588人选择"不确定"，占9.55%；2717人选择"比较同意"，占44.15%；2613人选择"非常同意"，占42.45%。

2016年问卷调查结果显示，在做出有效选择的6578名被试中，98人选择"非常不同意"，占1.49%；201人选择"不太同意"，占3.06%；879人选择"不确定"，占13.36%；2959人选择"比较同意"，占44.98%；2441人选择"非常同意"，占37.11%（见表2-25和图2-25）。

表2-25 　是否同意"改革开放是中国发展的正确选择"

项目		2012年问卷调查			2016年问卷调查			
		频率	%	有效%	频率	%	有效%	%增减
有效	非常不同意	96	1.56	1.56	98	1.49	1.49	-0.07
	不太同意	141	2.29	2.29	201	3.05	3.06	+0.77
	不确定	588	9.55	9.55	879	13.36	13.36	+3.81
	比较同意	2717	44.11	44.15	2959	44.96	44.98	+0.83
	非常同意	2613	42.43	42.45	2441	37.09	37.11	-5.34
	合计	6155	99.94	100.00	6578	99.95	100.00	
缺失	系统	4	0.06		3	0.05		
总计		6159	100.00		6581	100.00		

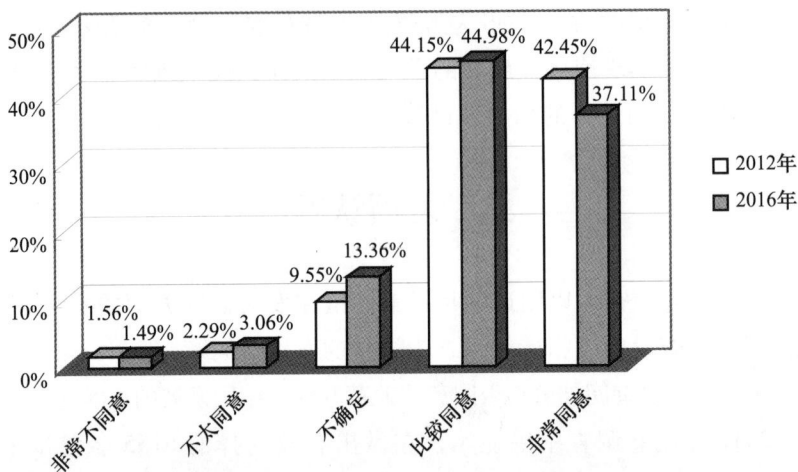

图 2 - 25　是否同意"改革开放是中国发展的正确选择"选择比例的变化

第二道题目询问被试是否同意"国家的发展与我关系不大"的说法。

2016 年与 2012 年相比，对"改革开放是中国发展的正确选择"持赞同态度的被试由 2012 年的 86.60% 下降到 2016 年的 82.09%，下降了 4.51 个百分点。

2012 年问卷调查结果显示，在做出有效选择的 6158 名被试中，2525 人选择"非常不同意"，占 41.00%；1920 人选择"不太同意"，占 31.18%；691 人选择"不确定"，占 11.22%；719 人选择"比较同意"，占 11.68%；303 人选择"非常同意"，占 4.92%。

2016 年问卷调查结果显示，在做出有效选择的 6580 名被试中，2220 人选择"非常不同意"，占 33.74%；1809 人选择"不太同意"，占 27.49%；970 人选择"不确定"，占 14.74%；1151 人选择"比较同意"，占 17.50%；430 人选择"非常同意"，占 6.53%（见表 2 - 26 和图 2 - 26）。

2016 年与 2012 年相比，对"国家的发展与我关系不大"持不赞同态度的被试由 2012 年的 72.18% 下降到 2016 年的 61.23%，下降了 10.95 个百分点。

表 2 - 26　　　　　是否同意"国家的发展与我关系不大"

项目		2012 年问卷调查			2016 年问卷调查			
		频率	%	有效%	频率	%	有效%	%增减
有效	非常不同意	2525	41.00	41.00	2220	33.73	33.74	-7.26
	不太同意	1920	31.17	31.18	1809	27.49	27.49	-3.69
	不确定	691	11.22	11.22	970	14.74	14.74	+3.52
	比较同意	719	11.67	11.68	1151	17.49	17.50	+5.82
	非常同意	303	4.92	4.92	430	6.53	6.53	+1.61
	合计	6158	99.98	100.00	6580	99.98	100.00	
缺失	系统	1	0.02		1	0.02		
总计		6159	100.00		6581	100.00		

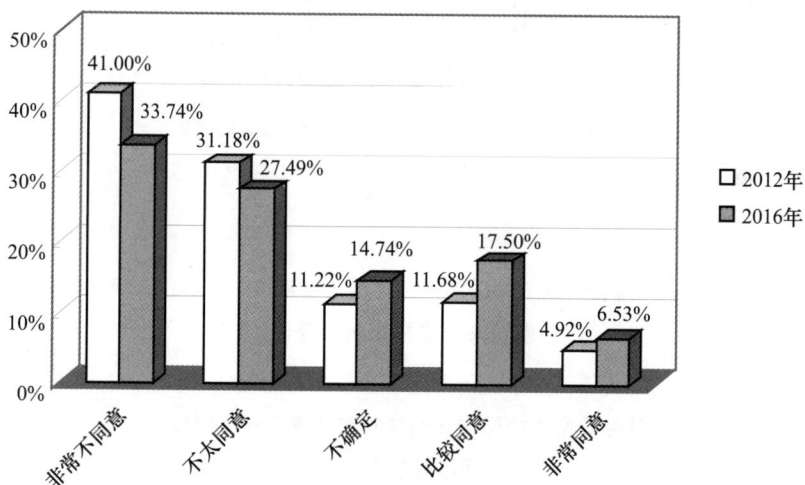

图 2 - 26　是否同意"国家的发展与我关系不大"选择比例的变化

第三道题目询问被试是否同意"中国的政治体制改革应该一步到位，而不是慢慢来"的说法。

2012 年调查结果显示，在做出有效选择的 6158 名被试中，933

人选择"非常不同意",占 15.15%;1891 人选择"不太同意",占 30.71%;1344 人选择"不确定",占 21.83%;1268 人选择"比较同意",占 20.59%;722 人选择"非常同意",占 11.72%。

2016 年问卷调查结果显示,在做出有效选择的 6580 名被试中,764 人选择"非常不同意",占 11.61%;1419 人选择"不太同意",占 21.57%;1513 人选择"不确定",占 22.99%;2019 人选择"比较同意",占 30.68%;865 人选择"非常同意",占 13.15%(见表 2–27 和图 2–27)。

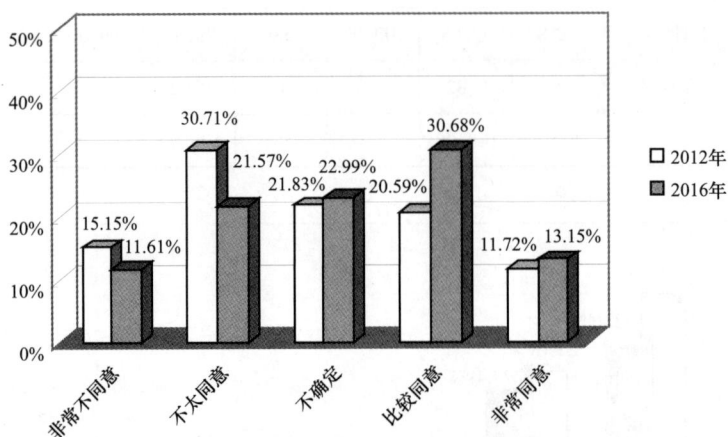

图 2–27 是否同意"中国的政治体制改革应该一步到位,而不是慢慢来"选择比例的变化

表 2–27 是否同意"中国的政治体制改革应该一步到位,而不是慢慢来"

项目		2012 年问卷调查			2016 年问卷调查			
		频率	%	有效%	频率	%	有效%	%增减
有效	非常不同意	933	15.15	15.15	764	11.61	11.61	−3.54
	不太同意	1891	30.70	30.71	1419	21.56	21.57	−9.14

续表

项目		2012 年问卷调查			2016 年问卷调查			
		频率	%	有效%	频率	%	有效%	%增减
有效	不确定	1344	21.82	21.83	1513	22.99	22.99	+1.16
	比较同意	1268	20.59	20.59	2019	30.68	30.68	+10.09
	非常同意	722	11.72	11.72	865	13.14	13.15	+1.43
	合计	6158	99.98	100.00	6580	99.98	100.00	
缺失	系统	1	0.02		1	0.02		
总计		6159	100.00		6581	100.00		

2016 年与 2012 年相比，对"中国的政治体制改革应该一步到位，而不是慢慢来"持赞同态度的被试由 2012 年的 32.31% 上升到 2016 年的 43.83%，上升了 11.52 个百分点。

第四道题目询问被试是否同意"中国在全球化背景下已经找到了适合本国发展的道路"。

2012 年问卷调查结果显示，在做出有效选择的 6158 名被试中，164 人选择"非常不同意"，占 2.66%；525 人选择"不太同意"，占 8.53%；1813 人选择"不确定"，占 29.44%；2521 人选择"比较同意"，占 40.94%；1135 人选择"非常同意"，占 18.43%。

2016 年调查结果显示，在做出有效选择的 6578 名被试中，131 人选择"非常不同意"，占 1.99%；377 人选择"不太同意"，占 5.73%；1473 人选择"不确定"，占 22.40%；3011 人选择"比较同意"，占 45.77%；1586 人选择"非常同意"，占 24.11%（见表 2 - 28 和图 2 - 28）。

2016 年与 2012 年相比，对"中国在全球化背景下已经找到了适合本国发展的道路"持赞同态度的被试由 2012 年的 59.37% 上升到 2016 年的 69.88%，上升了 10.51 个百分点。

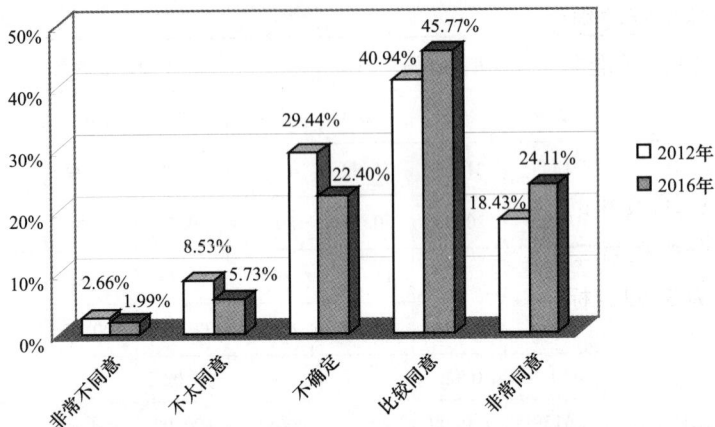

图 2 - 28　是否同意"中国在全球化背景下已经找到了适合本国发展的道路"
选择比例的变化

表 2 - 28　　　　是否同意"中国在全球化背景下已经找到了
适合本国发展的道路"

项目		2012 年问卷调查			2016 年问卷调查			
		频率	%	有效%	频率	%	有效%	% 增减
有效	非常不同意	164	2.66	2.66	131	1.99	1.99	- 0.67
	不太同意	525	8.52	8.53	377	5.73	5.73	- 2.80
	不确定	1813	29.44	29.44	1473	22.38	22.40	- 7.04
	比较同意	2521	40.93	40.94	3011	45.75	45.77	+ 4.83
	非常同意	1135	18.43	18.43	1586	24.10	24.11	+ 5.68
	合计	6158	99.98	100.00	6578	99.95	100.00	
缺失	系统	1	0.02		3	0.05		
	总计	6159	100.00		6581	100.00		

　　与发展认同有关的四道题目，分别测试的是民众对"发展方向"
"国家发展与个人关系""渐进式改革"和"中国发展道路"的态
度。从四道题目的得分情况看（见表 2 - 29 - 1、表 2 - 29 - 2 和
图 2 - 29），两次调查都是反映"发展方向"的题目得分最高（2012

年问卷调查的均值为 4.24，标准差为 0.83；2016 年问卷调查的均值为 4.13，标准差为 0.86；2016 年的得分比 2012 年下降 0.11 分）；反映"渐进式改革"的题目得分最低（2012 年问卷调查的均值为 3.17，标准差为 1.25；2016 年问卷调查的均值为 2.88，标准差为 1.22；2016 年的得分比 2012 年下降 0.29 分）；但是 2012 年问卷调查得分排在第二位的是"国家发展与个人关系"（2012 年问卷调查的均值为 3.92，标准差为 1.19；2016 年问卷调查的均值为 3.64，标准差为 1.28；2016 年的得分比 2012 年下降 0.28 分）；2016 年问卷调查得分排在第二位的则是"中国发展道路"（2012 年问卷调查的均值为 3.64，标准差为 0.97；2016 年问卷调查的均值为 3.84，标准差为 0.92；2016 年的得分比 2012 年上升 0.20 分）。

表 2-29-1　　　　　　　　发展认同各项目得分情况

2012 年问卷调查	N	全距	极小值	极大值	均值		标准差
	统计量	统计量	统计量	统计量	统计量	标准误	统计量
发展方向	6155	4	1	5	4.24	0.011	0.834
发展与个人关系ᵃ	6158	4	1	5	3.92	0.015	1.194
渐进式改革ᵇ	6159	5	1	6	3.17	0.016	1.249
中国发展道路	6159	5	1	6	3.64	0.012	0.965
有效的 N	6154						
2016 年问卷调查	N	全距	极小值	极大值	均值		标准差
	统计量	统计量	统计量	统计量	统计量	标准误	统计量
发展方向	6578	4	1	5	4.13	0.011	0.862
发展与个人关系ᵃ	6580	4	1	5	3.64	0.016	1.283
渐进式改革ᵇ	6580	4	1	5	2.88	0.015	1.224
中国发展道路	6578	4	1	5	3.84	0.011	0.921
有效的 N	6573						

a & b. 反向计分已转化

表 2 - 29 - 2 　　　　　　**发展认同各项目得分变化**

项目	2012 年问卷调查	2016 年问卷调查	2016 年比 2012 年增减
发展方向	4.24	4.13	-0.11
发展与个人关系[a]	3.92	3.64	-0.28
渐进式改革[b]	3.17	2.88	-0.29
中国发展道路	3.64	3.84	+0.20

a & b. 反向计分已转化

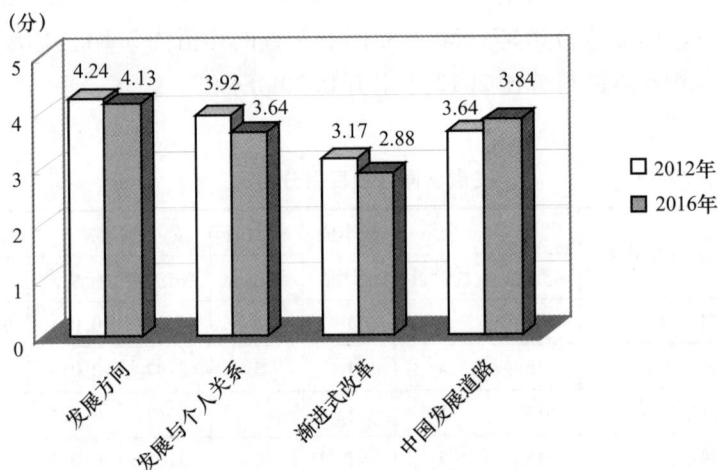

图 2 - 29 　发展认同各项目得分变化

　　通过比较可以看出，发展认同在六种认同中的得分变化最大，尽管对改革开放发展方向的认同程度依然维持在高水平上，但是 2016年的得分比 2012 年有较大幅度的下降；对中国发展道路的认可程度，2016 年则比 2012 年有较大幅度的提高；对国家发展与个人的关系的认可程度，2016 年比 2012 年有所弱化（表现为反向计分的相关项目得分大幅度下降）；尤其需要注意的是，对渐进式改革的方式，认可程度也有所降低（表现为反向计分的相关项目得分大幅度下降）。为什么会出现这样的变化，在后面将以专门的章节作进一步的讨论。

七　政治认同的描述统计及相关分析

2012 年问卷调查结果显示，全体被试政治认同的总体得分在 1.64—4.78 分，均值为 3.67，标准差为 0.40。[①] 在六种认同中，身份认同的得分最高（4.19 分）；第二是发展认同（3.74 分）；第三是政党认同（3.63 分）；第四是政策认同（3.59 分）；文化认同和体制认同的得分最低（均为 3.44 分，见表 2 - 30 - 1）。

表 2 - 30 - 1　　　2012 年问卷调查的中国公民政治认同
总体描述统计

项目	N	极小值	极大值	均值	标准差
政治认同总分	6109	1.64	4.78	3.6733	0.39836
体制认同	6152	1.00	5.00	3.4369	0.53972
政党认同	6146	1.00	5.00	3.6285	0.62707
身份认同	6153	1.00	5.00	4.1930	0.66288
文化认同	6146	1.00	5.00	3.4399	0.56153
政策认同	6152	1.00	5.00	3.5929	0.69399
发展认同	6152	1.00	5.00	3.7413	0.61808
有效的 N（列表状态）	6109				

对 2012 年问卷调查所反映的六种认同之间的相关性进行检验，可以看出各种认同两两之间都具有显著的正向相关关系，各种认同与政治认同总分之间也都具有显著的正向相关关系（见表 2 - 30 - 2）。

[①]　2012 年问卷调查时，政治认同总分采用的是 30 分的分值。确立政治指数的指标体系后，政治认同总分的分值改为 5 分，并对 2012 年的政治认同总分作了重新计算。

表 2-30-2　　2012 年问卷调查显示的各种认同之间的相关

指标	项目	体制认同	政党认同	身份认同	文化认同	政策认同	发展认同	政治认同总分
体制认同	相关性	1	0.368**	0.223**	0.206**	0.371**	0.250**	0.606**
	显著性		0.000	0.000	0.000	0.000	0.000	0.000
	N	6152	6139	6146	6139	6145	6145	6109
政党认同	相关性	0.368**	1	0.303**	0.256**	0.380**	0.320**	0.683**
	显著性	0.000		0.000	0.000	0.000	0.000	0.000
	N	6139	6146	6140	6133	6139	6139	6109
身份认同	相关性	0.223**	0.303**	1	0.255**	0.260**	0.365**	0.636**
	显著性	0.000	0.000		0.000	0.000	0.000	0.000
	N	6146	6140	6153	6141	6146	6146	6109
文化认同	相关性	0.206**	0.256**	0.255**	1	0.250**	0.272**	0.562**
	显著性	0.000	0.000	0.000		0.000	0.000	0.000
	N	6139	6133	6141	6146	6141	6139	6109
政策认同	相关性	0.371**	0.380**	0.260**	0.250**	1	0.360**	0.698**
	显著性	0.000	0.000	0.000	0.000		0.000	0.000
	N	6145	6139	6146	6141	6152	6145	6109
发展认同	相关性	0.250**	0.320**	0.365**	0.272**	0.360**	1	0.669**
	显著性	0.000	0.000	0.000	0.000	0.000		0.000
	N	6145	6139	6146	6139	6145	6152	6109
政治认同总分	相关性	0.606**	0.683**	0.636**	0.562**	0.698**	0.669**	1
	显著性	0.000	0.000	0.000	0.000	0.000	0.000	
	N	6109	6109	6109	6109	6109	6109	6109

＊＊．在 0.01 水平（双侧）上显著相关。

2016 年问卷调查结果显示，全体被试政治认同的总体得分在 1.83—4.90 分，均值为 3.63，标准差为 0.39。在六种认同中，身份认同得分最高（4.09 分）；第二是发展认同（3.62 分）；第三是政党认同（3.59 分）；第四是政策认同（3.57 分）；第五是文化认同

（3.47 分），体制认同得分最低（3.44 分，见表 2 - 30 - 3）。

表 2 - 30 - 3 　　　2016 年问卷调查的中国公民政治认同总体描述统计

项目	N	极小值	极大值	均值	标准差
政治认同总分	6544	1.83	4.90	3.6302	0.38810
体制认同	6581	1.00	5.00	3.4350	0.49368
政党认同	6569	1.33	5.00	3.5877	0.57406
身份认同	6571	1.00	5.00	4.0880	0.65032
文化认同	6575	1.00	5.00	3.4749	0.55296
政策认同	6577	1.00	5.00	3.5655	0.63046
发展认同	6573	1.25	5.00	3.6246	0.64642
有效的 N（列表状态）	6544				

对 2016 年问卷调查所反映的六种认同之间的相关性进行检验，可以看出各种认同两两之间同样都具有显著的正向相关关系，各种认同与政治认同总分之间也都具有显著的正向相关关系（见表 2 - 30 - 4）。

表 2 - 30 - 4 　　　2016 年问卷调查显示的各种认同之间的相关

指标	项目	体制认同	政党认同	身份认同	文化认同	政策认同	发展认同	政治认同总分
体制认同	相关性	1	0.289**	0.250**	0.177**	0.309**	0.238**	0.545**
	显著性		0.000	0.000	0.000	0.000	0.000	0.000
	N	6581	6569	6571	6575	6577	6573	6544
政党认同	相关性	0.289**	1	0.347**	0.275**	0.301**	0.341**	0.645**
	显著性	0.000		0.000	0.000	0.000	0.000	0.000
	N	6569	6569	6560	6563	6565	6561	6544
身份认同	相关性	0.250**	0.347**	1	0.362**	0.328**	0.470**	0.722**
	显著性	0.000	0.000		0.000	0.000	0.000	0.000
	N	6571	6560	6571	6566	6567	6564	6544

续表

指标	项目	体制认同	政党认同	身份认同	文化认同	政策认同	发展认同	政治认同总分
文化认同	相关性	0.177**	0.275**	0.362**	1	0.241**	0.349**	0.606**
	显著性	0.000	0.000	0.000		0.000	0.000	0.000
	N	6575	6563	6566	6575	6571	6567	6544
政策认同	相关性	0.309**	0.301**	0.328**	0.241**	1	0.369**	0.661**
	显著性	0.000	0.000	0.000	0.000		0.000	0.000
	N	6577	6565	6567	6571	6577	6569	6544
发展认同	相关性	0.238**	0.341**	0.470**	0.349**	0.369**	1	0.726**
	显著性	0.000	0.000	0.000	0.000	0.000		0.000
	N	6573	6561	6564	6567	6569	6573	6544
政治认同总分	相关性	0.545**	0.645**	0.722**	0.606**	0.661**	0.726**	1
	显著性	0.000	0.000	0.000	0.000	0.000	0.000	
	N	6544	6544	6544	6544	6544	6544	6544

**. 在 0.01 水平（双侧）上显著相关。

比较两次问卷调查的六种认同得分排序，只是 2012 年问卷调查并列得分最低的文化认同和体制认同，在 2016 年问卷调查中变为体制认同得分最低，文化认同的得分排在第五位。六种认同的具体得分，2016 年只有一种认同的得分高于 2012 年（文化认同），一种认同的得分与 2012 年持平（体制认同）；四种认同的得分低于 2012 年（政党认同、身份认同、政策认同和发展认同）。由于四种认同的得分下降，使得 2016 年问卷调查的政治认同总分（3.63 分）也比 2012 年（3.67 分）下降了 0.04 分（见表 2-30-5 和图 2-30）。

表 2-30-5　　　　　**两次问卷调查的政治认同得分比较**

项目	2012 年问卷调查	2016 年问卷调查	2016 年比 2012 年增减
政治认同总分	3.67	3.63	-0.04
体制认同	3.44	3.44	0

续表

项目	2012 年问卷调查	2016 年问卷调查	2016 年比 2012 年增减
政党认同	3.63	3.59	−0.04
身份认同	4.19	4.09	−0.10
文化认同	3.44	3.47	+0.03
政策认同	3.59	3.57	−0.02
发展认同	3.74	3.62	−0.12

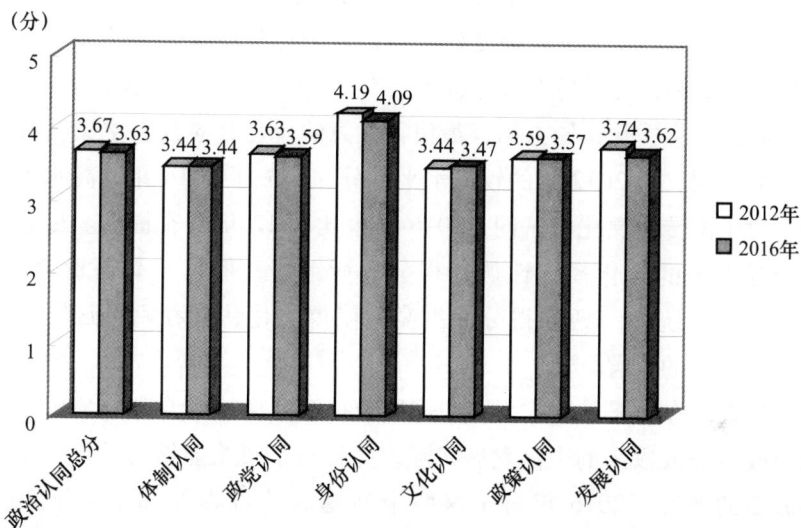

图 2-30　两次问卷调查的政治认同得分比较

通过本章的叙述，对于 2012—2016 年中国民众的政治认同情况，可以有以下几点基本的认识。

第一，在体制认同方面，中国民众对中国体制的有效性和中国制度的优越性保持了高水平的认同，对政治体制改革的急迫性要求尽管有所增强，但并没有拉低体制认同的总体水平。2016 年问卷调查的体制认同得分与 2012 年持平，就是得宜于"体制有效性"得分的持平，因为"制度优越性"和"政改急迫性"的得分增减起了相互抵消的作用。

第二，在政党认同方面，中国民众对中国共产党领导的重要性保持了高水平的认同，对中国政党制度重要性的认同也保持在较高水平上，对多党竞争的态度则维持在中等水平上。由于政党认同下的三个项目的得分 2016 年都略低于 2012 年，使得政党认同的得分略有下降，但总体格局没有发生重大的变化。

第三，在身份认同方面，中国民众不仅持续保持强烈的中国人自豪感，还延续了高水平的国民身份认同和民族身份认同。2016 年问卷调查显示的身份认同得分比 2012 年有一定幅度的下降，最主要的原因是公民身份认同得分下降幅度较大，但是公民身份认同依然能够保持在较高水平上，使得身份认同总体上依然保持在高水平的位置上。

第四，在文化认同方面，最值得注意的变化是对社会主义核心价值观的认同，从 2012 年的较高水平得分，变成了 2016 年的高水平得分。对中国传统文化的认同，2016 年也比 2012 年略有提高。尽管处于中等水平的文化多样性认知得分有所下降，但是"核心价值观"和"文化传统性"两项得分的提高，使得文化认同在六种认同独占了得分提高的位置。

第五，在政策认同方面，中国民众持续高度认可党和政府的政策符合改革开放以来的中国发展实际，并且对于政策能够有效推行给予了较高的评价（2016 年对于这两个问题的认可程度都略高于 2012 年）。但是，民众对政策失误的担心，2016 年比 2012 年有所加重，并使得政策认同的总体水平略有下降。

第六，在发展认同方面，中国民众不仅对改革开放的发展方向依然给予了高度的评价，对中国发展道路的认可程度也有明显的提高。但是民众对国家发展与个人关系的认识和对渐进式改革的认可程度都有所弱化，使得发展认同在六种认同中得分下降的幅度最大。对于这样的现象，应该给予高度的重视。

第七，2016 年问卷调查显示的政治认同总分，尽管比 2012 年问卷调查的政治认同总分略有下降，但是从总体上看，中国民众的政治认同水平变化不是很大，依然维持了"较高政治认同水平"的基本形态。

第三章　两次调查反映的危机压力情况

根据 2012 年问卷调查和 2016 年问卷调查的结果，可以对中国公民政治危机压力、经济危机压力、社会危机压力、文化危机压力、生态危机压力、国际性危机压力的情况分别作出说明，并在此基础上说明危机压力总体得分的变化情况。

一　政治危机压力

两次问卷调查均以三道题目了解被试的政治危机压力程度，并依据问卷调查设定的指标体系，为被试的政治危机压力赋分。

第一道题目询问被试是否同意"未来几年中国可能出现严重的政治危机"。

2012 年问卷调查结果显示，在做出有效选择的 6158 名被试中，816 人选择"非常不同意"，占 13.25%；1246 人选择"不太同意"，占 20.24%；2690 人选择"不确定"，占 43.68%；1058 人选择"比较同意"，占 17.18%；348 人选择"非常同意"，占 5.65%。

2016 年问卷调查结果显示，在做出有效选择的 6581 名被试中，743 人选择"非常不同意"，占 11.29%；1230 人选择"不太同意"，占 18.69%；2373 人选择"不确定"，占 36.06%；1887 人选择"比较同意"，占 28.67%；348 人选择"非常同意"，占 5.29%（见表 3-1 和图 3-1）。

2016 年与 2012 年相比，对"未来几年中国可能出现严重的政治危机"持赞同态度的被试由 2012 年的 22.83% 上升到 2016 年的 33.96%，上升了 11.13 个百分点。

表 3-1　　是否同意"未来几年中国可能出现严重的政治危机"

项目		2012 年问卷调查			2016 年问卷调查			
		频率	%	有效%	频率	%	有效%	% 增减
有效	非常不同意	816	13.25	13.25	743	11.29	11.29	-1.96
	不太同意	1246	20.23	20.24	1230	18.69	18.69	-1.55
	不确定	2690	43.67	43.68	2373	36.06	36.06	-7.62
	比较同意	1058	17.18	17.18	1887	28.67	28.67	+11.49
	非常同意	348	5.65	5.65	348	5.29	5.29	-0.36
	合计	6158	99.98	100.00	6581	100.00	100.00	
缺失	系统	1	0.02					
总计		6159	100.00					

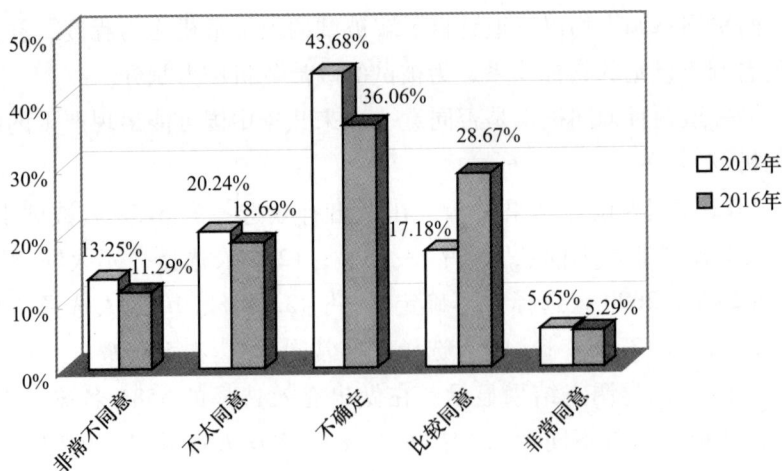

图 3-1　是否同意"未来几年中国可能出现严重的政治危机"
选择比例的变化

第二道题目询问被试是否同意"中国可能面临严重的民族冲突"。

2012 年问卷调查结果显示，在做出有效选择的 6155 名被试中，943 人选择"非常不同意"，占 15.32%；1590 人选择"不太同意"，占 25.83%；2459 人选择"不确定"，占 39.95%；915 人选择"比较同意"，占 14.87%；248 人选择"非常同意"，占 4.03%。

2016 年问卷调查结果显示，在做出有效选择的 6581 名被试中，1013 人选择"非常不同意"，占 15.39%；1432 人选择"不太同意"，占 21.76%；2321 人选择"不确定"，占 35.27%；1429 人选择"比较同意"，占 21.71%；386 人选择"非常同意"，占 5.87%（见表 3－2 和图 3－2）。

2016 年与 2012 年相比，对"中国可能面临严重的民族冲突"持赞同态度的被试由 2012 年的 18.90% 上升到 2016 年的 27.58%，上升了 8.68 个百分点。

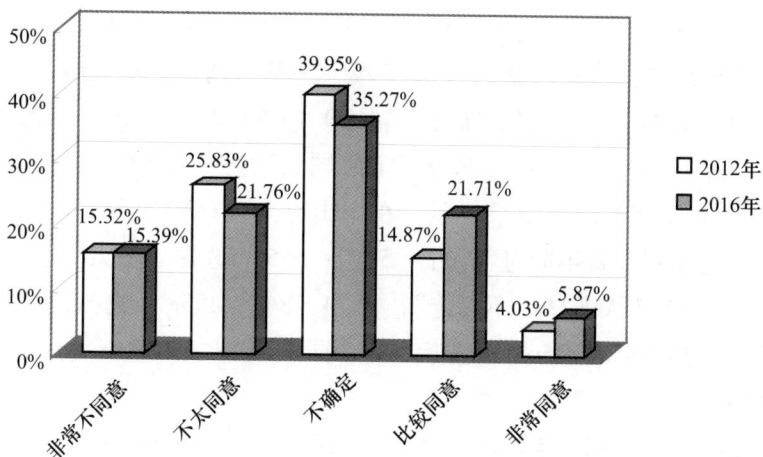

图 3－2　是否同意"中国可能面临严重的民族冲突"选择比例的变化

表 3-2　　　**是否同意"中国可能面临严重的民族冲突"**

项目		2012 年问卷调查			2016 年问卷调查			
		频率	%	有效%	频率	%	有效%	% 增减
有效	非常不同意	943	15.31	15.32	1013	15.39	15.39	+0.07
	不太同意	1590	25.81	25.83	1432	21.76	21.76	-4.07
	不确定	2459	39.93	39.95	2321	35.27	35.27	-4.68
	比较同意	915	14.86	14.87	1429	21.71	21.71	+6.84
	非常同意	248	4.03	4.03	386	5.87	5.87	+1.84
	合计	6155	99.94	100.00	6581	100.00	100.00	
缺失	系统	4	0.06					
总计		6159	100.00					

第三道题目询问被试是否同意"反腐不坚决,政治危机不可避免"的说法。

2012 年问卷调查结果显示,在做出有效选择的 6156 名被试中,332 人选择"非常不同意",占 5.39%;460 人选择"不太同意",占 7.47%;1241 人选择"不确定",占 20.16%;2129 人选择"比较同意",占 34.59%;1994 人选择"非常同意",占 32.39%。

2016 年问卷调查结果显示,在做出有效选择的 6578 名被试中,301 人选择"非常不同意",占 4.58%;555 人选择"不太同意",占 8.43%;1597 人选择"不确定",占 24.28%;2558 人选择"比较同意",占 38.89%;1567 人选择"非常同意",占 23.82%(见表 3-3 和图 3-3)。

2016 年与 2012 年相比,对"反腐不坚决,政治危机不可避免"持赞同态度的被试由 2012 年的 66.98% 下降到 2016 年的 62.71%,下降了 4.27 个百分点。

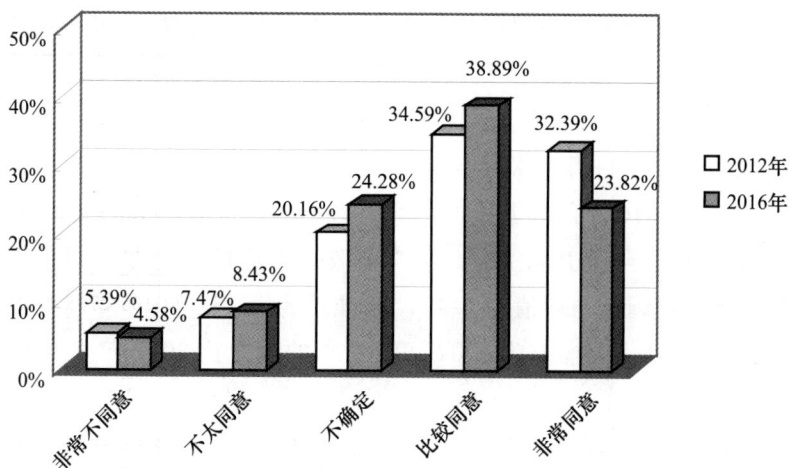

图 3 - 3　是否同意"反腐不坚决，政治危机不可避免"选择比例的变化

表 3 - 3　　　　　是否同意"反腐不坚决，政治危机不可避免"

项目		2012 年问卷调查			2016 年问卷调查			
		频率	%	有效%	频率	%	有效%	% 增减
有效	非常不同意	332	5.39	5.39	301	4.57	4.58	- 0.81
	不太同意	460	7.47	7.47	555	8.43	8.43	+ 0.96
	不确定	1241	20.15	20.16	1597	24.27	24.28	+ 4.12
	比较同意	2129	34.57	34.59	2558	38.87	38.89	+ 4.30
	非常同意	1994	32.37	32.39	1567	23.81	23.82	- 8.57
	合计	6156	99.95	100.00	6578	99.95	100.00	
缺失	系统	3	0.05		3	0.05		
总计		6159	100.00		6581	100.00		

与政治危机压力有关的三道题目，分别测试的是民众对"政治危机可能性""民族冲突可能性"和"腐败带来危机"的看法。从三道题目的得分情况看（见表 3 - 4 - 1、表 3 - 4 - 2 和图 3 - 4），两次调

查都是反映"政治危机可能性"的题目得分最高（2012 年问卷调查的均值为 2.82，标准差为 1.05；2016 年问卷调查的均值为 2.98，标准差为 1.07，2016 年的得分比 2012 年上升 0.16 分）。反映"民族冲突可能性"的题目得分次之（2012 年问卷调查的均值为 2.66，标准差为 1.03；2016 年问卷调查的均值为 2.81，标准差为 1.12，2016 年的得分比 2012 年上升 0.15 分）。"腐败带来危机"的题目得分最低（2012 年问卷调查的均值为 2.19，标准差为 1.13；2016 年问卷调查的均值为 2.31，标准差为 1.07，2016 年的得分比 2012 年上升 0.12 分）。

2016 年与 2012 年相比，政治危机压力三个项目的得分都有所提高（包括反向计分的项目），显示中国民众的政治危机压力感有所增强，但是这样的压力感依然保持在中等水平上。

表 3 - 4 - 1　　　　　政治危机压力各项目得分情况

2012 年问卷调查	N	全距	极小值	极大值	均值		标准差
	统计量	统计量	统计量	统计量	统计量	标准误	统计量
政治危机可能性	6158	4	1	5	2.82	0.013	1.047
民族冲突可能性	6155	4	1	5	2.66	0.013	1.034
腐败带来危机[a]	6156	4	1	5	2.19	0.014	1.129
有效的 N	6151						
2016 年问卷调查	N	全距	极小值	极大值	均值		标准差
	统计量	统计量	统计量	统计量	统计量	标准误	统计量
政治危机可能性	6581	4	1	5	2.98	0.013	1.066
民族冲突可能性	6581	4	1	5	2.81	0.014	1.117
腐败带来危机[a]	6578	4	1	5	2.31	0.013	1.065
有效的 N	6578						

a. 反向计分已转化

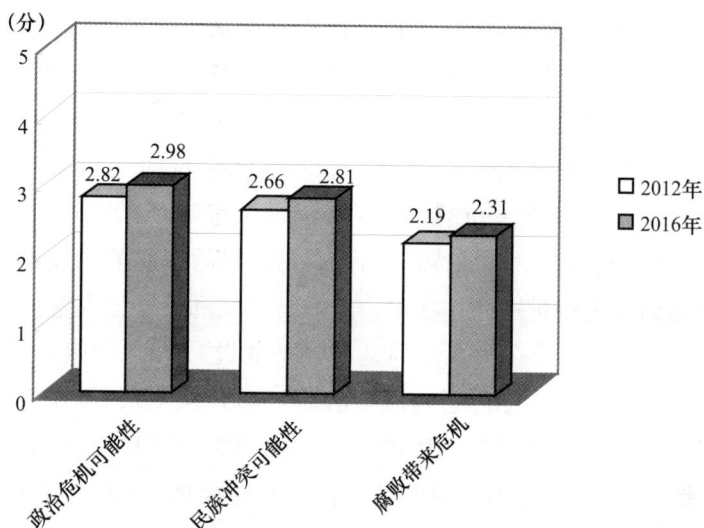

图 3 - 4　政治危机压力各项目得分变化

表 3 - 4 - 2　　　　　　政治危机压力各项目得分变化

项目	2012 年问卷调查	2016 年问卷调查	2016 年比 2012 年增减
政治危机可能性	2.82	2.98	+0.16
民族冲突可能性	2.66	2.81	+0.15
腐败带来危机[a]	2.19	2.31	+0.12

a. 反向计分已转化

　　2012 年问卷调查希望进一步了解民众对政治危机的具体看法，在问卷中专门设计了"您认为哪些因素可能引发中国的政治危机"的问题，请受访人在列出的 7 个选项中选择 3 项，并根据选项的重要性排序：（1）党和政府出现重大政策失误；（2）国外势力的渗透与颠覆活动；（3）经济危机；（4）民族问题激化；（5）社会矛盾激化；（6）宗教问题激化；（7）政治腐败越演越烈。2016 年问卷调查则在相同的题目下增加了"意识形态冲突"选项，使 7 个选项变成了 8 个。

　　2012 年问卷调查的结果显示，被试对可能引发政治危机因素的第一选择按选择比例由高到低进行排序，排在第一位的是"党和政府出现重大政策失误"（38.93%）；排在第二位的是"经济危机"（21.11%）；排在第三位的是"政治腐败越演越烈"（17.56%）；排在第四位的是"国外势力的渗透与颠覆活动"（10.11%）；排在第五位的是"社会矛盾激化"（8.23%）；排在第六位的是"民族问题激化"（3.03%）；排在末位的是"宗教问题激化"（1.03%）。2016年问卷调查结果显示，被试对可能引发政治危机因素的第一选择按选择比例由高到低进行排序，排在第一位的是"党和政府出现重大政策失误"（39.50%）；排在第二位的是"经济危机"（22.13%）；排在第三位的是"国外势力的渗透与颠覆活动"（11.58%）；排在第四位的是"政治腐败越演越烈"（10.07%）；排在第五位的是"社会矛盾激化"（8.65%）；排在第六位的是"民族问题激化"（5.09%）；排在第七位的是"宗教问题激化"（1.66%）；排在末位的是"意识形态冲突"（1.32%，见表3-5）。不考虑新增的选项，在第一选择方面排序方面出现的变化，是2012年排在第三位的"政治腐败越演越烈"，2016年下降到第四位；2012年排在第四位的"国外势力的渗透与颠覆活动"，2016年上升到第三位。

表3-5　　　　　　　　对可能引发政治危机因素的看法

选项	2012 年问卷调查				2016 年问卷调查			
	第一选择		总提及		第一选择		总提及	
	频率	百分比	频率	百分比	频率	百分比	频率	百分比
重大决策失误	2392	38.93	3523	19.18	2598	39.50	3954	20.09
国外势力颠覆	621	10.11	2384	12.98	762	11.58	2813	14.29
经济危机	1297	21.11	3482	18.96	1456	22.13	3690	18.75
民族问题激化	186	3.03	1327	7.22	335	5.09	1673	8.50
社会矛盾激化	506	8.23	2955	16.09	569	8.65	2734	13.89
宗教问题激化	63	1.03	681	3.71	109	1.66	814	4.14
政治腐败严重	1079	17.56	4015	21.86	662	10.07	3134	15.93
意识形态冲突	/	/	/	/	87	1.32	867	4.41
合计	6144	100.00	18367	100.00	6578	100.00	19679	100.00

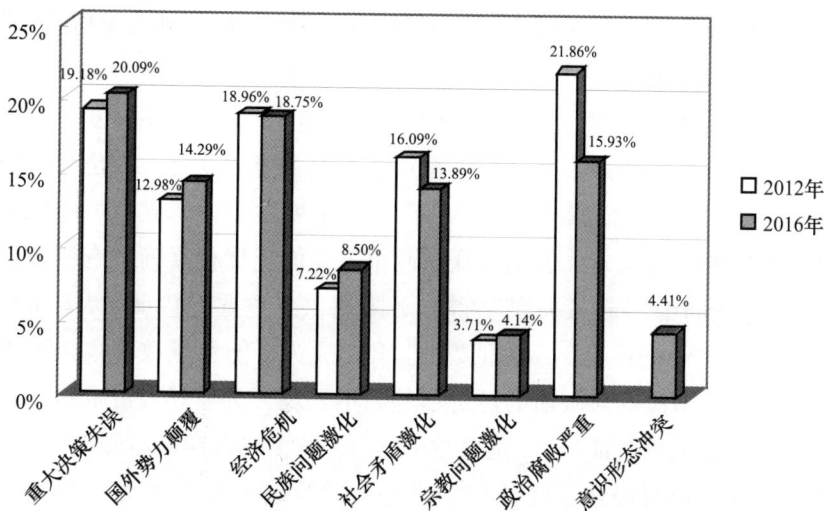

图 3 - 5　对可能引发政治危机因素的总提及频率比较

2012 年问卷调查显示的被试对可能引发政治危机因素的总提及频率（各因素在 3 个选项中的选择频率）由高到低排序，第一是"政治腐败越演越烈"（21.86%）；第二是"党和政府出现重大政策失误"（19.18%）；第三是"经济危机"（18.96%）；第四是"社会矛盾激化"（16.09%）；第五是"国外势力的渗透与颠覆活动"（12.98%）；第六是"民族问题激化"（7.22%）；第七是"宗教问题激化"（3.71%）。2016 年问卷调查显示的被试对可能引发政治危机因素的总提及频率由高到低排序，第一是"党和政府出现重大政策失误"（20.09%）；第二是"经济危机"（18.75%）；第三是"政治腐败越演越烈"（15.93%）；第四是"国外势力的渗透与颠覆活动"（14.29%）；第五是"社会矛盾激化"（13.89%）；第六是"民族问题激化"（8.50%）；第七是"意识形态冲突"（4.41%）；第八是"宗教问题激化"（4.14%）。即便是排除了新增的选项，2016 年与 2012 年相比也有以下重大的变化："党和政府出现重大政策失误"由 2012 年的第二位上升到第一位，"经济危机"由 2012 年的第三位上升到第二位，"政治腐败越演越烈"由 2012 年的第一位下降到第三位，"国外势力的渗透与颠覆活动"由 2012 年的第五位上升到第四位，"社会矛盾激化"由 2012 年的第四位下降到第五位（见图 3 - 5）。

从 2016 年问卷调查的总提及频率变化可以看出，对于可能引发政治危机的各种因素，民众的侧重点有五点重要的变化：一是政策因素（"党和政府出现重大政策失误"）的重要性上升，成为可能引发政治危机的首要因素，表明民众对政策失误的担忧程度确实有所增强（为政策认同中"政策失误"得分下降提供了重要的佐证）。二是经济因素（"经济危机"）的重要性上升，成为可能引发政治危机的次要因素，显示民众对眼前的经济形势并不乐观（为下述经济危机压力增强提供了重要佐证）。三是腐败因素（"政治腐败越演越烈"）的重要性下降，表明民众已经适应了常态化的反腐败行为（为"腐败带来危机"得分的变化提供了重要佐证）。四是社会因素（"社会矛盾激化"）的重要性下降，表明民众对于社会稳定有了更强的信心（为下述社会危机压力减弱提供了重要佐证）。五是外来因素（"国外势力的渗透与颠覆活动"）的重要性上升，表明民众对来自域外的干预保持着高度的警惕性（为下述国际性危机压力的变化提供了重要佐证）。至于民族因素（"民族问题激化"）、宗教因素（"宗教问题激化"）和意识形态因素（"意识形态冲突"），至少在当前还不是民众普遍看重的问题。

如果将可能引发政治危机的因素分为两大类，一类是政治因素（包括"党和政府出现重大政策失误""政治腐败越演越烈"和"国外势力的渗透与颠覆活动"三种因素）；另一类是经济、社会、文化因素（包括"经济危机""社会矛盾激化""民族问题激化""宗教问题激化""意识形态冲突"五种因素），可以看到一个重要的变化，就是由 2012 年的偏重于政治类因素，变成了 2016 年的两类因素并重（"政治因素"总提及频率的总比例由 2012 年的 54.02% 下降到 2016 年的 50.31%，"经济、社会、文化因素"总提及频率的总比例由 2012 年的 45.98% 上升到 2016 年的 49.69%）。

二　经济危机压力

两次问卷调查均以三道题目了解被试的经济危机压力程度，并依据问卷调查设定的指标体系，为被试的经济危机压力赋分。

第一道题目询问被试是否同意"未来几年中国可能出现严重的经济危机"。

2012 年问卷调查结果显示，在做出有效选择的 6157 名被试中，660 人选择"非常不同意"，占 10.72%；1220 人选择"不太同意"，占 19.81%；2716 人选择"不确定"，占 44.11%；1161 人选择"比较同意"，占 18.86%；400 人选择"非常同意"，占 6.50%。

2016 年问卷调查结果显示，在做出有效选择的 6578 名被试中，580 人选择"非常不同意"，占 8.82%；1061 人选择"不太同意"，占 16.13%；2343 人选择"不确定"，占 35.62%；2251 人选择"比较同意"，占 34.22%；343 人选择"非常同意"，占 5.21%（见表 3 -6 和图 3 -6）。

表 3 -6　　是否同意"未来几年中国可能出现严重的经济危机"

项目		2012 年问卷调查			2016 年问卷调查			
		频率	%	有效%	频率	%	有效%	% 增减
有效	非常不同意	660	10.72	10.72	580	8.81	8.82	-1.90
	不太同意	1220	19.81	19.81	1061	16.12	16.13	-3.68
	不确定	2716	44.10	44.11	2343	35.61	35.62	-8.49
	比较同意	1161	18.85	18.86	2251	34.20	34.22	+15.36
	非常同意	400	6.49	6.50	343	5.21	5.21	-1.29
	合计	6157	99.97	100.00	6578	99.95	100.00	
缺失	系统	2	0.03		3	0.05		
总计		6159	100.00		6581	100.00		

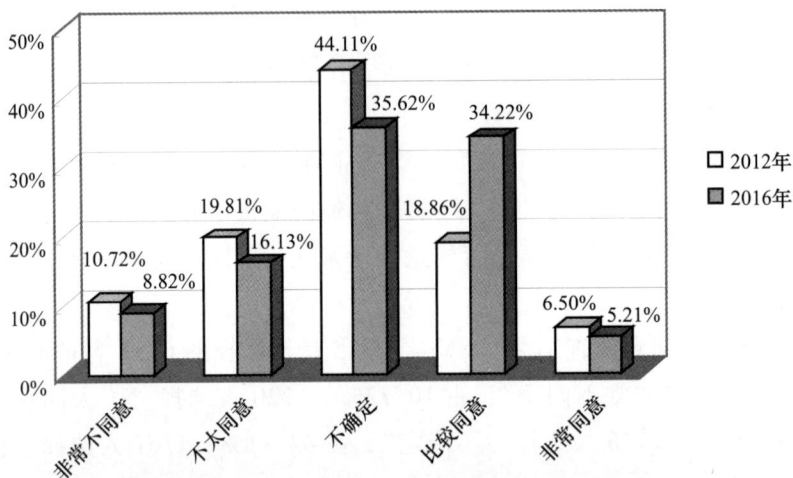

图 3-6　是否同意"未来几年中国可能出现严重的经济危机"
选择比例的变化

　　2016 年与 2012 年相比，对"未来几年中国可能出现严重的经济危机"持赞同态度的被试由 2012 年的 25.36% 上升到 2016 年的 39.43%，上升了 14.07 个百分点。

　　第二道题目询问被试是否同意"我对国家的经济发展前景非常有信心"。

　　2012 年问卷调查结果显示，在做出有效选择的 6155 名被试中，112 人选择"非常不同意"，占 1.82%；278 人选择"不太同意"，占 4.51%；1037 人选择"不确定"，占 16.85%；2585 人选择"比较同意"，占 42.00%；2143 人选择"非常同意"，占 34.82%。

　　2016 年问卷调查结果显示，在做出有效选择的 6568 名被试中，71 人选择"非常不同意"，占 1.08%；223 人选择"不太同意"，占 3.40%；1178 人选择"不确定"，占 17.93%；3464 人选择"比较同意"，占 52.74%；1632 人选择"非常同意"，占 24.85%（见表 3-7 和图 3-7）。

表3-7　　　是否同意"我对国家的经济发展前景非常有信心"

项目		2012年问卷调查			2016年问卷调查			
		频率	%	有效%	频率	%	有效%	%增减
有效	非常不同意	112	1.82	1.82	71	1.08	1.08	-0.74
	不太同意	278	4.51	4.51	223	3.39	3.40	-1.11
	不确定	1037	16.84	16.85	1178	17.90	17.93	+1.08
	比较同意	2585	41.97	42.00	3464	52.63	52.74	+10.74
	非常同意	2143	34.8	34.82	1632	24.80	24.85	-9.97
	合计	6155	99.94	100.00	6568	99.80	100.00	
缺失	系统	4	0.06		13	0.20		
总计		6159	100.00		6581	100.00		

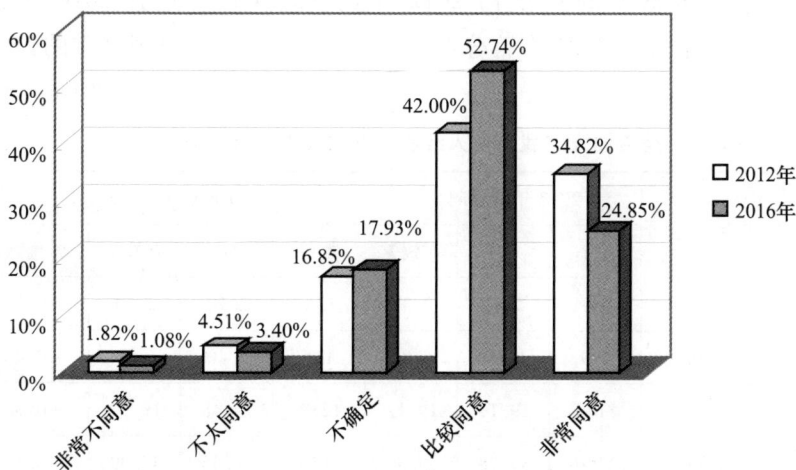

图3-7　是否同意"我对国家的经济发展前景非常有信心"
选择比例的变化

　　2016年与2012年相比，对"我对国家的经济发展前景非常有信心"持赞同态度的被试由2012年的76.82%上升到2016年的

77.59%，上升了 0.77 个百分点。

第三道题目询问被试是否同意"我对个人经济状况的改善非常有信心"。

2012 年问卷调查结果显示，在做出有效选择的 6156 名被试中，143 人选择"非常不同意"，占 2.32%；420 人选择"不太同意"，占 6.82%；1177 人选择"不确定"，占 19.12%；2450 人选择"比较同意"，占 39.80%；1966 人选择"非常同意"，占 31.94%。

2016 年问卷调查结果显示，在做出有效选择的 6576 名被试中，138 人选择"非常不同意"，占 2.10%；421 人选择"不太同意"，占 6.40%；1282 人选择"不确定"，占 19.50%；3156 人选择"比较同意"，占 47.99%；1579 人选择"非常同意"，占 24.01%（见表 3-8 和图 3-8）。

2016 年与 2012 年相比，对"我对个人经济状况的改善非常有信心"持赞同态度的被试由 2012 年的 71.74% 上升到 2016 年的 72.00%，上升了 0.26 个百分点。

表 3-8　　是否同意"我对个人经济状况的改善非常有信心"

项目		2012 年问卷调查			2016 年问卷调查			% 增减
		频率	%	有效%	频率	%	有效%	
有效	非常不同意	143	2.32	2.32	138	2.10	2.10	-0.22
	不太同意	420	6.82	6.82	421	6.40	6.40	-0.42
	不确定	1177	19.11	19.12	1282	19.48	19.50	+0.38
	比较同意	2450	39.78	39.80	3156	47.96	47.99	+8.19
	非常同意	1966	31.92	31.94	1579	23.98	24.01	-7.93
	合计	6156	99.95	100.00	6576	99.92	100.00	
缺失	系统	3	0.05		5	0.08		
	总计	6159	100.00		6581	100.00		

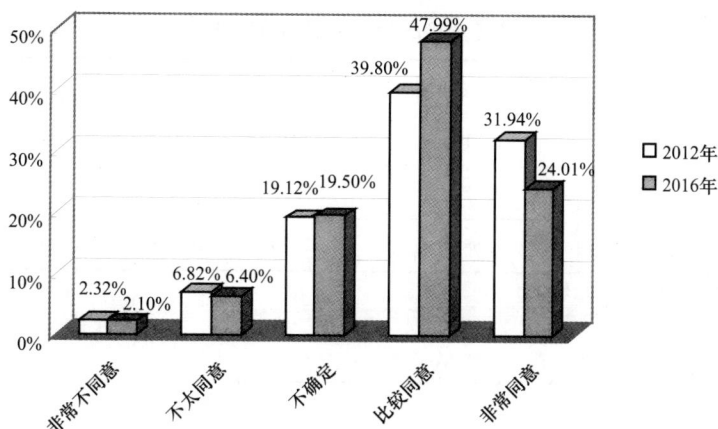

图 3 - 8　是否同意"我对个人经济状况的改善非常有信心"选择比例的变化

　　与经济危机压力有关的三道题目，分别测试的是民众对"经济危机可能性""国家经济发展信心"和"个人经济发展信心"的看法。从三道题目的得分情况看（见表 3 - 9 - 1、表 3 - 9 - 2 和图 3 - 9），

表 3 - 9 - 1　　　　　　　　经济危机压力各项目得分情况

2012 年问卷调查	N	全距	极小值	极大值	均值		标准差
	统计量	统计量	统计量	统计量	统计量	标准误	统计量
经济危机可能性	6157	4	1	5	2.91	0.013	1.033
国家经济发展信心[a]	6155	4	1	5	1.97	0.012	0.927
个人经济发展信心[b]	6158	6	1	7	2.08	0.013	0.996
有效的 N	6153						
2016 年问卷调查	N	全距	极小值	极大值	均值		标准差
	统计量	统计量	统计量	统计量	统计量	标准误	统计量
经济危机可能性	6578	4	1	5	3.11	0.013	1.026
国家经济发展信心[a]	6568	4	1	5	2.03	0.010	0.812
个人经济发展信心[b]	6576	4	1	5	2.15	0.011	0.927
有效的 N	6560						

　　a & b. 反向计分已转化

表 3 - 9 - 2 经济危机压力各项目得分变化

项目	2012 年问卷调查	2016 年问卷调查	2016 年比 2012 年增减
经济危机可能性	2.91	3.11	+ 0.20
国家经济发展信心[a]	1.97	2.03	+ 0.06
个人经济发展信心[b]	2.08	2.15	+ 0.07

a & b. 反向计分已转化

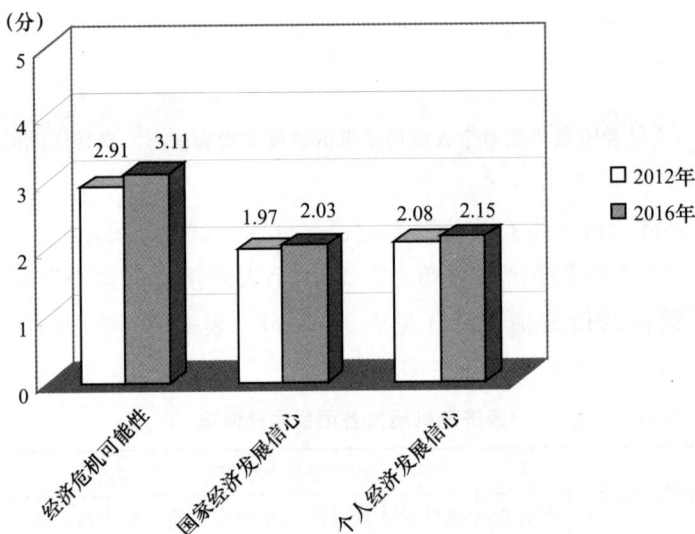

图 3 - 9 经济危机压力各项目得分变化

两次调查都是反映"经济危机可能性"的题目得分最高（2012 年问卷调查的均值为 2.91，标准差为 1.03，2016 年问卷调查的均值为 3.11，标准差为 1.03；2016 年的得分比 2012 年上升 0.20 分）；反映"个人经济发展信心"的题目得分次之（2012 年问卷调查的均值为 2.08，标准差为 1.00；2016 年问卷调查的均值为 2.15，标准差为 0.93，2016 年的得分比 2012 年上升 0.07 分）；反映"国家经济发展信心"的题目得分最低（2012 年问卷调查的均值为 1.97，标准差为 0.93；2016 年问卷调查的均值为 2.03，标准差为 0.81，2016 年的得分比 2012 年上升 0.06 分)。

通过比较可以看出,在经济危机压力方面最重要的变化是"经济危机可能性"带来的压力得分在 2016 年超过了 3 分,达到了较强压力的水平;但是另一方面的变化也不可忽视,就是无论"个人经济发展信心"还是"国家经济发展信心",2016 年都比 2012 年有所减弱(反向计分的相关项目得分上升,表明总体的信心水平下降),对经济危机压力的增强也起了一定的辅助作用。

两次问卷调查都在问卷中专门设计了"您认为哪些因素可能引发中国的经济危机"的问题,请受访人在列出的 7 个选项中选择 3 项,并根据选项的重要性排序:(1)房市、股市崩盘;(2)党和政府出现重大经济决策失误;(3)城乡居民收入差距过大;(4)国际金融危机;(5)庞大的政府债务;(6)物价快速上涨;(7)中国经济发展急剧减速。

2012 年问卷调查结果显示,被试对可能引发经济危机因素的第一选择按选择比例由高到低进行排序,排在第一位的是"城乡居民收入差距过大"(29.05%);排在第二位的是"房市、股市崩盘"(25.14%);排在第三位的是"党和政府出现重大经济决策失误"(18.94%);排在第四位的是"物价快速上涨"(11.49%);排在第五位的是"国际金融危机"(6.71%);排在第六位的是"中国经济发展急剧减速"(5.19%);排在末位的是"庞大的政府债务"(3.48%)。2016 年问卷调查显示,被试对可能引发经济危机因素的第一选择按选择比例由高到低进行排序,排在第一位的是"房市、股市崩盘"(31.89%);排在第二位的是"城乡居民收入差距过大"(23.74%);排在第三位的是"党和政府出现重大经济决策失误"(17.10%);排在第四位的是"物价快速上涨"(8.96%);排在第五位的是"国际金融危机"(7.39%);排在第六位的是"中国经济发展急剧减速"(5.69%);排在末位的是"庞大的政府债务"(5.23%,见表3-10)。也就是说,在第一选择上出现的重要变化,是 2012 年排在第一位的"城乡居民收入差距过大",2016 年下降到第二位;2012 年排在第二位的"房市、股市崩盘",2016 年上升到第一位。

表 3-10 　　　　　　　　　对可能引发经济危机因素的看法

选项	2012 年问卷调查				2016 年问卷调查			
	第一选择		总提及		第一选择		总提及	
	频率	百分比	频率	百分比	频率	百分比	频率	百分比
房市、股市崩盘	1545	25.14	2350	12.79	2097	31.89	3226	16.42
经济决策失误	1164	18.94	2688	14.62	1124	17.10	2978	15.15
收入差距过大	1785	29.05	4098	22.29	1561	23.74	3657	18.61
国际金融危机	412	6.71	2106	11.46	486	7.39	2381	12.12
政府债务	214	3.48	1204	6.55	344	5.23	1807	9.19
物价快速上涨	706	11.49	4135	22.49	589	8.96	3311	16.85
经济增速急减	319	5.19	1802	9.80	374	5.69	2291	11.66
合计	6145	100.00	18383	100.00	6575	100.00	19651	100.00

2012 年问卷调查显示的被试对可能引发政治危机因素的总提及频率（各因素在 3 个选项中的选择频率）由高到低排序，第一是"物价快速上涨"（22.49%）；第二是"城乡居民收入差距过大"（22.29%）；第三是"党和政府出现重大经济决策失误"（14.62%）；第四是"房市、股市崩盘"（12.79%）；第五是"国际金融危机"（11.46%）；第六是"中国经济发展急剧减速"（9.80%），提及频率最低的是"庞大的政府债务"（6.55%）。2016 年问卷调查显示的被试对可能引发政治危机因素总提及频率由高到低的排序，第一是"城乡居民收入差距过大"（18.61%）；第二是"物价快速上涨"（16.85%）；第三是"房市、股市崩盘"（16.42%）；第四是"党和政府出现重大经济决策失误"（15.15%）；第五是"国际金融危机"（12.12%）；第六是"中国经济发展急剧减速"（11.66%），提及频率最低的是"庞大的政府债务"（9.19%）。2016 年与 2012 年相比，总提及频率的排序出现了以下重大的变化："城乡居民收入差距过大"由 2012 年的第二位上升到第一位，"物价快速上涨"由 2012 年

的第一位下降到第二位；"房市、股市崩盘"由2012年的第四位上升
到第三位，"党和政府出现重大经济决策失误"由2012年的第三位下
降到第四位（见图3-10）。

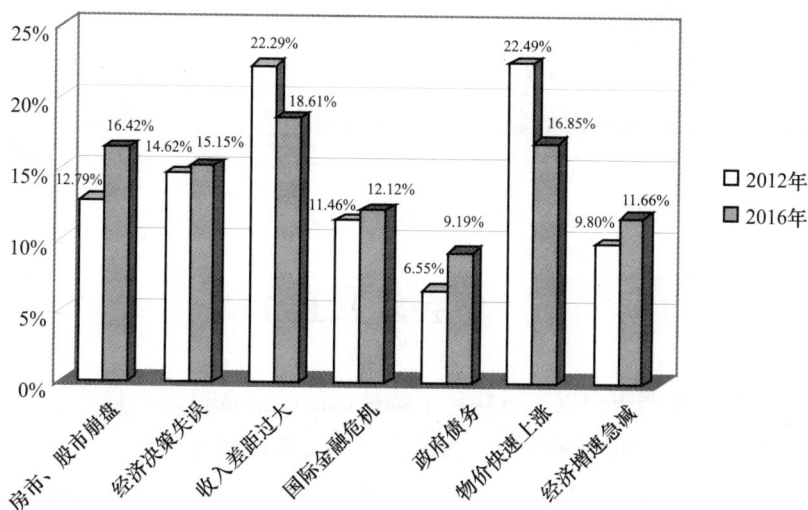

图3-10　对可能引发经济危机因素的总提及频率比较

从2016年问卷调查的总提及频率变化可以看出，对于可能引发
经济危机的各种因素，民众的侧重点有四点重要的变化：一是收入因
素（"城乡居民收入差距过大"）的重要性上升，成为可能引发经济
危机的首要因素，显示的应是民众对改变收入现状的迫切要求。二是
物价因素（"物价快速上涨"）的重要性下降，成为可能引发经济危
机的次要因素，显示的应是民众对宏观调控下的物价控制更有信心。
三是房市股市因素（"房市、股市崩盘"）的重要性上升，在一定程
度上反映了民众对房市和股市走势的担忧。四是政策因素（"党和政
府出现重大经济决策失误"）的重要性下降，显示的应是民众对经济
政策的信心有所增强。至于速度因素（"中国经济发展急剧减速"）
和债务因素（"庞大的政府债务"），尽管关注的人有所增加，但其重
要性依然低于另四个因素。

如果将可能引发经济危机的因素分为两大类，一类是与个人经济状况关系更密切的因素（包括"城乡居民收入差距过大""物价快速上涨""房市、股市崩盘"三种因素）；另一类是与国家经济状况关系更密切的因素（包括"党和政府出现重大经济决策失误""国际金融危机""中国经济发展急剧减速""庞大的政府债务"四种因素），可以看出民众偏重的依然是与个人经济状况关系更密切的因素（"与个人经济状况关系更密切的因素"总提及频率的总比例由 2012 年的 57.57% 下降到 2016 年的 51.88%，"与国家经济状况关系更密切的因素"总提及频率的总比例由 2012 年的 42.43% 上升到 2016 年的 48.12%）。

三　社会危机压力

两次问卷调查均以三道题目了解被试的社会危机压力程度，并依据问卷调查设定的指标体系，为被试的社会危机压力赋分。

第一道题目询问被试是否同意"未来几年，中国可能因为社会矛盾加剧，引发社会危机"。

2012 年问卷调查结果显示，在做出有效选择的 6158 名被试中，573 人选择"非常不同意"，占 9.31%；1126 人选择"不太同意"，占 18.29%；2462 人选择"不确定"，占 39.98%；1517 人选择"比较同意"，占 24.63%；480 人选择"非常同意"，占 7.79%。

2016 年问卷调查结果显示，在做出有效选择的 6579 名被试中，581 人选择"非常不同意"，占 8.83%；1080 人选择"不太同意"，占 16.42%；2427 人选择"不确定"，占 36.89%；1821 人选择"比较同意"，占 27.68%；670 人选择"非常同意"，占 10.18%（见表 3 - 11 和图 3 - 11）。

2016 年与 2012 年相比，对"未来几年，中国可能因为社会矛盾加剧，引发社会危机"持赞同态度的被试由 2012 年的 32.42% 上升到 2016 年的 37.86%，上升了 5.44 个百分点。

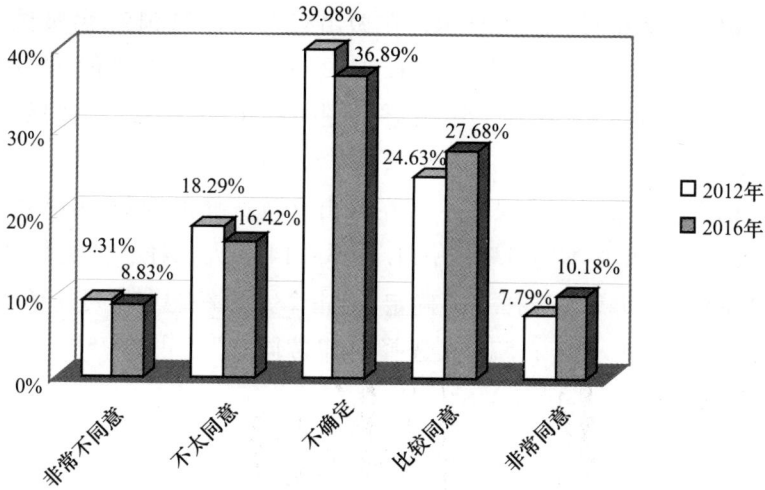

图 3 - 11　是否同意"未来几年，中国可能因为社会矛盾加剧，
引发社会危机"选择比例的变化

表 3 - 11　是否同意"未来几年，中国可能因为社会矛盾加剧，
引发社会危机"

项目		2012 年问卷调查			2016 年问卷调查			
		频率	%	有效%	频率	%	有效%	% 增减
有效	非常不同意	573	9.31	9.31	581	8.83	8.83	-0.48
	不太同意	1126	18.28	18.29	1080	16.41	16.42	-1.87
	不确定	2462	39.97	39.98	2427	36.88	36.89	-3.09
	比较同意	1517	24.63	24.63	1821	27.67	27.68	+3.05
	非常同意	480	7.79	7.79	670	10.18	10.18	+2.39
	合计	6158	99.98	100.00	6579	99.97	100.00	
缺失	系统	1	0.02		2	0.03		
总计		6159	100.00		6581	100.00		

　　第二道题目询问被试是否同意"中国的社会冲突已经影响了公民的正常生活"。

2012 年问卷调查结果显示，在做出有效选择的 6157 名被试中，726 人选择"非常不同意"，占 11.79%；1597 人选择"不太同意"，占 25.94%；1783 人选择"不确定"，占 28.96%；1523 人选择"比较同意"，占 24.74%；528 人选择"非常同意"，占 8.57%。

2016 年问卷调查结果显示，在做出有效选择的 6576 名被试中，788 人选择"非常不同意"，占 11.98%；1437 人选择"不太同意"，占 21.85%；1849 人选择"不确定"，占 28.12%；1927 人选择"比较同意"，占 29.30%；575 人选择"非常同意"，占 8.75%（见表 3 - 12 和图 3 - 12）。

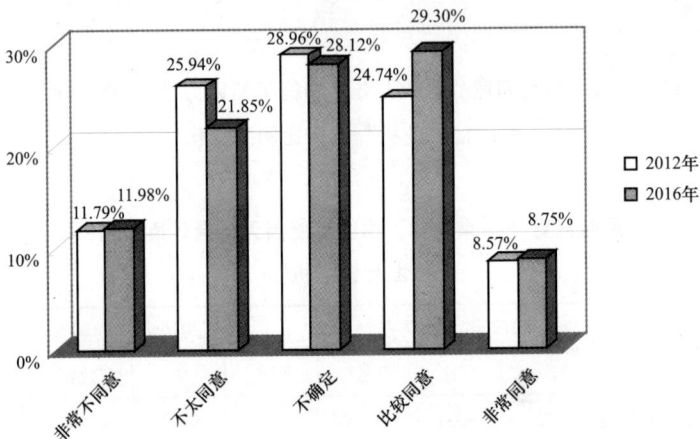

图 3 - 12　是否同意"中国的社会冲突已经影响了公民的
正常生活"选择比例的变化

表 3 - 12　　　　是否同意"中国的社会冲突已经影响了公民的正常生活"

项目		2012 年问卷调查			2016 年问卷调查			
		频率	%	有效%	频率	%	有效%	% 增减
有效	非常不同意	726	11.79	11.79	788	11.97	11.98	+0.19
	不太同意	1597	25.93	25.94	1437	21.84	21.85	-4.09

项目		2012 年问卷调查			2016 年问卷调查			
		频率	%	有效%	频率	%	有效%	% 增减
有效	不确定	1783	28.95	28.96	1849	28.10	28.12	-0.84
	比较同意	1523	24.73	24.74	1927	29.28	29.30	+4.56
	非常同意	528	8.57	8.57	575	8.73	8.75	+0.18
	合计	6157	99.97	100.00	6576	99.92	100.00	
缺失	系统	2	0.03		5	0.08		
总计		6159	100.00		6581	100.00		

2016 年与 2012 年相比，对"中国的社会冲突已经影响了公民的正常生活"持赞同态度的被试由 2012 年的 33.31% 上升到 2016 年的 38.05%，上升了 4.74 个百分点。

第三道题目询问被试是否同意"中国当前的社会建设，能够舒缓社会矛盾"的说法。

2012 年问卷调查结果显示，在做出有效选择的 6157 名被试中，192 人选择"非常不同意"，占 3.12%；676 人选择"不太同意"，占 10.98%；2185 人选择"不确定"，占 35.49%；2340 人选择"比较同意"，占 38.00%；764 人选择"非常同意"，占 12.41%。

2016 年问卷调查结果显示，在做出有效选择的 6575 名被试中，144 人选择"非常不同意"，占 2.19%；462 人选择"不太同意"，占 7.03%；1846 人选择"不确定"，占 28.08%；3053 人选择"比较同意"，占 46.43%；1070 人选择"非常同意"，占 16.27%（见表 3-13 和图 3-13）。

2016 年与 2012 年相比，对"中国当前的社会建设，能够舒缓社会矛盾"持赞同态度的被试由 2012 年的 50.41% 上升到 2016 年的 52.70%，上升了 2.29 个百分点。

表 3 – 13　是否同意"中国当前的社会建设，能够舒缓社会矛盾"

项目		2012 年问卷调查			2016 年问卷调查			
		频率	%	有效%	频率	%	有效%	% 增减
有效	非常不同意	192	3.12	3.12	144	2.19	2.19	- 0.93
	不太同意	676	10.98	10.98	462	7.02	7.03	- 3.95
	不确定	2185	35.48	35.49	1846	28.05	28.08	- 7.41
	比较同意	2340	37.99	38.00	3053	46.39	46.43	+ 8.43
	非常同意	764	12.40	12.41	1070	16.26	16.27	+ 3.86
	合计	6157	99.97	100.00	6575	99.91	100.00	
缺失	系统	2	0.03		6	0.09		
	总计	6159	100.00		6581	100.00		

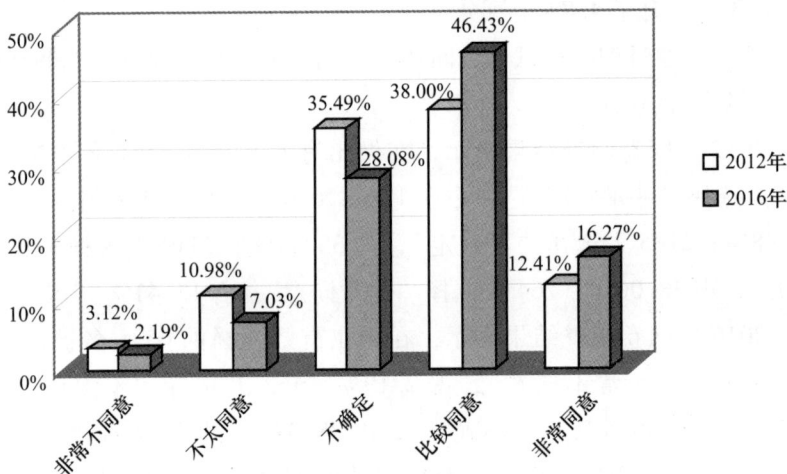

图 3 – 13　是否同意"中国当前的社会建设，能够舒缓
社会矛盾"选择比例的变化

　　与社会危机压力有关的三道题目，分别测试的是民众对"社会危机可能性""社会冲突影响生活"和"社会建设信心"的看法。从三道题目的得分情况看（见表 3 – 14 – 1、表 3 – 14 – 2 和图 3 – 14），两次调查都是反映"社会危机可能性"的题目得分最高（2012 年问卷

调查的均值为 3.03，标准差为 1.06；2016 年问卷调查的均值为 3.14，标准差为 1.09；2016 年的得分比 2012 年上升 0.11 分）；反映"社会冲突影响生活"的题目得分次之（2012 年问卷调查的均值为 2.92，标准差为 1.15；2016 年问卷调查的均值为 3.01，标准差为 1.16；2016 年的得分比 2012 年上升 0.09 分）；反映"社会建设信心"的题目得分最低（2012 年问卷调查的均值为 2.54，标准差为 0.95；2016 年问卷调查的均值为 2.32，标准差为 0.90；2016 年的得分比 2012 年下降 0.22 分）。

通过比较可以看出，在社会危机压力方面，2016 年不仅维持并增强了"社会危机可能性"带来的较强压力，还使"社会冲突影响生活"的得分超过 3 分，达到了较强压力的水平。同时需要注意的是，民众的"社会建设信心"2016 年比 2012 年有所增强（表现为反向计分的相关项目得分大幅度下降），对平衡总体的社会危机压力水平起了重要的作用。

表 3 – 14 – 1　　　　　　社会危机压力各项目得分情况

2012 年问卷调查	N	全距	极小值	极大值	均值		标准差
	统计量	统计量	统计量	统计量	统计量	标准误	统计量
社会危机可能性	6158	4	1	5	3.03	0.013	1.055
社会冲突影响生活	6157	4	1	5	2.92	0.015	1.147
社会建设信心[a]	6157	4	1	5	2.54	0.012	0.950
有效的 N	6154						
2016 年问卷调查	N	全距	极小值	极大值	均值		标准差
	统计量	统计量	统计量	统计量	统计量	标准误	统计量
社会危机可能性	6579	4	1	5	3.14	0.013	1.087
社会冲突影响生活	6576	4	1	5	3.01	0.014	1.158
社会建设信心[a]	6575	4	1	5	2.32	0.011	0.904
有效的 N	6568						

a. 反向计分已转化

表3－14－2　　　　　　　社会危机压力各项目得分变化

项目	2012 年问卷调查	2016 年问卷调查	2016 年比 2012 年增减
社会危机可能性	3.03	3.14	＋0.11
社会冲突影响生活	2.92	3.01	＋0.09
社会建设信心[a]	2.54	2.32	－0.22

a. 反向计分已转化

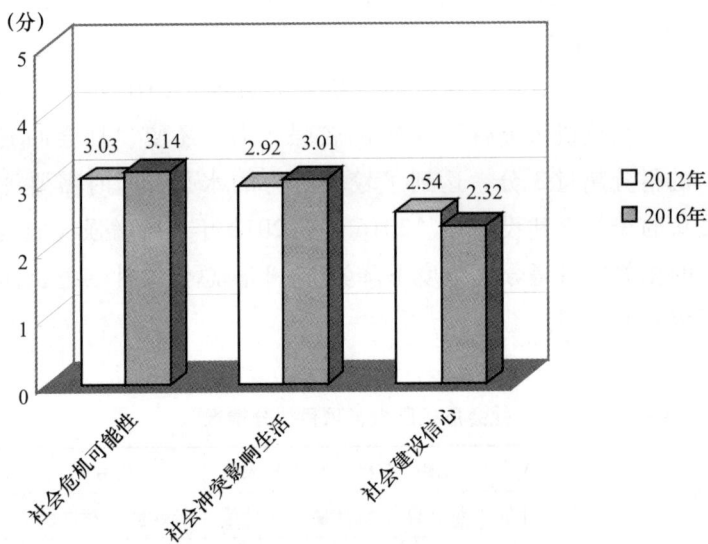

图3－14　社会危机压力各项目得分变化

　　两次问卷调查都在问卷中专门设计了"根据中国的现实情况，您认为以下哪些因素可能引发社会危机"的问题，请受访人在列出的 10 个选项中选择 3 项，并根据选项的重要性排序：（1）城乡差距；（2）干群矛盾；（3）公民社会地位不平等；（4）民族矛盾；（5）贫富差距；（6）区域差距；（7）司法不公；（8）收入分配不公；（9）土地问题；（10）宗教冲突。

　　2012 年问卷调查的结果显示，被试对可能引发社会危机因素的第一选择按选择比例由高到低进行排序，排在第一位的是"城乡差距"（31.61%）；排在第二位的是"贫富差距"（19.87%）；排在第三位的是"公民社会地位不平等"（17.63%）；排在第四位的是"干群矛盾"（9.17%）；排在第五位的是"司法不公"（7.71%）；排在第六位的是"收入分配不公"（5.17%）；排在第七位的是"民族矛盾"（3.51%）；排在第八位的是"土地问题"（3.01%）；排在第九位的是"区域差距"（1.38%）；排在末位的是"宗教冲突"（0.94%）。2016年问卷调查的结果显示，被试对可能引发社会危机因素的第一选择按选择比例由高到低进行排序，排在第一位的是"城乡差距"（34.42%）；排在第二位的是"公民社会地位不平等"（19.15%）；排在第三位的是"贫富差距"（16.82%）；排在第四位的是"干群矛盾"（8.37%）；排在第五位的是"司法不公"（6.75%）；排在第六位的是"收入分配不公"（4.85%）；排在第七位的是"民族矛盾"（4.48%）；排在第八位的是"土地问题"（2.41%）；排在第九位的是"区域差距"（2.19%）；排在末位的是"宗教冲突"（0.56%，见表3－15）。在第一选择上出现的重要变化，是2012年排在第二位的"贫富差距"，2016年下降到第三位；2012年排在第三位的"公民社会地位不平等"，2016年上升到第二位。

2012年问卷调查显示的被试对可能引发社会危机因素的总提及频率（各因素在3个选项中的选择频率）由高到低排序，第一是"贫富差距"（20.14%）；第二是"公民社会地位不平等"（14.58%）；第三是"城乡差距"（14.44%）；第四是"收入分配不公"（13.49%）；第五是"司法不公"（10.91%）；第六是"干群矛盾"（9.21%）；第七是"土地问题"（5.86%）；第八是"民族矛盾"（5.17%）；第九是"区域差距"（3.88%），提及频率最低的是"宗教冲突"（2.32%）。2016年问卷调查显示的被试对可能引发社会危机因素的总提及频率由高到低排序，第一是"贫富差距"（18.66%）；第二是"城乡差距"（16.58%）；第三是"公民社会地位不平等"（14.98%）；第四是"收入分配不公"（11.21%）；第五是"司法不公"（9.75%）；第六是"干群矛盾"（8.87%）；第七是"民族矛盾"（7.01%）；第八是"区域差距"（5.85%）；第九是"土地问题"（5.13%），提及频率最低的是"宗教冲突"（1.96%）。总提及频率排序出现的变化，是"公民社会地位不平等"由 2012 年的第二位下降到 2016 年的第三位,"城乡差距"则由 2012 年的第三位上升到 2016 年的第二位,2012 年第七—第九位的"土地问题""民族矛盾"和"区域差距",2016 年依然为第七—第九位,但顺序变成了"民族矛盾""区域差距"和"土地问题"(见图 3–15)。

表 3–15 对可能引发社会危机因素的看法

选项	2012 年问卷调查				2016 年问卷调查			
	第一选择		总提及		第一选择		总提及	
	频率	百分比	频率	百分比	频率	百分比	频率	百分比
城乡差距	1944	31.61	2658	14.44	2265	34.42	3266	16.58
干群矛盾	564	9.17	1694	9.21	551	8.37	1746	8.87
公民地位不平等	1084	17.63	2684	14.58	1260	19.15	2951	14.98
民族矛盾	216	3.51	951	5.17	295	4.48	1380	7.01
贫富差距	1222	19.87	3706	20.14	1107	16.82	3675	18.66
区域差距	85	1.38	715	3.88	144	2.19	1152	5.85
司法不公	474	7.71	2009	10.91	444	6.75	1921	9.75
收入分配不公	318	5.17	2483	13.49	319	4.85	2207	11.21
土地问题	185	3.01	1079	5.86	159	2.41	1010	5.13
宗教冲突	58	0.94	427	2.32	37	0.56	387	1.96
合计	6150	100.00	18406	100.00	6581	100.00	19695	100.00

从两次问卷调查的结果看,民众对社会差距反映的结构性问题敏感性较强(在问卷调查涉及的可能引发社会危机的 10 个因素中,贫富差距和城乡差距两个因素的总提及频率排序,2012 年问卷调查为第一、第三位;2016 年问卷调查为第一、第二位),并且对侧重于社会公平待遇层面的问题关注度较高(公民地位不平等、收入分配不公、司法不公和干群矛盾四个因素的总提及频率排序;2012 年问卷调查为第二、第四、第五、第六位,2016 年问卷调查为第三位至第六位)。对于土地问题、民族问题、区域差距问题以及宗教问题,民众则没有表现出较强的敏感性(这四个因素的总提及频率两次问卷调查都排在后四位)。

从三类问题总提及频率的变化，则可以看出民众重点关注的依然是公平性的问题："结构性问题"的总提及频率的总比例由 2012 年的 34.58% 上升到 2016 年的 35.24%，"公平性问题"的总提及频率的总比例由 2012 年的 48.19% 下降到 2016 年的 44.81%，"其他问题"的总提及频率的总比例由 2012 年的 17.23% 上升到 2016 年的 19.95%。

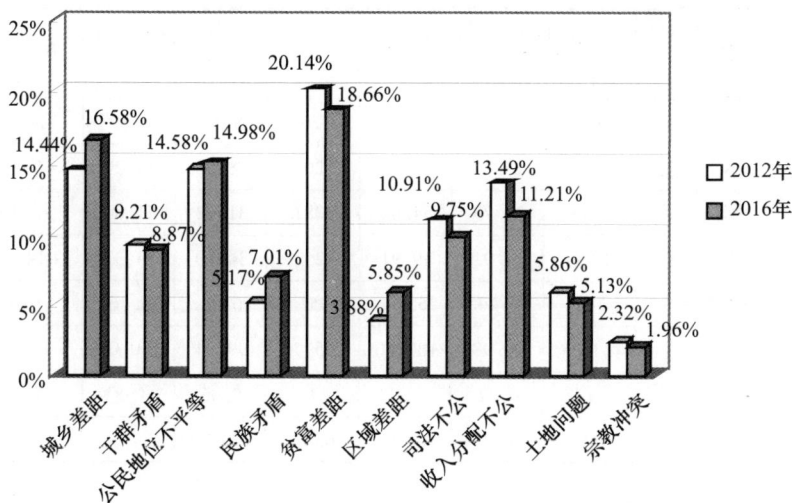

图 3-15　对可能引发社会危机因素的总提及频率比较

四　文化危机压力

两次问卷调查均以四道题目了解被试的文化危机压力程度，并依据问卷调查设定的指标体系，为被试的文化危机压力赋分。

第一道题目询问被试是否同意"中国文化正面临严重危机"。

2012 年问卷调查结果显示，在做出有效选择的 6158 名被试中，842 人选择"非常不同意"，占 13.67%；1565 人选择"不太同意"，占 25.42%；2143 人选择"不确定"，占 34.80%；1226 人选择"比较同意"，占 19.91%；382 人选择"非常同意"，占 6.20%。

2016 年调查结果显示，在做出有效选择的 6577 名被试中，585

人选择"非常不同意",占 8.89%;1203 人选择"不太同意",占 18.29%;2081 人选择"不确定",占 31.64%;2257 人选择"比较同意",占 34.32%;451 人选择"非常同意",占 6.86%(见表 3 – 16 和图 3 – 16)。

表 3 – 16　　　　　　　是否同意"中国文化正面临严重危机"

项目		2012 年问卷调查			2016 年问卷调查			
		频率	%	有效%	频率	%	有效%	% 增减
有效	非常不同意	842	13.67	13.67	585	8.89	8.89	– 4.78
	不太同意	1565	25.41	25.42	1203	18.28	18.29	– 7.13
	不确定	2143	34.79	34.80	2081	31.62	31.64	– 3.16
	比较同意	1226	19.91	19.91	2257	34.30	34.32	+ 14.41
	非常同意	382	6.20	6.20	451	6.85	6.86	+ 0.66
	合计	6158	99.98	100.00	6577	99.94	100.00	
缺失	系统	1	0.02		4	0.06		
总计		6159	6159	100.00	6581	100.00		

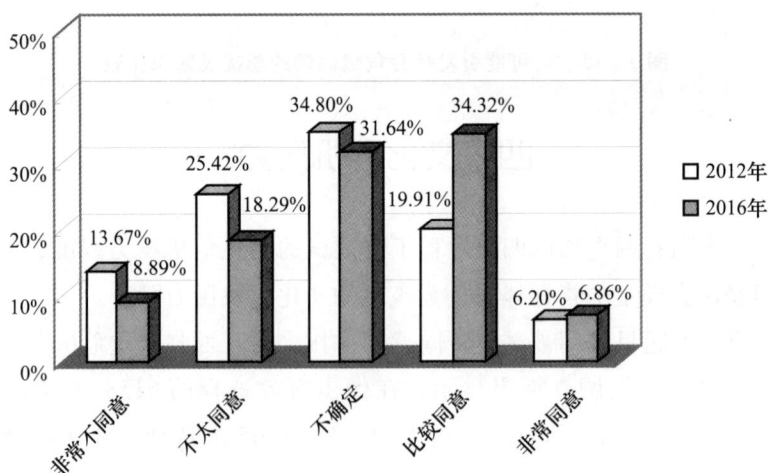

图 3 – 16　是否同意"中国文化正面临严重危机"选择比例的变化

2016 年与 2012 年相比，对"中国文化正面临严重危机"持赞同态度的被试由 2012 年的 26.11% 上升到 2016 年的 41.18%，上升了 15.07 个百分点。

第二道题目询问被试是否同意"中国可能出现极端民族主义思潮"。

2012 年问卷调查结果显示，在做出有效选择的 6153 名被试中，814 人选择"非常不同意"，占 13.23%；1412 人选择"不太同意"，占 22.95%；2788 人选择"不确定"，占 45.31%；860 人选择"比较同意"，占 13.98%；279 人选择"非常同意"，占 4.53%。

2016 年问卷调查结果显示，在做出有效选择的 6580 名被试中，778 人选择"非常不同意"，占 11.82%；1365 人选择"不太同意"，占 20.74%；2531 人选择"不确定"，占 38.47%；1528 人选择"比较同意"，占 23.22%；378 人选择"非常同意"，占 5.75%（见表 3-17 和图 3-17）。

2016 年与 2012 年相比，对"中国可能出现极端民族主义思潮"持赞同态度的被试由 2012 年的 18.51% 上升到 2016 年的 28.97%，上升了 10.46 个百分点。

表 3-17　　是否同意"中国可能出现极端民族主义思潮"

项目		2012 年问卷调查			2016 年问卷调查			
		频率	%	有效%	频率	%	有效%	% 增减
有效	非常不同意	814	13.22	13.23	778	11.82	11.82	-1.41
	不太同意	1412	22.92	22.95	1365	20.74	20.74	-2.21
	不确定	2788	45.27	45.31	2531	38.46	38.47	-6.84
	比较同意	860	13.96	13.98	1528	23.22	23.22	+9.24
	非常同意	279	4.53	4.53	378	5.74	5.75	+1.22
	合计	6153	99.90	100.00	6580	99.98	100.00	
缺失	系统	6	0.10		1	0.02		
总计		6159	100.00		6581	100.00		

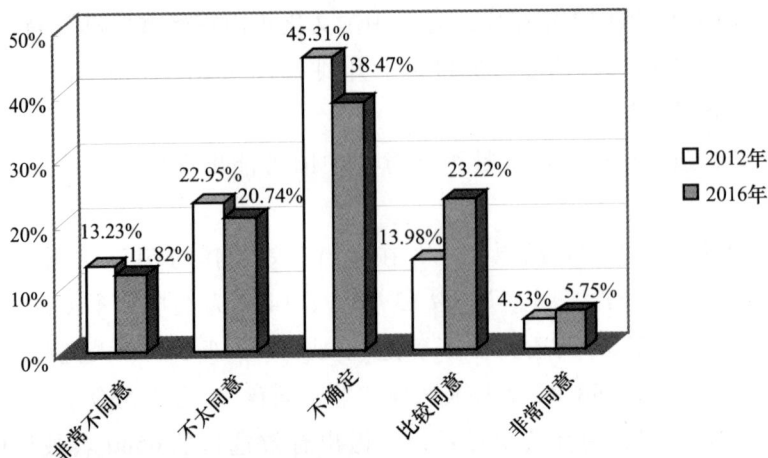

图 3 – 17　是否同意"中国可能出现极端民族主义思潮"
选择比例的变化

第三道题目询问被试是否同意"群众运动是最有效的反腐败形
式"的说法。

2012 年问卷调查结果显示，在做出有效选择的 6154 名被试中，
445 人选择"非常不同意"，占 7.23%；1251 人选择"不太同意"，
占 20.33%；1730 人选择"不确定"，占 28.11%；1765 人选择"比
较同意"，占 28.68%；963 人选择"非常同意"，占 15.65%。

2016 年问卷调查结果显示，在做出有效选择的 6578 名被试中，
525 人选择"非常不同意"，占 7.98%；1048 人选择"不太同意"，
占 15.93%；1947 人选择"不确定"，占 29.60%；2118 人选择"比
较同意"，占 32.20%；940 人选择"非常同意"，占 14.29%（见表
3 – 18 和图 3 – 18）。

2016 年与 2012 年相比，对"群众运动是最有效的反腐败形式"
持赞同态度的被试由 2012 年的 44.33% 上升到 2016 年的 46.49%，
上升了 2.16 个百分点。

表 3 - 18　　　　　是否同意"群众运动是最有效的反腐败形式"

项目		2012 年问卷调查			2016 年问卷调查			
		频率	%	有效%	频率	%	有效%	% 增减
有效	非常不同意	445	7.22	7.23	525	7.98	7.98	+ 0.75
	不太同意	1251	20.31	20.33	1048	15.92	15.93	− 4.40
	不确定	1730	28.09	28.11	1947	29.59	29.60	+ 1.49
	比较同意	1765	28.66	28.68	2118	32.18	32.20	+ 3.52
	非常同意	963	15.64	15.65	940	14.28	14.29	− 1.36
	合计	6154	99.92	100.00	6578	99.95	100.00	
缺失	系统	5	0.08		3	0.05		
总计		6159	100.00		6581	100.00		

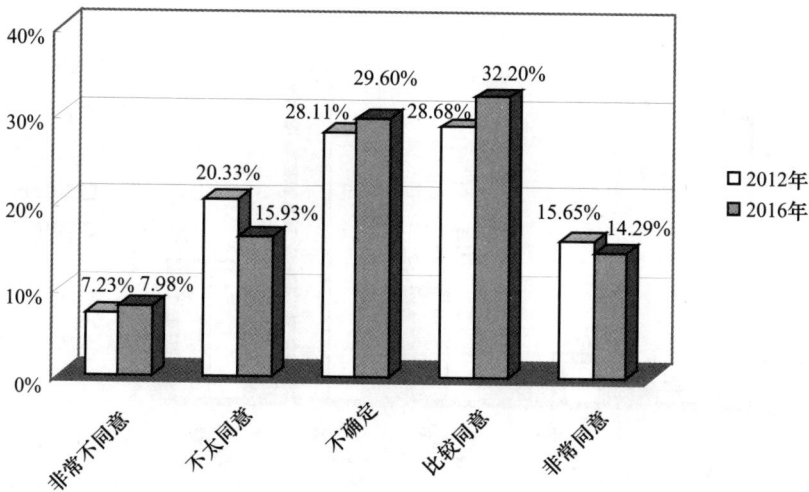

图 3 - 18　是否同意"群众运动是最有效的反腐败形式"
选择比例的变化

第四道题目询问被试是否同意"社会主义核心价值观对公民起了重要的教育和引导作用"。

2012 年问卷调查结果显示，在做出有效选择的 6156 名被试中，165 人选择"非常不同意"，占 2.68%；416 人选择"不太同意"，占 6.76%；1539 人选择"不确定"，占 25.00%；2684 人选择"比较同意"，占 43.60%；1352 人选择"非常同意"，占 21.96%。

2016 年问卷调查结果显示，在做出有效选择的 6580 名被试中，118 人选择"非常不同意"，占 1.79%；303 人选择"不太同意"，占 4.61%；1173 人选择"不确定"，占 17.83%；3519 人选择"比较同意"，占 53.48%；1467 人选择"非常同意"，占 22.29%（见表 3 - 19 和图 3 - 19）。

2016 年与 2012 年相比，对"社会主义核心价值观对公民起了重要的教育和引导作用"持赞同态度的被试由 2012 年的 65.56% 上升到 2016 年的 75.77%，上升了 10.21 个百分点。

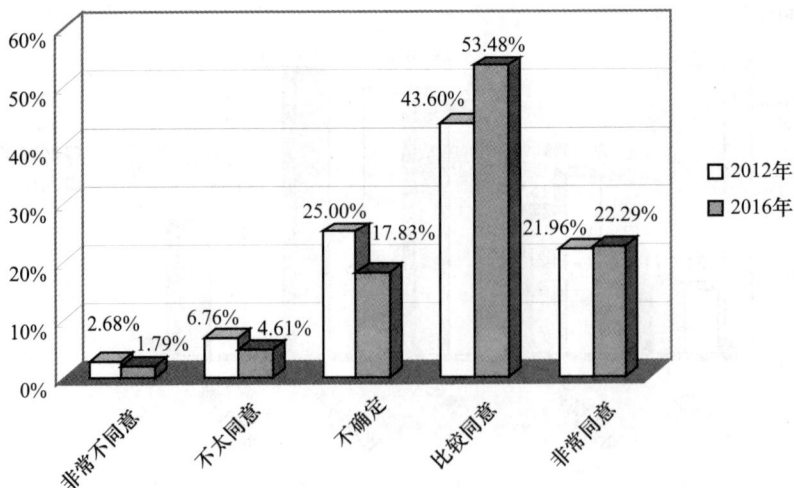

图 3 - 19　是否同意"社会主义核心价值观对公民起了重要的教育和
引导作用"选择比例的变化

表 3 - 19　　　　是否同意"社会主义核心价值观对公民
起了重要的教育和引导作用"

项目		2012 年问卷调查			2016 年问卷调查			
		频率	%	有效%	频率	%	有效%	% 增减
有效	非常不同意	165	2.68	2.68	118	1.79	1.79	- 0.89
	不太同意	416	6.75	6.76	303	4.60	4.61	- 2.15
	不确定	1539	24.99	25.00	1173	17.82	17.83	- 7.17
	比较同意	2684	43.58	43.60	3519	53.48	53.48	+ 9.88
	非常同意	1352	21.95	21.96	1467	22.29	22.29	+ 0.33
	合计	6156	99.95	100.00	6580	99.98	100.00	
缺失	系统	3	0.05		1	0.02		
总计		6159	100.00		6581	100.00		

与文化危机压力有关的四道题目，分别测试的是民众对"文化危机可能性""极端民族主义""民粹主义"和"价值观教化"的看法。从四道题目的得分情况看（见表 3 - 20 - 1、表 3 - 20 - 2 和图 3 - 20），两次调查都是反映"民粹主义"的题目（"群众运动是最有效的反腐败形式"带有较强的民粹主义指向）得分最高（2012 年问卷调查的均值为 3.25，标准差为 1.16；2016 年问卷调查的均值为 3.29，标准差为 1.14；2016 年的得分比 2012 年上升 0.04 分）；反映"文化危机可能性"的题目得分次之（2012 年问卷调查的均值为 2.80，标准差为 1.10；2016 年问卷调查的均值为 3.12，标准差为 1.07；2016 年的得分比 2012 年上升 0.32 分）；反映"极端民族主义"的题目得分再次之（2012 年问卷调查的均值为 2.74，标准差为 1.01；2016 年问卷调查的均值为 2.90，标准差为 1.07；2016 年的得分比 2012 年上升 0.16 分）；反映"价值观教化"的题目得分最低（2012 年问卷调查的均值为 2.25，标准差为 0.96；2016 年问卷调查的均值为 2.10，标准差为 0.86；2016 年的得分比 2012 年下降 0.15 分）。

（分）

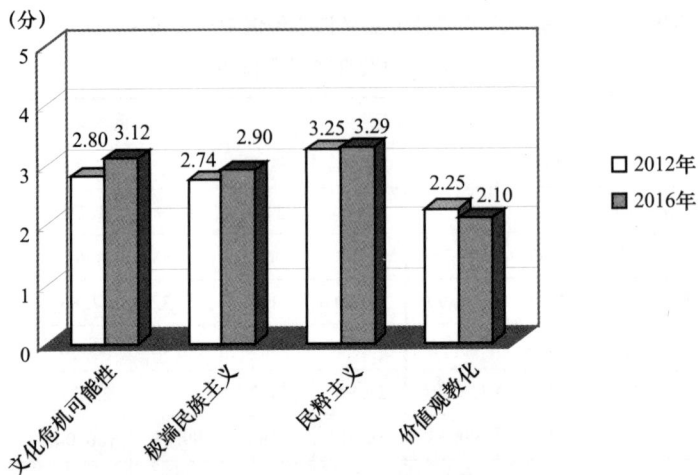

图 3 - 20　文化危机压力各项目得分变化

表 3 - 20 - 1　　　　　　　文化危机压力各项目得分情况

2012 年问卷调查	N	全距	极小值	极大值	均值		标准差
	统计量	统计量	统计量	统计量	统计量	标准误	统计量
文化危机可能性	6158	4	1	5	2.80	0.014	1.098
极端民族主义	6153	4	1	5	2.74	0.013	1.005
民粹主义	6154	4	1	5	3.25	0.015	1.158
价值观教化[a]	6156	4	1	5	2.25	0.012	0.960
有效的 N	6145						
2016 年问卷调查	N	全距	极小值	极大值	均值		标准差
	统计量	统计量	统计量	统计量	统计量	标准误	统计量
文化危机可能性	6577	4	1	5	3.12	0.013	1.069
极端民族主义	6580	4	1	5	2.90	0.013	1.065
民粹主义	6578	4	1	5	3.29	0.014	1.135
价值观教化[a]	6580	4	1	5	2.10	0.011	0.858
有效的 N	6574						

a. 反向计分已转化

表 3 - 20 - 2　　　　　　**文化危机压力各项目得分变化**

项目	2012 年问卷调查	2016 年问卷调查	2016 年比 2012 年增减
文化危机可能性	2.80	3.12	+0.32
极端民族主义	2.74	2.90	+0.16
民粹主义	3.25	3.29	+0.04
价值观教化[a]	2.25	2.10	-0.15

a. 反向计分已转化

通过比较可以看出，已经达到较强程度的民粹主义压力在 2016 年略有增强，"文化危机可能性"带来的压力得分在 2016 年也超过了 3 分，达到了较强压力的水平；极端民族主义的压力在 2016 年也有所增强，但是依然维持在中等压力的水平上。好在民众对"价值观教化"作用的认可程度 2016 年比 2012 年有所提高（表现为反向计分的相关项目得分较大幅度下降），对拉低文化危机压力的总体水平起了不可忽视的作用。

五　生态危机压力

两次问卷调查均以三道题目了解被试的生态危机压力程度，并依据问卷调查设定的指标体系，为被试的生态危机压力赋分。

第一道题目询问被试是否同意"未来几年中国可能出现全面的生态环境危机"。

2012 年问卷调查结果显示，在做出有效选择的 6159 名被试中，597 人选择"非常不同意"，占 9.69%；1103 人选择"不太同意"，占 17.91%；2012 人选择"不确定"，占 32.67%；1759 人选择"比较同意"，占 28.56%；688 人选择"非常同意"，占 11.17%。

2016 年问卷调查结果显示，在做出有效选择的 6579 名被试中，317 人选择"非常不同意"，占 4.82%；829 人选择"不太同意"，占 12.60%；1925 人选择"不确定"，占 29.26%；2419 人选择"比较同意"，占 36.77%；1089 人选择"非常同意"，占 16.55%（见表 3 - 21 和图 3 - 21）。

2016 年与 2012 年相比，对"未来几年中国可能出现全面的环境危机"持赞同态度的被试由 2012 年的 39.73% 上升到 2016 年的 53.32%，上升了 13.59 个百分点。

表 3-21　　是否同意"未来几年中国可能出现全面的生态环境危机"

项目		2012 年问卷调查			2016 年问卷调查			
		频率	%	有效%	频率	%	有效%	% 增减
有效	非常不同意	597	9.69	9.69	317	4.82	4.82	-4.87
	不太同意	1103	17.91	17.91	829	12.60	12.60	-5.31
	不确定	2012	32.67	32.67	1925	29.25	29.26	-3.41
	比较同意	1759	28.56	28.56	2419	36.76	36.77	+8.21
	非常同意	688	11.17	11.17	1089	16.54	16.55	+5.38
	合计	6159	100.00	100.00	6579	99.97	100.00	
缺失	系统	0	0		2	0.03		
总计		6159	100.00		6581	100.00		

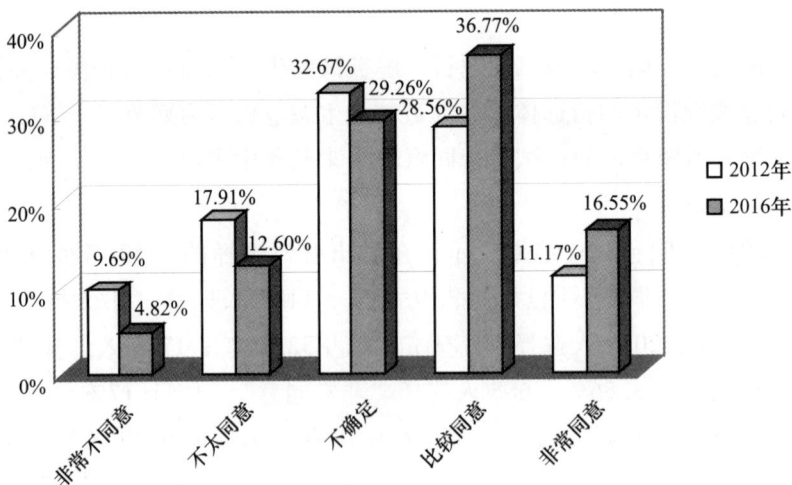

图 3-21　是否同意"未来几年中国可能出现全面的生态环境危机"
选择比例的变化

第二道题目询问被试是否同意"目前中国的生态环境恶化已经影响了我们的健康和生活质量"。

2012 年问卷调查结果显示，在做出有效选择的 6156 名被试中，478 人选择"非常不同意"，占 7.77%；997 人选择"不太同意"，占 16.20%；928 人选择"不确定"，占 15.07%；2236 人选择"比较同意"，占 36.32%；1517 人选择"非常同意"，占 24.64%。

2016 年问卷调查结果显示，在做出有效选择的 6580 名被试中，274 人选择"非常不同意"，占 4.16%；696 人选择"不太同意"，占 10.58%；1242 人选择"不确定"，占 18.88%；2804 人选择"比较同意"，占 42.61%；1564 人选择"非常同意"，占 23.77%（见表 3 - 22 和图 3 - 22）。

2016 年与 2012 年相比，对"目前中国的生态环境恶化已经影响了我们的健康和生活质量"持赞同态度的被试由 2012 年的 60.96% 上升到 2016 年的 66.38%，上升了 5.42 个百分点。

表 3 - 22　是否同意"目前中国的生态环境恶化已经影响了我们的健康和生活质量"

项目		2012 年问卷调查			2016 年问卷调查			
		频率	%	有效%	频率	%	有效%	% 增减
有效	非常不同意	478	7.76	7.77	274	4.16	4.16	- 3.61
	不太同意	997	16.19	16.20	696	10.58	10.58	- 5.62
	不确定	928	15.07	15.07	1242	18.87	18.88	+ 3.81
	比较同意	2236	36.30	36.32	2804	42.61	42.61	+ 6.29
	非常同意	1517	24.63	24.64	1564	23.76	23.77	- 0.87
	合计	6156	99.95	100.00	6580	99.98	100.00	
缺失	系统	3	0.05		1	0.02		
总计		6159	100.00		6581	100.00		

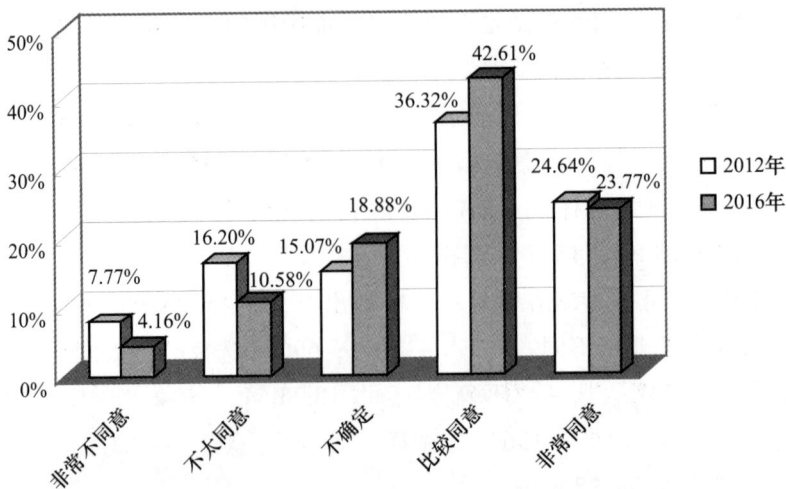

图 3 - 22　是否同意"目前中国的生态环境恶化已经影响了我们的
健康和生活质量"选择比例的变化

第三道题目询问被试是否同意"中国的生态环境恶化只是暂时的、局部的，今后的环境会越来越好"的说法。

2012 年问卷调查结果显示，在做出有效选择的 6159 名被试中，458 人选择"非常不同意"，占 7.43%；1002 人选择"不太同意"，占 16.27%；1316 人选择"不确定"，占 21.37%；2088 人选择"比较同意"，占 33.90%；1295 人选择"非常同意"，占 21.03%。

2016 年问卷调查结果显示，在做出有效选择的 6577 名被试中，355 人选择"非常不同意"，占 5.40%；956 人选择"不太同意"，占 14.54%；1606 人选择"不确定"，占 24.42%；2416 人选择"比较同意"，占 36.73%；1244 人选择"非常同意"，占 18.91%（见表 3 - 23 和图 3 - 23）。

2016 年与 2012 年相比，对"中国的生态环境恶化只是暂时的、局部的，今后的环境会越来越好"持赞同态度的被试由 2012 年的 54.93% 上升到 2016 年的 55.64%，上升了 0.71 个百分点。

表 3 - 23   是否同意"中国的生态环境恶化只是暂时的、
局部的，今后的环境会越来越好"

项目		2012 年问卷调查			2016 年问卷调查			
		频率	%	有效%	频率	%	有效%	% 增减
有效	非常不同意	458	7.43	7.43	355	5.39	5.40	-2.03
	不太同意	1002	16.27	16.27	956	14.53	14.54	-1.73
	不确定	1316	21.37	21.37	1606	24.41	24.42	+3.05
	比较同意	2088	33.90	33.90	2416	36.71	36.73	+2.83
	非常同意	1295	21.03	21.03	1244	18.90	18.91	-2.12
	合计	6159	100.00	100.00	6577	99.94	100.00	
缺失	系统	0	0		4	0.06		
总计		6159	100.00		6581	100.00		

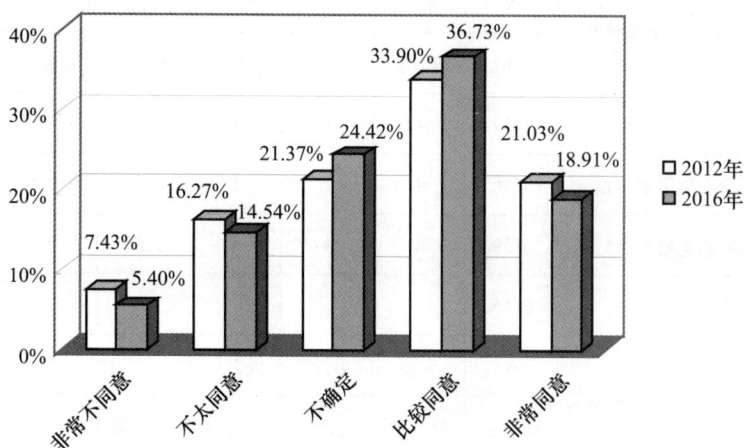

图 3 - 23   是否同意"中国的生态环境恶化只是暂时的、局部的，
今后的环境会越来越好"选择比例的变化

与生态危机压力有关的三道题目，分别测试的是民众对"环境危机可能性""环境恶化影响生活"和"环境恶化暂时性"的看法。从三道题目的得分情况看（见表 3 - 24 - 1、表 3 - 24 - 2

和图 3-24)，两次调查都是反映"环境恶化影响生活"的题目得分最高（2012 年问卷调查的均值为 3.54，标准差为 1.24；2016 年问卷调查的均值为 3.71，标准差为 1.07；2016 年的得分比 2012 年上升 0.17 分）；反映"环境危机可能性"的题目得分次之（2012 年问卷调查的均值为 3.14，标准差为 1.13；2016 年问卷调查的均值为 3.48，标准差为 1.06；2016 年的得分比 2012 年上升 0.34 分）；反映"环境恶化暂时性"的题目得分最低（2012 年问卷调查的均值为 2.55，标准差为 1.20；2016 年问卷调查的均值为 2.51，标准差为 1.12；2016 年的得分比 2012 年下降 0.04 分）。

表 3-24-1　　　　　　生态危机压力各项目得分情况

2012 年问卷调查	N	全距	极小值	极大值	均值		标准差
	统计量	统计量	统计量	统计量	统计量	标准误	统计量
环境危机可能性	6159	4	1	5	3.14	0.014	1.132
环境恶化影响生活	6156	4	1	5	3.54	0.016	1.237
环境恶化暂时性[a]	6159	4	1	5	2.55	0.015	1.200
有效的 N	6156						
2016 年问卷调查	N	全距	极小值	极大值	均值		标准差
	统计量	统计量	统计量	统计量	统计量	标准误	统计量
环境危机可能性	6579	4	1	5	3.48	0.013	1.059
环境恶化影响生活	6580	4	1	5	3.71	0.013	1.069
环境恶化暂时性[a]	6577	4	1	5	2.51	0.014	1.115
有效的 N	6574						

a. 反向计分已转化

表 3 - 24 - 2　　　　　　　　　生态危机压力各项目得分变化

项目	2012 年问卷调查	2016 年问卷调查	2016 年比 2012 年增减
环境危机可能性	3.14	3.48	+ 0.34
环境恶化影响生活	3.54	3.71	+ 0.17
环境恶化暂时性[a]	2.55	2.51	- 0.04

a. 反向计分已转化

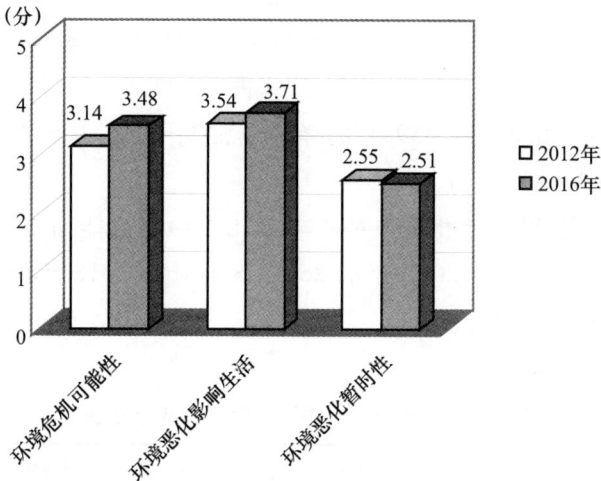

图 3 - 24　　生态危机压力各项目得分变化

从两次调查的结果看，2012 年已经具有较强压力的"环境危机可能性"和"环境恶化影响生活"，2016 年进一步强化；尽管民众对"环境恶化暂时性"的认可程度 2016 年比 2012 年略有提高（表现为反向计分的相关项目得分有所下降），但是其提高程度显然难以抵消更为强化的环境危机压力。

六　国际性危机压力

两次问卷调查均以三道题目了解被试的国际性危机压力程度，并依据问卷调查设定的指标体系，为被试的国际性危机压力赋分。

第一道题目询问被试是否同意"未来几年中国可能面临战争威胁"。

2012年问卷调查结果显示，在做出有效选择的6158名被试中，809人选择"非常不同意"，占13.14%；1086人选择"不太同意"，占17.64%；2655人选择"不确定"，占43.11%；1211人选择"比较同意"，占19.83%；387人选择"非常同意"，占6.28%。

2016年问卷调查结果显示，在做出有效选择的6580名被试中，686人选择"非常不同意"，占10.43%；1168人选择"不太同意"，占17.75%；2550人选择"不确定"，占38.75%；1717人选择"比较同意"，占26.09%；459人选择"非常同意"，占6.98%（见表3-25和图3-25）。

2016年与2012年相比，对"未来几年中国可能面临战争威胁"持赞同态度的被试由2012年的26.11%上升到2016年的33.07%，上升了6.96个百分点。

表3-25　　　　是否同意"未来几年中国可能面临战争威胁"

项目		2012年问卷调查			2016年问卷调查			
		频率	%	有效%	频率	%	有效%	%增减
有效	非常不同意	809	13.14	13.14	686	10.42	10.43	-2.71
	不太同意	1086	17.63	17.64	1168	17.75	17.75	+0.11
	不确定	2655	43.11	43.11	2550	38.75	38.75	-4.36
	比较同意	1221	19.82	19.83	1717	26.09	26.09	+6.26
	非常同意	387	6.28	6.28	459	6.97	6.98	+0.70
	合计	6158	99.98	100.00	6580	99.98	100.00	
缺失	系统	1	0.02		1	0.02		
总计		6159	100.00		6581	100.00		

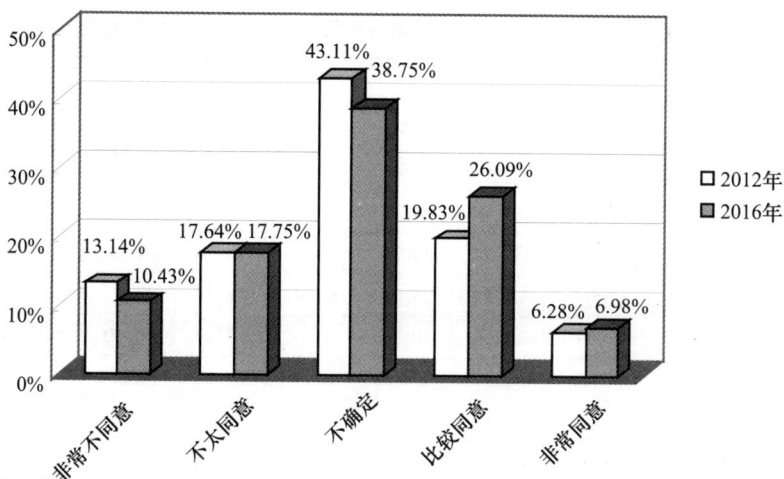

图 3 - 25　是否同意"未来几年中国可能面临战争威胁"选择比例的变化

第二道题目询问被试是否同意"国外势力的各种颠覆活动是威胁中国发展的主要危险"。

2012 年问卷调查结果显示，在做出有效选择的 6158 名被试中，614 人选择"非常不同意"，占 9.97%；1197 人选择"不太同意"，占 19.44%；2115 人选择"不确定"，占 34.35%；1560 人选择"比较同意"，占 25.33%；672 人选择"非常同意"，占 10.91%。

2016 年问卷调查结果显示，在做出有效选择的 6573 名被试中，533 人选择"非常不同意"，占 8.11%；1099 人选择"不太同意"，占 16.72%；2090 人选择"不确定"，占 31.80%；2154 人选择"比较同意"，占 32.77%；697 人选择"非常同意"，占 10.60%（见表 3 - 26 和图 3 - 26）。

2016 年与 2012 年相比，对"国外势力的各种颠覆活动是威胁中国发展的主要危险"持赞同态度的被试由 2012 年的 36.24% 上升到 2016 年的 43.37%，上升了 7.13 个百分点。

表 3 – 26　是否同意"国外势力的各种颠覆活动是威胁中国发展的主要危险"

项目		2012 年问卷调查			2016 年问卷调查			
		频率	%	有效%	频率	%	有效%	% 增减
有效	非常不同意	614	9.97	9.97	533	8.10	8.11	– 1.86
	不太同意	1197	19.43	19.44	1099	16.70	16.72	– 2.72
	不确定	2115	34.34	34.35	2090	31.76	31.80	– 2.55
	比较同意	1560	25.33	25.33	2154	32.73	32.77	+ 7.44
	非常同意	672	10.91	10.91	697	10.59	10.60	– 0.31
	合计	6158	99.98	100.00	6573	99.88	100.00	
缺失	系统	1	0.02		8	0.12		
总计		6159	100.00		6581	100.00		

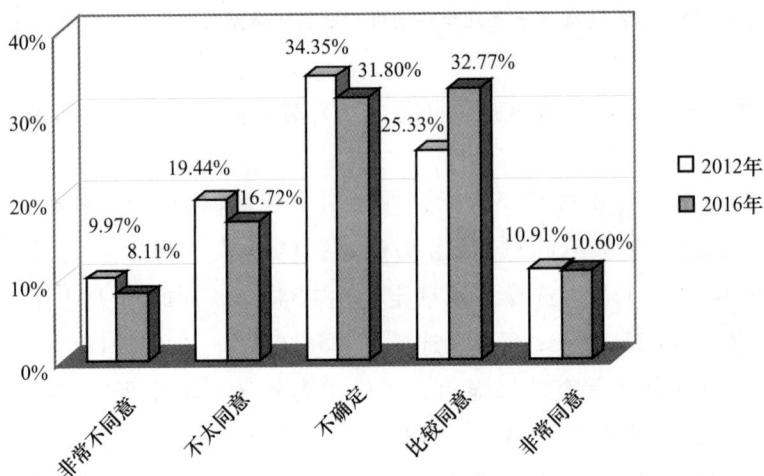

图 3 – 26　是否同意"国外势力的各种颠覆活动是威胁中国发展的
主要危险"选择比例的变化

　　第三道题目询问被试是否同意"国际金融危机阻碍了中国经济的
发展"的说法。

　　2012 年问卷调查结果显示，在做出有效选择的 6152 名被试中，
372 人选择"非常不同意"，占 6.05%；1064 人选择"不太同意"，

占 17.30%；1919 人选择"不确定"，占 31.19%；2183 人选择"比较同意"，占 35.48%；614 人选择"非常同意"，占 9.98%。

2016 年问卷调查结果显示，在做出有效选择的 6576 名被试中，372 人选择"非常不同意"，占 5.66%；913 人选择"不太同意"，占 13.88%；2260 人选择"不确定"，占 34.37%；2390 人选择"比较同意"，占 36.34%；641 人选择"非常同意"，占 9.75%（见表 3 - 27 和图 3 - 27）。

表 3 - 27　　是否同意"国际金融危机阻碍了中国经济的发展"

项目		2012 年问卷调查			2016 年问卷调查			
		频率	%	有效%	频率	%	有效%	%增减
有效	非常不同意	372	6.04	6.05	372	5.65	5.66	-0.39
	不太同意	1064	17.28	17.30	913	13.87	13.88	-3.42
	不确定	1919	31.16	31.19	2260	34.34	34.37	+3.18
	比较同意	2183	35.44	35.48	2390	36.32	36.34	+0.86
	非常同意	614	9.97	9.98	641	9.74	9.75	-0.23
	合计	6152	99.89	100.00	6576	99.92	100.00	
缺失	系统	7	0.11		5	0.08		
总计		6159	100.00		6581	100.00		

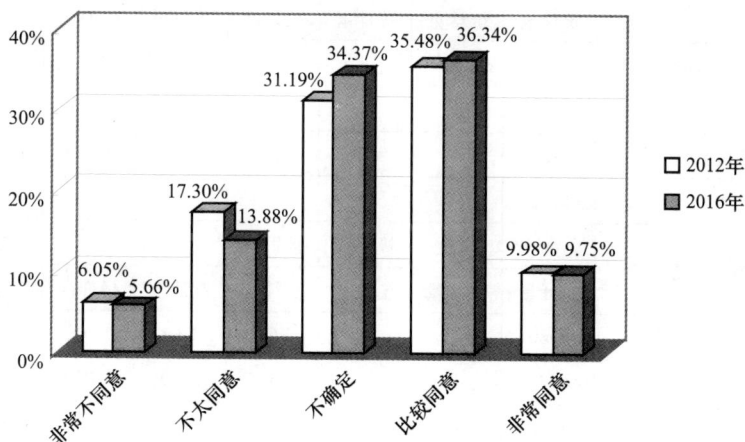

图 3 - 27　是否同意"国际金融危机阻碍了中国经济的发展"选择比例的变化

2016 年与 2012 年相比，对"国际金融危机阻碍了中国经济的发展"持赞同态度的被试由 2012 年的 45.46% 上升到 2016 年的 46.09%，上升了 0.63 个百分点。

与国际性危机压力有关的三道题目，分别测试的是民众对"战争危机可能性""颠覆危险"和"金融危机影响"的看法。从三道题目的得分情况看（见表 3-28-1、表 3-28-2 和图 3-28），两次调查都是反映"金融危机影响"的题目得分最高（2012 年问卷调查的均值为 3.26，标准差为 1.05；2016 年问卷调查的均值为 3.31，标准差为 1.01；2016 年的得分比 2012 年上升 0.05 分）；但是 2012 年问卷调查得分次高的是反映"颠覆危险"的题目（2012 年问卷调查的均值为 2.92，标准差为 1.13；2016 年问卷调查的均值为 2.79，标准差为 1.10；2016 年的得分比 2012 年下降 0.13 分）；2016 年问卷调查得分次高的则是反映"战争危机可能性"的题目（2012 年问卷调查的均值为 2.88，标准差为 1.07；2016 年问卷调查的均值为 3.01，标准差为 1.07；2016 年的得分比 2012 年上升 0.13 分）。

表 3-28-1　　　　国际性危机压力各项目得分情况

2012 年问卷调查	N	全距	极小值	极大值	均值		标准差
	统计量	统计量	统计量	统计量	统计量	标准误	统计量
战争危机可能性	6158	4	1	5	2.88	0.014	1.067
颠覆危险[a]	6158	4	1	5	2.92	0.014	1.130
金融危机影响	6152	4	1	5	3.26	0.013	1.049
有效的 N	6150						
2016 年问卷调查	N	全距	极小值	极大值	均值		标准差
	统计量	统计量	统计量	统计量	统计量	标准误	统计量
战争危机可能性	6580	4	1	5	3.01	0.013	1.065
颠覆危险[a]	6573	4	1	5	2.79	0.014	1.095
金融危机影响	6576	4	1	5	3.31	0.012	1.012
有效的 N	6567						

a. 反向计分已转化

表 3-28-2　　　　　　　国际性危机压力各项目得分变化

项目	2012 年问卷调查	2016 年问卷调查	2016 年比 2012 年增减
战争危机可能性	2.88	3.01	+ 0.13
颠覆危险[a]	2.92	2.79	− 0.13
金融危机影响	3.26	3.31	+ 0.05

a. 反向计分已转化

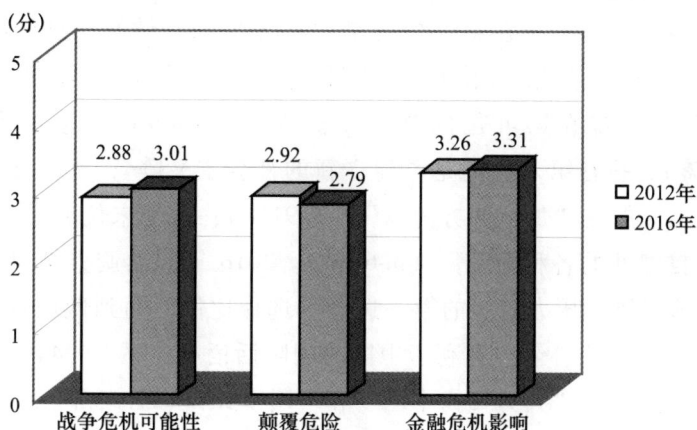

图 3-28　国际性危机压力各项目得分变化

通过比较可以看出，在国际性危机压力方面，2016 年不仅维持并增强了"金融危机影响"带来的较强压力，还使"战争危机可能性"的得分超过 3 分，达到了较强压力的水平。同时需要注意的是，民众的"颠覆危险"压力 2016 年比 2012 年有所弱化（表现为反向计分的相关项目得分较大幅度下降），对平衡总体的国际性危机压力水平起了一定的作用。

2012 年问卷调查在问卷中专门设计了"您认为对于来自国际尤其是西方国家的压力，中国的态度应该是什么"的问题，请受访人在列出的 8 个选项中选择 3 项，并根据选项的重要性排序：（1）创造有利于中国的国际话语权体系；（2）大力宣扬"中国模式"；（3）加入西方阵营；（4）建立新的社会主义阵营；（5）韬光养晦，做好自己的事情；（6）虚心听取来自国外的各种意见；（7）针锋相对，给予有力的反击；（8）在世界范围内争取更多的朋友。2016年问卷调查依然采用了这道题目，只是将第二个选项改为了大力宣扬"中国梦"和"中国模式"。

2012年问卷调查结果显示，被试对应付国际压力做法的第一选择按选择比例由高到低进行排序，排在第一位的是"创造有利于中国的国际话语权体系"（43.23%）；排在第二位的是"大力宣扬中国模式"（14.53%）；排在第三位的是"韬光养晦，做好自己的事情"（12.11%）；排在第四位的是"针锋相对，给予有力的反击"（10.63%）；排在第五位的是"在世界范围内争取更多的朋友"（6.15%）；排在第六位的是"建立新的社会主义阵营"（5.83%）；排在第七位的是"加入西方阵营"（3.91%）；排在末位的是"虚心听取来自国外的各种意见"（3.61%）。2016年问卷调查结果显示，被试对应付国际压力做法的第一选择按选择比例由高到低进行排序，排在第一位的是"创造有利于中国的国际话语权体系"（44.34%）；排在第二位的是"大力宣扬中国梦和中国模式"（17.43%）；排在第三位的是"韬光养晦，做好自己的事情"（11.16%）；排在第四位的是"针锋相对，给予有力的反击"（7.72%）；排在第五位的是"建立新的社会主义阵营"（7.20%）；排在第六位的是"加入西方阵营"（5.70%）；排在第七位的是"在世界范围内争取更多的朋友"（3.24%）；排在末位的是"虚心听取来自国外的各种意见"（3.21%，见表3-29）。也就是说，第一选择的排序变化主要表现在第五位到第七位的排序两次调查有所不同。

2012年问卷调查显示被试对应付国际压力做法的总提及频率（各因素在3个选项中的选择频率）由高到低排序，第一是"创造有利于中国的国际话语权体系"（20.66%）；第二是"在世界范围内争取更多的朋友"（17.36%）；第三是"大力宣扬中国模式"（14.84%）；第四是"针锋相对，给予有力的反击"（12.43%）；第五是"韬光养晦，做好自己的事情"（11.56%）；第六是"建立新的社会主义阵营"（10.37%）；第七是"虚心听取来自国外的各种意见"（9.47%），提及频率最低的是"加入西方阵营"（3.31%）。2016 年问卷调查显示被试对应付国际压力做法的总提及频率由高到低排序，第一是"创造有利于中国的国际话语权体系"（21.85%）；第二是"大力宣扬中国梦和中国模式"（18.85%）；第三是"建立新的社会主义阵营"（12.34%）；第四是"韬光养晦，做好自己的事情"（11.50%）；第五是"在世界范围内争取更多的朋友"（11.36%）；第六是"针锋相对，给予有力的反击"（10.81%）；第七是"虚心听取来自国外的各种意见"（7.81%），提及频率最低的是"加入西方阵营"（5.48%）。2016 年与 2012 年相比，总提及频率的排序出现了以下重要的变化："大力宣扬中国梦和中国模式"由 2012 年的第三位上升到第二位，"建立新的社会主义阵营"由 2012 年的第六位上升到第三位，"韬光养晦，做好自己的事情"由 2012 年的第五位上升到第四位，"在世界范围内争取更多的朋友"由 2012 年的第二位下降到第五位，"针锋相对，给予有力的反击"由 2012 年的第四位下降到第六位（见图 3 - 29）。

表 3 - 29　　　　　　对应付国际性危机压力做法的选择

选项	2012 年问卷调查				2016 年问卷调查			
	第一选择		总提及		第一选择		总提及	
	频率	百分比	频率	百分比	频率	百分比	频率	百分比
中国话语体系	2656	43.23	3798	20.66	2917	44.34	4294	21.85
宣扬中国梦/模式	893	14.53	2729	14.84	1147	17.43	3704	18.85
加入西方阵营	240	3.91	608	3.31	375	5.70	1077	5.48
建立社会主义阵营	358	5.83	1906	10.37	474	7.20	2425	12.34
韬光养晦	744	12.11	2126	11.56	734	11.16	2259	11.50
听取国外意见	222	3.61	1741	9.47	211	3.21	1535	7.81
针锋相对	653	10.63	2285	12.43	508	7.72	2124	10.81
争取更多朋友	378	6.15	3191	17.36	213	3.24	2232	11.36
合计	6144	100.00	18384	100.00	6579	100.00	19650	100.00

从两次问卷调查的结果可以看出，在中国应对国际压力的做法上，民众并没有形成"一边倒"的意见（只是在问卷调查涉及的应对国际压力的 8 种做法中，"加入西方阵营"的总提及频率两次调查都排在末位，显示出了较明显的倾向性），既有不少人倾向于采用对抗手段（"创造有利于中国的国际话语权体系""大力宣扬中国模式""建立新的社会主义阵营"和"针锋相对给予有力的反击"四种带有明显对抗性特征的做法，总提及频率的排序：2012 年问卷调查为第一、第三、第四、第六位，2016 年问卷调查为第一、第二、第六、第三位），也有不少人倾向于采用合作手段（"在世界范围内争取更多的朋友""韬光养晦做好自己的事情"和"虚心听取来自国外的各种意见"三种带有合作性特征的做法，总提及频率的排序：2012 年问卷调查为第二、第五、第七位，2016 年问卷调查为第五、第四、第七位）。需要特别注意的是，倾向于采用对抗手段的总提及频率的总比例，由 2012 年的 58.30% 上升到了 2016 年的 63.85%；倾向于采用合作手段的总提及频率的总比例，由 2012 年的 38.39% 下降到了 2016 年的 30.67%。这样的数据变化，显示至少在部分民众中，对于来自国际性的压力，对抗性的情绪有所增强。

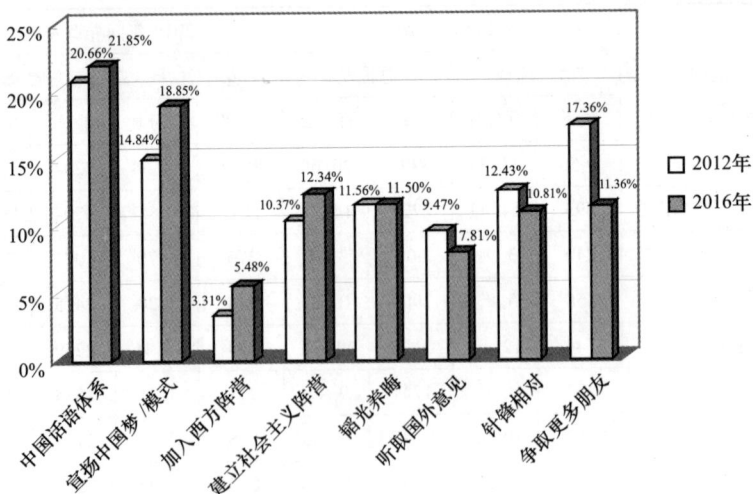

图 3-29　对应付国际性危机压力做法的总提及频率比较

七　危机压力的描述统计及相关分析

2012 年问卷调查结果显示，全体被试的危机压力的总体得分在 1.22—4.50 分，均值为 2.76，标准差为 0.44，压力强度总体处于中等水平。[①] 在六种危机压力中，生态危机压力得分最高（3.08 分）；第二是国际性危机压力（3.02 分）；第三是社会危机压力（2.83 分）；第四是文化危机压力（2.76 分）；第五是政治危机压力（2.56 分）；经济危机压力的得分最低（2.32 分，见表 3 - 30 - 1）。

表 3 - 30 - 1　　2012 年问卷调查的中国公民危机压力总体描述统计

项目	N	极小值	极大值	均值	标准差
危机压力总分	6116	1.22	4.50	2.7595	0.44451
政治危机压力	6151	1.00	5.00	2.5571	0.65000
经济危机压力	6151	1.00	5.00	2.3159	0.70235
社会危机压力	6154	1.00	5.00	2.8333	0.71422
文化危机压力	6145	1.00	5.00	2.7566	0.60668
生态危机压力	6156	1.00	5.00	3.0753	0.87795
国际性危机压力	6150	1.00	5.00	3.0225	0.49506
有效的 N（列表状态）	6118				

对 2012 年问卷调查所反映的六种危机压力得分之间的相关性进行检验，可以看出各种危机压力得分两两之间都具有显著的正向相关关系，各种危机压力得分与危机压力总分之间也都具有显著的正向相关关系（见表 3 - 30 - 2）。

---

① 2012 年问卷调查时，危机压力总分采用的是 30 分的分值。确立政治指数的指标体系后，危机压力总分的分值改为 5 分，并对 2012 年的危机压力总分做了重新计算。

表 3 - 30 - 2　　2012 年问卷调查显示的各种危机压力之间的相关

指标	项目	政治危机压力	经济危机压力	社会危机压力	文化危机压力	生态危机压力	国际性压力	危机压力总分
政治危机压力	相关性	1	0.325**	0.365**	0.373**	0.202**	0.127**	0.603**
	显著性		0.000	0.000	0.000	0.000	0.000	0.000
	N	6151	6143	6146	6137	6148	6142	6116
经济危机压力	相关性	0.325**	1	0.398**	0.361**	0.370**	0.162**	0.685**
	显著性	0.000		0.000	0.000	0.000	0.000	0.000
	N	6143	6151	6146	6138	6148	6143	6116
社会危机压力	相关性	0.365**	0.398**	1	0.455**	0.411**	0.217**	0.742**
	显著性	0.000	0.000		0.000	0.000	0.000	0.000
	N	6146	6146	6154	6141	6152	6145	6116
文化危机压力	相关性	0.373**	0.361**	0.455**	1	0.365**	0.204**	0.694**
	显著性	0.000	0.000	0.000		0.000	0.000	0.000
	N	6137	6138	6141	6145	6143	6137	6116
生态危机压力	相关性	0.202**	0.370**	0.411**	0.365**	1	0.225**	0.712**
	显著性	0.000	0.000	0.000	0.000		0.000	0.000
	N	6148	6148	6152	6143	6156	6147	6116
国际性危机压力	相关性	0.127**	0.162**	0.217**	0.204**	0.225**	1	0.440**
	显著性	0.000	0.000	0.000	0.000	0.000		0.000
	N	6142	6143	6145	6137	6147	6150	6116
危机压力总分	相关性	0.603**	0.685**	0.742**	0.694**	0.712**	0.440**	1
	显著性	0.000	0.000	0.000	0.000	0.000	0.000	
	N	6116	6116	6116	6116	6116	6116	6116

＊＊. 在 0.01 水平（双侧）上显著相关。

2016 年问卷调查结果显示，全体被试的危机压力的总体得分在 1.22—4.19 分，均值为 2.84，标准差为 0.41，压力强度总体依然处于中等水平。在六种危机压力中，生态危机压力得分最高（3.23 分）；第二是国际性危机压力（3.04 分）；第三是文化危机压力

（2.85 分）；第四是社会危机压力（2.82 分）；第五是政治危机压力（2.70 分）；经济危机压力的得分最低（2.43 分，见表 3 - 30 - 3）。

表 3 - 30 - 3　　　　2016 年问卷调查的中国公民危机压力总体描述统计

项目	N	极小值	极大值	均值	标准差
危机压力总分	6518	1. 22	4. 19	2.8439	0.41464
政治危机压力	6578	1. 00	5. 00	2.6995	0.70124
经济危机压力	6560	1. 00	5. 00	2.4282	0.62227
社会危机压力	6568	1. 00	5. 00	2.8237	0.70506
文化危机压力	6574	1. 00	5. 00	2.8530	0.63747
生态危机压力	6574	1. 00	5. 00	3.2323	0.73884
国际性危机压力	6567	1. 00	5. 00	3.0362	0.48450
有效的 N（列表状态）	6518				

对 2016 年问卷调查所反映的六种危机压力之间的相关性进行检验，可以看出各种危机压力两两之间同样都具有显著的正向相关关系，各种危机压力与危机压力总分之间也都具有显著的正向相关关系（见表 3 - 30 - 4）。

表 3 - 30 - 4　　　　2016 年问卷调查显示的各种危机压力之间的相关

指标	项目	政治危机压力	经济危机压力	社会危机压力	文化危机压力	生态危机压力	国际性压力	危机压力总分
政治危机压力	相关性	1	0.351 **	0.445 **	0.433 **	0.135 **	0.178 **	0.681 **
	显著性		0.000	0.000	0.000	0.000	0.000	0.000
	N	6578	6557	6565	6571	6571	6564	6518
经济危机压力	相关性	0.351 **	1	0.377 **	0.385 **	0.272 **	0.163 **	0.667 **
	显著性	0.000		0.000	0.000	0.000	0.000	0.000
	N	6557	6560	6547	6553	6553	6547	6518

续表

指标	项目	政治危机压力	经济危机压力	社会危机压力	文化危机压力	生态危机压力	国际性压力	危机压力总分
社会危机压力	相关性	0.445 **	0.377 **	1	0.455 **	0.245 **	0.198 **	0.731 **
	显著性	0.000	0.000		0.000	0.000	0.000	0.000
	N	6565	6547	6568	6561	6561	6554	6518
文化危机压力	相关性	0.433 **	0.385 **	0.455 **	1	0.242 **	0.219 **	0.717 **
	显著性	0.000	0.000	0.000		0.000	0.000	0.000
	N	6571	6553	6561	6574	6567	6561	6518
生态危机压力	相关性	0.135 **	0.272 **	0.245 **	0.242 **	1	0.126 **	0.558 **
	显著性	0.000	0.000	0.000	0.000		0.000	0.000
	N	6571	6553	6561	6567	6574	6560	6518
国际性危机压力	相关性	0.178 **	0.163 **	0.198 **	0.219 **	0.126 **	1	0.435 **
	显著性	0.000	0.000	0.000	0.000	0.000		0.000
	N	6564	6547	6554	6561	6560	6567	6518
危机压力总分	相关性	0.681 **	0.667 **	0.731 **	0.717 **	0.558 **	0.435 **	1
	显著性	0.000	0.000	0.000	0.000	0.000	0.000	
	N	6518	6518	6518	6518	6518	6518	6518

**. 在 0.01 水平（双侧）上显著相关。

比较两次问卷调查的六种危机压力得分排序，一个重要的变化是文化危机压力的排序前移，由 2012 年问卷调查的第四位上升到 2016 年问卷调查的第三位；社会危机压力的排序则由 2012 年问卷调查的第三位下降到 2016 年问卷调查的第四位；其他四种危机压力的排序没有变化。六种危机压力的具体得分，2016 年只有一种危机压力的得分低于 2012 年（社会危机压力）；另五种危机压力（政治危机压力、经济危机压力、文化危机压力、生态危机压力和国际性危机压力）的得分都高于 2012 年。由于五种危机压力的得分上升，使得 2016 年问卷调查的危机压力总分（2.84 分）亦比 2012 年（2.76 分）上升了 0.08 分（见表 3-30-5 和图 3-30）。

表 3 – 30 – 5　　　　　　　**两次问卷调查的危机压力得分比较**

项目	2012 年问卷调查	2016 年问卷调查	2016 年比 2012 年增减
危机压力总分	2.76	2.84	+ 0.08
政治危机压力	2.56	2.70	+ 0.14
经济危机压力	2.32	2.43	+ 0.11
社会危机压力	2.83	2.82	− 0.01
文化危机压力	2.76	2.85	+ 0.09
生态危机压力	3.08	3.23	+ 0.15
国际性危机压力	3.02	3.04	+ 0.02

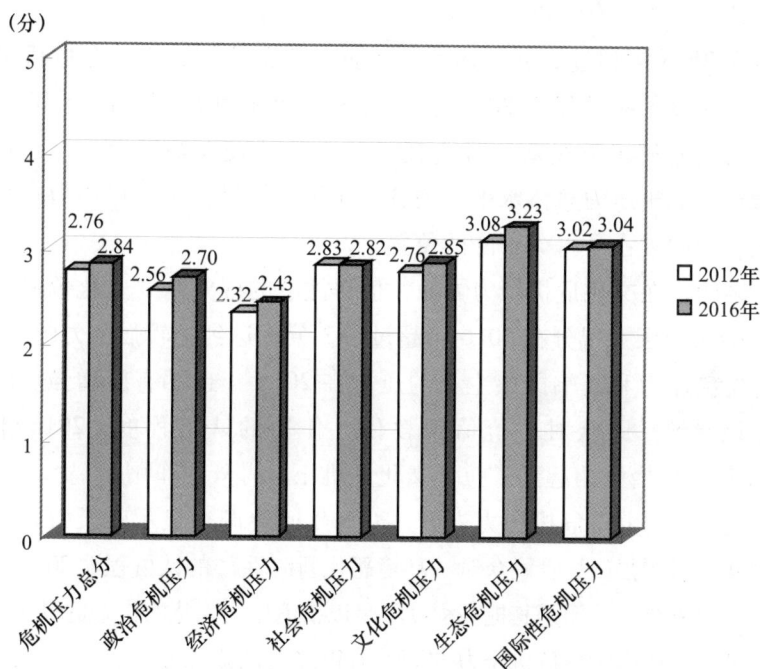

图 3 – 30　两次问卷调查的危机压力得分比较

　　通过本章的叙述，对于 2012—2016 年中国民众的危机压力情况，可以有以下几点基本的认识。

　　第一，在政治危机压力方面，尽管各方面的压力 2016 年都比

2012 年有所增强，并使得 2016 年的政治危机压力得分比 2012 年有较大幅度提高，但是政治危机压力的各具体项目都能维持在中等水平的压力上，还没有出现 3 分以上的较强压力项目。

第二，在经济危机压力方面，"经济危机可能性"带来的压力得分在 2016 年超过了 3 分，达到了较强压力的水平；信心水平（包括对国家经济发展的信心和对个人经济发展的信心）的减弱，也对经济危机压力的增强起了一定的助推作用，使得经济危机压力的总体得分在 2016 年有较大幅度提高，但是仍然保持了经济危机压力在各种危机压力中压力强度最低的基本态势。

第三，在社会危机压力方面，尽管"社会冲突影响民众生活"的得分在 2016 年超过 3 分，达到了较强压力的水平，"社会危机可能性"为民众带来的压力 2016 年也比 2012 年有所增强，但是 2016 年问卷调查所显示的民众"社会建设信心"的较大幅度提升，起到了压低社会危机压力总体水平的关键性作用，使得社会危机压力在六种危机压力中独占了得分下降的位置。

第四，在文化危机压力方面，值得注意的现象是"文化危机可能性"带来的压力得分在 2016 年超过了 3 分，达到了较强压力的水平，民粹主义压力和极端民族主义的压力在 2016 年也都有所增强。同时还应该看到，民众对"价值观教化"作用的认可程度，2016 年比2012 年大大增强，起到了拉低文化危机压力得分的作用。

第五，在生态危机压力方面，2016 年问卷调查显示的压力强度比 2012 年有所增强，尽管民众对"环境恶化暂时性"的认可程度 2016 年比 2012 年略有提高，但是其提高程度不足以抵消更为强化的生态危机压力。

第六，在国际性危机压力方面，值得注意的现象是"战争危机可能性"的得分在 2016 年超过 3 分，达到了较强压力的水平，"金融危机影响"的压力也有所增强。由于中国民众对来自国外势力的"颠覆危险"的压力有所弱化，使得国际性危机压力的得分在 2016 年只是略有上升。

第七，2016 年问卷调查显示的危机压力总分尽管比 2012 年问卷调查的危机压力总分有所上升，但是从总体上看，中国民众的危机压力水平变化不是很大，依然维持了"中等危机压力水平"的基本形态。

第四章 政治认同与危机压力的关系

根据 2012 年和 2016 年两次问卷调查的数据，可以对政治认同与各种危机压力的关系及其变化情况作综合性的说明。

一 政治认同与政治危机压力的相关性

对两次问卷调查的政治认同各指标和政治危机压力的数据进行统计分析（见表 4-1），显示各指标之间的两两相关均达到了显著水平："政治危机压力"与"体制认同"之间具有显著的负向相关（2012 年问卷调查 $r = -0.161$，$p < 0.001$；2016 年问卷调查 $r = -0.266$，$p < 0.001$），与"政党认同"之间具有显著的负向相关（2012 年问卷调查 $r = -0.245$，$p < 0.001$；2016 年问卷调查 $r = -0.303$，$p < 0.001$），与"身份认同"之间具有显著的负向相关（2012 年问卷调查 $r = -0.250$，$p < 0.001$；2016 年问卷调查 $r = -0.363$，$p < 0.001$），与"文化认同"之间具有显著的负向相关（2012 年问卷调查 $r = -0.186$，$p < 0.001$；2016 年问卷调查 $r = -0.270$，$p < 0.001$），与"政策认同"之间具有显著的负向相关（2012 年问卷调查 $r = -0.303$，$p < 0.001$；2016 年问卷调查 $r = -0.449$，$p < 0.001$），与"发展认同"之间具有显著的负向相关（2012 年问卷调查 $r = -0.371$，$p < 0.001$；2016 年问卷调查 $r = -0.458$，$p < 0.001$），与"政治认同总分"之间具有显著的负向相关（2012 年问卷调查 $r = -0.397$，$p < 0.001$；2016 年问卷调查 $r = -0.546$，$p < 0.001$）。

表 4 - 1 　　　　各种政治认同与政治危机压力之间的相关

政治认同	2012 年问卷调查		2016 年问卷调查	
	项目	政治危机压力	项目	政治危机压力
体制认同	Pearson 相关性	− 0. 161 **	Pearson 相关性	− 0. 266 **
	显著性（双侧）	0. 000	显著性（双侧）	0. 000
	N	6144	N	6518
政党认同	Pearson 相关性	− 0. 245 **	Pearson 相关性	− 0. 303 **
	显著性（双侧）	0. 000	显著性（双侧）	0. 000
	N	6138	N	6506
身份认同	Pearson 相关性	− 0. 250 **	Pearson 相关性	− 0. 363 **
	显著性（双侧）	0. 000	显著性（双侧）	0. 000
	N	6146	N	6509
文化认同	Pearson 相关性	− 0. 186 **	Pearson 相关性	− 0. 270 **
	显著性（双侧）	0. 000	显著性（双侧）	0. 000
	N	6138	N	6513
政策认同	Pearson 相关性	− 0. 303 **	Pearson 相关性	− 0. 449 **
	显著性（双侧）	0. 000	显著性（双侧）	0. 000
	N	6144	N	6514
发展认同	Pearson 相关性	− 0. 371 **	Pearson 相关性	− 0. 458 **
	显著性（双侧）	0. 000	显著性（双侧）	0. 000
	N	6144	N	6510
政治认同总分	Pearson 相关性	− 0. 397 **	Pearson 相关性	− 0. 546 **
	显著性（双侧）	0. 000	显著性（双侧）	0. 000
	N	6102	N	6482
政治危机压力	Pearson 相关性	1	Pearson 相关性	1
	显著性（双侧）		显著性（双侧）	
	N	6151	N	6518

**. 在 0. 01 水平（双侧）上显著相关。

　　从相关性的分析可以看出，政治认同水平的下降，与政治危机压力的上升有密切的关系（政治认同各指标与政治危机压力之间均呈现负向相关关系）。2016 年与 2012 年相比，政治认同各指标的得分较普遍下降（除了体制认同和文化认同外，政党认同、身份认同、政策认同、发展认同的得分以及政治认同总分都有不同程度的下降，下同），以及政治危机压力得分的较大幅度上升，呈现的就是这种此降彼升的关系。

在政治认同各指标中，与政治危机压力相关性最为显著的指标（相关性系数高于其他指标，下同），2012 年和 2016 年两次调查都是"政治认同总分"。政治认同总分由 2012 年的 3.67 分下降到 2016 年的 3.63 分（下降 0.04 分，见本书第二章，下同），政治危机压力得分由 2012 年的 2.56 分提高到 2016 年的 2.70 分（上升 0.14 分，见本书第三章，下同），显示的是民众的政治危机压力增强，导致了政治认同总体水平的下降，也可以说正是由于民众的政治认同总体水平有所下降，才使其政治危机压力感明显增强。无论是哪种解释，其核心点都是只有普遍提升民众的政治认同总体水平，才能真正缓解民众对政治危机的担忧。

二 政治认同与经济危机压力的相关性

对两次问卷调查政治认同各指标和经济危机压力的数据进行统计分析（见表 4-2），显示各指标之间的两两相关均达到了显著水平："经济危机压力"与"体制认同"之间具有显著的负向相关（2012 年问卷调查 $r = -0.281$，$p < 0.001$；2016 年问卷调查 $r = -0.253$，$p < 0.001$），与"政党认同"之间具有显著的负向相关（2012 年问卷调查 $r = -0.285$，$p < 0.001$；2016 年问卷调查 $r = -0.269$，$p < 0.001$），与"身份认同"之间具有显著的负向相关（2012 年问卷调查 $r = -0.252$，$p < 0.001$；2016 年问卷调查 $r = -0.340$，$p < 0.001$），与"文化认同"之间具有显著的负向相关（2012 年问卷调查 $r = -0.175$，$p < 0.001$；2016 年问卷调查 $r = -0.243$，$p < 0.001$），与"政策认同"之间具有显著的负向相关（2012 年问卷调查 $r = -0.445$，$p < 0.001$；2016 年问卷调查 $r = -0.412$，$p < 0.001$），与"发展认同"之间具有显著的负

向相关（2012 年问卷调查 $r = -0.308$，$p < 0.001$；2016 年问卷调查 $r = -0.360$，$p < 0.001$），与"政治认同总分"之间具有显著的负向相关（2012 年问卷调查 $r = -0.458$，$p < 0.001$；2016 年问卷调查 $r = -0.483$，$p < 0.001$）。

表 4-2　　　　各种政治认同与经济危机压力之间的相关

政治认同	2012 年问卷调查		2016 年问卷调查	
	项目	经济危机压力	项目	经济危机压力
体制认同	Pearson 相关性	-0.281 **	Pearson 相关性	-0.253 **
	显著性（双侧）	0.000	显著性（双侧）	0.000
	N	6144	N	6560
政党认同	Pearson 相关性	-0.285 **	Pearson 相关性	-0.269 **
	显著性（双侧）	0.000	显著性（双侧）	0.000
	N	6138	N	6548
身份认同	Pearson 相关性	-0.252 **	Pearson 相关性	-0.340 **
	显著性（双侧）	0.000	显著性（双侧）	0.000
	N	6145	N	6550
文化认同	Pearson 相关性	-0.175 **	Pearson 相关性	-0.243 **
	显著性（双侧）	0.000	显著性（双侧）	0.000
	N	6139	N	6554
政策认同	Pearson 相关性	-0.445 **	Pearson 相关性	-0.412 **
	显著性（双侧）	0.000	显著性（双侧）	0.000
	N	6145	N	6556
发展认同	Pearson 相关性	-0.308 **	Pearson 相关性	-0.360 **
	显著性（双侧）	0.000	显著性（双侧）	0.000
	N	6144	N	6552
政治认同总分	Pearson 相关性	-0.458 **	Pearson 相关性	-0.483 **
	显著性（双侧）	0.000	显著性（双侧）	0.000
	N	6103	N	6523

续表

政治认同	2012 年问卷调查		2016 年问卷调查	
	项目	经济危机压力	项目	经济危机压力
经济危机压力	Pearson 相关性	1	Pearson 相关性	1
	显著性（双侧）		显著性（双侧）	
	N	6151	N	6560

**. 在 0.01 水平（双侧）上显著相关。

从相关性的分析可以看出，政治认同水平的下降，与经济危机压力的上升也有密切的关系（政治认同各指标与经济危机压力之间均呈现负向相关关系）。2016 年与 2012 年相比，政治认同各指标的得分较普遍下降和经济危机压力得分的较大幅度上升，呈现了同样的此降彼升关系。

在政治认同各指标中，与经济危机压力相关性最为显著的指标，2012 年和 2016 年两次调查都是"政治认同总分"。经济危机压力得分由 2012 年的 2.32 分提高到 2016 年的 2.43 分（上升 0.11 分），表明经济危机压力和政治危机压力一样，都对政治认同的总体水平起着至关重要的作用，民众的经济危机压力增强，导致了政治认同总体水平的下降，也可以说恰是由于民众的政治认同总体水平有所下降，使得其经济危机压力感明显增强。也就是说，提高公民的整体政治认同水平，对于缓解民众的经济危机压力，同样有重要的作用。

三　政治认同与社会危机压力的相关性

对两次问卷调查政治认同各指标和社会危机压力的数据进行统计分析（见表 4-3），显示各指标之间的两两相关均达到了显著水平："社会危机压力"与"体制认同"之间具有显著的负向相关（2012 年问卷调查 $r = -0.229$，$p < 0.001$；2016 年问卷调查 $r = -0.194$，$p < 0.001$），与"政党认同"之间具有显著的负向相关（2012 年问卷调查 $r = -0.229$，$p < 0.001$；2016 年问卷调查 $r = -0.236$，$p < 0.001$），与"身份认同"之

间具有显著的负向相关（2012 年问卷调查 $r = -0.141$，$p < 0.001$；2016 年问卷调查 $r = -0.280$，$p < 0.001$），与"文化认同"之间具有显著的负向相关（2012 年问卷调查 $r = -0.159$，$p < 0.001$；2016 年问卷调查 $r = -0.227$，$p < 0.001$），与"政策认同"之间具有显著的负向相关（2012 年问卷调查 $r = -0.362$，$p < 0.001$；2016 年问卷调查 $r = -0.327$，$p < 0.001$），与"发展认同"之间具有显著的负向相关（2012 年问卷调查 $r = -0.292$，$p < 0.001$；2016 年问卷调查 $r = -0.368$，$p < 0.001$），与"政治认同总分"之间具有显著的负向相关（2012 年问卷调查 $r = -0.369$，$p < 0.001$；2016 年问卷调查 $r = -0.422$，$p < 0.001$）。

表 4 - 3　　　　各种政治认同与社会危机压力之间的相关

政治认同	2012 年问卷调查		2016 年问卷调查	
	项目	社会危机压力	项目	社会危机压力
体制认同	Pearson 相关性	-0.229**	Pearson 相关性	-0.194**
	显著性（双侧）	0.000	显著性（双侧）	0.000
	N	6147	N	6568
政党认同	Pearson 相关性	-0.229**	Pearson 相关性	-0.236**
	显著性（双侧）	0.000	显著性（双侧）	0.000
	N	6141	N	6556
身份认同	Pearson 相关性	-0.141**	Pearson 相关性	-0.280**
	显著性（双侧）	0.000	显著性（双侧）	0.000
	N	6148	N	6559
文化认同	Pearson 相关性	-0.159**	Pearson 相关性	-0.227**
	显著性（双侧）	0.000	显著性（双侧）	0.000
	N	6141	N	6563
政策认同	Pearson 相关性	-0.362**	Pearson 相关性	-0.327**
	显著性（双侧）	0.000	显著性（双侧）	0.000
	N	6147	N	6564

政治认同	2012 年问卷调查		2016 年问卷调查	
	项目	社会危机压力	项目	社会危机压力
发展认同	Pearson 相关性	− 0. 292 **	Pearson 相关性	− 0. 368 **
	显著性（双侧）	0. 000	显著性（双侧）	0. 000
	N	6147	N	6560
政治认同总分	Pearson 相关性	− 0. 369 **	Pearson 相关性	− 0. 422 **
	显著性（双侧）	0. 000	显著性（双侧）	0. 000
	N	6104	N	6532
社会危机压力	Pearson 相关性	1	Pearson 相关性	1
	显著性（双侧）		显著性（双侧）	
	N	6154	N	6568

**. 在 0.01 水平（双侧）上显著相关。

　　从相关性的分析可以看出，政治认同水平的下降，与社会危机压力的上升有密切的关系；政治认同水平上升，与社会危机压力的下降有密切的关系（政治认同各指标与社会危机压力之间均呈现负向相关关系）。2016 年与 2012 年相比，社会危机压力得分由 2012 年的 2.83 分下降到 2016 年的 2.82 分（下降 0.01 分），由于得分下降幅度很小，不足以带动政治认同各指标得分的普遍上升，但是至少起了稳定政治认同各指标得分的作用，使其变动的幅度不至于过大。

　　在政治认同各指标中，与社会危机压力相关性最为显著的指标，2012 年和 2016 年两次调查都是"政治认同总分"，表明社会危机压力的相对稳定，可以起到稳定民众政治认同总体水平的重要作用。政治认同总分的下降幅度未超过 0.05 分，体现的就是这样的关系。

四　政治认同与文化危机压力的相关性

　　对两次问卷调查的政治认同各指标和文化危机压力的数据进行统计

分析（见表4-4），显示各指标之间的两两相关均达到了显著水平："文化危机压力"与"体制认同"之间具有显著的负向相关（2012年问卷调查 $r = -0.190$，$p < 0.001$；2016年问卷调查 $r = -0.210$，$p < 0.001$），与"政党认同"之间具有显著的负向相关（2012年问卷调查 $r = -0.259$，$p < 0.001$；2016年问卷调查 $r = -0.243$，$p < 0.001$），与"身份认同"之间具有显著的负向相关（2012年问卷调查 $r = -0.209$，$p < 0.001$；2016年问卷调查 $r = -0.304$，$p < 0.001$），与"文化认同"之间具有显著的负向相关（2012年问卷调查 $r = -0.134$，$p < 0.001$；2016年问卷调查 $r = -0.206$，$p < 0.001$），与"政策认同"之间具有显著的负向相关（2012年问卷调查 $r = -0.338$，$p < 0.001$；2016年问卷调查 $r = -0.339$，$p < 0.001$），与"发展认同"之间具有显著的负向相关（2012年问卷调查 $r = -0.325$，$p < 0.001$；2016年问卷调查 $r = -0.374$，$p < 0.001$），与"政治认同总分"之间具有显著的负向相关（2012年问卷调查 $r = -0.383$，$p < 0.001$；2016年问卷调查 $r = -0.434$，$p < 0.001$）。

表4-4　　　　　各种政治认同与文化危机压力之间的相关

政治认同	2012年问卷调查		2016年问卷调查	
	项目	文化危机压力	项目	文化危机压力
体制认同	Pearson 相关性	-0.190**	Pearson 相关性	-0.210**
	显著性（双侧）	0.000	显著性（双侧）	0.000
	N	6138	N	6574
政党认同	Pearson 相关性	-0.259**	Pearson 相关性	-0.243**
	显著性（双侧）	0.000	显著性（双侧）	0.000
	N	6132	N	6562
身份认同	Pearson 相关性	-0.209**	Pearson 相关性	-0.304**
	显著性（双侧）	0.000	显著性（双侧）	0.000
	N	6139	N	6564

政治认同	2012 年问卷调查		2016 年问卷调查	
	项目	文化危机压力	项目	文化危机压力
文化认同	Pearson 相关性	− 0.134 **	Pearson 相关性	− 0.206 **
	显著性（双侧）	0.000	显著性（双侧）	0.000
	N	6133	N	6568
政策认同	Pearson 相关性	− 0.338 **	Pearson 相关性	− 0.339 **
	显著性（双侧）	0.000	显著性（双侧）	0.000
	N	6138	N	6570
发展认同	Pearson 相关性	− 0.325 **	Pearson 相关性	− 0.374 **
	显著性（双侧）	0.000	显著性（双侧）	0.000
	N	6139	N	6566
政治认同总分	Pearson 相关性	− 0.383 **	Pearson 相关性	− 0.434 **
	显著性（双侧）	0.000	显著性（双侧）	0.000
	N	6097	N	6537
文化危机压力	Pearson 相关性	1	Pearson 相关性	1
	显著性（双侧）		显著性（双侧）	
	N	6145	N	6574

**. 在 0.01 水平（双侧）上显著相关。

从相关性的分析可以看出，政治认同水平的下降，与文化危机压力的上升有密切的关系（政治认同各指标与文化危机压力之间均呈现负向相关关系）。2016 年与 2012 年相比，政治认同各指标的得分较普遍下降和文化危机压力得分的一定幅度上升，呈现的就是这样的此降彼升关系。

在政治认同各指标中，与文化危机压力相关性最为显著的指标，2012 年和 2016 年两次调查都是"政治认同总分"。文化危机压力得分由 2012 年的 2.76 分上升到 2016 年的 2.85 分（上升 0.09 分），表明文化危机压力和政治危机压力、经济危机压力一样，都对政治认同的总体水平起着至关重要的作用。我们既可以说由于民众的文化危机压力增强，导致了政治认同总体水平的下降，也可以说由于民众的政治认同总体水平有所下降，导致了民众的文化危机压力感有所增强。也就是说，要缓解民众的文化危机压力，同样要从提高公民的整体政治认同水平着手。

五 政治认同与生态危机压力的相关性

对两次问卷调查的政治认同各指标和生态危机压力的数据进行统计分析（见表 4-5），显示各指标之间的两两相关均达到了显著水平："生态危机压力"与"体制认同"之间具有显著的负向相关（2012 年问卷调查 $r = -0.200$，$p < 0.001$；2016 年问卷调查 $r = -0.117$，$p < 0.001$），与"政党认同"之间具有显著的负向相关（2012 年问卷调查 $r = -0.152$，$p < 0.001$；2016 年问卷调查 $r = -0.084$，$p < 0.001$），与"身份认同"之间具有显著的负向相关（2012 年问卷调查 $r = -0.043$，$p < 0.001$；2016 年问卷调查 $r = -0.040$，$p < 0.001$），与"文化认同"之间具有显著的负向相关（2012 年问卷调查 $r = -0.026$，$p < 0.05$；2016 年问卷调查 $r = -0.053$，$p < 0.001$），与"政策认同"之间具有显著的负向相关（2012 年问卷调查 $r = -0.307$，$p < 0.001$；2016 年问卷调查 $r = -0.195$，$p < 0.001$），与"发展认同"之间具有显著的负向相关（2012 年问卷调查 $r = -0.110$，$p < 0.001$；2016 年问卷调查 $r = -0.122$，$p < 0.001$），与"政治认同总分"之间具有显著的负向相关（2012 年问卷调查 $r = -0.222$，$p < 0.001$；2016 年问卷调查 $r = -0.158$，$p < 0.001$）。

从相关性的分析可以看出，政治认同水平的下降，与生态危机压力的上升有密切的关系（政治认同各指标与生态危机压力之间均呈现负向相关关系）。2016 年与 2012 年相比，政治认同各指标的得分较普遍下降和文化危机压力得分的较大幅度上升，呈现的就是这样的此降彼升关系。

表4-5　　　　　　各种政治认同与生态危机压力之间的相关

政治认同	2012 年问卷调查		2016 年问卷调查	
	项目	生态危机压力	项目	生态危机压力
体制认同	Pearson 相关性	-0.200**	Pearson 相关性	-0.117**
	显著性（双侧）	0.000	显著性（双侧）	0.000
	N	6149	N	6574
政党认同	Pearson 相关性	-0.152**	Pearson 相关性	-0.084**
	显著性（双侧）	0.000	显著性（双侧）	0.000
	N	6143	N	6562
身份认同	Pearson 相关性	-0.043**	Pearson 相关性	-0.040**
	显著性（双侧）	0.001	显著性（双侧）	0.001
	N	6150	N	6564
文化认同	Pearson 相关性	-0.026*	Pearson 相关性	-0.053**
	显著性（双侧）	0.041	显著性（双侧）	0.000
	N	6143	N	6568
政策认同	Pearson 相关性	-0.307**	Pearson 相关性	-0.195**
	显著性（双侧）	0.000	显著性（双侧）	0.000
	N	6149	N	6570
发展认同	Pearson 相关性	-0.110**	Pearson 相关性	-0.122**
	显著性（双侧）	0.000	显著性（双侧）	0.000
	N	6149	N	6566
政治认同总分	Pearson 相关性	-0.222**	Pearson 相关性	-0.158**
	显著性（双侧）	0.000	显著性（双侧）	0.000
	N	6106	N	6537
生态危机压力	Pearson 相关性	1	Pearson 相关性	1
	显著性（双侧）		显著性（双侧）	
	N	6156	N	6574

**. 在 0.01 水平（双侧）上显著相关。

*. 在 0.05 水平（双侧）上显著相关。

在政治认同各指标中，与文化危机压力相关性最为显著的指标，2012 年和 2016 年两次调查都是"政策认同"。政策认同得分由 2012 年的 3.59 分下降到 2016 年的 3.57 分（下降 0.02 分），生态危机压力得分由 2012 年的 3.08 分上升到 2016 年的 3.23 分（上升 0.15 分），前者的得分下降幅度不大，后者的下降幅度较大，显示的应是基本稳定的政策认同水平，对遏制生态危机压力的大幅度增强起了重要的作用。也就是说，只有充分发挥政策的优势，才能真正缓解民众对生态环境恶化的恐惧心理；或者反过来说，生态危机压力的增强，显示的是民众对更有效的政策有更强烈和更迫切的要求。

六　政治认同与国际性危机压力的相关性

对两次问卷调查的政治认同各指标和国际性危机压力的数据进行统计分析（见表 4 - 6），显示各指标之间的两两相关均达到了显著水平："国际性危机压力"与"体制认同"之间具有显著的负向相关（2012 年问卷调查 $r = -0.056$，$p < 0.001$；2016 年问卷调查 $r = -0.043$，$p < 0.001$），与"政党认同"之间具有显著的负向相关（2012 年问卷调查 $r = -0.058$，$p < 0.001$；2016 年问卷调查 $r = -0.025$，$p < 0.05$），与"身份认同"之间具有显著的负向相关（2012 年问卷调查 $r = -0.035$，$p < 0.05$；2016 年问卷调查 $r = -0.089$，$p < 0.001$），与"文化认同"之间具有显著的负向相关（2012 年问卷调查 $r = -0.050$，$p < 0.001$；2016 年问卷调查 $r = -0.027$，$p < 0.05$），与"政策认同"之间具有显著的负向相关（2012 年问卷调查 $r = -0.134$，$p < 0.001$；2016 年问卷调查 $r = -0.131$，$p < 0.001$），与"发展认同"之间具有显著的负向相关（2012 年问卷调查 $r = -0.066$，$p < 0.001$；2016 年问卷调查 $r = -0.097$，$p < 0.001$），与"政治认同总分"之间具有显著的负向相关（2012 年问卷调查 $r = -0.106$，$p < 0.001$；2016 年问卷调查 $r = -0.110$，$p < 0.001$）。

表 4 - 6　　　　　**各种政治认同与国际性危机压力之间的相关**

政治认同	2012 年问卷调查		2016 年问卷调查	
	项目	国际性危机压力	项目	国际性危机压力
体制认同	Pearson 相关性	- 0. 056 **	Pearson 相关性	- 0. 043 **
	显著性（双侧）	0. 000	显著性（双侧）	0. 000
	N	6143	N	6567
政党认同	Pearson 相关性	- 0. 058 **	Pearson 相关性	- 0. 025 **
	显著性（双侧）	0. 000	显著性（双侧）	0. 043
	N	6137	N	6555
身份认同	Pearson 相关性	- 0. 035 **	Pearson 相关性	- 0. 089 **
	显著性（双侧）	0. 006	显著性（双侧）	0. 000
	N	6144	N	6557
文化认同	Pearson 相关性	- 0. 050 **	Pearson 相关性	- 0. 027 **
	显著性（双侧）	0. 000	显著性（双侧）	0. 030
	N	6138	N	6561
政策认同	Pearson 相关性	- 0. 134 **	Pearson 相关性	- 0. 131 **
	显著性（双侧）	0. 000	显著性（双侧）	0. 000
	N	6143	N	6563
发展认同	Pearson 相关性	- 0. 066 **	Pearson 相关性	- 0. 097 **
	显著性（双侧）	0. 000	显著性（双侧）	0. 000
	N	6144	N	6559
政治认同总分	Pearson 相关性	- 0. 106 **	Pearson 相关性	- 0. 110 **
	显著性（双侧）	0. 000	显著性（双侧）	0. 000
	N	6102	N	6530
国际性危机压力	Pearson 相关性	1	Pearson 相关性	1
	显著性（双侧）		显著性（双侧）	
	N	6150	N	6567

**.在 0. 01 水平（双侧）上显著相关。

从相关性的分析可以看出，政治认同水平的下降，与国际性危机压力的上升有密切的关系；政治认同水平上升，与国际性危机压力的下降有密切的关系（政治认同各指标与国际性危机压力之间均呈现负向相关关系）。2016 年与 2012 年相比，国际性危机压力得分由 2012 年的 3.02 分上升到 2016 年的 3.04 分（上升 0.02 分），由于得分上升幅度较小，在降低政治认同各指标得分方面的作用也相对小一些。

在政治认同各指标中，与国际性危机压力相关性最为显著的指标，2012 年和 2016 年两次调查都是"政策认同"。由于国际性危机压力和政策认同的得分升降幅度都不大（均为 0.02 分），所体现的应是两者之间的相对稳定关系，并给出了一个重要的提示，就是国内政策的好坏，将直接影响民众对国际问题的判断水平。

七 政治认同与危机压力的相关性

对两次问卷调查的危机压力总分和政治认同各指标的数据进行统计分析（见表 4-7），显示各指标之间的两两相关均达到了显著水平："危机压力总分"与"体制认同"之间具有显著的负向相关（2012 年问卷调查 $r = -0.295$，$p < 0.001$；2016 年问卷调查 $r = -0.266$，$p < 0.001$），与"政党认同"之间具有显著的负向相关（2012 年问卷调查 $r = -0.318$，$p < 0.001$；2016 年问卷调查 $r = -0.303$，$p < 0.001$），与"身份认同"之间具有显著的负向相关（2012 年问卷调查 $r = -0.233$，$p < 0.001$；2016 年问卷调查 $r = -0.363$，$p < 0.001$），与"文化认同"之间具有显著的负向相关（2012 年问卷调查 $r = -0.182$，$p < 0.001$；2016 年问卷调查 $r = -0.270$，$p < 0.001$），与"政策认同"之间具有显著的负向相关（2012 年问卷调查 $r = -0.491$，$p < 0.001$；2016 年问卷调查 $r = -0.449$，$p < 0.001$），与"发展认同"之间具有显著的负向相关（2012 年问卷调查 $r = -0.373$，$p < 0.001$；2016 年问卷调查 $r = -0.458$，$p < 0.001$），与"政治认同总分"之间具有显著的负向相关（2012 年问卷调查 $r = -0.498$，$p < 0.001$；2016 年问卷调查 $r = -0.546$，$p < 0.001$）。

表 4 – 7　　　　**各种政治认同与危机压力总分之间的相关**

政治认同	2012 年问卷调查		2016 年问卷调查	
	项目	危机压力总分	项目	危机压力总分
体制认同	Pearson 相关性	− 0. 295 **	Pearson 相关性	− 0. 266 **
	显著性（双侧）	0. 000	显著性（双侧）	0. 000
	N	6111	N	6518
政党认同	Pearson 相关性	− 0. 318 **	Pearson 相关性	− 0. 303 **
	显著性（双侧）	0. 000	显著性（双侧）	0. 000
	N	6105	N	6506
身份认同	Pearson 相关性	− 0. 233 **	Pearson 相关性	− 0. 363 **
	显著性（双侧）	0. 000	显著性（双侧）	0. 000
	N	6113	N	6509
文化认同	Pearson 相关性	− 0. 182 **	Pearson 相关性	− 0. 270 **
	显著性（双侧）	0. 000	显著性（双侧）	0. 000
	N	6106	N	6513
政策认同	Pearson 相关性	− 0. 491 **	Pearson 相关性	− 0. 449 **
	显著性（双侧）	0. 000	显著性（双侧）	0. 000
	N	6112	N	6514
发展认同	Pearson 相关性	− 0. 373 **	Pearson 相关性	− 0. 458 **
	显著性（双侧）	0. 000	显著性（双侧）	0. 000
	N	6111	N	6510
政治认同总分	Pearson 相关性	− 0. 498 **	Pearson 相关性	− 0. 546 **
	显著性（双侧）	0. 000	显著性（双侧）	0. 000
	N	6071	N	6482
危机压力总分	Pearson 相关性	1	Pearson 相关性	1
	显著性（双侧）		显著性（双侧）	
	N	6118	N	6518

**. 在 0. 01 水平（双侧）上显著相关。

从相关性的分析可以看出，政治认同水平的下降，与危机压力总体水平的上升有密切的关系（政治认同各指标与危机压力总分之间均呈现负向相关关系）。2016年与2012年相比，政治认同各指标的得分较普遍下降和危机压力总分的一定幅度上升，呈现的就是这种此降彼升的关系。

在政治认同各指标中，与危机压力总分相关性最为显著的指标，2012年和2016年两次调查都是"政治认同总分"。危机压力总分由2012年的2.76分上升到2016年的2.84分（上升0.08分），显示的是民众的整体性危机压力增强，导致了政治认同总体水平的下降，也可以说恰是由于民众的政治认同总体水平有所下降，使得危机压力的整体性感受有所增强。无论是哪种解释，强调的都是整体性的关系，即普遍提升民众的政治认同总体水平，才能真正压低民众的危机压力总体水平。

将政治认同和危机压力的得分转化为与稳定有关的五个区域，可以构成五种重要的形态：（1）政治认同的4.01—5.00分和危机压力的0—1.00分为"安全区域"，所代表的是"高政治认同、弱危机压力"形态。（2）政治认同的3.01—4.00分和危机压力的1.01—2.00分为"较安全区域"，所代表的是"较高政治认同、较弱危机压力"形态。（3）政治认同和危机压力的2.01—3.00分为"基本稳定区域"，所代表的是"中等政治认同、中等危机压力"形态。（4）政治认同的1.01—2.00分和危机压力的3.01—4.00分为"较危险区域"，所代表的是"较低政治认同、较强危机压力"形态。（5）政治认同的0—1.00分和危机压力的4.01—5.00分为"危险区域"，所代表的是"低政治认同、强危机压力"形态。

具体观察政治认同各项指标最高得分、最低得分与危机压力各项指标最高得分、最低得分的交汇关系（见图4-1），可以看出两次问卷调查的六种认同得分集中在中间偏上的位置，大部分在"较安全区域"内，少部分进入了"安全区域"的边缘地带；六种危机压力的得分集中在中间偏右的位置，大部分在"基本稳定区域"内，但少部分进入了"较危险区域"的边缘地带。也就是说，中国虽然未处于"低政治认同、强危机压力"和"较低政治认同、较强危机压力"

的危险区域和较危险区域，也未处于"高政治认同、弱危机压力"的安全区域，而是以"较高政治认同、中等危机压力"的特有形态，主要跨在较安全区域和基本稳定两个区域中。

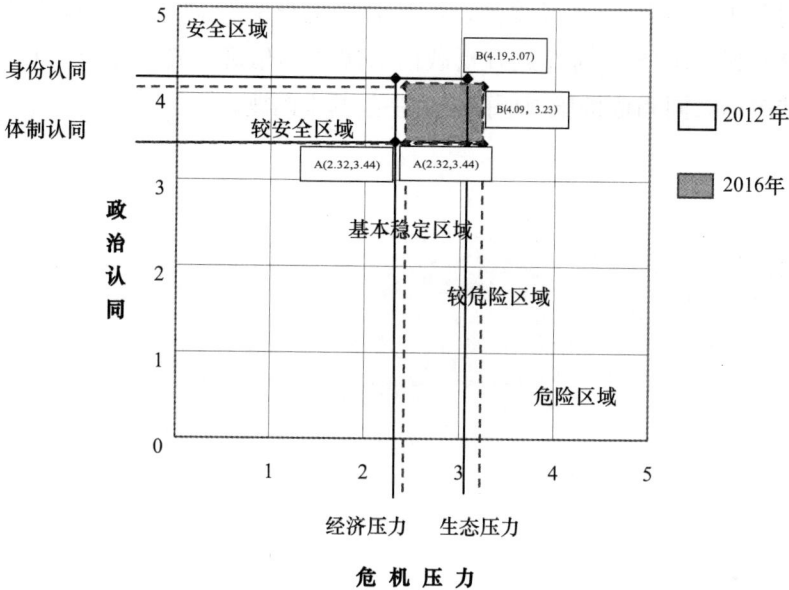

图 4 - 1 政治认同与危机压力关系变化图

需要特别注意的是，2016 年与 2012 年相比，出现了政治认同和危机压力的关系模块整体向"较危险区域"移动的现象（尤其需要注意的是生态危机压力的增强，起了重要的拉动作用），这对于中国的发展而言，显然不是一种"利好"的走向。

一般而言，在"高政治认同、弱危机压力"和"较高政治认同、较弱危机压力"的安全或较安全形态下，执政者重在维持现状，可以"不为"或"少为"；在"低政治认同、强危机压力"和"较低政治认同、较强危机压力"危险或较危险形态下，可能出现使执政者"难为"的困局。两次问卷调查显示的"较高认同、中等危机压力"的情境，则应该是一种"必须有所作为，也能够有所作为"的"有为"形态；而所谓的"有为"，就是要通过进一步的改革和发展，凝聚人心（提升民众的认同水平），缓解各种矛盾和冲突（降低民众的危机压力），遏制指数模块向"较危险区域"滑落，并使之整体向"较安全区域"和"安全区域"移动，为未来走向"较高政治认同、较弱危机压力"和"高政治认同、弱危机压力"创造必要的条件。也就是说，2016年问卷调查反映的情况并不乐观，确实需要认真地看待政治认同和危机压力所面临的一些基本问题。

第五章　影响政治认同与危机压力的主要因素

2012 年和 2016 年两次问卷调查都选择了权利认知、利益认知、政治沟通认知、政治参与行为和公民满意度五个影响因素，作为政治认同和危机压力之间的分析变量。本章所要比较的，就是两次调查的全体被试在这五个因素上得分的变化情况。①

一　权利认知

权利认知作为政治影响因素，按照指标体系的设定，由"权利重要性认知"和"权利保障评价"两部分组成。

（一）"权利重要性认知"得分变化情况

"权利重要性认知"的测试由五道题组成：（1）作为中国公民，我有非常强的权利意识（"权利意识"）；（2）我认为宪法对公民基本权利的规定是非常重要的（"权利重要性"）；（3）中国的稳定和发展，需要扩大公民权利（"扩大公民权"）；（4）我对公民的具体权利不是很了解（"不了解权利"）；（5）我认为公民权利与个人发展的关系不是很大（"权利不重要"）。问卷采用李克特 5 点计分方式，选项"1"代表"非常不同意"；选项"2"代表"比较不同意"；选项

---

① 2012 年问卷调查时，这五个因素采用的都是 10 分的分值。确立政治指数的指标体系后，五个因素的分值均改为 5 分，并对 2012 年各因素的得分做了重新计算。

"3"代表"不确定";选项"4"代表"比较同意";选项"5"代表"非常同意"(下同)。

2012年问卷调查结果显示,"权利重要性认知"的五道题目,得分最高的是"权利重要性",均值为4.23,标准差为0.88;其次是"扩大公民权",均值为4.07,标准差为0.93;再次是"权利意识",均值为3.88,标准差为1.06;第四是"权利不重要",均值为3.48,标准差为1.26;得分最低的是"不了解权利",均值为2.71,标准差为1.11(见表5-1-1)。

表5-1-1 权利重要性认知各项目得分情况(2012年)

项目	N	全距	极小值	极大值	均值		标准差
	统计量	统计量	统计量	统计量	统计量	标准误	统计量
权利意识	6158	4	1	5	3.88	0.013	1.056
权利重要性	6154	4	1	5	4.23	0.011	0.882
扩大公民权	6153	4	1	5	4.07	0.012	0.925
不了解权利[a]	6149	4	1	5	2.71	0.014	1.108
权利不重要[b]	6155	4	1	5	3.48	0.016	1.260
有效的 N	6135						

a & b. 反向计分已转化

2016年问卷调查结果显示,"权利重要性认知"的五道题目,得分最高的是"权利重要性",均值为4.19,标准差为0.86;其次是"扩大公民权",均值为4.04,标准差为0.87;再次是"权利意识",均值为3.86,标准差为0.95;第四是"权利不重要",均值为3.02,标准差为1.28;得分最低的是"不了解权利",均值为2.49,标准差为1.07(见表5-1-2)。

表 5-1-2　　　权利重要性认知各项目得分情况（2016 年）

项目	N	全距	极小值	极大值	均值		标准差
	统计量	统计量	统计量	统计量	统计量	标准误	统计量
权利意识	6580	4	1	5	3.86	0.012	0.946
权利重要性	6580	4	1	5	4.19	0.011	0.857
扩大公民权	6579	4	1	5	4.04	0.011	0.873
不了解权利[a]	6580	4	1	5	2.49	0.013	1.073
权利不重要[b]	6580	4	1	5	3.02	0.016	1.277
有效的 N	6575						

a & b. 反向计分已转化

　　2016 年与 2012 年相比，"权利重要性认知"五道题目的得分排序没有变化，但是各题目的得分均有所下降，尤其是"权利不重要"和"不了解权利"两项得分下降幅度较大（分别下降 0.46 分和 0.22分，见表 5-1-3 和图 5-1）。

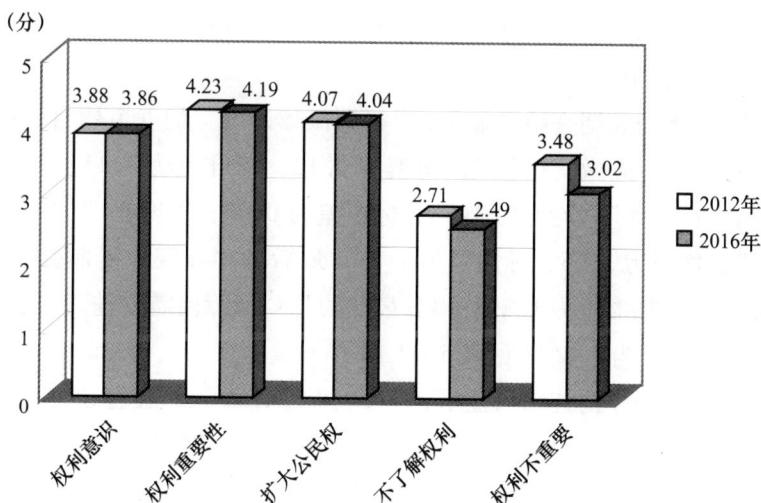

图 5-1　权利重要性认知各项目得分比较

表 5 - 1 - 3　　　　　　　权利重要性认知各项目得分比较

项目	2012 年问卷调查	2016 年问卷调查	2016 年比 2012 年增减
权利意识	3.88	3.86	-0.02
权利重要性	4.23	4.19	-0.04
扩大公民权	4.07	4.04	-0.03
不了解权利[a]	2.71	2.49	-0.22
权利不重要[b]	3.48	3.02	-0.46

a & b. 反向计分已转化

（二）"权利保障评价"得分变化情况

"权利保障评价"的测试也由五道题组成：（1）作为中国公民，我的基本权利得到了很好的保障（"权利有效保障"）；（2）在保障公民基本权利方面，中国政府还有改进的空间（"保障尚需改进"）；（3）我认为中国政府有效改善了中国的人权状况（"中国人权改善"）；（4）侵犯公民权利的人，大多没有得到法律的制裁（"侵权未受制裁"）；（5）我认为西方国家不应该对中国的人权状况指手划脚（"不应指责中国"）。

2012 年问卷调查结果显示，"权利保障评价"的五道题目，得分最高的是"不应指责中国"，均值为 4.12，标准差为 1.11；其次是"中国人权改善"，均值为 3.80，标准差为 0.96；再次是"权利有效保障"，均值为 3.66，标准差为 1.11；最后是"侵权未受制裁"，均值为 2.79，标准差为 1.21；得分最低的是"保障尚需改进"，均值为 1.90，标准差为 0.85（见表 5 - 2 - 1）。

2016 年问卷调查结果显示，"权利保障评价"的五道题目，得分最高的是"不应指责中国"，均值为 4.10，标准差为 0.96；其次是"中国人权改善"，均值为 3.86，标准差为 0.89；再次是"权利有效保障"，均值为 3.78，标准差为 0.94；最后是"侵权未受制裁"，均值为 2.59，标准差为 1.13；得分最低的是"保障尚需改进"，均值为 1.93，标准差为 0.86（见表 5 - 2 - 2）。

表 5 - 2 - 1　　　权利保障评价各项目得分情况（2012 年）

项目	N	全距	极小值	极大值	均值		标准差
	统计量	统计量	统计量	统计量	统计量	标准误	统计量
权利有效保障	6157	4	1	5	3.66	0.014	1.111
保障尚需改进[a]	6152	4	1	5	1.90	0.011	0.850
中国人权改善	6147	4	1	5	3.80	0.012	0.960
侵权未受制裁[b]	6146	4	1	5	2.79	0.015	1.214
不应指责中国	6154	4	1	5	4.12	0.014	1.107
有效的 N	6128						

a & b. 反向计分已转化

表 5 - 2 - 2　　　权利保障评价各项目得分情况（2016 年）

项目	N	全距	极小值	极大值	均值		标准差
	统计量	统计量	统计量	统计量	统计量	标准误	统计量
权利有效保障	6581	4	1	5	3.78	0.012	0.944
保障尚需改进[a]	6579	4	1	5	1.93	0.011	0.856
中国人权改善	6580	4	1	5	3.86	0.011	0.890
侵权未受制裁[b]	6581	4	1	5	2.59	0.014	1.130
不应指责中国	6578	4	1	5	4.10	0.012	0.955
有效的 N	6575						

a & b. 反向计分已转化

2016 年与 2012 年相比，"权利保障评价"五道题目的得分排序没有变化，"权利有效保障""保障尚需改进""中国人权改善"三道题目的得分有所上升（"权利有效保障"的得分上升幅度最大，上升了 0.12 分），"侵权未受制裁"和"不应指责中国"的得分有所下降（"侵权未受到制裁"的得分下降幅度较大，下降了 0.20 分，见表 5 - 2 - 3 和图 5 - 2）。

表5-2-3　　　　　　权利保障评价各项目得分比较

项目	2012 年问卷调查	2016 年问卷调查	2016 年比 2012 年增减
权利有效保障	3.66	3.78	+0.12
保障尚需改进[a]	1.90	1.93	+0.03
中国人权改善	3.80	3.86	+0.06
侵权未受制裁[b]	2.79	2.59	-0.20
不应指责中国	4.12	4.10	-0.02

a & b. 反向计分已转化

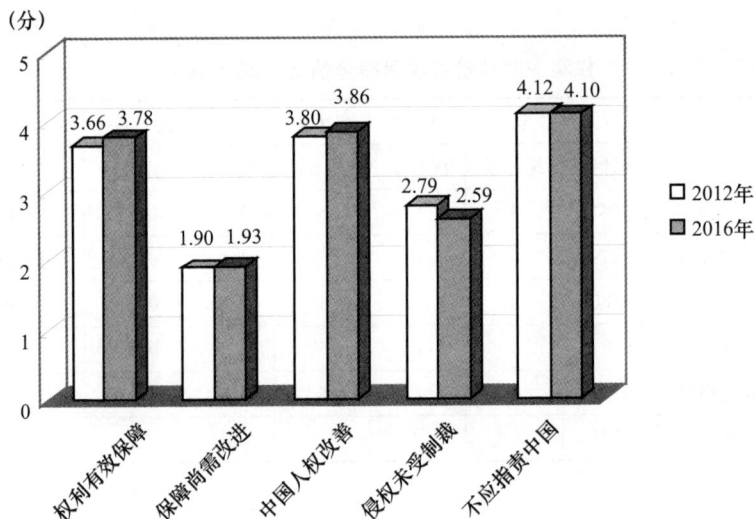

图5-2　权利保障评价各项目得分比较

（三）权利认知总分变化情况

2012 年问卷调查结果显示，"权利重要性认知"的总体得分在
1.00—5.00 分，均值为 3.67，标准差为 0.60；"权利保障评价"的
总体得分在 1.00—5.00 分，均值为 3.25，标准差为 0.53；权利认知
总分的得分在 1.00—5.00 分，均值为 3.46，标准差为 0.44（见表
5-3-1）。

表 5 - 3 - 1　　权利认知各项目得分的描述统计（2012 年）

项目	N	极小值	极大值	均值	标准差
权利重要性认知	6135	1.00	5.00	3.6738	0.60160
权利保障评价	6128	1.00	5.00	3.2523	0.52771
权利认知总分	6107	1.80	5.00	3.4639	0.43693
有效的 N	6107				

2016 年问卷调查结果显示，"权利重要性认知"的总体得分在 1.60—5.00 分，均值为 3.52，标准差为 0.59；"权利保障评价"的总体得分在 1.20—5.00 分，均值为 3.25，标准差为 0.43；权利认知总分的得分在 1.90—4.60 分，均值为 3.39，标准差为 0.41（见表 5 - 3 - 2）。

表 5 - 3 - 2　　权利认知各项目得分的描述统计（2016 年）

项目	N	极小值	极大值	均值	标准差
权利重要性认知	6575	1.60	5.00	3.5215	0.58700
权利保障评价	6575	1.20	5.00	3.2513	0.42955
权利认知总分	6570	1.90	4.60	3.3863	0.40624
有效的 N	6570				

2016 年与 2012 年相比，"权利重要性认知"的得分有较大幅度下降（下降 0.15 分），"权利保障评价"的得分持平，权利认知总分则下降了 0.07 分（见表 5 - 3 - 3 和图 5 - 3）。

对两次问卷调查的权利认知各指标之间的相关性进行检验（见表 5 - 3 - 4），可以发现各指标之间的两两相关均达到了显著水平："权利重要性认知"与"权利保障评价"之间具有显著的正向相关（2012 年问卷调查 $r = 0.195$，$p < 0.001$；2016 年问卷调查 $r = 0.260$，$p < 0.001$），与"权利认知总分"之间具有显著的正向相关（2012 年

问卷调查 $r = 0.806$，$p < 0.001$；2016 年问卷调查 $r = 0.260$，$p < 0.001$）；"权利保障评价"与"权利认知总分"之间也具有显著的正向相关（2012 年问卷调查 $r = 0.738$，$p < 0.001$；2016 年问卷调查 $r = 0.716$，$p < 0.001$）。

表 5 - 3 - 3 　　　　　　　　权利认知各项目得分比较

项目	2012 年问卷调查	2016 年问卷调查	2016 年比 2012 年增减
权利重要性认知	3.67	3.52	- 0.15
权利保障评价	3.25	3.25	0
权利认知总分	3.46	3.39	- 0.07

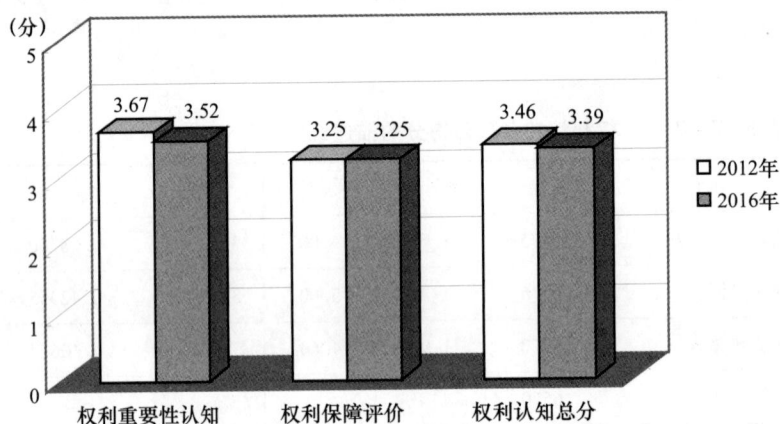

图 5 - 3　权利认知各项目得分比较

恰是由于权利认知各指标之间都具有显著的正向相关关系，每个指标得分的升降都将影响其他指标得分的升降，对 2012 年到 2016 年的权利认知因素得分变化可以得出以下几点基本认识。

第一，2016 年问卷调查显示的权利认知总分低于 2012 年，应注意导致权利认知总分降低的主因不是"权利保障评价"，因为"权利保障评价"各项目得分的增减，起了相互抵消的作用，使得"权利

保障评价"在两次调查中得分持平，对权利认知总分的变化影响
不大。

表 5 - 3 - 4　　　　　　　　权利认知各指标之间的相关

指标	项目	2012 年问卷调查			2016 年问卷调查		
		权利重要性	权利保障评价	权利认知总分	权利重要性	权利保障评价	权利认知总分
权利重要性认知	Pearson 相关性	1	0.195 **	0.806 **	1	0.260 **	0.860 **
	显著性（双侧）	.	0.000	0.000		0.000	0.000
	N	6135	6107	6107	6575	6570	6570
权利保障评价	Pearson 相关性	0.195 **	1	0.738 **	0.260 **	1	0.716 **
	显著性（双侧）	0.000		0.000	0.000		0.000
	N	6107	6128	6107	6570	6575	6570
权利认知总分	Pearson 相关性	0.806 **	0.738 **	1	0.860 **	0.716 **	1
	显著性（双侧）	0.000	0.000		0.000	0.000	
	N	6107	6107	6107	6570	6570	6570

**. 在 0.01 水平（双侧）上显著相关。

第二，导致 2016 年权利认知总分降低的主因应是"权利重要性
认知"得分的变化。由于"权利重要性认知"的得分 2016 年较 2012
年有较大幅度的下降，对拉低 2016 年的权利认知总分起了重要的
作用。

第三，具体而言，"不了解权利"和"权利不重要"两个子项得
分的较大幅度和大幅度下降，是导致权利认知总分下降的重要原因，
由此显示对公民进行权利教育，已经是迫在眉睫的重要任务。

二　利益认知

利益认知作为政治影响因素，按照指标体系的设定，由"公民利
益取向"和"利益保障评价"两部分组成。

（一）"公民利益取向"得分变化情况

"公民利益取向"的测试由五道题组成：（1）我只关心国家利益（"只关心国家利益"）；（2）我认为在所有的利益中，个人利益是最重要的（"个人利益最重要"）；（3）我的个人利益与国家利益相比，算不了什么（"忽视个人利益"）；（4）在国家利益和个人利益冲突时，我优先考虑国家利益（"优先考虑国家利益"）；（5）有共同利益的人应该组织起来维护自身利益（"公民共同维护利益"）。

2012年问卷调查结果显示，"公民利益取向"的五道题目，得分最高的是"公民共同维护利益"，均值为3.76，标准差为1.07；其次是"只关心集体利益"，均值为2.86，标准差为1.23；再次是"个人利益最重要"，均值为2.77，标准差为1.28；第四是"忽视个人利益"，均值为2.42，标准差为1.15；得分最低的是"优先考虑国家利益"，均值为2.01，标准差为0.97（见表5-4-1）。

表5-4-1　　　公民利益取向各项目得分情况（2012年）

项目	N	全距	极小值	极大值	均值		标准差
	统计量	统计量	统计量	统计量	统计量	标准误	统计量
只关心集体利益[a]	6155	4	1	5	2.86	0.016	1.229
个人利益最重要	6155	4	1	5	2.77	0.016	1.281
忽视个人利益[b]	6151	4	1	5	2.42	0.015	1.148
优先考虑国家利益[c]	6153	4	1	5	2.01	0.012	0.971
公民共同维护利益	6152	4	1	5	3.76	0.014	1.067
有效的 N	6135						

a、b & c. 反向计分已转化

2016年问卷调查结果显示，"公民利益取向"的五道题目，得分最高的是"公民共同维护利益"，均值为3.76，标准差为1.00；其次是"个人利益最重要",均值为3.02,标准差为1.20;再次是"只关心集体利益",均值为2.60,标准差为1.10;第四是"忽视个人利益",均值为2.27,标准差为1.01;得分最低的是"优先考虑国家利益",均值为2.02,标准差为0.91(见表5-4-2)。

表5-4-2　　公民利益取向各项目得分情况(2016年)

项目	N	全距	极小值	极大值	均值		标准差
	统计量	统计量	统计量	统计量	统计量	标准误	统计量
只关心集体利益[a]	6581	4	1	5	2.60	0.014	1.097
个人利益最重要	6578	4	1	5	3.02	0.015	1.199
忽视个人利益[b]	6575	4	1	5	2.27	0.013	1.014
优先考虑国家利益[c]	6579	4	1	5	2.02	0.011	0.914
公民共同维护利益	6581	4	1	5	3.76	0.012	0.999
有效的N	6570						

a、b & c. 反向计分已转化

2016年与2012年相比,"公民利益取向"五道题目的得分排序有所变化,2012年得分排在第二位的"只关心集体利益",2016年下降到第三位;2012年得分排在第三位的"个人利益最重要",2016年上升到第二位。"公民共同维护利益"的得分,两次调查持平;"只关心集体利益"和"忽视个人利益"的得分,2016年较2012年有较大幅度的下降(分别下降0.26分和0.15分;"个人利益最重要"和"优先考虑国家利益"的得分,2016年较2012年有所提高,"个人利益最重要"得分提高的幅度较大,上升了0.25分(见表5-4-3和图5-4)。

表 5 - 4 - 3　　　　　　　　公民利益取向各项目得分比较

项目	2012 年问卷调查	2016 年问卷调查	2016 年比 2012 年增减
只关心集体利益[a]	2.86	2.60	- 0.26
个人利益最重要	2.77	3.02	+ 0.25
忽视个人利益[b]	2.42	2.27	- 0.15
优先考虑国家利益[c]	2.01	2.02	+ 0.01
公民共同维护利益	3.76	3.76	0

a、b & c. 反向计分已转化

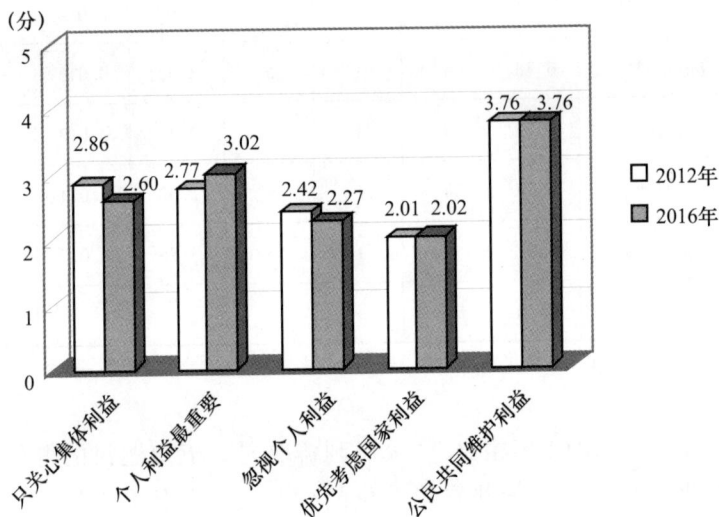

图 5 - 4　　公民利益取向各项目得分比较

(二)"利益保障评价"得分变化情况

"利益保障评价"的测试亦由五道题组成:(1)在处理各方利益关系方面,党和政府是公正的("公正利益关系");(2)我的个人利益经常被忽视("个人利益被忽视");(3)公民个人利益受损能够得到合理补偿("利益受损补偿");(4)公民争取权益的努力能够得到政府的正面回应("政府回应利益需求");(5)中国还缺乏有效的公民利益表达途径("缺乏利益表达途径")。

2012 年问卷调查结果显示，"利益保障评价"的五道题目，得分最高的是"公正利益关系"，均值为 3.65，标准差为 1.10；其次是"政府回应利益需求"，均值为 3.55，标准差为 1.06；再次是"利益受损补偿"，均值为 3.48，标准差为 1.10；最后是"个人利益被忽视"，均值为 2.90，标准差为 1.10；得分最低的是"缺乏利益表达途径"，均值为 2.23，标准差为 1.00（见表 5 - 5 - 1）。

表 5 - 5 - 1　　　　利益保障评价各项目得分情况（2012 年）

项目	N	全距	极小值	极大值	均值		标准差
	统计量	统计量	统计量	统计量	统计量	标准误	统计量
公正利益关系	6157	4	1	5	3.65	0.014	1.097
个人利益被忽视[a]	6148	4	1	5	2.90	0.014	1.098
利益受损补偿	6151	4	1	5	3.48	0.014	1.097
政府回应利益需求	6151	4	1	5	3.55	0.014	1.062
缺乏利益表达途径[b]	6147	4	1	5	2.23	0.013	0.995
有效的 N	6130						

a & b. 反向计分已转化

2016 年问卷调查结果显示，"利益保障评价"的五道题目，得分最高的是"公正利益关系"，均值为 3.75，标准差为 0.93；其次是"政府回应利益需求"，均值为 3.64，标准差为 0.97；再次是"利益受损补偿"，均值为 3.59，标准差为 0.99；最后是"个人利益被忽视"，均值为 2.63，标准差为 1.11；得分最低的是"缺乏利益表达途径"，均值为 2.18，标准差为 0.91（见表 5 - 5 - 2）。

2016 年与 2012 年相比，"利益保障评价"五道题目的得分排序没有变化，"公正利益关系""利益受损补偿"和"政府回应利益需求"三道题目的得分有较大幅度的提高（分别提高 0.10 分、0.11 分和 0.09 分，"个人利益被忽视"和"缺乏利益表达途径"两道题目的得分有所下降（"个人利益被忽视"的得分下降幅度较大，下降了 0.27 分，见表 5 - 5 - 3 和图 5 - 5）。

表 5 - 5 - 2 　　　　　**利益保障评价各项目得分情况（2016 年）**

项目	N	全距	极小值	极大值	均值		标准差
	统计量	统计量	统计量	统计量	统计量	标准误	统计量
公正利益关系	6581	4	1	5	3.75	0.011	0.930
个人利益被忽视[a]	6579	4	1	5	2.63	0.014	1.107
利益受损补偿	6578	4	1	5	3.59	0.012	0.993
政府回应利益需求	6581	4	1	5	3.64	0.012	0.969
缺乏利益表达途径[b]	6581	4	1	5	2.18	0.011	0.907
有效的 N	6576						

a & b. 反向计分已转化

表 5 - 5 - 3 　　　　　　**利益保障评价各项目得分比较**

项目	2012 年问卷调查	2016 年问卷调查	2016 年比 2012 年增减
公正利益关系	3.65	3.75	+ 0.10
个人利益被忽视[a]	2.90	2.63	− 0.27
利益受损补偿	3.48	3.59	+ 0.11
政府回应利益需求	3.55	3.64	+ 0.09
缺乏利益表达途径[b]	2.23	2.18	− 0.05

a & b. 反向计分已转化

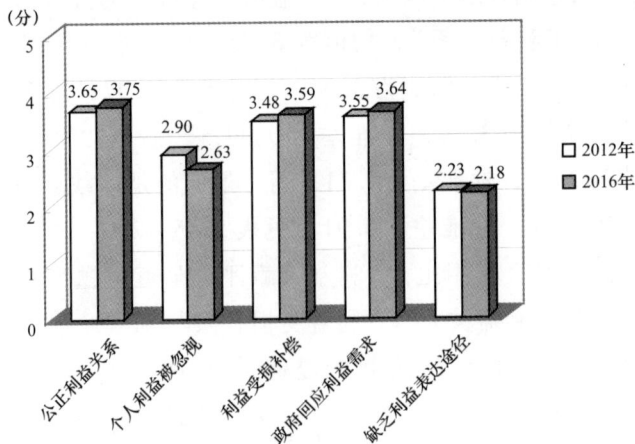

图 5 - 5　利益保障评价各项目得分比较

（三）利益认知总分变化情况

2012 年问卷调查结果显示，"公民利益取向"的总体得分在 1.00—5.00 分，均值为 2.77，标准差为 0.59；"利益保障评价"的总体得分在 1.00—5.00 分，均值为 3.16，标准差为 0.67；利益认知总分的得分在 1.20—4.60 分，均值为 2.97，标准差为 0.37（见表 5 - 6 - 1）。

表 5 - 6 - 1　　利益认知各项目得分的描述统计（2012 年）

项目	N	极小值	极大值	均值	标准差
公民利益取向	6135	1.00	5.00	2.7659	0.59432
利益保障评价	6130	1.00	5.00	3.1642	0.66960
利益认知总分	6114	1.20	4.60	2.9650	0.36770
有效的 N	6114				

2016 年问卷调查结果显示，"公民利益取向"的总体得分在 1.00—5.00 分，均值为 2.73，标准差为 0.52；"利益保障评价"的总体得分在 1.00—5.00 分，均值为 3.16，标准差为 0.54；利益认知总分的得分在 1.30—4.20 分，均值为 2.95，标准差为 0.32（见表 5 - 6 - 2）。

表 5 - 6 - 2　　利益认知各项目得分的描述统计（2016 年）

项目	N	极小值	极大值	均值	标准差
公民利益取向	6570	1.00	5.00	2.7345	0.52357
利益保障评价	6576	1.00	5.00	3.1564	0.54073
利益认知总分	6565	1.30	4.20	2.9456	0.32236
有效的 N	6565				

2016 年与 2012 年相比，"公民利益保障"的得分略有下降（下降
0.04 分），"利益保障评价"的得分持平，利益认知总分只下降了
0.02 分（见表 5 - 6 - 3 和图 5 - 6）。

表 5 - 6 - 3　　　　　　　利益认知各项目得分比较

项目	2012 年问卷调查	2016 年问卷调查	2016 年比 2012 年增减
公民利益取向	2.77	2.73	- 0.04
利益保障评价	3.16	3.16	0
利益认知总分	2.97	2.95	- 0.02

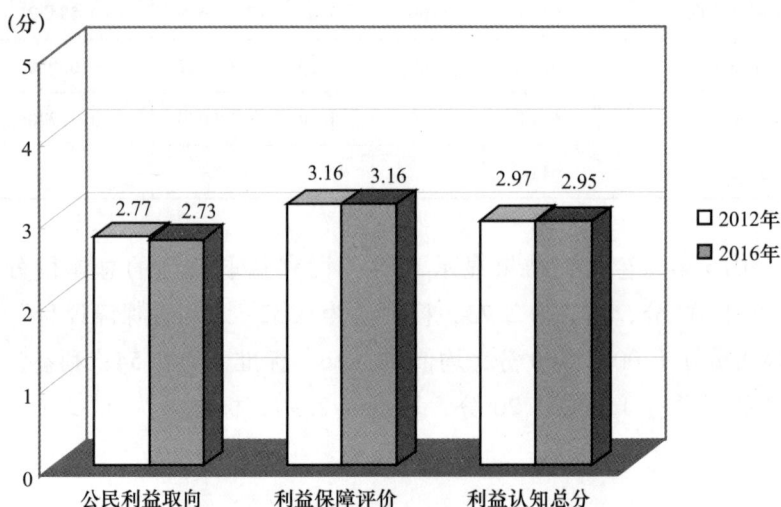

图 5 - 6　利益认知各项目得分比较

　　对两次问卷调查的利益认知各指标之间的相关性进行检验（见表
5 - 6 - 4），可以发现各指标之间的两两相关均达到了显著水平："公
民利益取向"与"利益保障评价"之间具有显著的负向相关（2012
年问卷调查 $r = 0.328$，$p < 0.001$；2016 年问卷调查 $r = 0.265$，$p <
0.001$），与"利益认知总分"之间具有显著的正向相关（2012 年问

卷调查 $r = 0.510$，$p < 0.001$；2016 年问卷调查 $r = 0.590$，$p < 0.001$）；"利益保障评价"与"利益认知总分"之间具有显著的正向相关（2012 年问卷调查 $r = 0.646$，$p < 0.001$；2016 年问卷调查 $r = 0.622$，$p < 0.001$）。

表 5 - 6 - 4　　　　　　　　利益认知各指标之间的相关

指标	项目	2012 年问卷调查			2016 年问卷调查		
		公民利益取向	利益保障评价	利益认知总分	公民利益取向	利益保障评价	利益认知总分
公民利益取向	Pearson 相关性	1	− 0.328 **	0.510 **	1	− 0.265 **	0.590 **
	显著性（双侧）		0.000	0.000		0.000	0.000
	N	6135	6114	6114	6570	6565	6565
利益保障评价	Pearson 相关性	− 0.328 **	1	0.646 **	− 0.265 **	1	0.622 **
	显著性（双侧）	0.000		0.000	0.000		0.000
	N	6114	6130	6114	6565	6576	6565
利益认知总分	Pearson 相关性	0.510 **	0.646 **	1	0.590 **	0.622 **	1
	显著性（双侧）	0.000	0.000		0.000	0.000	
	N	6114	6114	6114	6565	6565	6565

**. 在 0.01 水平（双侧）上显著相关。

由于利益认知各指标之间都具有显著的正向相关关系，每个指标得分的升降都将影响其他指标得分的升降，对 2012 年到 2016 年的利益认知因素的得分变化可以得出以下几点基本认识。

第一，2016 年问卷调查显示的权利认知总分略低于 2012 年，应注意导致利益认知总分降低的主因不是"利益保障评价"，因为"利益保障评价"各项目得分的增减起了相互抵消的作用，使得"利益保障评价"在两次调查中得分持平，没有起到提高或拉低利益认知总分的作用。

第二，导致 2016 年利益认知总分降低的主因是"公民利益取向"，由于"公民利益取向"的得分 2016 年较 2012 年有小幅下降，使得利益认知总分有更小幅度的下降。

第三,具体而言,"只关心集体利益"和"忽视个人利益"两个子项得分的较大幅度下降,应该是导致利益认知总分下降的重要因素。由此提示我们,应该对中国公民进行必要的利益教育,使之能够保持正确的利益观念。

三 政治沟通认知

政治沟通认知作为政治影响因素,按照指标体系的设定,由"政治沟通重要性认知"和"政治沟通现状评价"两部分组成。

(一)"政治沟通重要性认知"得分变化情况

"政治沟通重要性认知"的测试由五道题组成:(1)政府与百姓的有效沟通,可以起到化解矛盾的作用("沟通化解矛盾");(2)民众享有充分的知情权,才能进行有效的沟通("知情才能沟通");(3)政府和民众沟通不畅严重影响了民众对政府的信任("沟通不足影响信任");(4)政策合理性的提高有赖于政府与百姓的有效沟通("沟通使政策合理");(5)政府与百姓的沟通与我的日常生活没有什么关系("沟通不重要")。

2012年问卷调查结果显示,"政治沟通重要性认知"的五道题目,得分最高的是"知情才能沟通",均值为4.21,标准差为0.82;其次是"沟通化解矛盾",均值为4.12,标准差为0.91;再次是"沟通使政策合理",均值为4.09,标准差为0.85;最后是"沟通不重要",均值为3.65,标准差为1.25;得分最低的是"沟通不足影响信任",均值为1.99,标准差为0.97(见表5-7-1)。

2016年问卷调查结果显示,"政治沟通重要性认知"的五道题目,得分最高的是"知情才能沟通",均值为4.09,标准差为0.85;其次是"沟通化解矛盾",均值为4.02,标准差为0.83;再次是"沟通使政策合理",均值为4.00,标准差为0.85;最后是"沟通不重要",均值为3.07,标准差为1.28;得分最低的是"沟通不足影响信任",均值为 2.01,标准差为 0.90(见表 5 - 7 - 2)。

表 5 - 7 - 1 政治沟通重要性认知各项目得分情况(2012 年)

项目	N	全距	极小值	极大值	均值		标准差
	统计量	统计量	统计量	统计量	统计量	标准误	统计量
沟通化解矛盾	6158	4	1	5	4.12	0.012	0.911
知情才能沟通	6157	4	1	5	4.21	0.010	0.815
沟通不足影响信任[a]	6151	4	1	5	1.99	0.012	0.967
沟通使政策合理	6153	4	1	5	4.09	0.011	0.851
沟通不重要[b]	6156	4	1	5	3.65	0.016	1.246
有效的 N	6141						

a & b. 反向计分已转化

表 5 - 7 - 2 政治沟通重要性认知各项目得分情况(2016 年)

项目	N	全距	极小值	极大值	均值		标准差
	统计量	统计量	统计量	统计量	统计量	标准误	统计量
沟通化解矛盾	6581	4	1	5	4.02	0.010	0.833
知情才能沟通	6581	4	1	5	4.09	0.010	0.847
沟通不足影响信任[a]	6579	4	1	5	2.01	0.011	0.902
沟通使政策合理	6580	4	1	5	4.00	0.011	0.854
沟通不重要[b]	6578	4	1	5	3.07	0.016	1.280
有效的 N	6575						

a & b. 反向计分已转化

2016 年与 2012 年相比,"政治沟通重要性认知"五道题目的得分排序没有变化,除"沟通不足影响信任"一道题目的得分略有上升外,另四道题目的得分都有较大幅度下降,"沟通化解矛盾"下降 0.10 分,"知情才能沟通"下降 0.12 分,"沟通使政策合理"下降 0.09 分,"沟通不重要"则下降了 0.58 分(见表 5 - 7 - 3 和图 5 - 7)。

表 5 - 7 - 3 　　　　　　政治沟通重要性认知各项目得分比较

项目	2012 年问卷调查	2016 年问卷调查	2016 年比 2012 年增减
沟通化解矛盾	4.12	4.02	- 0.10
知情才能沟通	4.21	4.09	- 0.12
沟通不足影响信任[a]	1.99	2.01	+ 0.02
沟通使政策合理	4.09	4.00	- 0.09
沟通不重要[b]	3.65	3.07	- 0.58

a & b. 反向计分已转化

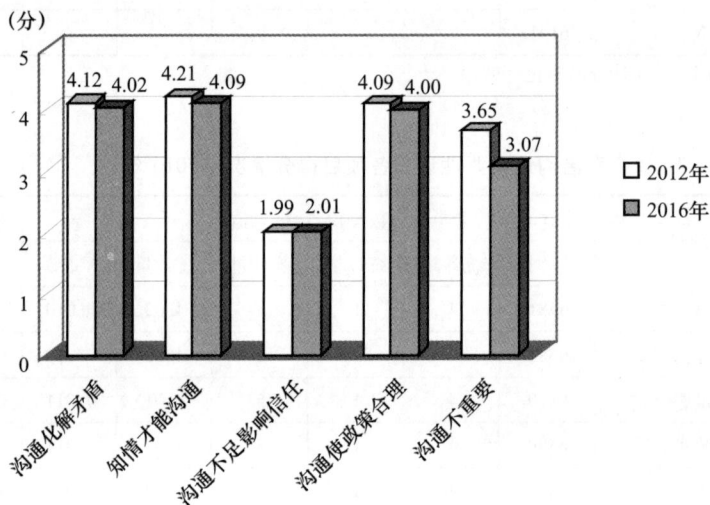

图 5 - 7　政治沟通重要性认知各项目得分比较

（二）"政治沟通现状评价"得分变化情况

"政治沟通现状评价"的测试亦由五道题组成：（1）政府为民众提供了多种沟通渠道（"有多种沟通渠道"）；（2）中国民众普遍不相信政府发布的信息（"不信政府信息"）；（3）政府与民众之间的交流限制太多（"沟通限制太多"）；（4）民众能有效利用各种渠道向政府表达自己的意见（"能够有效沟通"）；（5）政府对民众反映的问题能

够做出积极回应（"政府积极回应"）。

　　2012年问卷调查结果显示，"政治沟通现状评价"的五道题目，得分最高的是"有多种沟通渠道"，均值为3.56，标准差为1.07；其次是"能够有效沟通"，均值为3.43，标准差为1.11；再次是"政府积极回应"，均值为3.37，标准差为1.16；最后是"不信政府信息"，均值为3.07，标准差为1.19；得分最低的是"沟通限制太多"，均值为2.50，标准差为1.05（见表5-8-1）。

表5-8-1　　政治沟通现状评价各项目得分情况（2012年）

	N	全距	极小值	极大值	均值		标准差
	统计量	统计量	统计量	统计量	统计量	标准误	统计量
有多种沟通渠道	6157	4	1	5	3.56	0.014	1.070
不信政府信息[a]	6152	4	1	5	3.07	0.015	1.193
沟通限制太多[b]	6151	4	1	5	2.50	0.013	1.054
能够有效沟通	6154	4	1	5	3.43	0.014	1.109
政府积极回应	6156	4	1	5	3.37	0.015	1.163
有效的N	6138						

　　a & b. 反向计分已转化

　　2016年问卷调查结果显示，"政治沟通现状评价"的五道题目，得分最高的是"有多种沟通渠道"，均值为3.65，标准差为0.97；其次是"政府积极回应"，均值为3.55，标准差为1.05；再次是"能够有效沟通"，均值为3.52，标准差为1.01；最后是"不信政府信息"，均值为2.74，标准差为1.14；得分最低的是"沟通限制太多"，均值为2.31，标准差为0.95（见表5-8-2）。

　　2016年与2012年相比，"政治沟通现状评价"五道题目的得分排序有所变化，2012年得分排在第二位的"能够有效沟通"，2016

年下降到第三位；2012 年得分排在第三位的"政府积极回应"，2016 年上升到第二位；"不信政府信息"的得分下降 0.33 分，"沟通限制太多"的得分下降 0.19 分；"政府积极回应"的得分上升 0.18 分，"有多种沟通渠道"和"能够有效沟通"的得分均上升 0.09 分（见表 5 - 8 - 3 和图 5 - 8）。

表 5 - 8 - 2   政治沟通现状评价各项目得分情况（2016 年）

	N	全距	极小值	极大值	均值		标准差
	统计量	统计量	统计量	统计量	统计量	标准误	统计量
有多种沟通渠道	6581	4	1	5	3.65	0.012	0.969
不信政府信息[a]	6581	4	1	5	2.74	0.014	1.143
沟通限制太多[b]	6577	4	1	5	2.31	0.012	0.953
能够有效沟通	6580	4	1	5	3.52	0.012	1.008
政府积极回应	6580	4	1	5	3.55	0.013	1.045
有效的 N	6577						

a & b. 反向计分已转化

表 5 - 8 - 3   政治沟通现状评价各项目得分比较

项目	2012 年问卷调查	2016 年问卷调查	2016 年比 2012 年增减
有多种沟通渠道	3.56	3.65	+ 0.09
不信政府信息[a]	3.07	2.74	- 0.33
沟通限制太多[b]	2.50	2.31	- 0.19
能够有效沟通	3.43	3.52	+ 0.09
政府积极回应	3.37	3.55	+ 0.18

a & b. 反向计分已转化

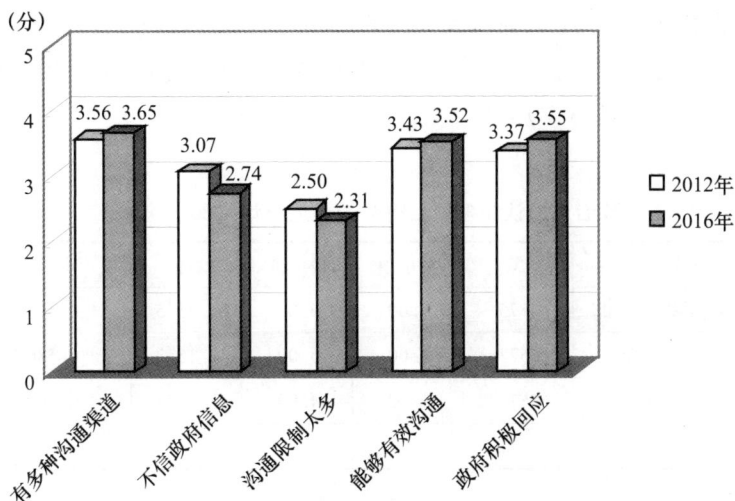

图 5-8 政治沟通现状评价各项目得分比较

（三）政治沟通认知总分变化情况

2012 年问卷调查结果显示，"政治沟通重要性认知"的总体得分在 1.40—5.00 分，均值为 3.61，标准差为 0.48；"政治沟通现状评价"的总体得分在 1.00—5.00 分，均值为 3.19，标准差为 0.73；"政治沟通认知总分"的得分在 1.80—5.00 分，均值为 3.40，标准差为 0.47（见表 5-9-1）。

表 5-9-1 政治沟通认知各项目得分的描述统计（2012 年）

项目	N	极小值	极大值	均值	标准差
政治沟通重要性认知	6141	1.40	5.00	3.6111	0.48145
政治沟通现状评价	6138	1.00	5.00	3.1874	0.72520
政治沟通认知总分	6123	1.80	5.00	3.3995	0.46792
有效的 N	6123				

2016 年问卷调查结果显示，"政治沟通重要性认知"的总体得分在 1.60—5.00 分，均值为 3.44，标准差为 0.46；"政治沟通现状评

价"的总体得分在 1.00—5.00 分, 均值为 3.15, 标准差为 0.59; "政治沟通认知总分"的得分在 1.90—4.80 分, 均值为 3.30, 标准差为 0.40 (见表 5 - 9 - 2)。

表 5 - 9 - 2　政治沟通认知各项目得分的描述统计 (2016 年)

项目	N	极小值	极大值	均值	标准差
政治沟通重要性认知	6575	1.60	5.00	3.4395	0.46483
政治沟通现状评价	6577	1.00	5.00	3.1522	0.58660
政治沟通认知总分	6571	1.90	4.80	3.2959	0.39723
有效的 N	6571				

2016 年与 2012 年相比, "政治沟通认知"的得分有较大幅度下降 (下降 0.17 分), "政治沟通现状评价"的得分略有下降 (下降 0.04 分), "政治沟通认知总分"亦有较大幅度下降 (下降 0.10 分, 见表 5 - 9 - 3 和图 5 - 9)。

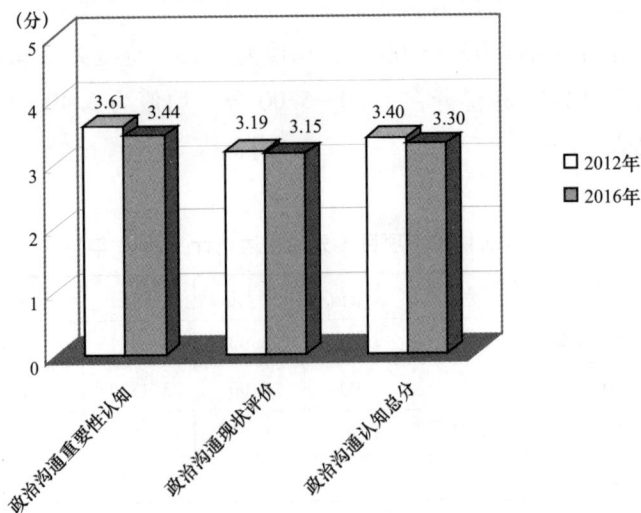

图 5 - 9　政治沟通认知各项目得分比较

表5-9-3　　　　　　政治沟通认知各项目得分比较

项目	2012年问卷调查	2016年问卷调查	2016年比2012年增减
政治沟通重要性认知	3.61	3.44	-0.17
政治沟通现状评价	3.19	3.15	-0.04
政治沟通认知总分	3.40	3.30	-0.10

对两次问卷调查的政治沟通认知各指标之间的相关性进行检验（见表5-9-4），可以发现各指标之间的两两相关均达到了显著水平："政治沟通重要性认知"与"政治沟通现状评价"之间具有显著的正向相关（2012年问卷调查 $r=0.169$，$p<0.001$；2016年问卷调查 $r=0.130$，$p<0.001$），与"政治沟通认知总分"之间具有显著的正向相关（2012年问卷调查 $r=0.645$，$p<0.001$；2016年问卷调查 $r=0.681$，$p<0.001$）；"政治沟通现状评价"与"政治沟通认知总分"之间具有显著的正向相关（2012年问卷调查 $r=0.862$，$p<0.001$；2016年问卷调查 $r=0.815$，$p<0.001$）。

表5-9-4　　　　　　政治沟通认知各指标之间的相关

指标	项目	2012年问卷调查			2016年问卷调查		
		沟通重要性	沟通现状评价	沟通认知总分	沟通重要性	沟通现状评价	沟通认知总分
政治沟通重要性认知	Pearson相关性	1	0.169**	0.645**	1	0.130**	0.681**
	显著性（双侧）		0.000	0.000		0.000	0.000
	N	6141	6123	6123	6575	6571	6571
政治沟通现状评价	Pearson相关性	0.169**	1	0.862**	0.130**	1	0.815**
	显著性（双侧）	0.000		0.000	0.000		0.000
	N	6123	6138	6123	6571	6577	6571
政治沟通认知总分	Pearson相关性	0.645**	0.862**	1	0.681**	0.815**	1
	显著性（双侧）	0.000	0.000		0.000	0.000	
	N	6123	6123	6123	6571	6571	6571

**. 在0.01水平（双侧）上显著相关。

由于政治沟通认知各指标之间都具有显著的正向相关关系，每个指标得分的升降都将影响其他指标得分的升降，对 2012 年到 2016 年的政治沟通认知因素的得分变化可以得出以下几点基本认识。

第一，2016 年问卷调查显示的"政治沟通认知总分"比 2012 年有较大幅度下降，在一定程度上受到"政治沟通现状评价"得分降低的影响，尤其是"不信政府信息"子项得分的较大幅度下降，对"政治沟通认知总分"的下降应起了一定的作用。

第二，2016 年"政治沟通认知总分"下降的更主要原因是"政治沟通重要性认知"得分的大幅度下降。

第三，具体而言，"沟通化解矛盾""知情才能沟通"和"沟通使政策合理"三个子项得分的较大幅度下降，对拉低"政治沟通认知总分"起了重要的作用。尤其需要注意的，"沟通不重要"得分（反向计分）的大幅度下降，应该是导致"政治沟通认知总分"下降的最重要因素。

第四，中国公民的政治沟通认知水平整体下降，显然是值得关注的现象。尤其是提升国家治理现代化水平需要得到民众的理解和支持，由此必须借助政治沟通有效解决共同面临的问题。为此，不仅需要大力宣传政治沟通的重要性和必要性，使民众高度重视政治沟通；也需要执政者及时公布准确的信息（尤其是与公共政策有关的信息），强化公信力，否则难以实现真正有效的沟通。问卷调查已经揭示了这方面的问题，应引起高度的重视。

四　政治参与行为

政治参与行为作为政治影响因素，按照指标体系的设定，由政治参与认知和实际政治参与两部分组成。

（一）"政治参与认知"得分变化情况

"政治参与认知"的测试由五道题目组成：（1）中国的发展，离不开公民广泛的政治参与（"发展需要参与"）；（2）公民广泛的政治参与可能影响政治稳定（"参与影响稳定"）；（3）网民在互联网上经常发表不负责任的意见，是造成国民思想混乱的一个重要因素（"网络引起混乱"）；（4）中国政府为公民的政治参与提供了多种有效的途径（"有多种参与途径"）；（5）我有较强的政治参与愿望，但不知道怎样进行有效的参与（"不知道怎样参与"）。

2012年问卷调查结果显示，"政治参与认知"的五道题目，得分最高的是"发展需要参与"，均值为4.09，标准差为0.88；其次是"有多种参与途径"，均值为3.53，标准差为0.99；再次是"参与影响稳定"，均值为2.84，标准差为1.16；最后是"网络引起混乱"，均值为2.63，标准差为1.10；得分最低的是"不知道怎样参与"，均值为2.44，标准差为1.02（见表5-10-1）。

表5-10-1　　政治参与认知各项目得分情况（2012年）

项目	N	全距	极小值	极大值	均值		标准差
	统计量	统计量	统计量	统计量	统计量	标准误	统计量
发展需要参与	6158	4	1	5	4.09	0.011	0.875
参与影响稳定[a]	6154	4	1	5	2.84	0.015	1.157
网络引起混乱[b]	6153	4	1	5	2.63	0.014	1.102
有多种参与途径	6153	4	1	5	3.53	0.013	0.989
不知道怎样参与[c]	6147	4	1	5	2.44	0.013	1.019
有效的 N	6139						

a、b & c. 反向计分已转化

2016年问卷调查结果显示，"政治参与认知"的五道题目，得分最高的是"发展需要参与"，均值为3.98，标准差为0.86；其次是"有多种参与途径"，均值为3.64，标准差为0.93；再次是"参与影响稳定"，均值为2.55，标准差为1.15；最后是"网络引起混乱"，均值为2.37，标准差为1.03；得分最低的是"不知道怎样参与"，均值为2.30，标准差为0.94（见表5-10-2）。

表 5 - 10 - 2 　　　政治参与认知各项目得分情况（2016 年）

项目	N	全距	极小值	极大值	均值		标准差
	统计量	统计量	统计量	统计量	统计量	标准误	统计量
发展需要参与	6581	4	1	5	3.98	0.011	0.862
参与影响稳定ᵃ	6581	4	1	5	2.55	0.014	1.150
网络引起混乱ᵇ	6580	4	1	5	2.37	0.013	1.027
有多种参与途径	6581	4	1	5	3.64	0.011	0.926
不知道怎样参与ᶜ	6581	4	1	5	2.30	0.012	0.939
有效的 N	6580						

a、b & c. 反向计分已转化

2016 年与 2012 年相比，"政治参与认知"五道题目的得分排序没有变化，"有多种参与途径"一道题目的得分有较大幅度上升（上升 0.11 分）外，另四道题目的得分均有较大幅度下降，"发展需要参与"下降 0.11 分，"参与影响稳定"下降 0.29 分，"网络引起混乱"下降 0.26 分，"不知道怎样参与"下降 0.14 分（见表 5 - 10 - 3 和图 5 - 10）。

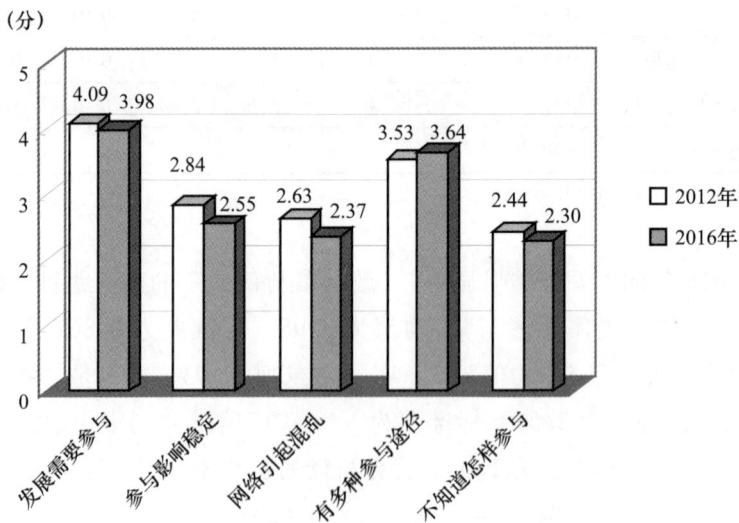

图 5 - 10 　政治参与认知各项目得分比较

表 5 - 10 - 3　　　　　　政治参与认知各项目得分比较

项目	2012 年问卷调查	2016 年问卷调查	2016 年比 2012 年增减
发展需要参与	4.09	3.98	- 0.11
参与影响稳定[a]	2.84	2.55	- 0.29
网络引起混乱[b]	2.63	2.37	- 0.26
有多种参与途径	3.53	3.64	+ 0.11
不知道怎样参与[c]	2.44	2.30	- 0.14

a、b & c. 反向计分已转化

（二）"实际政治参与"得分变化情况

"实际政治参与"的测试亦由五道题组成：（1）我从未参加过任何选举（"选举参与"）；（2）各种政策讨论我都会积极参加（"政策参与"）；（3）我是基层群众自治的积极参与者（"自治参与"）；（4）我从不在互联网上发表个人意见（"网络参与"）；（5）我不参加各种社会团体的任何活动（"社团参与"）。

2012 年问卷调查结果显示，"实际政治参与"的五道题目，得分最高的是"自治参与"，均值为 3.44，标准差为 1.10；其次是"选举参与"（均值为 3.33，标准差为 1.42）和"政策参与"（均值为 3.33，标准差为 1.13）；再次是"社团参与"，均值为 3.00，标准差为 1.27；得分最低的是"网络参与"，均值为 2.28，标准差为 1.20（见表 5 - 11 - 1）。

2016 年问卷调查结果显示，"实际政治参与"的五道题目，得分最高的是"自治参与"，均值为 3.39，标准差为 1.10；其次是"政策参与"，均值为 3.35，标准差为 1.12；再次是"社团参与"，均值为 2.62，标准差为 1.15；最后是"选举参与"，均值为 2.59，标准差为 1.30；得分最低的是"网络参与"，均值为 2.24，标准差为 1.05（见表 5 - 11 - 2）。

表 5 - 11 - 1　　　　**实际政治参与各项目得分情况（2012 年）**

项目	N	全距	极小值	极大值	均值		标准差
	统计量	统计量	统计量	统计量	统计量	标准误	统计量
选举参与[a]	6158	4	1	5	3.33	0.018	1.424
政策参与	6153	4	1	5	3.33	0.014	1.131
自治参与	6147	4	1	5	3.44	0.014	1.099
网络参与[b]	6145	4	1	5	2.28	0.015	1.198
社团参与[c]	6154	4	1	5	3.00	0.016	1.269
有效的 N	6128						

　a、b & c. 反向计分已转化

表 5 - 11 - 2　　　　**实际政治参与各项目得分情况（2016 年）**

项目	N	全距	极小值	极大值	均值		标准差
	统计量	统计量	统计量	统计量	统计量	标准误	统计量
选举参与[a]	6580	4	1	5	2.59	0.016	1.295
政策参与	6580	4	1	5	3.35	0.014	1.120
自治参与	6579	4	1	5	3.39	0.014	1.104
网络参与[b]	6578	4	1	5	2.24	0.013	1.058
社团参与[c]	6578	4	1	5	2.62	0.014	1.146
有效的 N	6571						

　a、b & c. 反向计分已转化

　　2016 年与 2012 年相比，"实际政治参与"五道题目的得分排序有所变化，2012 年得分与"政策参与"并列第二位的"选举参与"，2016 年下降到第四位，"政策参与"依然排在第二位；2012 年得分排在第四位的"社团参与"，2016 年上升到第三位；"政策参与"的得分略有提高，"自治参与"和"网络参与"的得分略有下降，"选举参与"和"社团参与"的得分则有大幅度下降（分别下降 0.74 分和 0.38 分，见表 5 - 11 - 3 和图 5 - 11）。

表 5 - 11 - 3　　　　　　　　　实际政治参与各项目得分比较

项目	2012 年问卷调查	2016 年问卷调查	2016 年比 2012 年增减
选举参与[a]	3.33	2.59	-0.74
政策参与	3.33	3.35	+0.02
自治参与	3.44	3.39	-0.05
网络参与[b]	2.28	2.24	-0.04
社团参与[c]	3.00	2.62	-0.38

a、b & c. 反向计分已转化

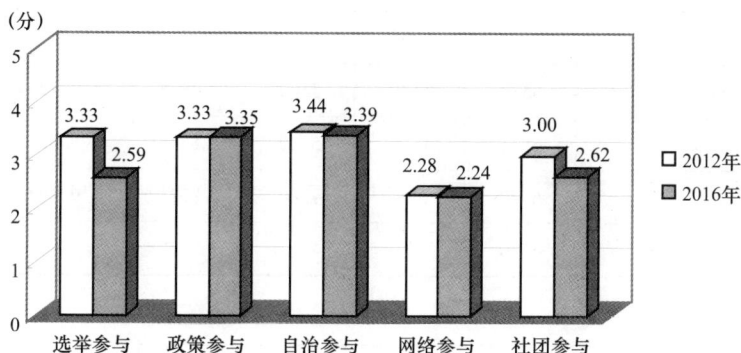

图 5 - 11　实际政治参与各项目得分比较

（三）政治参与行为总分变化情况

2012 年问卷调查结果显示，"政治参与认知"的总体得分在 1.40—5.00 分，均值为 3.10，标准差为 0.46；"实际政治参与"的总体得分在 1.00—5.00 分，均值为 3.08，标准差为 0.68；"政治参与行为总分"的得分在 1.40—5.00 分，均值为 3.09，标准差为 0.44（见表 5 - 12 - 1）。

2016 年问卷调查结果显示，"政治参与认知"的总体得分在 1.40—5.00 分，均值为 2.97，标准差为 0.42；"实际政治参与"的总体得分在 1.00—5.00 分，均值为 2.84，标准差为 0.63；"政治参与行为总分"的得分在 1.50—4.80 分，均值为 2.90，标准差为 0.39（见表 5 - 12 - 2）。

表 5 - 12 - 1　政治参与行为各项目得分的描述统计（2012 年）

项目	N	极小值	极大值	均值	标准差
政治参与认知	6139	1.40	5.00	3.1043	0.45808
实际政治参与	6128	1.00	5.00	3.0757	0.68223
政治参与行为总分	6111	1.40	5.00	3.0899	0.43910
有效的 N	6111				

表 5 - 12 - 2　政治参与行为各项目得分的描述统计（2016 年）

项目	N	极小值	极大值	均值	标准差
政治参与认知	6580	1.40	5.00	2.9685	0.42046
实际政治参与	6571	1.00	5.00	2.8376	0.62866
政治参与行为总分	6570	1.50	4.80	2.9031	0.39247
有效的 N	6570				

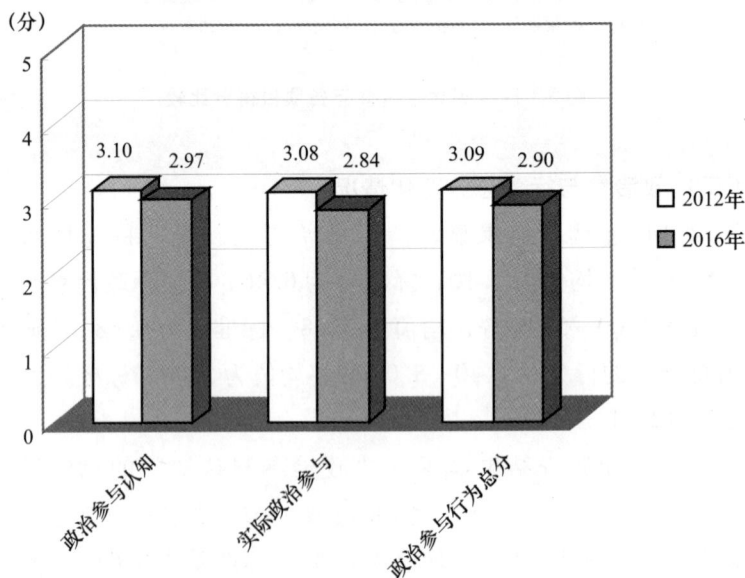

图 5 - 12　政治参与行为各项目得分比较

2016 年与 2012 年相比，"政治参与认知"的得分有较大幅度下降（下降 0.13 分），"实际政治参与"的得分则大幅度下降（下降 0.24 分），"政治参与行为总分"亦有较大幅度下降（下降 0.19 分，见表 5 - 12 - 3 和图 5 - 12）。

表 5 - 12 - 3 　　　　　　　政治参与行为各项目得分比较

项目	2012 年问卷调查	2016 年问卷调查	2016 年比 2012 年增减
政治参与认知	3.10	2.97	- 0.13
实际政治参与	3.08	2.84	- 0.24
政治参与行为总分	3.09	2.90	- 0.19

对两次问卷调查的政治参与行为各指标之间的相关性进行检验（见表 5 - 12 - 4），可以发现各指标之间的两两相关均达到了显著水平："政治参与认知"与"实际政治参与"之间具有显著的正向相关（2012 年问卷调查 $r = 0.153$，$p < 0.001$；2016 年问卷调查 $r = 0.083$，$p < 0.001$），与"政治参与行为总分"之间具有显著的正向相关（2012 年问卷调查 $r = 0.641$，$p < 0.001$；2016 年问卷调查 $r = 0.602$，$p < 0.001$）；"实际政治参与"与"政治参与行为总分"之间具有显著的正向相关（2012 年问卷调查 $r = 0.857$，$p < 0.001$；2016 年问卷调查 $r = 0.846$，$p < 0.001$）。

由于政治参与行为各指标之间都具有显著的正向相关关系，每个指标得分的升降都将影响其他指标得分的升降，对 2012 年到 2016 年的政治参与行为因素的得分变化可以得出以下几点基本认识。

第一，2016 年问卷调查显示的政治参与行为总分比 2012 年有较大幅度下降，一个重要的原因是"政治参与认知"得分有较大幅度的下降；尤其是"参与影响稳定"和"网络引起混乱"两个子项的得分大幅度下降，对"政治参与行为总分"的下降起了一定的作用。

第二，"政治参与行为总分"下降的更主要原因是"实际参与行为"得分的更大幅度下降。

表 5 – 12 – 4 　　　　　　　政治参与行为各指标之间的相关

指标	项目	2012 年问卷调查			2016 年问卷调查		
		政治参与认知	实际政治参与	参与行为总分	政治参与认知	实际政治参与	参与行为总分
政治参与认知	Pearson 相关性	1	0.153**	0.641**	1	0.083**	0.602**
	显著性（双侧）		0.000	0.000		0.000	0.000
	N	6139	6111	6111	6580	6570	6570
实际政治参与	Pearson 相关性	0.153**	1	0.857**	0.083**	1	0.846**
	显著性（双侧）	0.000		0.000	0.000		0.000
	N	6111	6128	6111	6570	6571	6570
政治参与行为总分	Pearson 相关性	0.641**	0.857**	1	0.602**	0.846**	1
	显著性（双侧）	0.000	0.000		0.000	0.000	
	N	6111	6111	6111	6570	6570	6570

**. 在 0.01 水平（双侧）上显著相关。

第三，具体而言，"选举参与"和"社团参与"两个子项得分的大幅度下降，应该是导致"政治参与行为总分"下降的最重要因素。

第四，对于中国公民政治参与水平的整体下降，应该引起高度的重视，需要在更深入、系统研究的基础上，找出影响公民政治参与的症结，并通过一段时间的努力，扭转参与弱化的不利局面，使公民政治参与的整体水平有较大幅度提升。

五　公民满意度

公民满意度作为政治影响因素，按照指标体系的设定，由"个人生活满意度"和"公共服务满意度"两部分组成。

（一）"个人生活满意度"得分变化情况

"个人生活满意度"的测试由五道题目组成：（1）我对自己当前的生活水平非常满意（"满意生活水平"）；（2）我的收入水平无法让

我过体面的生活（"不满意收入水平"）；（3）与五年前相比，我的生活状况有了明显地改善（"生活状况改善"）；（4）近两年的物价上涨使我的生活水平有所下降（"物价影响生活"）；（5）我有信心通过个人努力不断提高自己的生活水平（"改善生活信心"）。

2012年问卷调查结果显示，"个人生活满意度"的五道题目，得分最高的是"改善生活信心"，均值为4.05，标准差为0.95；其次是"生活状况改善"，均值为3.94，标准差为0.98；再次是"满意生活水平"，均值为3.55，标准差为1.18；最后是"不满意收入水平"，均值为2.86，标准差为1.21；得分最低的是"物价影响生活"，均值为2.33，标准差为1.11（见表5－13－1）。

表5－13－1　　个人生活满意度各项目得分情况（2012年）

项目	N	全距	极小值	极大值	均值		标准差
	统计量	统计量	统计量	统计量	统计量	标准误	统计量
满意生活水平	6153	4	1	5	3.55	0.015	1.184
不满意收入水平a	6150	4	1	5	2.86	0.015	1.208
生活状况改善	6146	4	1	5	3.94	0.012	0.977
物价影响生活b	6151	4	1	5	2.33	0.014	1.106
改善生活信心	6148	4	1	5	4.05	0.012	0.948
有效的N	6135						

a & b. 反向计分已转化

2016年问卷调查结果显示，"个人生活满意度"的五道题目，得分最高的是"改善生活信心"，均值为3.94，标准差为0.88；其次是"生活状况改善"，均值为3.79，标准差为0.93；再次是"满意生活水平"，均值为3.52，标准差为1.07；最后是"不满意收入水平"，均值为2.64，标准差为1.12；得分最低的是"物价影响生活"，均值为2.32，标准差为1.01（见表5－13－2）。

表 5 – 13 – 2　　　**个人生活满意度各项目得分情况（2016 年）**

项目	N	全距	极小值	极大值	均值		标准差
	统计量	统计量	统计量	统计量	统计量	标准误	统计量
满意生活水平	6581	4	1	5	3.52	0.013	1.073
不满意收入水平[a]	6581	4	1	5	2.64	0.014	1.119
生活状况改善	6578	4	1	5	3.79	0.011	0.925
物价影响生活[b]	6581	4	1	5	2.32	0.013	1.014
改善生活信心	6581	4	1	5	3.94	0.011	0.880
有效的 N	6578						

a & b. 反向计分已转化

2016 年与 2012 年相比，"个人生活满意度"五道题目的得分排序没有变化，但是各题目的得分都有所下降，得分下降幅度较大的是"不满意收入水平"（下降 0.22 分）、"生活状况改善"（下降 0.15 分）和"改善生活信心"（下降 0.11 分，见表 5 – 13 – 3 和图 5 – 13）。

表 5 – 13 – 3　　　　　**个人生活满意度各项目得分比较**

项目	2012 年问卷调查	2016 年问卷调查	2016 年比 2012 年增减
满意生活水平	3.55	3.52	− 0.03
不满意收入水平[a]	2.86	2.64	− 0.22
生活状况改善	3.94	3.79	− 0.15
物价影响生活[b]	2.33	2.32	− 0.01
改善生活信心	4.05	3.94	− 0.11

a & b. 反向计分已转化

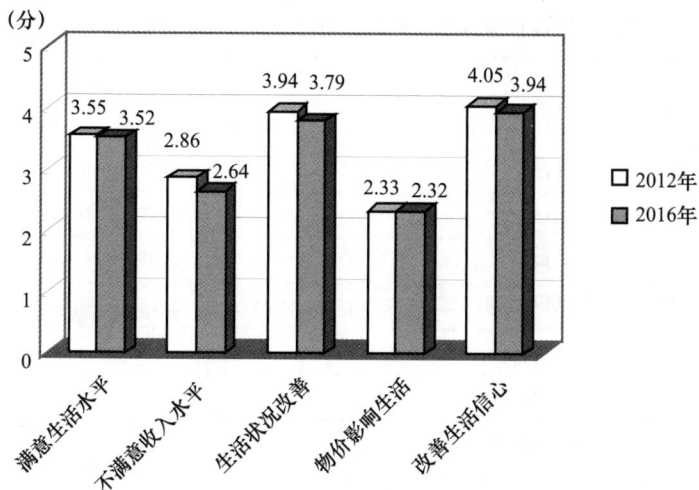

图 5 - 13　个人生活满意度各项目得分比较

（二）"公共服务满意度"得分变化情况

"公共服务满意度"的测试亦由五道题目组成：（1）我对政府提供的公共服务非常满意（"满意政府服务"）；（2）与五年前相比，政府的公共服务水平有明显提高（"服务水平提高"）；（3）政府提供的公共服务对我帮助不大（"服务帮助不大"）；（4）城乡之间的公共服务水平差距过大（"城乡服务差距"）；（5）建设"服务型政府"只是一个口号，缺乏实际内容（"形式大于内容"）。

2012 年问卷调查结果显示，"公共服务满意度"的五道题目，得分最高的是"服务水平提高"，均值为 3.99，标准差为 0.88；其次是"满意政府服务"，均值为 3.68，标准差为 1.06；再次是"服务帮助不大"，均值为 3.07，标准差为 1.17；最后是"形式大于内容"，均值为 2.63，标准差为 1.18；得分最低的是"城乡服务差距"，均值为 2.22，标准差为 0.99（见表 5 - 14 - 1）。

表 5 - 14 - 1　　公共服务满意度各项目得分情况（2012 年）

项目	N	全距	极小值	极大值	均值		标准差
	统计量	统计量	统计量	统计量	统计量	标准误	统计量
满意政府服务	6155	4	1	5	3.68	0.013	1.057
服务水平提高	6153	4	1	5	3.99	0.011	0.876
服务帮助不大[a]	6149	4	1	5	3.07	0.015	1.166
城乡服务差距[b]	6147	4	1	5	2.22	0.013	0.993
形式大于内容[c]	6153	4	1	5	2.63	0.015	1.177
有效的 N	6135						

a、b & c. 反向计分已转化

2016 年问卷调查结果显示，"公共服务满意度"的五道题目，得分最高的是"服务水平提高"，均值为 3.95，标准差为 0.88；其次是"满意政府服务"，均值为 3.72，标准差为 0.94；再次是"服务帮助不大"，均值为 2.78，标准差为 1.11；最后是"形式大于内容"，均值为 2.42，标准差为 1.05；得分最低的是"城乡服务差距"，均值为 2.21，标准差为 0.92（见表 5 - 14 - 2）。

表 5 - 14 - 2　　公共服务满意度各项目得分情况（2016 年）

项目	N	全距	极小值	极大值	均值		标准差
	统计量	统计量	统计量	统计量	统计量	标准误	统计量
满意政府服务	6581	4	1	5	3.72	0.012	0.937
服务水平提高	6580	4	1	5	3.95	0.011	0.876
服务帮助不大[a]	6580	4	1	5	2.78	0.014	1.107
城乡服务差距[b]	6577	4	1	5	2.21	0.011	0.915
形式大于内容[c]	6581	4	1	5	2.42	0.013	1.050
有效的 N	6575						

a、b & c. 反向计分已转化

2016 年与 2012 年相比，"公共服务满意度"五道题目的得分排序没有变化,除了"满意政府服务"得分略有提高外,其余四个题目的得分都有所下降,得分下降幅度较大的是"服务帮助不大"(下降0.29分)、"形式大于内容"(下降0.21分,见表5－14－3和图5－14)。

表5－14－3　　　　　　　　公共服务满意度各项目得分比较

项目	2012年问卷调查	2016年问卷调查	2016年比2012年增减
满意政府服务	3.68	3.72	+0.04
服务水平提高	3.99	3.95	-0.04
服务帮助不大[a]	3.07	2.78	-0.29
城乡服务差距[b]	2.22	2.21	-0.01
形式大于内容[c]	2.63	2.42	-0.21

a、b & c. 反向计分已转化

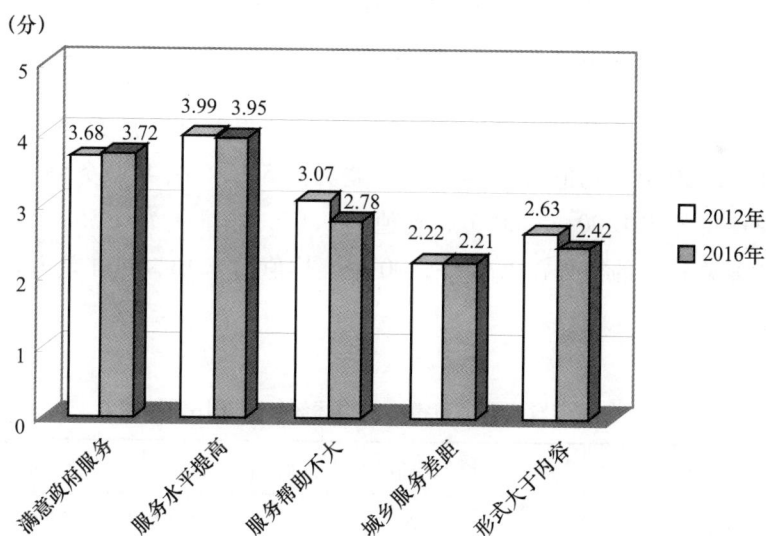

图5－14　公共服务满意度各项目得分比较

（三）公民满意度总分变化情况

2012 年问卷调查结果显示，"个人生活满意度"的总体得分在 1.00—5.00 分，均值为 3.35，标准差为 0.65；"公共服务满意度"的总体得分在 1.00—5.00 分，均值为 3.12，标准差为 0.63；"公民满意度总分"的得分在 1.00—5.00 分，均值为 3.23，标准差为 0.54（见表 5 – 15 – 1）。

表 5 – 15 – 1　公民满意度各项目得分的描述统计（2012 年）

项目	N	极小值	极大值	均值	标准差
个人生活满意度	6135	1.00	5.00	3.3459	0.65020
公共服务满意度	6135	1.00	5.00	3.1191	0.63432
公民满意度总分	6115	1.00	5.00	3.2326	0.53805
有效的 N	6115				

2016 年问卷调查结果显示，"个人生活满意度"的总体得分在 1.00—5.00 分，均值为 3.24，标准差为 0.54；"公共服务满意度"的总体得分在 1.00—5.00 分，均值为 3.02，标准差为 0.55；"公民满意度总分"的得分在 1.30—5.00 分，均值为 3.13，标准差为 0.45（见表 5 – 15 – 2）。

表 5 – 15 – 2　公民满意度各项目得分的描述统计（2016 年）

项目	N	极小值	极大值	均值	标准差
个人生活满意度	6578	1.00	5.00	3.2414	0.53769
公共服务满意度	6575	1.00	5.00	3.0151	0.55233
公民满意度总分	6573	1.30	5.00	3.1282	0.44571
有效的 N	6573				

2016 年与 2012 年相比，"个人生活满意度"的得分有较大幅度下降（下降 0.11 分），"公共服务满意度"的得分也较大幅度下降（下降 0.10 分），"公民满意度总分"则下降了 0.10 分（见表 5 - 15 - 3 和图 5 - 15）。

表 5 - 15 - 3　　　　　　　公民满意度各项目得分比较

项目	2012 年问卷调查	2016 年问卷调查	2016 年比 2012 年增减
个人生活满意度	3.35	3.24	- 0.11
公共服务满意度	3.12	3.02	- 0.10
公民满意度总分	3.23	3.13	- 0.10

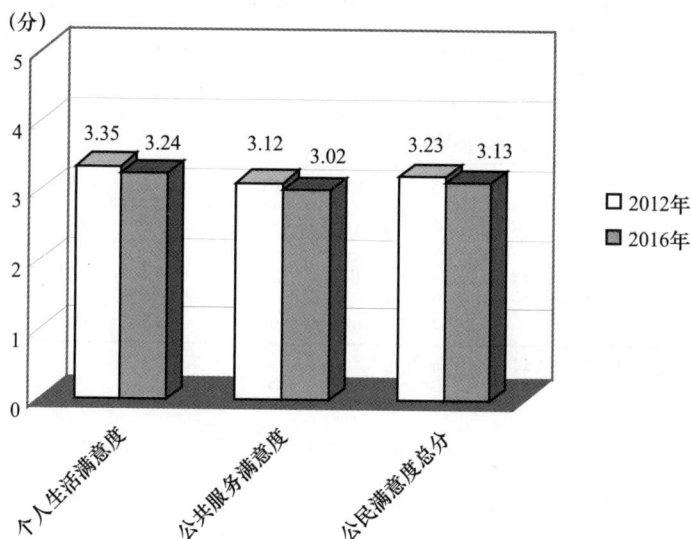

图 5 - 15　公民满意度各项目得分比较

对两次问卷调查的公民满意度各指标之间的相关性进行检验（见表 5 - 15 - 4），可以发现各指标之间的两两相关均达到了显著水平："个人生活满意度"与"公共服务满意度"之间具有显著的正向相关（2012 年问卷调查 $r = 0.404$，$p < 0.001$；2016 年问卷调查 $r = 0.337$，$p < 0.001$），与"公民满意度总分"之间具有显著的正向相关（2012

年问卷调查 $r=0.842$，$p<0.001$；2016 年问卷调查 $r=0.812$，$p<0.001$）；"公共服务满意度"与"公民满意度总分"之间具有显著的正向相关（2012 年问卷调查 $r=0.833$，$p<0.001$；2016 年问卷调查 $r=0.823$，$p<0.001$）。

表 5 - 15 - 4   公民满意度各指标之间的相关

指标	项目	2012 年问卷调查			2016 年问卷调查		
		个人生活满意	公共服务满意	公民满意总分	个人生活满意	公共服务满意	公民满意总分
个人生活满意度	Pearson 相关性	1	0.404 **	0.842 **	1	0.337 **	0.812 **
	显著性（双侧）		0.000	0.000		0.000	0.000
	N	6135	6115	6115	6578	6573	6573
公共服务满意度	Pearson 相关性	0.404 **	1	0.833 **	0.337 **	1	0.823 **
	显著性（双侧）	0.000		0.000	0.000		0.000
	N	6115	6135	6115	6573	6575	6573
公民满意度总分	Pearson 相关性	0.842 **	0.833 **	1	0.812 **	0.823 **	1
	显著性（双侧）	0.000	0.000		0.000	0.000	
	N	6115	6115	6115	6573	6573	6573

**. 在 0.01 水平（双侧）上显著相关。

由于公民满意度各指标之间都具有显著的正向相关关系，每个指标得分的升降都将影响其他指标得分的升降，对 2012 年到 2016 年的公民满意度因素的得分变化可以得出以下几点基本认识。

第一，2016 年问卷调查显示的"公民满意度总分"比 2012 年有较大幅度下降，是"个人生活满意度"和"公共服务满意度"得分下降双向拉动的结果。

第二，在"个人生活满意度"方面，"不满意收入水平"和"生活状况改善"两个子项得分的大幅度下降，是拉低"公民满意度总分"的主要因素。

第三，在"公共服务满意度"方面，"服务帮助不大"和"形式大于内容"两个子项得分的大幅度下降，是拉低"公民满意度总分"
的主要因素。

第四，对于中国公民满意度的下降，应该引起警觉，不仅在保持
和提高公民生活质量上要下大功夫，还需要切实改进公共服务，因为
两次问卷调查都反映出公共服务确实存在一些亟需解决的问题。

六　五种影响因素的描述统计及相关分析

五种政治影响因素总分由高到低的排序，2012 年问卷调查显示
的是权利认知（3.46 分）排在第一位，政治沟通认知（3.40 分）排
在第二位，公民满意度（3.23 分）排在第三位，政治参与行为
（3.09 分）排在第四位，利益认知（2.97 分）排在末位。2016 年问
卷调查显示的仍是权利认知（3.38 分）排在第一位、政治沟通认知
（3.30 分）排在第二位；公民满意度（3.13 分）排在第三位，但是
排在第四位的变成了利益认知（2.95 分）；政治参与行为（2.90 分）
则排在了末位（见表 5 - 16 和图 5 - 16）。

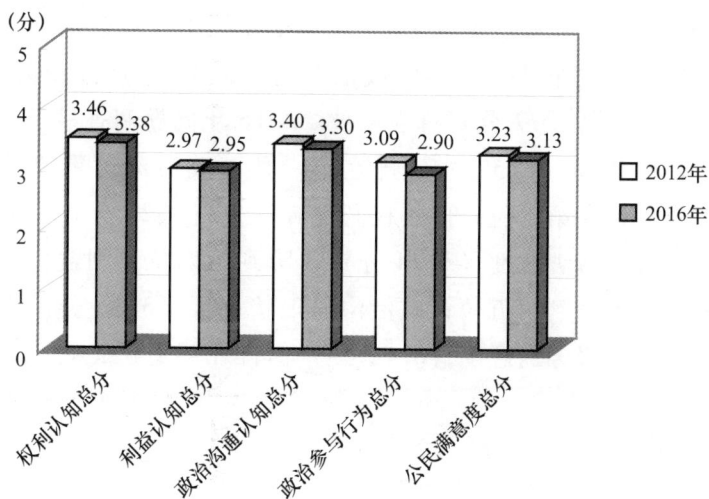

图 5 - 16　五个影响因素的得分比较

表 5 - 16 五个影响因素的得分排序比较

项目	2012 年问卷调查		2016 年问卷调查	
	得分	排序	得分	排序
权利认知总分	3.46	1	3.38	1
利益认知总分	2.97	5	2.95	4
政治沟通认知总分	3.40	2	3.30	2
政治参与行为总分	3.09	4	2.90	5
公民满意度总分	3.23	3	3.13	3

　　五个因素下设的十个指标得分由高到低的排序，2012 年问卷调查显示的是权利重要性认知（3.67 分）排在第一位；政治沟通重要性认知（3.61 分）排在第二位；个人生活满意度（3.35 分）排在第三位；权利保障评价（3.25 分）排在第四位；政治沟通现状评价（3.19 分）排在第五位；利益保障评价（3.16 分）排在第六位；公共服务满意度（3.12 分）排在第七位；政治参与认知（3.10 分）排在第八位；实际政治参与（3.08 分）排在第九位；公民利益取向（2.77 分）排在末位。2016 年问卷调查显示的仍是权利重要性认知（3.52 分）排在第一位；政治沟通重要性认知（3.44 分）排在第二位；但是权利保障评价（3.25 分）上升到第三位；个人生活满意度（3.24 分）下降到第四位；利益保障评价（3.16 分）上升到第五位；政治沟通现状评价（3.15 分）下降到第六位；公共服务满意度（3.02 分）仍排在第七位；政治参与认知（2.97 分）仍排在第八位；实际政治参与（2.84 分）仍排在第九位；公民利益取向（2.73 分）仍居末位（见表 5 - 17 和图 5 - 17）。

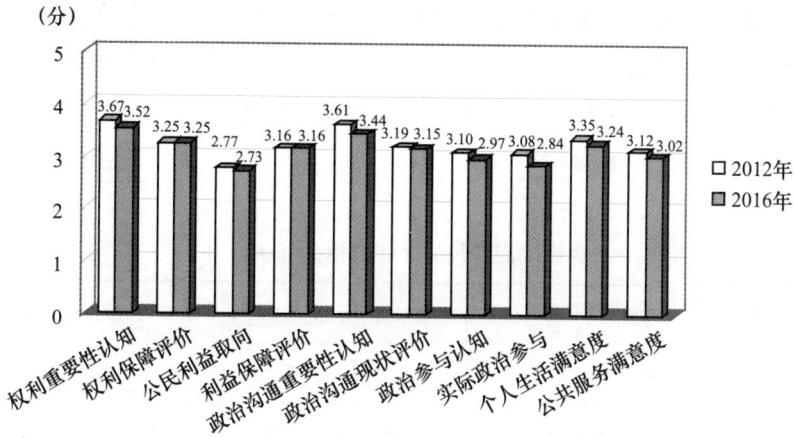

图 5－17 影响因素下各指标的得分比较

表 5－17 影响因素下各指标的得分排序比较

项目	2012 年问卷调查		2016 年问卷调查	
	得分	排序	得分	排序
权利重要性认知	3.67	1	3.52	1
权利保障评价	3.25	4	3.25	3
公民利益取向	2.77	10	2.73	10
利益保障评价	3.16	6	3.16	5
政治沟通重要性认知	3.61	2	3.44	2
政治沟通现状评价	3.19	5	3.15	6
政治参与认知	3.10	8	2.97	8
实际政治参与	3.08	9	2.84	9
个人生活满意度	3.35	3	3.24	4
公共服务满意度	3.12	7	3.02	7

对五种影响因素得分之间的相关性进行检验，可以看出两次调查都显示，各影响因素得分两两之间都具有显著的正向相关关系（见表5-18-1和表5-18-2），表明民众在某一因素上的表现，都会对另四个因素有重要的影响。

表5-18-1　　五种影响因素得分之间的相关（2012年）

指标	项目	权利认知	利益认知	政治沟通认知	政治参与行为	公民满意度
权利认知	相关性	1	0.113**	0.511**	0.323**	0.408**
	显著性		0.000	0.000	0.000	0.000
	N	6107	6070	6078	6066	6069
利益认知	相关性	0.113**	1	0.222**	0.098**	0.226**
	显著性	0.000		0.000	0.000	0.000
	N	6070	6114	6084	6070	6074
政治沟通认知	相关性	0.511**	0.222**	1	0.383**	0.524**
	显著性	0.000	0.000		0.000	0.000
	N	6078	6084	6123	6081	6088
政治参与行为	相关性	0.323**	0.098**	0.383**	1	0.311**
	显著性	0.000	0.000	0.000		0.000
	N	6066	6070	6081	6111	6071
公民满意度	相关性	0.408**	0.226**	0.524**	0.311**	1
	显著性	0.000	0.000	0.000	0.000	
	N	6069	6074	6088	6071	6115

**. 在0.01水平（双侧）上显著相关。

权利认知、利益认知、政治沟通认知、政治参与行为和公民满意

度五个影响政治文化的重要因素，2016 年问卷调查的得分都低于
2012 年，应引起足够的警觉，并需要对五个因素涉及的更深层次问
题作进一步的调查和分析。

表 5 - 18 - 2　　　五种影响因素得分之间的相关（2016 年）

指标	项目	权利认知	利益认知	政治沟通认知	政治参与行为	公民满意度
权利认知	相关性	1	0.038**	0.516**	0.205**	0.412**
	显著性		0.002	0.000	0.000	0.000
	N	6570	6555	6560	6560	6562
利益认知	相关性	0.038**	1	0.165**	0.046**	0.140**
	显著性	0.002		0.000	0.000	0.000
	N	6555	6565	6555	6556	6557
政治沟通认知	相关性	0.516**	0.165**	1	0.279**	0.490**
	显著性	0.000	0.000		0.000	0.000
	N	6560	6555	6571	6560	6563
政治参与行为	相关性	0.205**	0.046**	0.279**	1	0.273**
	显著性	0.000	0.000	0.000		0.000
	N	6560	6556	6560	6570	6563
公民满意度	相关性	0.412**	0.140**	0.490**	0.273**	1
	显著性	0.000	0.000	0.000	0.000	
	N	6562	6557	6563	6563	6573

＊＊. 在 0.01 水平（双侧）上显著相关。

第六章　五个影响因素与政治认同、危机压力的关系

两次问卷调查涉及的权利认知、利益认知、政治沟通、实际政治参与、公民满意度五个影响因素，与政治认同和危机压力是否有密切的关系，本章将结合相关数据作出具体的解释。

一　权利认知与政治认同、危机压力的关系

对权利认知与政治认同各指标及危机压力各指标之间的关系，可分别作出说明。

（一）权利认知与政治认同的相关性分析

对两次调查的权利认知各指标和政治认同各指标的数据进行统计分析（见表6-1），显示权利认知各指标与政治认同各指标之间的相关均达到显著水平，并呈现出以下具体关系。

（1）"权利重要性认知"与"体制认同"之间具有显著的正向相关（2012 年问卷调查 $r = 0.103$，$p < 0.001$；2016 年问卷调查 $r = 0.167$，$p < 0.001$），"权利保障评价"与"体制认同"之间具有显著的正向相关（2012 年问卷调查 $r = 0.309$，$p < 0.001$；2016 年问卷调查 $r = 0.225$，$p < 0.001$），"权利认知总分"与"体制认同"之间具有显著的正向相关（2012 年问卷调查 $r = 0.258$，$p < 0.001$；2016 年问卷调查 $r = 0.240$，$p < 0.001$）。

（2）"权利重要性认知"与"政党认同"之间具有显著的正向相

关（2012 年问卷调查 $r = 0.164$，$p < 0.001$；2016 年问卷调查 $r = 0.253$，$p < 0.001$），"权利保障评价"与"政党认同"之间具有显著的正向相关（2012 年问卷调查 $r = 0.285$，$p < 0.001$；2016 年问卷调查 $r = 0.214$，$p < 0.001$），"权利认知总分"与"政党认同"之间具有显著的正向相关（2012 年问卷调查 $r = 0.285$，$p < 0.001$；2016 年问卷调查 $r = 0.296$，$p < 0.001$）。

（3）"权利重要性认知"与"身份认同"之间具有显著的正向相关（2012 年问卷调查 $r = 0.298$，$p < 0.001$；2016 年问卷调查 $r = 0.373$，$p < 0.001$），"权利保障评价"与"身份认同"之间具有显著的正向相关（2012 年问卷调查 $r = 0.220$，$p < 0.001$；2016 年问卷调查 $r = 0.208$，$p < 0.001$），"权利认知总分"与"身份认同"之间具有显著的正向相关（2012 年问卷调查 $r = 0.340$，$p < 0.001$；2016 年问卷调查 $r = 0.379$，$p < 0.001$）。

（4）"权利重要性认知"与"文化认同"之间具有显著的正向相关（2012 年问卷调查 $r = 0.193$，$p < 0.001$；2016 年问卷调查 $r = 0.251$，$p < 0.001$），"权利保障评价"与"文化认同"之间具有显著的正向相关（2012 年问卷调查 $r = 0.199$，$p < 0.001$；2016 年问卷调查 $r = 0.146$，$p < 0.001$），"权利认知总分"与"文化认同"之间具有显著的正向相关（2012 年问卷调查 $r = 0.253$，$p < 0.001$；2016 年问卷调查 $r = 0.258$，$p < 0.001$）。

（5）"权利重要性认知"与"政策认同"之间具有显著的正向相关（2012 年问卷调查 $r = 0.178$，$p < 0.001$；2016 年问卷调查 $r = 0.296$，$p < 0.001$），"权利保障评价"与"政策认同"之间具有显著的正向相关（2012 年问卷调查 $r = 0.379$，$p < 0.001$；2016 年问卷调查 $r = 0.361$，$p < 0.001$），"权利认知总分"与"政策认同"之间具有显著的正向相关（2012 年问卷调查 $r = 0.353$，$p < 0.001$；2016 年问卷调查 $r = 0.405$，$p < 0.001$）。

（6）"权利重要性认知"与"发展认同"之间具有显著的正向相关（2012 年问卷调查 $r = 0.330$，$p < 0.001$；2016 年问卷调查 $r = 0.373$，$p < 0.001$），"权利保障评价"与"发展认同"之间具有显著

的正向相关（2012 年问卷调查 $r = 0.234$，$p < 0.001$；2016 年问卷调查 $r = 0.244$，$p < 0.001$），"权利认知总分"与"发展认同"之间具有显著的正向相关（2012 年问卷调查 $r = 0.368$，$p < 0.001$；2016 年问卷调查 $r = 0.398$，$p < 0.001$）。

（7）"权利重要性认知"与"政治认同总分"之间具有显著的正向相关（2012 年问卷调查 $r = 0.332$，$p < 0.001$；2016 年问卷调查 $r = 0.444$，$p < 0.001$），"权利保障评价"与"政治认同总分"之间具有显著的正向相关（2012 年问卷调查 $r = 0.424$，$p < 0.001$；2016 年问卷调查 $r = 0.359$，$p < 0.001$），"权利认知总分"与"政治认同总分"之间具有显著的正向相关（2012 年问卷调查 $r = 0.485$，$p < 0.001$；2016 年问卷调查 $r = 0.511$，$p < 0.001$）。

表 6 - 1　　　　　　　权利认知与政治认同之间的相关

政治认同指标	项目	2012 年问卷调查			2016 年问卷调查		
		权利重要性	权利保障评价	权利认知总分	权利重要性	权利保障评价	权利认知总分
体制认同	相关性	0.103 **	0.309 **	0.258 **	0.167 **	0.225 **	0.240 **
	显著性	0.000	0.000	0.000	0.000	0.000	0.000
	N	6128	6121	6100	6575	6575	6570
政党认同	相关性	0.164 **	0.285 **	0.285 **	0.253 **	0.214 **	0.296 **
	显著性	0.000	0.000	0.000	0.000	0.000	0.000
	N	6123	6115	6095	6563	6563	6558
身份认同	相关性	0.298 **	0.220 **	0.340 **	0.373 **	0.208 **	0.379 **
	显著性	0.000	0.000	0.000	0.000	0.000	0.000
	N	6129	6122	6101	6565	6565	6560
文化认同	相关性	0.193 **	0.199 **	0.253 **	0.251 **	0.146 **	0.258 **
	显著性	0.000	0.000	0.000	0.000	0.000	0.000
	N	6122	6115	6094	6569	6569	6564

政治认同指标	项目	2012 年问卷调查			2016 年问卷调查		
		权利重要性	权利保障评价	权利认知总分	权利重要性	权利保障评价	权利认知总分
政策认同	相关性	0.178**	0.379**	0.353**	0.296**	0.361**	0.405**
	显著性	0.000	0.000	0.000	0.000	0.000	0.000
	N	6128	6121	6100	6571	6571	6566
发展认同	相关性	0.330**	0.234**	0.368**	0.373**	0.244**	0.398**
	显著性	0.000	0.000	0.000	0.000	0.000	0.000
	N	6128	6122	6101	6567	6567	6562
政治认同总分	相关性	0.332**	0.424**	0.485**	0.444**	0.359**	0.511**
	显著性	0.000	0.000	0.000	0.000	0.000	0.000
	N	6086	6079	6059	6538	6538	6533

**. 在 0.01 水平（双侧）上显著相关。

从相关性的分析可以看出，政治认同水平的下降，与权利认知水平的下降有密切的关系（政治认同各指标与权利认知各指标之间均具有显著的正向相关关系）。2016 年与 2012 年相比，政治认同各指标的得分较普遍下降（除了体制认同和文化认同外，政党认同、身份认同、政策认同、发展认同的得分以及政治认同总分都有不同程度的下降，下同），与之相应的是"权利保障评价"得分持平（两次调查都是 3.25分），但是"权利重要性认知"由 2012 年的 3.67 分下降到 2016 年的3.52 分（下降 0.15 分），"权利认知总分"由 2012 年的 3.46 分下降到2016 年的 3.38 分（下降 0.08 分，见本书第五章，下同）。

从"权利重要性认知"和"权利保障评价"与政治认同各指标的关系看，2016 年与 2012 年相比，"权利重要性认知"与政治认同各指标的相关性趋强（相关性系数更高），"权利保障评价"与政治认同各指标的相关性趋弱（除"发展认同"外，与其他指标的相关性系数都有所降低）。也就是说，相比之下，"权利重要性认知"得分的较大幅度下降，对政治认同各指标得分的影响更为明显。

在政治认同各指标中，与"权利认知总分"相关性最为显著的指标（相关性系数高于其他指标，下同），2012 年和 2016 年两次调查都是"政治认同总分"，显示的应是民众的权利认知水平的总体下降，导致了政治认同总体水平的下降，也可以说是民众的政治认同总体水平的下降，带动了权利认知总体水平的下降。无论是哪种解释，其核心点都是既要增强民众的政治认同总体水平，也要增强民众的权利认知总体水平，因为两者是相辅相成的关系。

（二）权利认知与危机压力的相关性分析

对两次调查的权利认知各指标和危机压力各指标的数据进行统计分析（见表 6 - 2），显示权利认知各指标与政治认同各指标之间的相关均达到显著水平，并呈现出以下具体关系。

（1）"权利重要性认知"与"政治危机压力"之间具有显著的负向相关（2012 年问卷调查 $r = -0.214$，$p < 0.001$；2016 年问卷调查 $r = -0.338$，$p < 0.001$），"权利保障评价"与"政治危机压力"之间具有显著的负向相关（2012 年问卷调查 $r = -0.188$，$p < 0.001$；2016 年问卷调查 $r = -0.207$，$p < 0.001$），"权利认知总分"与"政治危机压力"之间具有显著的负向相关（2012 年问卷调查 $r = -0.260$，$p < 0.001$；2016 年问卷调查 $r = -0.354$，$p < 0.001$）。

（2）"权利重要性认知"与"经济危机压力"之间具有显著的负向相关（2012 年问卷调查 $r = -0.149$，$p < 0.001$；2016 年问卷调查 $r = -0.298$，$p < 0.001$），"权利保障评价"与"经济危机压力"之间具有显著的负向相关（2012 年问卷调查 $r = -0.328$，$p < 0.001$；2016 年问卷调查 $r = -0.329$，$p < 0.001$），"权利认知总分"与"经济危机压力"之间具有显著的负向相关（2012 年问卷调查 $r = -0.302$，$p < 0.001$；2016 年问卷调查 $r = -0.389$，$p < 0.001$）。

（3）"权利重要性认知"与"社会危机压力"之间具有显著的负向相关（2012 年问卷调查 $r = -0.133$，$p < 0.001$；2016 年问卷调查 $r = -0.288$，$p < 0.001$），"权利保障评价"与"社会危机压力"之间具有显著的负向相关（2012 年问卷调查 $r = -0.325$，$p < 0.001$；

2016 年问卷调查 $r = -0.286$，$p < 0.001$），"权利认知总分"与"社会危机压力"之间具有显著的负向相关（2012 年问卷调查 $r = -0.287$，$p < 0.001$；2016 年问卷调查 $r = -0.360$，$p < 0.001$）。

（4）"权利重要性认知"与"文化危机压力"之间具有显著的负向相关（2012 年调查 $r = -0.176$，$p < 0.001$；2016 年问卷调查 $r = -0.295$，$p < 0.001$），"权利保障评价"与"文化危机压力"之间具有显著的负向相关（2012 年问卷调查 $r = -0.264$，$p < 0.001$；2016 年问卷调查 $r = -0.271$，$p < 0.001$），"权利认知总分"与"文化危机压力"之间具有显著的负向相关（2012 年问卷调查 $r = -0.280$，$p < 0.001$；2016 年问卷调查 $r = -0.357$，$p < 0.001$）。

（5）"权利重要性认知"与"生态危机压力"之间的相关性，2012 年问卷调查未达到显著水平，2016 年问卷调查达到显著的负向相关（$r = -0.064$，$p < 0.001$）；"权利保障评价"与"生态危机压力"之间具有显著的负向相关（2012 年问卷调查 $r = -0.285$，$p < 0.001$；2016 年问卷调查 $r = -0.191$，$p < 0.001$），"权利认知总分"与"生态危机压力"之间具有显著的负向相关（2012 年问卷调查 $r = -0.178$，$p < 0.001$；2016 年问卷调查 $r = -0.147$，$p < 0.001$）。

（6）"权利重要性认知"与"国际性危机压力"之间的相关性，2012 年问卷调查未达到显著水平，2016 年问卷调查达到显著的负向相关（$r = -0.100$，$p < 0.001$）；"权利保障评价"与"国际性危机压力"之间具有显著的负向相关（2012 年问卷调查 $r = -0.096$，$p < 0.001$；2016 年问卷调查 $r = -0.120$，$p < 0.001$），"权利认知总分"与"国际性危机压力"之间具有显著的负向相关（2012 年问卷调查 $r = -0.056$，$p < 0.001$；2016 年问卷调查 $r = -0.14$，$p < 0.001$）。

（7）"权利重要性认知"与"危机压力总分"之间具有显著的负向相关（2012 年问卷调查 $r = -0.169$，$p < 0.001$；2016 年问卷调查 $r = -0.365$，$p < 0.001$），"权利保障评价"与"危机压力总分"之间具有显著的负向相关（2012 年问卷调查 $r = -0.392$，$p < 0.001$；2016 年问卷调查 $r = -0.371$，$p < 0.001$），"权利认知总分"与"危机压力总分"之间具有显著的负向相关（2012 年问卷调查 $r = $

$-0.353, p < 0.001$；2016 年问卷调查 $r = -0.461$，$p < 0.001$）。

表 6 - 2 　　　　　　　权利认知与危机压力之间的相关

政治认同指标	项目	2012 年问卷调查			2016 年问卷调查		
		权利重要性	权利保障评价	权利认知总分	权利重要性	权利保障评价	权利认知总分
政治危机压力	相关性	-0.214^{**}	-0.188^{**}	-0.260^{**}	-0.338^{**}	-0.207^{**}	-0.354^{**}
	显著性	0.000	0.000	0.000	0.000	0.000	0.000
	N	6127	6120	6099	6572	6572	6567
经济危机压力	相关性	-0.149^{**}	-0.328^{**}	-0.302^{**}	-0.298^{**}	-0.329^{**}	-0.389^{**}
	显著性	0.000	0.000	0.000	0.000	0.000	0.000
	N	6127	6120	6099	6554	6554	6549
社会危机压力	相关性	-0.133^{**}	-0.325^{**}	-0.287^{**}	-0.288^{**}	-0.286^{**}	-0.360^{**}
	显著性	0.000	0.000	0.000	0.000	0.000	0.000
	N	6130	6123	6102	6562	6562	6557
文化危机压力	相关性	-0.176^{**}	-0.264^{**}	-0.280^{**}	-0.295^{**}	-0.271^{**}	-0.357^{**}
	显著性	0.000	0.000	0.000	0.000	0.000	0.000
	N	6122	6114	6094	6568	6568	6563
生态危机压力	相关性	-0.008	-0.285^{**}	-0.178^{**}	-0.064^{**}	-0.191^{**}	-0.147^{**}
	显著性	0.518	0.000	0.000	0.000	0.000	0.000
	N	6132	6125	6104	6568	6568	6563
国际性危机压力	相关性	0.004	-0.096^{**}	-0.056^{**}	-0.100^{**}	-0.120^{**}	-0.136^{**}
	显著性	0.757	0.000	0.000	0.000	0.000	0.000
	N	6126	6120	6099	6561	6561	6556
危机压力总分	相关性	-0.169^{**}	-0.392^{**}	-0.353^{**}	-0.365^{**}	-0.371^{**}	-0.461^{**}
	显著性	0.000	0.000	0.000	0.000	0.000	0.000
	N	6093	6086	6066	6512	6512	6507

$**$. 在 0.01 水平（双侧）上显著相关。

　　从相关性的分析可以看出，危机压力水平的上升，与权利认知水平的下降有密切的关系（危机压力各指标与权利认知各指标之间绝大多数具有显著的负向相关关系）。2016 年与 2012 年相比，危机压力各指标的得分较普遍上升（除了社会危机压力外，政治危机压力、经济危机压力、文化危机压力、生态危机压力、国际性危机压力的得分以及危机压力总分都有不同程度的上升，下同），与之相对应的是"权利保障评价"得分持平和"权利重要性认知""权利认知总分"得分的不同幅度下降。

从"权利重要性认知"和"权利保障评价"与危机压力各指标的关系看，2016 年与 2012 年相比，"权利重要性认知"与危机压力各指标的相关性趋强（相关性系数更高），"权利保障评价"与危机压力各指标的相关性偏重于趋强（"政治危机压力""经济危机压力""文化危机压力""国际性危机压力"的相关性系数有所提高，"社会危机压力""生态危机压力"和"危机压力总分"的相关性系数都有所降低）。也就是说，这两项指标对危机压力各项指标得分的变化，起的应是并重的作用。

在危机压力各指标中，与"权利认知总分"相关性最为显著的指标，2012 年和 2016 年两次调查都是"危机压力总分"，显示的应是民众的权利认知水平的总体下降，导致了总体性的危机压力增强，也可以说是民众总体性危机压力的增强，对权利认知带来了不利的影响。也就是说，增强民众的权利认知总体水平，对于降低总体性危机压力的强度可以起到关键性的作用。

二 利益认知与政治认同、危机压力的关系

对利益认知与政治认同各指标及危机压力各指标之间的关系，也可分别作出说明。

（一）利益认知与政治认同的相关性分析

对两次调查的利益认知各指标和政治认同各指标的数据进行统计分析（见表 6 - 3），显示利益认知各指标与政治认同各指标之间的相

关均达到显著水平，并呈现出以下具体关系。

（1）"公民利益取向"与"体制认同"之间具有显著的负向相关（2012 年问卷调查 $r = -0.189$，$p < 0.001$；2016 年问卷调查 $r = -0.137$，$p < 0.001$），"利益保障评价"与"体制认同"之间具有显著的正向相关（2012 年问卷调查 $r = 0.250$，$p < 0.001$；2016 年问卷调查 $r = 0.192$，$p < 0.001$），"利益认知总分"与"体制认同"之间具有显著的正向相关（2012 年问卷调查 $r = 0.074$，$p < 0.001$；2016 年问卷调查 $r = 0.050$，$p < 0.001$）。

（2）"公民利益取向"与"政党认同"之间具有显著的负向相关（2012 年问卷调查 $r = -0.238$，$p < 0.001$；2016 年问卷调查 $r = -0.223$，$p < 0.001$），"利益保障评价"与"政党认同"之间具有显著的正向相关（2012 年问卷调查 $r = 0.261$，$p < 0.001$；2016 年问卷调查 $r = 0.168$，$p < 0.001$）；"利益认知总分"与"政党认同"之间，2012 年问卷调查显示具有显著的正向相关（$r = 0.045$，$p < 0.001$）；2016 年问卷调查显示具有显著的负向相关（$r = -0.040$，$p < 0.05$）。

（3）"公民利益取向"与"身份认同"之间具有显著的负向相关（2012 年问卷调查 $r = -0.178$，$p < 0.001$；2016 年问卷调查 $r = -0.235$，$p < 0.001$），"利益保障评价"与"身份认同"之间具有显著的正向相关（2012 年问卷调查 $r = 0.122$，$p < 0.001$；2016 年问卷调查 $r = 0.163$，$p < 0.001$），"利益认知总分"与"身份认同"之间，2012 年问卷调查显示具有显著的正向相关（$r = 0.033$，$p < 0.05$）；2016 年问卷调查显示具有显著的负向相关（$r = -0.053$，$p < 0.001$）。

（4）"公民利益取向"与"文化认同"之间具有显著的负向相关（2012 年问卷调查 $r = -0.161$，$p < 0.001$；2016 年问卷调查 $r = -0.182$，$p < 0.001$），"利益保障评价"与"文化认同"之间具有显著的正向相关（2012 年问卷调查 $r = 0.138$，$p < 0.001$；2016 年问卷调查 $r = 0.094$，$p < 0.001$）；"利益认知总分"与"文化认同"之间的相关性，2012 年问卷调查未达到显著水平，2016 年问卷调查达到显著的负向相关（$r = -0.069$，$p < 0.001$）。

（5）"公民利益取向"与"政策认同"之间具有显著的负向相关（2012 年问卷调查 $r = -0.261$，$p < 0.001$；2016 年问卷调查 $r = -0.253$，$p < 0.001$），"利益保障评价"与"政策认同"之间具有显著的正向相关（2012 年问卷调查 $r = 0.394$，$p < 0.001$；2016 年问卷调查 $r = 0.324$，$p < 0.001$），"利益认知总分"与"政策认同"之间具有显著的正向相关（2012 年问卷调查 $r = 0.148$，$p < 0.001$；2016 年问卷调查 $r = 0.066$，$p < 0.001$）。

（6）"公民利益取向"与"发展认同"之间具有显著的负向相关（2012 年问卷调查 $r = -0.172$，$p < 0.001$；2016 年问卷调查 $r = -0.250$，$p < 0.001$），"利益保障评价"与"发展认同"之间具有显著的正向相关（2012 年问卷调查 $r = 0.171$，$p < 0.001$；2016 年问卷调查 $r = 0.152$，$p < 0.001$），"利益认知总分"与"发展认同"之间的相关性，2012 年问卷调查未达到显著水平，2016 年问卷调查达到显著的负向相关（$r = -0.073$，$p < 0.001$）。

（7）"公民利益取向"与"政治认同总分"之间具有显著的负向相关（2012 年问卷调查 $r = -0.313$，$p < 0.001$；2016 年问卷调查 $r = 0.331$，$p < 0.001$），"利益保障评价"与"政治认同总分"之间具有显著的正向相关（2012 年问卷调查 $r = 0.351$，$p < 0.001$；2016 年问卷调查 $r = 0.281$，$p < 0.001$）；"利益认知总分"与"政治认同总分"之间，2012 年问卷调查显示具有显著的正向相关（$r = 0.067$，$p < 0.001$）；2016 年问卷调查则显示具有显著的负向相关（$r = -0.032$，$p < 0.05$）。

表 6-3　　　　　　　　利益认知与政治认同之间的相关

政治认同指标	项目	2012 年问卷调查			2016 年问卷调查		
		公民利益取向	利益保障评价	利益认知总分	公民利益取向	利益保障评价	利益认知总分
体制认同	相关性	-0.189**	0.250**	0.074**	-0.137**	0.192**	0.050**
	显著性	0.000	0.000	0.000	0.000	0.000	0.000
	N	6128	6124	6108	6570	6576	6565

政治认同指标	项目	2012 年问卷调查			2016 年问卷调查		
		公民利益取向	利益保障评价	利益认知总分	公民利益取向	利益保障评价	利益认知总分
政党认同	相关性	-0.238**	0.261**	0.045**	-0.223**	0.168**	-0.040**
	显著性	0.000	0.000	0.000	0.000	0.000	0.001
	N	6122	6117	6101	6558	6564	6553
身份认同	相关性	-0.178**	0.122**	0.033*	-0.235**	0.163**	-0.053**
	显著性	0.000	0.000	0.009	0.000	0.000	0.000
	N	6129	6124	6108	6560	6566	6555
文化认同	相关性	-0.161**	0.138**	-0.005	-0.182**	0.094**	-0.069**
	显著性	0.000	0.000	0.685	0.000	0.000	0.000
	N	6122	6117	6101	6564	6570	6559
政策认同	相关性	-0.261**	0.394**	0.148**	-0.253**	0.324**	0.066**
	显著性	0.000	0.000	0.000	0.000	0.000	0.000
	N	6129	6123	6108	6566	6572	6561
发展认同	相关性	-0.172**	0.171**	0.017	-0.250**	0.152**	-0.073**
	显著性	0.000	0.000	0.195	0.000	0.000	0.000
	N	6128	6123	6107	6562	6568	6557
政治认同总分	相关性	-0.313**	0.351**	0.067**	-0.331**	0.281**	-0.032*
	显著性	0.000	0.000	0.000	0.000	0.000	0.010
	N	6086	6081	6066	6533	6539	6528

**. 在 0.01 水平（双侧）上显著相关。

*. 在 0.05 水平（双侧）上显著相关。

从相关性的分析可以看出，公民利益取向的增强，会导致政治认同水平下降（政治认同各指标与公民利益取向之间均具有显著的负向相关关系）；公民对利益保障的评价降低，也会使得政治认同水平下降（政治认同各指标与利益保障评价之间均具有显著的正向相关关系）；公民的总体利益认知水平的高低，会对政治认同产生不同的影响（2012 年问卷调查显示，利益认知总分除了与"文化认同""发展认同"之间的相关不显著外，与政治认同其他指标之间均具有显著的正向相关关系；2016 年问卷调查则显示，利益认知总分与"体制认同""政策认同"之间具有显著的正向相关关系，与政治认同其他指标之间均具有显著的负向相关关系）。2016 年与 2012 年相比，政治认同各指标的得分较普遍下降，与之相关的是"利益保障评价"得分持平（两次调查都是 3.16 分），但是"公民利益取向"由 2012 年的 2.77 分下降到 2016 年的 2.73 分（下降 0.04 分），"利益认知总分"由 2012 年的 2.97 分下降到 2016 年的 2.95 分（下降 0.02 分）。

从"公民利益取向"和"利益保障评价"与政治认同各指标的关系看，2016 年与 2012 年相比，"公民利益取向"与政治认同各指标的相关性偏重于趋强（"身份认同""文化认同""发展认同"和"政治认同总分"的相关性系数有所提高，"体制认同""政党认同"和"政策认同"的相关性系数有所降低），"利益保障评价"与政治认同各指标的相关性偏重于趋弱（除"身份认同"外，与其他指标的相关性系数都有所降低）。相比之下，"公民利益取向"得分的小幅下降，对政治认同各指标得分的影响更为明显。

在政治认同各指标中，与"利益认知总分"相关性最为显著的指标，两次调查都不是"政治认同总分"，而是 2012 年的"政策认同"与 2016 年的"发展认同"。由此显示的是，由于利益认知因素的总体得分变化不大，因此对政治认同总体水平的影响也不是很大。

（二）利益认知与危机压力的相关性分析

对两次调查的利益认知各指标和危机压力各指标的数据进行统计分析（见表 6-4），显示利益认知各指标与危机压力各指标之间的相关均达到显著水平，并呈现出以下具体关系。

（1）"公民利益取向"与"政治危机压力"之间具有显著的正向相关（2012 年问卷调查 $r = 0.150$，$p < 0.001$；2016 年问卷调查 $r = 0.190$，$p < 0.001$），"利益保障评价"与"政治危机压力"之间具有显著的负向相关（2012 年问卷调查 $r = -0.129$，$p < 0.001$；2016 年问卷调查 $r = -0.121$，$p < 0.001$）；"利益认知总分"与"政治危

压力"之间，2012 年问卷调查显示相关性未达到显著水平，2016 年问卷调查达到显著的正向相关（$r = 0.051$，$p < 0.001$）。

（2）"公民利益取向"与"经济危机压力"之间具有显著的正向相关（2012 年问卷调查 $r = 0.219$，$p < 0.001$；2016 年问卷调查 $r = 0.246$，$p < 0.001$），"利益保障评价"与"经济危机压力"之间具有显著的负向相关（2012 年问卷调查 $r = -0.322$，$p < 0.001$；2016 年问卷调查 $r = -0.309$，$p < 0.001$），"利益认知总分"与"经济危机压力"之间具有显著的负向相关（2012 年问卷调查 $r = -0.116$，$p < 0.001$；2016 年问卷调查 $r = 0.062$，$p < 0.001$）。

（3）"公民利益取向"与"社会危机压力"之间具有显著的正向相关（2012 年问卷调查 $r = 0.184$，$p < 0.001$；2016 年问卷调查 $r = 0.197$，$p < 0.001$），"利益保障评价"与"社会危机压力"之间具有显著的负向相关（2012 年问卷调查 $r = -0.294$，$p < 0.001$；2016 年问卷调查 $r = -0.221$，$p < 0.001$），"利益认知总分"与"社会危机压力"之间具有显著的负向相关（2012 年问卷调查 $r = -0.119$，$p < 0.001$；2016 年问卷调查 $r = 0.027$，$p < 0.05$）。

（4）"公民利益取向"与"文化危机压力"之间具有显著的正向相关（2012 年问卷调查 $r = 0.182$，$p < 0.001$；2016 年问卷调查 $r = 0.224$，$p < 0.001$），"利益保障评价"与"文化危机压力"之间具有显著的负向相关（2012 年问卷调查 $r = -0.240$，$p < 0.001$；2016 年问卷调查 $r = -0.219$，$p < 0.001$）；"利益认知总分"与"文化危机压力"之间，2012 年问卷调查显示具有显著的负向相关（$r = -0.072$，$p < 0.001$），2016 年问卷调查显示相关性未达到显著水平。

（5）"公民利益取向"与"生态危机压力"之间具有显著的正向相关（2012 年问卷调查 $r = 0.131$，$p < 0.001$；2016 年问卷调查 $r = 0.084$，$p < 0.001$），"利益保障评价"与"生态危机压力"之间具有显著的负向相关（2012 年问卷调查 $r = -0.294$，$p < 0.001$；2016 年问卷调查 $r = -0.234$，$p < 0.001$），"利益认知总分"与"生态危机压力"之间具有显著的负向相关（2012 年问卷调查 $r = -0.162$，$p < 0.001$；2016 年问卷调查 $r = -0.130$，$p < 0.001$）。

（6）"公民利益取向"与"国际性危机压力"之间具有显著的正向相关（2012年问卷调查 $r = 0.075$，$p < 0.001$；2016年问卷调查 $r = 0.044$，$p < 0.001$），"利益保障评价"与"国际性危机压力"之间具有显著的负向相关（2012年问卷调查 $r = -0.122$，$p < 0.001$；2016年问卷调查 $r = -0.116$，$p < 0.001$），"利益认知总分"与"国际性危机压力"之间具有显著的负向相关（2012年问卷调查 $r = -0.051$，$p < 0.001$；2016年问卷调查 $r = 0.063$，$p < 0.001$）。

（7）"公民利益取向"与"危机压力总分"之间具有显著的正向相关（2012年问卷调查 $r = 0.242$，$p < 0.001$；2016年问卷调查 $r = 0.264$，$p < 0.001$），"利益保障评价"与"危机压力总分"之间具有显著的负向相关（2012年问卷调查 $r = -0.371$，$p < 0.001$；2016年问卷调查 $r = -0.325$，$p < 0.001$），"利益认知总分"与"危机压力总分"之间具有显著的负向相关（2012年问卷调查 $r = -0.142$，$p < 0.001$；2016年问卷调查 $r = -0.062$，$p < 0.001$）。

表 6 - 4　　　　　　　利益认知与危机压力之间的相关

政治认同指标	项目	2012年问卷调查			2016年问卷调查		
		公民利益取向	利益保障评价	利益认知总分	公民利益取向	利益保障评价	利益认知总分
政治危机压力	相关性	0.150**	-0.129**	0.005	0.190**	-0.121**	0.051**
	显著性	0.000	0.000	0.705	0.000	0.000	0.000
	N	6127	6122	6106	6567	6573	6562
经济危机压力	相关性	0.219**	-0.322**	-0.116**	0.246**	-0.309**	-0.062**
	显著性	0.000	0.000	0.000	0.000	0.000	0.000
	N	6127	6122	6106	6549	6555	6544
社会危机压力	相关性	0.184**	-0.294**	-0.119**	0.197**	-0.221**	-0.027*
	显著性	0.000	0.000	0.000	0.000	0.000	0.028
	N	6130	6125	6109	6557	6563	6552

续表

政治认同指标	项目	2012 年问卷调查			2016 年问卷调查		
		公民利益取向	利益保障评价	利益认知总分	公民利益取向	利益保障评价	利益认知总分
文化危机压力	相关性	0.182 **	− 0.240 **	− 0.072 **	0.224 **	− 0.219 **	− 0.004
	显著性	0.000	0.000	0.000	0.000	0.000	0.758
	N	6122	6117	6101	6563	6569	6558
生态危机压力	相关性	0.131 **	− 0.294 **	− 0.162 **	0.084 **	− 0.234 **	− 0.130 **
	显著性	0.000	0.000	0.000	0.000	0.000	0.000
	N	6132	6127	6111	6563	6569	6558
国际性危机压力	相关性	0.075 **	− 0.122 **	− 0.051 **	0.044 **	− 0.116 **	− 0.063 **
	显著性	0.000	0.000	0.000	0.000	0.000	0.000
	N	6126	6121	6105	6556	6562	6551
危机压力总分	相关性	0.242 **	− 0.371 **	− 0.142 **	0.264 **	− 0.325 **	− 0.062 **
	显著性	0.000	0.000	0.000	0.000	0.000	0.000
	N	6093	6088	6072	6507	6513	6502

**. 在 0.01 水平（双侧）上显著相关。

*. 在 0.05 水平（双侧）上显著相关。

从相关性的分析可以看出，公民利益取向的增强，会导致危机压力增强（危机压力各指标与公民利益取向之间均具有显著的正向相关关系）；公民对利益保障的评价降低，也会使得危机压力增强（危机压力各指标与利益保障评价之间均具有显著的负向相关关系）；公民总体性利益认知水平的降低，也会产生增强危机压力的作用（危机压力各指标与利益认知总分之间大多具有显著的负向相关关系）。2016年与2012年相比，危机压力各指标的得分较普遍上升，与之相对应的是"利益保障评价"得分持平和"公民利益取向""利益认知总分"得分的小幅下降。

从"公民利益取向"和"利益保障评价"与危机压力各指标的关系看，2016年与2012年相比，"公民利益取向"与危机压力各指标的相关性偏重于趋强（"政治危机压力""经济危机压力""社会危机压力""文化危机压力"和"危机压力总分"的相关性系数有所提高，"生态危机压力"和"国际性危机压力"的相关性系数有所降低），"利益保障评价"与危机压力各指标的相关性趋弱（各指标的相关性系数都有所降低）。相比之下，"公民利益取向"得分的小幅下降，对危机压力各指标得分的影响更为明显。

在危机压力各指标中，与"利益认知总分"相关性最为显著的指标，两次调查都是"生态危机压力"，而不是"危机压力总分"。由此一方面说明利益认知因素的总体得分变化不大，对危机压力总体水平的影响不是很大；另一方面说明尽管利益认知因素的总体得分变化不大，但是不能忽视其对生态危机压力的影响，毕竟生态危机压力得分有较大幅度上升（2016 年比 2012 年上升 0.15 分）。

三 政治沟通认知与政治认同、危机压力的关系

政治沟通认知与政治认同各指标及危机压力各指标之间的关系，可以分别作出说明。

（一）政治沟通认知与政治认同的相关性分析

对两次调查的政治沟通认知各指标和政治认同各指标的数据进行统计分析（见表 6-5），显示政治沟通认知各指标与政治认同各指标之间的相关均达到显著水平，并呈现出以下具体关系。

（1）"政治沟通重要性认知"与"体制认同"之间具有显著的正向相关（2012 年问卷调查 $r = 0.131$，$p < 0.001$；2016 年问卷调查 $r = 0.185$，$p < 0.001$），"政治沟通现状评价"与"体制认同"之间具有显著的正向相关（2012 年问卷调查 $r = 0.270$，$p < 0.001$；2016 年问卷调查 $r = 0.164$，$p < 0.001$），"政治沟通认知总分"与"体制认同"之间具有显著的正向相关（2012 年问卷调查 $r = 0.277$，$p < 0.001$；2016 年问卷调查 $r = 0.230$，$p < 0.001$）。

（2）"政治沟通重要性认知"与"政党认同"之间具有显著的正

向相关（2012 年问卷调查 $r = 0.198$，$p < 0.001$；2016 年问卷调查 $r = 0.257$，$p < 0.001$），"政治沟通现状评价"与"政党认同"之间具有显著的正向相关（2012 年问卷调查 $r = 0.266$，$p < 0.001$；2016 年问卷调查 $r = 0.132$，$p < 0.001$），"政治沟通认知总分"与"政党认同"之间具有显著的正向相关（2012 年问卷调查 $r = 0.308$，$p < 0.001$；2016 年问卷调查 $r = 0.247$，$p < 0.001$）。

（3）"政治沟通重要性认知"与"身份认同"之间具有显著的正向相关（2012 年问卷调查 $r = 0.300$，$p < 0.001$；2016 年问卷调查 $r = 0.361$，$p < 0.001$），"政治沟通现状评价"与"身份认同"之间具有显著的正向相关（2012 年问卷调查 $r = 0.148$，$p < 0.001$；2016 年问卷调查 $r = 0.114$，$p < 0.001$），"政治沟通认知总分"与"身份认同"之间具有显著的正向相关（2012 年问卷调查 $r = 0.268$，$p < 0.001$；2016 年问卷调查 $r = 0.295$，$p < 0.001$）。

（4）"政治沟通重要性认知"与"文化认同"之间具有显著的正向相关（2012 年问卷调查 $r = 0.211$，$p < 0.001$；2016 年问卷调查 $r = 0.260$，$p < 0.001$），"政治沟通现状评价"与"文化认同"之间具有显著的正向相关（2012 年问卷调查 $r = 0.137$，$p < 0.001$；2016 年问卷调查 $r = 0.062$，$p < 0.001$），"政治沟通认知总分"与"文化认同"之间具有显著的正向相关（2012 年问卷调查 $r = 0.214$，$p < 0.001$；2016 年问卷调查 $r = 0.197$，$p < 0.001$）。

（5）"政治沟通重要性认知"与"政策认同"之间具有显著的正向相关（2012 年问卷调查 $r = 0.214$，$p < 0.001$；2016 年问卷调查 $r = 0.260$，$p < 0.001$），"政治沟通现状评价"与"政策认同"之间具有显著的正向相关（2012 年问卷调查 $r = 0.423$，$p < 0.001$；2016 年问卷调查 $r = 0.302$，$p < 0.001$），"政治沟通认知总分"与"政策认同"之间具有显著的正向相关（2012 年问卷调查 $r = 0.438$，$p < 0.001$；2016 年问卷调查 $r = 0.376$，$p < 0.001$）。

（6）"政治沟通重要性认知"与"发展认同"之间具有显著的正向相关（2012 年问卷调查 $r = 0.371$，$p < 0.001$；2016 年问卷调查 $r = 0.423$，$p < 0.001$），"政治沟通现状评价"与"发展认同"之间具有

显著的正向相关（2012年问卷调查$r=0.186$，$p<0.001$；2016年问卷调查$r=0.098$，$p<0.001$），"政治沟通认知总分"与"发展认同"之间具有显著的正向相关（2012年问卷调查$r=0.335$，$p<0.001$；2016年问卷调查$r=0.320$，$p<0.001$）。

（7）"政治沟通重要性认知"与"政治认同总分"之间具有显著的正向相关（2012年问卷调查$r=0.371$，$p<0.001$；2016年问卷调查$r=0.453$，$p<0.001$），"政治沟通现状评价"与"政治认同总分"之间具有显著的正向相关（2012年问卷调查$r=0.376$，$p<0.001$；2016年问卷调查$r=0.224$，$p<0.001$），"政治沟通认知总分"与"政治认同总分"之间具有显著的正向相关（2012年问卷调查$r=0.482$，$p<0.001$；2016年问卷调查$r=0.430$，$p<0.001$）。

表6-5 政治沟通认知与政治认同之间的相关

政治认同指标	项目	2012年问卷调查			2016年问卷调查		
		沟通重要性	沟通现状评价	政治沟通总分	沟通重要性	沟通现状评价	政治沟通总分
体制认同	相关性	0.131**	0.270**	0.277**	0.185**	0.164**	0.230**
	显著性	0.000	0.000	0.000	0.000	0.000	0.000
	N	6134	6131	6116	6575	6577	6571
政党认同	相关性	0.198**	0.266**	0.308**	0.257**	0.132**	0.247**
	显著性	0.000	0.000	0.000	0.000	0.000	0.000
	N	6129	6125	6111	6563	6565	6559
身份认同	相关性	0.300**	0.148**	0.268**	0.361**	0.114**	0.295**
	显著性	0.000	0.000	0.000	0.000	0.000	0.000
	N	6135	6132	6117	6565	6567	6561
文化认同	相关性	0.211**	0.137**	0.214**	0.260**	0.062**	0.197**
	显著性	0.000	0.000	0.000	0.000	0.000	0.000
	N	6128	6125	6110	6569	6571	6565

政治认同指标	项目	2012 年问卷调查			2016 年问卷调查		
		沟通重要性	沟通现状评价	政治沟通总分	沟通重要性	沟通现状评价	政治沟通总分
政策认同	相关性	0.214 **	0.423 **	0.438 **	0.260 **	0.302 **	0.376 **
	显著性	0.000	0.000	0.000	0.000	0.000	0.000
	N	6134	6131	6116	6572	6573	6568
发展认同	相关性	0.371 **	0.186 **	0.335 **	0.423 **	0.098 **	0.320 **
	显著性	0.000	0.000	0.000	0.000	0.000	0.000
	N	6134	6132	6117	6567	6569	6563
政治认同总分	相关性	0.371 **	0.376 **	0.482 **	0.453 **	0.224 **	0.430 **
	显著性	0.000	0.000	0.000	0.000	0.000	0.000
	N	6092	6089	6075	6539	6540	6535

＊＊. 在 0.01 水平（双侧）上显著相关。

从相关性的分析可以看出，政治认同水平的下降，与政治沟通认知水平的下降有密切的关系（政治认同各指标与政治沟通认知各指标之间均具有显著的正向相关关系）。2016 年与 2012 年相比，政治认同各指标的得分较普遍下降，与之相应的是政治沟通认知各指标的得分亦全部下降：“政治沟通重要性认知”由 2012 年的 3.61 分下降到 2016 年的 3.44 分（下降 0.17 分）；“政治沟通现状评价”由 2012 年的 3.19 分下降到 2016 年的 3.15 分（下降 0.04 分）；“政治沟通认知总分”由 2012 年的 3.40 分下降到 2016 年的 3.30 分（下降 0.10 分）。

从“政治沟通重要性认知”和“政治沟通现状评价”与政治认同各指标的关系看，2016 年与 2012 年相比，“政治沟通重要性认知”与政治认同各指标的相关性趋强（相关性系数都有所提高），“政治沟通现状评价”与政治认同各指标的相关性趋弱（相关性系数都有所降低）。相比之下，“政治沟通重要性认知”得分的大幅度下降，对政治认同各指标得分的影响更为明显。

在政治认同各指标中，与"政治沟通认知总分"相关性最为显著的指标，2012 年和 2016 年两次调查都是"政治认同总分"，显示的应是民众的政治沟通认知水平的总体下降，导致了政治认同总体水平的下降，也可以说是民众的政治认同总体水平的下降，带动了政治沟通认知总体水平的下降。两种解释的核心点都是既要增强民众的政治认同总体水平，也要增强民众的政治沟通认知总体水平，因为两者是相辅相成的关系。

（二）政治沟通认知与危机压力的相关性分析

对两次调查的政治沟通认知各指标和危机压力各指标的数据进行统计分析（见表 6-6），显示政治沟通认知各指标与危机压力各指标之间的相关均达到显著水平，并呈现出以下具体关系。

（1）"政治沟通重要性认知"与"政治危机压力"之间具有显著的负向相关（2012 年问卷调查 $r = -0.255$，$p < 0.001$；2016 年问卷调查 $r = -0.347$，$p < 0.001$），"政治沟通现状评价"与"政治危机压力"之间具有显著的负向相关（2012 年问卷调查 $r = -0.166$，$p < 0.001$；2016 年问卷调查 $r = -0.071$，$p < 0.001$），"政治沟通认知总分"与"政治危机压力"之间具有显著的负向相关（2012 年问卷调查 $r = -0.259$，$p < 0.001$；2016 年问卷调查 $r = -0.255$，$p < 0.001$）。

（2）"政治沟通重要性认知"与"经济危机压力"之间具有显著的负向相关（2012 年问卷调查 $r = -0.199$，$p < 0.001$；2016 年问卷调查 $r = -0.278$，$p < 0.001$），"政治沟通现状评价"与"经济危机压力"之间具有显著的负向相关（2012 年问卷调查 $r = -0.350$，$p < 0.001$；2016 年问卷调查 $r = -0.275$，$p < 0.001$），"政治沟通认知总分"与"经济危机压力"之间具有显著的负向相关（2012 年问卷调查 $r = -0.374$，$p < 0.001$；2016 年问卷调查 $r = -0.366$，$p < 0.001$）。

（3）"政治沟通重要性认知"与"社会危机压力"之间具有显著的负向相关（2012 年问卷调查 $r = -0.167$，$p < 0.001$；2016 年问卷

调查 $r = -0.314$，$p < 0.001$），"政治沟通现状评价"与"社会危机压力"之间具有显著的负向相关（2012 年问卷调查 $r = -0.335$，$p < 0.001$；2016 年问卷调查 $r = -0.155$，$p < 0.001$），"政治沟通认知总分"与"社会危机压力"之间具有显著的负向相关（2012 年问卷调查 $r = -0.346$，$p < 0.001$；2016 年问卷调查 $r = -0.298$，$p < 0.001$）。

（4）"政治沟通重要性认知"与"文化危机压力"之间具有显著的负向相关（2012 年问卷调查 $r = -0.217$，$p < 0.001$；2016 年问卷调查 $r = -0.319$，$p < 0.001$），"政治沟通现状评价"与"文化危机压力"之间具有显著的负向相关（2012 年问卷调查 $r = -0.302$，$p < 0.001$；2016 年问卷调查 $r = -0.181$，$p < 0.001$），"政治沟通认知总分"与"文化危机压力"之间具有显著的负向相关（2012 年问卷调查 $r = -0.346$，$p < 0.001$；2016 年问卷调查 $r = -0.319$，$p < 0.001$）。

（5）"政治沟通重要性认知"与"生态危机压力"之间具有显著的负向相关（2012 年问卷调查 $r = -0.035$，$p < 0.05$；2016 年问卷调查 $r = -0.071$，$p < 0.001$），"政治沟通现状评价"与"生态危机压力"之间具有显著的负向相关（2012 年问卷调查 $r = -0.334$，$p < 0.001$；2016 年问卷调查 $r = -0.223$，$p < 0.001$），"政治沟通认知总分"与"生态危机压力"之间具有显著的负向相关（2012 年问卷调查 $r = -0.277$，$p < 0.001$；2016 年问卷调查 $r = -0.207$，$p < 0.001$）。

（6）"政治沟通重要性认知"与"国际性危机压力"之间的相关性，2012 年问卷调查未达到显著水平，2016 年问卷调查达到显著的负向相关（$r = -0.093$，$p < 0.001$）；"政治沟通现状评价"与"国际性危机压力"之间具有显著的负向相关（2012 年问卷调查 $r = -0.131$，$p < 0.001$；2016 年问卷调查 $r = -0.096$，$p < 0.001$），"政治沟通认知总分"与"国际性危机压力"之间具有显著的负向相关（2012 年问卷调查 $r = -0.110$，$p < 0.001$；2016 年问卷调查 $r = -0.125$，$p < 0.001$）。

（7）"政治沟通重要性认知"与"危机压力总分"之间具有显著的负向相关（2012 年问卷调查 $r = -0.221$，$p < 0.001$；2016 年问卷调查 $r = -0.378$，$p < 0.001$），"政治沟通现状评价"与"危机压力总分"之间具有显著的负向相关（2012 年问卷调查 $r = -0.427$，$p < 0.001$；2016 年问卷调查 $r = -0.264$，$p < 0.001$），"政治沟通认知总分"与"危机压力总分"之间具有显著的负向相关（2012 年问卷调查 $r = -0.445$，$p < 0.001$；2016 年问卷调查 $r = -0.416$，$p < 0.001$）。

表 6 - 6　　　　　　政治沟通认知与危机压力之间的相关

政治认同指标	项目	2012 年问卷调查			2016 年问卷调查		
		沟通重要性	沟通现状评价	政治沟通总分	沟通重要性	沟通现状评价	政治沟通总分
政治危机压力	相关性	-0.255**	-0.166**	-0.259**	-0.347**	-0.071**	-0.255**
	显著性	0.000	0.000	0.000	0.000	0.000	0.000
	N	6133	6130	6115	6572	6574	6568
经济危机压力	相关性	-0.199**	-0.350**	-0.374**	-0.278**	-0.275**	-0.366**
	显著性	0.000	0.000	0.000	0.000	0.000	0.000
	N	6134	6130	6116	6554	6556	6550
社会危机压力	相关性	-0.167**	-0.335**	-0.346**	-0.314**	-0.155**	-0.298**
	显著性	0.000	0.000	0.000	0.000	0.000	0.000
	N	6136	6133	6118	6562	6564	6558
文化危机压力	相关性	-0.217**	-0.302**	-0.346**	-0.319**	-0.181**	-0.319**
	显著性	0.000	0.000	0.000	0.000	0.000	0.000
	N	6127	6126	6111	6568	6570	6564
生态危机压力	相关性	-0.035**	-0.334**	-0.277**	-0.071**	-0.223**	-0.207**
	显著性	0.006	0.000	0.000	0.000	0.000	0.000
	N	6138	6135	6120	6568	6570	6564

政治认同指标	项目	2012 年问卷调查			2016 年问卷调查		
		沟通重要性	沟通现状评价	政治沟通总分	沟通重要性	沟通现状评价	政治沟通总分
国际性危机压力	相关性	-0.015	-0.131**	-0.110**	-0.093**	-0.096**	-0.125**
	显著性	0.245	0.000	0.000	0.000	0.000	0.000
	N	6132	6130	6115	6561	6563	6557
危机压力总分	相关性	-0.221**	-0.427**	-0.445**	-0.378**	-0.264**	-0.416**
	显著性	0.000	0.000	0.000	0.000	0.000	0.000
	N	6099	6098	6084	6512	6514	6508

**. 在 0.01 水平（双侧）上显著相关。

从相关性的分析可以看出，危机压力水平的上升，与政治沟通认知水平的下降有密切的关系（危机压力各指标与政治沟通认知各指标之间大都具有显著的负向相关关系）。2016 年与 2012 年相比，危机压力各指标得分的较普遍上升和政治沟通认知各指标得分的全部下降，体现的就是这样的此升彼降关系。

从"政治沟通重要性认知"和"政治沟通现状评价"与危机压力各指标的关系看，2016 年与 2012 年相比，"政治沟通重要性认知"与危机压力各指标的相关性趋强（相关性系数都有所提高），"政治沟通现状评价"与危机压力各指标的相关性趋弱（相关性系数都有所降低）。相比之下，"政治沟通重要性认知"得分的大幅度下降，对危机压力各指标得分的影响更为明显。

在危机压力各指标中，与"政治沟通认知总分"相关性最为显著的指标，2012 年和 2016 年两次调查都是"危机压力总分"，显示的应是民众的政治沟通认知水平的总体下降，导致了总体性的危机压力增强，或者说民众总体性危机压力的增强，使得其政治沟通认知总体水平有所下降。也就是说，增强民众的政治沟通认知总体水平，对于缓解民众的总体性危机压力，有着不可忽视的关键性作用。

四　政治参与行为与政治认同、危机压力的关系

政治参与行为与政治认同各指标及危机压力各指标之间的关系，应分别作出说明。

（一）政治参与行为与政治认同的相关性分析

对两次调查的政治参与行为各指标和政治认同各指标的数据进行统计分析（见表6-7），显示政治参与行为各指标与政治认同各指标之间的相关均达到显著水平，并呈现出以下具体关系。

（1）"政治参与认知"与"体制认同"之间具有显著的正向相关（2012年问卷调查 $r = 0.090$，$p < 0.001$；2016年问卷调查 $r = 0.101$，$p < 0.001$）；"实际政治参与"与"体制认同"之间，2012年问卷调查显示具有显著的正向相关（$r = 0.074$，$p < 0.001$），2012年问卷调查显示相关性未达到显著水平；"政治参与行为总分"与"体制认同"之间具有显著的正向相关（2012年问卷调查 $r = 0.104$，$p < 0.001$；2016年问卷调查 $r = 0.045$，$p < 0.001$）。

（2）"政治参与认知"与"政党认同"之间具有显著的正向相关（2012年问卷调查 $r = 0.117$，$p < 0.001$；2016年问卷调查 $r = 0.153$，$p < 0.001$），"实际政治参与"与"政党认同"之间具有显著的正向相关（2012年问卷调查 $r = 0.119$，$p < 0.001$；2016年问卷调查 $r = 0.048$，$p < 0.001$），"政治参与行为总分"与"政党认同"之间具有显著的正向相关（2012年问卷调查 $r = 0.155$，$p < 0.001$；2016年问卷调查 $r = 0.120$，$p < 0.001$）。

（3）"政治参与认知"与"身份认同"之间具有显著的正向相关（2012年问卷调查 $r = 0.102$，$p < 0.001$；2016年问卷调查 $r = 0.152$，$p < 0.001$）；"实际政治参与"与"身份认同"之间，2012年问卷调查显示具有显著的正向相关（$r = 0.091$，$p < 0.001$），2016年问卷调查显示相关性未达到显著水平；"政治参与行为总分"与"身份认

同"之间具有显著的正向相关（2012 年问卷调查 $r = 0.124$，$p < 0.001$；2016 年问卷调查 $r = 0.099$，$p < 0.001$）。

（4）"政治参与认知"与"文化认同"之间具有显著的正向相关（2012 年问卷调查 $r = 0.103$，$p < 0.001$；2016 年问卷调查 $r = 0.130$，$p < 0.001$）；"实际政治参与"与"文化认同"之间，2012 年问卷调查显示具有显著的正向相关（$r = 0.123$，$p < 0.001$），2016 年问卷调查显示相关性未达到显著水平；"政治参与行为总分"与"文化认同"之间具有显著的正向相关（2012 年问卷调查 $r = 0.148$，$p < 0.001$；2016 年问卷调查 $r = 0.072$，$p < 0.001$）。

（5）"政治参与认知"与"政策认同"之间具有显著的正向相关（2012 年问卷调查 $r = 0.162$，$p < 0.001$；2016 年问卷调查 $r = 0.186$，$p < 0.001$）；"实际政治参与"与"政策认同"之间，2012 年问卷调查显示具有显著的正向相关（$r = 0.146$，$p < 0.001$），2016 年问卷调查显示相关性未达到显著水平；"政治参与行为总分"与"政策认同"之间具有显著的正向相关（2012 年问卷调查 $r = 0.199$，$p < 0.001$；2016 年问卷调查 $r = 0.108$，$p < 0.001$）。

（6）"政治参与认知"与"发展认同"之间具有显著的正向相关（2012 年问卷调查 $r = 0.198$，$p < 0.001$；2016 年问卷调查 $r = 0.182$，$p < 0.001$），"实际政治参与"与"发展认同"之间具有显著的正向相关（2012 年问卷调查 $r = 0.125$，$p < 0.001$；2016 年问卷调查 $r = 0.044$，$p < 0.001$），"政治参与行为总分"与"发展认同"之间具有显著的正向相关（2012 年问卷调查 $r = 0.201$，$p < 0.001$；2016 年问卷调查 $r = 0.132$，$p < 0.001$）。

（7）"政治参与认知"与"政治认同总分"之间具有显著的正向相关（2012 年问卷调查 $r = 0.203$，$p < 0.001$；2016 年问卷调查 $r = 0.233$，$p < 0.001$），"实际政治参与"与"政治认同总分"之间具有显著的正向相关（2012 年问卷调查 $r = 0.176$，$p < 0.001$；2016 年问卷调查 $r = 0.032$，$p < 0.05$），"政治参与行为总分"与"政治认同总分"之间具有显著的正向相关（2012 年问卷调查 $r = 0.243$，$p < 0.001$；2016 年问卷调查 $r = 0.150$，$p < 0.001$）。

表6-7 **政治参与行为与政治认同之间的相关**

政治认同指标	项目	2012年问卷调查			2016年问卷调查		
		政治参与认知	实际政治参与	参与行为总分	政治参与认知	实际政治参与	参与行为总分
体制认同	相关性	0.090**	0.074**	0.104**	0.101**	-0.011	0.045**
	显著性	0.000	0.000	0.000	0.000	0.369	0.000
	N	6132	6121	6104	6580	6571	6570
政党认同	相关性	0.117**	0.119**	0.155**	0.153**	0.048**	0.120**
	显著性	0.000	0.000	0.000	0.000	0.000	0.000
	N	6127	6115	6099	6568	6559	6558
身份认同	相关性	0.102**	0.091**	0.124**	0.152**	0.023	0.099**
	显著性	0.000	0.000	0.000	0.000	0.062	0.000
	N	6133	6122	6105	6570	6561	6560
文化认同	相关性	0.103**	0.123**	0.148**	0.130**	0.004	0.072**
	显著性	0.000	0.000	0.000	0.000	0.771	0.000
	N	6126	6115	6098	6574	6565	6564
政策认同	相关性	0.162**	0.146**	0.199**	0.186**	0.011	0.108**
	显著性	0.000	0.000	0.000	0.000	0.378	0.000
	N	6132	6121	6104	6576	6567	6566
发展认同	相关性	0.198**	0.125**	0.201**	0.182**	0.044**	0.132**
	显著性	0.000	0.000	0.000	0.000	0.000	0.000
	N	6132	6121	6104	6572	6563	6562
政治认同总分	相关性	0.203**	0.176**	0.243**	0.233**	0.032*	0.150**
	显著性	0.000	0.000	0.000	0.000	0.009	0.000
	N	6090	6078	6062	6543	6534	6533

**．在0.01水平（双侧）上显著相关。

从相关性的分析可以看出，政治认同水平的下降，与政治参与行为的弱化有密切的关系（政治认同各指标与政治参与行为各指标之间大多具有显著的正向相关关系）。2016年与2012年相比，政治认同各指标的得分较普遍下降，与之相应的是政治参与行为各指标的得分都有较大幅度的下降："政治参与认知"由 2012 年的 3.10 分下降到 2016 年的 2.97 分（下降 0.13 分），"实际政治参与"由 2012 年的 3.08 分下降到 2016 年的 2.84 分（下降 0.24 分），"政治参与行为总分"由 2012 年的 3.09 分下降到 2016 年的 2.90 分（下降 0.19 分）。

从"政治参与认知"和"实际政治参与"与政治认同各指标的关系看，2016 年与 2012 年相比，"政治参与认知"与政治认同各指标的相关性趋强（除"发展认同"外，其他指标的相关性系数都有所提高），"实际政治参与"与政治认同各指标的相关性趋弱（各指标的相关性系数都有所降低，并且使"体制认同""身份认同""文化认同""政策认同"与"实际政治参与"之间的相关由显著变成了不显著）。相比之下，"政治参与认知"得分的大幅度下降，对政治认同各指标得分的影响更为明显。

在政治认同各指标中，与"政治参与行为总分"相关性最为显著的指标，2012 年和 2016 年两次调查都是"政治认同总分"，显示的应是民众的政治参与行为的总体性弱化，导致了政治认同总体水平的下降，也可以说是民众的政治认同总体水平的下降，带来了政治参与行为的总体性弱化。两种解释的核心点都是既要增强民众的政治认同总体水平，也要强化而不是弱化民众的政治参与行为，因为两者毕竟有重要的相辅相成关系。

（二）政治参与行为与危机压力的相关性分析

对两次调查的政治参与行为各指标和危机压力各指标的数据进行统计分析（见表 6-8），显示政治参与行为各指标与危机压力各指标之间的相关均达到显著水平，并呈现出以下具体关系。

（1）"政治参与认知"与"政治危机压力"之间具有显著的负向相关（2012 年问卷调查 $r = -0.206$，$p < 0.001$；2016 年问卷调查 $r = -0.204$，$p < 0.001$）；"实际政治参与"与"政治危机压力"之间，2012 年问卷调查显示具有显著的负向相关（$r = -0.077$，$p < 0.001$），2016 年问卷调查显示相关性未达到显著水平；"政治参与行

为总分"与"政治危机压力"之间具有显著的负向相关（2012 年问卷调查 $r = -0.168$，$p < 0.001$；2016 年问卷调查 $r = -0.096$，$p < 0.001$）。

（2）"政治参与认知"与"经济危机压力"之间具有显著的负向相关（2012 年问卷调查 $r = -0.146$，$p < 0.001$；2016 年问卷调查 $r = -0.177$，$p < 0.001$），"实际政治参与"与"经济危机压力"之间具有显著的负向相关（2012 年问卷调查 $r = -0.132$，$p < 0.001$；2016 年问卷调查 $r = -0.068$，$p < 0.001$），"政治参与行为总分"与"经济危机压力"之间具有显著的负向相关（2012 年问卷调查 $r = -0.179$，$p < 0.001$；2016 年问卷调查 $r = -0.150$，$p < 0.001$）。

（3）"政治参与认知"与"社会危机压力"之间具有显著的负向相关（2012 年问卷调查 $r = -0.196$，$p < 0.001$；2016 年问卷调查 $r = -0.231$，$p < 0.001$），"实际政治参与"与"社会危机压力"之间具有显著的负向相关（2012 年问卷调查 $r = -0.082$，$p < 0.001$；2016 年问卷调查 $r = -0.040$，$p < 0.001$），"政治参与行为总分"与"社会危机压力"之间具有显著的负向相关（2012 年问卷调查 $r = -0.166$，$p < 0.001$；2016 年问卷调查 $r = -0.155$，$p < 0.001$）。

（4）"政治参与认知"与"文化危机压力"之间具有显著的负向相关（2012 年问卷调查 $r = -0.203$，$p < 0.001$；2016 年问卷调查 $r = -0.256$，$p < 0.001$），"实际政治参与"与"文化危机压力"之间具有显著的负向相关（2012 年问卷调查 $r = -0.132$，$p < 0.001$；2016 年问卷调查 $r = -0.044$，$p < 0.001$），"政治参与行为总分"与"文化危机压力"之间具有显著的负向相关（2012 年问卷调查 $r = -0.209$，$p < 0.001$；2016 年问卷调查 $r = -0.172$，$p < 0.001$）。

（5）"政治参与认知"与"生态危机压力"之间具有显著的负向相关（2012 年问卷调查 $r = -0.140$，$p < 0.001$；2016 年问卷调查 $r = -0.182$，$p < 0.001$），"实际政治参与"与"生态危机压力"之间具有显著的负向相关（2012 年问卷调查 $r = -0.048$，$p < 0.001$；2016 年问卷调查 $r = -0.029$，$p < 0.05$），"政治参与行为总分"与"生态危机压力"之间具有显著的负向相关（2012 年问卷调查 $r = -0.110$，

$p < 0.001$；2016 年问卷调查 $r = -0.121$，$p < 0.001$）。

（6）"政治参与认知"与"国际性危机压力"之间具有显著的负向相关（2012 年问卷调查 $r = -0.040$，$p < 0.001$；2016 年问卷调查 $r = -0.101$，$p < 0.001$）；两次问卷调查均显示"实际政治参与"与"国际性危机压力"之间的相关性不显著；"政治参与行为总分"与"国际性危机压力"之间具有显著的负向相关（2012 年问卷调查 $r = -0.029$，$p < 0.05$；2016 年问卷调查 $r = -0.040$，$p < 0.001$）。

（7）"政治参与认知"与"危机压力总分"之间具有显著的负向相关（2012 年问卷调查 $r = -0.241$，$p < 0.001$；2016 年问卷调查 $r = -0.307$，$p < 0.001$），"实际政治参与"与"危机压力总分"之间具有显著的负向相关（2012 年问卷调查 $r = -0.123$，$p < 0.001$；2016 年问卷调查 $r = -0.040$，$p < 0.001$），"政治参与行为总分"与"危机压力总分"之间具有显著的负向相关（2012 年问卷调查 $r = -0.221$，$p < 0.001$；2016 年问卷调查 $r = -0.196$，$p < 0.001$）。

表 6-8　　　　　　　政治参与行为与危机压力之间的相关

政治认同指标	项目	2012 年问卷调查			2016 年问卷调查		
		政治参与认知	实际政治参与	参与行为总分	政治参与认知	实际政治参与	参与行为总分
政治危机压力	相关性	-0.206**	-0.077**	-0.168**	-0.204**	0.016	-0.096**
	显著性	0.000	0.000	0.000	0.000	0.202	0.000
	N	6131	6120	6103	6577	6568	6567
经济危机压力	相关性	-0.146**	-0.132**	-0.179**	-0.177**	-0.068**	-0.150**
	显著性	0.000	0.000	0.000	0.000	0.000	0.000
	N	6131	6120	6103	6559	6550	6549
社会危机压力	相关性	-0.196**	-0.082**	-0.166**	-0.231**	-0.040**	-0.155**
	显著性	0.000	0.000	0.000	0.000	0.001	0.000
	N	6134	6123	6106	6567	6558	6557

续表

政治认同指标	项目	2012 年问卷调查			2016 年问卷调查		
		政治参与认知	实际政治参与	参与行为总分	政治参与认知	实际政治参与	参与行为总分
文化危机压力	相关性	− 0.203 **	− 0.132 **	− 0.209 **	− 0.256 **	− 0.044 **	− 0.172 **
	显著性	0.000	0.000	0.000	0.000	0.000	0.000
	N	6127	6115	6099	6573	6564	6563
生态危机压力	相关性	− 0.140 **	− 0.048 **	− 0.110 **	− 0.182 **	− 0.029 *	− 0.121 **
	显著性	0.000	0.000	0.000	0.000	0.017	0.000
	N	6136	6125	6108	6573	6564	6563
国际性危机压力	相关性	− 0.040 **	− 0.010	− 0.029 *	− 0.101 **	0.017	− 0.040 **
	显著性	0.002	0.456	0.026	0.000	0.157	0.001
	N	6130	6119	6102	6566	6558	6557
危机压力总分	相关性	− 0.241 **	− 0.123 **	− 0.221 **	− 0.307 **	− 0.040 **	− 0.196 **
	显著性	0.000	0.000	0.000	0.000	0.001	0.000
	N	6098	6086	6070	6517	6509	6508

**.在 0.01 水平（双侧）上显著相关。

*.在 0.05 水平（双侧）上显著相关。

从相关性的分析可以看出，危机压力水平的上升，与政治参与行为的弱化有密切的关系（危机压力各指标与政治参与行为各指标之间大多具有显著的负向相关关系）。2016 年与 2012 年相比，危机压力各指标得分的较普遍上升和政治参与行为各指标得分的较大幅度下降，体现的就是这样的此升彼降关系。

从"政治参与认知"和"实际政治参与"与危机压力各指标的关系看，2016 年与 2012 年相比，"政治参与认知"与危机压力各指标的相关性趋强（除"政治危机压力"外，其他指标的相关性系数都有所提高），"实际政治参与"与危机压力各指标的相关性趋弱（除"国际性危机压力"外，各指标的相关性系数都有所降低，并且使"政治危机压力"与"实际政治参与"之间的相关由显著变成了不显著）。相比之下，"政治参与认知"得分的大幅度下降，对危机压力各指标得分的影响更为明显。

在危机压力各指标中，与"政治参与行为总分"相关性最为显著的指标，2012年和2016年两次调查都是"危机压力总分"，显示的应是民众的政治参与行为的总体性弱化，导致了总体性的危机压力增强，或者说民众总体性危机压力的增强，在总体上降低了民众的政治参与水平。由此应该强调的是，提升公民的政治参与水平，是缓解民众总体性的危机压力的重要手段。应该承认，对于这一方面的要求，显然还没有引起足够的重视。

五　公民满意度与政治认同、危机压力的关系

对于公民满意度与政治认同各指标及危机压力各指标之间的关系，也应分别作出说明。

（一）公民满意度与政治认同的相关性分析

对两次调查的公民满意度各指标和政治认同各指标的数据进行统计分析（见表6-9），显示公民满意度各指标与政治认同各指标之间的相关均达到显著水平，并呈现出以下具体关系。

（1）"个人生活满意度"与"体制认同"之间具有显著的正向相关（2012年问卷调查 $r = 0.247$，$p < 0.001$；2016年问卷调查 $r = 0.151$，$p < 0.001$），"公共服务满意度"与"体制认同"之间具有显著的正向相关（2012年问卷调查 $r = 0.254$，$p < 0.001$；2016年问卷调查 $r = 0.187$，$p < 0.001$），"公民满意度总分"与"体制认同"之间具有显著的正向相关（2012年问卷调查 $r = 0.299$，$p < 0.001$；2016年问卷调查 $r = 0.207$，$p < 0.001$）。

（2）"个人生活满意度"与"政党认同"之间具有显著的正向相关（2012年问卷调查 $r = 0.195$，$p < 0.001$；2016年问卷调查 $r = 0.141$，$p < 0.001$），"公共服务满意度"与"政党认同"之间具有显著的正向相关（2012年问卷调查 $r = 0.260$，$p < 0.001$；2016年问卷

调查 $r = 0.167$，$p < 0.001$），"公民满意度总分"与"政党认同"之间具有显著的正向相关（2012 年问卷调查 $r = 0.272$，$p < 0.001$；2016 年问卷调查 $r = 0.189$，$p < 0.001$）。

（3）"个人生活满意度"与"身份认同"之间具有显著的正向相关（2012 年问卷调查 $r = 0.123$，$p < 0.001$；2016 年问卷调查 $r = 0.145$，$p < 0.001$），"公共服务满意度"与"身份认同"之间具有显著的正向相关（2012 年问卷调查 $r = 0.174$，$p < 0.001$；2016 年问卷调查 $r = 0.205$，$p < 0.001$），"公民满意度总分"与"身份认同"之间具有显著的正向相关（2012 年问卷调查 $r = 0.177$，$p < 0.001$；2016 年问卷调查 $r = 0.214$，$p < 0.001$）。

（4）"个人生活满意度"与"文化认同"之间具有显著的正向相关（2012 年问卷调查 $r = 0.103$，$p < 0.001$；2016 年问卷调查 $r = 0.085$，$p < 0.001$），"公共服务满意度"与"文化认同"之间具有显著的正向相关（2012 年问卷调查 $r = 0.180$，$p < 0.001$；2016 年问卷调查 $r = 0.149$，$p < 0.001$），"公民满意度总分"与"文化认同"之间具有显著的正向相关（2012 年问卷调查 $r = 0.170$，$p < 0.001$；2016 年问卷调查 $r = 0.143$，$p < 0.001$）。

（5）"个人生活满意度"与"政策认同"之间具有显著的正向相关（2012 年问卷调查 $r = 0.280$，$p < 0.001$；2016 年问卷调查 $r = 0.234$，$p < 0.001$），"公共服务满意度"与"政策认同"之间具有显著的正向相关（2012 年问卷调查 $r = 0.376$，$p < 0.001$；2016 年问卷调查 $r = 0.270$，$p < 0.001$），"公民满意度总分"与"政策认同"之间具有显著的正向相关（2012 年问卷调查 $r = 0.392$，$p < 0.001$；2016 年问卷调查 $r = 0.309$，$p < 0.001$）。

（6）"个人生活满意度"与"发展认同"之间具有显著的正向相关（2012 年问卷调查 $r = 0.190$，$p < 0.001$；2016 年问卷调查 $r = 0.169$，$p < 0.001$），"公共服务满意度"与"发展认同"之间具有显著的正向相关（2012 年问卷调查 $r = 0.244$，$p < 0.001$；2016 年问卷调查 $r = 0.266$，$p < 0.001$），"公民满意度总分"与"发展认同"之间具有显著的正向相关（2012 年问卷调查 $r = 0.258$，$p < 0.001$；

2016 年问卷调查 $r = 0.267$，$p < 0.001$）。

（7）"个人生活满意度"与"政治认同总分"之间具有显著的正向相关（2012 年问卷调查 $r = 0.296$，$p < 0.001$；2016 年问卷调查 $r = 0.238$，$p < 0.001$），"公共服务满意度"与"政治认同总分"之间具有显著的正向相关（2012 年问卷调查 $r = 0.390$，$p < 0.001$；2016 年问卷调查 $r = 0.320$，$p < 0.001$），"公民满意度总分"与"政治认同总分"之间具有显著的正向相关（2012 年问卷调查 $r = 0.409$，$p < 0.001$；2016 年问卷调查 $r = 0.342$，$p < 0.001$）。

表 6 - 9　　　　　　　公民满意度与政治认同之间的相关

政治认同指标	项目	2012 年问卷调查			2016 年问卷调查		
		生活满意度	服务满意度	公民满意度总分	生活满意度	服务满意度	公民满意度总分
体制认同	相关性	0.247**	0.254**	0.299**	0.151**	0.187**	0.207**
	显著性	0.000	0.000	0.000	0.000	0.000	0.000
	N	6128	6128	6108	6578	6575	6573
政党认同	相关性	0.195**	0.260**	0.272**	0.141**	0.167**	0.189**
	显著性	0.000	0.000	0.000	0.000	0.000	0.000
	N	6123	6123	6103	6566	6563	6561
身份认同	相关性	0.123**	0.174**	0.177**	0.145**	0.205**	0.214**
	显著性	0.000	0.000	0.000	0.000	0.000	0.000
	N	6129	6129	6109	6568	6565	6563
文化认同	相关性	0.103**	0.180**	0.170**	0.085**	0.149**	0.143**
	显著性	0.000	0.000	0.000	0.000	0.000	0.000
	N	6122	6122	6102	6572	6569	6567
政策认同	相关性	0.280**	0.376**	0.392**	0.234**	0.270**	0.309**
	显著性	0.000	0.000	0.000	0.000	0.000	0.000
	N	6128	6128	6108	6574	6571	6569

续表

政治认同指标	项目	2012 年问卷调查			2016 年问卷调查		
		生活满意度	服务满意度	公民满意度总分	生活满意度	服务满意度	公民满意度总分
发展认同	相关性	0.190 **	0.244 **	0.258 **	0.169 **	0.266 **	0.267 **
	显著性	0.000	0.000	0.000	0.000	0.000	0.000
	N	6129	6128	6109	6570	6567	6565
政治认同总分	相关性	0.296 **	0.390 **	0.409 **	0.238 **	0.320 **	0.342 **
	显著性	0.000	0.000	0.000	0.000	0.000	0.000
	N	6087	6086	6067	6541	6538	6536

**. 在 0.01 水平（双侧）上显著相关。

　　从相关性的分析可以看出，政治认同水平的下降，与公民满意度的下降有密切的关系（政治认同各指标与公民满意度各指标之间均具有显著的正向相关关系）。2016 年与 2012 年相比，政治认同各指标的得分较普遍下降，与之相应的是公民满意度各指标的得分都有一定幅度的下降："个人生活满意度"由 2012 年的 3.35 分下降到 2016 年的 3.24 分（下降 0.11 分），"公共服务满意度"由 2012 年的 3.12 分下降到 2016 年的 3.02 分（下降 0.10 分），"公民满意度总分"由 2012 年的 3.23 分下降到 2016 年的 3.13 分（下降 0.10 分）。

　　从"个人生活满意度"和"公共服务满意度"与政治认同各指标的关系看，2016 年与 2012 年相比，"个人生活满意度"与政治认同各指标的相关性趋弱（除"身份认同"外，其他指标的相关性系数都有所降低），"公共服务满意度"与政治认同各指标的相关性亦偏重于趋弱（除"身份认同""发展认同"外，其他指标的相关性系数都有所降低）。也就是说，这两种满意度对政治认同各指标得分的影响应该是并重的。

　　在政治认同各指标中，与"公民满意度总分"相关性最为显著的指标，2012 年和 2016 年两次调查都是"政治认同总分"，显示的应是民众的满意度下降，导致了政治认同总体水平的下降，也可以说是民众的政治认同总体水平的下降，亦使得满意度水平有所下降。两种解释的核心点都是真正使公民满意，才能普遍提升公民的政治认同水平。

（二）公民满意度与危机压力的相关性分析

对两次调查的政治参与行为各指标和危机压力各指标的数据进行统计分析（见表 6 - 10），显示政治参与行为各指标与危机压力各指标之间的相关均达到显著水平，并呈现出以下具体关系。

（1）"个人生活满意度"与"政治危机压力"之间具有显著的负向相关（2012 年问卷调查 $r = -0.108$，$p < 0.001$；2016 年问卷调查 $r = -0.111$，$p < 0.001$），"公共服务满意度"与"政治危机压力"之间具有显著的负向相关（2012 年问卷调查 $r = -0.192$，$p < 0.001$；2016 年问卷调查 $r = -0.208$，$p < 0.001$），"公民满意度总分"与"政治危机压力"之间具有显著的负向相关（2012 年问卷调查 $r = -0.178$，$p < 0.001$；2016 年问卷调查 $r = -0.196$，$p < 0.001$）。

（2）"个人生活满意度"与"经济危机压力"之间具有显著的负向相关（2012 年问卷调查 $r = -0.346$，$p < 0.001$；2016 年问卷调查 $r = -0.307$，$p < 0.001$），"公共服务满意度"与"经济危机压力"之间具有显著的负向相关（2012 年问卷调查 $r = -0.311$，$p < 0.001$；2016 年问卷调查 $r = -0.302$，$p < 0.001$），"公民满意度总分"与"经济危机压力"之间具有显著的负向相关（2012 年问卷调查 $r = -0.394$，$p < 0.001$；2016 年问卷调查 $r = -0.372$，$p < 0.001$）。

（3）"个人生活满意度"与"社会危机压力"之间具有显著的负向相关（2012 年问卷调查 $r = -0.205$，$p < 0.001$；2016 年问卷调查 $r = -0.202$，$p < 0.001$），"公共服务满意度"与"社会危机压力"之间具有显著的负向相关（2012 年问卷调查 $r = -0.314$，$p < 0.001$；2016 年问卷调查 $r = -0.289$，$p < 0.001$），"公民满意度总分"与"社会危机压力"之间具有显著的负向相关（2014 年问卷调查 $r = -0.308$，$p < 0.001$；2016 年问卷调查 $r = -0.301$，$p < 0.001$）。

（4）"个人生活满意度"与"文化危机压力"之间具有显著的负向相关（2012 年问卷调查 $r = -0.197$，$p < 0.001$；2016 年问卷调查 $r = -0.205$，$p < 0.001$），"公共服务满意度"与"文化危机压力"之间具有显著的负向相关（2012 年问卷调查 $r = -0.286$，$p < 0.001$；2016 年问卷调查 $r = -0.288$，$p < 0.001$），"公民满意度总分"与"文化危机压力"之间具有显著的负向相关（2012 年问卷调查 $r = -0.287$，$p < 0.001$；2016 年问卷调查 $r = -0.302$，$p < 0.001$）。

（5）"个人生活满意度"与"生态危机压力"之间具有显著的负向相关（2012 年问卷调查 $r = -0.225$，$p < 0.001$；2016 年问卷调查 $r = -0.192$，$p < 0.001$），"公共服务满意度"与"生态危机压力"之间具有显著的负向相关（2012 年问卷调查 $r = -0.283$，$p < 0.001$；2016 年问卷调查 $r = -0.244$，$p < 0.001$），"公民满意度总分"与"生态危机压力"之间具有显著的负向相关（2012 年问卷调查 $r = -0.304$，$p < 0.001$；2016 年问卷调查 $r = -0.267$，$p < 0.001$）。

（6）"个人生活满意度"与"国际性危机压力"之间具有显著的负向相关（2012 年问卷调查 $r = -0.067$，$p < 0.001$；2016 年问卷调查 $r = -0.052$，$p < 0.001$），"公共服务满意度"与"国际性危机压力"之间具有显著的负向相关（2012 年问卷调查 $r = -0.104$，$p < 0.001$；2016 年问卷调查 $r = -0.147$，$p < 0.001$），"公民满意度总分"与"国际性危机压力"之间具有显著的负向相关（2012 年问卷调查 $r = -0.103$，$p < 0.05$；2016 年问卷调查 $r = -0.123$，$p < 0.001$）。

（7）"个人生活满意度"与"危机压力总分"之间具有显著的负向相关（2012 年问卷调查 $r = -0.304$，$p < 0.001$；2016 年问卷调查 $r = -0.287$，$p < 0.001$），"公共服务满意度"与"危机压力总分"之间具有显著的负向相关（2012 年问卷调查 $r = -0.392$，$p < 0.001$；2016 年问卷调查 $r = -0.392$，$p < 0.001$），"公民满意度总分"与"危机压力总分"之间具有显著的负向相关（2012 年问卷调查 $r = -0.415$，$p < 0.001$；2016 年问卷调查 $r = -0.416$，$p < 0.001$）。

表 6 - 10   公民满意度与危机压力之间的相关

政治认同指标	项目	2012 年问卷调查			2016 年问卷调查		
		生活满意度	服务满意度	公民满意度总分	生活满意度	服务满意度	公民满意度总分
政治危机压力	相关性	- 0.108 **	- 0.192 **	- 0.178 **	- 0.111 **	- 0.208 **	- 0.196 **
	显著性	0.000	0.000	0.000	0.000	0.000	0.000
	N	6127	6127	6107	6575	6572	6570
经济危机压力	相关性	- 0.346 **	- 0.311 **	- 0.394 **	- 0.307 **	- 0.302 **	- 0.372 **
	显著性	0.000	0.000	0.000	0.000	0.000	0.000
	N	6127	6127	6107	6557	6554	6552
社会危机压力	相关性	- 0.205 **	- 0.314 **	- 0.308 **	- 0.202 **	- 0.289 **	- 0.301 **
	显著性	0.000	0.000	0.000	0.000	0.000	0.000
	N	6130	6130	6110	6566	6563	6562
文化危机压力	相关性	- 0.197 **	- 0.286 **	- 0.287 **	- 0.205 **	- 0.288 **	- 0.302 **
	显著性	0.000	0.000	0.000	0.000	0.000	0.000
	N	6122	6122	6102	6571	6568	6566
生态危机压力	相关性	- 0.225 **	- 0.283 **	- 0.304 **	- 0.192 **	- 0.244 **	- 0.267 **
	显著性	0.000	0.000	0.000	0.000	0.000	0.000
	N	6132	6132	6112	6571	6568	6566
国际性危机压力	相关性	- 0.067 **	- 0.104 **	- 0.103 **	- 0.052 **	- 0.147 **	- 0.123 **
	显著性	0.000	0.000	0.000	0.000	0.000	0.000
	N	6127	6126	6107	6564	6561	6559
危机压力总分	相关性	- 0.304 **	- 0.392 **	- 0.415 **	- 0.287 **	- 0.392 **	- 0.416 **
	显著性	0.000	0.000	0.000	0.000	0.000	0.000
	N	6094	6093	6074	6516	6513	6512

**. 在 0.01 水平（双侧）上显著相关。

从相关性的分析可以看出，危机压力水平的上升，与公民满意度的下降有密切的关系（危机压力各指标与公民满意度各指标之间均具有显著的负向相关关系）。2016 年与 2012 年相比，危机压力各指标得分的较普遍上升和公民满意度各指标得分的一定幅度下降，体现的就是这样的此升彼降关系。

从"个人生活满意度"和"公共服务满意度"与危机压力各指标的关系看，2016年与2012年相比，"个人生活满意度"与危机压力各指标的相关性趋弱（除"政治危机压力""文化危机压力"外，其他指标的相关性系数都有所降低），"公共服务满意度"与危机压力各指标的相关性偏重于趋强（"政治危机压力""文化危机压力""国际性危机压力"和"危机压力总分"的相关性系数有所提高或持平，"经济危机压力""社会危机压力""生态危机压力"的相关性系数有所降低）。相比之下，"公共服务满意度"得分的一定幅度下降，对危机压力各指标得分的影响更为明显。

在危机压力各指标中，与"公民满意度总分"相关性最为显著的指标，2012年和2016年两次调查都是"危机压力总分"，显示的应是民众的满意度下降，导致了总体性的危机压力增强，或者说民众总体性危机压力的增强，在总体上降低了民众的满意度水平。由此带来的重要启示是，如果真正能做到使公民满意，危机压力就会缓解，对于这一点应该有清醒的认识。

通过五个因素与政治认同、危机压力的相关性分析，可以看出民众权利认知水平、政治沟通认知水平下降，以及政治参与行为的总体性弱化和民众满意度下降，不仅导致了政治认同总体水平下降，也导致了总体性的危机压力增强。因此既需要加强权利教育和权利保障，使民众的权利认知水平有真实意义的提升；也需要真正提高政治沟通和政治参与的水平，并以此来增强公民的满意度。在利益认知方面，则需要特别注意民众的利益诉求以及国家对民众的利益保障聚焦于政策、发展和生态环境问题，因此既要着重于政策对利益诉求和回应和满足，也要注意在发展中关注公民个人的利益，更要全面改善生态环境，使其在保障民众利益中发挥更重要的作用。

第七章　政治认同重要变化的检验与分析

从 2012 年和 2016 年两次问卷调查的结果可以看出，中国公民的政治认同出现了一些重要的变化。为什么会出现这样的变化，可能有不同的解释，以回归分析的方法说明导致变化的具体原因，应该是一个可行的解释途径。为此，需要进一步检验政治认同与危机压力和政治影响因素的关系，找出带来政治认同变化的基本要素。在两次问卷调查中得分增减大于或等于 0.05 分的政治认同项目，都显示有重要的变化，因此都需要作回归分析的检验。用于回归分析的预测变量，危机压力部分包括六种危机压力得分和各种危机压力下面的具体项目，政治影响因素方面则包括五种影响因素和 50 个子项。在回归分析中，具体的做法是对需要检验的政治认同项目，首先进行六种危机压力得分的回归检验，找出预测作用较强的三种危机压力，并对这三种危机压力涉及的具体项目（每种危机压力下有 3 个或者 4 个项目）作进一步的检验；其次是对五种影响因素得分的回归检验，找出预测作用最强的一种因素，并对这种因素涉及的具体项目（每种因素下有 10 个项目）作进一步的检验。通过这样的检验，可以对政治认同的重要变化有更清楚的认识。

一　维系高水平身份认同的基本要素

2012 年和 2016 年两次问卷调查都反映出中国公民保持着高水平

的身份认同，但是"身份认同"的得分由 2012 年的 4.19 分下降到
2016 年的 4.09 分，下降了 0.10 分（政治认同的各种得分变化，见
本书第二章，下同）。"身份认同"得分下降的原因，可以用回归检
验的方法，作出综合性的解释。

（一）危机压力和权利认知对身份认同的影响

以回归分析方法检验 2016 年问卷调查涉及的六种危机压力得分
与"身份认同"得分之间的关系（见表 7 - 1 - 1、表 7 - 1 - 2 和表
7 - 1 - 3），显示总体性的预测作用显著，F（6，6502）= 256.031，
$p < 0.001$，$R^2 = 0.191$。在用来检验的 6 个预测变量中，有 5 个变量
对"身份认同"具有显著的预测作用（只有"国际性危机压力"预
测作用不显著），预测作用较强的三种危机压力是"经济危机压力"
（$\beta = -0.224$）、"政治危机压力"（$\beta = -0.170$）和"文化危机压
力"（$\beta = -0.131$）。由于这三种危机压力对"身份认同"具有的都
是反向的预测作用，2016 年问卷调查显示的经济危机压力、政治危
机压力和文化危机压力不同程度的增强，应是导致身份认同水平下降
的重要原因，而最主要的不利影响应来自经济危机压力（"经济危机
压力"的预测作用系数大于其他危机压力，下同）。

表 7 - 1 - 1　六种危机压力对"身份认同"的回归分析（一）

模型汇总								
模型	R	R 方	调整 R 方	标准估计的误差	更改统计量			
					R 方更改	F 更改	$df1$	$df2$	$sig. F$ 更改
1	0.437[a]	0.191	0.190	0.58463	0.191	256.031	6	6502	0.000

a. 测量变量：（常量），政治危机压力，经济危机压力，社会危机压力，文化危机压力，生态危机压力，国际性危机压力

表 7 - 1 - 2 　　六种危机压力对"身份认同"的回归分析（二）

Anova[b]

模型		平方和	df	均方	F	Sig.
1	回归	525.065	6	87.511	256.031	0.000[a]
	残差	2222.369	6502	0.342		
	总计	2747.434	6508			

a. 预测变量：（常量），政治危机压力，经济危机压力，社会危机压力，文化危机压力，生态危机压力，国际性危机压力
b. 因变量：身份认同

表 7 - 1 - 3 　　六种危机压力对"身份认同"的回归分析（三）

系数[a]

模型		非标准化系数		标准系数	t	Sig.	B 的 95% 置信区间	
		B	标准误差	β			下限	上限
1	（常量）	5.359	0.058		93.121	0.000	5.247	5.472
	政治危机压力	-0.158	0.012	-0.170	-12.856	0.000	-0.182	-0.134
	经济危机压力	-0.234	0.013	-0.224	-17.425	0.000	-0.260	-0.208
	社会危机压力	-0.081	0.012	-0.088	-6.497	0.000	-0.106	-0.057
	文化危机压力	-0.133	0.014	-0.131	-9.674	0.000	-0.161	-0.106
	生态危机压力	0.085	0.010	0.097	8.167	0.000	0.065	0.105
	国际性危机压力	0.019	0.016	0.014	1.249	0.212	-0.011	0.050

a. 因变量：身份认同

对"身份认同"预测作用较强的三种危机压力，经济危机压力下有三个子项，一是"未来几年中国可能出现严重的经济危机"（简称"经济危机可能性"）；二是"我对国家的经济发展前景非常有信心"（简称"国家经济发展信心"）；三是"我对个人经济状况的改善非常

有信心"（简称"个人经济发展信心"）。政治危机压力下有三个子项，一是"未来几年中国可能出现严重的政治危机"（简称"政治危机可能性"）；二是"中国可能面临严重的民族冲突"（简称"民族冲突可能性"）；三是"反腐不坚决，政治危机不可避免"（简称"腐败带来危机"）。文化危机压力下有四个子项，一是"中国文化正面临严重危机"（简称"文化危机可能性"）；二是"中国可能出现极端民族主义思潮"（简称"极端民族主义"）；三是"群众运动是最有效的反腐败形式"（简称"民粹主义"）；四是"社会主义核心价值观对公民起了重要的教育和引导作用"（简称"价值观教化"）。

对预测作用较强的三种危机压力下的 10 个子项作进一步的回归检验（见表 7 – 1 – 4、表 7 – 1 – 5 和表 7 – 1 – 6），显示总体性的预测作用显著，$F_{(10, 6529)} = 170.297$，$p < 0.001$，$R^2 = 0.207$。在用来检验的 10 个预测变量中，有 9 个变量对"身份认同"具有显著的预测作用（只有"文化危机可能性"的预测作用不显著），预测作用较强的四个子项是"极端民族主义"（$\beta = -0.145$）、"价值观教化"（$\beta = 0.144$）、"国家经济发展信心"（$\beta = 0.140$）和"民族冲突可能性"（$\beta = -0.136$）。

表 7 – 1 – 4　　三种危机压力各子项对"身份认同"的回归分析（一）

模型					模 型 汇 总				
					更改统计量				
模型	R	R 方	调整 R 方	标准估计的误差	R 方更改	F 更改	$df1$	$df2$	$sig. F$ 更改
1	0.455^a	0.207	0.206	0.58011	0.207	170.297	10	6529	0.000

a. 测量变量：（常量），经济危机可能性，国家经济发展信心，个人经济发展信心，政治危机可能性，民族冲突可能性，腐败带来危机，文化危机可能性，极端民族主义，民粹主义，价值观教化

表 7 - 1 - 5　　　三种危机压力各子项对"身份认同"的回归分析（二）

Anova[b]

模型		平方和	df	均方	F	Sig.
1	回归	573.102	10	57.310	170.297	0.000[a]
	残差	2197.209	6529	0.337		
	总计	2770.310	6539			

a. 预测变量：（常量），经济危机可能性，国家经济发展信心，个人经济发展信心，政治危机可能性，民族冲突可能性，腐败带来危机，文化危机可能性，极端民族主义，民粹主义，价值观教化
b. 因变量：身份认同

表 7 - 1 - 6　　　三种危机压力各子项对"身份认同"的回归分析（三）

系数[a]

模型		非标准化系数		标准系数	t	Sig.	B 的 95% 置信区间	
		B	标准误差	β			下限	上限
1	（常量）	3.469	0.058		59.387	0.000	3.354	3.583
	经济危机可能性	−0.042	0.009	−0.066	−4.890	0.000	−0.058	−0.025
	国家经济发展信心	0.112	0.010	0.140	11.031	0.000	0.092	0.132
	个人经济发展信心	0.055	0.009	0.078	6.313	0.000	0.038	0.072
	政治危机可能性	−0.030	0.009	−0.050	−3.482	0.001	−0.047	−0.013
	民族冲突可能性	−0.079	0.008	−0.136	−9.528	0.000	−0.095	−0.063
	腐败带来危机	0.073	0.007	0.119	10.530	0.000	0.059	0.086
	文化危机可能性	0.015	0.008	0.025	1.908	0.056	0.000	0.031
	极端民族主义	−0.089	0.008	−0.145	−10.519	0.000	−0.105	−0.072
	民粹主义	−0.024	0.007	−0.041	−3.547	0.000	−0.037	−0.011
	价值观教化	0.109	0.009	0.144	12.018	0.000	0.091	0.127

a. 因变量：身份认同

通过进一步的回归分析，可以看出在经济危机压力层面，"国家经济发展信心"对"身份认同"最为重要。2016年问卷调查呈现的"国家经济发展信心"得分上升，可能带动了"身份认同"得分下降（"国家经济发展信心"对"身份认同"具有正向的预测作用，但前者是反向计分，所以实际影响是反向的），显示民众对国家经济发展的信心减弱（反向计分的"国家经济发展信心"得分上升，表明的是信心减弱而不是增强），起的应是降低身份认同水平的作用。在政治危机压力层面，"民族冲突可能性"对"身份认同"最为重要。2016年问卷调查呈现的"民族冲突可能性"得分上升，也可能带动了"身份认同"得分下降（"民族冲突可能性"对"身份认同"具有反向的预测作用），显示民众对民族冲突担忧程度的提高，起的也是降低身份认同水平的作用。在文化危机压力层面，"极端民族主义"和"价值观教化"对"身份认同"尤为重要。2016年问卷调查呈现的"极端民族主义"得分上升，亦可能带动了"身份认同"得分下降（"极端民族主义"对"身份认同"具有反向的预测作用），显示极端民族主义情绪上涨，同样会使身份认同水平下降，因为具有正面意义的身份认同与极端民族主义是格格不入的。2016年问卷调查呈现的"价值观教化"得分较大幅度下降，则可能带动了"身份认同"得分上升（"价值观教化"对"身份认同"具有正向的预测作用，但前者是反向计分，所以实际影响是反向的），显示的是民众对社会主义核心价值观认可程度的较大幅度提高（反向计分的"价值观教化"得分下降，表明的是认可程度增强而不是减弱），起的应是提升身份认同水平的作用。"身份认同"得分在2016年依然能够保持在高水平上，与"价值观教化"所起的正面作用应有密切的关系。

以回归分析方法检验2016年问卷调查涉及的五种影响因素得分与"身份认同"得分之间的关系（见表7-2-1、表7-2-2和表7-2-3），显示总体性的预测作用显著，$F(5, 6513) = 259.428$，$p < 0.001$，$R^2 = 0.166$。在用来检验的5个预测变量中，有4个变量对"身份认同"具有显著的预测作用（只有"政治参与行

为"的预测作用不显著），预测作用最强的影响因素是"权利认知"（$\beta = 0.295$）。由于"权利认知"对"身份认同"具有正向的预测作用，2016年问卷调查显示的权利认知总体水平的下降，应是导致身份认同总体水平下降的一个重要原因。

对"身份认同"预测作用最强的"权利认知"因素，由"权利重要性认知"和"权利保障评价"两个部分组成。"权利重要性认知"下的五个子项，一是"作为中国公民，我有非常强的权利意识"（简称"权利意识"）；二是"我认为宪法对公民基本权利的规定是非常重要的"（简称"权利重要性"）；三是"中国的稳定和发展，需要扩大公民权利"（简称"扩大公民权"）；四是"我对公民的具体权利不是很了解"（简称"不了解权利"）；五是"我认为公民权利与个人发展的关系不是很大"（简称"权利不重要"）。"权利保障评价"下的五个子项，一是"作为中国公民，我的基本权利得到了很好的保障"（简称"权利有效保障"）；二是"在保障公民基本权利方面，中国政府还有改进的空间"（简称"保障尚需改进"）；三是"我认为中国政府有效改善了中国的人权状况"（简称"中国人权改善"）；四是"侵犯公民权利的人，大多没有得到法律的制裁"（简称"侵权未受制裁"）；五是"我认为西方国家不应该对中国的人权状况指手划脚"（简称"不应指责中国"）。

表 7 - 2 - 1　　五种影响因素对"身份认同"的回归分析（一）

模型汇总								
模型	R	R 方	调整 R 方	标准估计的误差	更改统计量			
					R 方更改	F 更改	df1	df2	sig. F 更改
1	0.408ª	0.166	0.165	0.59447	0.166	259.428	5	6513	0.000

a. 测量变量：（常量），权利认知，利益认知，政治沟通认知，政治参与行为，公民满意度

表7-2-2 五种影响因素对"身份认同"的回归分析（二）

Anova[b]

模型		平方和	df	均方	F	Sig.
1	回归	458.409	5	91.682	259.428	0.000[a]
	残差	2301.697	6513	0.353		
	总计	2760.106	6518			

a. 预测变量：（常量），权利认知，利益认知，政治沟通认知，政治参与行为，公民满意度
b. 因变量：身份认同

表7-2-3 五种影响因素对"身份认同"的回归分析（三）

系数[a]

模型	非标准化系数		标准系数	t	Sig.	B 的95% 置信区间	
	B	标准误差	β			下限	上限
（常量）	2.127	0.100		21.304	0.000	1.931	2.323
权利认知	0.236	0.011	0.295	21.692	0.000	0.215	0.257
利益认知	−0.093	0.012	−0.092	−7.977	0.000	−0.116	−0.070
政治沟通认知	0.115	0.012	0.141	9.777	0.000	0.092	0.139
政治参与行为	−0.006	0.010	−0.007	−0.580	0.562	−0.025	0.014
公民满意度	0.029	0.010	0.040	2.950	0.003	0.010	0.048

（第一列最左格为 "1"）

a. 因变量：身份认同

对"权利认知"下的10个子项作进一步的回归检验（见表7-2-4、表7-2-5和表7-2-6），显示总体性的预测作用显著，$F(10, 6549) = 159.194$，$p < 0.001$，$R^2 = 0.196$。在用来检验的10个预测变量中，有8个变量对"身份认同"具有显著的预测作用（"不了解权利"和"权利有效保障"的预测作用不显著），预测作用较强的三个子项是"权利不重要"（$\beta = -0.204$）、"权利重要性"（$\beta = 0.112$）和"保障尚需改进"（$\beta = 0.107$）。

仅从"权利认知"的角度对"身份认同"得分下降作进一步的

解释，可以看出在"权利重要性认知"层面，既要注意权利规定的重要性认知（"我认为宪法对公民基本权利的规定是非常重要的"，以"权利重要性"指标为代表），也要注意权利与个人关系的认知（"我认为公民权利与个人发展的关系不是很大"，以"权利不重要"指标为代表）。2016 年问卷调查呈现的"权利重要性"得分小幅下降，可能带动了"身份认同"得分下降（"权利重要性"对"身份认同"具有正向的预测作用），表明权利规定重要性认知水平下降，身份认同水平也会相应下降。2016 年问卷调查呈现的"权利不重要"得分大幅度下降，也可能带动了"身份认同"得分下降（"权利不重要"对"身份认同"具有反向的预测作用，但前者是反向计分，所以实际影响应是正向的），显示民众对权利与个人关系的忽视程度大幅度提高（反向计分的"权利不重要"得分下降，表明的是忽视权利与个人关系的程度增强），应是导致身份认同水平下降的一个重要原因。在"权利保障评价"层面，则需要特别注意政府在权利保障方面发挥的重要作用。2016 年问卷调查呈现的"保障尚需改进"得分小幅提升，可能带动了"身份认同"得分下降（"保障尚需改进"对"身份认同"有正向的预测作用，但前者是反向计分，所以两者之间的实际影响是反向的），显示的是民众对政府改善权利保障的要求越弱（反向计分的"保障尚需改进"得分上升，表明的是诉求强度转弱而不是增强），身份认同的水平会越低。

表 7 - 2 - 4　　"权利认知"各子项对"身份认同"的回归分析（一）

模型汇总									
模型	R	R 方	调整 R 方	标准估计的误差	更改统计量				
					R 方更改	F 更改	$df1$	$df2$	$sig. F$ 更改
1	0.442[a]	0.196	0.194	0.58371	0.196	159.194	10	6549	0.000

a. 测量变量：（常量），权利意识，权利重要性，扩大公民权，不了解权利，权利不重要，权利有效保障，保障尚需改进，中国人权改善，侵权未受制裁，不应指责中国

表7－2－5　　"权利认知"各子项对"身份认同"的回归分析（二）

Anova[b]

模型		平方和	df	均方	F	Sig.
1	回归	542.394	10	54.239	159.194	0.000[a]
	残差	2231.322	6549	0.341		
	总计	2773.716	6559			

a. 预测变量：（常量），权利意识，权利重要性，扩大公民权，不了解权利，权利不重要，权利有效保障，保障尚需改进，中国人权改善，侵权未受制裁，不应指责中国
b. 因变量：身份认同

表7－2－6　　"权利认知"各子项对"身份认同"的回归分析（三）

系数[a]

模型		非标准化系数		标准系数	t	Sig.	B 的 95% 置信区间	
		B	标准误差	β			下限	上限
1	（常量）	3.005	0.060		50.057	0.000	2.887	3.123
	权利意识	0.045	0.009	0.066	4.984	0.000	0.028	0.063
	权利重要性	0.085	0.010	0.112	8.168	0.000	0.065	0.105
	扩大公民权	0.029	0.010	0.039	3.045	0.002	0.010	0.048
	不了解权利	−0.006	0.007	−0.010	−0.792	0.428	−0.020	0.009
	权利不重要	−0.104	0.006	−0.204	−16.433	0.000	−0.117	−0.092
	权利有效保障	0.015	0.009	0.022	1.744	0.081	−0.002	0.032
	保障尚需改进	0.081	0.010	0.107	8.139	0.000	0.062	0.101
	中国人权改善	0.056	0.009	0.076	6.017	0.000	0.038	0.074
	侵权未受制裁	−0.040	0.007	−0.069	−5.698	0.000	−0.053	−0.026
	不应指责中国	0.072	0.008	0.106	8.988	0.000	0.057	0.088

a. 因变量：身份认同

　　从以上回归分析的结果可以看出，要维系高水平的身份认同，需要注重四种要素。在经济方面要特别注意"信心"要素，尤其是要

使民众对国家的经济发展更有信心；在政治方面要特别注意"民族"要素，要尽量避免民族冲突并降低民众对民族冲突的担忧程度；在文化方面要特别注意"极端民族主义"和"价值观教化"要素，尤其应该注意在社会主义价值观教育中增加反对"极端民族主义"的内容；在政治影响因素方面则要特别注意"权利"要素，应该清楚地认识到提高权利重要性认知水平和提升政府的权利保障水平，对于提升民众的身份认同水平都具有极为重要的意义。

(二) 影响"中国人自豪感"的因素

"中国人自豪感"是支撑身份认同的一个重要因素，中国公民之所以有高水平的身份认同，与中国民众有强烈的"中国人自豪感"有密切的关系。但是需要注意的是，"中国人自豪感"的得分由2012年4.49分下降到2016年的4.41分，下降0.09分，显示"中国人自豪感"尽管依然处于高水平状态，但是总体性的自豪感略有减弱。为什么会出现这样的现象，可以在危机压力和政治影响因素方面查找原因。

以回归分析方法检验2016年问卷调查涉及的六种危机压力得分与"中国人自豪感"得分之间的关系（见表7-3-1、表7-3-2和表7-3-3），显示总体性的预测作用显著，$F(6, 6509) = 128.559$，$p < 0.001$，$R^2 = 0.106$。用来检验的6个预测变量，都对"中国人自豪感"具有显著的预测作用，预测作用较强的三种危机压力是"经济危机压力"（$\beta = -0.234$）、"政治危机压力"（$\beta = -0.109$）和"文化危机压力"（$\beta = -0.064$）。由于这三种危机压力对"中国人自豪感"具有的都是反向的预测作用，2016年问卷调查显示的经济危机压力、政治危机压力和文化危机压力不同程度的增强，应是导致"中国人自豪感"减弱的重要原因，而最主要的不利影响应来自经济危机压力。

表 7 - 3 - 1　　六种危机压力对"中国人自豪感"的回归分析（一）

模 型 汇 总

模型	R	R 方	调整 R 方	标准估计的误差	更改统计量				
					R 方更改	F 更改	$df1$	$df2$	$sig. F$ 更改
1	0.326[a]	0.106	0.105	0.77448	0.106	128.559	6	6509	0.000

a. 测量变量：（常量），政治危机压力，经济危机压力，社会危机压力，文化危机压力，生态危机压力，国际性危机压力

表 7 - 3 - 2　　六种危机压力对"中国人自豪感"的回归分析（二）

Anova[b]

模型		平方和	df	均方	F	$Sig.$
1	回归	462.672	6	77.112	128.559	0.000[a]
	残差	3904.201	6509	0.600		
	总计	4366.872	6515			

a. 预测变量：（常量），政治危机压力，经济危机压力，社会危机压力，文化危机压力，生态危机压力，国际性危机压力
b. 因变量：中国人自豪感

表 7 - 3 - 3　　六种危机压力对"中国人自豪感"的回归分析（三）

系数[a]

模型		非标准化系数		标准系数	t	$Sig.$	B 的 95% 置信区间	
		B	标准误差	β			下限	上限
1	（常量）	5.507	0.076		72.266	0.000	5.358	5.657
	政治危机压力	-0.128	0.016	-0.109	-7.861	0.000	-0.159	-0.096
	经济危机压力	-0.309	0.018	-0.234	-17.365	0.000	-0.344	-0.274
	社会危机压力	-0.033	0.017	-0.028	-1.972	0.049	-0.065	0.000
	文化危机压力	-0.082	0.018	-0.064	-4.470	0.000	-0.118	-0.046
	生态危机压力	0.048	0.014	0.043	3.489	0.000	0.021	0.075
	国际性危机压力	0.056	0.021	0.033	2.722	0.007	0.016	0.096

a. 因变量：中国人自豪感

对预测作用较强的三种危机压力（经济危机压力、政治危机压力和文化危机压力）下的 10 个子项作进一步的回归检验（见表 7 - 3 - 4、表 7 - 3 - 5 和表 7 - 3 - 6），显示总体性的预测作用显著，$F(10, 6537) = 106.270$，$p < 0.001$，$R^2 = 0.140$。在用来检验的 10 个预测变量中，有 8 个变量对"中国人自豪感"具有显著的预测作用（"政治危机可能性"和"民粹主义"的预测作用不显著），预测作用较强的五个子项（因两个子项的标准系数相同，增加一个子项）应是"国家经济发展信心"（$\beta = 0.169$）、"价值观教化"（$\beta = 0.136$）、"腐败带来危机"（$\beta = 0.092$）、"民族冲突可能性"（$\beta = -0.084$）和"极端民族主义"（$\beta = -0.084$）。

表 7 - 3 - 4　三种危机压力各子项对"中国人自豪感"的回归分析（一）

					更改统计量				
模型	R	R 方	调整 R 方	标准估计的误差	R 方更改	F 更改	$df1$	$df2$	$sig. F$ 更改
1	0.374[a]	0.140	0.139	0.76162	0.140	106.270	10	6537	0.000

模 型 汇 总

a. 测量变量：（常量），经济危机可能性，国家经济发展信心，个人经济发展信心，政治危机可能性，民族冲突可能性，腐败带来危机，文化危机可能性，极端民族主义，民粹主义，价值观教化

表 7 - 3 - 5　三种危机压力各子项对"中国人自豪感"的回归分析（二）

Anova[b]

模型		平方和	df	均方	F	$Sig.$
1	回归	616.437	10	61.644	106.270	0.000[a]
	残差	3791.894	6537	0.580		
	总计	4408.332	6547			

a. 预测变量：（常量），经济危机可能性，国家经济发展信心，个人经济发展信心，政治危机可能性，民族冲突可能性，腐败带来危机，文化危机可能性，极端民族主义，民粹主义，价值观教化
b. 因变量：中国人自豪感

表7-3-6 三种危机压力各子项对"中国人自豪感"的回归分析（三）

系数[a]

模型		非标准化系数		标准系数	t	$Sig.$	B 的 95% 置信区间	
		B	标准误差	β			下限	上限
1	（常量）	3.156	0.077		41.168	0.000	3.006	3.306
	经济危机可能性	-0.026	0.011	-0.032	-2.293	0.022	-0.048	-0.004
	国家经济发展信心	0.171	0.013	0.169	12.809	0.000	0.145	0.197
	个人经济发展信心	0.073	0.011	0.082	6.384	0.000	0.050	0.095
	政治危机可能性	-0.018	0.011	-0.023	-1.545	0.122	-0.040	0.005
	民族冲突可能性	-0.062	0.011	-0.084	-5.702	0.000	-0.083	-0.041
	腐败带来危机	0.071	0.009	0.092	7.789	0.000	0.053	0.088
	文化危机可能性	0.023	0.011	0.030	2.159	0.031	0.002	0.043
	极端民族主义	-0.065	0.011	-0.084	-5.845	0.000	-0.086	-0.043
	民粹主义	-0.014	0.009	-0.019	-1.587	0.112	-0.031	0.003
	价值观教化	0.130	0.012	0.136	10.943	0.000	0.107	0.153

a. 因变量：中国人自豪感

通过进一步的回归分析，可以看出对"身份认同"预测作用较强的四个因素，对"中国人自豪感"也有较强的预测作用，表明对国家经济发展信心的减弱、对民族冲突担忧程度的提高以及极端民族主义情绪的上涨，都是导致"中国人自豪感"减弱的重要原因；"价值观教化"认可程度的较大幅度提高，起的则是增强"中国人自豪感"的作用。有所不同的是，对于"中国人自豪感"，还要特别注意民众对腐败问题的看法。2016年问卷调查呈现的"腐败带来危机"得分较大幅度上升，可能带动了"中国人自豪感"得分下降（"腐败带来危机"对"中国人自豪感"具有正向的预测作用，但前者是反向计分，所以实际影响是反向的），显示的是民众对腐败导致危机认可程度的较大幅度降低（反向计分的"腐败带来危机"得分上升，表明的是认可程度降低而不是提高），应是导致"中国人自豪感"减弱的重要原因。

以回归分析检验 2016 年问卷调查涉及的五种影响因素得分与"中国人自豪感"得分之间的关系（见表 7 - 4 - 1、表 7 - 4 - 2 和表 7 - 4 - 3），显示总体性的预测作用显著，F（5，6521）= 124.160，$p < 0.001$，$R^2 = 0.087$。在用来检验的 5 个预测变量中，有 4 个变量对"中国人自豪感"具有显著的预测作用（"政治参与行为"的预测作用不显著），预测作用最强的影响因素是"权利认知"（β = 0.182）。由于"权利认知"对"中国人自豪感"具有正向的预测作用，2016 年问卷调查显示的权利认知总体水平的下降，也是导致"中国人自豪感"减弱的重要原因。

表 7 - 4 - 1　　五种影响因素对"中国人自豪感"的回归分析（一）

模型					更改统计量				
	R	R 方	调整 R 方	标准估计的误差	R 方更改	F 更改	df1	df2	sig. F 更改
1	0.295ᵃ	0.087	0.086	0.78465	0.087	124.160	5	6521	0.000

模　型　汇　总

a. 测量变量：（常量），权利认知，利益认知，政治沟通认知，政治参与行为，公民满意度

表 7 - 4 - 2　　五种影响因素对"中国人自豪感"的回归分析（二）

Anovaᵇ

模型		平方和	df	均方	F	Sig.
1	回归	382.208	5	76.442	124.160	0.000ᵃ
	残差	4014.799	6521	0.616		
	总计	4397.007	6526			

a. 预测变量：（常量），权利认知，利益认知，政治沟通认知，政治参与行为，公民满意度
b. 因变量：中国人自豪感

表7-4-3　　五种影响因素对"中国人自豪感"的回归分析（三）

系数[a]

模型		非标准化系数		标准系数	t	Sig.	B 的 95% 置信区间	
		B	标准误差	β			下限	上限
1	（常量）	2.392	0.132		18.166	0.000	2.134	2.650
	权利认知	0.184	0.014	0.182	12.788	0.000	0.155	0.212
	利益认知	-0.050	0.015	-0.039	-3.245	0.001	-0.080	-0.020
	政治沟通认知	0.143	0.016	0.138	9.172	0.000	0.112	0.173
	政治参与行为	-0.016	0.013	-0.015	-1.214	0.225	-0.041	0.010
	公民满意度	0.035	0.013	0.038	2.708	0.007	0.010	0.061

a. 因变量：中国人自豪感

对"权利认知"下的10个子项作进一步的回归检验（见表7-4-4、表7-4-5和表7-4-6），显示总体性的预测作用显著，$F(10, 6557)=77.813$，$p<0.001$，$R^2=0.106$。在用来检验的10个预测变量中，有9个变量对"中国人自豪感"具有显著的预测作用（只有"扩大公民权"的预测作用不显著），预测作用较强的三个子项是"权利不重要"（$\beta=-0.095$）、"权利重要性"（$\beta=0.094$）和"保障尚需改进"（$\beta=0.081$）。

表7-4-4　　"权利认知"各子项对"中国人自豪感"的回归分析（一）

模型汇总

模型	R	R方	调整R方	标准估计的误差	更改统计量				
					R方更改	F更改	df1	df2	sig.F更改
1	0.326[a]	0.106	0.105	0.77615	0.106	77.813	10	6557	0.000

a. 测量变量：（常量），权利意识，权利重要性，扩大公民权，不了解权利，权利不重要，权利有效保障，保障尚需改进，中国人权改善，侵权未受制裁，不应指责中国

表7-4-5　"权利认知"各子项对"中国人自豪感"的回归分析（二）

Anova[b]

模型		平方和	df	均方	F	Sig.
1	回归	468.755	10	46.876	77.813	0.000[a]
	残差	3950.027	6557	0.602		
	总计	4418.782	6567			

a. 预测变量：（常量），权利意识，权利重要性，扩大公民权，不了解权利，权利不重要，权利有效保障，保障尚需改进，中国人权改善，侵权未受制裁，不应指责中国
b. 因变量：中国人自豪感

表7-4-6　"权利认知"各子项对"中国人自豪感"的回归分析（三）

系数[a]

模型		非标准化系数		标准系数	t	Sig.	B 的95%置信区间	
		B	标准误差	β			下限	上限
1	（常量）	2.941	0.080		36.873	0.000	2.784	3.097
	权利意识	0.051	0.012	0.058	4.176	0.000	0.027	0.074
	权利重要性	0.090	0.014	0.094	6.484	0.000	0.062	0.117
	扩大公民权	0.022	0.013	0.023	1.724	0.085	-0.003	0.047
	不了解权利	0.022	0.010	0.029	2.297	0.022	0.003	0.041
	权利不重要	-0.061	0.008	-0.095	-7.216	0.000	-0.077	-0.044
	权利有效保障	0.045	0.012	0.051	3.832	0.000	0.022	0.068
	保障尚需改进	0.077	0.013	0.081	5.841	0.000	0.051	0.103
	中国人权改善	0.074	0.012	0.080	5.992	0.000	0.050	0.098
	侵权未受制裁	-0.029	0.009	-0.040	-3.154	0.002	-0.047	-0.011
	不应指责中国	0.060	0.011	0.070	5.587	0.000	0.039	0.081

a. 因变量：中国人自豪感

　　从进一步的回归分析结果可以看出，在"权利认知"方面，"中国人自豪感"与"身份认同"所涉及的重点因素是相同的，主要表现为权利规定重要性认知水平下降和权利与个人关系认知水平的大幅度降低，都使得"中国人自豪感"减弱；民众对政府改善权利保障的要求减弱，所起的则是稳定和增强"中国人自豪感"的作用。

　　由于"中国人自豪感"与"身份认同"所涉及的重要影响因素高度重合，表明在身份认同的内在联系中，"中国人自豪感"所起的作用应该是最为重要的。

（三）影响"国民身份认知"的因素

　　"国民身份认知"也是支撑身份认同的一个重要因素，中国公民的高水平身份认同与中国民众有高水平的"国民身份认知"有密切的关系。但是同样需要注意的是，"国民身份认知"的得分，由2012年4.51分下降到2016年的4.46分，下降了0.05分。尽管"国民身份认知"得分下降的幅度小于"中国人自豪感"，但还是需要对得分下降的原因作进一步的说明。

　　以回归分析方法检验2016年问卷调查涉及的六种危机压力得分与"国民身份认知"得分之间的关系（见表7－5－1、表7－5－2和表7－5－3），显示总体性的预测作用显著，$F(6, 6509) = 104.890$，$p < 0.001$，$R^2 = 0.088$。在用来检验的6个预测变量中，有5个变量对"国民身份认知"具有显著的预测作用（只有"社会危机压力"的预测作用不显著），预测作用较强的三种危机压力是"经济危机压力"（$\beta = -0.242$）、"政治危机压力"（$\beta = -0.061$）和"文化危机压力"（$\beta = -0.058$）。由于这三种危机压力对"国民身份认知"具有的都是反向的预测作用，2016年问卷调查显示的经济危机压力、政治危机压力和文化危机压力不同程度的增强，应是导致国民身份认知水平下降的重要原因，而最主要的不利影响同样来自经济危机压力。

表 7 - 5 - 1　　六种危机压力对"国民身份认知"的回归分析（一）

模 型 汇 总

模型	R	R方	调整R方	标准估计的误差	更改统计量				
					R方更改	F更改	df1	df2	sig. F更改
1	0.297[a]	0.088	0.087	0.76051	0.088	104.890	6	6509	0.000

a. 测量变量：（常量），政治危机压力，经济危机压力，社会危机压力，文化危机压力，生态危机压力，国际性危机压力

表 7 - 5 - 2　　六种危机压力对"国民身份认知"的回归分析（二）

Anova[b]

模型		平方和	df	均方	F	Sig.
1	回归	363.992	6	60.665	104.890	0.000[a]
	残差	3764.634	6509	0.578		
	总计	4128.626	6515			

a. 预测变量：（常量），政治危机压力，经济危机压力，社会危机压力，文化危机压力，生态危机压力，国际性危机压力
b. 因变量：国民身份认知

表 7 - 5 - 3　　　六种危机压力对"国民身份认知"的回归分析（三）

系数[a]

模型		非标准化系数		标准系数	t	Sig.	B 的 95% 置信区间	
		B	标准误差	β			下限	上限
1	（常量）	5.334	0.075		71.286	0.000	5.188	5.481
	政治危机压力	−0.069	0.016	−0.061	−4.319	0.000	−0.100	−0.038
	经济危机压力	−0.310	0.017	−0.242	−17.769	0.000	−0.344	−0.276
	社会危机压力	−0.028	0.016	−0.025	−1.738	0.082	−0.060	0.004
	文化危机压力	−0.073	0.018	−0.058	−4.059	0.000	−0.108	−0.038
	生态危机压力	0.045	0.014	0.041	3.303	0.001	0.018	0.071
	国际性危机压力	0.068	0.020	0.041	3.365	0.001	0.028	0.107

a. 因变量：国民身份认知

对预测作用较强的三种危机压力（经济危机压力、政治危机压力和文化危机压力）下的 10 个子项作进一步的回归检验（见表 7 - 5 - 4、表 7 - 5 - 5 和表 7 - 5 - 6），显示总体性的预测作用显著，F（10，6537）= 85.098，$p < 0.001$，$R^2 = 0.115$。在用来检验的 10 个预测变量中，有 7 个变量对"国民身份认知"具有显著的预测作用（"政治危机可能性""文化危机可能性"和"民粹主义"的预测作用不显著），预测作用较强的四个子项是"价值观教化"（$\beta = 0.136$）、"国家经济发展信心"（$\beta = 0.134$）、"个人经济发展信心"（$\beta = 0.113$）和"极端民族主义"（$\beta = -0.074$）。

通过进一步的回归分析，可以看出除了"价值观教化"和"极端民族主义"的影响外，在"国民身份认知"方面更突出了"信心"的重要地位。不仅国家经济发展信心下降对国民身份认知的弱化起了一定作用，个人经济状况改善的信心下降，也起了降低国民身份认知水平的作用，因为 2016 年问卷调查呈现的"个人经济发展信心"得分上升，应是带动"国民身份认知"得分下降的重要原因（"国家经济发展信心"对"国民身份认知"具有正向的预测作用，但前者是反向计分，所以实际影响是反向的）。

表 7 - 5 - 4　三种危机压力各子项对"国民身份认知"的回归分析（一）

模 型 汇 总								
模型	R	R 方	调整 R 方	标准估计的误差	更改统计量			
					R 方更改	F 更改	$df1$	$df2$	$sig. F$ 更改
1	0.339a	0.115	0.114	0.75107	0.115	85.098	10	6537	0.000

a. 测量变量：（常量），经济危机可能性，国家经济发展信心，个人经济发展信心，政治危机可能性，民族冲突可能性，腐败带来危机，文化危机可能性，极端民族主义，民粹主义，价值观教化

表7-5-5 三种危机压力各子项对"国民身份认知"的回归分析（二）

Anova[b]

模型		平方和	df	均方	F	Sig.
1	回归	480.043	10	48.004	85.098	0.000[a]
	残差	3687.575	6537	0.564		
	总计	4167.618	6547			

a. 预测变量：（常量），经济危机可能性，国家经济发展信心，个人经济发展信心，政治危机可能性，民族冲突可能性，腐败带来危机，文化危机可能性，极端民族主义，民粹主义，价值观教化
b. 因变量：国民身份认知

表7-5-6 三种危机压力各子项对"国民身份认知"的回归分析（三）

系数[a]

模型		非标准化系数		标准系数	t	Sig.	B的95%置信区间	
		B	标准误差	β			下限	上限
1	（常量）	3.254	0.076		43.063	0.000	3.106	3.403
	经济危机可能性	-0.029	0.011	-0.037	-2.591	0.010	-0.050	-0.007
	国家经济发展信心	0.132	0.013	0.134	10.055	0.000	0.106	0.158
	个人经济发展信心	0.098	0.011	0.113	8.718	0.000	0.076	0.120
	政治危机可能性	-0.013	0.011	-0.017	-1.135	0.257	-0.035	0.009
	民族冲突可能性	-0.036	0.011	-0.050	-3.337	0.001	-0.057	-0.015
	腐败带来危机	0.044	0.009	0.059	4.909	0.000	0.026	0.061
	文化危机可能性	0.016	0.010	0.022	1.568	0.117	-0.004	0.037
	极端民族主义	-0.055	0.011	-0.074	-5.083	0.000	-0.077	-0.034
	民粹主义	-0.004	0.009	-0.006	-0.485	0.628	-0.021	0.013
	价值观教化	0.126	0.012	0.136	10.773	0.000	0.103	0.149

a. 因变量：国民身份认知

以回归分析方法检验 2016 年问卷调查涉及的五种影响因素得分与"国民身份认知"得分之间的关系（见表 7 - 6 - 1、表 7 - 6 - 2 和表 7 - 6 - 3），显示总体性的预测作用显著，F（5，6521）= 109.706，$p < 0.001$，$R^2 = 0.078$。在用来检验的 5 个预测变量中，有 4 个变量对"国民身份认知"具有显著的预测作用（"政治参与行为"的预测作用不显著），预测作用最强的影响因素是"权利认知"（$\beta = 0.194$）。由于"权利认知"对"国民身份认知"具有正向的预测作用，2016 年问卷调查显示的权利认知总体水平的下降，应是导致国民身份认知水平下降的一个重要原因。

表 7 - 6 - 1　五种影响因素对"国民身份认知"的回归分析（一）

模型					模 型 汇 总				
模型	R	R 方	调整 R 方	标准估计的误差	更改统计量				
					R 方更改	F 更改	df1	df2	sig. F 更改
1	0.279ª	0.078	0.077	0.76516	0.078	109.706	5	6521	0.000

a. 测量变量：（常量），权利认知，利益认知，政治沟通认知，政治参与行为，公民满意度

表 7 - 6 - 2　五种影响因素对"国民身份认知"的回归分析（二）

Anovab

模型		平方和	df	均方	F	Sig.
1	回归	321.145	5	64.229	109.706	0.000ª
	残差	3817.806	6521	0.585		
	总计	4138.950	6526			

a. 预测变量：（常量），权利认知，利益认知，政治沟通认知，政治参与行为，公民满意度
b. 因变量：国民身份认知

表 7 – 6 – 3 　　　　五种影响因素对"国民身份认知"的回归分析（三）

系数ᵃ

模型		非标准化系数		标准系数	t	Sig.	B 的 95% 置信区间	
		B	标准误差	β			下限	上限
1	（常量）	2.780	0.128		21.650	0.000	2.528	3.031
	权利认知	0.191	0.014	0.194	13.611	0.000	0.163	0.218
	利益认知	– 0.070	0.015	– 0.057	– 4.699	0.000	– 0.100	– 0.041
	政治沟通认知	0.106	0.015	0.106	6.975	0.000	0.076	0.136
	政治参与行为	– 0.012	0.013	– 0.011	– 0.907	0.364	– 0.037	0.013
	公民满意度	0.027	0.013	0.031	2.166	0.030	0.003	0.052

a. 因变量：国民身份认知

对"权利认知"下的 10 个子项作进一步的回归检验（见表 7 – 6 – 4、表 7 – 6 – 5 和表 7 – 6 – 6），显示总体性的预测作用显著，$F (10，6557) = 76.100$，$p < 0.001$，$R^2 = 0.104$。在用来检验的 10 个预测变量中，有 8 个变量对"国民身份认知"具有显著的预测作用（"不了解权利"和"侵权未受制裁"的预测作用不显著），预测作用较强的三个子项是"权利重要性"（$\beta = 0.101$）、"保障尚需改进"（$\beta = 0.096$）和"权利不重要"（$\beta = - 0.087$）。

表 7 – 6 – 4 　　　　"权利认知"各子项对"国民身份认知"的回归分析（一）

模 型 汇 总

模型	R	R 方	调整 R 方	标准估计的误差	更改统计量				
					R 方更改	F 更改	df1	df2	sig. F 更改
1	0.322ᵃ	0.104	0.103	0.75478	0.104	76.100	10	6557	0.000

a. 测量变量：（常量），权利意识，权利重要性，扩大公民权，不了解权利，权利不重要，权利有效保障，保障尚需改进，中国人权改善，侵权未受制裁，不应指责中国

表7-6-5 "权利认知"各子项对"国民身份认知"的回归分析（二）

Anova[b]

模型		平方和	df	均方	F	Sig.
1	回归	433.533	10	43.353	76.100	0.000[a]
	残差	3735.450	6557	0.570		
	总计	4168.983	6567			

a. 预测变量：（常量），权利意识，权利重要性，扩大公民权，不了解权利，权利不重要，权利有效保障，保障尚需改进，中国人权改善，侵权未受制裁，不应指责中国
b. 因变量：国民身份认知

表7-6-6 "权利认知"各子项对"国民身份认知"的回归分析（三）

系数[a]

模型		非标准化系数		标准系数	t	Sig.	B 的 95% 置信区间	
		B	标准误差	β			下限	上限
1	（常量）	3.040	0.077		39.246	0.000	2.889	3.192
	权利意识	0.044	0.012	0.052	3.715	0.000	0.021	0.067
	权利重要性	0.094	0.013	0.101	6.987	0.000	0.068	0.120
	扩大公民权	0.042	0.012	0.046	3.384	0.001	0.018	0.066
	不了解权利	-0.005	0.009	-0.006	-0.508	0.612	-0.023	0.014
	权利不重要	-0.054	0.008	-0.087	-6.618	0.000	-0.070	-0.038
	权利有效保障	0.024	0.011	0.029	2.130	0.033	0.002	0.046
	保障尚需改进	0.090	0.013	0.096	6.974	0.000	0.064	0.115
	中国人权改善	0.058	0.012	0.065	4.865	0.000	0.035	0.082
	侵权未受制裁	-0.012	0.009	-0.016	-1.283	0.200	-0.029	0.006
	不应指责中国	0.055	0.010	0.065	5.237	0.000	0.034	0.075

a. 因变量：国民身份认知

从进一步的回归分析结果可以看出，在"权利认知"方面，"国民身份认知"与"身份认同""中国人自豪感"与所涉及的重点因素是相同的，主要表现为权利规定重要性认知水平下降以及权利与个人关系认知水平的大幅度降低，都使得国民身份认知水平下降；民众对政府改善

权利保障的要求减弱，起的则是稳定和提升国民身份认知水平的作用。

通过回归检验可以看出，影响"国民身份认知"得分下降的要素与影响"身份认同"和"中国人自豪感"得分下降的要素多有重合，只是在"信心"方面，突出显示了"个人经济发展信心"的作用。

（四）影响"公民身份认知"的重要因素

在现代社会中，"公民身份认知"水平的高低，是衡量身份认同水平的一个重要标准，由此需要特别注意的是，"公民身份认知"的得分由 2012 年 3.73 分下降到 2016 年的 3.46 分，下降了 0.27 分，显示的是对公民身份的认知水平有大幅度的下降。

以回归分析方法检验 2016 年问卷调查涉及的六种危机压力得分与"公民身份认知"得分之间的关系（见表 7-7-1、表 7-7-2 和表 7-7-3），显示总体性的预测作用显著，$F(6, 6508) = 187.965$，$p < 0.001$，$R^2 = 0.148$。用来检验的 6 个预测变量都对"公民身份认知"具有显著的预测作用，预测作用较强的三种危机压力是"政治危机压力"（$\beta = 0.181$）、"文化危机压力"（$\beta = 0.149$）和"社会危机压力"（$\beta = 0.116$）。尽管这三种危机压力对"公民身份认知"具有的都是正向的预测作用，但是"公民身份认知"的计分是反向的，所以实际影响是反向的。2016 年问卷调查显示的政治危机压力、文化危机压力增强，起的应是弱化"公民身份认知"的作用；社会危机压力减弱，起的则是强化公民身份认知的作用。

表 7-7-1　　六种危机压力对"公民身份认知"的回归分析（一）

					模　型　汇　总				
模型	R	R 方	调整 R 方	标准估计的误差	更改统计量				
					R 方更改	F 更改	$df1$	$df2$	$sig. F$ 更改
1	0.384[a]	0.148	0.147	1.25172	0.148	187.965	6	6508	0.000

a. 测量变量：（常量），政治危机压力，经济危机压力，社会危机压力，文化危机压力，生态危机压力，国际性危机压力

表 7 - 7 - 2　　六种危机压力对"公民身份认知"的回归分析（二）

Anova[b]

模型		平方和	df	均方	F	Sig.
1	回归	1767.013	6	294.502	187.965	0.000[a]
	残差	10196.675	6508	1.567		
	总计	11963.688	6514			

a. 预测变量：（常量），政治危机压力，经济危机压力，社会危机压力，文化危机压力，生态危机压力，国际性危机压力
b. 因变量：公民身份认知

表 7 - 7 - 3　　六种危机压力对"公民身份认知"的回归分析（三）

系数[a]

模型	非标准化系数		标准系数	t	Sig.	B 的 95% 置信区间	
	B	标准误差	β			下限	上限
（常量）	-0.096	0.123		-0.781	0.435	-0.338	0.145
政治危机压力	0.349	0.026	0.181	13.322	0.000	0.298	0.401
经济危机压力	0.138	0.029	0.063	4.804	0.000	0.082	0.194
1　社会危机压力	0.223	0.027	0.116	8.342	0.000	0.171	0.275
文化危机压力	0.316	0.030	0.149	10.705	0.000	0.258	0.374
生态危机压力	-0.153	0.022	-0.083	-6.870	0.000	-0.196	-0.109
国际性危机压力	0.104	0.033	0.037	3.132	0.002	0.039	0.169

a. 因变量：公民身份认知

政治危机压力和文化危机压力涉及的子项已见前述，社会危机压力下的三个子项，一是"未来几年，中国可能因为社会矛盾加剧，引发社会危机"（简称"社会危机可能性"）；二是"中国的社会冲突已经影响了公民的正常生活"（简称"社会冲突影响生活"）；三是"中国当前的社会建设，能够舒缓社会矛盾"（简称"社会建设信心"）。

对预测作用较强的三种危机压力（政治危机压力、文化危机压力

和社会危机压力）下的 10 个子项作进一步的回归检验（见表 7 – 7 – 4、表 7 – 7 – 5 和表 7 – 7 – 6），显示总体性的预测作用显著，F（10，6544）$= 117.238$，$p < 0.001$，$R^2 = 0.152$。在用来检验的 10 个预测变量中，有 8 个变量对"公民身份认知"具有显著的预测作用（"文化危机可能性"和"社会建设信心"的预测作用不显著），预测作用较强的四个子项应是"民族冲突可能性"（$\beta = 0.151$）、"极端民族主义"（$\beta = 0.122$）、"社会冲突影响生活"（$\beta = 0.106$）和"腐败带来危机"（$\beta = -0.076$）。

表 7 – 7 – 4　　三种危机压力各子项对"公民身份认知"的回归分析（一）

模 型 汇 总

模型	R	R方	调整R方	标准估计的误差	更改统计量				
					R方更改	F更改	$df1$	$df2$	$sig. F$更改
1	0.390[a]	0.152	0.151	1.24923	0.152	117.238	10	6544	0.000

a. 测量变量：（常量），政治危机可能性，民族冲突可能性，腐败带来危机，文化危机可能性，极端民族主义，民粹主义，价值观教化，社会危机可能性，社会冲突影响生活，社会建设信心

表 7 – 7 – 5　　三种危机压力各子项对"公民身份认知"的回归分析（二）

Anova[b]

模型		平方和	df	均方	F	$Sig.$
1	回归	1829.590	10	182.959	117.238	0.000[a]
	残差	10212.410	6544	1.561		
	总计	12041.999	6554			

a. 预测变量：（常量），政治危机可能性，民族冲突可能性，腐败带来危机，文化危机可能性，极端民族主义，民粹主义，价值观教化，社会危机可能性，社会冲突影响生活，社会建设信心
b. 因变量：公民身份认知

表7-7-6　　　三种危机压力各子项对"公民身份认知"的回归分析（三）

系数[a]

模型		非标准化系数		标准系数	*t*	*Sig.*	B 的95%置信区间	
		B	标准误差	*β*			下限	上限
1	（常量）	1.204	0.113		10.701	0.000	0.983	1.424
	政治危机可能性	0.075	0.018	0.059	4.086	0.000	0.039	0.112
	民族冲突可能性	0.183	0.018	0.151	10.235	0.000	0.148	0.219
	腐败带来危机	-0.097	0.015	-0.076	-6.489	0.000	-0.126	-0.067
	文化危机可能性	-0.008	0.017	-0.007	-0.491	0.624	-0.042	0.025
	极端民族主义	0.155	0.018	0.122	8.440	0.000	0.119	0.191
	民粹主义	0.059	0.014	0.050	4.091	0.000	0.031	0.087
	价值观教化	-0.085	0.019	-0.054	-4.498	0.000	-0.122	-0.048
	社会危机可能性	0.068	0.017	0.054	3.913	0.000	0.034	0.102
	社会冲突影响生活	0.124	0.016	0.106	7.727	0.000	0.093	0.156
	社会建设信心	0.021	0.018	0.014	1.155	0.248	-0.014	0.056

a. 因变量：公民身份认知

　　通过进一步的回归分析，可以看出在政治危机压力层面，对"公民身份认知"影响最大的是民族因素和腐败因素。2016年问卷调查呈现的"民族冲突可能性"得分上升，可能带动了"公民身份认知"得分下降（"民族冲突可能性"对"公民身份认知"具有正向预测作用，但后者是反向计分，所以实际影响是反向的），显示民众对民族冲突担忧的增强，起了弱化"公民身份认知"的作用。2016年问卷调查呈现的"腐败带来危机"得分上升，也可能带动了"公民身份认知"得分下降（"腐败带来危机"对"公民身份认知"具有反向预测作用，在两者都是反向计分的状态下，实际影响应是反向的），显示民众对腐败导致危机认可程度的降低（反向计分的"腐败带来危机"得分上升，表明的是认可程度减弱而不是增强），起的也是弱化"公民身份认知"的作用。在文化危机压力层面，"极端民族主义"

对"公民身份认知"尤为重要。2016 年问卷调查呈现的"极端民族主义"得分较大幅度上升，可能带动了"公民身份认知"得分下降（"极端民族主义"对"公民身份认知"具有正向的预测作用，但后者是反向计分，所以实际影响是反向的），显示极端民族主义情绪上涨，同样起了弱化"公民身份认知"的作用。在社会危机压力层面，2016 年问卷调查呈现的"社会冲突影响生活"得分较大幅度上升，可能带动了"公民身份认知"得分下降（"社会冲突影响生活"对"公民身份认同"具有正向的预测作用，但后者是反向计分，所以实际影响是反向的），显示社会冲突对生活的影响增大，起的也是弱化"公民身份认知"的作用。

以回归分析方法检验 2016 年问卷调查涉及的五种影响因素得分与"公民身份认知"得分之间的关系（见表 7 - 8 - 1、表 7 - 8 - 2 和表 7 - 8 - 3），显示总体性的预测作用显著，F（5，6520）= 125.022，$p < 0.001$，$R^2 = 0.087$。用来检验的 5 个预测变量都对"公民身份认知"具有显著的预测作用，预测作用最强的影响因素是"权利认知"（$\beta = -0.235$）。"权利认知"对"公民身份认知"具有反向的预测作用，"公民身份认知"的计分也是反向的，两者之间的实际影响是正向的。2016 年问卷调查呈现的"权利认知总分"下降，可能带动了"公民身份认知"得分下降，对公民身份认知的弱化应起了重要的作用。

表 7 - 8 - 1　五种影响因素对"公民身份认知"的回归分析（一）

模 型 汇 总									
模型	R	R 方	调整 R 升	标准估计的误差	更改统计量				
					R 方更改	F 更改	$df1$	$df2$	$sig. F$ 更改
1	0.296[a]	0.087	0.087	1.29550	0.087	125.022	5	6520	0.000

a. 测量变量：（常量），权利认知，利益认知，政治沟通认知，政治参与行为，公民满意度

表7－8－2　五种影响因素对"公民身份认知"的回归分析（二）

Anova[b]

模型		平方和	df	均方	F	Sig.
1	回归	1049.131	5	209.826	125.022	0.000[a]
	残差	10942.638	6520	1.678		
	总计	11991.769	6525			

a. 预测变量：（常量），权利认知，利益认知，政治沟通认知，政治参与行为，公民满意度
b. 因变量：公民身份认知

表7－8－3　五种影响因素对"公民身份认知"的回归分析（三）

系数[a]

模型		非标准化系数		标准系数	t	Sig.	B 的 95% 置信区间	
		B	标准误差	β			下限	上限
1	（常量）	5.410	0.217		24.890	0.000	4.984	5.836
	权利认知	－0.392	0.024	－0.235	－16.523	0.000	－0.438	－0.345
	利益认知	0.167	0.025	0.080	6.597	0.000	0.118	0.217
	政治沟通认知	－0.096	0.026	－0.056	－3.723	0.000	－0.146	－0.045
	政治参与行为	－0.052	0.022	－0.030	－2.408	0.016	－0.094	－0.010
	公民满意度	－0.043	0.021	－0.028	－2.021	0.043	－0.085	－0.001

a. 因变量：公民身份认知

　　对"权利认知"下的10个子项作进一步的回归检验（见表7－8－4、表7－8－5和表7－8－6），显示总体性的预测作用显著，$F(10, 6556) = 94.162$，$p < 0.001$，$R^2 = 0.126$。在用来检验的10个预测变量中，有8个变量对"公民身份认知"具有显著的预测作用（"扩大公民权"和"不了解权利"的预测作用不显著），预测作用较强的三个子项是"权利不重要"（$\beta = 0.239$）、"侵权未受制裁"（$\beta = 0.097$）、"不应指责中国"（$\beta = -0.083$）。

表 7 - 8 - 4　"权利认知"各子项对"公民身份认知"的回归分析（一）

模 型 汇 总

模型	R	R 方	调整 R 方	标准估计的误差	更改统计量				
					R 方更改	F 更改	$df1$	$df2$	$sig. F$ 更改
1	0.354^a	0.126	0.124	1.26927	0.126	94.162	10	6556	0.000

a. 测量变量：（常量），权利意识，权利重要性，扩大公民权，不了解权利，权利不重要，权利有效保障，保障尚需改进，中国人权改善，侵权未受制裁，不应指责中国

表 7 - 8 - 5　"权利认知"各子项对"公民身份认知"的回归分析（二）

Anova[b]

模型		平方和	df	均方	F	$Sig.$
1	回归	1516.992	10	151.699	94.162	0.000^a
	残差	10562.024	6556	1.611		
	总计	12079.016	6566			

a. 预测变量：（常量），权利意识，权利重要性，扩大公民权，不了解权利，权利不重要，权利有效保障，保障尚需改进，中国人权改善，侵权未受制裁，不应指责中国
b. 因变量：公民身份认知

表 7 - 8 - 6　"权利认知"各子项对"公民身份认知"的回归分析（三）

系数[a]

模型		非标准化系数		标准系数	t	$Sig.$	B 的 95% 置信区间	
		B	标准误差	β			下限	上限
1	（常量）	2.712	0.130		20.813	0.000	2.457	2.968
	权利意识	-0.054	0.020	-0.038	-2.729	0.006	-0.093	-0.015
	权利重要性	-0.071	0.023	-0.045	-3.141	0.002	-0.115	-0.027

模型		非标准化系数		标准系数	t	$Sig.$	B 的 95% 置信区间	
		B	标准误差	β			下限	上限
1	扩大公民权	0.010	0.021	0.007	0.488	0.625	− 0.030	0.051
	不了解权利	0.026	0.016	0.020	1.633	0.103	− 0.005	0.057
	权利不重要	0.254	0.014	0.239	18.470	0.000	0.227	0.281
	权利有效保障	0.045	0.019	0.031	2.356	0.018	0.008	0.082
	保障尚需改进	− 0.106	0.022	− 0.067	− 4.912	0.000	− 0.149	− 0.064
	中国人权改善	− 0.053	0.020	− 0.035	− 2.642	0.008	− 0.093	− 0.014
	侵权未受制裁	0.117	0.015	0.097	7.724	0.000	0.087	0.146
	不应指责中国	− 0.118	0.018	− 0.083	− 6.755	0.000	− 0.153	− 0.084

系数[a]

a. 因变量：公民身份认知

从"权利认知"的角度看，在"权利重要性认知"层面，2016年问卷调查呈现的"权利不重要"得分大幅度下降，可能带动了"公民身份认知"得分下降（"权利不重要"对"公民身份认知"具有正向的预测作用，在两者都是反向计分的状态下，实际影响应是正向的），显示民众对权利与个人关系的忽视程度大幅度提高（反向计分的"权利不重要"得分下降，表明的是忽视权利与个人关系的程度增强），起的是弱化"公民身份认知"的作用。在"权利保障评价"层面，2016年问卷调查呈现的"侵权未受制裁"得分的大幅度下降，也可能带动了"公民身份认知"得分下降（"侵权未受制裁"对"公民身份认知"具有正向的预测作用，在两者都是反向计分的状态下，实际影响应是正向的），显示出对侵权行为的纵容，会对"公民身份认知"起到较大的弱化作用。2016年问卷调查呈现的"不应指责中国"得分的小幅下降，对降低"公民身份认知"得分也有一定的影响（"不应指责中国"对"公民身份认知"有反向的预测作用，但后者是反向计分，实际影响应是正向的），表明民众反感西方国家对中国的人权状况指手划脚的情绪略有降低，也对"公民身份认知"的弱化有一定的影响。

通过回归检验可以看出，2016年问卷调查显示的"公民身份认知"得分大幅度下降，是因为出现了一些重要的不利因素。一是极端民族主义情绪的上涨，不利于"公民身份认知"水平的提升。二是对民族冲突的担忧程度上升，不利于"公民身份认知"水平的提升。三是对腐败问题的看法，不利于"公民身份认知"水平的提升。四是社会冲突对生活的影响增强，不利于"公民身份认知"水平的提升。五是对权利与个人关系的模糊认识，不利于"公民身份认知"水平的提升。六是对侵权行为的纵容，不利于"公民身份认知"水平的提升。要想使民众对自己的公民身份真正重视起来，显然不能忽视这些因素所起的作用。

二　发展认同面临的主要问题

2012年和2016年两次问卷调查都反映出中国公民保持着较高水平的发展认同，但是2016年与2012年相比，发展认同的得分由3.74分下降到3.62分，下降了0.12分。发展认同得分的下降，同样可以用回归检验的方法，作出综合性的解释。

（一）危机压力和权利认知对发展认同的影响

以回归分析方法检验2016年问卷调查涉及的六种危机压力得分与"发展认同"得分之间的关系（见表7-9-1、表7-9-2和表7-9-3），显示总体性的预测作用显著，$F(6, 6503) = 374.816$，$p < 0.001$，$R^2 = 0.257$。用来检验的6个预测变量，都对"发展认同"具有显著的预测作用，预测作用较强的三种危机压力是"政治危机压力"（$\beta = -0.214$）、"经济危机压力"（$\beta = -0.181$）和"文化危机压力"（$\beta = -0.158$）。由于这三种危机压力对"发展认同"具有的都是反向的预测作用，2016年问卷调查显示的政治危机压力、经济危机压力和文化危机压力不同程度的增强，应是导致发展认同水平下降的重要原因，而最主要的不利影响应来自政治危机压力。

表 7 - 9 - 1   六种危机压力对"发展认同"的回归分析（一）

模 型 汇 总

模型	R	R方	调整R方	标准估计的误差	更改统计量				
					R方更改	F更改	df1	df2	sig. F更改
1	0.507[a]	0.257	0.256	0.55700	0.257	374.816	6	6503	0.000

a. 测量变量：（常量），政治危机压力，经济危机压力，社会危机压力，文化危机压力，生态危机压力，国际性危机压力

表 7 - 9 - 2   六种危机压力对"发展认同"的回归分析（二）

Anova[b]

模型		平方和	df	均方	F	Sig.
1	回归	697.725	6	116.287	374.816	0.000[a]
	残差	2017.569	6503	0.310		
	总计	2715.294	6509			

a. 预测变量：（常量），政治危机压力，经济危机压力，社会危机压力，文化危机压力，生态危机压力，国际性危机压力
b. 因变量：发展认同

表 7 - 9 - 3   六种危机压力对"发展认同"的回归分析（三）

系数[a]

模型		非标准化系数		标准系数	t	Sig.	B 的95%置信区间	
		B	标准误差	β			下限	上限
1	（常量）	5.251	0.055		95.770	0.000	5.144	5.359
	政治危机压力	-0.197	0.012	-0.214	-16.889	0.000	-0.220	-0.175
	经济危机压力	-0.188	0.013	-0.181	-14.676	0.000	-0.213	-0.163
	社会危机压力	-0.132	0.012	-0.144	-11.111	0.000	-0.156	-0.109
	文化危机压力	-0.160	0.013	-0.158	-12.185	0.000	-0.186	-0.135
	生态危机压力	0.022	0.010	0.025	2.247	0.025	0.003	0.042
	国际性危机压力	0.040	0.015	0.030	2.731	0.006	0.011	0.069

a. 因变量：发展认同

对预测作用较强的三种危机压力（政治危机压力、经济危机压力和文化危机压力）下的 10 个子项作进一步的回归检验（见表 7-9-4、表 7-9-5 和表 7-9-6），显示总体性的预测作用显著，F (10, 6531) = 232.489，$p < 0.001$，$R^2 = 0.263$。在用来检验的 10 个预测变量中，有 9 个变量对"发展认同"具有显著的预测作用（只有"文化危机可能性"的预测作用不显著），预测作用较强的四个子项是"极端民族主义"（β = -0.160）、"国家经济发展信心"（β = -0.157）、"价值观教化"（β = 0.144）和"民族冲突可能性"（β = 0.131）。

表 7-9-4　三种危机压力各子项对"发展认同"的回归分析（一）

模 型 汇 总

模型	R	R 方	调整 R 方	标准估计的误差	更改统计量				
					R 方更改	F 更改	df1	df2	sig. F 更改
1	0.512[a]	0.263	0.261	0.55522	0.263	232.489	10	6531	0.000

a. 测量变量：（常量），经济危机可能性，国家经济发展信心，个人经济发展信心，政治危机可能性，民族冲突可能性，腐败带来危机，文化危机可能性，极端民族主义，民粹主义，价值观教化

表 7-9-5　三种危机压力各子项对"发展认同"的回归分析（二）

Anova[b]

模型		平方和	df	均方	F	Sig.
1	回归	716.680	10	71.668	232.489	0.000[a]
	残差	2013.273	6531	0.308		
	总计	2729.953	6541			

a. 预测变量：（常量），经济危机可能性，国家经济发展信心，个人经济发展信心，政治危机可能性，民族冲突可能性，腐败带来危机，文化危机可能性，极端民族主义，民粹主义，价值观教化
b. 因变量：发展认同

表 7 - 9 - 6　　　三种危机压力各子项对"发展认同"的回归分析（三）

系数ᵃ

模型		非标准化系数		标准系数	t	Sig.	B 的 95% 置信区间	
		B	标准误差	β			下限	上限
1	（常量）	3.429	0.056		61.180	0.000	3.319	3.539
	经济危机可能性	-0.065	0.008	-0.107	-7.783	0.000	-0.081	-0.049
	国家经济发展信心	-0.091	0.008	-0.157	-11.466	0.000	-0.107	-0.076
	个人经济发展信心	0.062	0.007	0.102	9.401	0.000	0.049	0.075
	政治危机可能性	-0.054	0.008	-0.085	-6.601	0.000	-0.070	-0.038
	民族冲突可能性	0.104	0.010	0.131	10.726	0.000	0.085	0.123
	腐败带来危机	0.028	0.008	0.040	3.376	0.001	0.012	0.044
	文化危机可能性	-0.004	0.008	-0.007	-0.517	0.605	-0.019	0.011
	极端民族主义	-0.097	0.008	-0.160	-12.057	0.000	-0.113	-0.081
	民粹主义	-0.020	0.006	-0.035	-3.080	0.002	-0.032	-0.007
	价值观教化	0.109	0.009	0.144	12.519	0.000	0.092	0.126

a. 因变量：发展认同

　　通过进一步的回归分析，可以看出在经济危机压力层面，"国家经济发展信心"对"发展认同"最为重要。2016 年问卷调查呈现的"国家经济发展信心"得分上升，可能带动了"发展认同"得分上升（"国家经济发展信心"对"发展认同"具有反向的预测作用，因为前者是反向计分，所以实际影响是正向的），显示民众对国家经济发展的信心减弱（反向计分的"国家经济发展信心"得分上升，表明的是信心减弱而不是增强），起的是提升发展认同水平的作用。在经济危机压力层面还需要注意的是"经济危机可能性"（$\beta = -0.107$）和"个人经济发展信心"（$\beta = 0.102$）对"发展认同"的预测作用也较强，但是所起的作用与"国家经济发展信心"有所不同。2016 年问卷调查呈现的"经济危机可能性"得分大幅度上升，可能带动了"发展认同"得分下降（"经济危机可能性"对"发展认同"具有反向的预测作用），表明民众越认为有发生经济危机的可能，发展认同的水平会越低。2016 年问卷调查呈现的"个人经济发展信心"得分上升，也可能带动了"发展认同"得分下降（"个人经济发展信心"对"发展认同"具有正向的预测作用，因为前者是反向计分，所以实际影响是反向的），显示民众对个人经济状况改善的信心减弱（反向计分的"个人经济发展信心"得分上升，表明的是信心减弱而不是增强），起的也是降低发展认同水平的作用。在政治危机压力层面，"民族冲突可能性"对"发展认同"最为重要。2016年问卷调查呈现的"民族冲突可能性"得分上升，可能带动了"发展认同"得分上升（"民族冲突可能性"对"发展认同"具有正向的预测作用），显示民众对民族冲突的担忧程度有所提高，对"发展认同"起的应是稳定和提升的作用。在文化危机压力层面，"极端民族主义"和"价值观教化"对"发展认同"尤为重要。2016年问卷调查呈现的"极端民族主义"得分较大幅度上升，可能带动了"发展认同"得分下降（"极端民族主义"对"发展认同"具有反向的预测作用），显示的是极端民族主义情绪上涨，会使发展认同水平下降。2016年问卷调查呈现的"价值观教化"得分较大幅度下降，可能带动的是"发展认同"得分上升（"价值观教化"对"发展认同"具有正向的预测作用，但前者是反向计分，所以实际影响是反向的），显示的是民众对社会主义核心价值观认可程度的较大幅度提高（反向计分的"价值观教化"得分下降，表明的是认可程度增强），起的是提升发展认同水平的作用。"发展认同"的得分在2016年依然能够保持在较高水平上，应与"价值观教化"所起的正面作用有密切的关系。

以回归分析方法检验2016年问卷调查涉及的五种影响因素得分与"发展认同"得分之间的关系（见表7-10-1、表7-10-2和表7-10-3），显示总体性的预测作用显著，$F(5, 6515) = 315.981$，$p < 0.001$，$R^2 = 0.195$。在用来检验的5个预测变量中，有4个变量对"发展认同"具有显著的预测作用（只有"政治参与行为"的预测作用不显著），预测作用最强的影响因素是"权利认知"（$\beta = 0.287$）。由于"权利认知"对"发展认同"具有正向的预测作用，2016年问卷调查显示的权利认知总体水平的下降，应是导致发展认同水平下降的一个重要原因。

表 7 - 10 - 1　　五种影响因素对"发展认同"的回归分析（一）

模　型　汇　总

模型	R	R 方	调整 R 方	标准估计的误差	更改统计量				
					R 方更改	F 更改	df1	df2	sig. F 更改
1	0.442^a	0.195	0.195	0.58017	0.195	315.981	5	6515	0.000

a. 测量变量：（常量），权利认知，利益认知，政治沟通认知，政治参与行为，公民满意度

表 7 - 10 - 2　　五种影响因素对"发展认同"的回归分析（二）

$Anova^b$

模型		平方和	df	均方	F	Sig.
	回归	531.797	5	106.359	315.981	0.000^a
1	残差	2192.957	6515	0.337		
	总计	2724.754	6520			

a. 预测变量：（常量），权利认知，利益认知，政治沟通认知，政治参与行为，公民满意度
b. 因变量：发展认同

表 7 - 10 - 3　　五种影响因素对"发展认同"的回归分析（三）

系数^a

模型	非标准化系数		标准系数	t	Sig.	B 的95%置信区间	
	B	标准误差	β			下限	上限
（常量）	1.536	0.097		15.768	0.000	1.345	1.727
权利认知	0.228	0.011	0.287	21.488	0.000	0.208	0.249
利益认知	-0.121	0.011	-0.121	-10.669	0.000	-0.143	-0.099
政治沟通认知	0.116	0.012	0.143	10.079	0.000	0.094	0.139
政治参与行为	0.012	0.010	0.015	1.250	0.211	-0.007	0.031
公民满意度	0.067	0.010	0.092	6.977	0.000	0.048	0.086

a. 因变量：发展认同

对"权利认知"下的 10 个子项作进一步的回归检验（见表 7-10-4、表 7-10-5 和表 7-10-6），显示总体性的预测作用显著，$F(10, 6551) = 171.102$，$p < 0.001$，$R^2 = 0.207$。在用来检验的 10 个预测变量中，有 9 个变量对发展认同具有显著的预测作用（只有"权利意识"的预测作用不显著），预测作用较强的三个子项是"权利不重要"（$\beta = -0.240$）、"不应指责中国"（$\beta = 0.121$）和"中国人权改善"（$\beta = 0.107$）。

表 7-10-4　"权利认知"各子项对"发展认同"的回归分析（一）

模型汇总									
模型	R	R 方	调整 R 方	标准估计的误差	更改统计量				
					R 方更改	F 更改	$df1$	$df2$	$sig. F$ 更改
1	0.455[a]	0.207	0.206	0.57607	0.207	171.102	10	6551	0.000

a. 测量变量：（常量），权利意识，权利重要性，扩大公民权，不了解权利，权利不重要，权利有效保障，保障尚需改进，中国人权改善，侵权未受制裁，不应指责中国

表 7-10-5　"权利认知"各子项对"发展认同"的回归分析（二）

Anova[b]					
模型		平方和	df	均方	F	$Sig.$
1	回归	567.809	10	56.781	171.102	0.000[a]
	残差	2173.971	6551	0.332		
	总计	2741.780	6561			

a. 预测变量：（常量），权利意识，权利重要性，扩大公民权，不了解权利，权利不重要，权利有效保障，保障尚需改进，中国人权改善，侵权未受制裁，不应指责中国
b. 因变量：发展认同

表 7 - 10 - 6　　"权利认知"各子项对"发展认同"的回归分析（三）

系数[a]

模型		非标准化系数		标准系数	t	Sig.	B 的 95% 置信区间	
		B	标准误差	β			下限	上限
1	（常量）	2.802	0.059		47.337	0.000	2.686	2.918
	权利意识	0.008	0.009	0.012	0.889	0.374	-0.010	0.026
	权利重要性	0.073	0.010	0.096	7.078	0.000	0.053	0.093
	扩大公民权	0.025	0.010	0.033	2.612	0.009	0.006	0.043
	不了解权利	-0.023	0.007	-0.037	-3.135	0.002	-0.037	-0.008
	权利不重要	-0.122	0.006	-0.240	-19.454	0.000	-0.134	-0.109
	权利有效保障	0.027	0.009	0.040	3.150	0.002	0.010	0.044
	保障尚需改进	0.064	0.010	0.085	6.497	0.000	0.045	0.083
	中国人权改善	0.078	0.009	0.107	8.470	0.000	0.060	0.096
	侵权未受制裁	-0.050	0.007	-0.087	-7.219	0.000	-0.063	-0.036
	不应指责中国	0.082	0.008	0.121	10.317	0.000	0.066	0.098

a. 因变量：发展认同

　　仅从"权利认知"的角度对发展认同得分的下降作进一步的解释，可以看出在"权利重要性认知"层面，2016 年问卷调查呈现的"权利不重要"得分大幅度下降，可能带动了"发展认同"得分下降（"权利不重要"对"发展认同"具有反向的预测作用，但前者是反向计分，所以两者之间的实际影响是正向的），显示民众对权利与个人关系的忽视程度大幅度提高（反向计分的"权利不重要"得分下降，表明的是忽视权利与个人关系的程度增强），应是导致发展认同水平下降的一个重要原因。在"权利保障评价"方面，则需要特别注意人权保障评价对"发展认同"的特殊作用。2016 年问卷调查呈现的"中国人权改善"得分上升，可能带动了"发展认同"得分上升（"中国人权改善"对"发展认同"有正向的预测作用），显示民众对中国的人权状况改善正面评价提高，发展认同的水平也相应提高。2016 年问卷调查呈现的"不应指责中国"得分的小幅下降，对降低"发展认同"得分应有一定的影响（"不应指责中国"对"发展认同"有正向的预测作用），表明民众反感西方国家对中国的人权状况指手划脚的情绪略有降低，对降低发展认同水平有一定的影响。

需要注意的是，"身份认同"和"发展认同"得分的下降，都主要受到经济危机压力、政治危机压力、文化危机压力和权利认知的影响。有的影响是相同的，如权利认知各子项对"身份认同"和"发展认同"的正、反向预测作用完全相同；"经济危机可能性""政治危机可能性""极端民族主义""民粹主义"对"身份认同"和"发展认同"都有反向的预测作用；"个人经济发展信心""腐败带来危机""价值观教化"对"身份认同"和"发展认同"都有正向的预测作用。有的影响则是不同的，如"国家经济发展信心"对"身份认同"具有正向预测作用，对"发展认同"则具有反向预测作用；"民族冲突可能性"对"身份认同"具有反向预测作用，对"发展认同"则具有正向预测作用。也就是说，"发展认同"与"身份认同"在危机压力方面面临的问题相同，但要求略有不同。要维系较高水平的发展认同，在经济方面要强调"信心"要素，但是应该特别注意个人经济发展信心对"发展认同"的正向作用和公民的国家经济发展信心对"发展认同"的反向作用；在政治方面要强调"民族"要素，但需要特别注意民族冲突对"发展认同"的正向刺激作用；并且要注意到"发展认同"更注重对中国人权状况的评价，因为"发展认同"确实需要更广阔的国际视野和国际性的比较。

（二）"发展方向"的重要作用

中国民众之所以能够维持较高的发展认同得分，是因为对"改革开放是中国发展的正确选择"的"发展方向"有高水平的认可。但是需要注意的是，2016 年与 2012 年相比，"发展方向"的得分由4.24 分下降到 4.13 分，下降了 0.11 分，表明对中国发展方向的认识有所弱化。对于这样的现象，应该通过回归分析作出进一步的解释。

以回归分析方法检验 2016 年问卷调查涉及的六种危机压力得分与"发展方向"得分之间的关系（见表 7 – 11 – 1、表 7 – 11 – 2 和表 7 – 11 – 3），显示总体性的预测作用显著，F（6，6508）＝153.149，$p < 0.001$，$R^2 = 0.124$。用来检验的 6 个预测变量都对"发展方向"具有显著的预测作用，预测作用较强的三种危机压力应是"经济危机压力"（$\beta = -0.248$）、"政治危机压力"（$\beta = -0.109$）和"社会危机压力"（$\beta = -0.083$）。由于这三种危机压力对"发展方向"具有的都是反向的预测作用，2016 年问卷调查显示的经济危机压力、政治危机压力增强和社会危机压力的轻微减弱，应是导致中国发展方向认识弱化的重要原因，而最主要的不利影响应来自经济危机压力。

表 7 – 11 – 1 六种危机压力对"发展方向"的回归分析（一）

					模 型 汇 总				
						更改统计量			
模型	R	R 方	调整 R 方	标准估计的误差	R 方更改	F 更改	$df1$	$df2$	$sig. F$ 更改
1	0.352ª	0.124	0.123	0.80523	0.124	153.149	6	6508	0.000

a. 测量变量：（常量），政治危机压力，经济危机压力，社会危机压力，文化危机压力，生态危机压力，国际性危机压力

表 7 – 11 – 2 六种危机压力对"发展方向"的回归分析（二）

			Anovaᵇ			
模型		平方和	df	均方	F	$Sig.$
1	回归	595.814	6	99.302	153.149	0.000ª
	残差	4219.808	6508	0.648		
	总计	4815.622	6514			

a. 预测变量：（常量），政治危机压力，经济危机压力，社会危机压力，文化危机压力，生态危机压力，国际性危机压力
b. 因变量：发展方向

表 7 - 11 - 3　　　六种危机压力对"发展方向"的回归分析（三）

系数[a]

模型		非标准化系数		标准系数	t	$Sig.$	B 的 95% 置信区间	
		B	标准误差	β			下限	上限
1	（常量）	5.225	0.079		65.936	0.000	5.070	5.380
	政治危机压力	-0.134	0.017	-0.109	-7.919	0.000	-0.167	-0.101
	经济危机压力	-0.343	0.018	-0.248	-18.587	0.000	-0.379	-0.307
	社会危机压力	-0.101	0.017	-0.083	-5.875	0.000	-0.135	-0.067
	文化危机压力	-0.052	0.019	-0.038	-2.718	0.007	-0.089	-0.014
	生态危机压力	0.056	0.014	0.048	3.901	0.000	0.028	0.084
	国际性危机压力	0.116	0.021	0.066	5.452	0.000	0.075	0.158

a. 因变量：发展方向

　　对预测作用较强的三种危机压力（经济危机压力、政治危机压力和社会危机压力）下的 9 个子项作进一步的回归检验（见表 7 - 11 - 4、表 7 - 11 - 5 和表 7 - 11 - 6），显示总体性的预测作用显著，F（9，6531）= 128.206，$p < 0.001$，$R^2 = 0.150$。在用来检验的 9 个预测变量中，有 8 个变量对"发展方向"具有显著的预测作用（只有"社会危机可能性"预测作用不显著），预测作用较强的四个子项应是"国家经济发展信心"（$\beta = 0.175$）、"腐败带来危机"（$\beta = 0.126$）、"社会建设信心"（$\beta = 0.122$）和"个人经济发展信心"（$\beta = 0.111$）。

表 7 - 11 - 4　　　三种危机压力各子项对"发展方向"的回归分析（一）

模　型　汇　总

模型	R	R 方	调整 R 方	标准估计的误差	更改统计量				
					R 方更改	F 更改	$df1$	$df2$	$sig.\ F$ 更改
1	0.387[a]	0.150	0.149	0.79503	0.150	128.206	9	6531	0.000

a. 测量变量：（常量），经济危机可能性，国家经济发展信心，个人经济发展信心，政治危机可能性，民族冲突可能性，腐败带来危机，社会危机可能性，社会冲突影响生活，社会建设信心

表 7 - 11 - 5　　三种危机压力各子项对"发展方向"的回归分析（二）

Anova^b

模型		平方和	df	均方	F	Sig.
1	回归	729.312	9	81.035	128.206	0.000ª
	残差	4128.033	6531	0.632		
	总计	4857.345	6540			

a. 预测变量：（常量），经济危机可能性，国家经济发展信心，个人经济发展信心，政治危机可能性，民族冲突可能性，腐败带来危机，社会危机可能性，社会冲突影响生活，社会建设信心
b. 因变量：发展方向

表 7 - 11 - 6　　三种危机压力各子项对"发展方向"的回归分析（三）

系数ª

模型		非标准化系数		标准系数	t	Sig.	B 的 95% 置信区间	
		B	标准误差	β			下限	上限
1	（常量）	2.701	0.078		34.746	0.000	2.549	2.854
	经济危机可能性	-0.034	0.012	-0.040	-2.870	0.004	-0.056	-0.011
	国家经济发展信心	0.185	0.014	0.175	13.488	0.000	0.158	0.212
	个人经济发展信心	0.104	0.012	0.111	8.759	0.000	0.080	0.127
	政治危机可能性	-0.041	0.012	-0.051	-3.425	0.001	-0.064	-0.018
	民族冲突可能性	-0.046	0.011	-0.059	-4.043	0.000	-0.068	-0.023
	腐败带来危机	0.102	0.009	0.126	10.803	0.000	0.084	0.121
	社会危机可能性	-0.012	0.011	-0.015	-1.110	0.267	-0.034	0.009
	社会冲突影响生活	-0.038	0.010	-0.051	-3.840	0.000	-0.058	-0.019
	社会建设信心	0.116	0.011	0.122	10.108	0.000	0.094	0.139

a. 因变量：发展方向

通过进一步的回归分析，可以看出在经济危机压力层面，"国家经济发展信心"和"个人经济发展信心"对"发展方向"最为重要。

2016 年问卷调查呈现的"国家经济发展信心"和"个人经济发展信心"得分上升，可能带动了"发展方向"得分下降（"国家经济发展信心"和"个人经济发展信心"都对"发展方向"具有正向的预测作用，因为这两种信心都是反向计分，所以实际影响是反向的），显示民众对国家经济发展和个人经济状况改善的信心减弱（反向计分的"国家经济发展信心"和"个人经济发展信心"得分上升，表明的是信心减弱），起的是弱化中国发展方向认知水平的作用。在政治危机压力层面，2016 年问卷调查呈现的"腐败带来危机"得分较大幅度上升，可能带动了"发展方向"得分下降（"腐败带来危机"对"发展方向"具有正向的预测作用，但前者是反向计分，所以实际影响是反向的），显示民众对腐败导致危机认可程度的较大幅度降低（反向计分的"腐败带来危机"得分上升，表明的是认可程度下降），也是导致中国发展方向认知水平弱化的重要原因。在社会危机压力层面，2016 年问卷调查呈现的"社会建设信心"得分大幅度下降，可能带动的是"发展方向"得分上升（"社会建设信心"对"发展方向"具有正向的预测作用，但前者是反向计分，所以实际影响是反向的），表明民众社会建设信心的大幅度增强（反向计分的"社会建设信心"得分下降，表明的是信心增强），起的应是稳定和提高中国发展方向认知水平的作用。

以回归分析方法检验 2016 年问卷调查涉及的五种影响因素得分与"发展方向"得分之间的关系（见表 7-12-1、表 7-12-2和表 7-12-3），显示总体性的预测作用显著，$F(5, 6520) = 157.116$，$p < 0.001$，$R^2 = 0.108$。用来检验的 5 个预测变量都对"发展方向"具有显著的预测作用，预测作用最强的影响因素是"权利认知"（$\beta = 0.217$）。由于"权利认知"对"发展方向"具有正向的预测作用，2016 年问卷调查显示的权利认知总体水平的下降，是导致中国发展方向认知弱化的一个重要原因。

表 7 - 12 - 1　　　　五种影响因素对"发展方向"的回归分析（一）

模　型　汇　总

模型	R	R 方	调整 R 方	标准估计的误差	更改统计量				
					R 方更改	F 更改	$df1$	$df2$	$sig. F$ 更改
1	0.328[a]	0.108	0.107	0.81478	0.108	157.116	5	6520	0.000

a. 测量变量：（常量），权利认知，利益认知，政治沟通认知，政治参与行为，公民满意度

表 7 - 12 - 2　　五种影响因素对"发展方向"的回归分析（二）

Anova[b]

模型		平方和	df	均方	F	$Sig.$
1	回归	521.519	5	104.304	157.116	0.000[a]
	残差	4328.413	6520	0.664		
	总计	4849.932	6525			

a. 预测变量：（常量），权利认知，利益认知，政治沟通认知，政治参与行为，公民满意度
b. 因变量：发展方向

表 7 - 12 - 3　　　五种影响因素对"发展方向"的回归分析（三）

系数[a]

模型		非标准化系数		标准系数	t	$Sig.$	B 的 95% 置信区间	
		B	标准误差	β			下限	上限
1	（常量）	1.934	0.137		14.148	0.000	1.666	2.202
	权利认知	0.231	0.015	0.217	15.471	0.000	0.202	0.260
	利益认知	-0.064	0.016	-0.048	-3.991	0.000	-0.095	-0.032
	政治沟通认知	0.152	0.016	0.140	9.416	0.000	0.121	0.184
	政治参与行为	-0.047	0.014	-0.043	-3.450	0.001	-0.073	-0.020
	公民满意度	0.044	0.013	0.046	3.279	0.001	0.018	0.071

a. 因变量：发展方向

对"权利认知"下的 10 个子项作进一步的回归检验（见表 7 - 12 - 4、表 7 - 12 - 5 和表 7 - 12 - 6），显示总体性的预测作用显著，$F(10, 6556) = 96.319$，$p < 0.001$，$R^2 = 0.128$。在用来检验的 10 个预测变量中，有 8 个变量对发展认同具有显著的预测作用（"权利意识"和"不了解权利"的预测作用不显著），预测作用较强的三个子项应是"权利重要性"（$\beta = 0.122$）、"权利有效保障"（$\beta = 0.087$）和"保障尚需改进"（$\beta = 0.081$）。

表 7 - 12 - 4   "权利认知"各子项对"发展方向"的回归分析（一）

模 型 汇 总

模型	R	R 方	调整 R 方	标准估计的误差	更改统计量				
					R 方更改	F 更改	$df1$	$df2$	$sig. F$ 更改
1	0.358[a]	0.128	0.127	0.80609	0.128	96.319	10	6556	0.000

a. 测量变量：（常量），权利意识，权利重要性，扩大公民权，不了解权利，权利不重要，权利有效保障，保障尚需改进，中国人权改善，侵权未受制裁，不应指责中国

表 7 - 12 - 5   "权利认知"各子项对"发展方向"的回归分析（二）

Anova[b]

模型		平方和	df	均方	F	$Sig.$
1	回归	625.857	10	62.586	96.319	0.000[a]
	残差	4259.942	6556	0.650		
	总计	4885.799	6566			

a. 预测变量：（常量），权利意识，权利重要性，扩大公民权，不了解权利，权利不重要，权利有效保障，保障尚需改进，中国人权改善，侵权未受制裁，不应指责中国
b. 因变量：发展方向

表 7 - 12 - 6　　　"权利认知"各子项对"发展方向"的回归分析（三）

系数^a

模型		非标准化系数		标准系数	t	Sig.	B 的 95% 置信区间	
		B	标准误差	β			下限	上限
1	（常量）	2.457	0.083		29.693	0.000	2.295	2.619
	权利意识	0.007	0.013	0.007	0.542	0.588	-0.018	0.032
	权利重要性	0.123	0.014	0.122	8.572	0.000	0.095	0.151
	扩大公民权	0.073	0.013	0.074	5.572	0.000	0.048	0.099
	不了解权利	-0.004	0.010	-0.004	-0.359	0.720	-0.023	0.016
	权利不重要	-0.052	0.009	-0.077	-5.958	0.000	-0.069	-0.035
	权利有效保障	0.080	0.012	0.087	6.574	0.000	0.056	0.103
	保障尚需改进	0.082	0.014	0.081	5.939	0.000	0.055	0.108
	中国人权改善	0.074	0.013	0.076	5.742	0.000	0.048	0.099
	侵权未受制裁	-0.044	0.010	-0.057	-4.554	0.000	-0.063	-0.025
	不应指责中国	0.058	0.011	0.064	5.193	0.000	0.036	0.080

a. 因变量：发展方向

　　从"权利认知"的角度对"发展方向"得分下降作进一步的解释，可以看出在"权利重要性认知"层面，2016 年问卷调查呈现的"权利重要性"得分小幅下降，可能带动了"发展方向"得分下降（"权利重要性"对"发展方向"具有正向的预测作用），表明民众的权利规定重要性认知水平下降，对中国发展方向的认可程度会有所降低。在"权利保障评价"层面，2016 年问卷调查呈现的"权利有效保障"得分较大幅度上升，可能带动了"发展方向"得分上升（"权利有效保障"对"发展方向"具有正向的预测作用），显示民众对基本权利得到很好保障的认可程度较大幅度提升，起的应是稳定和提高中国发展方向认知水平的重要作用。2016 年问卷调查呈现的"保障尚需改进"得分小幅提升，则可能带动了"发展方向"得分下降（"保障尚需改进"对"发展方向"有正向的预测作用，但前者是反向计分，所以实际影响应是反向的），显示的是民众对政府改善权利保障的要求越弱（反向计分的"保障尚需改进"得分上升，表明的是诉求强度转弱而不是增强），中国发展方向的认知水平会越低。

通过回归检验，可以看出民众对中国发展方向的认知水平之所以有所弱化，至少有四个因素起了重要的作用：一是民众对国家经济发展信心的减弱。二是民众对个人经济状况改善信心的减弱。三是民众对腐败导致危机认可程度的降低。四是民众的权利规定重要性认知水平下降。但是应该看到，社会建设信心的增强和民众对基本权利得到很好保障认可程度的提高，对于维系高水平的中国发展方向认知起了至关重要的作用。

（三）"国家发展与个人关系"的变化

在发展问题上，民众如何看待国家发展与个人的关系，具有重要的指标性意义。"国家发展与个人关系"的得分，由2012年3.92分下降到2016年的3.64分，下降了0.28分，表明对国家发展与个人的紧密性关系的认知程度有较大幅度下降。对于这样的现象，显然应该作出进一步的分析和解释。

以回归分析方法检验2016年问卷调查涉及的六种危机压力得分与"国家发展与个人关系"得分之间的关系（见表7-13-1、表7-13-2和表7-13-3），显示总体性的预测作用显著，$F(6, 6510) = 300.813$，$p < 0.001$，$R^2 = 0.217$。在用来检验的6个预测变量中，有5个变量对"国家发展与个人关系"具有显著的预测作用（只有"国际性危机压力"的预测作用不显著），预测作用较强的三种危机压力是"政治危机压力"（$\beta = 0.237$）、"文化危机压力"（$\beta = 0.199$）和"社会危机压力"（$\beta = 0.113$）。尽管这三种危机压力对"国家发展与个人关系"具有的都是正向的预测作用，但是"国家发展与个人关系"的计分是反向的，所以实际影响应该是反向的。2016年问卷调查显示的政治危机压力、文化危机压力增强，应是导致国家发展与个人紧密性关系认知弱化的重要原因，而最主要的不利影响应来自政治危机压力；社会危机压力的轻微减弱，所起的应是稳定甚至强化国家发展与个人紧密性关系认知的作用。

表 7 - 13 - 1　六种危机压力对"国家发展与个人关系"的回归分析（一）

模 型 汇 总

模型	R	R 方	调整 R 方	标准估计的误差	更改统计量				
					R 方更改	F 更改	df1	df2	sig. F 更改
1	0.466a	0.217	0.216	1.13309	0.217	300.813	6	6510	0.000

a. 测量变量：（常量），政治危机压力，经济危机压力，社会危机压力，文化危机压力，生态危机压力，国际性危机压力

表 7 - 13 - 2　六种危机压力对"国家发展与个人关系"的回归分析（二）

Anovab

模型		平方和	df	均方	F	Sig.
1	回归	2317.274	6	386.212	300.813	0.000a
	残差	8358.156	6510	1.284		
	总计	10675.430	6516			

a. 预测变量：（常量），政治危机压力，经济危机压力，社会危机压力，文化危机压力，生态危机压力，国际性危机压力
b. 因变量：国家发展与个人关系

表 7 - 13 - 3　六种危机压力对"国家发展与个人关系"的回归分析（三）

系数a

模型		非标准化系数		标准系数	t	Sig.	B 的 95% 置信区间	
		B	标准误差	β			下限	上限
1	（常量）	-0.505	0.112		-4.526	0.000	-0.723	-0.286
	政治危机压力	0.433	0.024	0.237	18.234	0.000	0.386	0.480
	经济危机压力	0.152	0.026	0.074	5.838	0.000	0.101	0.203
	社会危机压力	0.206	0.024	0.113	8.517	0.000	0.159	0.253
	文化危机压力	0.400	0.027	0.199	14.958	0.000	0.347	0.452
	生态危机压力	-0.151	0.020	-0.087	-7.511	0.000	-0.191	-0.112
	国际性危机压力	0.028	0.030	0.011	0.932	0.351	-0.031	0.087

a. 因变量：国家发展与个人关系

对预测作用较强的三种危机压力（政治危机压力、文化危机压力和社会危机压力）下的 10 个子项作进一步的回归检验（见表 7 - 13 - 4、表 7 - 13 - 5 和表 7 - 13 - 6），显示总体性的预测作用显著，F（10，6546）= 194.558，$p < 0.001$，$R^2 = 0.229$。在用来检验的 10 个预测变量中，有 9 个变量对"国家发展与个人关系"具有显著的预测作用（只有"文化危机可能性"的预测作用不显著），预测作用较强的四个子项是"民族冲突可能性"（$\beta = 0.203$）、"极端民族主义"（$\beta = 0.144$）、"社会冲突影响生活"（$\beta = 0.098$）和"政治危机可能性"（$\beta = 0.086$）。

表 7 - 13 - 4　　三种危机压力各子项对"国家发展与个人关系"的回归分析（一）

模型汇总									
模型	R	R 方	调整 R 方	标准估计的误差	更改统计量				
					R 方更改	F 更改	df1	df2	sig. F 更改
1	0.479[a]	0.229	0.228	1.12686	0.229	194.558	10	6546	0.000

a. 测量变量：（常量），政治危机可能性，民族冲突可能性，腐败带来危机，文化危机可能性，极端民族主义，民粹主义，价值观教化，社会危机可能性，社会冲突影响生活，社会建设信心

表 7 - 13 - 5　　三种危机压力各子项对"国家发展与个人关系"的回归分析（二）

Anova[b]					
模型		平方和	df	均方	F	Sig.
1	回归	2470.537	10	247.054	194.558	0.000[a]
	残差	8312.251	6546	1.270		
	总计	10782.788	6556			

a. 预测变量：（常量），政治危机可能性，民族冲突可能性，腐败带来危机，文化危机可能性，极端民族主义，民粹主义，价值观教化，社会危机可能性，社会冲突影响生活，社会建设信心
b. 因变量：国家发展与个人关系

表7-13-6　　三种危机压力各子项对"国家发展与个人关系"的
回归分析（三）

系数ᵃ

模型		非标准化系数		标准系数	t	Sig.	B 的 95% 置信区间	
		B	标准误差	β			下限	上限
1	（常量）	0.812	0.101		8.007	0.000	0.614	1.011
	政治危机可能性	0.104	0.017	0.086	6.242	0.000	0.071	0.136
	民族冲突可能性	0.233	0.016	0.203	14.447	0.000	0.202	0.265
	腐败带来危机	-0.091	0.013	-0.075	-6.764	0.000	-0.117	-0.064
	文化危机可能性	-0.001	0.016	-0.001	-0.072	0.943	-0.032	0.029
	极端民族主义	0.174	0.017	0.144	10.492	0.000	0.142	0.207
	民粹主义	0.068	0.013	0.060	5.225	0.000	0.043	0.094
	价值观教化	-0.126	0.017	-0.085	-7.426	0.000	-0.160	-0.093
	社会危机可能性	0.071	0.016	0.061	4.570	0.000	0.041	0.102
	社会冲突影响生活	0.109	0.015	0.098	7.496	0.000	0.080	0.137
	社会建设信心	0.034	0.016	0.024	2.135	0.033	0.003	0.066

a. 因变量：国家发展与个人关系

　　通过进一步的回归分析，可以看出在政治危机压力层面，对"国家发展与个人关系"影响最大的是民族因素和政治危机因素。2016年问卷调查呈现的"民族冲突可能性"得分上升，可能带动了"国家发展与个人关系"得分下降（"民族冲突可能性"对"国家发展与个人关系"具有正向的预测作用，但后者是反向计分，实际影响应是反向的），显示民众对民族冲突担忧的增强，会起到弱化国家发展与个人紧密关系认知的作用。2016年问卷调查呈现的"政治危机可能性"得分上升，也可能带动了"国家发展与个人关系"得分下降（"政治危机可能性"对"国家发展与个人关系"具有正向的预测作用，但后者是反向计分，实际影响应是反向的），显示民众越认为可能爆发政治危机，越会降低国家发展与个人紧密关系的认知水平。在文化危机压力层面,"极端民族主义"对"国家发展与个人关系"尤为重要。2016 年问卷调查呈现的"极端民族主义"得分上升,亦可能带动了"国家发展与个人关系"得分下降("极端民族主义"对"国家发展与个人关系"具有正向的预测作用,但后者是反向计分,实际影响应是反向的),表明极端民族主义情绪上涨,不利于国家发展与个人紧密关系的认知。在社会危机压力层面,2016 年问卷调查呈现的"社会冲突影响生活"得分上升,亦可能带动了"国家发展与个人关系"得分下降("社会冲突影响生活"对"国家发展与个人关系"具有正向的预测作用,但后者是反向计分,实际影响应是反向的),显示社会冲突对生活的影响增大,同样不利于国家发展与个人紧密关系的认知。

以回归分析方法检验 2016 年问卷调查涉及的五种影响因素得分与"国家发展与个人关系"得分之间的关系(见表 7 - 14 - 1、表 7 - 14 - 2 和表 7 - 14 - 3),显示总体性的预测作用显著,F(5,6522)= 201.577,$p < 0.001$,$R^2 = 0.134$。在用来检验的 5 个预测变量中,有 4 个变量对"国家发展与个人关系"具有显著的预测作用(只有"公民满意度"的预测作用不显著),预测作用最强的影响因素是"权利认知"($\beta = -0.260$)。尽管"权利认知"对"国家发展与个人关系"具有反向的预测作用,但是"国家发展与个人关系"的计分是反向的,所以实际影响应是正向的。2016 年问卷调查显示的权利认知总体水平的下降,所起的应是弱化国家发展与个人紧密关系认知的作用。

表 7 - 14 - 1　五种影响因素对"国家发展与个人关系"的回归分析(一)

模型汇总									
模型	R	R 方	调整 R 方	标准估计的误差	更改统计量				
					R 方更改	F 更改	df1	df2	sig. F 更改
1	0.366[a]	0.134	0.133	1.19512	0.134	201.577	5	6522	0.000

a. 测量变量:(常量),权利认知,利益认知,政治沟通认知,政治参与行为,公民满意度

表 7 - 14 - 2　五种影响因素对"国家发展与个人关系"的回归分析（二）

Anova[b]

模型		平方和	df	均方	F	Sig.
1	回归	1439.563	5	287.913	201.577	0.000[a]
	残差	9315.376	6522	1.428		
	总计	10754.939	6527			

a. 预测变量：（常量），权利认知，利益认知，政治沟通认知，政治参与行为，公民满意度
b. 因变量：国家发展与个人关系

表 7 - 14 - 3　五种影响因素对"国家发展与个人关系"的回归分析（三）

系数[a]

模型		非标准化系数		标准系数	t	Sig.	B 的 95% 置信区间	
		B	标准误差	β			下限	上限
1	（常量）	5.316	0.200		26.514	0.000	4.923	5.709
	权利认知	-0.411	0.022	-0.260	-18.811	0.000	-0.454	-0.369
	利益认知	0.257	0.023	0.129	10.999	0.000	0.211	0.303
	政治沟通认知	-0.187	0.024	-0.116	-7.885	0.000	-0.234	-0.141
	政治参与行为	-0.042	0.020	-0.026	-2.135	0.033	-0.082	-0.003
	公民满意度	-0.033	0.020	-0.023	-1.676	0.094	-0.072	0.006

a. 因变量：国家发展与个人关系

对"权利认知"下的 10 个子项作进一步的回归检验（见表 7 - 14 - 4、表 7 - 14 - 5 和表 7 - 14 - 6），显示总体性的预测作用显著，$F_{(10, 6558)} = 139.692$，$p < 0.001$，$R^2 = 0.176$。在用来检验的 10 个预测变量中，有 8 个变量对"国家发展与个人关系"具有显著的预测作用（"权利意识"和"扩大公民权"的预测作用不显著），预测作用较强的三个子项是"权利不重要"（$\beta = 0.286$）、"侵权未受制裁"（$\beta = 0.090$）和"保障尚需改进"（$\beta = -0.086$）。

表 7 - 14 - 4　　　"权利认知"各子项对"国家发展与个人关系"的
回归分析（一）

模 型 汇 总

模型	R	R 方	调整 R 方	标准估计的误差	更改统计量				
					R 方更改	F 更改	$df1$	$df2$	$sig. F$ 更改
1	0.419[a]	0.176	0.174	1.16564	0.176	139.692	10	6558	0.000

a. 测量变量：（常量），权利意识，权利重要性，扩大公民权，不了解权利，权利不重要，权利有效保障，保障尚需改进，中国人权改善，侵权未受制裁，不应指责中国

表 7 - 14 - 5　　　"权利认知"各子项对"国家发展与个人关系"的
回归分析（二）

Anova[b]

模型		平方和	df	均方	F	Sig.
1	回归	1898.015	10	189.802	139.692	0.000[a]
	残差	8910.433	6558	1.359		
	总计	10808.448	6568			

a. 预测变量：（常量），权利意识，权利重要性，扩大公民权，不了解权利，权利不重要，权利有效保障，保障尚需改进，中国人权改善，侵权未受制裁，不应指责中国
b. 因变量：国家发展与个人关系

表 7 - 14 - 6　　　"权利认知"各子项对"国家发展与个人关系"的
回归分析（三）

系数[a]

模型		非标准化系数		标准系数	t	Sig.	B 的 95% 置信区间	
		B	标准误差	β			下限	上限
1	（常量）	2.840	0.120		23.735	0.000	2.605	3.074
	权利意识	0.013	0.018	0.009	0.702	0.483	-0.023	0.048
	权利重要性	-0.106	0.021	-0.071	-5.123	0.000	-0.147	-0.066

系数 a

模型		非标准化系数		标准系数	t	Sig.	B 的 95% 置信区间	
		B	标准误差	β			下限	上限
1	扩大公民权	− 0.025	0.019	− 0.017	− 1.293	0.196	− 0.062	0.013
	不了解权利	0.033	0.015	0.027	2.246	0.025	0.004	0.061
	权利不重要	0.287	0.013	0.286	22.729	0.000	0.262	0.312
	权利有效保障	0.019	0.017	0.014	1.081	0.280	− 0.015	0.053
	保障尚需改进	− 0.129	0.020	− 0.086	− 6.498	0.000	− 0.168	− 0.090
	中国人权改善	− 0.106	0.019	− 0.073	− 5.698	0.000	− 0.142	− 0.069
	侵权未受制裁	0.102	0.014	0.090	7.358	0.000	0.075	0.129
	不应指责中国	− 0.109	0.016	− 0.081	− 6.765	0.000	− 0.140	− 0.077

a. 因变量：国家发展与个人关系

从"权利认知"的角度对"国家发展与个人关系"得分下降作进一步的解释，可以看出在"权利重要性认知"层面，2016 年问卷调查呈现的"权利不重要"得分大幅度下降，可能带动了"国家发展与个人关系"得分下降（"权利不重要"对"国家发展与个人关系"具有正向的预测作用，在两者都是反向计分的状态下，实际影响应是正向的），显示民众对权利与个人关系的忽视程度大幅度提高（反向计分的"权利不重要"得分下降，表明的是忽视权利与个人关系的程度增强），应是导致国家发展与个人紧密关系认知水平下降的一个重要原因。在"权利保障评价"层面，2016 年问卷调查呈现的"侵权未受制裁"得分大幅度下降，也可能带动了"国家发展与个人关系"得分下降（"侵权未受制裁"对"国家发展与个人关系"具有正向的预测作用，在两者都是反向计分的状态下，实际影响是正向的），显示出对侵权行为的纵容，也会对国家发展与个人紧密关系的认知起到较大的弱化作用。2016 年问卷调查呈现的"保障尚需改进"得分的小幅下降，可能带动了"国家发展与个人关系"得分上升

（"保障尚需改进"对"国家发展与个人关系"有反向的预测作用，在两者都是反向计分的状态下，实际影响是反向的），显示民众对政府改善权利保障的要求略有减弱（反向计分的"保障尚需改进"得分上升，表明的是诉求强度转弱而不是增强），对国家发展与个人紧密关系的认知起的是强化作用。

通过回归检验可以看出，国家发展与个人关系的紧密性认知程度下降，应特别注意以下原因：一是对民族冲突担忧程度的提高。二是对政治危机可能性判断的增强。三是极端民族主义情绪上涨。四是社会冲突对生活的影响增大。五是忽视权利与个人的关系。六是对侵犯公民权利行为的纵容。只有正视这些因素，并且认真解决与之有关的问题，才能使更多的民众相信国家的发展与个人的命运是紧密联系在一起的，才对国家发展更有信心。

（四）"中国发展道路"认可程度的提高

2016 年问卷调查显示，全体被试对"中国在全球化背景下已经找到了适合本国发展的道路"的认可程度明显提高，使得"中国发展道路"的得分由 2012 年的 3.64 分上升到 2016 年的 3.84 分，上升了 0.20 分，对维系"发展认同"的较高得分起了至关重要的作用。对于这样的得分大幅度上升现象，也应该以回归分析的方法解释其基本成因。

以回归分析方法检验 2016 年问卷调查涉及的六种危机压力得分与"中国发展道路"得分之间的关系（见表 7-15-1、表 7-15-2 和表 7-15-3），显示总体性的预测作用显著，$F(6, 6508) = 109.198$，$p < 0.001$，$R^2 = 0.091$。在用来检验的 6 个预测变量中，有 5 个变量对"中国发展道路"具有显著的预测作用（只有"文化危机压力"的预测作用不显著），预测作用较强的三种危机压力是"经济危机压力"（$\beta = -0.240$）、"社会危机压力"（$\beta = -0.077$）和"国际性危机压力"（$\beta = 0.061$）。由于前两种危机压力对"中国发展道路"具有的是反向的预测作用，显示的应是经济危机压力增强，起的是降低中国发展道路认可程度的作用；社会危机压力的轻微减弱，起的是稳定或提高中国发展道路认可程度的作用。由于"国际性

危机压力"对"中国发展道路"具有的是正向的预测作用，2016年问卷调查显示的国际性危机压力的轻微增强，起的也是稳定或提高中国发展道路认可程度的作用。

表7-15-1 六种危机压力对"中国发展道路"的回归分析（一）

模　型　汇　总

模型	R	R方	调整R方	标准估计的误差	更改统计量				
					R方更改	F更改	$df1$	$df2$	$sig. F$更改
1	0.302[a]	0.091	0.091	0.87663	0.091	109.198	6	6508	0.000

a. 测量变量：（常量），政治危机压力，经济危机压力，社会危机压力，文化危机压力，生态危机压力，国际性危机压力

经济危机压力和社会危机压力下的各子项已见前述，国际性性危机压力下有三个子项，一是"未来几年中国可能面临战争威胁"（简称"战争危机可能性"）；二是"国外势力的各种颠覆活动是威胁中国发展的主要危险"（简称"颠覆危险"）；三是"国际金融危机阻碍了中国经济的发展"（简称"金融危机影响"）。

表7-15-2 六种危机压力对"中国发展道路"的回归分析（二）

Anova[b]

模型		平方和	df	均方	F	Sig.
1	回归	503.497	6	83.916	109.198	0.000[a]
	残差	5001.235	6508	0.768		
	总计	5504.733	6514			

a. 预测变量：（常量），政治危机压力，经济危机压力，社会危机压力，文化危机压力，生态危机压力，国际性危机压力
b. 因变量：中国发展道路

表7 - 15 - 3　　六种危机压力对"中国发展道路"的回归分析（三）

系数[a]

模型		非标准化系数		标准系数	t	$Sig.$	B 的 95% 置信区间	
		B	标准误差	β			下限	上限
1	（常量）	4.920	0.086		57.037	0.000	4.751	5.090
	政治危机压力	− 0.051	0.018	− 0.039	− 2.794	0.005	− 0.087	− 0.015
	经济危机压力	− 0.354	0.020	− 0.240	− 17.616	0.000	− 0.394	− 0.315
	社会危机压力	− 0.100	0.019	− 0.077	− 5.356	0.000	− 0.137	− 0.064
	文化危机压力	0.023	0.021	0.016	1.129	0.259	− 0.017	0.064
	生态危机压力	− 0.067	0.016	− 0.054	− 4.269	0.000	− 0.097	− 0.036
	国际性危机压力	0.117	0.023	0.061	5.012	0.000	0.071	0.162

a. 因变量：中国发展道路

　　对预测作用较强的三种危机压力（经济危机压力、社会危机压力和国际性危机压力）下的 9 个子项作进一步的回归检验（见表7 - 15 - 4、表7 - 15 - 5 和表7 - 15 - 6），显示总体性的预测作用显著，$F (9, 6521) = 113.260$，$p < 0.001$，$R^2 = 0.135$。在用来检验的 9 个预测变量中，有 5 个变量对"中国发展道路"具有显著的预测作用（"经济危机可能性""社会危机可能性""战争危机可能性"和"颠覆危险"的预测作用不显著），预测作用较强的四个子项应是"国家经济发展信心"（$\beta = 0.199$）、"社会建设信心"（$\beta = 0.174$）、"个人经济发展信心"（$\beta = 0.105$）和"金融危机影响"（$\beta = 0.047$）。

表7 - 15 - 4　　三种危机压力各子项对"中国发展道路"的回归分析（一）

模 型 汇 总

模型	R	R 方	调整 R 方	标准估计的误差	更改统计量				
					R 方更改	F 更改	df1	df2	sig. F 更改
1	0.368[a]	0.135	0.134	0.85618	0.135	113.260	9	6521	0.000

a. 测量变量：（常量），经济危机可能性，国家经济发展信心，个人经济发展信心，社会危机可能性，社会冲突影响生活，社会建设信心，战争危机可能性，颠覆危险，金融危机影响

通过进一步的回归分析，可以看出"信心"要素对"中国发展道路"最为重要。在经济危机压力层面，2016年问卷调查呈现的"国家经济发展信心"和"个人经济发展信心"得分的上升，都可能带动了"中国发展道路"得分下降（"国家经济发展信心"和"个人经济发展信心"都对"中国发展道路"具有正向的预测作用，但两种信心都是反向计分，所以实际影响应是反向的），显示民众对国家经济发展和个人经济状况改善的信心减弱（反向计分的两种信心得分上升，表明的是信心减弱而不是增强），起的应是弱化中国发展道路认知的作用。在社会危机压力层面，2016年问卷调查呈现的"社会建设信心"得分大幅度下降，可能带动的是"中国发展道路"得分上升（"社会建设信心"对"中国发展道路"具有正向的预测作用，但前者是反向计分，所以实际影响是反向的），表明民众社会建设信心的大幅度增强（反向计分的"社会建设信心"得分下降，表明的是信心增强），起的应是提高中国发展道路认知水平的作用。在国际性危机压力层面，2016年问卷调查呈现的"金融危机影响"得分上升，也可能带动了"中国发展道路"得分上升（"金融危机影响"对"中国发展道路"具有正向的预测作用），显示认可国际金融危机阻碍中国经济发展的态度趋强，对提升中国发展道路认知水平也起了重要的作用。

表7-15-5　三种危机压力各子项对"中国发展道路"的回归分析（二）

				Anova[b]		
模型		平方和	df	均方	F	Sig.
1	回归	747.217	9	83.024	113.260	0.000[a]
	残差	4780.169	6521	0.733		
	总计	5527.386	6530			

a. 预测变量：（常量），经济危机可能性，国家经济发展信心，个人经济发展信心，社会危机可能性，社会冲突影响生活，社会建设信心，战争危机可能性，颠覆危险，金融危机影响

b. 因变量：中国发展道路

表 7 – 15 – 6　三种危机压力各子项对"中国发展道路"的回归分析（三）

系数[a]

模型	非标准化系数		标准系数	t	Sig.	B 的 95% 置信区间	
	B	标准误差	β			下限	上限
（常量）	1.982	0.083		23.979	0.000	1.820	2.144
1 经济危机可能性	– 0.022	0.012	– 0.024	– 1.828	0.068	– 0.045	0.002
国家经济发展信心	0.225	0.015	0.199	15.300	0.000	0.197	0.254
个人经济发展信心	0.104	0.013	0.105	8.156	0.000	0.079	0.129
社会危机可能性	– 0.017	0.012	– 0.020	– 1.414	0.157	– 0.039	0.006
社会冲突影响生活	– 0.036	0.011	– 0.045	– 3.374	0.001	– 0.057	– 0.015
社会建设信心	0.177	0.012	0.174	14.354	0.000	0.153	0.202
战争危机可能性	– 0.004	0.012	– 0.004	– 0.320	0.749	– 0.027	0.019
颠覆危险	0.004	0.012	0.005	0.345	0.730	– 0.019	0.027
金融危机影响	0.043	0.012	0.047	3.549	0.000	0.019	0.066

a. 因变量：中国发展道路

　　以回归分析方法检验 2016 年问卷调查涉及的五种影响因素得分与"中国发展道路"得分之间的关系（见表 7 – 16 – 1、表 7 – 16 – 2 和表 7 – 16 – 3），显示总体性的预测作用显著，$F_{(5, 6520)} = 104.561$，$p < 0.001$，$R^2 = 0.074$。在用来检验的 5 个预测变量中，有 4 个变量对"中国发展道路"具有显著的预测作用（只有"利益认知"的预测作用不显著），预测作用最强的影响因素是"权利认知"（$\beta = 0.156$）。由于"权利认知"对"中国发展道路"具有正向的预测作用，2016 年问卷调查显示的权利认知总体水平的下降，所起的应是降低中国发展道路认可程度的作用。

表 7-16-1　五种影响因素对"中国发展道路"的回归分析（一）

模 型 汇 总

模型	R	R 方	调整 R 方	标准估计的误差	更改统计量				
					R 方更改	F 更改	df1	df2	sig. F 更改
1	0.272[a]	0.074	0.074	0.88697	0.074	104.561	5	6520	0.000

a. 测量变量：（常量），权利认知，利益认知，政治沟通认知，政治参与行为，公民满意度

表 7-16-2　五种影响因素对"中国发展道路"的回归分析（二）

Anova[b]

模型		平方和	df	均方	F	Sig.
1	回归	411.297	5	82.259	104.561	0.000[a]
	残差	5129.340	6520	0.787		
	总计	5540.637	6525			

a. 预测变量：（常量），权利认知，利益认知，政治沟通认知，政治参与行为，公民满意度
b. 因变量：中国发展道路

表 7-16-3　五种影响因素对"中国发展道路"的回归分析（三）

系数[a]

模型		非标准化系数		标准系数	t	Sig.	B 的 95% 置信区间	
		B	标准误差	β			下限	上限
1	（常量）	1.658	0.149		11.140	0.000	1.366	1.950
	权利认知	0.178	0.016	0.156	10.940	0.000	0.146	0.209
	利益认知	0.017	0.017	0.012	0.953	0.341	-0.017	0.051
	政治沟通认知	0.139	0.018	0.120	7.885	0.000	0.104	0.173
	政治参与行为	-0.083	0.015	-0.071	-5.623	0.000	-0.112	-0.054
	公民满意度	0.072	0.015	0.070	4.918	0.000	0.043	0.101

a. 因变量：中国发展道路

对"权利认知"下的 10 个子项作进一步的回归检验（见表 7 - 16 - 4、表 7 - 16 - 5 和表 7 - 16 - 6），显示总体性的预测作用显著，F（10，6556）$= 70.664$，$p < 0.001$，$R^2 = 0.097$。在用来检验的 10 个预测变量中，有 9 个变量对"中国发展道路"具有显著的预测作用（"权利不重要"预测作用不显著），预测作用较强的三个子项应是"中国人权改善"（$\beta = 0.137$）、"权利有效保障"（$\beta = 0.105$）和"不应指责中国"（$\beta = 0.081$）。

表 7 - 16 - 4 　"权利认知"各子项对"中国发展道路"的回归分析（一）

模 型 汇 总

模型	R	R 方	调整 R 方	标准估计的误差	更改统计量				
					R 方更改	F 更改	df1	df2	sig. F 更改
1	0.312[a]	0.097	0.096	0.87610	0.097	70.664	10	6556	0.000

a. 测量变量：（常量），权利意识，权利重要性，扩大公民权，不了解权利，权利不重要，权利有效保障，保障尚需改进，中国人权改善，侵权未受制裁，不应指责中国

表 7 - 16 - 5 　"权利认知"各子项对"中国发展道路"的回归分析（二）

Anova[b]

模型		平方和	df	均方	F	Sig.
1	回归	542.386	10	54.239	70.664	0.000[a]
	残差	5032.064	6556	0.768		
	总计	5574.450	6566			

a. 预测变量：（常量），权利意识，权利重要性，扩大公民权，不了解权利，权利不重要，权利有效保障，保障尚需改进，中国人权改善，侵权未受制裁，不应指责中国
b. 因变量：中国发展道路

表 7 – 16 – 6　"权利认知"各子项对"中国发展道路"的回归分析（三）

系数ᵃ

模型		非标准化系数		标准系数	t	Sig.	B 的 95% 置信区间	
		B	标准误差	β			下限	上限
1	（常量）	2.005	0.090		22.283	0.000	1.829	2.182
	权利意识	0.034	0.014	0.035	2.475	0.013	0.007	0.061
	权利重要性	0.041	0.016	0.038	2.630	0.009	0.010	0.072
	扩大公民权	0.058	0.014	0.055	4.070	0.000	0.030	0.086
	不了解权利	− 0.022	0.011	− 0.025	− 1.970	0.049	− 0.043	0.000
	权利不重要	0.018	0.010	0.025	1.891	0.059	− 0.001	0.037
	权利有效保障	0.103	0.013	0.105	7.813	0.000	0.077	0.129
	保障尚需改进	0.039	0.015	0.036	2.604	0.009	0.010	0.068
	中国人权改善	0.142	0.014	0.137	10.168	0.000	0.114	0.169
	侵权未受制裁	− 0.027	0.010	− 0.033	− 2.556	0.011	− 0.047	− 0.006
	不应指责中国	0.078	0.012	0.081	6.441	0.000	0.054	0.102

a. 因变量：中国发展道路

从"权利认知"的角度对"中国发展道路"得分上升作进一步的解释，可以看出起关键性作用的预测变量主要体现在"权利保障评价"层面。2016 年问卷调查呈现的"中国人权改善"得分上升，可能带动了"中国发展道路"得分上升（"中国人权改善"对"中国发展道路"有正向的预测作用），显示民众对中国的人权状况改善正面评价提高，对中国发展道路的认知水平也会相应提高。2016 年问卷调查呈现的"权利有效保障"得分较大幅度上升，也可能带动了"中国发展道路"得分上升（"权利有效保障"对"中国发展道路"具有正向的预测作用），显示对基本权利得到很好保障的认可程度较大幅度提升，对中国发展道路的认知水平也会相应提升。2016 年问卷调查呈现的"不应指责中国"得分的小幅下降，对降低"中国发展道路"得分应有一定的影响（"不应指责中国"对"中国发展道路"有正向的预测作用），表明民众反感西方国家对中国的人权状况指手划脚的情绪略有降低，对中国发展道路认知起的是弱化作用。

从回归分析可以看出，2016 年问卷调查反映出的民众对中国发展道路认可程度的增强，应主要得益于四个方面的重要变化：一是民众的社会建设信心明显增强。二是民众对国际金融危机阻碍中国经济发展的认可态度趋强。三是民众对中国人权状况的改善给出了更为积极的评价。四是民众对公民基本权利保障给予了更高的肯定。但是需要注意的是，民众对经济发展的信心（无论是对国家经济发展的信心，还是对个人经济状况改善的信心），对认可中国发展道路具有不可忽视的作用，信心减弱会弱化对中国发展道路的认可程度，所以亟需改变"经济发展信心滑坡"的现象。

三　文化认同呈现的重要变化

2016 年问卷调查与 2012 年相比，唯一一项得分上升的认同指标是文化认同，由 2012 年的 3.44 分上升到 2016 年的 3.48 分，尽管得分上升的幅度小于 0.05 分（上升 0.04 分），不需要对这样的得分作进一步的回归检验，但是文化认同下的各子项得分的增减幅度都大于或等于 0.05 分，需要作进一步的分析和检验，并以此来说明文化认同所呈现的一些重要变化。

（一）文化传统性认知水平的提高

"文化传统性认知"是文化认同的一项重要内容。2012 年和 2016 年两次问卷调查都显示中国民众的"文化传统性认知"达到了较高水平，尤其是 2016 年与 2012 年相比，"文化传统性认知"的得分上升了 0.05 分（2012 年 3.90 分，2016 年 3.95 分），表明中国民众对文化传统性的认识水平有所提高。为什么会出现这样的现象，可以通过回归分析作进一步的说明。

以回归分析方法检验 2016 年问卷调查所显示的六种危机压力得分与"文化传统性认知"得分之间的关系（见表 7 - 17 - 1、表 7 - 17 - 2

和表 7 - 17 - 3），显示总体性的预测作用显著，$F（6, 6510）=$
$61.706, p < 0.001, R^2 = 0.054$。用来检验的 6 个预测变量都对"文化传
统性认知"具有显著的预测作用，预测作用较强的三种危机压力应是
"经济危机压力"（$\beta = -0.171$）、"政治危机压力"（$\beta = -0.080$）和
"国际性危机压力"（$\beta = 0.073$）。由于前两种危机压力对"文化传
统性认知"具有的是反向的预测作用，显示的是经济危机压力和政治危
机压力增强，起的是降低文化传统性认知水平的作用，而且最主要的
不利影响应来自经济危机压力。由于"国际性危机压力"对"文化传
统性认知"具有的是正向的预测作用，2016 年问卷调查显示的国际性
危机压力轻微增强，起的应是稳定或提高文化传统性认知水平的作用。

表 7 - 17 - 1　六种危机压力对"文化传统性认知"的回归分析（一）

模 型 汇 总									
模型	R	R 方	调整 R 方	标准估计的误差	更改统计量				
					R 方更改	F 更改	$df1$	$df2$	$sig. F$ 更改
1	0.232ª	0.054	0.053	0.92735	0.054	61.706	6	6510	0.000

a. 测量变量：（常量），政治危机压力，经济危机压力，社会危机压力，文化危机压力，生态危机压力，国际性危机压力

表 7 - 17 - 2　六种危机压力对"文化传统性认知"的回归分析（二）

Anovaᵇ					
模型		平方和	df	均方	F	Sig.
1	回归	318.399	6	53.066	61.706	0.000ª
	残差	5598.485	6510	0.860		
	总计	5916.884	6516			

a. 预测变量：（常量），政治危机压力，经济危机压力，社会危机压力，文化危机压力，生态危机压力，国际性危机压力
b. 因变量：文化传统性认知

表 7 - 17 - 3　　六种危机压力对"文化传统性认知"的回归分析（三）

系数[a]

模型		非标准化系数		标准系数	t	Sig.	B 的 95% 置信区间	
		B	标准误差	β			下限	上限
1	（常量）	4.486	0.091		49.158	0.000	4.307	4.665
	政治危机压力	-0.109	0.019	-0.080	-5.590	0.000	-0.147	-0.071
	经济危机压力	-0.261	0.021	-0.171	-12.287	0.000	-0.303	-0.220
	社会危机压力	-0.045	0.020	-0.033	-2.270	0.023	-0.084	-0.006
	文化危机压力	-0.043	0.022	-0.029	-1.987	0.047	-0.086	-0.001
	生态危机压力	0.065	0.016	0.051	3.950	0.000	0.033	0.097
	国际性危机压力	0.144	0.025	0.073	5.868	0.000	0.096	0.193

a. 因变量：文化传统性认知

对预测作用较强的三种危机压力（经济危机压力、政治危机压力和国际性危机压力）下的 9 个子项作进一步的回归检验（见表 7 - 17 - 4、表 7 - 17 - 5 和表 7 - 17 - 6），显示总体性的预测作用显著，$F(9, 6532) = 48.079$，$p < 0.001$，$R^2 = 0.062$。在用来检验的 9 个预测变量中，有 8 个变量对"文化传统性认知"具有显著的预测作用（只有"政治危机可能性"的预测作用不显著），预测作用较强的四个子项应是"国家经济发展信心"（$\beta = 0.129$）、"腐败带来危机"（$\beta = 0.125$）、"个人经济发展信心"（$\beta = 0.076$）和"经济危机可能性"（$\beta = -0.061$）。

表 7 - 17 - 4　　三种危机压力各子项对"文化传统性认知"的回归分析（一）

模 型 汇 总

模型	R	R 方	调整 R 方	标准估计的误差	更改统计量				
					R 方更改	F 更改	df1	df2	sig. F 更改
1	0.249[a]	0.062	0.061	0.92360	0.062	48.079	9	6532	0.000

a. 测量变量：（常量），经济危机可能性，国家经济发展信心，个人经济发展信心，政治危机可能性，民族冲突可能性，腐败带来危机，战争危机可能性，颠覆危险，金融危机影响

表7-17-5 三种危机压力各子项对"文化传统性认知"的回归分析（二）

Anova[b]

模型		平方和	df	均方	F	Sig.
	回归	369.117	9	41.013	48.079	0.000[a]
1	残差	5572.028	6532	0.853		
	总计	5941.145	6541			

a. 预测变量：（常量），经济危机可能性，国家经济发展信心，个人经济发展信心，政治危机可能性，民族冲突可能性，腐败带来危机，战争危机可能性，颠覆危险，金融危机影响
b. 因变量：文化传统性认知

表7-17-6 三种危机压力各子项对"文化传统性认知"的回归分析（三）

系数[a]

模型	非标准化系数		标准系数	t	Sig.	B的95%置信区间	
	B	标准误差	β			下限	上限
（常量）	2.869	0.089		32.282	0.000	2.695	3.044
经济危机可能性	-0.056	0.013	-0.061	-4.189	0.000	-0.083	-0.030
国家经济发展信心	0.152	0.016	0.129	9.635	0.000	0.121	0.183
个人经济发展信心	0.078	0.014	0.076	5.755	0.000	0.052	0.105
政治危机可能性	-0.010	0.014	-0.011	-0.739	0.460	-0.037	0.017
民族冲突可能性	-0.046	0.013	-0.054	-3.550	0.000	-0.071	-0.020
腐败带来危机	0.112	0.011	0.125	10.192	0.000	0.090	0.133
战争危机可能性	0.039	0.013	0.044	3.119	0.002	0.015	0.064
颠覆危险	-0.034	0.012	-0.038	-2.701	0.007	-0.058	-0.009
金融危机影响	0.028	0.013	0.029	2.145	0.032	0.002	0.053

（最左侧列"模型"第1行标注为 1）

a. 因变量：文化传统性认知

通过进一步的回归分析，可以看出在经济危机压力层面，2016年问卷调查呈现的"国家经济发展信心"和"个人经济发展信心"得分的上升，都可能带动了"文化传统性认知"得分下降（"国家经济发展信心"和"个人经济发展信心"都对"文化传统性认知"具有正向的预测作用，但两种信心都是反向计分，所以实际影响应是反向的），显示民众对国家经济发展和个人经济状况改善的信心减弱（反向计分的两种信心得分上升，表明的是信心减弱），起的应是弱化文化传统性认知的作用。与之相对应的是，2016年问卷调查呈现的"经济危机可能性"得分上升，也可能带动了"文化传统性认知"得分下降（"经济危机可能性"对"文化传统性认知"具有反向的预测作用），显示民众越认为有发生经济危机的可能，文化传统性认知水平会越低。在政治危机压力层面，2016年问卷调查呈现的"腐败带来危机"得分较大幅度上升，可能带动了"文化传统性认知"得分下降（"腐败带来危机"对"文化传统性认知"具有正向的预测作用，但前者是反向计分，所以实际影响是反向的），显示的是民众对腐败导致危机认可程度的较大幅度降低（反向计分的"腐败带来危机"得分上升，表明的是认可程度降低而不是提高），应是带动文化传统性认知水平下降的重要原因。

以回归分析方法检验2016年问卷调查所显示的五种影响因素得分与"文化传统性认知"的关系（见表7-18-1、表7-18-2和表7-18-3），显示总体性的预测作用显著，$F(5, 6521) = 79.648$，$p < 0.001$，$R^2 = 0.058$。在用来检验的5个预测变量中，有4个变量对"文化传统性认知"具有显著的预测作用（只有"公民满意度"的预测作用不显著），预测作用最强的影响因素是"权利认知"（$\beta = 0.176$）。由于"权利认知"对"文化传统性认知"具有正向的预测作用，2016年问卷调查显示的权利认知总体水平的下降，起的也是降低文化传统性认知水平的作用。

表 7 - 18 - 1　五种影响因素对"文化传统性认知"的回归分析（一）

模　型　汇　总

模型	R	R方	调整R方	标准估计的误差	更改统计量				
					R方更改	F更改	df1	df2	sig. F更改
1	0.240[a]	0.058	0.057	0.92685	0.058	79.648	5	6521	0.000

a. 测量变量：（常量），权利认知，利益认知，政治沟通认知，政治参与行为，公民满意度

表 7 - 18 - 2　五种影响因素对"文化传统性认知"的回归分析（二）

Anova[b]

模型		平方和	df	均方	F	Sig.
1	回归	342.112	5	68.422	79.648	0.000[a]
	残差	5601.915	6521	0.859		
	总计	5944.027	6526			

a. 预测变量：（常量），权利认知，利益认知，政治沟通认知，政治参与行为，公民满意度
b. 因变量：文化传统性认知

表 7 - 18 - 3　五种影响因素对"文化传统性认知"的回归分析（三）

系数[a]

模型		非标准化系数		标准系数	t	Sig.	B 的 95% 置信区间	
		B	标准误差	β			下限	上限
1	（常量）	2.600	0.156		16.719	0.000	2.295	2.905
	权利认知	0.207	0.017	0.176	12.188	0.000	0.173	0.240
	利益认知	-0.102	0.018	-0.069	-5.632	0.000	-0.138	-0.067
	政治沟通认知	0.102	0.018	0.085	5.525	0.000	0.066	0.138
	政治参与行为	-0.047	0.015	-0.039	-3.074	0.002	-0.078	-0.017
	公民满意度	0.026	0.015	0.024	1.673	0.094	-0.004	0.056

a. 因变量：文化传统性认知

对"权利认知"下的 10 个子项作进一步的回归检验（见表 7-18-4、表 7-18-5 和表 7-18-6），显示总体性的预测作用显著，$F_{(10, 6557)} = 45.540$，$p < 0.001$，$R^2 = 0.065$。在用来检验的 10 个预测变量中，有 8 个变量对"文化传统性认知"具有显著的预测作用（"扩大公民权"和"权利有效保障"预测作用不显著），预测作用较强的三个子项应是"保障尚需改进"（$\beta = 0.074$）、"不应指责中国"（$\beta = 0.070$）和"权利重要性"（$\beta = 0.063$）。

表 7-18-4 "权利认知"各子项对"文化传统性认知"的回归分析（一）

模 型 汇 总

模型	R	R 方	调整 R 方	标准估计的误差	更改统计量				
					R 方更改	F 更改	$df1$	$df2$	$sig. F$ 更改
1	0.255[a]	0.065	0.064	0.92352	0.065	45.540	10	6557	0.000

a. 测量变量：（常量），权利意识，权利重要性，扩大公民权，不了解权利，权利不重要，权利有效保障，保障尚需改进，中国人权改善，侵权未受制裁，不应指责中国

表 7-18-5 "权利认知"各子项对"文化传统性认知"的回归分析（二）

Anova[b]

模型		平方和	df	均方	F	Sig.
1	回归	388.410	10	38.841	45.540	0.000[a]
	残差	5592.427	6557	0.853		
	总计	5980.837	6567			

a. 预测变量：（常量），权利意识，权利重要性，扩大公民权，不了解权利，权利不重要，权利有效保障，保障尚需改进，中国人权改善，侵权未受制裁，不应指责中国
b. 因变量：文化传统性认知

表 7 - 18 - 6　"权利认知"各子项对"文化传统性认知"的回归分析（三）

系数ᵃ

模型	非标准化系数		标准系数	t	Sig.	B 的 95% 置信区间	
	B	标准误差	β			下限	上限
（常量）	2.795	0.095		29.466	0.000	2.609	2.980
权利意识	0.060	0.014	0.059	4.157	0.000	0.032	0.088
权利重要性	0.071	0.016	0.063	4.290	0.000	0.038	0.103
扩大公民权	0.022	0.015	0.020	1.432	0.152	-0.008	0.051
不了解权利	-0.024	0.012	-0.027	-2.109	0.035	-0.047	-0.002
1 权利不重要	-0.039	0.010	-0.052	-3.908	0.000	-0.059	-0.020
权利有效保障	0.008	0.014	0.007	0.543	0.587	-0.020	0.035
保障尚需改进	0.083	0.016	0.074	5.249	0.000	0.052	0.113
中国人权改善	0.063	0.015	0.059	4.299	0.000	0.034	0.092
侵权未受制裁	-0.044	0.011	-0.052	-3.970	0.000	-0.065	-0.022
不应指责中国	0.070	0.013	0.070	5.502	0.000	0.045	0.095

a. 因变量：文化传统性认知

从"权利认知"的角度看，在"权利重要性认知"层面，2016年问卷调查呈现的"权利重要性"得分小幅下降，可能带动了"文化传统性认知"得分下降（"权利重要性"对"文化传统性认知"具有正向的预测作用），表明权利规定重要性认知水平下降，文化传统性认知水平也会相应下降。在"权利保障评价"层面，一方面要注意政府在权利保障方面发挥的重要作用，2016年问卷调查呈现的"保障尚需改进"得分小幅提升，可能带动了"文化传统性认知"得分下降（"保障尚需改进"对"文化传统性认知"有正向的预测作用，但前者是反向计分，所以实际影响是反向的），显示的是民众对政府改善权利保障的要求越弱（反向计分的"保障尚需改进"得分上升，表明的是诉求强度转弱而不是增强），文化传统性认知的水平会越低。2016 年问卷调查呈现的"不应指责中国"得分的小幅下降，对降低"文化传统性认知"得分也应有一定的影响（"不应指责中国"对"文化传统性认知"有正向的预测作用），表明民众反感西方国家对中国的人权状况指手划脚的情绪略有降低，对文化传统性认知起的是弱化作用。

以上回归检验结果，呈现的都是使文化传统性认知水平下降的因素，但是"文化传统性认知"得分毕竟有所提高，使得我们不能不考虑来自其他因素的影响，并注意到了以下现象。一是生态危机压力的大幅度增强，起到了提高文化传统性认知水平的重要作用（"生态危机压力"对"文化传统性认知"具有显著的正向预测作用）。二是社会危机压力的轻微下降，起的是稳定和提高文化传统性认知水平的作用（"社会危机压力"对"文化传统性认知"具有显著的反向预测作用）。三是利益认知总体水平的小幅下降，起的也是稳定和提高文化传统性认知水平的作用（"利益认知总分"对"文化传统性认知"具有显著的反向预测作用）。四是政治参与行为水平的大幅度下降，起的是提高文化传统性认知水平的重要作用（"政治参与行为总分"对"文化传统性认知"具有显著的反向预测作用）。从稳定和提升"文化传统性认知"得分的这些因素可以看出，民众在现实世界中面临较多问题时（尤其是生态问题和政治参与问题），可能产生对传统文化的留恋，以回味"旧日的辉煌"来冲淡对现实的不满，使得"文化传统性认知"不可避免地带有一定的"虚幻"成分（不少人认为自己与传统文化有密切的关系，并且对"回归传统文化"抱有过高的期望值）。这样的逻辑关系当然不适用于所有人（尤其是不适用于对传统文化功能抱质疑态度的人），但是对于不愿意多想现实问题的人，以及盲信传统文化无所不能的人，应该是较为适用的。

（二）文化多元性认知的变化

"文化多元性认知"也是文化认同的一项重要内容。问卷调查显示的"文化多元性认知"得分，由 2012 年的 2.49 分下降到 2016 年的 2.43 分，下降了 0.06 分。由于"文化多元性认知"是反向计分项目，得分下降显示的是民众对文化多元性认知的增强。对于这样的现象，需要通过回归分析作进一步的解释。

以回归分析方法检验 2016 年问卷调查涉及的六种危机压力得分与"文化多元性认知"得分之间的关系（见表 7 - 19 - 1、表 7 - 19 - 2 和表 7 - 19 - 3），显示总体性的预测作用显著，F（6，6507）$= 21.558$，$p < 0.001$，$R^2 = 0.019$。在用来检验的 6 个预测变量中，有 5 个变量对"文化多元性认知"具有显著的预测作用（只有"文化危机压力"的预测作用不显著），预测作用较强的三种危机压力是"经济危机压力"（$\beta = -0.111$）、"政治危机压力"（$\beta = 0.082$）和"社会危机压力"（$\beta = 0.057$）。政治危机压力和社会危机压力对"文化多元性认知"具有的都是正向的预测作用，但是在"文化多元性认知"处于反向计分的状态下，其实际影响应该是反向的。2016 年问卷调查显示的"政治危机压力"得分上升，可能带动了"文化多元性认知"得分下降，起的是强化文化多元性认知的作用；"社会危机压力"得分下降，可能带动了"文化多元性认知"得分上升，起的是弱化文化多元性认知的作用。对"文化多元性认知"具有反向预测作用的经济危机压力，在"文化多元性认知"处于反向计分的状态下，其实际影响应该是正向的。2016 年问卷调查显示的"经济危机压力"得分上升，可能带动了"文化多元性认知"得分上升，起的是弱化文化多元性认知的作用。

表 7 - 19 - 1　六种危机压力对"文化多元性认知"的回归分析（一）

模 型 汇 总

模型	R	R方	调整 R方	标准估计的误差	更改统计量				
					R方更改	F更改	df1	df2	sig. F更改
1	0.140ª	0.019	0.019	1.03476	0.019	21.558	6	6507	0.000

a. 测量变量：（常量），政治危机压力，经济危机压力，社会危机压力，文化危机压力，生态危机压力，国际性危机压力

表7-19-2　六种危机压力对"文化多元性认知"的回归分析（二）

Anova[b]

模型		平方和	df	均方	F	Sig.
1	回归	138.496	6	23.083	21.558	0.000[a]
	残差	6967.222	6507	1.071		
	总计	7105.718	6513			

a. 预测变量：（常量），政治危机压力，经济危机压力，社会危机压力，文化危机压力，生态危机压力，国际性危机压力
b. 因变量：文化多元性认知

表7-19-3　六种危机压力对"文化多元性认知"的回归分析（三）

系数[a]

模型	非标准化系数		标准系数	t	Sig.	B 的95%置信区间	
	B	标准误差	β			下限	上限
1	（常量）	3.010	0.102		29.558	0.000	2.810	3.210
	政治危机压力	0.122	0.022	0.082	5.648	0.000	0.080	0.165
	经济危机压力	-0.186	0.024	-0.111	-7.842	0.000	-0.233	-0.140
	社会危机压力	0.084	0.022	0.057	3.812	0.000	0.041	0.128
	文化危机压力	0.041	0.024	0.025	1.666	0.096	-0.007	0.089
	生态危机压力	0.043	0.018	0.030	2.315	0.021	0.007	0.079
	国际性危机压力	0.062	0.027	0.029	2.241	0.025	0.008	0.115

a. 因变量：文化多元性认知

　　对预测作用较强的三种危机压力（经济危机压力、政治危机压力和社会危机压力）下的9个子项作进一步的回归检验（见表7-19-4、表7-19-5和表7-19-6），显示总体性的预测作用显著，$F_{(9, 6530)} = 27.299$，$p < 0.001$，$R^2 = 0.036$。在用来检验的9个预

测变量中，有 6 个变量对"文化多元性认知"具有显著的预测作用（"经济危机可能性""民族冲突可能性"和"腐败带来危机"的预测作用不显著），预测作用较强的四个子项是"个人经济发展信心"（$\beta = 0.076$）、"社会危机可能性"（$\beta = 0.067$）、"国家经济发展信心"（$\beta = 0.055$）和"社会建设信心"（$\beta = 0.055$）。

表 7 – 19 – 4 三种危机压力各子项对"文化多元性认知"的
回归分析（一）

模 型 汇 总

模型	R	R 方	调整 R 方	标准估计的误差	更改统计量				
					R 方更改	F 更改	$df1$	$df2$	$sig. F$ 更改
1	0.190^{a}	0.036	0.035	1.02639	0.036	27.299	9	6530	0.000

a. 测量变量：（常量），经济危机可能性，国家经济发展信心，个人经济发展信心，政治危机可能性，民族冲突可能性，腐败带来危机，社会危机可能性，社会冲突影响生活，社会建设信心

表 7 – 19 – 5 三种危机压力各子项对"文化多元性认知"的
回归分析（二）

Anova[b]

模型		平方和	df	均方	F	Sig.
1	回归	258.831	9	28.759	27.299	0.000^{a}
	残差	6879.235	6530	1.053		
	总计	7138.067	6539			

a. 预测变量：（常量），经济危机可能性，国家经济发展信心，个人经济发展信心，政治危机可能性，民族冲突可能性，腐败带来危机，社会危机可能性，社会冲突影响生活，社会建设信心
b. 因变量：文化多元性认知

表 7 – 19 – 6　三种危机压力各子项对"文化多元性认知"的
回归分析（三）

系数[a]

模型	非标准化系数		标准系数	t	Sig.	B 的 95% 置信区间	
	B	标准误差	β			下限	上限
（常量）	2.201	0.100		21.972	0.000	2.005	2.397
经济危机可能性	0.024	0.015	0.023	1.572	0.116	− 0.006	0.053
国家经济发展信心	0.071	0.018	0.055	3.996	0.000	0.036	0.106
个人经济发展信心	0.085	0.015	0.076	5.575	0.000	0.055	0.115
政治危机可能性	0.050	0.015	0.051	3.216	0.001	0.019	0.080
民族冲突可能性	0.015	0.015	0.016	1.033	0.302	− 0.013	0.043
腐败带来危机	− 0.013	0.012	− 0.013	− 1.080	0.280	− 0.037	0.011
社会危机可能性	0.064	0.014	0.067	4.486	0.000	0.036	0.092
社会冲突影响生活	0.036	0.013	0.039	2.754	0.006	0.010	0.061
社会建设信心	0.063	0.015	0.055	4.285	0.000	0.034	0.093

（模型列合并标注为 1）

a. 因变量：文化多元性认知

　　通过进一步的回归分析，可以看出在经济危机压力层面，"国家经济发展信心"和"个人经济发展信心"对"文化多元性认知"都具有正向的预测作用，2016 年问卷调查呈现的两种信心得分上升，可能带动了"文化多元性认知"得分上升（在三者都是反向计分的状态下，实际影响是正向的），显示的是国家经济发展信心和个人经济发展信心的减弱，起的是弱化文化多元性认知的作用。在社会危机压力层面，一方面是 2016 年问卷调查呈现的"社会危机可能性"得分上升，可能带动了"文化多元性认知"得分下降（"社会危机可能性"对"文化多元性认知"具有正向的预测作用，但后者是反向计分，所以实际影响是反向的），显示的是民众对社会危机担忧程度的增强，起到了强化文化多元性认知的作用。另一方面是 2016 年问卷调查呈现的"社会建设信心"得分大幅度下降，可能带动"文化多元性认知"得分下降（"社会建设信心"对"文化多元性认知"具有正向的预测作用，在两者都是反向计分的状态下，实际影响是正向的），显示的是民众社会建设信心的大幅度增强，也起了强化文化多元性认知的重要作用。在政治危机压力层面，尽管各子项都没有进入预测作用较强的四个变量之内，但是应该注意到"政治危机可能性"是第五项预测功能较强的变量（$\beta = 0.051$）。2016 年问卷调查呈现的"政治危机可能性"得分上升，亦可能带动了"文化多元性认知"得分下降（"政治危机可能性"对"文化多元性认知"具有正向的预测作用，但后者是反向计分，所以实际影响应是反向的），显示的是民众对政治危机担忧程度的增强，同样起了强化文化多元性认知的作用。

以回归分析方法检验 2016 年问卷调查所显示的五种影响因素得分与"文化多元性认知"的关系（见表 7 - 20 - 1、表 7 - 20 - 2 和表 7 - 20 - 3），显示总体性的预测作用显著，F（5，6518）= 12.186，$p < 0.001$，$R^2 = 0.009$。在用来检验的 5 个预测变量中，有 3 个变量对"文化多元性认知"具有显著的预测作用（"权利认知"和"公民满意度"的预测作用不显著），预测作用最强的影响因素是"政治参与行为"（$\beta = -0.072$）。对"文化多元性认知"具有反向预测作用的"政治参与行为"，在"文化多元性认知"处于反向计分的状态下，实际影响应是正向的。2016 年问卷调查显示的政治参与行为得分下降，可能带动了"文化多元性认知"得分下降，起的是强化文化多元性认知的作用。

表 7 - 20 - 1　　五种影响因素对"文化多元性认知"的
回归分析（一）

模型汇总									
模型	R	R 方	调整 R 方	标准估计的误差	更改统计量				
					R 方更改	F 更改	$df1$	$df2$	$sig. F$ 更改
1	0.096[a]	0.009	0.009	1.04001	0.009	12.186	5	6518	0.000

a. 测量变量：（常量），权利认知，利益认知，政治沟通认知，政治参与行为，公民满意度

表 7 - 20 - 2　　　　五种影响因素对"文化多元性认知"的
回归分析（二）

Anova[b]

模型		平方和	d*f*	均方	*F*	*Sig.*
1	回归	65.902	5	13.180	12.186	0.000[a]
	残差	7049.960	6518	1.082		
	总计	7115.862	6523			

a. 预测变量：（常量），权利认知，利益认知，政治沟通认知，政治参与行为，公民满意度
b. 因变量：文化多元性认知

表 7 - 20 - 3　　　　五种影响因素对"文化多元性认知"的
回归分析（三）

系数[a]

模型	非标准化系数		标准系数	*t*	*Sig.*	B 的 95% 置信区间	
	B	标准误差	*β*			下限	上限
1 （常量）	3.087	0.175		17.688	0.000	2.745	3.429
权利认知	0.026	0.019	0.021	1.391	0.164	-0.011	0.064
利益认知	0.095	0.020	0.058	4.653	0.000	0.055	0.135
政治沟通认知	0.045	0.021	0.034	2.172	0.030	0.004	0.085
政治参与行为	-0.095	0.017	-0.072	-5.509	0.000	-0.129	-0.061
公民满意度	0.000	0.017	0.000	0.016	0.987	-0.033	0.034

a. 因变量：文化多元性认知

对"文化多元性认知"预测作用最显著的"政治参与行为"因素，由"政治参与认知"和"实际政治参与"两部分组成。"政治参与认知"下的五个子项，一是"中国的发展，离不开公民广泛的政治参与"（简称"发展需要参与"）；二是"公民广泛的政治参与可能影响政治稳定"（简称"参与影响稳定"）；三是"网民在互联网上经

常发表不负责任的意见，是造成国民思想混乱的一个重要因素"（简称"网络引起混乱"）；四是"中国政府为公民的政治参与提供了多种有效的途径"（简称"有多种参与途径"）；五是"我有较强的政治参与愿望，但不知道怎样进行有效的参与"（"不知道怎样参与"）。"实际政治参与"下的五个子项，一是"我从未参加过任何选举"（简称"选举参与"）；二是"各种政策讨论我都会积极参加"（简称"政策参与"）；三是"我是基层群众自治的积极参与者"（简称"自治参与"）；四是"我从不在互联网上发表个人意见"（简称"网络参与"）；五是"我不参加各种社会团体的任何活动"（简称"社团参与"）。

对"政治参与行为"下的 10 个子项作进一步的回归检验（见表 7 - 20 - 4、表 7 - 20 - 5 和表 7 - 20 - 6），显示总体性的预测作用显著，$F_{(10, 6554)} = 25.557$，$p < 0.001$，$R^2 = 0.038$。在用来检验的 10 个预测变量中，有 5 个变量对"文化多元性认知"具有显著的预测作用（"不知道怎样参与""选举参与""政策参与""自治参与""网络参与"的预测作用不显著），预测作用较强的三个子项是"参与影响稳定"（$\beta = 0.105$）、"有多种参与途径"（$\beta = 0.101$）和"网络引起混乱"（$\beta = 0.048$）。

表 7 - 20 - 4　"政治参与行为"各子项对"文化多元性认知"的
回归分析（一）

模 型 汇 总									
模型	R	R 方	调整 R 方	标准估计的误差	更改统计量				
					R 方更改	F 更改	df1	df2	sig. F 更改
1	0.194[a]	0.038	0.036	1.02537	0.038	25.557	10	6554	0.000

a. 测量变量：（常量），发展需要参与，参与影响稳定，网络引起混乱，有多种参与途径，不知道怎样参与，选举参与，政策参与，自治参与，网络参与，社团参与

表 7 - 20 - 5　　"政治参与行为"各子项对"文化多元性认知"的
回归分析（二）

Anova[b]

模型		平方和	df	均方	F	Sig.
1	回归	268.705	10	26.871	25.557	0.000[a]
	残差	6890.719	6554	1.051		
	总计	7159.424	6564			

a. 预测变量：（常量），发展需要参与，参与影响稳定，网络引起混乱，有多种参与途径，不知道怎样参与，选举参与，政策参与，自治参与，网络参与，社团参与
b. 因变量：文化多元性认知

表 7 - 20 - 6　　"政治参与行为"各子项对"文化多元性认知"的
回归分析（三）

系数[a]

模型	非标准化系数		标准系数	t	Sig.	B 的 95% 置信区间	
	B	标准误差	β			下限	上限
（常量）	2.595	0.092		28.154	0.000	2.414	2.776
发展需要参与	-0.056	0.016	-0.046	-3.564	0.000	-0.087	-0.025
参与影响稳定	0.096	0.011	0.105	8.333	0.000	0.073	0.118
网络引起混乱	0.049	0.013	0.048	3.641	0.000	0.023	0.075
有多种参与途径	0.113	0.015	0.101	7.502	0.000	0.084	0.143
1　不知道怎样参与	0.000	0.015	0.000	0.021	0.984	-0.029	0.029
选举参与	0.012	0.010	0.014	1.103	0.270	-0.009	0.032
政策参与	0.011	0.014	0.012	0.784	0.433	-0.017	0.040
自治参与	0.027	0.015	0.028	1.825	0.068	-0.002	0.056
网络参与	0.002	0.013	0.002	0.179	0.858	-0.023	0.027
社团参与	0.029	0.012	0.031	2.359	0.018	0.005	0.052

a. 因变量：文化多元性认知

通过进一步的回归检验，可以看出在"政治参与行为"方面影响
"文化多元性认知"的主要因素都集中在"政治参与认知"层面。

2016 年呈现的"参与影响稳定"得分的大幅度下降，可能带动了"文化多元性认知"得分下降（"参与影响稳定"对"文化多元性认知"具有正向的预测作用，在两者都是反向计分的状态下，实际影响应是正向的），显示的是对"公民广泛的政治参与可能影响政治稳定"认可程度的大幅度提高，起的是强化文化多元性认知的作用。2016 年呈现的"网络引起混乱"得分的大幅度下降，也可能带动了"文化多元性认知"得分下降（"网络引起混乱"对"文化多元性认知"具有正向的预测作用，在两者都是反向计分的状态下，实际影响应是正向的），显示的是对"网民在互联网上经常发表不负责任的意见，是造成国民思想混乱的一个重要因素"认可程度的提高，起的也是强化文化多元性认知的作用。2016 年呈现的"有多种参与途径"得分的较大幅度上升，亦应带动了"文化多元性认知"得分下降（"有多种参与途径"对"文化多元性认知"具有正向的预测作用，因为后者是反向计分，所以实际影响应是反向的），显示的是对"中国政府为公民的政治参与提供了多种有效的途径"的认可程度较大幅度提高，对强化文化多元性认知也起了重要的作用。

回归检验的结果表明，对于文化多元性的认识，既要注意到使这样的认识弱化的因素，主要是国家经济发展信心的减弱和个人经济状况改善信心的减弱。也要注意到这样的认识之所以能够强化，是因为有"四种担忧"和"两种信心"。所谓"四种担忧"，一是担忧社会危机；二是担忧政治危机；三是担忧政治参与影响社会稳定；四是担忧网络参与带来混乱。所谓"两种信心"，一是社会建设信心的增强；二是对参与途径信心的增强。无论对文化多元性抱的是什么样的态度，显然都应该对这些因素给予一定的重视。

（三）核心价值观认知的强化

"核心价值观认知"是中国文化认同的一项重要内容，问卷调查显示的"核心价值观认知"得分，由 2012 年的 3.93 分上升到 2016 年的 4.04 分，提高 0.11 分，显示民众对社会主义核心价值的认可程度已由较高水平跨入了高水平。对于这样的现象，更需要通过回归分析作进一步的解释。

以回归分析方法检验 2016 年问卷调查涉及的六种危机压力得分与"核心价值观认知"得分之间的关系（见表 7 – 21 – 1、表 7 – 21 – 2 和表 7 – 21 – 3），显示总体性的预测作用显著，F（6，6511）= 140.465，$p < 0.001$，$R^2 = 0.115$。用来检验的 6 个预测变量都对"核心价值观认知"具有显著的预测作用，预测作用较强的三种危机压力是"经济危机压力"（$\beta = -0.239$）、"政治危机压力"（$\beta = -0.090$）和"社会危机压力"（$\beta = -0.083$）。由于这三种危机压力对"核心价值观认知"具有的都是反向的预测作用，2016 年问卷调查显示的经济危机压力和政治危机压力不同程度的增强，对核心价值观认知起的应是弱化作用；社会危机压力的减弱，起的则是强化核心价值观认知的作用。

表 7 – 21 – 1　六种危机压力对"核心价值观认知"的回归分析（一）

模型汇总									
模型	R	R 方	调整 R 方	标准估计的误差	更改统计量				
					R 方更改	F 更改	df1	df2	sig. F 更改
1	0.339[a]	0.115	0.114	0.81260	0.115	140.465	6	6511	0.000

a. 测量变量：（常量），政治危机压力，经济危机压力，社会危机压力，文化危机压力，生态危机压力，国际性危机压力

表 7 – 21 – 2　六种危机压力对"核心价值观认知"的回归分析（二）

Anova[b]					
模型		平方和	df	均方	F	Sig.
	回归	556.505	6	92.751	140.465	0.000[a]
1	残差	4299.283	6511	0.660		
	总计	4855.788	6517			

a. 预测变量：（常量），政治危机压力，经济危机压力，社会危机压力，文化危机压力，生态危机压力，国际性危机压力
b. 因变量：核心价值观认知

表 7 - 21 - 3　六种危机压力对"核心价值观认知"的回归分析（三）

模型		非标准化系数		标准系数	t	Sig.	B 的 95% 置信区间	
		B	标准误差	β			下限	上限
1	（常量）	5.134	0.080		64.207	0.000	4.977	5.290
	政治危机压力	-0.111	0.017	-0.090	-6.548	0.000	-0.145	-0.078
	经济危机压力	-0.331	0.019	-0.239	-17.778	0.000	-0.368	-0.295
	社会危机压力	-0.102	0.017	-0.083	-5.865	0.000	-0.136	-0.068
	文化危机压力	-0.070	0.019	-0.052	-3.677	0.000	-0.108	-0.033
	生态危机压力	0.068	0.014	0.058	4.691	0.000	0.039	0.096
	国际性危机压力	0.092	0.022	0.052	4.270	0.000	0.050	0.134

系数 a

a. 因变量：核心价值观认知

对预测作用较强的三种危机压力（经济危机压力、政治危机压力和社会危机压力）下的 9 个子项作进一步的回归检验（见表 7 - 21 - 4、表 7 - 21 - 5 和表 7 - 21 - 6），显示总体性的预测作用显著，$F(9, 6534) = 115.534$，$p < 0.001$，$R^2 = 0.137$。在用来检验的 9 个预测变量中，有 8 个变量对"核心价值观认知"具有显著的预测作用（只有"社会危机可能性"的预测作用不显著），预测作用较强的四个子项是"国家经济发展信心"（$\beta = 0.174$）、"社会建设信心"（$\beta = 0.129$）、"腐败带来危机"（$\beta = 0.110$）和"个人经济发展信心"（$\beta = 0.095$）。

表 7 - 21 - 4　三种危机压力各子项对"核心价值观认知"的
回归分析（一）

模 型 汇 总

模型	R	R方	调整 R方	标准估计的误差	更改统计量				
					R方更改	F更改	df1	df2	sig. F更改
1	0.371 a	0.137	0.136	0.80236	0.137	115.534	9	6534	0.000

a. 测量变量：（常量），经济危机可能性，国家经济发展信心，个人经济发展信心，政治危机可能性，民族冲突可能性，腐败带来危机，社会危机可能性，社会冲突影响生活，社会建设信心

表 7 - 21 - 5　三种危机压力各子项对"核心价值观认知"的
回归分析（二）

Anova[b]					
模型	平方和	d*f*	均方	*F*	*Sig.*
1 回归	669.400	9	74.378	115.534	0.000[a]
残差	4206.428	6534	0.644		
总计	4875.828	6543			

a. 预测变量：（常量），经济危机可能性，国家经济发展信心，个人经济发展信心，政治危机可能性，民族冲突可能性，腐败带来危机，社会危机可能性，社会冲突影响生活，社会建设信心
b. 因变量：核心价值观认知

表 7 - 21 - 6　三种危机压力各子项对"核心价值观认知"的
回归分析（三）

系数[a]							
模型	非标准化系数		标准系数	*t*	*Sig.*	B 的95%置信区间	
	B	标准误差	*β*			下限	上限
（常量）	2.670	0.078		34.112	0.000	2.517	2.824
经济危机可能性	-0.035	0.012	-0.041	-2.933	0.003	-0.058	-0.011
国家经济发展信心	0.184	0.014	0.174	13.302	0.000	0.157	0.212
个人经济发展信心	0.088	0.012	0.095	7.376	0.000	0.065	0.111
政治危机可能性	-0.037	0.012	-0.046	-3.082	0.002	-0.061	-0.014
民族冲突可能性	-0.043	0.011	-0.056	-3.794	0.000	-0.065	-0.021
腐败带来危机	0.089	0.010	0.110	9.306	0.000	0.070	0.107
社会危机可能性	-0.019	0.011	-0.024	-1.686	0.092	-0.041	0.003
社会冲突影响生活	-0.028	0.010	-0.038	-2.803	0.005	-0.048	-0.008
社会建设信心	0.123	0.012	0.129	10.649	0.000	0.101	0.146

a. 因变量：核心价值观认知

通过进一步的回归分析，可以看出在经济危机压力层面，2016年呈现的"国家经济发展信心"和"个人经济发展信心"得分上升，可能带动了"核心价值观认知"得分上升（"国家经济发展信心"和"个人经济发展信心"对"核心价值观认知"都具有正向的预测作用，在三者都是反向计分的状态下，实际影响是正向的），显示的是国家经济发展信心和个人经济发展信心的减弱（反向计分两种信心得分上升，表明的是信心减弱而不是增强），起的是弱化核心价值观认知的作用。在政治危机压力层面，2016年问卷调查呈现的"腐败带来危机"得分较大幅度上升，也可能带动了"核心价值观认知"得分下降（"腐败带来危机"对"核心价值观"具有正向的预测作用，但前者是反向计分，所以实际影响应是反向的），显示的是民众对腐败导致危机认可程度的较大幅度降低（反向计分的"腐败带来危机"得分上升，表明的是认可程度降低而不是提高），起的也是弱化核心价值观认知的作用。在社会危机压力层面，2016年问卷调查呈现的"社会建设信心"得分的大幅度下降，可能带动了"核心价值观认知"得分上升（"社会建设信心"对"核心价值观"具有正向的预测作用，但前者是反向计分，所以实际影响应是反向的），显示的是民众的社会建设信心的大幅增强（反向计分的"社会建设信心"得分下降，表明的是信心增强而不是减弱），起了强化核心价值观认知的重要作用。

以回归分析方法检验2016年问卷调查所显示的五种影响因素得分与"核心价值观认知"的关系（见表7–22–1、表7–22–2和表7–22–3），显示总体性的预测作用显著，$F_{(5, 6523)} = 138.977$，$p < 0.001$，$R^2 = 0.096$。在用来检验的5个预测变量中，有4个变量对"核心价值观认知"具有显著的预测作用（只有"公民满意度"的预测作用不显著），预测作用最强的影响因素是"权利认知"（$\beta = 0.215$）。由于"权利认知"对"核心价值观认知"具有正向的预测作用，2016年问卷调查显示的权利认知总体水平的下降，起的应是降低核心价值观认知水平的作用。

表 7 - 22 - 1　　　五种影响因素对"核心价值观认知"的回归分析（一）

模　型　汇　总

模型	R	R 方	调整 R 方	标准估计的误差	更改统计量				
					R 方更改	F 更改	$df1$	$df2$	$sig. F$ 更改
1	0.310[a]	0.096	0.096	0.82054	0.096	138.977	5	6523	0.000

a. 测量变量：（常量），权利认知，利益认知，政治沟通认知，政治参与行为，公民满意度

表 7 - 22 - 2　　　五种影响因素对"核心价值观认知"的回归分析（二）

Anova[b]

模型		平方和	df	均方	F	$Sig.$
1	回归	467.850	5	93.570	138.977	0.000[a]
	残差	4391.796	6523	0.673		
	总计	4859.646	6528			

a. 预测变量：（常量），权利认知，利益认知，政治沟通认知，政治参与行为，公民满意度
b. 因变量：核心价值观认知

表 7 - 22 - 3　　　五种影响因素对"核心价值观认知"的回归分析（三）

系数[a]

模型		非标准化系数		标准系数	t	$Sig.$	B 的 95% 置信区间	
		B	标准误差	β			下限	上限
1	（常量）	1.949	0.138		14.156	0.000	1.679	2.219
	权利认知	0.229	0.015	0.215	15.220	0.000	0.199	0.258
	利益认知	-0.053	0.016	-0.040	-3.306	0.001	-0.085	-0.022
	政治沟通认知	0.147	0.016	0.135	9.028	0.000	0.115	0.179
	政治参与行为	-0.045	0.014	-0.041	-3.269	0.001	-0.071	-0.018
	公民满意度	0.023	0.014	0.024	1.721	0.085	-0.003	0.050

a. 因变量：核心价值观认知

对"权利认知"下的 10 个子项作进一步的回归检验（见表 7-22-4、表 7-22-5 和表 7-22-6），显示总体性的预测作用显著，$F_{(10, 6559)} = 87.013$，$p < 0.001$，$R^2 = 0.117$。用来检验的 10 个预测变量都对"核心价值观认知"具有显著的预测作用，预测作用较强的三个子项应是"权利重要性"（$\beta = 0.115$）、"中国人权改善"（$\beta = 0.099$）和"保障尚需改进"（$\beta = 0.082$）。

表 7-22-4　"权利认知"各子项对"核心价值观认知"的
回归分析（一）

模 型 汇 总

模型	R	R 方	调整 R 方	标准估计的误差	更改统计量				
					R 方更改	F 更改	$df1$	$df2$	$sig. F$ 更改
1	0.342[a]	0.117	0.116	0.81137	0.117	87.013	10	6559	0.000

a. 测量变量：（常量），权利意识，权利重要性，扩大公民权，不了解权利，权利不重要，权利有效保障，保障尚需改进，中国人权改善，侵权未受制裁，不应指责中国

表 7-22-5　"权利认知"各子项对"核心价值观认知"的
回归分析（二）

Anova[b]

模型		平方和	df	均方	F	Sig.
1	回归	572.828	10	57.283	87.013	0.000[a]
	残差	4317.962	6559	0.658		
	总计	4890.790	6569			

a. 预测变量：（常量），权利意识，权利重要性，扩大公民权，不了解权利，权利不重要，权利有效保障，保障尚需改进，中国人权改善，侵权未受制裁，不应指责中国
b. 因变量：核心价值观认知

表 7 - 22 - 6 "权利认知"各子项对"核心价值观认知"的
回归分析（三）

系数[a]

模型		非标准化系数		标准系数	t	Sig.	B 的 95% 置信区间	
		B	标准误差	β			下限	上限
1	（常量）	2.410	0.083		28.940	0.000	2.247	2.573
	权利意识	0.026	0.013	0.029	2.085	0.037	0.002	0.051
	权利重要性	0.115	0.014	0.115	7.994	0.000	0.087	0.144
	扩大公民权	0.055	0.013	0.055	4.123	0.000	0.029	0.081
	不了解权利	-0.028	0.010	-0.034	-2.722	0.007	-0.047	-0.008
	权利不重要	-0.042	0.009	-0.062	-4.799	0.000	-0.059	-0.025
	权利有效保障	0.048	0.012	0.053	3.974	0.000	0.025	0.072
	保障尚需改进	0.083	0.014	0.082	6.002	0.000	0.056	0.110
	中国人权改善	0.096	0.013	0.099	7.469	0.000	0.071	0.122
	侵权未受制裁	-0.025	0.010	-0.033	-2.574	0.010	-0.044	-0.006
	不应指责中国	0.058	0.011	0.064	5.185	0.000	0.036	0.080

a. 因变量：核心价值观认知

从"权利认知"的角度看，在"权利重要性认知"层面，2016年问卷调查呈现的"权利重要性"得分小幅下降，可能带动了"核心价值观认知"得分下降（"权利重要性"对"核心价值观认知"具有正向的预测作用），表明权利规定重要性认知水平下降，核心价值观的认知水平也会相应下降。在"权利保障评价"层面，一方面要注意人权保障评价对"核心价值观认知"的特殊作用。2016年问卷调查呈现的"中国人权改善"得分上升，可能带动了"核心价值观认知"得分上升（"中国人权改善"对"核心价值观认知"有正向的预测作用），显示民众对中国的人权状况改善正面评价提高，核心价值观认知的水平也会相应提高。另一方面要注意政府在权利保障方面发挥的重要作用。2016年问卷调查呈现的"保障尚需改进"得分小幅提升，则可能带动了"核心价值观认知"得分下降（"保障尚需改进"对"核心价值观认知"有正向的预测作用，但前者是反向计分，所以实际影响是反向的），显示的是民众对政府改善权利保障的要求越弱（反向计分的"保障尚需改进"得分上升，表明的是诉求强度转弱而不是增强），核心价值观认知的水平会越低。

从回归分析的结果可以看出，中国民众对社会主义核心价值观的认可程度之所以有较大幅度提升，主要是因为社会建设信心的大幅度增强，以及对中国人权状况改善的正面评价有所提高。但是需要注意的是，要继续提升核心价值观的认知水平，最重要的应增强民众的国家经济发展信心和个人经济状况改善的信心。

四　政党、体制和政策认同需要重点关注的问题

在 2012 年和 2016 年的问卷调查中，政党认同、体制认同和政策认同的得分变化不大（得分增减幅度均小于 0.05 分），不需要作进一步的回归分析检验。但是对这三种认同涉及的几个具体问题，还需要作进一步的说明。

（一）中国公民对多党竞争的态度

在政党认同方面，2016 年与 2012 年相比，"共产党领导重要性"和"政党制度重要性"的得分都略有下降（分别下降 0.03 分和 0.01分），得分下降最多的是反向计分的"对多党竞争的态度"（下降0.09 分），显示对多党竞争的认可程度略有增强。对于这样的现象，应结合回归分析作进一步的解释。

以回归分析方法检验 2016 年问卷调查涉及的六种危机压力得分与"对多党竞争的态度"得分之间的关系（见表 7－23－1、表 7－23－2和表 7－23－3），显示整体性的预测作用显著，$F_{(6, 6507)} = 89.025$，$p < 0.001$，$R^2 = 0.076$。在用来检验的 6 个预测变量中，有 4 个变量对"对多党竞争的态度"具有显著的预测作用（"经济危机压力"和"生态危机压力"的预测作用不显著），预测作用较强的三种危机压

力是"文化危机压力"（$\beta = 0.133$）、"政治危机压力"（$\beta = 0.122$）和"社会危机压力"（$\beta = 0.114$）。尽管这三种危机压力对"对多党竞争的态度"具有的都是正向的预测作用，但是"对多党竞争的态度"的计分是反向的，所以实际影响是反向的。2016 年问卷调查显示的政治危机压力、文化危机压力增强，起的应是弱化"对多党竞争的态度"的作用；社会危机压力减弱，起的则是强化"对多党竞争的态度"的作用。

表 7 - 23 - 1 六种危机压力对"对多党竞争的态度"的回归分析（一）

					更改统计量				
模型	R	R 方	调整 R 方	标准估计的误差	R 方更改	F 更改	$df1$	$df2$	$sig. F$ 更改
1	0.275[a]	0.076	0.075	1.14585	0.076	89.025	6	6507	0.000

模型汇总

a. 测量变量：（常量），政治危机压力，经济危机压力，社会危机压力，文化危机压力，生态危机压力，国际性危机压力

表 7 - 23 - 2 六种危机压力对"对多党竞争的态度"的回归分析（二）

Anova[b]

模型		平方和	df	均方	F	$Sig.$
1	回归	701.319	6	116.886	89.025	0.000[a]
	残差	8543.466	6507	1.313		
	总计	9244.784	6513			

a. 预测变量：（常量），政治危机压力，经济危机压力，社会危机压力，文化危机压力，生态危机压力，国际性危机压力
b. 因变量：对多党竞争的态度

表 7 – 23 – 3　　六种危机压力对"对多党竞争的态度"的
回归分析（三）

系数[a]

模型	非标准化系数		标准系数	t	Sig.	B 的 95% 置信区间	
	B	标准误差	β			下限	上限
（常量）	1.750	0.113		15.522	0.000	1.529	1.971
政治危机压力	0.207	0.024	0.122	8.637	0.000	0.160	0.254
经济危机压力	− 0.049	0.026	− 0.026	− 1.877	0.061	− 0.101	0.002
1　社会危机压力	0.193	0.024	0.114	7.868	0.000	0.145	0.241
文化危机压力	0.249	0.027	0.133	9.191	0.000	0.196	0.302
生态危机压力	− 0.008	0.020	− 0.005	− 0.384	0.701	− 0.048	0.032
国际性危机压力	− 0.060	0.030	− 0.025	− 1.986	0.047	− 0.120	− 0.001

a. 因变量：对多党竞争的态度

　　对预测作用较强的三种危机压力（文化危机压力、政治危机
压力和社会危机压力）下的 10 个子项作进一步的回归检验（见表
7 – 23 – 4、表 7 – 23 – 5 和表 7 – 23 – 6），显示整体性的预测作用显
著，$F_{(10, 6543)} = 60.971$，$p < 0.001$，$R^2 = 0.085$。在用来检验
的 10 个预测变量中，有 6 个变量对"对多党竞争的态度"具有显著
的预测作用（"文化危机可能性""价值观教化""腐败带来危机"
和"社会建设信心"的预测作用不显著），预测作用较强的四个
子项应是"极端民族主义"（$β = 0.082$）、"社会冲突影响生活"
（$β = 0.081$）、"政治危机可能性"（$β = 0.080$）和"民族冲突可能
性"（$β = 0.071$）。

　　通过回归分析，可以看出在文化危机层面，"极端民族主义"对
于"对多党竞争的态度"尤为重要。2016 年问卷调查呈现的"极端
民族主义"得分上升，可能带动了"对多党竞争的态度"得分下降
（"极端民族主义"对"对多党竞争的态度"具有正向的预测作用，

但后者是反向计分，所以实际影响应是反向的），显示极端民族主义情绪上涨，会强化对多党竞争的认同。在政治危机压力层面，"政治危机可能性"和"民族冲突可能性"对于"对多党竞争的态度"尤为重要。2016 年问卷调查呈现的"政治危机可能性"得分上升，也可能带动了"对多党竞争的态度"得分下降（"政治危机可能性"对"对多党竞争的态度"具有正向的预测作用，但后者是反向计分，实际影响应是反向的），显示民众越认为可能爆发政治危机，越会强化对多党竞争的认同。2016 年问卷调查呈现的"民族冲突可能性"得分上升，应同样带动了"对多党竞争的态度"得分下降（"民族冲突可能性"对"对多党竞争的态度"具有正向的预测作用，但后者是反向计分，实际影响应是反向的），显示民众对民族冲突担忧程度的提高，也会强化对多党竞争的认同。在社会危机压力层面，2016 年问卷调查呈现的"社会冲突影响生活"得分上升，也可能带动了"对多党竞争的态度"得分下降（"社会冲突影响生活"对"对多党竞争的态度"具有正向的预测作用，但后者是反向计分，实际影响应是反向的），显示社会冲突对生活影响的增强，亦会强化对多党竞争的认同。

表 7 - 23 - 4 　　　三种危机压力各子项对"对多党竞争的态度"的回归分析（一）

模 型 汇 总									
模型	R	R 方	调整 R 方	标准估计的误差	更改统计量				
					R 方更改	F 更改	$df1$	$df2$	$sig. F$ 更改
1	0.292[a]	0.085	0.084	1.13990	0.085	60.971	10	6543	0.000

a. 测量变量：（常量），文化危机可能性，极端民族主义，民粹主义，价值观教化，政治危机可能性，民族冲突可能性，腐败带来危机，社会危机可能性，社会冲突影响生活，社会建设信心

表7 - 23 - 5　　三种危机压力各子项对"对多党竞争的态度"的
回归分析（二）

Anova[b]

模型		平方和	df	均方	F	Sig.
1	回归	792. 235	10	79. 224	60. 971	0. 000[a]
	残差	8501. 787	6543	1. 299		
	总计	9294. 022	6553			

a. 预测变量：（常量），文化危机可能性，极端民族主义，民粹主义，价值观教化，政治危机可能性，民族冲突可能性，腐败带来危机，社会危机可能性，社会冲突影响生活，社会建设信心
b. 因变量：对多党竞争的态度

表7 - 23 - 6　　三种危机压力各子项对"对多党竞争的态度"的
回归分析（三）

系数[a]

模型		非标准化系数		标准系数	t	Sig.	B 的 95% 置信区间	
		B	标准误差	β			下限	上限
1	（常量）	1. 901	0. 103		18. 520	0. 000	1. 700	2. 102
	文化危机可能性	− 0. 003	0. 016	− 0. 003	− 0. 181	0. 857	− 0. 034	0. 028
	极端民族主义	0. 092	0. 017	0. 082	5. 472	0. 000	0. 059	0. 125
	民粹主义	0. 067	0. 013	0. 064	5. 112	0. 000	0. 042	0. 093
	价值观教化	0. 006	0. 017	0. 005	0. 374	0. 708	− 0. 027	0. 040
	政治危机可能性	0. 090	0. 017	0. 080	5. 325	0. 000	0. 057	0. 123
	民族冲突可能性	0. 075	0. 016	0. 071	4. 616	0. 000	0. 043	0. 107
	腐败带来危机	− 0. 017	0. 014	− 0. 015	− 1. 230	0. 219	− 0. 043	0. 010
	社会危机可能性	0. 057	0. 016	0. 052	3. 624	0. 000	0. 026	0. 088
	社会冲突影响生活	0. 083	0. 015	0. 081	5. 676	0. 000	0. 055	0. 112
	社会建设信心	− 0. 005	0. 016	− 0. 004	− 0. 313	0. 755	− 0. 037	0. 027

a. 因变量：对多党竞争的态度

以回归分析检验 2016 年问卷调查所显示的五种影响因素得分与"对多党竞争的态度"得分的关系（见表 7 - 24 - 1、表 7 - 24 - 2 和表 7 - 24 - 3），显示总体性的预测作用显著，F（5，6519）= 50.303，$p < 0.001$，$R^2 = 0.037$。在用来检验的 5 个预测变量中，有 3 个变量对"对多党竞争的态度"具有显著的预测作用（"政治沟通认知"和"公民满意度"的预测作用不显著），预测作用最强的影响因素是"权利认知"（$\beta = -0.136$）。尽管"权利认知"对"对多党竞争的态度"具有反向的预测作用，但后者是反向计分的，所以实际影响应是正向的，2016 年问卷调查显示的"权利认知"总分的下降，可能带动了"对多党竞争的态度"得分下降，显示的是权利认知总体水平的下降，会强化认可多党竞争的态度。

表 7 - 24 - 1　　五种影响因素对"对多党竞争的态度"的回归分析（一）

					模 型 汇 总				
模型	R	R 方	调整 R 方	标准估计的误差	更改统计量				
					R 方更改	F 更改	$df1$	$df2$	$sig.\ F$ 更改
1	0.193[a]	0.037	0.036	1.16893	0.037	50.303	5	6519	0.000

a. 测量变量：（常量），权利认知，利益认知，政治沟通认知，政治参与行为，公民满意度

表 7 - 24 - 2　　五种影响因素对"对多党竞争的态度"的回归分析（二）

模型		平方和	df	均方	F	Sig.
1	回归	343.666	5	68.733	50.303	0.000[a]
	残差	8907.507	6519	1.366		
	总计	9251.172	6524			

a. 预测变量：（常量），权利认知，利益认知，政治沟通认知，政治参与行为，公民满意度
b. 因变量：对多党竞争的态度

表7－24－3 五种影响因素对"对多党竞争的态度"的回归分析（三）

系数^a

模型		非标准化系数		标准系数	t	Sig.	B 的 95% 置信区间	
		B	标准误差	β			下限	上限
1	（常量）	4.325	0.196		22.052	0.000	3.941	4.710
	权利认知	−0.200	0.021	−0.136	−9.356	0.000	−0.242	−0.158
	利益认知	0.176	0.023	0.095	7.698	0.000	0.131	0.221
	政治沟通认知	−0.017	0.023	−0.011	−0.717	0.474	−0.062	0.029
	政治参与行为	−0.094	0.019	−0.062	−4.821	0.000	−0.132	−0.056
	公民满意度	−0.018	0.019	−0.014	−0.949	0.343	−0.056	0.020

a. 因变量：对多党竞争的态度

对"权利认知"下的 10 个子项作进一步的回归检验（见表 7－24－4、表 7－24－5 和表 7－24－6），显示总体性的预测作用显著，$F(10, 6555) = 32.278$，$p < 0.001$，$R^2 = 0.047$。在用来检验的 10 个预测变量中，有 5 个变量对"对多党竞争的态度"具有显著的预测作用（"权利意识""权利重要性""扩大公民权""权利有效保障"和"保障尚需改进"的预测作用不显著），预测作用较强的三个子项是"权利不重要"（$β = 0.151$）、"不应指责中国"（$β = -0.090$）和"侵犯未受制裁"（$β = 0.066$）。

从"权利认知"的角度看，在"权利重要性认知"层面，2016 年问卷调查呈现的"权利不重要"得分下降，可能带动了"对多党竞争的态度"得分下降（"权利不重要"对"对多党竞争的态度"具有正向的预测作用，在两者都是反向计分的状态下，实际影响应是正向的），显示公民对自身与权利的关系认识模糊，可能带动了对多党竞争的盲目支持（这两项指标得分的下降，显示的是赞同"我认为公民权利与个人发展的关系不是很大"和"采用多党竞争制度更有利于中国发展"的人都有所增加）。在"权利保障评价"层面，2016 年问卷调查呈现的"不应指责中国"得分的小幅下降，对降低"对多党竞争的态度"得分也有一定的影响（"不应指责中国"对"对多党竞争的态度"有反向的预测作用，但后者是反向计分，实际影响应是正向的），表明民众反感西方国家对中国的人权状况指手划脚的情绪略有降低，也在一定程度上强化了对多党竞争的认同。2016年问卷调查呈现的"侵权未受制裁"得分的大幅度下降，也带动了"对多党竞争的态度"得分的下降（"侵权未受制裁"对"对多党竞争的态度"有正向的预测作用，但在两者都是反向计分的状态下，实际影响应是正向的），显示出对侵权行为的纵容，亦会强化对多党竞争的认同。

表7-24-4 　　"权利认知"各子项对"对多党竞争的态度"的
回归分析（一）

模型					更改统计量				
模型	R	R方	调整R方	标准估计的误差	R方更改	F更改	df1	df2	sig.F更改
1	0.217[a]	0.047	0.045	1.16352	0.047	32.278	10	6555	0.000

模型汇总（表头）

a. 测量变量：（常量），权利意识，权利重要性，扩大公民权，不了解权利，权利不重要，权利有效保障，保障尚需改进，中国人权改善，侵权未受制裁，不应指责中国

表7-24-5 　　"权利认知"各子项对"对多党竞争的态度"的
回归分析（二）

Anova[b]

模型		平方和	df	均方	F	Sig.
1	回归	436.981	10	43.698	32.278	0.000[a]
	残差	8874.062	6555	1.354		
	总计	9311.044	6565			

a. 预测变量：（常量），权利意识，权利重要性，扩大公民权，不了解权利，权利不重要，权利有效保障，保障尚需改进，中国人权改善，侵权未受制裁，不应指责中国
b. 因变量：对多党竞争的态度

表 7 - 24 - 6　　"权利认知"各子项对"对多党竞争的态度"的
回归分析（三）

系数[a]							
模型	非标准化系数		标准系数	t	Sig.	B 的 95% 置信区间	
	B	标准误差	β			下限	上限
（常量）	2.842	0.119		23.796	0.000	2.608	3.076
权利意识	0.001	0.018	0.001	0.054	0.957	-0.035	0.037
权利重要性	0.027	0.021	0.019	1.290	0.197	-0.014	0.067
扩大公民权	0.013	0.019	0.009	0.675	0.499	-0.024	0.050
不了解权利	0.038	0.015	0.034	2.592	0.010	0.009	0.066
1 权利不重要	0.141	0.013	0.151	11.186	0.000	0.116	0.166
权利有效保障	0.007	0.017	0.005	0.384	0.701	-0.028	0.041
保障尚需改进	0.018	0.020	0.013	0.932	0.351	-0.020	0.057
中国人权改善	-0.053	0.019	-0.040	-2.874	0.004	-0.089	-0.017
侵权未受制裁	0.069	0.014	0.066	5.005	0.000	0.042	0.097
不应指责中国	-0.112	0.016	-0.090	-6.966	0.000	-0.143	-0.080

a. 因变量：对多党竞争的态度

　　中国民众在多党竞争问题上存在不同的看法，已经是一个不可忽视的事实，由此需要特别注意的是找出支持多党竞争的理由，并进而找出应对的方法。通过回归分析的检验，我们至少可以注意到支持多党竞争的理由，一是"极端民族主义"可能刺激出对多党竞争的支持。二是对政治危机的担忧可能刺激出对多党竞争的支持。三是对社会冲突的担忧可能刺激出对多党竞争的支持。四是对民族冲突的担忧可能刺激出对多党竞争的支持。五是对权利关系的模糊认识可能助长对多党竞争的支持。六是对侵权行为的放纵可能助长对多党竞争的支持。七是对西方国家的一些批评，并不等同于对多党竞争的否定。要彻底打破对多党竞争的幻想，需要针对这些理由（当然除了这些理由外，还有问卷调查未能包含的其他理由），给出使民众更加信服中国政党形态的事实。应该承认，在这方面确实还有不少工作要做。

（二）对政治体制改革的看法

在体制认同方面，反向计分的"政改急迫性"得分，由2012年的2.15分上升到2016年的2.17分，上升了0.02分，表明急迫要求政治体制改革的态度略有缓和。在发展认同下列出的"渐进式改革"子项，亦与政治体制改革有关（询问被调查者是否赞同"中国的政治体制改革应该一步到位，而不是慢慢来"），其得分由2012年的3.17分下降到2016年的2.88分，下降了0.29分；由于是反向计分，显示的是激进改革诉求的增强和渐进式改革诉求的弱化。对于这样的现象，应通过回归分析的检验，作出进一步的解释。

以回归分析方法检验2016年问卷调查涉及的六种危机压力得分与"渐进式改革"得分之间的关系（见表7-25-1、表7-25-2和表7-25-3），显示整体性的预测作用显著，$F_{(6, 6510)} = 53.459$，$p < 0.001$，$R^2 = 0.047$。在用来检验的6个预测变量中，有5个变量对"渐进式改革"具有显著的预测作用（只有"国际性危机压力"的预测作用不显著），预测作用较强的三种危机压力是"文化危机压力"（$\beta = 0.111$）、"政治危机压力"（$\beta = 0.096$）和"社会危机压力"（$\beta = 0.072$）。尽管这三种危机压力对"渐进式改革"具有的都是正向的预测作用，但是"渐进式改革"的计分是反向的，所以实际影响应是反向的。2016年问卷调查显示的政治危机压力、文化危机压力增强，起的应是弱化渐进式改革诉求的作用；社会危机压力减弱，起的则是强化渐进式改革诉求的作用。

表7-25-1 六种危机压力对"渐进式改革"的回归分析（一）

模型汇总									
模型	R	R方	调整R方	标准估计的误差	更改统计量				
					R方更改	F更改	$df1$	$df2$	$sig. F$更改
1	0.217[a]	0.047	0.046	1.19594	0.047	53.459	6	6510	0.000

a. 测量变量：（常量），政治危机压力，经济危机压力，社会危机压力，文化危机压力，生态危机压力，国际性危机压力

表 7 - 25 - 2　　六种危机压力对"渐进式改革"的回归分析（二）

Anova[b]

模型		平方和	df	均方	F	Sig.
	回归	458.772	6	76.462	53.459	0.000[a]
1	残差	9311.112	6510	1.430		
	总计	9769.883	6516			

a. 预测变量：（常量），政治危机压力，经济危机压力，社会危机压力，文化危机压力，生态危机压力，国际性危机压力
b. 因变量：渐进式改革

表 7 - 25 - 3　　六种危机压力对"渐进式改革"的回归分析（三）

系数[a]

模型		非标准化系数		标准系数	t	Sig.	B 的 95% 置信区间	
		B	标准误差	β			下限	上限
	（常量）	1.653	0.118		14.046	0.000	1.422	1.884
	政治危机压力	0.168	0.025	0.096	6.694	0.000	0.119	0.217
	经济危机压力	−0.098	0.027	−0.050	−3.564	0.000	−0.151	−0.044
1	社会危机压力	0.124	0.026	0.072	4.866	0.000	0.074	0.174
	文化危机压力	0.213	0.028	0.111	7.548	0.000	0.158	0.268
	生态危机压力	0.052	0.021	0.031	2.426	0.015	0.010	0.093
	国际性危机压力	0.042	0.032	0.016	1.315	0.189	−0.020	0.104

a. 因变量：渐进式改革

对预测作用较强的三种危机压力（文化危机压力、政治危机压力和社会危机压力）下的 10 个子项作进一步的回归检验（见表 7 - 25 - 4、表 7 - 25 - 5 和表 7 - 25 - 6），显示整体性的预测作用显著，$F_{(10, 6546)} = 51.781$，$p < 0.001$，$R^2 = 0.073$。在用来检验的

10 个预测变量中，有 7 个变量对"渐进式改革"具有显著的预测作用（"文化危机可能性""价值观教化"和"腐败带来危机"的预测作用不显著），预测作用较强的四个子项应是"社会冲突影响生活"（$\beta = 0.106$）、"极端民族主义"（$\beta = 0.087$）、"社会建设信心"（$\beta = 0.077$）和"政治危机可能性"（$\beta = 0.075$）。

表 7 - 25 - 4 三种危机压力各子项对"渐进式改革"的回归分析（一）

					模 型 汇 总				
						更改统计量			
模型	R	R 方	调整 R 方	标准估计的误差	R 方更改	F 更改	$df1$	$df2$	$sig. F$ 更改
1	0.271[a]	0.073	0.072	1.17866	0.073	51.781	10	6546	0.000

a. 测量变量：（常量），文化危机可能性，极端民族主义，民粹主义，价值观教化，政治危机可能性，民族冲突可能性，腐败带来危机，社会危机可能性，社会冲突影响生活，社会建设信心

表 7 - 25 - 5 三种危机压力各子项对"渐进式改革"的回归分析（二）

			Anova[b]			
模型		平方和	df	均方	F	Sig.
1	回归	719.362	10	71.936	51.781	0.000[a]
	残差	9093.938	6546	1.389		
	总计	9813.301	6556			

a. 预测变量：（常量），文化危机可能性，极端民族主义，民粹主义，价值观教化，政治危机可能性，民族冲突可能性，腐败带来危机，社会危机可能性，社会冲突影响生活，社会建设信心
b. 因变量：渐进式改革

表7-25-6 三种危机压力各子项对"渐进式改革"的
回归分析（三）

系数[a]

模型		非标准化系数		标准系数	t	Sig.	B 的95% 置信区间	
		B	标准误差	β			下限	上限
1	（常量）	1.458	0.106		13.737	0.000	1.250	1.666
	文化危机可能性	-0.026	0.016	-0.023	-1.581	0.114	-0.058	0.006
	极端民族主义	0.100	0.017	0.087	5.757	0.000	0.066	0.134
	民粹主义	0.043	0.014	0.040	3.155	0.002	0.016	0.070
	价值观教化	0.019	0.018	0.013	1.048	0.295	-0.016	0.054
	政治危机可能性	0.086	0.017	0.075	4.970	0.000	0.052	0.121
	民族冲突可能性	0.045	0.017	0.041	2.673	0.008	0.012	0.078
	腐败带来危机	0.004	0.014	0.004	0.296	0.767	-0.023	0.032
	社会危机可能性	0.038	0.016	0.033	2.306	0.021	0.006	0.070
	社会冲突影响生活	0.112	0.015	0.106	7.397	0.000	0.082	0.142
	社会建设信心	0.104	0.017	0.077	6.168	0.000	0.071	0.137

a. 因变量：渐进式改革

　　通过进一步的回归分析，可以看出在文化危机层面，"极端民族主义"对于"渐进式改革"尤为重要。2016年问卷调查呈现的"极端民族主义"得分上升，可能带动了"渐进式改革"得分下降（"极端民族主义"对"渐进式改革"具有正向的预测作用，但后者是反向计分，所以实际影响应是反向的），显示极端民族主义情绪上涨，会弱化渐进式改革的诉求（反过来说，就是激进改革诉求增强，下同）。在政治危机压力层面，"政治危机可能性"对于"渐进式改革"尤为重要。2016年问卷调查呈现的"政治危机可能性"得分上升，也可能带动了"渐进式改革"得分下降（"政治危机可能性"对"渐进式改革"具有正向的预测作用，但后者是反向计分，实际影响应是反向的），显示民众越认为可能爆发政治危机，越会弱化渐进式改革的诉求。在社会危机压力层面，一方面应注意社会冲突的影响，2016年问卷调查呈现的"社会冲突影响生活"得分上升，同样带动了"渐进式改革"得分下降（"社会冲突影响生活"对"渐进式改革"具有正向的预测作用，但后者是反向计分，实际影响应是反向的），显示社会冲突对生活影响的增强，亦会弱化渐进式改革的诉求。另一方面应主义社会建设信心的影响，2016年问卷调查呈现的"社会建设信心"得分大幅度下降，可能带动了"渐进式改革"得分下降（"社会建设信心"对"渐进式改革"具有正向的预测作用，在两者都是反向计分的状态下，实际影响应是正向的），显示社会建设信心的增强，对渐进式改革诉求起的也是弱化作用。

以回归分析检验2016年问卷调查所显示的五种影响因素得分与"渐进式改革"得分的关系（见表7-26-1、表7-26-2和表7-26-3），显示总体性的预测作用显著，$F(5, 6522) = 45.445$，$p < 0.001$，$R^2 = 0.034$。在用来检验的5个预测变量中，有4个变量对"渐进式改革"具有显著的预测作用（只有"政治沟通认知"的预测作用不显著），预测作用最强的影响因素是"利益认知"（$\beta = 0.094$）。尽管"利益认知"对"渐进式改革"具有正向的预测作用，但后者是反向计分的，所以实际影响应是反向的，2016年问卷调查显示的"利益认知"总分的小幅下降，可能带动了"渐进式改革"得分上升，显示的是利益认知总体水平的下降，会强化渐进式改革的诉求。

表7-26-1　五种影响因素对"渐进式改革"的回归分析（一）

					模型汇总				
模型	R	R方	调整 R方	标准估计的误差	更改统计量				
					R方更改	F更改	$df1$	$df2$	$sig. F$更改
1	0.183^a	0.034	0.033	1.20269	0.034	45.445	5	6522	0.000

a. 测量变量：（常量），权利认知，利益认知，政治沟通认知，政治参与行为，公民满意度

表 7 - 26 - 2　五种影响因素对"渐进式改革"的回归分析（二）

Anova[b]

模型		平方和	df	均方	F	Sig.
1	回归	328. 672	5	65. 734	45. 445	0. 000[a]
	残差	9433. 828	6522	1. 446		
	总计	9762. 499	6527			

a. 预测变量：（常量），权利认知，利益认知，政治沟通认知，政治参与行为，公民满意度
b. 因变量：渐进式改革

表 7 - 26 - 3　五种影响因素对"渐进式改革"的回归分析（三）

系数[a]

模型		非标准化系数		标准系数	t	Sig.	B 的 95% 置信区间	
		B	标准误差	β			下限	上限
1	（常量）	4. 154	0. 202		20. 588	0. 000	3. 758	4. 549
	权利认知	− 0. 094	0. 022	− 0. 062	− 4. 271	0. 000	− 0. 137	− 0. 051
	利益认知	0. 178	0. 024	0. 094	7. 561	0. 000	0. 132	0. 224
	政治沟通认知	0. 014	0. 024	0. 009	0. 595	0. 552	− 0. 033	0. 061
	政治参与行为	− 0. 136	0. 020	− 0. 087	− 6. 790	0. 000	− 0. 175	− 0. 097
	公民满意度	− 0. 119	0. 020	− 0. 087	− 5. 974	0. 000	− 0. 158	− 0. 080

a. 因变量：渐进式改革

对"渐进式改革"预测作用最强的"利益认知"因素，由"公民利益取向"和"利益保障评价"两部分组成。"公民利益取向"下的五个子项，一是"我只关心国家利益"（简称"只关心国家利益"）；二是"我认为在所有的利益中，个人利益是最重要的"（简称"个人利益最重要"）；三是"我的个人利益与国家利益相比，算不了什么"（简称"忽视个人利益"）；四是"在国家利益和个人利益冲突时，我优先考虑国家利益"（简称"优先考虑国家利益"）；五是"有共同利益的人应该组织起来维护自身利益"（简称"公民共同维护利

益")。"利益保障评价"下的五个子项，一是"在处理各方利益关系方面，党和政府是公正的"（简称"公正利益关系"）；二是"我的个人利益经常被忽视"（简称"个人利益被忽视"）；三是"公民个人利益受损能够得到合理补偿"（简称"利益受损补偿"）；四是"公民争取权益的努力能够得到政府的正面回应"（简称"政府回应利益需求"）；五是中国还缺乏有效的公民利益表达途径（简称"缺乏利益表达途径"）。

对"利益认知"下的 10 个子项作进一步的回归检验（见表 7-26-4、表 7-26-5 和表 7-26-6），显示总体性的预测作用显著，$F(10, 6553) = 40.083$，$p < 0.001$，$R^2 = 0.058$。在用来检验的 10 个预测变量中，有 7 个变量对"渐进式改革"具有显著的预测作用（"忽视个人利益""公正利益关系"和"缺乏利益保障途径"的预测作用不显著），预测作用较强的三个子项是"个人利益被忽视"（$\beta = 0.107$）、"个人利益最重要"（$\beta = 0.105$）和"政府回应利益需求"（$\beta = 0.082$）。

从"利益认知"的角度看，在"公民利益取向"层面，2016 年问卷调查呈现的"个人利益最重要"得分的大幅度上升，可能带动了"渐进式改革"得分下降（"个人利益最重要"对"渐进式改革"具有正向的预测作用，但后者是反向计分，实际影响应是反向的），显示对个人利益的强调，对渐进式改革诉求起的是弱化作用。在"利益保障评价"层面，2016 年问卷调查呈现的"个人利益被忽视"得分的大幅度下降，对降低"渐进式改革"得分也有一定的影响（"个人利益被忽视"对"渐进式改革"有正向的预测作用，在两者都是反向计分的状态下，实际影响应是正向的），显示对个人利益保障不到位，对渐进式改革诉求起的也是弱化作用。2016 年问卷调查呈现的"政府回应利益需求"得分的上升，对降低"渐进式改革"得分也有一定的影响（"政府回应利益需求"对"渐进式改革"有正向的预测作用，但后者是反向计分，实际影响应是反向的），显示公民争取权益的努力能够得到政府的正面回应，对渐进式改革诉求起的同样是弱化作用。

表7-26-4 "利益认知"各子项对"渐进式改革"的回归分析（一）

模 型 汇 总

模型	R	R方	调整R方	标准估计的误差	更改统计量				
					R方更改	F更改	df1	df2	sig. F更改
1	0.240[a]	0.058	0.056	1.18841	0.058	40.083	10	6553	0.000

a. 测量变量：（常量），只关心国家利益，个人利益最重要，忽视个人利益，优先考虑国家利益，公民共同维护利益，公正利益关系，个人利益被忽视，利益受损补偿，政府回应利益需求，缺乏利益表达途径

表7-26-5 "利益认知"各子项对"渐进式改革"的回归分析（二）

Anova[b]

模型		平方和	df	均方	F	Sig.
1	回归	566.103	10	56.610	40.083	0.000[a]
	残差	9254.927	6553	1.412		
	总计	9821.030	6563			

a. 预测变量：（常量），只关心国家利益，个人利益最重要，忽视个人利益，优先考虑国家利益，公民共同维护利益，公正利益关系，个人利益被忽视，利益受损补偿，政府回应利益需求，缺乏利益表达途径
b. 因变量：渐进式改革

表7-26-6 "权利认知"各子项对"渐进式改革"的回归分析（三）

系数[a]

模型		非标准化系数		标准系数	t	Sig.	B 的95%置信区间	
		B	标准误差	β			下限	上限
1	（常量）	1.771	0.111		15.968	0.000	1.554	1.989
	只关心国家利益	0.051	0.015	0.046	3.495	0.000	0.023	0.080
	个人利益最重要	0.107	0.013	0.105	7.990	0.000	0.081	0.133

续表

系数[a]

模型	非标准化系数		标准系数	t	Sig.	B 的 95% 置信区间	
	B	标准误差	β			下限	上限
1 忽视个人利益	−0.009	0.017	−0.007	−0.528	0.597	−0.042	0.024
优先考虑国家利益	−0.095	0.019	−0.071	−4.926	0.000	−0.132	−0.057
公民共同维护利益	0.054	0.016	0.044	3.428	0.001	0.023	0.085
公正利益关系	0.003	0.019	0.002	0.157	0.875	−0.034	0.039
个人利益被忽视	0.119	0.014	0.107	8.327	0.000	0.091	0.147
利益受损补偿	0.071	0.018	0.057	3.908	0.000	0.035	0.106
政府回应利益需求	0.104	0.019	0.082	5.490	0.000	0.067	0.140
缺乏利益表达途径	0.005	0.017	0.004	0.292	0.770	−0.028	0.038

a. 因变量：渐进式改革

从回归分析的结果可以看出，渐进式改革的诉求之所以弱化、激进改革诉求之所以强化，至少受了以下因素的影响：一是极端民族主义情绪上涨。二是民众对政治危机担忧程度增强。三是民众对社会冲突担忧程度增强。四是社会建设信心增强。五是对个人利益重视程度的增强。六是对利益保障要求的增强（包括回应利益需求和利益保障到位等要求）。也就是说，要继续坚持渐进式的改革，显然应该特别关注这些问题，并对激进改革情绪的增强抱警惕的态度。

（三）对政策失误的看法

在政策认同方面，2016 年与 2012 年相比，"政策适用性"和"政策能够有效推行"的得分都略有上升（分别上升 0.01 分和 0.04 分），但反向计分的"政策失误"由 2012 年的 3.03 分下降到 2016 年的 2.89 分，下降了 0.14 分，显示民众对政策失误的担忧程度有所增强。对于这样的现象，应结合回归分析作进一步的解释。

以回归分析方法检验 2016 年问卷调查涉及的六种危机压力得分

与"政策失误"得分之间的关系（见表 7 - 27 - 1、表 7 - 27 - 2 和表 7 - 27 - 3），显示整体性的预测作用显著，F（6，6510）= 268.138，$p < 0.001$，$R^2 = 0.198$。用来检验的 6 个预测变量都对"政策失误"具有显著的预测作用，预测作用较强的三种危机压力是"文化危机压力"（$\beta = 0.192$）、"政治危机压力"（$\beta = 0.141$）和"社会危机压力"（$\beta = 0.127$）。尽管这三种危机压力对"政策失误"具有的都是正向的预测作用，但是"政策失误"的计分是反向的，所以实际影响应是反向的。2016 年问卷调查显示的政治危机压力、文化危机压力增强，起的应是增强政策失误担忧的作用；社会危机压力减弱，起的则是减弱政策失误担忧的作用。

表 7 - 27 - 1   六种危机压力对"政策失误"的回归分析（一）

模型汇总									
模型	R	R 方	调整 R 方	标准估计的误差	更改统计量				
					R 方更改	F 更改	$df1$	$df2$	$sig. F$ 更改
1	0.445ª	0.198	0.197	0.99495	0.198	268.138	6	6510	0.000

a. 测量变量：（常量），政治危机压力，经济危机压力，社会危机压力，文化危机压力，生态危机压力，国际性危机压力

表 7 - 27 - 2   六种危机压力对"政策失误"的回归分析（二）

Anovaᵇ					
模型		平方和	df	均方	F	Sig.
1	回归	1592.630	6	265.438	268.138	0.000ª
	残差	6444.456	6510	0.990		
	总计	8037.087	6516			

a. 预测变量：（常量），政治危机压力，经济危机压力，社会危机压力，文化危机压力，生态危机压力，国际性危机压力
b. 因变量：政策失误

表 7 - 27 - 3　　　六种危机压力对"政策失误"的回归分析（三）

系数[a]							
模型	非标准化系数		标准系数	t	$Sig.$	B 的 95% 置信区间	
	B	标准误差	β			下限	上限
（常量）	-0.040	0.098		-0.407	0.684	-0.232	0.152
政治危机压力	0.224	0.021	0.141	10.759	0.000	0.183	0.265
经济危机压力	0.108	0.023	0.061	4.738	0.000	0.063	0.153
1 社会危机压力	0.201	0.021	0.127	9.451	0.000	0.159	0.242
文化危机压力	0.334	0.023	0.192	14.229	0.000	0.288	0.380
生态危机压力	0.119	0.018	0.079	6.732	0.000	0.084	0.154
国际性危机压力	0.123	0.026	0.054	4.657	0.000	0.071	0.175

a. 因变量：政策失误

　　对预测作用较强的三种危机压力（文化危机压力、政治危机压力和社会危机压力）下的 10 个子项作进一步的回归检验（见表 7-27-4、表 7-27-5 和表 7-27-6），显示整体性的预测作用显著，$F(10, 6546) = 168.546$，$p < 0.001$，$R^2 = 0.205$。在用来检验的 10 个预测变量中，有 8 个变量对"政策失误"具有显著的预测作用（"腐败带来危机"和"社会建设信心"的预测作用不显著），预测作用较强的五个子项（因两个子项的标准系数相同，增加一个子项）应是"政治危机可能性"（$\beta = 0.141$）、"社会危机可能性"（$\beta = 0.101$）、"社会冲突影响生活"（$\beta = 0.089$）、"极端民族主义"（$\beta = 0.086$）和"民族冲突可能性"（$\beta = 0.086$）。

表 7 - 27 - 4　三种危机压力各子项对"政策失误"的回归分析（一）

模型汇总									
模型	R	R 方	调整 R 方	标准估计的误差	更改统计量				
					R 方更改	F 更改	$df1$	$df2$	$sig. F$ 更改
1	0.453[a]	0.205	0.204	0.99169	0.205	168.546	10	6546	0.000

a. 测量变量：（常量），文化危机可能性，极端民族主义，民粹主义，价值观教化，政治危机可能性，民族冲突可能性，腐败带来危机，社会危机可能性，社会冲突影响生活，社会建设信心

表7－27－5 三种危机压力各子项对"政策失误"的回归分析（二）

Anova[b]

模型		平方和	df	均方	F	Sig.
1	回归	1657.562	10	165.756	168.546	0.000[a]
	残差	6437.637	6546	0.983		
	总计	8095.199	6556			

a. 预测变量：（常量），文化危机可能性，极端民族主义，民粹主义，价值观教化。政治危机可能性，民族冲突可能性，腐败带来危机，社会危机可能性，社会冲突影响生活，社会建设信心
b. 因变量：政策失误

表7－27－6 三种危机压力各子项对"政策失误"的回归分析（三）

系数[a]

模型		非标准化系数		标准系数	t	Sig.	B 的 95% 置信区间	
		B	标准误差	β			下限	上限
1	（常量）	1.391	0.089		15.582	0.000	1.216	1.566
	文化危机可能性	0.077	0.014	0.074	5.603	0.000	0.050	0.104
	极端民族主义	0.090	0.015	0.086	6.181	0.000	0.062	0.119
	民粹主义	0.074	0.011	0.076	6.443	0.000	0.051	0.096
	价值观教化	－0.080	0.015	－0.062	－5.329	0.000	－0.109	－0.050
	政治危机可能性	0.147	0.015	0.141	10.068	0.000	0.119	0.176
	民族冲突可能性	0.086	0.014	0.086	6.041	0.000	0.058	0.114
	腐败带来危机	0.015	0.012	0.015	1.305	0.192	－0.008	0.039
	社会危机可能性	0.104	0.014	0.101	7.521	0.000	0.077	0.131
	社会冲突影响生活	0.085	0.013	0.089	6.671	0.000	0.060	0.110
	社会建设信心	－0.010	0.014	－0.008	－0.678	0.498	－0.037	0.018

a. 因变量：政策失误

通过进一步的回归分析，可以看出在文化危机层面，"极端民族主义"对于"政策失误"尤为重要。2016年问卷调查呈现的"极端民族主义"得分上升，可能带动了"政策失误"得分下降（"极端民

族主义"对"政策失误"具有正向的预测作用,但后者是反向计分,所以实际影响应是反向的),显示极端民族主义情绪上涨,会增强对政策失误的担忧。在政治危机压力层面,"政治危机可能性"和"民族冲突可能性"对于"政策失误"尤为重要。2016 年问卷调查呈现的"政治危机可能性"得分上升,也可能带动了"政策失误"得分下降("政治危机可能性"对"政策失误"具有正向的预测作用,但后者是反向计分,实际影响应是反向的),显示民众越认为可能爆发政治危机,越会增强对政策失误的担忧。2016 年问卷调查呈现的"民族冲突可能性"得分上升,也可能带动了"政策失误"得分下降("民族冲突可能性"对"政策失误"具有正向的预测作用,但后者是反向计分,实际影响应是反向的),显示民众越认为可能爆发民族冲突,越会增强对政策失误的担忧。在社会危机压力层面,一方面应注意社会危机的影响,2016 年问卷调查呈现的"社会危机可能性"得分上升,可能带动了"政策失误"得分下降("社会危机可能性"对"政策失误"具有正向的预测作用,但后者是反向计分,实际影响应是反向的),显示民众越认为可能爆发社会危机,越会增强对政策失误的担忧。另一方面应注意社会冲突的影响,2016 年问卷调查呈现的"社会冲突影响生活"得分上升,同样带动了"政策失误"得分下降("社会冲突影响生活"对"政策失误"具有正向的预测作用,但后者是反向计分,实际影响应是反向的),显示社会冲突对生活影响的增强,亦会增强对政策失误的担忧。

以回归分析检验 2016 年问卷调查涉及的五种影响因素得分与"政策失误"得分的关系(见表 7 – 28 – 1、表 7 – 28 – 2 和表 7 – 28 – 3),显示总体性的预测作用显著,$F(5, 6522) = 152.629$, $p < 0.001$, $R^2 = 0.105$。在用来检验的 5 个预测变量中,有 5 个变量对"政策失误"具有显著的预测作用(只有"政治参与行为"的预测作用不显著),预测作用最强的影响因素是"权利认知"($\beta = -0.185$)。尽管"权利认知"对"政策失误"具有反向的预测作用,但后者是反向计分的,所以实际影响应是正向的,2016 年问卷调查显示的"权利认知"总分的下降,可能带动了"政策失误"得分下降,显示的是权利

认知总体水平的下降，会增强对政策失误的担忧。

表 7 - 28 - 1　五种影响因素对"政策失误"的回归分析（一）

模 型 汇 总

模型	R	R 方	调整 R 方	标准估计的误差	更改统计量				
					R 方更改	F 更改	df1	df2	sig. F 更改
1	0.324[a]	0.105	0.104	1.05100	0.105	152.629	5	6522	0.000

a. 测量变量：（常量），权利认知，利益认知，政治沟通认知，政治参与行为，公民满意度

表 7 - 28 - 2　五种影响因素对"政策失误"的回归分析（二）

Anova[b]

模型		平方和	df	均方	F	Sig.
1	回归	842.972	5	168.594	152.629	0.000[a]
	残差	7204.241	6522	1.105		
	总计	8047.213	6527			

a. 预测变量：（常量），权利认知，利益认知，政治沟通认知，政治参与行为，公民满意度
b. 因变量：政策失误

表 7 - 28 - 3　五种影响因素对"政策失误"的回归分析（三）

系数[a]

模型	非标准化系数		标准系数	t	Sig.	B 的 95% 置信区间	
	B	标准误差	β			下限	上限
1 （常量）	6.455	0.176		36.609	0.000	6.109	6.801
权利认知	-0.253	0.019	-0.185	-13.157	0.000	-0.291	-0.215
利益认知	0.052	0.021	0.030	2.543	0.011	0.012	0.093
政治沟通认知	-0.148	0.021	-0.106	-7.096	0.000	-0.189	-0.107
政治参与行为	-0.032	0.018	-0.022	-1.813	0.070	-0.066	0.003
公民满意度	-0.125	0.017	-0.100	-7.173	0.000	-0.159	-0.091

a. 因变量：政策失误

　　对"权利认知"下的 10 个子项作进一步的回归检验（见表 7 - 28 - 4、表 7 - 28 - 5 和表 7 - 28 - 6），显示总体性的预测作用显著，F（10，6558）= 78.921，$p < 0.001$，$R^2 = 0.107$。在用来检验的 10 个预测变量中，有 9 个变量对"政策失误"具有显著的预测作用（只有"权利重要性"的预测作用不显著），预测作用较强的三个子项是"侵犯未受制裁"（$\beta = 0.181$）、"权利不重要"（$\beta = 0.154$）和"不应指责中国"（$\beta = -0.109$）。

表 7 - 28 - 4　　"权利认知"各子项对"政策失误"的回归分析（一）

模 型 汇 总

模型	R	R 方	调整 R 方	标准估计的误差	更改统计量				
					R 方更改	F 更改	df1	df2	sig. F 更改
1	0.328ᵃ	0.107	0.106	1.04952	0.107	78.921	10	6558	0.000

a. 测量变量：（常量），权利意识，权利重要性，扩大公民权，不了解权利，权利不重要，权利有效保障，保障尚需改进，中国人权改善，侵权未受制裁，不应指责中国

表 7 - 28 - 5　　"权利认知"各子项对"政策失误"的回归分析（二）

Anovaᵇ

模型		平方和	df	均方	F	Sig.
1	回归	869.312	10	86.931	78.921	0.000ᵃ
	残差	7223.596	6558	1.101		
	总计	8092.908	6568			

a. 预测变量：（常量），权利意识，权利重要性，扩大公民权，不了解权利，权利不重要，权利有效保障，保障尚需改进，中国人权改善，侵权未受制裁，不应指责中国
b. 因变量：政策失误

表 7 - 28 - 6　　　"权利认知"各子项对"政策失误"的回归分析（三）

系数ᵃ

模型		非标准化系数		标准系数	t	Sig.	B 的 95% 置信区间	
		B	标准误差	β			下限	上限
1	（常量）	2.951	0.108		27.395	0.000	2.740	3.162
	权利意识	- 0.044	0.016	- 0.037	- 2.654	0.008	- 0.076	- 0.011
	权利重要性	0.034	0.019	0.026	1.827	0.068	- 0.002	0.071
	扩大公民权	- 0.046	0.017	- 0.036	- 2.689	0.007	- 0.080	- 0.012
	不了解权利	0.042	0.013	0.040	3.178	0.001	0.016	0.067
	权利不重要	0.133	0.011	0.154	11.730	0.000	0.111	0.156
	权利有效保障	- 0.078	0.016	- 0.067	- 4.969	0.000	- 0.109	- 0.047
	保障尚需改进	0.046	0.018	0.036	2.583	0.010	0.011	0.081
	中国人权改善	- 0.041	0.017	- 0.033	- 2.466	0.014	- 0.074	- 0.008
	侵权未受制裁	0.178	0.013	0.181	14.233	0.000	0.153	0.202
	不应指责中国	- 0.126	0.014	- 0.109	- 8.707	0.000	- 0.155	- 0.098

a. 因变量：政策失误

　　从"权利认知"的角度看，在"权利重要性认知"层面，2016年问卷调查呈现的"权利不重要"得分下降，可能带动了"政策失误"得分下降（"权利不重要"对"政策失误"具有正向的预测作用，在两者都是反向计分的状态下，实际影响应是正向的），显示公民对自身与权利的关系认识模糊，会增强对政策失误的担忧。在"权利保障评价"层面，2016年问卷调查呈现的"侵权未受制裁"得分的大幅度下降，也带动了"政策失误"得分的下降（"侵权未受制裁"对"政策失误"有正向的预测作用，但在两者都是反向计分的状态下，实际影响应是正向的），显示出对侵权行为的纵容，亦会增强对政策失误的担忧。2016年问卷调查呈现的"不应指责中国"得分的小幅下降，对降低"政策失误"得分也有一定的影响（"不应指责中国"对"政策失误"有反向的预测作用，但后者是反向计分，实际影响应是正向的），表明民众反感西方国家对中国的人权状况指手划脚的情绪略有降低，也在一定程度上增强了对政策失误的担忧。

从回归分析的结果可以看出，民众对政策失误的担忧程度之所以增强，至少受了以下因素的影响：一是民众对政治危机担忧程度增强。二是民众对社会危机担忧程度增强。三是民众对社会冲突担忧程度增强。四是民众对民族冲突担忧程度增强。五是极端民族主义情绪上涨。六是对公民权利的认识模糊。七是对侵权行为的纵容。由此显示的是，要想避免政策的重大失误，提升民众对政策的信任度和支持度，必须展开全方位的工作，全面提高政策的科学化、法治化、民主化水平，这恰是当前党中央所提出的迫切要求。

（四）政治认同局部变化的原因解释

通过以上的回归检验，可以对造成政治认同局部变化的主要原因作一个简单的小结。

第一，身份认同总体水平的下降，主要受经济危机压力增强和权利认知水平下降的影响，最重要的原因是极端民族主义情绪上涨以及公民对权利与个人关系的忽视。

第二，发展认同总体水平的下降，主要受政治危机压力增强和权利认知水平下降的影响，最重要的原因也是极端民族主义情绪上涨以及对公民权利与个人关系的忽视。

第三，"国民身份认知"水平下降和公民对"发展方向"认可程度的降低，最重要的原因都是民众对国家经济发展的信心有所下降以及对权利的重要性认识不足。

第四，"公民身份认知"水平下降和公民对"国家发展与个人关系"重视水平的下降，最重要的原因都是民众对民族冲突的担忧有所增强以及对权利与个人关系的忽视。

第五，民众的"中国人自豪感"下降，最重要的原因是民众对国家经济发展的信心有所下降以及公民对权利与个人关系的忽视。

第六，民众的"渐进式改革"诉求弱化，最重要的原因是民众对社会冲突影响生活的忧虑增强以及更担心个人利益被忽视。

第七，"文化多元性认知"的增强，最重要的原因是民众对社会危机的担忧有所增强以及对"公民广泛的政治参与可能影响政治稳定"认可程度的提高。

第八，"多党竞争"认可程度的提高，最重要的原因是极端民族主义情绪上涨以及公民对权利与个人关系的忽视。

第九，"文化传统性认知"的增强，最重要的原因是民众对爆发战争的担忧有所增强以及对中国人权状况改善正面评价的提高。

第十，民众对"政策失误"的担忧增强，最重要的原因是民众对政治危机的担忧有所增强并担心政府会更纵容侵权行为。

第十一，民众对"中国发展道路"和"核心价值观"认可程度的提高，最重要的原因都是民众的社会建设信心增强以及对中国人权状况改善正面评价的提高。

第八章 危机压力重要变化的检验与分析

从 2012 年和 2016 年两次问卷调查的结果可以看出，中国公民的危机压力也出现了一些重要的变化，同样需要以回归分析的方法说明导致变化的具体原因。在两次问卷调查中得分增减大于或等于 0.05 分的危机压力项目，都显示有重要的变化，因此都需要作回归分析的检验。用于回归分析的预测变量，政治认同部分包括六种认同得分和各种认同下面的具体项目，政治影响因素方面则包括五种影响因素和 50 个子项。在回归分析中，具体的做法是对需要检验的危机压力项目，首先进行六种认同得分的回归检验，找出预测作用较强的三种认同，并对这三种认同的具体项目（每种认同下有 3 个项目或者 4 个项目）作进一步的检验；其次是对五种影响因素得分的回归检验，找出预测作用最强的一种因素，并对这种因素涉及的具体项目（每种因素下有 10 个项目）作进一步的检验。通过这样的检验，不仅可以对危机压力的重要变化有更清楚的认识，亦可以为政治认同的变化提供重要的"反证"性的解释。

一 政治危机压力增强的原因

2012 年和 2016 年两次问卷调查都反映出中国公民保持着中等水平的政治危机压力，但是"政治危机压力"的得分由 2012 年的 2.56 分上升到 2016 年的 2.70 分，上升了 0.14 分（危机压力的各种得分变化，见本书第三章，下同）。得分上升显示危机压力感增强，由此需要用回归检验的方法，对"政治危机压力"得分上升的原因作出综合性的说明。

（一）政治认同和权利认知对政治危机压力的影响

以回归分析方法检验 2016 年问卷调查涉及的六种认同得分与
"政治危机压力"得分之间的关系（见表 8 - 1 - 1、表 8 - 1 - 2 和表
8 - 1 - 3），显示总体性的预测作用显著，F（6，6534）= 300.486，
$p < 0.001$，$R^2 = 0.216$。在用来检验的 6 个预测变量中，有 5 个变量对
"政治危机压力"具有显著的预测作用（只有"体制认同"的预测作用
不显著），预测作用较强的三种认同是"发展认同"（$\beta = -0.248$）、
"政策认同"（$\beta = -0.121$）和"身份认同"（$\beta = -0.117$）。由于这
三种认同对"政治危机压力"具有的都是反向的预测作用，2016 年问
卷调查显示的发展认同、政策认同和身份认同总体水平不同程度的下
降，应是导致政治危机压力增强的重要原因，而最主要的不利影响应来
自发展认同（"发展认同"的预测作用系数大于其他认同，下同）。

表 8 - 1 - 1　　六种认同对"政治危机压力"的回归分析（一）

模型					模 型 汇 总				
模型	R	R 方	调整 R 方	标准估计的误差	更改统计量				
					R 方更改	F 更改	$df1$	$df2$	$sig. F$ 更改
1	0.465^a	0.216	0.216	0.62013	0.216	300.486	6	6534	0.000

a. 测量变量：（常量），体制认同，政党认同，身份认同，文化认同，政策认同，发展认同

表 8 - 1 - 2　　六种认同对"政治危机压力"的回归分析（二）

模型		平方和	df	均方	F	$Sig.$
			Anova^b			
1	回归	693.320	6	115.553	300.486	0.000^a
	残差	2512.685	6534	0.385		
	总计	3206.005	6540			

a. 预测变量：（常量），体制认同，政党认同，身份认同，文化认同，政策认同，发展认同
b. 因变量：政治危机压力

表 8 - 1 - 3   六种认同对"政治危机压力"的回归分析（三）

模型		非标准化系数		标准系数	t	Sig.	B 的 95% 置信区间	
		B	标准误差	β			下限	上限
1	（常量）	5. 398	0. 075		71. 738	0. 000	5. 250	5. 545
	体制认同	− 0. 018	0. 017	− 0. 013	− 1. 078	0. 281	− 0. 051	0. 015
	政党认同	− 0. 102	0. 015	− 0. 083	− 6. 741	0. 000	− 0. 131	− 0. 072
	身份认同	− 0. 126	0. 014	− 0. 117	− 8. 860	0. 000	− 0. 154	− 0. 098
	文化认同	− 0. 087	0. 015	− 0. 069	− 5. 657	0. 000	− 0. 117	− 0. 057
	政策认同	− 0. 134	0. 014	− 0. 121	− 9. 749	0. 000	− 0. 161	− 0. 107
	发展认同	− 0. 269	0. 014	− 0. 248	− 18. 752	0. 000	− 0. 297	− 0. 241

系数[a]

a. 因变量：政治危机压力

对"政治危机压力"预测作用较强的三种认同，发展认同下有四个子项，一是"改革开放是中国发展的正确选择"（简称"发展方向"）；二是"国家的发展与我关系不大"（简称"发展与个人关系"）；三是"中国的政治体制改革应该一步到位，而不是慢慢来"（简称"渐进式改革"）；四是"中国在全球化背景下已经找到了适合本国发展的道路"（简称"中国发展道路"）；政策认同下有三个子项，一是"党和政府的政策，比较符合改革开放以来中国发展实际"（简称"政策适用性"）；二是"改革开放以来，党和政府的政策曾有严重失误"（简称"政策失误"）；三是"中央的重大决策能够在全国全面执行"（简称"政策能够有效推行"）；身份认同下有四个子项，一是"作为中国人，我很自豪"（简称"中国人自豪感"）；二是"到哪里我都会郑重地说明自己是中国人"（简称"国民身份认知"）；三是"公民的身份对个人来说是无所谓的"（简称"公民身份认知"）；四是"个人的民族身份（汉族或少数民族）不应该被忽视"（简称"民族身份认知"）。

对预测作用较强的三种认同下的 11 个子项作进一步的回归检验（见表 8 - 1 - 4、表 8 - 1 - 5 和表 8 - 1 - 6），显示总体性的预测作用显著，$F(11, 6545) = 191.239$，$p < 0.001$，$R^2 = 0.243$。在用来检验的 11 个预测变量中，有 9 个变量对"政治危机压力"具有显著的预测作用（"政策能够有效推行"和"国民身份认知"的预测作用不显著），预测作用较强的四个子项是"发展与个人关系"（$\beta = 0.217$）、"政策失误"（$\beta = 0.188$）、"公民身份认知"（$\beta = 0.129$）和"发展方向"（$\beta = -0.086$）。

表 8 - 1 - 4 三种认同各子项对"政治危机压力"的回归分析（一）

模型	R	R方	调整 R方	标准估计的误差	更改统计量				
					R方更改	F更改	df1	df2	sig. F更改
1	0.493ª	0.243	0.242	0.60973	0.243	191.239	11	6545	0.000

模型汇总

a. 测量变量：（常量），发展方向，发展与个人关系，渐进式改革，中国发展道路，政策适用性，政策失误，政策能够有效推行，中国人自豪感，国民身份认知，公民身份认知，民族身份认知

表 8 - 1 - 5 三种认同各子项对"政治危机压力"的回归分析（二）

Anovaᵇ

模型		平方和	df	均方	F	Sig.
1	回归	782.071	11	71.097	191.239	0.000ª
	残差	2433.246	6545	0.372		
	总计	3215.317	6556			

a. 预测变量：（常量），发展方向，发展与个人关系，渐进式改革，中国发展道路，政策适用性，政策失误，政策能够有效推行，中国人自豪感，国民身份认知，公民身份认知，民族身份认知
b. 因变量：政治危机压力

表 8 - 1 - 6 　　三种认同各子项对"政治危机压力"的回归分析（三）

系数[a]

模型	非标准化系数		标准系数	t	Sig.	B 的 95% 置信区间	
	B	标准误差	β			下限	上限
1 （常量）	2.662	0.071		37.293	0.000	2.522	2.802
发展方向	-0.070	0.010	-0.086	-6.832	0.000	-0.090	-0.050
发展与个人关系	0.118	0.007	0.217	16.698	0.000	0.105	0.132
渐进式改革	0.026	0.007	0.046	3.973	0.000	0.013	0.039
中国发展道路	-0.043	0.009	-0.057	-4.741	0.000	-0.061	-0.025
政策适用性	-0.041	0.011	-0.046	-3.760	0.000	-0.062	-0.020
政策失误	0.118	0.007	0.188	16.224	0.000	0.104	0.133
政策能够有效推行	0.001	0.008	0.001	0.102	0.919	-0.016	0.017
中国人自豪感	-0.049	0.012	-0.057	-4.190	0.000	-0.072	-0.026
国民身份认知	0.014	0.012	0.016	1.215	0.224	-0.009	0.038
公民身份认知	0.067	0.006	0.129	10.489	0.000	0.054	0.079
民族身份认知	-0.023	0.008	-0.033	-2.880	0.004	-0.039	-0.007

a. 因变量：政治危机压力

　　通过进一步的回归分析，可以看出在发展认同层面，"发展与个人关系"和"发展方向"对"政治危机压力"最为重要。2016年问卷调查呈现的"发展与个人关系"得分的大幅度下降，可能带动了"政治危机压力"得分上升（"发展与个人关系"对"政治危机压力"具有正向的预测作用，但前者是反向计分，所以实际影响是反向的），显示民众对国家发展与个人之间的紧密关系认识程度下降（反向计分的"发展与个人关系"得分下降，表明的是对国家发展与个人紧密关系认知的减弱而不是增强），起到的应该是强化政治危机压力的作用。2016 年问卷调查呈现的"发展方向"得分的较大幅度下降，也可能带动了"政治危机压力"得分上升（"发展方向"对"政治危机压力"具有反向的预测作用），表明对改革开放的发展方向认可程度降低，也起了强化政治危机压力的作用。在政策认同层面，"政策失误"对"政治危机压力"尤为重要。2016 年问卷调查呈现的"政策失误"得分的较大幅度下降，亦可能带动了"政治危机压力"得分上升（"政策失误"对"政治危机压力"具有正向的预测作用，但前者是反向计分，所以实际影响是反向的），显示民众对重大政策失误担忧的增强（反向计分的"政策失误"得分下降，表明的是对政策失误担忧程度提高），起的同样是强化政治危机压力的作用。在身份认同层面，"公民身份认知"对"政治危机压力"尤为重要。2016 年问卷调查呈现的"公民身份认知"得分的大幅度下降，带动的也是"政治危机压力"得分上升（"公民身份认知"对"政治危机压力"具有正向的预测作用，但前者是反向计分，所以实际影响是反向的），显示越忽视公民身份（反向计分的"公民身份认知"得分下降，表明的是忽视公民身份的倾向有所增强），政治危机压力就越强。

以回归分析方法检验 2016 年问卷调查涉及的五种影响因素得分与"政治危机压力"得分之间的关系（见表 8 - 2 - 1、表 8 - 2 - 2 和表 8 - 2 - 3），显示总体性的预测作用显著，F（5，6520）= 210.024，$p < 0.001$，$R^2 = 0.139$。在用来检验的 5 个预测变量中，有 4 个变量对"政治危机压力"具有显著的预测作用（只有"政治参与行为"的预测作用不显著），预测作用最强的影响因素是"权利认知"（$\beta = -0.286$）。由于"权利认知"对"政治危机压力"具有反向的预测作用，2016 年问卷调查显示的权利认知总体水平的下降，应该是导致政治危机压力总体水平提高的一个重要原因。

表 8 - 2 - 1　　　五种影响因素对"政治危机压力"的回归分析（一）

模 型 汇 总

模型	R	R方	调整 R方	标准估计的误差	更改统计量				
					R方更改	F更改	df1	df2	sig. F更改
1	0.372[a]	0.139	0.138	0.65105	0.139	210.024	5	6520	0.000

a. 测量变量：（常量），权利认知，利益认知，政治沟通认知，政治参与行为，公民满意度

表 8 - 2 - 2　　　五种影响因素对"政治危机压力"的回归分析（二）

Anova[b]

模型		平方和	df	均方	F	Sig.
1	回归	445.116	5	89.023	210.024	0.000[a]
	残差	2763.646	6520	0.424		
	总计	3208.762	6525			

a. 预测变量：（常量），权利认知，利益认知，政治沟通认知，政治参与行为，公民满意度
b. 因变量：政治危机压力

表 8 - 2 - 3　　　五种影响因素对"政治危机压力"的回归分析（三）

系数[a]

模型		非标准化系数		标准系数	t	Sig.	B 的 95% 置信区间	
		B	标准误差	β			下限	上限
1	（常量）	4.627	0.109		42.361	0.000	4.413	4.841
	权利认知	-0.247	0.012	-0.286	-20.728	0.000	-0.270	-0.224
	利益认知	0.091	0.013	0.084	7.159	0.000	0.066	0.116
	政治沟通认知	-0.089	0.013	-0.101	-6.921	0.000	-0.115	-0.064
	政治参与行为	-0.001	0.011	-0.001	-0.064	0.949	-0.022	0.021
	公民满意度	-0.032	0.011	-0.040	-2.932	0.003	-0.053	-0.010

a. 因变量：政治危机压力

对"权利认知"下的 10 个子项作进一步的回归检验（见表 8 - 2 - 4、表 8 - 2 - 5 和表 8 - 2 - 6），显示总体性的预测作用显著，$F(10, 6556) = 134.885$，$p < 0.001$，$R^2 = 0.171$。在用来检验的 10 个预测变量中，有 8 个变量对"政治危机压力"具有显著的预测作用（"权利意识"和"权利有效保障"的预测作用不显著），预测作用较强的三个子项是"权利不重要"（$\beta = 0.227$）、"不应指责中国"（$\beta = -0.120$）和"侵权未受制裁"（$\beta = 0.100$）。

表 8 - 2 - 4　　"权利认知"各子项对"政治危机压力"的回归分析（一）

模 型 汇 总

模型	R	R 方	调整 R 方	标准估计的误差	更改统计量				
					R 方更改	F 更改	$df1$	$df2$	$sig.\ F$ 更改
1	0.413ᵃ	0.171	0.169	0.63939	0.171	134.885	10	6556	0.000

a. 测量变量：（常量），权利意识，权利重要性，扩大公民权，不了解权利，权利不重要，权利有效保障，保障尚需改进，中国人权改善，侵权未受制裁，不应指责中国

表 8 - 2 - 5　　"权利认知"各子项对"政治危机压力"的回归分析（二）

Anovaᵇ

模型		平方和	df	均方	F	$Sig.$
1	回归	551.434	10	55.143	134.885	0.000ᵃ
	残差	2680.216	6556	0.409		
	总计	3231.649	6566			

a. 预测变量：（常量），权利意识，权利重要性，扩大公民权，不了解权利，权利不重要，权利有效保障，保障尚需改进，中国人权改善，侵权未受制裁，不应指责中国
b. 因变量：政治危机压力

表 8 - 2 - 6　　"权利认知"各子项对"政治危机压力"的
回归分析（三）

模型	非标准化系数		标准系数	t	Sig.	B 的 95% 置信区间	
	B	标准误差	β			下限	上限
（常量）	3.275	0.066		49.902	0.000	3.146	3.403
权利意识	-0.004	0.010	-0.005	-0.351	0.725	-0.023	0.016
权利重要性	-0.059	0.011	-0.073	-5.221	0.000	-0.082	-0.037
扩大公民权	-0.032	0.010	-0.039	-3.027	0.002	-0.052	-0.011
不了解权利	0.030	0.008	0.046	3.759	0.000	0.014	0.046
权利不重要	0.125	0.007	0.227	18.024	0.000	0.111	0.139
权利有效保障	0.002	0.010	0.003	0.243	0.808	-0.016	0.021
保障尚需改进	-0.063	0.011	-0.076	-5.736	0.000	-0.084	-0.041
中国人权改善	-0.069	0.010	-0.088	-6.800	0.000	-0.089	-0.049
侵权未受制裁	0.062	0.008	0.100	8.109	0.000	0.047	0.077
不应指责中国	-0.088	0.009	-0.120	-9.983	0.000	-0.105	-0.071

系数[a]

（模型列左侧标注：1）

a. 因变量：政治危机压力

　　仅从"权利认知"的角度对"政治危机压力"得分上升作进一步的解释，可以看出在"权利重要性认知"层面，2016 年问卷调查呈现的"权利不重要"得分大幅度下降，可能带动了"政治危机压力"得分上升（"权利不重要"对"政治危机压力"具有正向的预测作用，前者是反向计分，所以两者之间的实际影响是正向的），显示民众对权利与个人关系的忽视程度大幅度提高（反向计分的"权利不重要"得分下降，表明的是忽视权利与个人关系的程度增强），应是导致政治危机压力强化的一个重要原因。在"权利保障评价"层面，2016 年问卷调查呈现的"不应指责中国"得分的小幅下降，对提高"政治危机压力"得分也有一定的影响（"不应指责中国"对"公民身份认知"有反向的预测作用），表明民众反感西方国家对中国的人权状况指手划脚的情绪略有降低，也对政治危机压力的强化有一定的影响。2016 年问卷调查呈现的"侵权未受制裁"得分的大幅度下降，也可能带动了"政治危机压力"得分上升（"侵权未受制裁"对"政治危机压力"具有正向的预测作用，但前者是反向计分，实际影响应是反向的），显示出对侵权行为的纵容，亦会强化政治危机压力。

政治危机压力的增强，可能是多种因素带来的结果，通过回归分析，至少可以指出要减轻政治危机压力，需要注意以下要求：一是更加明确国家发展与个人之间的紧密关系；二是更坚持改革开放的发展方向；三是尽量避免重大的政策失误；四是更注重"公民身份"的教育；五是更注意权利与公民个人的关系；六是更不容忍侵犯公民权利的行为。

（二）政治危机可能性

"政治危机可能性"是测量政治危机压力的一个重要指标，其得分由 2012 年的 2.82 分上升到 2016 年的 2.98 分，上升了 0.16 分，显示的是民众对政治危机可能性的判断有所增强。

以回归分析方法检验 2016 年问卷调查涉及的六种认同得分与"政治危机可能性"得分之间的关系（见表 8-3-1、表 8-3-2 和表 8-3-3），显示总体性的预测作用显著，$F(6, 6537) = 189.096$，$p < 0.001$，$R^2 = 0.148$。在用来检验的 6 个预测变量中，有 5 个变量对"政治危机可能性"具有显著的预测作用（只有"体制认同"的预测作用不显著），预测作用较强的三种认同是"发展认同"（$\beta = -0.221$）、"政策认同"（$\beta = -0.143$）和"政党认同"（$\beta = -0.066$）。由于这三种认同对"政治危机可能性"具有的都是反向的预测作用，2016 年问卷调查显示的发展认同、政策认同和政党认同总体水平不同程度的下降，应是导致政治危机可能性判断增强的重要原因，而最主要的不利影响应来自发展认同。

表8-3-1 六种认同对"政治危机可能性"的回归分析（一）

模 型 汇 总

模型	R	R方	调整R方	标准估计的误差	更改统计量				
					R方更改	F更改	df1	df2	sig. F更改
1	0.385[a]	0.148	0.147	0.98407	0.148	189.096	6	6537	0.000

a. 测量变量：（常量），体制认同，政党认同，身份认同，文化认同，政策认同，发展认同

表8-3-2 六种认同对"政治危机可能性"的回归分析（二）

Anova[b]

模型		平方和	df	均方	F	Sig.
1	回归	1098.716	6	183.119	189.096	0.000[a]
	残差	6330.374	6537	0.968		
	总计	7429.090	6543			

a. 预测变量：（常量），体制认同，政党认同，身份认同，文化认同，政策认同，发展认同
b. 因变量：政治危机可能性

表8-3-3 六种认同对"政治危机可能性"的回归分析（三）

系数[a]

模型		非标准化系数		标准系数	t	Sig.	B的95%置信区间	
		B	标准误差	β			下限	上限
1	（常量）	6.273	0.119		52.558	0.000	6.039	6.507
	体制认同	-0.034	0.027	-0.016	-1.257	0.209	-0.086	0.019
	政党认同	-0.123	0.024	-0.066	-5.117	0.000	-0.170	-0.076
	身份认同	-0.086	0.023	-0.053	-3.836	0.000	-0.131	-0.042
	文化认同	-0.058	0.024	-0.030	-2.389	0.017	-0.106	-0.010
	政策认同	-0.242	0.022	-0.143	-11.067	0.000	-0.285	-0.199
	发展认同	-0.364	0.023	-0.221	-15.993	0.000	-0.408	-0.319

a. 因变量：政治危机可能性

发展认同和政策认同涉及的子项已见前述，政党认同下的三个子项，

一是"坚持中国共产党的领导，对中国的发展极为重要"（简称"共产党领导重要性"）；二是"中国的政治协商和多党合作制度，对改革开放以来中国的发展极为重要"（简称"政党制度重要性"）；三是"采用多党竞争制度更有利于中国发展"（简称"对多党竞争的态度"）。

对预测作用较强的三种认同下的 10 个子项作进一步的回归检验（见表 8 - 3 - 4、表 8 - 3 - 5 和表 8 - 3 - 6），显示总体性的预测作用显著，F（10，6546）= 162.429，$p < 0.001$，$R^2 = 0.199$。在用来检验的 10 个预测变量中，有 7 个变量对"政治危机可能性"具有显著的预测作用（"政策适用性""政策能够有效推行"和"政党制度重要性"的预测作用不显著），预测作用较强的四个子项是"政策失误"（$\beta = 0.240$）、"发展与个人关系"（$\beta = 0.180$）、"对多党竞争的态度"（$\beta = 0.102$）和"渐进式改革"（$\beta = 0.072$）。

表 8 - 3 - 4　三种认同各子项对"政治危机可能性"的回归分析（一）

					更改统计量				
模型	R	R 方	调整 R 方	标准估计的误差	R 方更改	F 更改	df1	df2	sig. F 更改
1	0.446[a]	0.199	0.198	0.95479	0.199	162.429	10	6546	0.000

模型汇总

a. 测量变量：（常量），发展方向，发展与个人关系，渐进式改革，中国发展道路，政策适用性，政策失误，政策能够有效推行，共产党领导重要性，政党制度重要性，对多党竞争的态度

表 8 - 3 - 5　三种认同各子项对"政治危机可能性"的回归分析（二）

Anova[b]

模型		平方和	df	均方	F	Sig.
1	回归	1480.739	10	148.074	162.429	0.000[a]
	残差	5967.482	6546	0.912		
	总计	7448.221	6556			

a. 预测变量：（常量），发展方向，发展与个人关系，渐进式改革，中国发展道路，政策适用性，政策失误，政策能够有效推行，共产党领导重要性，政党制度重要性，对多党竞争的态度
b. 因变量：政治危机可能性

表 8 - 3 - 6　三种认同各子项对"政治危机可能性"的回归分析（三）

系数ᵃ

模型	非标准化系数		标准系数	t	Sig.	B 的 95% 置信区间	
	B	标准误差	β			下限	上限
（常量）	2.225	0.105		21.187	0.000	2.020	2.431
发展方向	-0.060	0.016	-0.048	-3.784	0.000	-0.090	-0.029
发展与个人关系	0.150	0.011	0.180	14.200	0.000	0.129	0.171
渐进式改革	0.062	0.010	0.072	6.033	0.000	0.042	0.083
中国发展道路	-0.035	0.014	-0.031	-2.492	0.013	-0.063	-0.008
政策适用性	-0.017	0.017	-0.012	-0.965	0.334	-0.050	0.017
政策失误	0.231	0.011	0.240	20.161	0.000	0.208	0.253
政策能够有效推行	-0.009	0.013	-0.008	-0.651	0.515	-0.035	0.017
共产党领导重要性	-0.078	0.017	-0.058	-4.652	0.000	-0.111	-0.045
政党制度重要性	0.001	0.012	0.001	0.087	0.930	-0.023	0.026
对多党竞争的态度	0.091	0.011	0.102	8.462	0.000	0.070	0.113

（模型标号：1）

a. 因变量：政治危机可能性

　　通过进一步的回归分析，可以看出在发展认同层面，"发展与个人关系"和"渐进式改革"对"政治危机可能性"最为重要。2016 年问卷调查呈现的"发展与个人关系"得分的大幅度下降，可能带动了"政治危机可能性"得分上升（"发展与个人关系"对"政治危机可能性"具有正向的预测作用，但前者是反向计分，所以实际影响是反向的），显示民众对国家发展与个人之间的紧密关系认识程度下降，起的应是增强政治危机可能性判断的作用。2016 年问卷调查呈现的"渐进式改革"得分的大幅度下降，也可能带动了"政治危机可能性"得分上升（"渐进式改革"对"政治危机可能性"具有正向的预测作用，但前者是反向计分，所以实际影响是反向的），表明对激进的政治体制改革认可程度的提高（反向计分的"渐进式改革"得分下降，表明的是对激进改革认可度的提高和对渐进式改革认可度的降低），也起了增强政治危机可能性判断的作用。在政策认同层面，"政策失误"对"政治危机可能性"尤为重要。2016 年问卷调查呈现的"政策失误"得分的较大幅度下降，亦可能带动了"政治危机可能性"得分上升（"政策失误"对"政治危机可能性"具有正向的预测作用，但前者是反向计分，所以实际影响是反向的），显示民众对重大政策失误担忧的增强，起的同样是增强政治危机可能性判断的作用。在政党认同层面，"对多党竞争的态度"对"政治危机可能性"尤为重要。2016 年问卷调查呈现的"对多党竞争的态度"得分下降，带动的也是"政治危机可能性"得分上升（"对多党竞争的态度"对"政治危机可能性"具有正向的预测作用，但前者是反向计分，所以实际影响是反向的），显示越认可多党竞争（反向计分的"对多党竞争的态度"得分下降，表明的是认可多党竞争的倾向有所增强），越会增强政治危机可能性的判断。

以回归分析方法检验 2016 年问卷调查涉及的五种影响因素得分与"政治危机可能性"得分之间的关系（见表 8 - 4 - 1、表 8 - 4 - 2 和表 8 - 4 - 3），显示总体性的预测作用显著，F（5，6523）= 168.590，$p < 0.001$，$R^2 = 0.114$。用来检验的 5 个预测变量都对"政治危机可能性"具有显著的预测作用，预测作用最强的影响因素是"权利认知"（$\beta = -0.211$）。由于"权利认知"对"政治危机可能性"具有反向的预测作用，2016 年问卷调查显示的权利认知总体水平的下降，应是增强政治危机可能性判断的一个重要原因。

表 8 - 4 - 1　　五种影响因素对"政治危机可能性"的回归分析（一）

模　型　汇　总								
模型	R	R方	调整R方	标准估计的误差	更改统计量			
					R方更改	F更改	df1	df2	sig. F更改
1	0.338[a]	0.114	0.114	1.00241	0.114	168.590	5	6523	0.000

a. 测量变量：（常量），权利认知，利益认知，政治沟通认知，政治参与行为，公民满意度

表 8 - 4 - 2 五种影响因素对"政治危机可能性"的回归分析（二）

Anova[b]

模型		平方和	df	均方	F	Sig.
1	回归	847.026	5	169.405	168.590	0.000[a]
	残差	6554.542	6523	1.005		
	总计	7401.568	6528			

a. 预测变量：（常量），权利认知，利益认知，政治沟通认知，政治参与行为，公民满意度
b. 因变量：政治危机可能性

表 8 - 4 - 3 五种影响因素对"政治危机可能性"的回归分析（三）

系数[a]

模型		非标准化系数		标准系数	t	Sig.	B 的 95% 置信区间	
		B	标准误差	β			下限	上限
1	（常量）	6.505	0.168		38.680	0.000	6.175	6.834
	权利认知	-0.277	0.018	-0.211	-15.122	0.000	-0.313	-0.241
	利益认知	0.040	0.020	0.024	2.023	0.043	0.001	0.078
	政治沟通认知	-0.115	0.020	-0.086	-5.798	0.000	-0.154	-0.076
	政治参与行为	-0.079	0.017	-0.058	-4.750	0.000	-0.112	-0.047
	公民满意度	-0.105	0.017	-0.088	-6.341	0.000	-0.138	-0.073

a. 因变量：政治危机可能性

对"权利认知"下的 10 个子项作进一步的回归检验（见表 8 - 4 - 4、表 8 - 4 - 5 和表 8 - 4 - 6），显示总体性的预测作用显著，$F(10, 6559) = 89.681$，$p < 0.001$，$R^2 = 0.120$。在用来检验的 10 个预测变量中，有 7 个变量对"政治危机可能性"具有显著的预测作用（"权利意识""扩大公民权"和"保障尚需改进"的预测作用不显著），预测作用较强的三个子项是"权利不重要"（$\beta = 0.205$）、"侵权未受制裁"（$\beta = 0.117$）和"不应指责中国"（$\beta = -0.091$）。

表 8 - 4 - 4　　"权利认知"各子项对"政治危机可能性"的回归分析（一）

模 型 汇 总

模型	R	R 方	调整 R 方	标准估计的误差	更改统计量				
					R 方更改	F 更改	df1	df2	sig. F 更改
1	0.347ª	0.120	0.119	1.00056	0.120	89.681	10	6559	0.000

a. 测量变量：（常量），权利意识，权利重要性，扩大公民权，不了解权利，权利不重要，权利有效保障，保障尚需改进，中国人权改善，侵权未受制裁，不应指责中国

表 8 - 4 - 5　　"权利认知"各子项对"政治危机可能性"的回归分析（二）

Anovab

模型		平方和	df	均方	F	Sig.
1	回归	897.824	10	89.782	89.681	0.000ª
	残差	6566.402	6559	1.001		
	总计	7464.226	6569			

a. 预测变量：（常量），权利意识，权利重要性，扩大公民权，不了解权利，权利不重要，权利有效保障，保障尚需改进，中国人权改善，侵权未受制裁，不应指责中国
b. 因变量：政治危机可能性

表 8 - 4 - 6　　"权利认知"各子项对"政治危机可能性"的回归分析（三）

系数ª

模型		非标准化系数		标准系数	t	Sig.	B 的 95% 置信区间	
		B	标准误差	β			下限	上限
1	（常量）	3.039	0.103		29.593	0.000	2.838	3.240
	权利意识	-0.029	0.016	-0.026	-1.883	0.060	-0.060	0.001
	权利重要性	-0.011	0.018	-0.009	-0.625	0.532	-0.046	0.024
	扩大公民权	-0.017	0.016	-0.014	-1.011	0.312	-0.049	0.015
	不了解权利	0.069	0.012	0.069	5.491	0.000	0.044	0.093
	权利不重要	0.171	0.011	0.205	15.757	0.000	0.150	0.192
	权利有效保障	-0.036	0.015	-0.032	-2.407	0.016	-0.066	-0.007

续表

模型		非标准化系数		标准系数	t	Sig.	B 的 95% 置信区间	
		B	标准误差	β			下限	上限
1	保障尚需改进	-0.022	0.017	-0.018	-1.293	0.196	-0.055	0.011
	中国人权改善	-0.082	0.016	-0.069	-5.161	0.000	-0.113	-0.051
	侵权未受制裁	0.110	0.012	0.117	9.248	0.000	0.087	0.134
	不应指责中国	-0.101	0.014	-0.091	-7.342	0.000	-0.128	-0.074

系数[a]

a. 因变量：政治危机可能性

　　从进一步的回归分析结果可以看出，在"权利认知"方面，"政治危机可能性"与"政治危机压力"所涉及的重点因素是相同的，主要表现为对权利与个人关系的忽视程度大幅度提高，对侵权行为的纵容以及反感西方国家对中国的人权状况指手划脚的情绪降低，都起到了增强政治危机可能性判断的作用。

　　也就是说，"政治危机可能性"与"政治危机压力"的主要不同，是突出了激进改革和多党竞争的影响。

（三）民族冲突可能性

　　"民族冲突可能性"也是测量政治危机压力的一个重要指标，其得分由 2012 年的 2.66 分上升到 2016 年的 2.81 分，上升了 0.15 分，显示的也是危机可能性的判断有所增强。

　　以回归分析方法检验 2016 年问卷调查涉及的六种认同得分与"民族冲突可能性"得分之间的关系（见表 8-5-1、表 8-5-2 和表 8-5-3），显示总体性的预测作用显著，$F_{(6, 6537)} = 212.467$，$p < 0.001$，$R^2 = 0.163$。在用来检验的 6 个预测变量中，有 4 个变量对"民族冲突可能性"具有显著的预测作用（"体制认同"和"文化认同"的预测作用不显著），预测作用较强的三种认同是"发展认同"（$\beta = -0.234$）、"政策认同"（$\beta = -0.124$）和"身份认同"（$\beta = -0.098$）。由于这三种认同对"民族冲突可能性"具有

的都是反向的预测作用，2016年问卷调查显示的发展认同、政策认同和身份认同总体水平不同程度的下降，应是导致民族冲突可能性判断增强的重要原因，而最主要的不利影响应来自发展认同。

表8-5-1　六种认同对"民族冲突可能性"的回归分析（一）

模　型　汇　总

模型	R	R方	调整R方	标准估计的误差	更改统计量				
					R方更改	F更改	$df1$	$df2$	$sig. F$更改
1	0.404[a]	0.163	0.162	1.02110	0.163	212.467	6	6537	0.000

a. 测量变量：（常量），体制认同，政党认同，身份认同，文化认同，政策认同，发展认同

表8-5-2　六种认同对"民族冲突可能性"的回归分析（二）

Anova[b]

模型		平方和	df	均方	F	Sig.
1	回归	1329.167	6	221.528	212.467	0.000[a]
	残差	6815.767	6537	1.043		
	总计	8144.934	6543			

a. 预测变量：（常量），体制认同，政党认同，身份认同，文化认同，政策认同，发展认同
b. 因变量：民族冲突可能性

表8-5-3　六种认同对"民族冲突可能性"的回归分析（三）

系数[a]

模型		非标准化系数		标准系数	t	Sig.	B的95%置信区间	
		B	标准误差	β			下限	上限
1	（常量）	6.373	0.124		51.453	0.000	6.130	6.615
	体制认同	-0.021	0.028	-0.009	-0.750	0.454	-0.075	0.034
	政党认同	-0.143	0.025	-0.074	-5.769	0.000	-0.192	-0.095
	身份认同	-0.169	0.023	-0.098	-7.236	0.000	-0.215	-0.123

续表

系数[a]							
模型	非标准化系数		标准系数	*t*	*Sig.*	B 的95% 置信区间	
	B	标准误差	*β*			下限	上限
1　文化认同	− 0.012	0.025	− 0.006	− 0.456	0.648	− 0.061	0.038
1　政策认同	− 0.219	0.023	− 0.124	− 9.625	0.000	− 0.263	− 0.174
1　发展认同	− 0.405	0.024	− 0.234	− 17.146	0.000	− 0.451	− 0.358

a. 因变量：民族冲突可能性

对预测作用较强的三种认同下的 11 个子项作进一步的回归检验（见表 8 − 5 − 4、表 8 − 5 − 5 和表 8 − 5 − 6），显示总体性的预测作用显著，$F (11, 6548) = 167.026$，$p < 0.001$，$R^2 = 0.219$。在用来检验的 11 个预测变量中，有 6 个变量对"民族冲突可能性"具有显著的预测作用（"发展方向""中国发展道路""政策能够有效推行""国民身份认知"和"民族身份认知"的预测作用不显著），预测作用较强的四个子项是"发展与个人关系"（$β = 0.238$）、"政策失误"（$β = 0.200$）、"公民身份认知"（$β = 0.127$）和"渐进式改革"（$β = 0.049$）。

表 8 − 5 − 4　　三种认同各子项对"民族冲突可能性"的回归分析（一）

模型汇总								
模型	*R*	*R* 方	调整 *R* 方	标准估计的误差	更改统计量			
					R 方更改	*F* 更改	df 1	df 2	sig. *F* 更改
1	0.468[a]	0.219	0.218	0.98701	0.219	167.026	11	6548	0.000

a. 测量变量：（常量），发展方向，发展与个人关系，渐进式改革，中国发展道路，政策适用性，政策失误，政策能够有效推行，中国人自豪感，国民身份认知，公民身份认知，民族身份认知

表 8 - 5 - 5 三种认同各子项对"民族冲突可能性"的回归分析（二）

Anova[b]

模型		平方和	df	均方	F	Sig.
1	回归	1789.872	11	162.716	167.026	0.000[a]
	残差	6379.032	6548	0.974		
	总计	8168.905	6559			

a. 预测变量：（常量），发展方向，发展与个人关系，渐进式改革，中国发展道路，政策适用性，政策失误，政策能够有效推行，中国人自豪感，国民身份认知，公民身份认知，民族身份认知
b. 因变量：民族冲突可能性

表 8 - 5 - 6 三种认同各子项对"民族冲突可能性"的回归分析（三）

系数[a]

模型		非标准化系数		标准系数	t	Sig.	B 的 95% 置信区间	
		B	标准误差	β			下限	上限
1	（常量）	1.918	0.116		16.600	0.000	1.691	2.144
	发展方向	-0.019	0.017	-0.015	-1.168	0.243	-0.052	0.013
	发展与个人关系	0.207	0.011	0.238	18.020	0.000	0.184	0.229
	渐进式改革	0.045	0.011	0.049	4.168	0.000	0.024	0.065
	中国发展道路	-0.024	0.015	-0.020	-1.635	0.102	-0.053	0.005
	政策适用性	-0.048	0.018	-0.034	-2.730	0.006	-0.083	-0.014
	政策失误	0.201	0.012	0.200	17.050	0.000	0.178	0.224
	政策能够有效推行	-0.023	0.014	-0.020	-1.686	0.092	-0.050	0.004
	中国人自豪感	-0.045	0.019	-0.033	-2.412	0.016	-0.082	-0.009
	国民身份认知	0.013	0.019	0.009	0.654	0.513	-0.025	0.050
	公民身份认知	0.105	0.010	0.127	10.156	0.000	0.084	0.125
	民族身份认知	-0.007	0.013	-0.006	-0.531	0.595	-0.032	0.019

a. 因变量：民族冲突可能性

通过进一步的回归分析，可以看出影响"政治危机压力"的是"发展与个人关系""政策失误"和"公民身份认知"，也是影响"民族冲突可能性"的主要因素，表现为民众对国家发展与个人之间的紧密关系认识程度下降、对重大政策失误担忧的增强以及对公民身份的忽视，都起了增强民族冲突可能性判断的作用。有所不同的是影响"民族冲突可能性"的还有"渐进式改革"因素（这一点与"政治危机可能性"相同），显示对激进的政治体制改革认可程度的提高，起的也是增强民族冲突可能性判断的作用。

以回归分析方法检验 2016 年问卷调查涉及的五种影响因素得分与"民族冲突可能性"得分之间的关系（见表 8-6-1、表 8-6-2 和表 8-6-3），显示总体性的预测作用显著，$F(5, 6523) = 166.295$，$p < 0.001$，$R^2 = 0.113$。在用来检验的 5 个预测变量中，有 4 个变量对"民族冲突可能性"具有显著的预测作用（只有"政治参与行为"的预测作用不显著），预测作用最强的影响因素是"权利认知"（$\beta = -0.214$）。由于"权利认知"对"民族冲突可能性"具有反向的预测作用，2016 年问卷调查显示的权利认知总体水平的下降，应是增强民族冲突可能性判断的一个重要原因。

表 8-6-1　　五种影响因素对"民族冲突可能性"的回归分析（一）

模型汇总								
模型	R	R 方	调整 R 方	标准估计的误差	更改统计量			
					R 方更改	F 更改	$df1$	$df2$	$sig. F$ 更改
1	0.336[a]	0.113	0.112	1.05333	0.113	166.295	5	6523	0.000

a. 测量变量：（常量），权利认知，利益认知，政治沟通认知，政治参与行为，公民满意度

表 8 - 6 - 2 五种影响因素对"民族冲突可能性"的回归分析（二）

模型		平方和	df	均方	F	Sig.
		Anova[b]				
1	回归	922.533	5	184.507	166.295	0.000[a]
	残差	7237.344	6523	1.110		
	总计	8159.877	6528			

a. 预测变量：（常量），权利认知，利益认知，政治沟通认知，政治参与行为，公民满意度
b. 因变量：民族冲突可能性

表 8 - 6 - 3 五种影响因素对"民族冲突可能性"的回归分析（三）

模型		非标准化系数		标准系数	t	Sig.	B 的 95% 置信区间	
		B	标准误差	β			下限	上限
		系数[a]						
1	（常量）	5.952	0.177		33.681	0.000	5.605	6.298
	权利认知	-0.295	0.019	-0.214	-15.296	0.000	-0.333	-0.257
	利益认知	0.109	0.021	0.063	5.301	0.000	0.069	0.150
	政治沟通认知	-0.166	0.021	-0.118	-7.929	0.000	-0.207	-0.125
	政治参与行为	-0.031	0.018	-0.022	-1.792	0.073	-0.066	0.003
	公民满意度	-0.082	0.017	-0.065	-4.703	0.000	-0.116	-0.048

a. 因变量：民族冲突可能性

对"权利认知"下的 10 个子项作进一步的回归检验（见表 8 - 6 - 4、表 8 - 6 - 5 和表 8 - 6 - 6），显示总体性的预测作用显著，$F_{(10, 6559)} = 101.387$，$p < 0.001$，$R^2 = 0.134$。在用来检验的 10 个预测变量中，有 7 个变量对"民族冲突可能性"具有显著的预测作用（"权利意识""扩大公民权"和"权利有效保障"的预测作用不显著），预测作用较强的三个子项是"权利不重要"（$\beta = 0.229$）、"侵权未受制裁"（$\beta = 0.130$）和"不应指责中国"（$\beta = -0.067$）。

表 8 - 6 - 4　"权利认知"各子项对"民族冲突可能性"的回归分析（一）

模　型　汇　总

模型	R	R方	调整 R方	标准估计的误差	更改统计量				
					R方更改	F更改	df1	df2	sig. F更改
1	0.366[a]	0.134	0.133	1.04087	0.134	101.387	10	6559	0.000

a. 测量变量：（常量），权利意识，权利重要性，扩大公民权，不了解权利，权利不重要，权利有效保障，保障尚需改进，中国人权改善，侵权未受制裁，不应指责中国

表 8 - 6 - 5　"权利认知"各子项对"民族冲突可能性"的回归分析（二）

Anova[b]

模型		平方和	df	均方	F	Sig.
1	回归	1098.437	10	109.844	101.387	0.000[a]
	残差	7106.068	6559	1.083		
	总计	8204.505	6569			

a. 预测变量：（常量），权利意识，权利重要性，扩大公民权，不了解权利，权利不重要，权利有效保障，保障尚需改进，中国人权改善，侵权未受制裁，不应指责中国
b. 因变量：民族冲突可能性

表 8 - 6 - 6　"权利认知"各子项对"民族冲突可能性"的回归分析（三）

系数[a]

模型		非标准化系数		标准系数	t	Sig.	B 的95%置信区间	
		B	标准误差	β			下限	上限
1	（常量）	2.951	0.107		27.624	0.000	2.741	3.160
	权利意识	0.016	0.016	0.013	0.954	0.340	-0.016	0.047
	权利重要性	-0.071	0.019	-0.054	-3.821	0.000	-0.107	-0.034

模型		非标准化系数		标准系数	t	Sig.	B 的 95% 置信区间	
		B	标准误差	β			下限	上限
1	扩大公民权	− 0.001	0.017	− 0.001	− 0.077	0.939	− 0.035	0.032
	不了解权利	0.031	0.013	0.030	2.418	0.016	0.006	0.057
	权利不重要	0.200	0.011	0.229	17.742	0.000	0.178	0.222
	权利有效保障	− 0.023	0.016	− 0.020	− 1.492	0.136	− 0.054	0.007
	保障尚需改进	− 0.053	0.018	− 0.041	− 3.010	0.003	− 0.088	− 0.019
	中国人权改善	− 0.108	0.017	− 0.086	− 6.528	0.000	− 0.140	− 0.076
	侵权未受制裁	0.128	0.012	0.130	10.330	0.000	0.104	0.152
	不应指责中国	− 0.079	0.014	− 0.067	− 5.468	0.000	− 0.107	− 0.050

系数[a]

a. 因变量：民族冲突可能性

从进一步的回归分析结果可以看出，在"权利认知"方面，"民族冲突可能性"与"政治危机压力""政治危机可能性"所涉及的重点因素是相同的，主要表现为对权利与个人关系的忽视程度大幅度提高、对侵权行为的纵容以及反感西方国家对中国的人权状况指手划脚的情绪降低，都起了增强民族冲突可能性判断的作用。

（四）腐败带来危机

"腐败带来危机"作为政治危机压力的一个指标，其得分由 2012 年的 2.19 分上升到 2016 年的 2.31 分，上升了 0.12 分，显示的是对"反腐不坚决，政治危机不可避免"的赞同声音趋弱（该指标是反向计分的），即对腐败带来危机的认可程度有所降低。

以回归分析方法检验 2016 年问卷调查涉及的六种认同得分与"腐败带来危机"得分之间的关系（见表 8-7-1、表 8-7-2 和表 8-7-3），显示总体性的预测作用显著，F（6，6534）= 27.395，$p < 0.001$，$R^2 = 0.025$。在用来检验的 6 个预测变量中，

有 3 个变量对"腐败带来危机"具有显著的预测作用（"体制认同""政党认同"和"发展认同"的预测作用不显著），即"文化认同"（$\beta = 0.099$）、"身份认同"（$\beta = 0.075$）和"政策认同"（$\beta = -0.035$）。由于"腐败带来危机"是反向计分，对其有正向预测作用的"文化认同"得分上升，带动的是"腐败带来危机"的得分下降；对其有正向预测作用的"身份认同"得分下降，带动的是"腐败带来危机"的得分上升；对其有反向预测作用的"政策认同"得分下降，带动的是"腐败带来危机"的得分下降。也就是说，腐败带来危机认可程度的降低，主要是受了身份认同总体水平下降的影响。

表 8 - 7 - 1　　六种认同对"腐败带来危机"的回归分析（一）

<table>
<tr><th colspan="10">模　型　汇　总</th></tr>
<tr><td rowspan="2">模型</td><td rowspan="2">R</td><td rowspan="2">R 方</td><td rowspan="2">调整
R 方</td><td rowspan="2">标准估计的
误差</td><td colspan="5">更改统计量</td></tr>
<tr><td>R 方更改</td><td>F 更改</td><td>df1</td><td>df2</td><td>sig. F 更改</td></tr>
<tr><td>1</td><td>0.157ª</td><td>0.025</td><td>0.024</td><td>1.05125</td><td>0.025</td><td>27.395</td><td>6</td><td>6534</td><td>0.000</td></tr>
</table>

a. 测量变量：（常量），体制认同，政党认同，身份认同，文化认同，政策认同，发展认同

表 8 - 7 - 2　　六种认同对"腐败带来危机"的回归分析（二）

<table>
<tr><th colspan="7">Anovaᵇ</th></tr>
<tr><td colspan="2">模型</td><td>平方和</td><td>df</td><td>均方</td><td>F</td><td>Sig.</td></tr>
<tr><td rowspan="3">1</td><td>回归</td><td>181.649</td><td>6</td><td>30.275</td><td>27.395</td><td>0.000ª</td></tr>
<tr><td>残差</td><td>7220.915</td><td>6534</td><td>1.105</td><td></td><td></td></tr>
<tr><td>总计</td><td>7402.563</td><td>6540</td><td></td><td></td><td></td></tr>
</table>

a. 预测变量：（常量），体制认同，政党认同，身份认同，文化认同，政策认同，发展认同
b. 因变量：腐败带来危机

表 8 - 7 - 3 六种认同对"腐败带来危机"的回归分析（三）

系数[a]

模型	非标准化系数		标准系数	t	Sig.	B 的 95% 置信区间	
	B	标准误差	β			下限	上限
（常量）	2.450	0.128		19.204	0.000	2.200	2.700
体制认同	0.002	0.029	0.001	0.087	0.931	- 0.054	0.059
政党认同	0.039	0.026	0.021	1.509	0.131	- 0.012	0.089
1 身份认同	0.124	0.024	0.075	5.139	0.000	0.076	0.171
文化认同	0.191	0.026	0.099	7.327	0.000	0.140	0.243
政策认同	- 0.059	0.023	- 0.035	- 2.535	0.011	- 0.105	- 0.013
发展认同	0.037	0.024	0.023	1.526	0.127	- 0.011	0.085

a. 因变量：腐败带来危机

政策认同和身份认同涉及的子项已见前述，文化认同下有四个子项，一是"中国传统文化对您个人具有很大的影响"（简称"文化传统性"）；二是"在全球化影响下，文化的多元性比文化的本土性更重要"（简称"文化多元性"）；三是"是否认同党和政府强调的社会主义核心价值观"（简称"核心价值观"）。

对有预测作用的三种认同下的 10 个子项作进一步的回归检验（见表 8 - 7 - 4、表 8 - 7 - 5 和表 8 - 7 - 6），显示总体性的预测作用显著，$F(10, 6548) = 26.465$，$p < 0.001$，$R^2 = 0.039$。在用来检验的 10 个预测变量中，有 7 个变量对"腐败带来危机"具有显著的预测作用（"文化多元性""国民身份认知"和"政策能够有效推行"的预测作用不显著），预测作用较强的四个子项是"政策失误"（$\beta = 0.083$）、"核心价值观"（$\beta = 0.079$）、"文化传统性"（$\beta = 0.077$）和"中国人自豪感"（$\beta = 0.054$）。

表 8 - 7 - 4　三种认同各子项对"腐败带来危机"的回归分析（一）

模 型 汇 总

模型	R	R 方	调整 R 方	标准估计的误差	更改统计量				
					R 方更改	F 更改	df1	df2	sig. F 更改
1	0.197[a]	0.039	0.037	1.04425	0.039	26.465	10	6548	0.000

a. 测量变量：（常量），文化传统性，文化多元性，核心价值观，中国人自豪感，国民身份认知，公民身份认知，民族身份认知，政策适用性，政策失误，政策能够有效推行

表 8 - 7 - 5　三种认同各子项对"腐败带来危机"的回归分析（二）

Anova[b]

模型		平方和	df	均方	F	Sig.
1	回归	288.587	10	28.859	26.465	0.000[a]
	残差	7140.273	6548	1.090		
	总计	7428.860	6558			

a. 预测变量：（常量），文化传统性，文化多元性，核心价值观，中国人自豪感，国民身份认知，公民身份认知，民族身份认知，政策适用性，政策失误，政策能够有效推行
b. 因变量：腐败带来危机

表 8 - 7 - 6　三种认同各子项对"腐败带来危机"的回归分析（三）

系数[a]

模型	非标准化系数		标准系数	t	Sig.	B 的 95% 置信区间	
	B	标准误差	β			下限	上限
（常量）	2.205	0.118		18.644	0.000	1.973	2.437
文化传统性	0.085	0.015	0.077	5.801	0.000	0.057	0.114
文化多元性	−0.018	0.013	−0.017	−1.353	0.176	−0.043	0.008
1 核心价值观	0.097	0.017	0.079	5.627	0.000	0.063	0.131
中国人自豪感	0.070	0.020	0.054	3.477	0.001	0.030	0.109
国民身份认知	−0.013	0.020	−0.010	−0.661	0.508	−0.053	0.026
公民身份认知	−0.021	0.010	−0.027	−2.047	0.041	−0.041	−0.001

模型	非标准化系数		标准系数	t	Sig.	B 的 95% 置信区间	
	B	标准误差	β			下限	上限
系数ª							
民族身份认知	0.049	0.014	0.045	3.529	0.000	0.022	0.076
政策适用性	0.061	0.019	0.045	3.230	0.001	0.024	0.097
1　政策失误	0.080	0.012	0.083	6.538	0.000	0.056	0.103
政策能够有效推行	-0.017	0.014	-0.015	-1.170	0.242	-0.044	0.011

a. 因变量：腐败带来危机

　　通过进一步的回归分析，可以看出在文化认同层面，"文化传统性"和"核心价值观"对"腐败带来危机"最为重要。2016 年问卷调查呈现的"文化传统性"得分上升，可能带动了"腐败带来危机"得分下降（"文化传统性"对"腐败带来危机"具有正向的预测作用，但后者是反向计分，所以实际影响是反向的），表明对文化传统认可程度的提高，会提高腐败带来危机的认可程度。2016 年问卷调查呈现的"核心价值观"得分的较大幅度上升，也可能带动了"腐败带来危机"得分下降（"核心价值观"对"腐败带来危机"具有正向的预测作用，但后者是反向计分，所以实际影响是反向的），表明对社会主义核心价值观认可程度的提高，也会提高腐败带来危机的认可程度。在身份认同层面，"中国人自豪感"对"腐败带来危机"尤为重要。2016 年问卷调查呈现的"中国人自豪感"得分下降，可能带动了"腐败带来危机"得分上升（"中国人自豪感"对"腐败带来危机"具有正向的预测作用，但后者是反向计分，所以实际影响是反向的），显示中国人自豪感的弱化，会降低腐败带来危机的认可程度。在政策认同层面，"政策失误"对"腐败带来危机"尤为重要。2016 年问卷调查呈现的"政策失误"得分的较大幅度下降，可能带动了"腐败带来危机"得分下降（"政策失误"对"腐败带来危机"具有正向的预测作用，在两者都是反向计分的状态下，实际影响应是正向的），显示民众对重大政策失误担忧的增强（反向计分的"政策失误"得分下降，表明的是对政策失误担忧程度提高），也会提高腐败带来危机的认可程度。

以回归分析方法检验2016年问卷调查涉及的五种影响因素得分与"腐败带来危机"得分之间的关系（见表8-8-1、表8-8-2和表8-8-3），显示总体性的预测作用显著，$F(5,6520)=36.427$，$p<0.001$，$R^2=0.027$。在用来检验的5个预测变量中，有4个变量对"腐败带来危机"具有显著的预测作用（只有"政治沟通认知"的预测作用不显著），预测作用最强的影响因素是"权利认知"（$\beta=0.129$）。尽管"权利认知"对"腐败带来危机"具有正向的预测作用，但后者是反向计分，所以实际影响应是反向的，2016年问卷调查显示的"权利认知"总分的下降，带动的应是"腐败带来危机"得分上升，起的是降低腐败带来危机认可程度的作用。

表8-8-1　五种影响因素对"腐败带来危机"的回归分析（一）

模型汇总

模型	R	R方	调整 R方	标准估计的误差	更改统计量				
					R方更改	F更改	$df1$	$df2$	$sig. F$更改
1	0.165[a]	0.027	0.026	1.05033	0.027	36.427	5	6520	0.000

a. 测量变量：（常量），权利认知，利益认知，政治沟通认知，政治参与行为，公民满意度

表8-8-2　五种影响因素对"腐败带来危机"的回归分析（二）

Anova[b]

模型		平方和	df	均方	F	Sig.
1	回归	200.929	5	40.186	36.427	0.000[a]
	残差	7192.856	6520	1.103		
	总计	7393.785	6525			

a. 预测变量：（常量），权利认知，利益认知，政治沟通认知，政治参与行为，公民满意度
b. 因变量：腐败带来危机

表8-8-3 五种影响因素对"腐败带来危机"的回归分析（三）

系数[a]

模型		非标准化系数		标准系数	t	Sig.	B的95%置信区间	
		B	标准误差	β			下限	上限
1	（常量）	4.573	0.176		25.948	0.000	4.227	4.918
	权利认知	0.168	0.019	0.129	8.766	0.000	0.131	0.206
	利益认知	−0.125	0.021	−0.076	−6.096	0.000	−0.166	−0.085
	政治沟通认知	−0.013	0.021	−0.009	−0.600	0.548	−0.053	0.028
	政治参与行为	−0.109	0.017	−0.080	−6.219	0.000	−0.143	−0.074
	公民满意度	−0.091	0.017	−0.077	−5.261	0.000	−0.126	−0.057

a. 因变量：腐败带来危机

对"权利认知"下的10个子项作进一步的回归检验（见表8-8-4、表8-8-5和表8-8-6），显示总体性的预测作用显著，$F(10, 6556) = 33.116$，$p < 0.001$，$R^2 = 0.048$。在用来检验的10个预测变量中，有6个变量对"腐败带来危机"具有显著的预测作用（"权利意识""不了解权利""权利不重要"和"中国人权改善"的预测作用不显著），预测作用较强的三个子项是"保障尚需改进"（$\beta = 0.090$）、"权利重要性"（$\beta = 0.078$）和"不应指责中国"（$\beta = 0.076$）。

表8-8-4 "权利认知"各子项对"腐败带来危机"的回归分析（一）

模 型 汇 总

模型	R	R方	调整R方	标准估计的误差	更改统计量				
					R方更改	F更改	df1	df2	sig. F更改
1	0.219[a]	0.048	0.047	1.03957	0.048	33.116	10	6556	0.000

a. 测量变量：（常量），权利意识，权利重要性，扩大公民权，不了解权利，权利不重要，权利有效保障，保障尚需改进，中国人权改善，侵权未受制裁，不应指责中国

表 8 - 8 - 5　　　"权利认知"各子项对"腐败带来危机"的回归分析（二）

Anova[b]

模型		平方和	df	均方	F	Sig.
1	回归	357.890	10	35.789	33.116	0.000[a]
	残差	7085.153	6556	1.081		
	总计	7443.043	6566			

a. 预测变量：（常量），权利意识，权利重要性，扩大公民权，不了解权利，权利不重要，权利有效保障，保障尚需改进，中国人权改善，侵权未受制裁，不应指责中国
b. 因变量：腐败带来危机

表 8 - 8 - 6　　　"权利认知"各子项对"腐败带来危机"的回归分析（三）

系数[a]

模型	非标准化系数		标准系数	t	Sig.	B 的 95% 置信区间	
	B	标准误差	β			下限	上限
（常量）	2.164	0.107		20.279	0.000	1.955	2.373
权利意识	-0.005	0.016	-0.004	-0.294	0.769	-0.037	0.027
权利重要性	0.097	0.019	0.078	5.224	0.000	0.060	0.133
扩大公民权	0.079	0.017	0.064	4.634	0.000	0.045	0.112
不了解权利	0.010	0.013	0.010	0.760	0.447	-0.016	0.035
1 权利不重要	-0.004	0.011	-0.005	-0.349	0.727	-0.026	0.018
权利有效保障	-0.067	0.016	-0.059	-4.271	0.000	-0.097	-0.036
保障尚需改进	0.112	0.018	0.090	6.318	0.000	0.077	0.147
中国人权改善	0.018	0.017	0.015	1.068	0.286	-0.015	0.050
侵权未受制裁	0.053	0.012	0.056	4.281	0.000	0.029	0.077
不应指责中国	0.084	0.014	0.076	5.874	0.000	0.056	0.112

a. 因变量：腐败带来危机

　　从"权利认知"的角度对"腐败带来危机"得分上升作进一步

的解释，可以看出在"权利重要性认知"层面，2016 年问卷调查呈现的"权利重要性"得分小幅下降，可能带动了"腐败带来危机"得分上升（"权利重要性"对"腐败带来危机"具有正向的预测作用，但后者是反向计分，所以实际影响是反向的），表明权利规定重要性认知水平下降，会提高腐败带来危机的认可程度。在"权利保障评价"层面，2016 年问卷调查呈现的"保障尚需改进"得分上升，也可能带动了"腐败带来危机"得分上升（"保障尚需改进"对"腐败带来危机"有正向的预测作用，在两者都是反向计分的状态下，实际影响应是正向的），显示的是民众对政府改善权利保障的要求越弱（反向计分的"保障尚需改进"得分上升，表明的是诉求强度转弱而不是增强），越会降低腐败带来危机的认可程度。2016 年问卷调查呈现的"不应指责中国"得分的小幅下降，对提高"腐败带来危机"得分也有一定的影响（"不应指责中国"对"腐败带来危机"有正向的预测作用，但后者是反向计分，所以实际影响是反向的），表明民众反感西方国家对中国的人权状况指手划脚的情绪略有降低，亦会提高腐败带来危机的认可程度。

从回归分析的结果可以看出，对腐败带来危机的认可程度之所以降低，主要是由于中国人自豪感弱化、对政府改善权利保障的要求弱化以及权利规定重要性认知水平下降。文化传统认可程度的提高、社会主义核心价值观认可程度的提高以及对重大政策失误担忧的增强，则可以提高腐败带来危机的认可程度。

二　经济危机压力增强的原因

2012 年和 2016 年两次问卷调查都反映出中国公民保持着中等水平的经济危机压力，并且经济危机压力在六种危机压力中都处在压力最轻的位置上。但是需要注意的是，"经济危机压力"的得分由 2012 年的 2.32 分上升到 2016 年的 2.43 分，上升了 0.11 分，显示经济危机压力感有所增强，需要就此作出进一步的说明。

（一）政治认同和权利认知对经济危机压力的影响

以回归分析方法检验 2016 年问卷调查涉及的六种认同得分与"经济危机压力"得分之间的关系（见表 8 - 9 - 1、表 8 - 9 - 2 和表 8 - 9 - 3），显示总体性的预测作用显著，F（6，6516）＝364.944，$p < 0.001$，$R^2 = 0.252$。用来检验的 6 个预测变量都对"经济危机压力"具有显著的预测作用，预测作用较强的三种认同是"政策认同"（$\beta = -0.262$）、"发展认同"（$\beta = -0.146$）和"身份认同"（$\beta = -0.124$）。由于这三种认同对"经济危机压力"具有的都是反向的预测作用，2016 年问卷调查显示的"政策认同""发展认同"和"身份认同"总体水平不同程度的下降，应是导致经济危机压力增强的重要原因，而最主要的不利影响应来自政策认同。

表 8 - 9 - 1　六种认同对"经济危机压力"的回归分析（一）

模 型 汇 总									
模型	R	R 方	调整 R 方	标准估计的误差	更改统计量				
					R 方更改	F 更改	df1	df2	sig. F 更改
1	0.502[a]	0.252	0.251	0.53773	0.252	364.944	6	6516	0.000

a. 测量变量：（常量），体制认同，政党认同，身份认同，文化认同，政策认同，发展认同

表 8 - 9 - 2　六种认同对"经济危机压力"的回归分析（二）

Anova[b]						
模型		平方和	df	均方	F	Sig.
1	回归	633.157	6	105.526	364.944	0.000[a]
	残差	1884.149	6516	0.289		
	总计	2517.306	6522			

a. 预测变量：（常量），体制认同，政党认同，身份认同，文化认同，政策认同，发展认同
b. 因变量：经济危机压力

表 8 - 9 - 3　六种认同对"经济危机压力"的回归分析（三）

系数[a]

模型		非标准化系数		标准系数	t	Sig.	B 的 95% 置信区间	
		B	标准误差	β			下限	上限
1	（常量）	5.125	0.065		78.480	0.000	4.997	5.253
	体制认同	-0.098	0.015	-0.078	-6.706	0.000	-0.127	-0.070
	政党认同	-0.065	0.013	-0.060	-4.959	0.000	-0.091	-0.039
	身份认同	-0.118	0.012	-0.124	-9.592	0.000	-0.142	-0.094
	文化认同	-0.062	0.013	-0.055	-4.599	0.000	-0.088	-0.035
	政策认同	-0.258	0.012	-0.262	-21.540	0.000	-0.281	-0.234
	发展认同	-0.141	0.012	-0.146	-11.308	0.000	-0.165	-0.116

a. 因变量：经济危机压力

对预测作用较强的三种认同下的 11 个子项作进一步的回归检验（见表 8 - 9 - 4、表 8 - 9 - 5 和表 8 - 9 - 6），显示总体性的预测作用显著，$F(11, 6527) = 202.130$，$p < 0.001$，$R^2 = 0.254$。在用来检验的 11 个预测变量中，有 9 个变量对"经济危机压力"具有显著的预测作用（"渐进式改革"和"民族身份认知"的预测作用不显著），预测作用较强的四个子项是"政策失误"（$\beta = 0.149$）、"政策适用性"（$\beta = -0.130$）、"中国发展道路"（$\beta = -0.123$）和"政策能够有效推行"（$\beta = -0.116$）。

表 8 - 9 - 4　三种认同各子项对"经济危机压力"的回归分析（一）

模 型 汇 总

模型	R	R 方	调整 R 方	标准估计的误差	更改统计量				
					R 方更改	F 更改	df1	df2	sig. F 更改
1	0.504[a]	0.254	0.253	0.53723	0.254	202.130	11	6527	0.000

a. 测量变量：（常量），政策适用性，政策失误，政策能够有效推行，发展方向，发展与个人关系，渐进式改革，中国发展道路，中国人自豪感，国民身份认知，公民身份认知，民族身份认知

表 8 - 9 - 5   三种认同各子项对"经济危机压力"的回归分析（二）

			Anova[b]			
模型		平方和	df	均方	F	Sig.
1	回归	641.723	11	58.338	202.130	0.000[a]
	残差	1883.811	6527	0.289		
	总计	2525.534	6538			

a. 预测变量：（常量），政策适用性，政策失误，政策能够有效推行，发展方向，发展与个人关系，渐进式改革，中国发展道路，中国人自豪感，国民身份认知，公民身份认知，民族身份认知
b. 因变量：经济危机压力

表 8 - 9 - 6   三种认同各子项对"经济危机压力"的回归分析（三）

		系数[a]					
模型		非标准化系数		标准系数	t	Sig.	B 的 95% 置信区间
		B	标准误差	β			下限	上限
1	（常量）	3.756	0.063		59.581	0.000	3.632	3.879
	政策适用性	-0.103	0.010	-0.130	-10.644	0.000	-0.121	-0.084
	政策失误	0.083	0.006	0.149	12.974	0.000	0.071	0.096
	政策能够有效推行	-0.074	0.007	-0.116	-9.864	0.000	-0.088	-0.059
	发展方向	-0.072	0.009	-0.099	-7.933	0.000	-0.090	-0.054
	发展与个人关系	0.043	0.006	0.088	6.837	0.000	0.031	0.055
	渐进式改革	0.010	0.006	0.020	1.728	0.084	-0.001	0.021
	中国发展道路	-0.083	0.008	-0.123	-10.393	0.000	-0.099	-0.068
	中国人自豪感	-0.061	0.010	-0.081	-5.959	0.000	-0.081	-0.041
	国民身份认知	-0.053	0.011	-0.067	-5.008	0.000	-0.073	-0.032
	公民身份认知	0.033	0.006	0.071	5.807	0.000	0.022	0.044
	民族身份认知	0.003	0.007	0.004	0.384	0.701	-0.011	0.017

a. 因变量：经济危机压力

　　通过进一步的回归分析，可以看出对"经济危机压力"的重要影响因素主要集中在政策认同方面。2016 年问卷调查呈现的"政策失

误"得分的较大幅度下降，可能带动了"经济危机压力"得分上升（"政策失误"对"经济危机压力"具有正向的预测作用，但前者是反向计分，所以实际影响是反向的），显示民众对重大政策失误担忧的增强（反向计分的"政策失误"得分下降，表明的是对政策失误担忧程度提高），起的是强化经济危机压力的作用。2016 年问卷调查呈现的"政策适用性"得分小幅上升，可能带动了"经济危机压力"得分下降（"政策失误"对"经济危机压力"具有反向的预测作用），显示民众越认可改革开放以来的政策，经济危机压力会越弱。2016 年问卷调查呈现的"政策能够有效推行"得分上升，也可能带动了"经济危机压力"得分下降（"政策能够有效推行"对"经济危机压力"具有反向的预测作用），显示民众越认为中央的政策能够顺利推行，经济危机压力会越弱。在发展认同层面，2016 年问卷调查呈现的"中国发展道路"得分的较大幅度上升，可能带动了"经济危机压力"得分下降（"中国发展道路"对"经济危机压力"具有反向的预测作用），表明对中国发展道路认可程度提高，也起到了弱化经济危机压力的作用。

上面列出的对"经济危机压力"影响较强的四个因素，有三个因素起的是弱化经济危机压力的作用，但是 2016 年与 2012 年相比，经济危机压力确实是增强而不是减弱了，因此还需要指出几个使经济危机压力增强的因素：一是对改革开放的发展方向认可程度降低，起了强化经济危机压力的作用（"发展方向"对"经济危机压力"具有反向的预测作用，"发展方向"得分下降，可能带动了"经济危机压力"得分上升）；二是对国家发展与个人之间的紧密关系认识程度下降，也起了强化经济危机压力的作用（"发展与个人关系"对"经济危机压力"具有正向的预测作用，但前者是反向计分，所以实际影响是反向的，"发展与个人关系"得分下降，可能带动了"经济危机压力"得分上升）；三是中国人自豪感弱化，同样起了增强经济危机压力的作用（"中国人自豪感"对"经济危机压力"具有反向的预测作用，"中国人自豪感"得分下降，可能带动了"经济危机压力"得分上升）；四是国民身份认知弱化，也增强了经济危机压力（"国民身份认知"对"经济危机压力"具有反向的预测作用，"国民身份认知"得分下降，可能带动了"经济危机压力"得分上升）；五是越忽视公民身份，经济危机压力会越强（"公民身份认知"对"经济危机压力"具有正向的预测作用，但前者是反向计分，所以实际影响是反向的），"公民身份认知"得分下降，可能带动了"经济危机压力"得分上升。

以回归分析方法检验 2016 年问卷调查涉及的五种影响因素得分与"经济危机压力"得分之间的关系（见表 8 – 10 – 1、表 8 – 10 – 2 和表 8 – 10 – 3），显示总体性的预测作用显著，$F(5, 6502) = 366.057$，$p < 0.001$，$R^2 = 0.220$。在用来检验的 5 个预测变量中，有 3 个变量对"经济危机压力"具有显著的预测作用（"利益认知"和"政治参与行为"的预测作用不显著），预测作用最强的影响因素是"权利认知"（$\beta = -0.226$）。由于"权利认知"对"经济危机压力"具有反向的预测作用，2016 年问卷调查显示的权利认知总体水平的下降，应是导致经济危机压力增强的一个重要原因。

表 8 – 10 – 1　　五种影响因素对"经济危机压力"的回归分析（一）

模型汇总									
模型	R	R 方	调整 R 方	标准估计的误差	更改统计量				
					R 方更改	F 更改	$df1$	$df2$	$sig. F$ 更改
1	0.469^a	0.220	0.219	0.54990	0.220	366.057	5	6502	0.000

a. 测量变量：（常量），权利认知，利益认知，政治沟通认知，政治参与行为，公民满意度

表 8 – 10 – 2　　五种影响因素对"经济危机压力"的回归分析（二）

Anova^b					
模型		平方和	df	均方	F	Sig.
1	回归	553.453	5	110.691	366.057	0.000^a
	残差	1966.114	6502	0.302		
	总计	2519.568	6507			

a. 预测变量：（常量），权利认知，利益认知，政治沟通认知，政治参与行为，公民满意度
b. 因变量：经济危机压力

表 8 – 10 – 3　　五种影响因素对"经济危机压力"的回归分析（三）

系数[a]

模型		非标准化系数		标准系数	t	$Sig.$	B 的 95% 置信区间	
		B	标准误差	β			下限	上限
1	（常量）	5.293	0.092		57.336	0.000	5.112	5.474
	权利认知	– 0.173	0.010	– 0.226	– 17.189	0.000	– 0.193	– 0.154
	利益认知	0.000	0.011	0.000	– 0.033	0.974	– 0.021	0.021
	政治沟通认知	– 0.116	0.011	– 0.148	– 10.616	0.000	– 0.137	– 0.095
	政治参与行为	– 0.006	0.009	– 0.007	– 0.614	0.539	– 0.024	0.012
	公民满意度	– 0.142	0.009	– 0.204	– 15.622	0.000	– 0.160	– 0.125

a. 因变量：经济危机压力

对"权利认知"下的 10 个子项作进一步的回归检验（见表 8 – 10 – 4、表 8 – 10 – 5 和表 8 – 10 – 6），显示总体性的预测作用显著，$F(10, 6538) = 147.326$，$p < 0.001$，$R^2 = 0.184$。在用来检验的 10 个预测变量中，有 9 个变量对"经济危机压力"具有显著的预测作用（只有"扩大公民权"的预测作用不显著），预测作用较强的三个子项是"权利有效保障"（$\beta = -0.178$）、"中国人权改善"（$\beta = -0.139$）和"侵权未受制裁"（$\beta = 0.121$）。

表 8 – 10 – 4　　"权利认知"各子项对"经济危机压力"的
回归分析（一）

模　型　汇　总

模型	R	R 方	调整 R 方	标准估计的误差	更改统计量				
					R 方更改	F 更改	$df1$	$df2$	$sig. F$ 更改
1	0.429[a]	0.184	0.183	0.56295	0.184	147.326	10	6538	0.000

a. 测量变量：（常量），权利意识，权利重要性，扩大公民权，不了解权利，权利不重要，权利有效保障，保障尚需改进，中国人权改善，侵权未受制裁，不应指责中国

表8 – 10 – 5 "权利认知"各子项对"经济危机压力"的
回归分析（二）

Anova[b]

模型		平方和	d*f*	均方	*F*	Sig.
1	回归	466.888	10	46.689	147.326	0.000[a]
	残差	2071.941	6538	0.317		
	总计	2538.829	6548			

a. 预测变量：（常量），权利意识，权利重要性，扩大公民权，不了解权利，权利不重要，权利有效保障，保障尚需改进，中国人权改善，侵权未受制裁，不应指责中国
b. 因变量：经济危机压力

表8 – 10 – 6 "权利认知"各子项对"经济危机压力"的
回归分析（三）

系数[a]

模型	非标准化系数		标准系数	*t*	Sig.	B 的 95% 置信区间	
	B	标准误差	*β*			下限	上限
（常量）	3.412	0.058		58.912	0.000	3.299	3.526
权利意识	-0.038	0.009	-0.058	-4.370	0.000	-0.056	-0.021
权利重要性	-0.030	0.010	-0.041	-2.962	0.003	-0.049	-0.010
扩大公民权	-0.009	0.009	-0.013	-0.970	0.332	-0.027	0.009
不了解权利	0.038	0.007	0.066	5.463	0.000	0.025	0.052
权利不重要	0.045	0.006	0.093	7.392	0.000	0.033	0.057
权利有效保障	-0.118	0.008	-0.178	-13.875	0.000	-0.134	-0.101
保障尚需改进	-0.033	0.010	-0.046	-3.462	0.001	-0.052	-0.014
中国人权改善	-0.097	0.009	-0.139	-10.828	0.000	-0.115	-0.079
侵权未受制裁	0.067	0.007	0.121	9.940	0.000	0.054	0.080
不应指责中国	-0.053	0.008	-0.081	-6.820	0.000	-0.068	-0.038

（模型列左侧标注 1）

a. 因变量：经济危机压力

　　仅从"权利认知"的角度对"经济危机压力"得分上升作进一

步的解释，可以看出重要的影响因素都集中在"权利保障评价"层面。2016 年问卷调查呈现的"权利有效保障"得分较大幅度上升，可能带动了"经济危机压力"得分下降（"权利有效保障"对"经济危机压力"具有反向的预测作用），显示民众对基本权利得到很好保障的认可程度较大幅度提升，起的应是减弱经济危机压力的作用。2016 年问卷调查呈现的"中国人权改善"得分上升，也可能带动了"经济危机压力"得分下降（"中国人权改善"对"经济危机压力"有反向的预测作用），显示民众对中国的人权状况改善正面评价提高，起的也是减弱经济危机压力的作用。2016 年问卷调查呈现的"侵权未受制裁"得分的大幅度下降，可能带动了"经济危机压力"得分上升（"侵权未受制裁"对"经济危机压力"具有正向的预测作用，但前者是反向计分，实际影响应是反向的），显示出对侵权行为的纵容，会起到强化经济危机压力的作用。

需要注意的是，在"权利重要性认知"层面，可以看到强化经济危机压力的几个因素：一是对权利与个人关系的忽视程度大幅度提高，起到了强化经济危机压力的作用（"权利不重要"对"经济危机压力"具有正向的预测作用，但前者是反向计分，实际影响应是反向的），"权利不重要"得分下降，可能带动了"经济危机压力"得分上升；二是对权利不够了解，起了强化经济危机压力的作用（"不了解权利"对"经济危机压力"具有正向的预测作用，但前者是反向计分，实际影响应是反向的，"不了解权利"得分下降，可能带动了"经济危机压力"得分上升）；三是权利意识弱化，起了强化经济危机压力的作用（"权利意识"对"经济危机压力"具有反向的预测作用，"权利意识"得分下降，可能带动了"经济危机压力"得分上升）；四是权利规定重要性认知水平下降，起了强化经济危机压力的作用（"权利重要性"对"经济危机压力"具有反向的预测作用，"权利重要性"得分下降，可能带动了"经济危机压力"得分上升）。

经过回归分析的检验，既可以指出减轻经济危机压力的五个要素，一是增强政策适用性；二是保证政策有效推行；三是坚持中国发展道路；四是保障公民的基本权利；五是改善中国人权状况。也可以指出增强经济危机压力的十个要素，一是对重大政策失误的担忧；二是对改革开放的发展方向认可程度降低；三是对国家发展与个人之间的紧密关系认识程度下降；四是中国人自豪感弱化；五是国民身份认知弱化；六是忽视公民身份；七是纵容侵权行为；八是忽视权利与个人的关系；九是对权利缺乏了解；十是权利意识弱化。对于正反两方面的要素，显然都应引起高度的重视。

（二）经济危机可能性

"经济危机可能性"是测量经济危机压力的一个重要指标，其得分由 2012 年的 2.91 分上升到 2016 年的 3.11 分，上升了 0.20 分，显示的是民众对经济危机可能性的判断有所增强。

以回归分析方法检验 2016 年问卷调查涉及的六种认同得分与"经济危机可能性"得分之间的关系（见表 8 – 11 – 1、表 8 – 11 – 2 和表 8 – 11 – 3），显示总体性的预测作用显著，F（6，6534）= 142.084，$p < 0.001$，$R^2 = 0.115$。在用来检验的 6 个预测变量中，有 5 个变量对"经济危机可能性"具有显著的预测作用（只有"体制认同"的预测作用不显著），预测作用较强的三种认同是"发展认同"（$\beta = -0.189$）、"政策认同"（$\beta = -0.138$）和"身份认同"（$\beta = -0.060$）。由于这三种认同对"经济危机可能性"具有的都是反向的预测作用，2016 年问卷调查显示的发展认同、政策认同和身份认同总体水平不同程度的下降，应是导致经济危机可能性判断增强的重要原因，而最主要的不利影响应来自发展认同。

表 8 – 11 – 1　六种认同对"经济危机可能性"的回归分析（一）

模 型 汇 总

模型	R	R方	调整R方	标准估计的误差	R方更改	F更改	$df1$	$df2$	$sig. F$更改
1	0.340[a]	0.115	0.115	0.96521	0.115	142.084	6	6534	0.000

a. 测量变量：（常量），体制认同，政党认同，身份认同，文化认同，政策认同，发展认同

表 8－11－2　**六种认同对“经济危机可能性”的回归分析（二）**

Anova[b]

模型		平方和	df	均方	F	Sig.
1	回归	794.215	6	132.369	142.084	0.000[a]
	残差	6087.229	6534	0.932		
	总计	6881.444	6540			

a. 预测变量：（常量），体制认同，政党认同，身份认同，文化认同，政策认同，发展认同
b. 因变量：经济危机可能性

表 8－11－3　**六种认同对“经济危机可能性”的回归分析（三）**

系数[a]

模型		非标准化系数		标准系数	t	Sig.	B 的 95% 置信区间	
		B	标准误差	β			下限	上限
1	（常量）	5.892	0.117		50.324	0.000	5.663	6.122
	体制认同	－0.027	0.026	－0.013	－1.021	0.307	－0.078	0.025
	政党认同	－0.050	0.024	－0.028	－2.135	0.033	－0.096	－0.004
	身份认同	－0.095	0.022	－0.060	－4.283	0.000	－0.138	－0.051
	文化认同	－0.069	0.024	－0.037	－2.876	0.004	－0.116	－0.022
	政策认同	－0.224	0.021	－0.138	－10.458	0.000	－0.267	－0.182
	发展认同	－0.299	0.022	－0.189	－13.413	0.000	－0.343	－0.256

a. 因变量：经济危机可能性

对预测作用较强的三种认同下的 11 个子项作进一步的回归检验（见表 8－11－4、表 8－11－5 和表 8－11－6），显示总体性的预测作用显著，F（11，6545）$= 108.959$，$p < 0.001$，$R^2 = 0.155$。在用来检验的 11 个预测变量中，有 5 个变量对“经济危机可能性”具有显著的预测作用（“发展方向”“中国发展道路”“政策适用性”“中国

人自豪感""国民身份认知"和"民族身份认知"的预测作用不显著），预测作用较强的四个子项是"政策失误"（$\beta = 0.197$）、"发展与个人关系"（$\beta = 0.158$）、"公民身份认知"（$\beta = 0.107$）和"渐进式改革"（$\beta = 0.071$）。

通过进一步的回归分析，可以看出影响"经济危机可能性"的政治认同主要因素与"民族冲突可能性"相同，表现为民众对国家发展与个人之间的紧密关系认识程度下降、对重大政策失误担忧的增强、对公民身份的忽视以及对激进的政治体制改革认可程度的提高，都起了增强经济危机可能性判断的作用。

表 8 - 11 - 4　三种认同各子项对"经济危机可能性"的回归分析（一）

模 型 汇 总

模型	R	R 方	调整 R 方	标准估计的误差	更改统计量				
					R 方更改	F 更改	$df1$	$df2$	$sig. F$ 更改
1	0.393^a	0.155	0.153	0.94357	0.155	108.959	11	6545	0.000

a. 测量变量：（常量），发展方向，发展与个人关系，渐进式改革，中国发展道路，政策适用性，政策失误，政策能够有效推行，中国人自豪感，国民身份认知，公民身份认知，民族身份认知

表 8 - 11 - 5　三种认同各子项对"经济危机可能性"的回归分析（二）

Anova[b]

模型		平方和	df	均方	F	$Sig.$
1	回归	1067.111	11	97.010	108.959	0.000^a
	残差	5827.225	6545	0.890		
	总计	6894.337	6556			

a. 预测变量：（常量），发展方向，发展与个人关系，渐进式改革，中国发展道路，政策适用性，政策失误，政策能够有效推行，中国人自豪感，国民身份认知，公民身份认知，民族身份认知
b. 因变量：经济危机可能性

表8－11－6　三种认同各子项对"经济危机可能性"的回归分析（三）

系数[a]

| 模型 | 非标准化系数 | | 标准系数 | t | Sig. | B 的95%置信区间 | |
	B	标准误差	β			下限	上限
（常量）	2.354	0.110		21.305	0.000	2.137	2.570
发展方向	−0.029	0.016	−0.024	−1.801	0.072	−0.060	0.003
发展与个人关系	0.126	0.011	0.158	11.488	0.000	0.105	0.148
渐进式改革	0.059	0.010	0.071	5.805	0.000	0.039	0.079
中国发展道路	−0.006	0.014	−0.005	−0.430	0.667	−0.034	0.022
政策适用性	−0.024	0.017	−0.018	−1.395	0.163	−0.057	0.010
政策失误	0.182	0.011	0.197	16.162	0.000	0.160	0.205
政策能够有效推行	−0.054	0.013	−0.052	−4.160	0.000	−0.080	−0.029
中国人自豪感	−0.015	0.018	−0.012	−0.845	0.398	−0.051	0.020
国民身份认知	−0.009	0.018	−0.007	−0.469	0.639	−0.045	0.028
公民身份认知	0.081	0.010	0.107	8.252	0.000	0.062	0.101
民族身份认知	0.012	0.012	0.011	0.935	0.350	−0.013	0.036

a. 因变量：经济危机可能性

　　以回归分析方法检验2016年问卷调查涉及的五种影响因素得分与"经济危机可能性"得分之间的关系（见表8－12－1、表8－12－2和表8－12－3），显示总体性的预测作用显著，$F(5, 6520) = 149.745$，$p < 0.001$，$R^2 = 0.103$。在用来检验的5个预测变量中，有4个变量对"经济危机可能性"具有显著的预测作用（只有"利益认知"的预测作用不显著），预测作用最强的影响因素是"权利认知"（$β = -0.158$）。由于"权利认知"对"经济危机可能性"具有反向的预测作用，2016年问卷调查显示的权利认知总体水平的下降，应是导致经济危机可能性判断增强的一个重要原因。

表 8 - 12 - 1　五种影响因素对"经济危机可能性"的回归分析（一）

模 型 汇 总

模型	R	R方	调整R方	标准估计的误差	更改统计量				
					R方更改	F更改	$df1$	$df2$	$sig. F$更改
1	0.321[a]	0.103	0.102	0.97240	0.103	149.745	5	6520	0.000

a. 测量变量：（常量），权利认知，利益认知，政治沟通认知，政治参与行为，公民满意度

表 8 - 12 - 2　五种影响因素对"经济危机可能性"的回归分析（二）

Anova[b]

模型		平方和	df	均方	F	Sig.
1	回归	707.965	5	141.593	149.745	0.000[a]
	残差	6165.040	6520	0.946		
	总计	6873.005	6525			

a. 预测变量：（常量），权利认知，利益认知，政治沟通认知，政治参与行为，公民满意度
b. 因变量：经济危机可能性

表 8 - 12 - 3　五种影响因素对"经济危机可能性"的回归分析（三）

系数[a]

模型		非标准化系数		标准系数	t	Sig.	B 的 95% 置信区间	
		B	标准误差	β			下限	上限
1	（常量）	6.517	0.163		39.949	0.000	6.197	6.837
	权利认知	-0.200	0.018	-0.158	-11.229	0.000	-0.235	-0.165
	利益认知	0.025	0.019	0.015	1.295	0.195	-0.013	0.062
	政治沟通认知	-0.155	0.019	-0.120	-8.024	0.000	-0.193	-0.117
	政治参与行为	-0.120	0.016	-0.091	-7.382	0.000	-0.151	-0.088
	公民满意度	-0.077	0.016	-0.067	-4.803	0.000	-0.109	-0.046

a. 因变量：经济危机可能性

　　对"权利认知"下的 10 个子项作进一步的回归检验（见表
8 - 12 - 4、表 8 - 12 - 5 和表 8 - 12 - 6），显示总体性的预测作用显
著，$F(10, 6556) = 77.063$，$p < 0.001$，$R^2 = 0.105$。在用来检验的
10 个预测变量中，有 5 个变量对"经济危机可能性"具有显著的预
测作用（"权利意识""权利重要性""扩大公民权""权利有效保
障"和"保障尚需改进"的预测作用不显著），预测作用较强的三个
子项是"权利不重要"（$\beta = 0.169$）、"侵权未受制裁"（$\beta = 0.138$）
和"中国人权改善"（$\beta = -0.089$）。

表 8 - 12 - 4　"权利认知"各子项对"经济危机可能性"的
回归分析（一）

模　型　汇　总									
模型	R	R 方	调整 R 方	标准估计的误差	更改统计量				
					R 方更改	F 更改	$df1$	$df2$	$sig. F$ 更改
1	0.324^a	0.105	0.104	0.97172	0.105	77.063	10	6556	0.000

a. 测量变量：（常量），权利意识，权利重要性，扩大公民权，不了解权利，权利不重要，
权利有效保障，保障尚需改进，中国人权改善，侵权未受制裁，不应指责中国

表 8 - 12 - 5　"权利认知"各子项对"经济危机可能性"的
回归分析（二）

Anova^b					
模型		平方和	df	均方	F	$Sig.$
1	回归	727.648	10	72.765	77.063	0.000^a
	残差	6190.373	6556	0.944		
	总计	6918.021	6566			

a. 预测变量：（常量），权利意识，权利重要性，扩大公民权，不了解权利，权利不重要，
权利有效保障，保障尚需改进，中国人权改善，侵权未受制裁，不应指责中国
b. 因变量：经济危机可能性

表 8 - 12 - 6 "权利认知"各子项对"经济危机可能性"的
回归分析（三）

系数ª

模型		非标准化系数		标准系数	t	Sig.	B 的 95% 置信区间	
		B	标准误差	β			下限	上限
1	（常量）	2.839	0.100		28.461	0.000	2.643	3.034
	权利意识	0.006	0.015	0.006	0.407	0.684	-0.024	0.036
	权利重要性	0.007	0.017	0.006	0.403	0.687	-0.027	0.041
	扩大公民权	0.016	0.016	0.013	0.978	0.328	-0.016	0.047
	不了解权利	0.079	0.012	0.082	6.493	0.000	0.055	0.102
	权利不重要	0.136	0.011	0.169	12.891	0.000	0.115	0.156
	权利有效保障	-0.023	0.015	-0.021	-1.582	0.114	-0.052	0.006
	保障尚需改进	-0.026	0.017	-0.022	-1.568	0.117	-0.058	0.007
	中国人权改善	-0.102	0.015	-0.089	-6.630	0.000	-0.133	-0.072
	侵权未受制裁	0.126	0.012	0.138	10.857	0.000	0.103	0.148
	不应指责中国	-0.090	0.013	-0.084	-6.700	0.000	-0.116	-0.064

a. 因变量：经济危机可能性

从"权利认知"的角度对"经济危机可能性"得分上升作进一步的解释，可以看出在"权利重要性认知"层面，2016 年问卷调查呈现的"权利不重要"得分大幅度下降，可能带动了"经济危机可能性"得分上升（"权利不重要"对"经济危机可能性"具有正向的预测作用，但前者是反向计分，实际影响应是反向的），显示民众对权利与个人关系的忽视程度大幅度提高，起到了强化经济危机可能性判断的作用。在"权利保障评价"层面，2016 年问卷调查呈现的"侵权未受制裁"得分的大幅度下降，也可能带动了"经济危机可能性"得分上升（"侵权未受制裁"对"经济危机可能性"具有正向的预测作用，但前者是反向计分，实际影响应是反向的），显示出对侵权行为的纵容，也会强化经济危机可能性的判断。2016 年问卷调查呈现的"中国人权改善"得分上升，可能带动了"经济危机可能性"

得分下降（"中国人权改善"对"经济危机可能性"有反向的预测作用），显示民众对中国的人权状况改善正面评价提高，起的应是减弱经济危机可能性判断的作用。

（三）国家经济发展信心

"国家经济发展信心"也是测量经济危机压力的一个重要指标，其得分由 2012 年的 1.97 分上升到 2016 年的 2.03 分，上升了 0.06 分，显示的是民众对国家经济发展的信心略有减弱（该指标是反向计分，得分上升表明信心下降）。

以回归分析方法检验 2016 年问卷调查涉及的六种认同得分与"国家经济发展信心"得分之间的关系（见表 8-13-1、表 8-13-2 和表 8-13-3），显示总体性的预测作用显著，$F(6, 6524) = 221.327$，$p < 0.001$，$R^2 = 0.169$。用来检验的 6 个预测变量都对"国家经济发展信心"具有显著的预测作用，预测作用较强的三种认同是"政策认同"（$\beta = 0.216$）和"身份认同"（$\beta = 0.104$）和"体制认同"（$\beta = 0.090$）。尽管这三种认同对"国家经济发展信心"具有的都是正向的预测作用，但后者是反向计分，实际影响应是反向的。2016 年问卷调查显示的体制认同水平与 2012 年的持平，起的应是稳定国家经济发展信心的作用；政策认同和身份认同总体水平不同程度的下降，应是导致国家经济发展信心减弱的重要原因，而最主要的不利影响应来自政策认同。

表 8-13-1　六种认同对"国家经济发展信心"的回归分析（一）

					模 型 汇 总				
模型	R	R 方	调整 R 方	标准估计的误差	更改统计量				
					R 方更改	F 更改	$df1$	$df2$	$sig. F$ 更改
1	0.411[a]	0.169	0.168	0.73859	0.169	221.327	6	6524	0.000

a. 测量变量：（常量），体制认同，政党认同，身份认同，文化认同，政策认同，发展认同

表 8 - 13 - 2　六种认同对"国家经济发展信心"的回归分析（二）

Anova[b]

模型		平方和	df	均方	F	Sig.
1	回归	724.431	6	120.739	221.327	0.000[a]
	残差	3558.983	6524	0.546		
	总计	4283.414	6530			

a. 预测变量：（常量），体制认同，政党认同，身份认同，文化认同，政策认同，发展认同
b. 因变量：国家经济发展信心

表 8 - 13 - 3　六种认同对"国家经济发展信心"的回归分析（三）

系数[a]

模型		非标准化系数		标准系数	t	Sig.	B 的 95% 置信区间	
		B	标准误差	β			下限	上限
1	（常量）	0.994	0.090		11.082	0.000	0.818	1.170
	体制认同	0.147	0.020	0.090	7.328	0.000	0.108	0.187
	政党认同	0.090	0.018	0.064	5.031	0.000	0.055	0.126
	身份认同	0.129	0.017	0.104	7.654	0.000	0.096	0.163
	文化认同	0.078	0.018	0.053	4.238	0.000	0.042	0.114
	政策认同	0.277	0.016	0.216	16.871	0.000	0.245	0.309
	发展认同	0.098	0.017	0.079	5.757	0.000	0.065	0.132

a. 因变量：国家经济发展信心

　　政策认同和身份认同下的各子项已见前述，体制认同下有三个子项：一是"改革开放以来，中国的政治体制有力地推动了中国的发展"（简称"体制有效性"）；二是"中国当前急需进行政治体制改革"（简称"政改急迫性"）；三是"中国改革开放以来的发展，充分体现了中国社会主义制度优越性"（简称"制度优越性"）。

对预测作用较强的三种认同下的 10 个子项作进一步的回归检验（见表 8 - 13 - 4、表 8 - 13 - 5 和表 8 - 13 - 6），显示总体性的预测作用显著，$F(10, 6543) = 152.571$，$p < 0.001$，$R^2 = 0.189$。在用来检验的 10 个预测变量中，有 8 个变量对"国家经济发展信心"具有显著的预测作用（"民族身份认知"和"政改急迫性"的预测作用不显著），预测作用较强的四个子项是"政策适用性"（$\beta = 0.171$）、"政策能够有效推行"（$\beta = 0.128$）、"中国人自豪感"（$\beta = 0.108$）和"体制有效性"（$\beta = 0.084$）。

表 8 - 13 - 4　　三种认同各子项对"国家经济发展信心"的
回归分析（一）

模型汇总									
模型	R	R 方	调整 R 方	标准估计的误差	更改统计量				
					R 方更改	F 更改	df1	df2	sig. F 更改
1	0.435[a]	0.189	0.188	0.73144	0.189	152.571	10	6543	0.000

a. 测量变量：（常量），政策适用性，政策失误，政策能够有效推行，中国人自豪感，国民身份认知，公民身份认知，民族身份认知，体制有效性，政改急迫性，制度优越性

表 8 - 13 - 5　　三种认同各子项对"国家经济发展信心"的
回归分析（二）

Anova[b]					
模型		平方和	df	均方	F	Sig.
1	回归	816.267	10	81.627	152.571	0.000[a]
	残差	3500.568	6543	0.535		
	总计	4316.836	6553			

a. 预测变量：（常量），政策适用性，政策失误，政策能够有效推行，中国人自豪感，国民身份认知，公民身份认知，民族身份认知，体制有效性，政改急迫性，制度优越性
b. 因变量：国家经济发展信心

表 8 - 13 - 6　　三种认同各子项对"国家经济发展信心"的
回归分析（三）

系数ᵃ

模型	非标准化系数		标准系数	*t*	*Sig.*	B 的 95% 置信区间	
	B	标准误差	β			下限	上限
（常量）	1.597	0.084		18.911	0.000	1.432	1.763
政策适用性	0.176	0.013	0.171	13.473	0.000	0.150	0.201
政策失误	-0.044	0.009	-0.060	-5.087	0.000	-0.061	-0.027
政策能够有效推行	0.106	0.010	0.128	10.766	0.000	0.087	0.126
中国人自豪感	0.107	0.014	0.108	7.685	0.000	0.080	0.135
国民身份认知	0.060	0.014	0.059	4.237	0.000	0.032	0.088
公民身份认知	-0.021	0.007	-0.035	-2.981	0.003	-0.035	-0.007
民族身份认知	0.016	0.014	0.020	1.719	0.086	-0.002	0.035
体制有效性	0.080	0.012	0.084	6.524	0.000	0.056	0.104
政改急迫性	0.005	0.010	0.005	0.449	0.654	-0.015	0.024
制度优越性	0.074	0.012	0.081	6.135	0.000	0.050	0.097

a. 因变量：国家经济发展信心

　　通过进一步的回归分析，可以看出在政策认同层面，"政策适用性"和"政策能够有效推行"对"国家经济发展信心"最为重要。2016 年问卷调查呈现的"政策适用性"得分上升，可能带动了"国家经济发展信心"得分下降（"政策适用性"对"国家经济发展信心"具有正向的预测作用，但后者是反向计分，实际影响应是反向的），显示民众越认为党和政府的政策符合改革开放以来的中国发展实际，国家经济发展信心越强。2016 年问卷调查呈现的"政策能够有效推行"得分上升，也可能带动了"国家经济发展信心"得分下降（"政策能够有效推行"对"国家经济发展信心"具有正向的预测作用，但后者是反向计分，实际影响应是反向的），显示民众越认为中央重大决策能够有效推行，国家经济发展信心越强。需要注意的是，"政策失误"在政策认同中也有显著的预测功能，2016年问卷调查呈现的"政策失误"得分较大幅度下降，可能带动了"国家经济发展信心"得分上升（"政策失误"对"国家经济发展信心"具有反向的预测作用，在两者都是反向计分的状态下，实际影响应是反向的），显示民众对重大政策失误担忧的增强，减弱了对国家经济发展的信心。在身份认同层面，"中国人自豪感"对"国家经济发展信心"尤为重要。2016年问卷调查呈现的"中国人自豪感"得分下降，可能带动了"国家经济发展信心"得分上升（"中国人自豪感"对"国家经济发展信心"具有正向的预测作用，但后者是反向计分，实际影响应是反向的），显示中国人自豪感的弱化，亦会弱化对国家经济发展的信心。在体制认同层面，"体制有效性"对"国家经济发展信心"尤为重要。2016年问卷调查呈现的"体制有效性"得分与2012年持平，起的应是稳定"国家经济发展信心"得分的作用（"体制有效性"对"国家经济发展信心"具有正向的预测作用，但后者是反向计分，实际影响应是反向的），显示对中国政治体制的肯定，对稳定国家经济发展信心有重要的作用。

以回归分析方法检验2016年问卷调查涉及的五种影响因素得分与"国家经济发展信心"得分之间的关系（见表8-14-1、表8-14-2和表8-14-3），显示总体性的预测作用显著，$F(5,6510)=168.267$，$p<0.001$，$R^2=0.114$。在用来检验的5个预测变量中，有4个变量对"国家经济发展信心"具有显著的预测作用（只有"利益认知"的预测作用不显著），预测作用最强的影响因素是"权利认知"（$\beta=0.181$）。尽管"权利认知"对"国家经济发展信心"具有正向的预测作用，但后者是反向计分，实际影响应是反向的。2016年问卷调查显示的权利认知总体水平的下降，应是导致国家经济发展信心减弱的一个重要原因。

表 8 - 14 - 1　五种影响因素对"国家经济发展信心"的回归分析（一）

模　型　汇　总

模型	R	R 方	调整 R 方	标准估计的误差	更改统计量				
					R 方更改	F 更改	df1	df2	sig. F 更改
1	0.338[a]	0.114	0.114	0.76471	0.114	168.267	5	6510	0.000

a. 测量变量：（常量），权利认知，利益认知，政治沟通认知，政治参与行为，公民满意度

表 8 - 14 - 2　五种影响因素对"国家经济发展信心"的回归分析（二）

Anova[b]

模型		平方和	df	均方	F	Sig.
1	回归	491.998	5	98.400	168.267	0.000[a]
	残差	3806.925	6510	0.585		
	总计	4298.922	6515			

a. 预测变量：（常量），权利认知，利益认知，政治沟通认知，政治参与行为，公民满意度
b. 因变量：国家经济发展信心

表 8 - 14 - 3　五种影响因素对"国家经济发展信心"的回归分析（三）

系数[a]

模型		非标准化系数		标准系数	t	Sig.	B 的 95% 置信区间	
		B	标准误差	β			下限	上限
1	（常量）	1.464	0.128		11.409	0.000	1.213	1.716
	权利认知	0.181	0.014	0.181	12.926	0.000	0.154	0.209
	利益认知	-0.002	0.015	-0.001	-0.117	0.906	-0.031	0.028
	政治沟通认知	0.128	0.015	0.125	8.430	0.000	0.098	0.158
	政治参与行为	-0.047	0.013	-0.046	-3.701	0.000	-0.072	-0.022
	公民满意度	0.115	0.013	0.126	9.055	0.000	0.090	0.140

a. 因变量：国家经济发展信心

对"权利认知"下的 10 个子项作进一步的回归检验（见表 8 - 14 - 4、表 8 - 14 - 5 和表 8 - 14 - 6），显示总体性的预测作用显著，F（10，6546）=92.038，$p < 0.001$，$R^2 = 0.123$。在用来检验的 10 个预测变量中，有 9 个变量对"国家经济发展信心"具有显著的预测作用（只有"不了解权利"的预测作用不显著），预测作用较强的三个子项是"权利有效保障"（$\beta = 0.152$）、"中国人权改善"（$\beta = 0.130$）和"侵权未受制裁"（$\beta = -0.067$）。

表 8 - 14 - 4 "权利认知"各子项对"国家经济发展信心"的
回归分析（一）

模型汇总									
模型	R	R 方	调整 R 方	标准估计的误差	更改统计量				
					R 方更改	F 更改	$df1$	$df2$	$sig. F$ 更改
1	0.351[a]	0.123	0.122	0.76167	0.123	92.038	10	6546	0.000

a. 测量变量：（常量），权利意识，权利重要性，扩大公民权，不了解权利，权利不重要，权利有效保障，保障尚需改进，中国人权改善，侵权未受制裁，不应指责中国

表 8 - 14 - 5 "权利认知"各子项对"国家经济发展信心"的
回归分析（二）

Anova[b]					
模型		平方和	df	均方	F	Sig.
1	回归	533.945	10	53.394	92.038	0.000[a]
	残差	3797.583	6546	0.580		
	总计	4331.528	6556			

a. 预测变量：（常量），权利意识，权利重要性，扩大公民权，不了解权利，权利不重要，权利有效保障，保障尚需改进，中国人权改善，侵权未受制裁，不应指责中国
b. 因变量：国家经济发展信心

表 8 – 14 – 6　"权利认知"各子项对"国家经济发展信心"的
回归分析（三）

系数[a]

模型	非标准化系数		标准系数	t	Sig.	B 的 95% 置信区间	
	B	标准误差	β			下限	上限
（常量）	2.399	0.078		30.619	0.000	2.245	2.553
权利意识	0.034	0.012	0.040	2.875	0.004	0.011	0.058
权利重要性	0.063	0.014	0.066	4.634	0.000	0.036	0.090
扩大公民权	0.025	0.012	0.027	1.999	0.046	0.000	0.049
不了解权利	0.001	0.010	0.002	0.158	0.875	−0.017	0.020
1 权利不重要	−0.023	0.008	−0.036	−2.806	0.005	−0.039	−0.007
权利有效保障	0.131	0.011	0.152	11.418	0.000	0.108	0.153
保障尚需改进	0.030	0.013	0.032	2.304	0.021	0.004	0.055
中国人权改善	0.119	0.012	0.130	9.776	0.000	0.095	0.142
侵权未受制裁	−0.048	0.009	−0.067	−5.268	0.000	−0.066	−0.030
不应指责中国	0.055	0.011	0.065	5.243	0.000	0.035	0.076

a. 因变量：国家经济发展信心

　　从"权利认知"的角度对"国家经济发展信心"得分上升作进
一步的解释，可以看出重要的影响因素都集中在"权利保障评价"
层面。2016 年问卷调查呈现的"权利有效保障"得分较大幅度上升，
可能带动了"国家经济发展信心"得分下降（"权利有效保障"对
"国家经济发展信心"具有正向的预测作用，但后者是反向计分，实
际影响应是反向的），显示民众对基本权利得到很好保障的认可程度
较大幅度提升，起的应是强化国家经济发展信心的作用。2016 年问
卷调查呈现的"中国人权改善"得分上升，可能带动了"国家经济
发展信心"得分下降（"中国人权改善"对"国家经济发展信心"有
正向的预测作用，但后者是反向计分，实际影响应是反向的），显示
民众对中国的人权状况改善正面评价提高，起的是增强国家经济发展
信心的作用。2016 年问卷调查呈现的"侵权未受制裁"得分的大幅

度下降，则可能带动了"国家经济发展信心"得分上升（"侵权未受制裁"对"国家经济发展信心"具有反向的预测作用，在两者都是反向计分的状态下，实际影响应是反向的），显示出对侵权行为的纵容，会起到弱化国家经济发展信心的作用。

对国家经济发展信心的减弱，可能受整体经济环境的影响，并且要特别注意回归分析所揭示的三个不利因素：一是民众对重大政策失误的担忧；二是中国人自豪感弱化；三是对侵权行为的纵容。此外，还应特别强调有利于增强国家经济发展信心的五个要素：一是高度认可政策的适用性；二是相信中央重大决策能够有效推行；三是对现有体制持肯定态度；四是中国人权状况有效改善；五是民众的基本权利得到较好的保障。也就是说，增强民众对国家经济发展的信心，不是简单的经济问题，还要在更宽泛的领域去发现问题和解决问题。

（四）个人经济发展信心

"个人经济发展信心"也是测量经济危机压力的一个重要指标，其得分由2012年的2.08分上升到2016年的2.15分，上升了0.07分，显示的是民众对个人经济状况改善的信心略有减弱（该指标也是反向计分，得分上升表明信心下降）。

以回归分析方法检验2016年问卷调查涉及的六种认同得分与"个人经济发展信心"得分之间的关系（见表8-15-1、表8-15-2和表8-15-3），显示总体性的预测作用显著，F（6，6532）= 103.501，$p < 0.001$，$R^2 = 0.087$。在用来检验的6个预测变量中，有4个变量对"个人经济发展信心"具有显著的预测作用（"文化认同"和"发展认同"的预测作用不显著），预测作用较强的三种认同是"政策认同"（$\beta = 0.184$）、"身份认同"（$\beta = 0.091$）和"体制认同"（$\beta = 0.066$）。尽管这三种认同对"个人经济发展信心"具有的都是正向的预测作用，但后者是反向计分，实际影响应是反向的。2016年问卷调查显示的体制认同水平与2012年的持平，起的应是稳定个人经济发展信心的作用；政策认同和身份认同总体水平不同程度的下降，应是导致个人经济发展信心减弱的重要原因，而最主要的不利影响应来自政策认同。

表 8 – 15 – 1　六种认同对"个人经济发展信心"的回归分析（一）

模 型 汇 总

模型	R	R方	调整 R方	标准估计的 误差	更改统计量				
					R方更改	F更改	df1	df2	sig. F更改
1	0.295[a]	0.087	0.086	0.88477	0.087	103.501	6	6532	0.000

a. 测量变量：（常量），体制认同，政党认同，身份认同，文化认同，政策认同，发展认同

表 8 – 15 – 2　六种认同对"个人经济发展信心"的回归分析（二）

Anova[b]

模型		平方和	df	均方	F	Sig.
1	回归	486.129	6	81.021	103.501	0.000[a]
	残差	5113.318	6532	0.783		
	总计	5599.447	6538			

a. 预测变量：（常量），体制认同，政党认同，身份认同，文化认同，政策认同，发展认同
b. 因变量：个人经济发展信心

表 8 – 15 – 3　六种认同对"个人经济发展信心"的回归分析（三）

系数[a]

模型		非标准化系数		标准系数	t	Sig.	B 的 95% 置信区间	
		B	标准误差	β			下限	上限
1	（常量）	1.514	0.107		14.106	0.000	1.303	1.724
	体制认同	0.124	0.024	0.066	5.159	0.000	0.077	0.171
	政党认同	0.056	0.022	0.035	2.583	0.010	0.013	0.098
	身份认同	0.130	0.020	0.091	6.397	0.000	0.090	0.169
	文化认同	0.040	0.022	0.024	1.839	0.066	− 0.003	0.084
	政策认同	0.270	0.020	0.184	13.725	0.000	0.232	0.309
	发展认同	0.023	0.020	0.016	1.107	0.268	− 0.017	0.063

a. 因变量：个人经济发展信心

对预测作用较强的三种认同下的 10 个子项作进一步的回归检验
（见表 8 – 15 – 4、表 8 – 15 – 5 和表 8 – 15 – 6），显示总体性的预测作
用显著，$F_{(10, 6551)} = 85.238$，$p < 0.001$，$R^2 = 0.115$。在用来检
验的 10 个预测变量中，有 8 个变量对"个人经济发展信心"具有显
著的预测作用（"民族身份认知"和"公民身份认知"的预测作用不
显著），预测作用较强的四个子项是"政策适用性"（$\beta = 0.121$）、
"政策能够有效推行"（$\beta = 0.107$）、"国民身份认知"（$\beta = 0.090$）
和"制度优越性"（$\beta = 0.069$）。

表 8 – 15 – 4　三种认同各子项对"个人经济发展信心"的回归分析（一）

模 型 汇 总

模型	R	R 方	调整 R 方	标准估计的误差	更改统计量				
					R 方更改	F 更改	$df1$	$df2$	$sig. F$ 更改
1	0.339[a]	0.115	0.114	0.87214	0.115	85.238	10	6551	0.000

a. 测量变量：（常量），政策适用性，政策失误，政策能够有效推行，中国人自豪感，国民身份认知，公民身份认知，民族身份认知，体制有效性，政改急迫性，制度优越性

表 8 – 15 – 5　三种认同各子项对"个人经济发展信心"的回归分析（二）

Anova[b]

模型		平方和	df	均方	F	$Sig.$
1	回归	648.339	10	64.834	85.238	0.000[a]
	残差	4982.837	6551	0.761		
	总计	5631.176	6561			

a. 预测变量：（常量），政策适用性，政策失误，政策能够有效推行，中国人自豪感，国民身份认知，公民身份认知，民族身份认知，体制有效性，政改急迫性，制度优越性
b. 因变量：个人经济发展信心

表 8 - 15 - 6　三种认同各子项对"个人经济发展信心"的回归分析（三）

| 模型 | 非标准化系数 | | 标准系数 | t | Sig. | B 的 95% 置信区间 | |
	B	标准误差	β			下限	上限
（常量）	1.570	0.101		15.597	0.000	1.373	1.767
政策适用性	0.142	0.016	0.121	9.140	0.000	0.112	0.173
政策失误	-0.036	0.010	-0.043	-3.536	0.000	-0.056	-0.016
政策能够有效推行	0.102	0.012	0.107	8.657	0.000	0.079	0.125
中国人自豪感	0.059	0.017	0.052	3.534	0.000	0.026	0.091
国民身份认知	0.105	0.017	0.090	6.195	0.000	0.072	0.138
公民身份认知	0.004	0.008	0.006	0.466	0.641	-0.013	0.021
民族身份认知	0.011	0.011	0.012	0.961	0.337	-0.011	0.033
体制有效性	0.064	0.015	0.059	4.374	0.000	0.035	0.093
政改急迫性	0.028	0.012	0.029	2.328	0.020	0.004	0.051
制度优越性	0.072	0.014	0.069	5.029	0.000	0.044	0.100

系数[a]

模型列左侧标注：1

a. 因变量：个人经济发展信心

　　通过进一步的回归分析，可以看出在政策认同层面，影响"个人经济发展信心"和"国家经济发展信心"的因素是相同的，表现为民众越认为党和政府的政策符合改革开放以来的中国发展实际，越认为中央重大决策能够有效推行，个人经济状况改善的信心越强；越担忧出现重大政策失误，个人经济状况改善的信心越弱。在身份认同层面，"国民身份认知"对"个人经济发展信心"尤为重要。2016 年问卷调查呈现的"国民身份认知"得分下降，可能带动了"个人经济发展信心"得分上升（"国民身份认知"对"个人经济发展信心"具有正向的预测作用，但后者是反向计分，实际影响应是反向的），显示国民身份认同水平的降低，会弱化对个人经济状况改善的信心。在体制认同层面，"制度优越性"对"个人经济发展信心"尤为重要。2016 年问卷调查呈现的"制度优越性"得分下降，也可能带动了"个人经济发展信心"得分上升（"制度优越性"对"个人经济发展信心"具有正向的预测作用,但后者是反向计分,实际影响应是反向的),显示对制度优越性认可程度的降低,也会弱化对个人经济状况改善的信心。

以回归分析方法检验 2016 年问卷调查涉及的五种影响因素得分与"个人经济发展信心"得分之间的关系(见表 8 – 16 – 1、表 8 – 16 – 2 和表 8 – 16 – 3),显示总体性的预测作用显著,F(5,6518)= 154.824,$p < 0.001$,$R^2 = 0.106$。在用来检验的 5 个预测变量中,有 4 个变量对"个人经济发展信心"具有显著的预测作用(只有"利益认知"的预测作用不显著),预测作用最强的影响因素是"公民满意度"($\beta = 0.230$)。尽管"公民满意度"对"个人经济发展信心"具有正向的预测作用,但后者是反向计分,实际影响应是反向的。2016 年问卷调查显示的公民满意度总体水平的下降,应是导致个人经济发展信心减弱的一个重要原因。

表 8 – 16 – 1 五种影响因素对"个人经济发展信心"的回归分析(一)

				模 型 汇 总				
模型	R	R 方	调整 R 方	标准估计的误差	更改统计量			
					R 方更改	F 更改	df1	df2	sig. F 更改
1	0.326a	0.106	0.105	0.87655	0.106	154.824	5	6518	0.000

a. 测量变量:(常量),权利认知,利益认知,政治沟通认知,政治参与行为,公民满意度

表 8 – 16 – 2 五种影响因素对"个人经济发展信心"的回归分析(二)

		Anovab				
模型		平方和	df	均方	F	Sig.
1	回归	594.787	5	118.957	154.824	0.000a
	残差	5008.040	6518	0.768		
	总计	5602.827	6523			

a. 预测变量:(常量),权利认知,利益认知,政治沟通认知,政治参与行为,公民满意度
b. 因变量:个人经济发展信心

表 8 - 16 - 3　五种影响因素对"个人经济发展信心"的回归分析（三）

系数[a]

模型	非标准化系数		标准系数	t	Sig.	B 的 95% 置信区间	
	B	标准误差	β			下限	上限
1 （常量）	1.162	0.147		7.904	0.000	0.874	1.451
权利认知	0.138	0.016	0.121	8.580	0.000	0.106	0.169
利益认知	0.031	0.017	0.022	1.816	0.069	-0.002	0.065
政治沟通认知	0.060	0.017	0.052	3.463	0.001	0.026	0.094
政治参与行为	-0.055	0.015	-0.046	-3.745	0.000	-0.083	-0.026
公民满意度	0.239	0.015	0.230	16.477	0.000	0.211	0.268

a. 因变量：个人经济发展信心

　　对"个人经济发展信心"预测作用最强的"公民满意度"，由"个人生活满意度"和"公共服务满意度"两部分组成。"个人生活满意度"包括五个子项：一是"我对自己当前的生活水平非常满意"（简称"满意生活水平"）；二是"我的收入水平无法让我过体面的生活"（简称"不满意收入水平"）；三是"与五年前相比，我的生活状况有了明显地改善"（简称"生活状况改善"）；四是"近两年的物价上涨使我的生活水平有所下降"（简称"物价影响生活"）；五是"我有信心通过个人努力不断提高自己的生活水平"（"改善生活信心"）。"公共服务满意度"也包括五个子项：一是"我对政府提供的公共服务非常满意"（简称"满意政府服务"）；二是"与五年前相比，政府的公共服务水平有明显提高"（简称"服务水平提高"）；三是"政府提供的公共服务对我帮助不大"（简称"服务帮助不大"）；四是"城乡之间的公共服务水平差距过大"（简称"城乡服务差距"）；五是"建设服务型政府只是一个口号，缺乏实际内容"（简称"形式大于内容"）。

　　对"公民满意度"下的 10 个子项作进一步的回归检验（见表 8 - 16 - 4、表 8 - 16 - 5 和表 8 - 16 - 6），显示总体性的预测作用显著，$F(10, 6557) = 131.635$，$p < 0.001$，$R^2 = 0.167$。在用来检验的 10 个预测变量中，有 7 个变量对"个人经济发展信心"具有显著的预测作用（"不满意收入水平""服务帮助不大"和"城乡服务差距"的预测作用不显著），预测作用较强的四个子项（因两个子项的标准系数相同，增加一个子项）是"满意生活水平"（$\beta = 0.181$）、"改善生活信心"（$\beta = 0.152$）、"满意政府服务"（$\beta = 0.092$）和"服务水平提高（$\beta = 0.092$）。

表 8 - 16 - 4　　"公民满意度"各子项对"个人经济发展信心"的回归分析（一）

模 型 汇 总

模型	R	R方	调整R方	标准估计的误差	更改统计量				
					R方更改	F更改	$df1$	$df2$	$sig. F$更改
1	0.409[a]	0.167	0.166	0.84633	0.167	131.635	10	6557	0.000

a. 测量变量：（常量），满意生活水平，不满意收入水平，生活状况改善，物价影响生活，改善生活信心，满意政府服务，服务水平提高，服务帮助不大，城乡服务差距，形式大于内容

表 8 - 16 - 5　　"公民满意度"各子项对"个人经济发展信心"的回归分析（二）

Anova[b]

模型		平方和	df	均方	F	$Sig.$
1	回归	942.861	10	94.286	131.635	0.000[a]
	残差	4696.570	6557	0.716		
	总计	5639.432	6567			

a. 预测变量：（常量），满意生活水平，不满意收入水平，生活状况改善，物价影响生活，改善生活信心，满意政府服务，服务水平提高，服务帮助不大，城乡服务差距，形式大于内容
b. 因变量：个人经济发展信心

表 8 - 16 - 6　　　"公民满意度"各子项对"个人经济发展信心"的
回归分析（三）

系数[a]

模型		非标准化系数		标准系数	t	Sig.	B 的 95% 置信区间	
		B	标准误差	β			下限	上限
1	（常量）	1. 852	0. 083		22. 344	0. 000	1. 689	2. 014
	满意生活水平	0. 156	0. 012	0. 181	13. 472	0. 000	0. 133	0. 179
	不满意收入水平	0. 009	0. 010	0. 011	0. 942	0. 346	- 0. 010	0. 029
	生活状况改善	0. 057	0. 013	0. 057	4. 244	0. 000	0. 031	0. 084
	物价影响生活	- 0. 027	0. 011	- 0. 029	- 2. 381	0. 017	- 0. 049	- 0. 005
	改善生活信心	0. 160	0. 013	0. 152	12. 029	0. 000	0. 134	0. 186
	满意政府服务	0. 091	0. 014	0. 092	6. 508	0. 000	0. 063	0. 118
	服务水平提高	0. 098	0. 015	0. 092	6. 705	0. 000	0. 069	0. 126
	服务帮助不大	- 0. 006	0. 011	- 0. 007	- 0. 526	0. 599	- 0. 026	0. 015
	城乡服务差距	0. 013	0. 013	0. 013	1. 041	0. 298	- 0. 012	0. 038
	形式大于内容	- 0. 023	0. 011	- 0. 026	- 2. 009	0. 045	- 0. 045	- 0. 001

a. 因变量：个人经济发展信心

　　从"公民满意度"的角度对"个人经济发展信心"得分上升作进一步的解释，可以看出在"个人生活满意度"层面，2016 年问卷调查呈现的"满意生活水平"得分下降，可能带动了"个人经济发展信心"得分上升（"满意生活水平"对"个人经济发展信心"具有正向的预测作用，但后者是反向计分，实际影响应是反向的），显示生活水平满意度的下降，会减弱个人经济状况改善的信心。2016 年问卷调查呈现的"改善生活信心"得分较大幅度下降，也可能带动了"个人经济发展信心"得分上升（"改善生活信心"对"个人经济发展信心"具有正向的预测作用，但后者是反向计分，实际影响应是反向的），显示对改善生活水平的信心下降，也会减弱个人经济状况改善的信心。在"公共服务满意度"层面，2016年问卷调查呈现的"满意政府服务"得分上升，可能带动了"个人经济发展信心"得分下降（"满意政府服务"对"个人经济发展信心"具有正向的预测作用，但后者是反向计分，实际影响应是反向的），显示对政府提供的公共服务满意度的上升，会增强个人经济状况改善的信心。2016年问卷调查呈现的"服务水平提高"得分下降，则可能带动了"个人经济发展信心"得分上升（"服务水平提高"对"个人经济发展信心"具有正向的预测作用，但后者是反向计分，实际影响应是反向的），显示对"政府的公共服务水平有明显提高"的认可度降低，也会减弱个人经济状况改善的信心。

通过回归分析可以看出，个人经济发展信心和国家经济发展信心在政策方面的要求是相同的，既需要注意重大政策失误带来的不利影响，也需要注意政策适用性和政策有效推行带来的有利影响。有所不同的是，个人经济状况改善的信心，更偏重于"国民身份认知""制度有效性"和"公民满意度"。由此需要强调的是，要增强个人经济状况改善的信心，应注意以下要求：一是注重提升民众的国民身份认知水平；二是注重社会主义制度优越性的展现；三是注重提高民众的生活满意度水平；四是注重增强个人生活改善的信心；五是注重提高公共服务水平，并以此来提升公共服务的满意度水平。

三　文化危机压力增强的原因

2012年和2016年两次问卷调查都反映出中国公民保持着中等水平的文化危机压力，但是需要注意的是，"文化危机压力"的得分由2012年的2.76分上升到2016年的2.85分，上升了0.09分，显示文化危机压力感有所增强，需要通过回归检验对相关问题作进一步的说明。

（一）政治认同和权利认知对文化危机压力的影响

以回归分析方法检验2016年问卷调查涉及的六种认同得分与

"文化危机压力"得分之间的关系（见表 8 - 17 - 1、表 8 - 17 - 2 和表 8 - 17 - 3），显示总体性的预测作用显著，F（6，6530）= 281.260，$p < 0.001$，$R^2 = 0.205$。用来检验的 6 个预测变量都对"文化危机压力"具有显著的预测作用，预测作用较强的三种认同是"发展认同"（$\beta = -0.217$）、"政策认同"（$\beta = -0.188$）和"身份认同"（$\beta = -0.099$）。由于这三种认同对"文化危机压力"具有的都是反向的预测作用，2016 年问卷调查显示的"发展认同""政策认同"和"身份认同"总体水平不同程度的下降，应是导致文化危机压力增强的重要原因，而最主要的不利影响应来自发展认同。

表 8 - 17 - 1　　　　　　六种认同对"文化危机压力"的
回归分析（一）

模 型 汇 总

模型	R	R 方	调整 R 方	标准估计的误差	更改统计量				
					R 方更改	F 更改	$df1$	$df2$	$sig. F$ 更改
1	0.453^a	0.205	0.205	0.56849	0.205	281.260	6	6530	0.000

a. 测量变量：（常量），体制认同，政党认同，身份认同，文化认同，政策认同，发展认同

表 8 - 17 - 2　　　　　六种认同对"文化危机压力"的
回归分析（二）

Anova[b]

模型		平方和	df	均方	F	Sig.
1	回归	545.388	6	90.898	281.260	0.000^a
	残差	2110.374	6530	0.323		
	总计	2655.761	6536			

a. 预测变量：（常量），体制认同，政党认同，身份认同，文化认同，政策认同，发展认同
b. 因变量：文化危机压力

表 8 - 17 - 3　　六种认同对"文化危机压力"的回归分析（三）

系数[a]

模型		非标准化系数		标准系数	t	Sig.	B 的 95% 置信区间	
		B	标准误差	β			下限	上限
1	（常量）	5.273	0.069		76.430	0.000	5.137	5.408
	体制认同	-0.075	0.015	-0.058	-4.849	0.000	-0.105	-0.045
	政党认同	-0.060	0.014	-0.054	-4.353	0.000	-0.087	-0.033
	身份认同	-0.097	0.013	-0.099	-7.437	0.000	-0.122	-0.071
	文化认同	-0.028	0.014	-0.024	-1.981	0.048	-0.056	0.000
	政策认同	-0.190	0.013	-0.188	-15.001	0.000	-0.215	-0.165
	发展认同	-0.214	0.013	-0.217	-16.266	0.000	-0.240	-0.188

a. 因变量：文化危机压力

　　对预测作用较强的三种认同下的 11 个子项作进一步的回归检验（见表 8 - 17 - 4、表 8 - 17 - 5 和表 8 - 17 - 6），显示总体性的预测作用显著，$F(11, 6541) = 187.780$，$p < 0.001$，$R^2 = 0.240$。在用来检验的 11 个预测变量中，有 10 个变量对"文化危机压力"具有显著的预测作用（只有"国民身份认知"的预测作用不显著），预测作用较强的五个子项（因两个子项的标准系数相同，增加一个子项）是"政策失误"（$\beta = 0.246$）、"发展与个人关系"（$\beta = 0.187$）、"公民身份认知"（$\beta = 0.107$）、"渐进式改革"（$\beta = 0.068$）和"政策适用性"（$\beta = -0.068$）。

　　通过进一步的回归分析，可以看出在发展认同层面，"发展与个人关系"和"渐进式改革"对"文化危机压力"最为重要。2016 年问卷调查呈现的"发展与个人关系"得分的大幅度下降，可能带动了"文化危机压力"得分上升（"发展与个人关系"对"文化危机压力"具有正向的预测作用，但前者是反向计分，实际影响应是反向的），显示民众对国家发展与个人之间的紧密关系认识程度下降，起的应是强化文化危机压力的作用。2016 年问卷调查呈现的"渐进式改革"得分的大幅度下降，也可能带动了"文化危机压力"得分上升（"渐进式改革"对"文化危机压力"具有正向的预测作用，但前者是反向计分，实际影响应是反向的），表明对激进改革的认可程度提高，也起了强化文化危机压力的作用。在政策认同层面，"政策失误"和"政策适用性"对"文化危机压力"尤为重要。2016 年问卷调查呈现的"政策失误"得分的较大幅度下降，可能带动了"文化危机压力"得分上升（"政策失误"对"文化危机压力"具有正向的预测作用，但前者是反向计分，所以实际影响是反向的），显示民众对重大政策失误担忧的增强，起的同样是强化文化危机压力的作用。2016 年问卷调查呈现的"政策适用性"得分上升，可能带动了"文化危机压力"得分下降（"政策适用性"对"文化危机压力"具有反向的预测作用），显示民众越认可党和国家的政策适用中国的发展实际，文化危机压力会越弱。在身份认同层面，"公民身份认知"对"文化危机压力"尤为重要。2016 年问卷调查呈现的"公民身份认知"得分的大幅度下降，带动的也是"文化危机压力"得分上升（"公民身份认知"对"文化危机压力"具有正向的预测作用，但前者是反向计分，实际影响应是反向的），显示越忽视公民身份，文化危机压力会越强。

表 8 - 17 - 4　　　三种认同各子项对"文化危机压力"的
回归分析（一）

模型汇总									
模型	R	R 方	调整 R 方	标准估计的误差	更改统计量				
					R 方更改	F 更改	df1	df2	sig. F 更改
1	0.490[a]	0.240	0.239	0.55613	0.240	187.780	11	6541	0.000

a. 测量变量：（常量），发展方向，发展与个人关系，渐进式改革，中国发展道路，政策适用性，政策失误，政策能够有效推行，中国人自豪感，国民身份认知，公民身份认知，民族身份认知

表 8 - 17 - 5　　三种认同各子项对"文化危机压力"的回归分析（二）

Anova[b]

模型		平方和	df	均方	F	Sig.
1	回归	638.833	11	58.076	187.780	0.000[a]
	残差	2022.968	6541	0.309		
	总计	2661.802	6552			

a. 预测变量：（常量），发展方向，发展与个人关系，渐进式改革，中国发展道路，政策适用性，政策失误，政策能够有效推行，中国人自豪感，国民身份认知，公民身份认知，民族身份认知

b. 因变量：文化危机压力

表 8 - 17 - 6　　三种认同各子项对"文化危机压力"的回归分析（三）

系数[a]

模型		非标准化系数		标准系数	t	Sig.	B 的 95% 置信区间	
		B	标准误差	β			下限	上限
1	（常量）	2.692	0.065		41.336	0.000	2.565	2.820
	发展方向	-0.026	0.009	-0.036	-2.826	0.005	-0.045	-0.008
	发展与个人关系	0.093	0.006	0.187	14.366	0.000	0.080	0.106
	渐进式改革	0.035	0.006	0.068	5.878	0.000	0.024	0.047
	中国发展道路	-0.021	0.008	-0.031	-2.562	0.010	-0.038	-0.005
	政策适用性	-0.055	0.010	-0.068	-5.511	0.000	-0.074	-0.035
	政策失误	0.141	0.007	0.246	21.256	0.000	0.128	0.154
	政策能够有效推行	-0.028	0.008	-0.043	-3.629	0.000	-0.043	-0.013
	中国人自豪感	-0.028	0.011	-0.035	-2.593	0.010	-0.048	-0.007
	国民身份认知	-0.008	0.011	-0.010	-0.753	0.451	-0.029	0.013
	公民身份认知	0.050	0.006	0.107	8.684	0.000	0.039	0.062
	民族身份认知	-0.015	0.007	-0.023	-2.049	0.041	-0.029	-0.001

a. 因变量：文化危机压力

以回归分析方法检验 2016 年问卷调查涉及的五种影响因素得分与"文化危机压力"得分之间的关系（见表 8 – 18 – 1、表 8 – 18 – 2 和表 8 – 18 – 3），显示总体性的预测作用显著，F（5，6516）= 272.742，$p < 0.001$，$R^2 = 0.173$。用来检验的 5 个预测变量都对"文化危机压力"具有显著的预测作用，预测作用最强的影响因素是"权利认知"（$\beta = -0.224$）。由于"权利认知"对"文化危机压力"具有反向的预测作用，2016 年问卷调查显示的权利认知总体水平的下降，应是导致文化危机压力增强的一个重要原因。

表 8 – 18 – 1　五种影响因素对"文化危机压力"的回归分析（一）

模型	R	R 方	调整 R 方	标准估计的误差	更改统计量				
					R 方更改	F 更改	df1	df2	sig. F 更改
1	0.416[a]	0.173	0.172	0.57885	0.173	272.742	5	6516	0.000

模型汇总

a. 测量变量：（常量），权利认知，利益认知，政治沟通认知，政治参与行为，公民满意度

表 8 – 18 – 2　　五种影响因素对"文化危机压力"的回归分析（二）

Anova[b]

模型		平方和	df	均方	F	Sig.
1	回归	456.932	5	91.386	272.742	0.000[a]
	残差	2183.283	6516	0.335		
	总计	2640.214	6521			

a. 预测变量：（常量），权利认知，利益认知，政治沟通认知，政治参与行为，公民满意度
b. 因变量：文化危机压力

表8-18-3　　五种影响因素对"文化危机压力"的回归分析（三）

系数ᵃ

模型		非标准化系数		标准系数	t	Sig.	B 的95%置信区间	
		B	标准误差	β			下限	上限
1	（常量）	5.333	0.097		54.896	0.000	5.142	5.523
	权利认知	-0.175	0.011	-0.224	-16.552	0.000	-0.196	-0.155
	利益认知	0.046	0.011	0.047	4.057	0.000	0.024	0.068
	政治沟通认知	-0.102	0.011	-0.128	-8.911	0.000	-0.125	-0.080
	政治参与行为	-0.044	0.010	-0.054	-4.571	0.000	-0.063	-0.025
	公民满意度	-0.101	0.010	-0.141	-10.501	0.000	-0.119	-0.082

a. 因变量：文化危机压力

对"权利认知"下的10个子项作进一步的回归检验（见表8-18-4、表8-18-5和表8-18-6），显示总体性的预测作用显著，$F(10, 6552) = 126.095$，$p < 0.001$，$R^2 = 0.161$。在用来检验的10个预测变量中，有7个变量对"文化危机压力"具有显著的预测作用（"权利意识""权利重要性"和"扩大公民权"的预测作用不显著），预测作用较强的三个子项是"权利不重要"（$\beta = 0.206$）、"侵权未受制裁"（$\beta = 0.161$）和"不应指责中国"（$\beta = -0.103$）。

表8-18-4　　"权利认知"各子项对"文化危机压力"的
回归分析（一）

模型汇总

模型	R	R方	调整 R方	标准估计的误差	更改统计量				
					R方更改	F更改	df1	df2	sig. F更改
1	0.402ᵃ	0.161	0.160	0.58449	0.161	126.095	10	6552	0.000

a. 测量变量：（常量），权利意识，权利重要性，扩大公民权，不了解权利，权利不重要，权利有效保障，保障尚需改进，中国人权改善，侵权未受制裁，不应指责中国

表8－18－5　"权利认知"各子项对"文化危机压力"的
回归分析（二）

Anova[b]					
模型	平方和	df	均方	F	Sig.
1　回归	430.783	10	43.078	126.095	0.000[a]
残差	2238.382	6552	0.342		
总计	2669.165	6562			

a. 预测变量：（常量），权利意识，权利重要性，扩大公民权，不了解权利，权利不重要，权利有效保障，保障尚需改进，中国人权改善，侵权未受制裁，不应指责中国
b. 因变量：文化危机压力

表8－18－6　"权利认知"各子项对"文化危机压力"的
回归分析（三）

系数[a]							
模型	非标准化系数		标准系数	t	Sig.	B 的 95% 置信区间	
	B	标准误差	β			下限	上限
（常量）	2.997	0.060		49.927	0.000	2.879	3.114
权利意识	－0.014	0.009	－0.020	－1.501	0.134	－0.032	0.004
权利重要性	－0.011	0.010	－0.015	－1.051	0.293	－0.031	0.009
扩大公民权	0.006	0.010	0.008	0.620	0.535	－0.013	0.025
不了解权利	0.039	0.007	0.066	5.413	0.000	0.025	0.054
1　权利不重要	0.103	0.006	0.206	16.273	0.000	0.091	0.116
权利有效保障	－0.060	0.009	－0.090	－6.890	0.000	－0.078	－0.043
保障尚需改进	－0.023	0.010	－0.031	－2.292	0.022	－0.042	－0.003
中国人权改善	－0.057	0.009	－0.080	－6.155	0.000	－0.075	－0.039
侵权未受制裁	0.091	0.007	0.161	13.043	0.000	0.077	0.105
不应指责中国	－0.069	0.008	－0.103	－8.529	0.000	－0.085	－0.053

a. 因变量：文化危机压力

　　从进一步的回归分析结果可以看出，在"权利认知"方面，"文

化危机压力"与"政治危机压力"所涉及的重点因素是相同的，主要表现为对权利与个人关系的忽视程度大幅度提高、对侵权行为的纵容以及反感西方国家对中国的人权状况指手划脚的情绪降低，都起了增强文化危机可能性的作用。

文化危机压力的增强，可能是多种因素带来的结果，通过回归分析，至少可以指出要减轻文化危机压力，需要注意以下要求：一是更明确国家发展与个人之间的紧密关系；二是更注重渐进式改革而不是激进改革；三是尽量避免重大的政策失误；四是更注重政策的适用性；五是更注重"公民身份"的教育；六是更注意权利与公民个人的关系；七是更不容忍侵犯公民权利的行为。

（二）文化危机可能性

"文化危机可能性"是测量文化危机压力的一个重要指标，其得分由 2012 年的 2.80 分上升到 2016 年的 3.12 分，上升了 0.32 分，显示的是民众对文化危机可能性的判断有大幅度增强。

以回归分析方法检验 2016 年问卷调查涉及的六种认同得分与"文化危机可能性"得分之间的关系（见表 8-19-1、表 8-19-2 和表 8-19-3），显示总体性的预测作用显著，$F(6, 6533) = 84.075$，$p < 0.001$，$R^2 = 0.072$。在用来检验的 6 个预测变量中，有 4 个变量对"文化危机可能性"具有显著的预测作用（"政党认同"和"文化认同"的预测作用不显著），预测作用较强的三种认同是"发展认同"（$\beta = -0.163$）、"政策认同"（$\beta = -0.131$）和"体制认同"（$\beta = -0.038$）。由于这三种认同对"文化危机可能性"具有的都是反向的预测作用，2016 年问卷调查显示的"发展认同""政策认同"总体水平不同程度的下降，应是导致文化危机可能性判断增强的重要原因，而最主要的不利影响应来自"发展认同"；"体制认同"总体水平与 2012 年持平，起的则应是稳定文化危机可能性判断的作用。

表 8 - 19 - 1   六种认同对"文化危机可能性"的回归分析（一）

模 型 汇 总

模型	R	R方	调整 R方	标准估计的误差	更改统计量				
					R方更改	F更改	df1	df2	sig. F更改
1	0.268^a	0.072	0.071	1.03008	0.072	84.075	6	6533	0.000

a. 测量变量：（常量），体制认同，政党认同，身份认同，文化认同，政策认同，发展认同

表 8 - 19 - 2   六种认同对"文化危机可能性"的回归分析（二）

Anova^b

模型		平方和	df	均方	F	Sig.
1	回归	535.250	6	89.208	84.075	0.000^a
	残差	6931.911	6533	1.061		
	总计	7467.161	6539			

a. 预测变量：（常量），体制认同，政党认同，身份认同，文化认同，政策认同，发展认同
b. 因变量：文化危机可能性

表 8 - 19 - 3   六种认同对"文化危机可能性"的回归分析（三）

系数^a

模型		非标准化系数		标准系数	t	Sig.	B的95%置信区间	
		B	标准误差	β			下限	上限
1	（常量）	5.234	0.125		41.887	0.000	4.989	5.479
	体制认同	-0.082	0.028	-0.038	-2.929	0.003	-0.137	-0.027
	政党认同	0.018	0.025	0.010	0.732	0.464	-0.031	0.068
	身份认同	-0.052	0.024	-0.032	-2.221	0.026	-0.099	-0.006
	文化认同	0.025	0.026	0.013	0.988	0.323	-0.025	0.076
	政策认同	-0.223	0.023	-0.131	-9.725	0.000	-0.268	-0.178
	发展认同	-0.270	0.024	-0.163	-11.324	0.000	-0.317	-0.223

a. 因变量：文化危机可能性

对预测作用较强的三种认同下的 10 个子项作进一步的回归检验（见表 8 - 19 - 4、表 8 - 19 - 5 和表 8 - 19 - 6），显示总体性的预测作用显著，$F_{(10, 6554)} = 83.815$，$p < 0.001$，$R^2 = 0.113$。在用来检验的 10 个预测变量中，有 6 个变量对"文化危机可能性"具有显著的预测作用（"发展方向""政策适用性""政策能够有效推行"和"体制有效性"的预测作用不显著），预测作用较强的四个子项是"政策失误"（$\beta = 0.215$）、"发展与个人关系"（$\beta = 0.145$）、"政改急迫性"（$\beta = 0.072$）和"渐进式改革"（$\beta = 0.046$）。

表 8 - 19 - 4　　三种认同各子项对"文化危机可能性"的
回归分析（一）

模 型 汇 总

模型	R	R 方	调整 R 方	标准估计的误差	更改统计量				
					R 方更改	F 更改	$df1$	$df2$	$sig. F$ 更改
1	0.337ᵃ	0.113	0.112	1.00681	0.113	83.815	10	6554	0.000

a. 测量变量：（常量），发展方向，发展与个人关系，渐进式改革，中国发展道路，政策适用性，政策失误，政策能够有效推行，体制有效性，政改急迫性，制度优越性

表 8 - 19 - 5　三种认同各子项对"文化危机可能性"的
回归分析（二）

Anovaᵇ

模型		平方和	df	均方	F	$Sig.$
1	回归	849.598	10	84.960	83.815	0.000ᵃ
	残差	6643.537	6554	1.014		
	总计	7493.135	6564			

a. 预测变量：（常量），发展方向，发展与个人关系，渐进式改革，中国发展道路，政策适用性，政策失误，政策能够有效推行，体制有效性，政改急迫性，制度优越性
b. 因变量：文化危机可能性

表 8 – 19 – 6　　　三种认同各子项对"文化危机可能性"的
回归分析（三）

系数[a]

模型	非标准化系数		标准系数	t	Sig.	B 的 95% 置信区间	
	B	标准误差	β			下限	上限
（常量）	2.183	0.109		20.052	0.000	1.970	2.397
发展方向	-0.017	0.017	-0.014	-1.055	0.291	-0.050	0.015
发展与个人关系	0.121	0.011	0.145	11.067	0.000	0.099	0.142
渐进式改革	0.040	0.011	0.046	3.668	0.000	0.019	0.061
中国发展道路	-0.043	0.015	-0.037	-2.866	0.004	-0.073	-0.014
政策适用性	0.011	0.018	0.008	0.631	0.528	-0.024	0.047
政策失误	0.207	0.012	0.215	17.166	0.000	0.183	0.231
政策能够有效推行	-0.017	0.014	-0.015	-1.202	0.229	-0.044	0.011
体制有效性	-0.005	0.017	-0.004	-0.298	0.766	-0.038	0.028
政改急迫性	0.079	0.014	0.072	5.772	0.000	0.052	0.106
制度优越性	-0.036	0.017	-0.030	-2.169	0.030	-0.068	-0.003

a. 因变量：文化危机可能性

　　通过进一步的回归分析，可以看出在发展认同层面，"发展与个人关系"和"渐进式改革"对"文化危机可能性"最为重要。2016年问卷调查呈现的"发展与个人关系"得分的大幅度下降，可能带动了"文化危机可能性"得分上升（"发展与个人关系"对"文化危机可能性"具有正向的预测作用，但前者是反向计分，实际影响应是反向的），显示民众对国家发展与个人之间的紧密关系认识程度下降，起的应是增强文化危机可能性判断的作用。2016年问卷调查呈现的"渐进式改革"得分的大幅度下降，也可能带动了"文化危机可能性"得分上升（"渐进式改革"对"文化危机可能性"具有正向的预测作用，但前者是反向计分，实际影响应是反向的），表明对激进的政治体制改革认可程度的提高，也起了增强文化危机可能性判断的作用。在政策认同层面，"政策失误"对"文化危机可能性"尤为重要。2016 年问卷调查呈现的"政策失误"得分的较大幅度下降，亦可能带动了"文化危机可能性"得分上升（"政策失误"对"文化危机可能性"具有正向的预测作用，但前者是反向计分，实际影响应是反向的），显示民众对重大政策失误担忧的增强，起的同样是增强文化危机可能性判断的作用。在体制认同层面，"政改急迫性"对"文化危机可能性"尤为重要。2016 年问卷调查呈现的"政改急迫性"得分下降，带动的也是"文化危机可能性"得分上升（"政改急迫性"对"文化危机可能性"具有正向的预测作用，但前者是反向计分，实际影响应是反向的），显示越急切要求政治体制改革（反向计分的"政改急迫性"得分下降，表明的是认可急需进行政治体制改革的倾向有所增强），越会增强文化危机可能性的判断。

以回归分析方法检验 2016 年问卷调查涉及的五种影响因素得分与"文化危机可能性"得分之间的关系（见表 8-20-1、表 8-20-2 和表 8-20-3），显示总体性的预测作用显著，F（5，6519）= 115.867，$p < 0.001$，$R^2 = 0.082$。在用来检验的 5 个预测变量中，有 4 个变量对"文化危机可能性"具有显著的预测作用（只有"利益认知"的预测作用不显著），预测作用最强的影响因素是"公民满意度"（$\beta = -0.134$）。由于"公民满意度"对"文化危机可能性"具有反向的预测作用，2016年问卷调查显示的公民满意度总体水平的下降，应是增强文化危机可能性判断的一个重要原因。

表 8-20-1 五种影响因素对"文化危机可能性"的回归分析（一）

					模型汇总				
模型	R	R 方	调整 R 方	标准估计的误差	更改统计量				
					R 方更改	F 更改	$df1$	$df2$	$sig. F$ 更改
1	0.286ᵃ	0.082	0.081	1.02395	0.082	115.867	5	6519	0.000

a. 测量变量：（常量），权利认知，利益认知，政治沟通认知，政治参与行为，公民满意度

表 8 - 20 - 2　五种影响因素对"文化危机可能性"的回归分析（二）

模型		平方和	df	均方	F	Sig.
			Anova[b]			
1	回归	607. 414	5	121. 483	115. 867	0. 000[a]
	残差	6834. 938	6519	1. 048		
	总计	7442. 352	6524			

a. 预测变量：（常量），权利认知，利益认知，政治沟通认知，政治参与行为，公民满意度
b. 因变量：文化危机可能性

表 8 - 20 - 3　五种影响因素对"文化危机可能性"的回归分析（三）

模型	非标准化系数		标准系数	t	Sig.	B 的 95% 置信区间	
	B	标准误差	β			下限	上限
			系数[a]				
1	（常量）	6. 386	0. 172		37. 166	0. 000	6. 049	6. 722
	权利认知	− 0. 150	0. 019	− 0. 114	− 7. 985	0. 000	− 0. 186	− 0. 113
	利益认知	− 0. 019	0. 020	− 0. 011	− 0. 945	0. 345	− 0. 058	0. 020
	政治沟通认知	− 0. 097	0. 020	− 0. 072	− 4. 755	0. 000	− 0. 136	− 0. 057
	政治参与行为	− 0. 086	0. 017	− 0. 063	− 5. 021	0. 000	− 0. 119	− 0. 052
	公民满意度	− 0. 161	0. 017	− 0. 134	− 9. 475	0. 000	− 0. 194	− 0. 127

a. 因变量：文化危机可能性

　　对"公民满意度"下的 10 个子项作进一步的回归检验（见表 8 - 20 - 4、表 8 - 20 - 5 和表 8 - 20 - 6），显示总体性的预测作用显著，$F(10, 6558) = 60. 129$，$p < 0.001$，$R^2 = 0.084$。在用来检验的 10 个预测变量中，有 6 个变量对"文化危机可能性"具有显著的预测作用（"满意生活水平""物价影响生活""满意政府服务"和"服务水平提高"的预测作用不显著），预测作用较强的三个子项是"服务帮助不大"（$\beta = 0.146$）、"形式大于内容"（$\beta = 0.142$）和"不满意收入水平"（$\beta = 0.086$）。

表 8 - 20 - 4　　　"公民满意度"各子项对"文化危机可能性"的
回归分析（一）

模 型 汇 总

模型	R	R 方	调整 R 方	标准估计的误差	更改统计量				
					R 方更改	F 更改	$df1$	$df2$	$sig. F$ 更改
1	0.290[a]	0.084	0.083	1.02360	0.084	60.129	10	6558	0.000

a. 测量变量：（常量），满意生活水平，不满意收入水平，生活状况改善，物价影响生活，改善生活信心，满意政府服务，服务水平提高，服务帮助不大，城乡服务差距，形式大于内容

表 8 - 20 - 5　　　"公民满意度"各子项对"文化危机可能性"的
回归分析（二）

Anova[b]

模型		平方和	df	均方	F	Sig.
1	回归	630.010	10	63.001	60.129	0.000[a]
	残差	6871.182	6558	1.048		
	总计	7501.192	6568			

a. 预测变量：（常量），满意生活水平，不满意收入水平，生活状况改善，物价影响生活，改善生活信心，满意政府服务，服务水平提高，服务帮助不大，城乡服务差距，形式大于内容
b. 因变量：文化危机可能性

表 8 - 20 - 6　　　"公民满意度"各子项对"文化危机可能性"的
回归分析（三）

系数[a]

模型		非标准化系数		标准系数	t	Sig.	B 的 95% 置信区间	
		B	标准误差	β			下限	上限
1	（常量）	2.512	0.100		25.065	0.000	2.316	2.709
	满意生活水平	0.012	0.014	0.012	0.867	0.386	-0.015	0.040
	不满意收入水平	0.082	0.012	0.086	6.779	0.000	0.058	0.106

续表

<table>
<tr><td colspan="8" align="center">系数^a</td></tr>
</table>

模型		非标准化系数		标准系数	t	Sig.	B 的 95% 置信区间	
		B	标准误差	β			下限	上限
1	生活状况改善	-0.061	0.016	-0.053	-3.726	0.000	-0.093	-0.029
	物价影响生活	0.024	0.014	0.023	1.785	0.074	-0.002	0.051
	改善生活信心	-0.052	0.016	-0.043	-3.262	0.001	-0.084	-0.021
	满意政府服务	-0.012	0.017	-0.011	-0.737	0.461	-0.045	0.021
	服务水平提高	-0.028	0.018	-0.023	-1.613	0.107	-0.063	0.006
	服务帮助不大	0.141	0.013	0.146	11.041	0.000	0.116	0.166
	城乡服务差距	-0.046	0.015	-0.040	-3.035	0.002	-0.076	-0.016
	形式大于内容	0.144	0.014	0.142	10.611	0.000	0.118	0.171

a. 因变量：文化危机可能性

　　从"公民满意度"的角度对"文化危机可能性"得分上升作进一步的解释，可以看出在"个人生活满意度"层面，2016 年问卷调查呈现的"不满意收入水平"得分大幅度下降，可能带动了"文化危机可能性"得分上升（"不满意收入水平"对"文化危机可能性"具有正向的预测作用，但前者是反向计分，实际影响应是反向的），显示不满意收入水平的增强，会增强文化危机可能性的判断。在"公共服务满意度"层面，2016 年问卷调查呈现的"服务帮助不大"得分大幅度下降，可能带动了"文化危机可能性"得分上升（"服务帮助不大"对"文化危机可能性"具有正向的预测作用，但前者是反向计分，实际影响应是反向的），显示民众越认为公共服务对自己的帮助不大，越会增强文化危机可能性的判断。2016 年问卷调查呈现的"形式大于内容"得分大幅度下降，也可能带动了"文化危机可能性"得分上升（"形式大于内容"对"文化危机可能性"具有正向的预测作用，但前者是反向计分，实际影响应是反向的），显示民众越认为公共服务的形式大于内容，越会增强文化危机可能性的判断。

　　文化危机可能性的感觉之所以增强，至少应该注意以下因素的影响：一是忽视国家发展与个人之间的紧密关系；二是对激进改革尤其是一步到位的政治体制改革抱过高期望；三是对重大政策失误的担忧；四是对收入现状的不满情绪增强；五是对形式化的公共服务不满情绪的增强。要想弱化文化危机可能性的感觉，确实需要关注这些因素带来的问题。

（三）极端民族主义的影响

"极端民族主义"也是测量文化危机压力的一个重要指标，其得分由 2012 年的 2.74 分上升到 2016 年的 2.90 分，上升了 0.16 分，显示的是极端民族主义的情绪有较大幅度增强。

以回归分析方法检验 2016 年问卷调查涉及的六种认同得分与"极端民族主义"得分之间的关系（见表 8 - 21 - 1、表 8 - 21 - 2 和表 8 - 21 - 3），显示总体性的预测作用显著，$F(6, 6536) = 188.342$，$p < 0.001$，$R^2 = 0.147$。在用来检验的 6 个预测变量中，有 5 个变量对"极端民族主义"具有显著的预测作用（只有"文化认同"的预测作用不显著），预测作用较强的三种认同是"发展认同"（$\beta = -0.221$）、"政策认同"（$\beta = -0.110$）和"身份认同"（$\beta = -0.099$）。由于这三种认同对"极端民族主义"具有的都是反向的预测作用，2016 年问卷调查显示的发展认同、政策认同和身份认同总体水平不同程度的下降，应是导致极端民族主义情绪增强的重要原因，而最主要的不利影响应来自发展认同。

表 8 - 21 - 1　　六种认同对"极端民族主义"的回归分析（一）

模 型 汇 总

模型	R	R 方	调整 R 方	标准估计的误差	更改统计量				
					R 方更改	F 更改	df1	df2	sig. F 更改
1	0.384ᵃ	0.147	0.147	0.98256	0.147	188.342	6	6536	0.000

a. 测量变量：（常量），体制认同，政党认同，身份认同，文化认同，政策认同，发展认同

表 8 – 21 – 2　　六种认同对"极端民族主义"的回归分析（二）

Anova[b]

模型		平方和	df	均方	F	Sig.
1	回归	1090.981	6	181.830	188.342	0.000[a]
	残差	6310.025	6536	0.965		
	总计	7401.007	6542			

a. 预测变量：（常量），体制认同，政党认同，身份认同，文化认同，政策认同，发展认同
b. 因变量：极端民族主义

表 8 – 21 – 3　　六种认同对"极端民族主义"的回归分析（三）

系数[a]

模型		非标准化系数		标准系数	t	Sig.	B 的 95% 置信区间	
		B	标准误差	β			下限	上限
1	（常量）	6.224	0.119		52.226	0.000	5.991	6.458
	体制认同	− 0.074	0.027	− 0.035	− 2.786	0.005	− 0.127	− 0.022
	政党认同	− 0.092	0.024	− 0.049	− 3.829	0.000	− 0.139	− 0.045
	身份认同	− 0.163	0.022	− 0.099	− 7.229	0.000	− 0.207	− 0.118
	文化认同	− 0.027	0.024	− 0.014	− 1.097	0.273	− 0.075	0.021
	政策认同	− 0.186	0.022	− 0.110	− 8.523	0.000	− 0.229	− 0.143
	发展认同	− 0.363	0.023	− 0.221	− 15.980	0.000	− 0.408	− 0.318

a. 因变量：极端民族主义

　　对预测作用较强的三种认同下的 11 个子项作进一步的回归检验（见表 8 – 21 – 4、表 8 – 21 – 5 和表 8 – 21 – 6），显示总体性的预测作用显著，$F_{(11, 6547)} = 145.197$，$p < 0.001$，$R^2 = 0.196$。在用来检验的 11 个预测变量中，有 6 个变量对"极端民族主义"具有显著的预测作用（"发展方向""中国发掘道路""政策能够有效推行""国民身份

认知"和"民族身份认知"的预测作用不显著），预测作用较强的四个子项是"政策失误"（$\beta = 0.204$）、"发展与个人关系"（$\beta = 0.188$）、"公民身份认知"（$\beta = 0.117$）和"渐进式改革"（$\beta = 0.083$）。

通过进一步的回归分析，可以看出影响"极端民族主义"的政治认同主要因素与"民族冲突可能性""经济危机可能性"相同，表现为民众对国家发展与个人之间的紧密关系认识程度下降、对重大政策失误担忧的增强、对公民身份的忽视以及对激进的政治体制改革认可程度的提高，都起了增强极端民族主义情绪的作用。

表 8 - 21 - 4　　　三种认同各子项对"极端民族主义"的
回归分析（一）

模　型　汇　总

模型	R	R 方	调整 R 方	标准估计的误差	更改统计量				
					R 方更改	F 更改	$df1$	$df2$	$sig. F$ 更改
1	0.443ª	0.196	0.195	0.95445	0.196	145.197	11	6547	0.000

a. 测量变量：（常量），发展方向，发展与个人关系，渐进式改革，中国发展道路，政策适用性，政策失误，政策能够有效推行，中国人自豪感，国民身份认知，公民身份认知，民族身份认知

表 8 - 21 - 5　　　三种认同各子项对"极端民族主义"的
回归分析（二）

Anovaᵇ

模型		平方和	df	均方	F	$Sig.$
1	回归	1454.977	11	132.271	145.197	0.000ª
	残差	5964.159	6547	0.911		
	总计	7419.136	6558			

a. 预测变量：（常量），发展方向，发展与个人关系，渐进式改革，中国发展道路，政策适用性，政策失误，政策能够有效推行，中国人自豪感，国民身份认知，公民身份认知，民族身份认知
b. 因变量：极端民族主义

表 8 - 21 - 6 三种认同各子项对"极端民族主义"的
回归分析（三）

系数[a]							
模型	非标准化系数		标准系数	t	*Sig.*	B 的 95% 置信区间	
	B	标准误差	β			下限	上限
（常量）	2.134	0.112		19.098	0.000	1.915	2.353
发展方向	- 0.026	0.016	- 0.021	- 1.601	0.109	- 0.057	0.006
发展与个人关系	0.155	0.011	0.188	13.997	0.000	0.134	0.177
渐进式改革	0.072	0.010	0.083	6.952	0.000	0.052	0.092
中国发展道路	- 0.008	0.014	- 0.007	- 0.560	0.576	- 0.036	0.020
政策适用性	- 0.065	0.017	- 0.048	- 3.783	0.000	- 0.098	- 0.031
1　政策失误	0.196	0.011	0.204	17.148	0.000	0.173	0.218
政策能够有效推行	0.002	0.013	0.002	0.163	0.870	- 0.024	0.028
中国人自豪感	- 0.039	0.018	- 0.030	- 2.143	0.032	- 0.075	- 0.003
国民身份认知	- 0.001	0.019	- 0.001	- 0.069	0.945	- 0.038	0.035
公民身份认知	0.091	0.010	0.117	9.181	0.000	0.072	0.111
民族身份认知	- 0.023	0.013	- 0.022	- 1.857	0.063	- 0.048	0.001

a. 因变量：极端民族主义

以回归分析方法检验 2016 年问卷调查涉及的五种影响因素得分与"极端民族主义"得分之间的关系（见表 8 - 22 - 1、表 8 - 22 - 2 和表 8 - 22 - 3），显示总体性的预测作用显著，F（5，6522）= 154.741，$p < 0.001$，$R^2 = 0.106$。用来检验的 5 个预测变量都对"极端民族主义"具有显著的预测作用，预测作用最强的影响因素是"权利认知"（$\beta = - 0.192$）。由于"权利认知"对"极端民族主义"具有反向的预测作用，2016 年问卷调查显示的权利认知总体水平的下降，应是导致极端民族主义情绪增强的一个重要原因。

表 8 - 22 - 1 五种影响因素对"极端民族主义"的回归分析（一）

模 型 汇 总

模型	R	R 方	调整 R 方	标准估计的误差	更改统计量				
					R 方更改	F 更改	df 1	df 2	sig. F 更改
1	0.326[a]	0.106	0.105	1.00785	0.106	154.741	5	6522	0.000

a. 测量变量：（常量），权利认知，利益认知，政治沟通认知，政治参与行为，公民满意度

表 8 - 22 - 2 五种影响因素对"极端民族主义"的回归分析（二）

Anova[b]

模型		平方和	df	均方	F	Sig.
1	回归	785.904	5	157.181	154.741	0.000[a]
	残差	6624.831	6522	1.016		
	总计	7410.735	6527			

a. 预测变量：（常量），权利认知，利益认知，政治沟通认知，政治参与行为，公民满意度
b. 因变量：极端民族主义

表 8 - 22 - 3 五种影响因素对"极端民族主义"的回归分析（三）

系数[a]

模型		非标准化系数		标准系数	t	Sig.	B 的 95% 置信区间	
		B	标准误差	β			下限	上限
1	（常量）	5.834	0.169		34.506	0.000	5.503	6.166
	权利认知	-0.252	0.018	-0.192	-13.646	0.000	-0.288	-0.215
	利益认知	0.110	0.020	0.066	5.558	0.000	0.071	0.148
	政治沟通认知	-0.093	0.020	-0.069	-4.640	0.000	-0.132	-0.054
	政治参与行为	-0.066	0.017	-0.049	-3.932	0.000	-0.099	-0.033
	公民满意度	-0.140	0.017	-0.117	-8.388	0.000	-0.173	-0.107

a. 因变量：极端民族主义

对"权利认知"下的 10 个子项作进一步的回归检验（见表 8－22－4、表 8－22－5 和表 8－22－6），显示总体性的预测作用显著，$F_{(10, 6558)} = 83.159$，$p < 0.001$，$R^2 = 0.113$。在用来检验的 10 个预测变量中，有 7 个变量对"极端民族主义"具有显著的预测作用（"权利意识""权利重要性"和"扩大公民权"的预测作用不显著），预测作用较强的三个子项是"权利不重要"（$\beta = 0.199$）、"侵权未受制裁"（$\beta = 0.126$）和"不应指责中国"（$\beta = -0.079$）。

从进一步的回归分析结果可以看出，在"权利认知"方面，"极端民族主义"与"政治危机压力""政治危机可能性""民族冲突可能性"等所涉及的重点因素是相同的，主要表现为对权利与个人关系的忽视程度大幅度提高、对侵权行为的纵容以及反感西方国家对中国的人权状况指手划脚的情绪降低，都起了增强极端民族主义情绪的作用。

表 8－22－4　"权利认知"各子项对"极端民族主义"的回归分析（一）

模型汇总									
模型	R	R 方	调整 R 方	标准估计的误差	更改统计量				
					R 方更改	F 更改	$df1$	$df2$	$sig. F$ 更改
1	0.335[a]	0.113	0.111	1.00408	0.113	83.159	10	6558	0.000

a. 测量变量：（常量），权利意识，权利重要性，扩大公民权，不了解权利，权利不重要，权利有效保障，保障尚需改进，中国人权改善，侵权未受制裁，不应指责中国

表 8－22－5　"权利认知"各子项对"极端民族主义"的回归分析（二）

Anova[b]					
模型		平方和	df	均方	F	Sig.
1	回归	838.394	10	83.839	83.159	0.000[a]
	残差	6611.642	6558	1.008		
	总计	7450.036	6568			

a. 预测变量：（常量），权利意识，权利重要性，扩大公民权，不了解权利，权利不重要，权利有效保障，保障尚需改进，中国人权改善，侵权未受制裁，不应指责中国
b. 因变量：极端民族主义

表 8 - 22 - 6　"权利认知"各子项对"极端民族主义"的回归分析（三）

系数^a

模型		非标准化系数		标准系数	t	$Sig.$	B 的 95% 置信区间	
		B	标准误差	β			下限	上限
1	（常量）	2.925	0.103		28.382	0.000	2.723	3.127
	权利意识	-0.005	0.016	-0.005	-0.329	0.742	-0.036	0.026
	权利重要性	-0.013	0.018	-0.010	-0.716	0.474	-0.048	0.022
	扩大公民权	0.000	0.016	0.000	-0.005	0.996	-0.032	0.032
	不了解权利	0.049	0.013	0.050	3.949	0.000	0.025	0.074
	权利不重要	0.166	0.011	0.199	15.286	0.000	0.145	0.188
	权利有效保障	-0.047	0.015	-0.042	-3.136	0.002	-0.077	-0.018
	保障尚需改进	-0.053	0.017	-0.042	-3.079	0.002	-0.086	-0.019
	中国人权改善	-0.070	0.016	-0.058	-4.364	0.000	-0.101	-0.038
	侵权未受制裁	0.119	0.012	0.126	9.958	0.000	0.096	0.143
	不应指责中国	-0.088	0.014	-0.079	-6.384	0.000	-0.116	-0.061

a. 因变量：极端民族主义

（四）价值观教化的作用

"价值观教化"作为文化危机压力的一个重要指标，其得分由 2012 年的 2.25 分下降到 2016 年的 2.10 分，下降了 0.15 分，显示的是对社会主义核心价值观的教化作用认可程度有较大幅度提高（该指标是反向计分的，得分下降表明认可程度提高）。

以回归分析方法检验 2016 年问卷调查涉及的六种认同得分与"价值观教化"得分之间的关系（见表 8 - 23 - 1、表 8 - 23 - 2 和表 8 - 23 - 3），显示总体性的预测作用显著，F（6，6536）= 173.715，$p < 0.001$，$R^2 = 0.138$。用来检验的 6 个预测变量都对"价值观教化"具有显著的预测作用，预测作用较强的三种认同是"政策认同"（$\beta = 0.189$）、"文化认同"（$\beta = 0.102$）和"身份认同"（$\beta = 0.082$）。由于"价值观教化"是反向计分，对其有正向预测作用的"文化认同"得分上升，带动的是"价值观教化"得分下降；对其有正向预测作用的"身份认同"和"政策认同"得分下降，带动的是"价值观教化"得分上升。也就是说，价值

观教化认可程度的提高，主要是受了文化认同总体水平上升的影响。

表 8 - 23 - 1　六种认同对"价值观教化"的回归分析（一）

模 型 汇 总

模型	R	R 方	调整 R 方	标准估计的误差	更改统计量				
					R 方更改	F 更改	df1	df2	sig. F 更改
1	0.371[a]	0.138	0.137	0.79690	0.138	173.715	6	6536	0.000

a. 测量变量：（常量），体制认同，政党认同，身份认同，文化认同，政策认同，发展认同

表 8 - 23 - 2　六种认同对"价值观教化"的回归分析（二）

Anova[b]

模型		平方和	df	均方	F	Sig.
1	回归	661.912	6	110.319	173.715	0.000[a]
	残差	4150.718	6536	0.635		
	总计	4812.630	6542			

a. 预测变量：（常量），体制认同，政党认同，身份认同，文化认同，政策认同，发展认同
b. 因变量：价值观教化

表 8 - 23 - 3　六种认同对"价值观教化"的回归分析（三）

系数[a]

模型		非标准化系数		标准系数	t	Sig.	B 的 95% 置信区间	
		B	标准误差	β			下限	上限
1	（常量）	1.037	0.097		10.728	0.000	0.848	1.227
	体制认同	0.088	0.022	0.051	4.064	0.000	0.046	0.131
	政党认同	0.102	0.019	0.068	5.267	0.000	0.064	0.140
	身份认同	0.108	0.018	0.082	5.926	0.000	0.072	0.144
	文化认同	0.158	0.020	0.102	7.964	0.000	0.119	0.197
	政策认同	0.258	0.018	0.189	14.533	0.000	0.223	0.292
	发展认同	0.079	0.018	0.059	4.263	0.000	0.042	0.115

a. 因变量：价值观教化

对有预测作用的三种认同下的 10 个子项作进一步的回归检验（见表 8 - 23 - 4、表 8 - 23 - 5 和表 8 - 23 - 6），显示总体性的预测作用显著，F（10，6550）= 145.047，$p < 0.001$，$R^2 = 0.181$。在用来检验的 10 个预测变量中，有 9 个变量对"价值观教化"具有显著的预测作用（只有"民族身份认知"的预测作用不显著），预测作用较强的四个子项是"核心价值观"（$\beta = 0.188$）、"政策适用性"（$\beta = 0.152$）、"政策能够有效推行"（$\beta = 0.105$）和"文化传统性"（$\beta = 0.060$）。

表 8 - 23 - 4　三种认同各子项对"价值观教化"的回归分析（一）

模 型 汇 总

模型	R	R 方	调整 R 方	标准估计的误差	更改统计量				
					R 方更改	F 更改	df1	df2	$sig. F$ 更改
1	0.426[a]	0.181	0.180	0.77699	0.181	145.047	10	6550	0.000

a. 测量变量：（常量），政策适用性，政策失误，政策能够有效推行，文化传统性，文化多元性，核心价值观，中国人自豪感，国民身份认知，公民身份认知，民族身份认知

表 8 - 23 - 5　三种认同各子项对"价值观教化"的回归分析（二）

Anova[b]

模型		平方和	df	均方	F	$Sig.$
1	回归	875.671	10	87.567	145.047	0.000[a]
	残差	3954.339	6550	0.604		
	总计	4830.009	6560			

a. 预测变量：（常量），政策适用性，政策失误，政策能够有效推行，文化传统性，文化多元性，核心价值观，中国人自豪感，国民身份认知，公民身份认知，民族身份认知
b. 因变量：价值观教化

表 8 - 23 - 6   三种认同各子项对"价值观教化"的回归分析（三）

系数[a]

模型	非标准化系数		标准系数	t	Sig.	B 的 95% 置信区间	
	B	标准误差	β			下限	上限
（常量）	1.386	0.088		15.750	0.000	1.213	1.558
政策适用性	0.165	0.014	0.152	11.818	0.000	0.138	0.192
政策失误	− 0.023	0.009	− 0.030	− 2.523	0.012	− 0.041	− 0.005
政策能够有效推行	0.092	0.011	0.105	8.753	0.000	0.071	0.113
文化传统性	0.054	0.011	0.060	4.923	0.000	0.032	0.075
文化多元性	0.027	0.010	0.032	2.736	0.006	0.008	0.046
核心价值观	0.186	0.013	0.188	14.557	0.000	0.161	0.212
中国人自豪感	0.059	0.015	0.057	3.978	0.000	0.030	0.088
国民身份认知	0.048	0.015	0.044	3.163	0.002	0.018	0.077
公民身份认知	− 0.015	0.008	− 0.024	− 1.974	0.048	− 0.030	0.000
民族身份认知	0.019	0.010	0.022	1.821	0.069	− 0.001	0.039

a. 因变量：价值观教化

通过进一步的回归分析，可以看出在政策认同层面，"政策适用性"和"政策能够有效推行"对"价值观教化"尤为重要。2016 年问卷调查呈现的"政策适用性"得分上升，可能带动了"价值观教化"得分下降（"政策适用性"对"价值观教化"具有正向的预测作用，但后者是反向计分，实际影响应是反向的），显示民众越认可政策的适用性，越会提高价值观教化的认可程度。2016 年问卷调查呈现的"政策能够有效推行"得分上升，也可能带动了"价值观教化"得分下降（"政策能够有效推行"对"价值观教化"具有正向的预测作用，但后者是反向计分，实际影响应是反向的），显示民众越认可中央政策能够有效推行，越会提高价值观教化的认可程度。在文化认同层面，"核心价值观"和"文化传统性"对"价值观教化"最为重要。2016 年问卷调查呈现的"核心价值观"得分较大幅度上升，也可能带动了"价值观教化"得分下降（"核心价值观"对"价值观教化"具有正向的预测作用，但后者是反向计分，实际影响应该是反向的），表明对社会主义核心价值观认可程度的提高，也会提高价值观教化的认可程度。2016 年问卷调查呈现的"文化传统性"得分上升，也可能带动了"价值观教化"得分下降（"文化传统性"对"价值观教化"具有正向的预测作用，但后者是反向计分，实际影响应是反向的），表明对文化传统认可程度的提高，同样会提高价值观教化的认可程度。

以回归分析方法检验 2016 年问卷调查涉及的五种影响因素得分与"价值观教化"得分之间的关系（见表 8 - 24 - 1、表 8 - 24 - 2 和表 8 - 24 - 3），显示总体性的预测作用显著，F（5，6522）= 137.251，$p < 0.001$，$R^2 = 0.095$。在用来检验的 5 个预测变量中，有 4 个变量对"价值观教化"具有显著的预测作用（只有"利益认知"的预测作用不显著），预测作用最强的影响因素是"权利认知"（β = 0.183）。尽管"权利认知"对"价值观教化"具有正向的预测作用，但后者是反向计分，实际影响应是反向的，2016 年问卷调查显示的"权利认知"总分的下降，带动的应是"价值观教化"得分上升，起的应是降低价值观教化认可程度的作用。

表 8 - 24 - 1　　　　五种影响因素对"价值观教化"的
回归分析（一）

模 型 汇 总									
模型	R	R 方	调整 R 方	标准估计的误差	更改统计量				
					R 方更改	F 更改	$df1$	$df2$	$sig.$ F 更改
1	0.309[a]	0.095	0.095	0.81770	0.095	137.251	5	6522	0.000

a. 测量变量：（常量），权利认知，利益认知，政治沟通认知，政治参与行为，公民满意度

表 8 – 24 – 2　　　　五种影响因素对"价值观教化"的
回归分析（二）

Anova[b]

模型		平方和	df	均方	F	Sig.
1	回归	458.853	5	91.771	137.251	0.000[a]
	残差	4360.811	6522	0.669		
	总计	4819.664	6527			

a. 预测变量：（常量），权利认知，利益认知，政治沟通认知，政治参与行为，公民满意度
b. 因变量：价值观教化

表 8 – 24 – 3　　　　五种影响因素对"价值观教化"的
回归分析（三）

系数[a]

模型	非标准化系数		标准系数	t	Sig.	B 的 95% 置信区间	
	B	标准误差	β			下限	上限
1 （常量）	1.594	0.137		11.618	0.000	1.325	1.863
权利认知	0.194	0.015	0.183	12.939	0.000	0.164	0.223
利益认知	−0.026	0.016	−0.020	−1.630	0.103	−0.057	0.005
政治沟通认知	0.155	0.016	0.143	9.529	0.000	0.123	0.186
政治参与行为	−0.039	0.014	−0.036	−2.899	0.004	−0.066	−0.013
公民满意度	0.057	0.014	0.059	4.213	0.000	0.030	0.084

a. 因变量：价值观教化

对"权利认知"下的 10 个子项作进一步的回归检验（见表 8 – 24 – 4、表 8 – 24 – 5 和表 8 – 24 – 6），显示总体性的预测作用显著，$F_{(10, 6558)} = 76.492$，$p < 0.001$，$R^2 = 0.104$。在用来检验的 10 个预测变量中，有 9 个变量对"价值观教化"具有显著的预测作用（只有"不了解权利"的预测作用不显著），预测作用较强的三个子项是"权利有效保障"（$\beta = 0.115$）、"中国人权改善"（$\beta = 0.102$）和"权利重要性"（$\beta = 0.095$）。

表 8 - 24 - 4 "权利认知"各子项对"价值观教化"的回归分析(一)

模 型 汇 总

模型	R	R 方	调整 R 方	标准估计的误差	更改统计量				
					R 方更改	F 更改	$df1$	$df2$	$sig. F$ 更改
1	0.323[a]	0.104	0.103	0.81312	0.104	76.492	10	6558	0.000

a. 测量变量:(常量),权利意识,权利重要性,扩大公民权,不了解权利,权利不重要,权利有效保障,保障尚需改进,中国人权改善,侵权未受制裁,不应指责中国

表 8 - 24 - 5 "权利认知"各子项对"价值观教化"的回归分析(二)

Anova[b]

模型		平方和	df	均方	F	Sig.
	回归	505.739	10	50.574	76.492	0.000[a]
1	残差	4335.941	6558	0.661		
	总计	4841.680	6568			

a. 预测变量:(常量),权利意识,权利重要性,扩大公民权,不了解权利,权利不重要,权利有效保障,保障尚需改进,中国人权改善,侵权未受制裁,不应指责中国
b. 因变量:价值观教化

表 8 - 24 - 6 "权利认知"各子项对"价值观教化"的回归分析(三)

系数[a]

模型		非标准化系数		标准系数	t	Sig.	B 的 95% 置信区间	
		B	标准误差	β			下限	上限
1	(常量)	2.319	0.083		27.789	0.000	2.156	2.483
	权利意识	0.039	0.013	0.043	3.037	0.002	0.014	0.063
	权利重要性	0.095	0.014	0.095	6.582	0.000	0.067	0.124
	扩大公民权	0.030	0.013	0.031	2.292	0.022	0.004	0.056

模型		非标准化系数		标准系数	t	Sig.	B 的 95% 置信区间	
		B	标准误差	β			下限	上限
1	不了解权利	− 0.011	0.010	− 0.013	− 1.056	0.291	− 0.031	0.009
	权利不重要	− 0.022	0.009	− 0.033	− 2.486	0.013	− 0.039	− 0.005
	权利有效保障	0.104	0.012	0.115	8.534	0.000	0.080	0.128
	保障尚需改进	0.037	0.014	0.037	2.705	0.007	0.010	0.065
	中国人权改善	0.099	0.013	0.102	7.640	0.000	0.073	0.124
	侵权未受制裁	− 0.038	0.010	− 0.050	− 3.927	0.000	− 0.057	− 0.019
	不应指责中国	0.052	0.011	0.058	4.638	0.000	0.030	0.074

系数[a]

a. 因变量：价值观教化

从"权利认知"的角度对"价值观教化"得分下降作进一步的解释，可以看出在"权利重要性认知"层面，2016 年问卷调查呈现的"权利重要性"得分下降，可能带动了"价值观教化"得分上升（"权利重要性"对"价值观教化"具有正向的预测作用，但后者是反向计分，实际影响应是反向的），表明权利规定重要性认知水平下降，会降低价值观教化的认可程度。在"权利保障评价"层面，2016 年问卷调查呈现的"权利有效保障"得分较大幅度上升，可能带动了"价值观教化"得分下降（"权利有效保障"对"价值观教化"有正向的预测作用，但后者是反向计分，实际影响应是反向的），显示的是民众对权利保障的正面评价越高，越会增强价值观教化的认可程度。2016 年问卷调查呈现的"中国人权改善"得分上升，可能带动了"价值观教化"得分下降（"中国人权改善"对"价值观教化"有正向的预测作用，但后者是反向计分，实际影响应是反向的），显示的是民众对中国人权状况改善的正面评价越高，越会增强价值观教化的认可程度。

从回归分析结果可以看出，对社会主义核心价值观教化作用认可程度的较大幅度提高，至少是由以下因素促成的：一是政策适用性认可程度的提高；二是中央政策能够有效推行认可程度的提高；三是社会主义核心价值观认可程度的提高；四是文化传统性认可程度的提高；五是权利保障正面评价的提高；六是中国人权状况改善正面评价的提高。

四　生态危机压力增强的原因

2012 年和 2016 年两次问卷调查都反映出中国公民保持着较高水平的生态危机压力，但"生态危机压力"的得分由 2012 年的 3.08 分上升到 2016 年的 3.23 分，上升了 0.15 分，显示生态危机压力感有较大幅度增强，需要就此作出进一步的说明。

（一）政治认同和权利认知对生态危机压力的影响

以回归分析方法检验 2016 年问卷调查涉及的六种认同得分与"生态危机压力"得分之间的关系（见表 8 - 25 - 1、表 8 - 25 - 2 和表 8 - 25 - 3），显示总体性的预测作用显著，F（6，6530）= 54.855，$p < 0.001$，$R^2 = 0.048$。在用来检验的 6 个预测变量中，有 4 个变量对"生态危机压力"具有显著的预测作用（"政党认同"和"文化认同"的预测作用不显著，预测作用较强的三种认同是"政策认同"（$\beta = -0.169$）、"发展认同"（$\beta = -0.072$）和"身份认同"（$\beta = 0.069$）。由于政策认同和发展认同对"生态危机压力"具有的都是反向的预测作用，2016 年问卷调查显示的政策认同、发展认同总体水平不同程度的下降，应是导致生态危机压力增强的重要原因，而最主要的不利影响应来自政策认同；身份认同对"生态危机压力"具有正向的预测作用，身份认同总体水平的下降，起的是弱化生态危机压力的作用。

表 8 – 25 – 1 六种认同对"生态危机压力"的回归分析（一）

模 型 汇 总

模型	R	R 方	调整 R 方	标准估计的误差	更改统计量				
					R 方更改	F 更改	$df1$	$df2$	$sig. F$ 更改
1	0.219^a	0.048	0.047	0.72105	0.048	54.855	6	6530	0.000

a. 测量变量：（常量），体制认同，政党认同，身份认同，文化认同，政策认同，发展认同

表 8 – 25 – 2 六种认同对"生态危机压力"的回归分析（二）

Anova[b]

模型		平方和	df	均方	F	$Sig.$
1	回归	171.117	6	28.519	54.855	0.000^a
	残差	3395.004	6530	0.520		
	总计	3566.121	6536			

a. 预测变量：（常量），体制认同，政党认同，身份认同，文化认同，政策认同，发展认同
b. 因变量：生态危机压力

表 8 – 25 – 3 六种认同对"生态危机压力"的回归分析（三）

系数[a]

模型		非标准化系数		标准系数	t	$Sig.$	B 的 95% 置信区间	
		B	标准误差	β			下限	上限
1	（常量）	4.307	0.088		49.209	0.000	4.136	4.479
	体制认同	– 0.094	0.020	– 0.063	– 4.795	0.000	– 0.133	– 0.056
	政党认同	– 0.022	0.018	– 0.017	– 1.236	0.216	– 0.056	0.013
	身份认同	0.079	0.017	0.069	4.751	0.000	0.046	0.111
	文化认同	0.002	0.018	0.002	0.127	0.899	– 0.033	0.037
	政策认同	– 0.198	0.016	– 0.169	– 12.331	0.000	– 0.229	– 0.166
	发展认同	– 0.082	0.017	– 0.072	– 4.911	0.000	– 0.115	– 0.049

a. 因变量：生态危机压力

对预测作用较强的三种认同下的 11 个子项作进一步的回归检验（见表 8 - 25 - 4、表 8 - 25 - 5 和表 8 - 25 - 6），显示总体性的预测作用显著，F（11，6541） $= 39.832$，$p < 0.001$，$R^2 = 0.063$。在用来检验的 11 个预测变量中，有 7 个变量对"生态危机压力"具有显著的预测作用（"发展方向""中国人自豪感""国民身份认知"和"公民身份认知"的预测作用不显著），预测作用较强的四个子项是"政策失误"（$\beta = 0.185$）、"中国发展道路"（$\beta = -0.102$）、"渐进式改革"（$\beta = 0.084$）、和"民族身份认同"（$\beta = 0.049$）。

表 8 - 25 - 4　　　三种认同各子项对"生态危机压力"的
回归分析（一）

					模　型　汇　总				
模型	R	R 方	调整 R 方	标准估计的误差	更改统计量				
					R 方更改	F 更改	$df1$	$df2$	$sig. F$ 更改
1	0.251[a]	0.063	0.061	0.71527	0.063	39.832	11	6541	0.000

a. 测量变量：（常量），政策适用性，政策失误，政策能够有效推行，发展方向，发展与个人关系，渐进式改革，中国发展道路，中国人自豪感，国民身份认知，公民身份认知，民族身份认知

表 8 - 25 - 5　　　三种认同各子项对"生态危机压力"的回归分析（二）

				Anova[b]		
模型		平方和	df	均方	F	$Sig.$
1	回归	224.161	11	20.378	39.832	0.000[a]
	残差	3346.433	6541	0.512		
	总计	3570.594	6552			

a. 预测变量：（常量），政策适用性，政策失误，政策能够有效推行，发展方向，发展与个人关系，渐进式改革，中国发展道路，中国人自豪感，国民身份认知，公民身份认知，民族身份认知
b. 因变量：生态危机压力

表 8 – 25 – 6　　　三种认同各子项对"生态危机压力"的
回归分析（三）

系数[a]

模型		非标准化系数		标准系数	*t*	*Sig.*	B 的 95% 置信区间	
		B	标准误差	β			下限	上限
1	（常量）	3.287	0.084		39.190	0.000	3.123	3.451
	政策适用性	− 0.037	0.013	− 0.039	− 2.876	0.004	− 0.062	− 0.012
	政策失误	0.123	0.009	0.185	14.390	0.000	0.106	0.140
	政策能够有效推行	− 0.033	0.010	− 0.044	− 3.346	0.001	− 0.053	− 0.014
	发展方向	0.006	0.012	0.007	0.474	0.636	− 0.018	0.029
	发展与个人关系	− 0.023	0.008	− 0.040	− 2.769	0.006	− 0.039	− 0.007
	渐进式改革	0.051	0.008	0.084	6.558	0.000	0.036	0.066
	中国发展道路	− 0.081	0.011	− 0.102	− 7.635	0.000	− 0.102	− 0.060
	中国人自豪感	− 0.008	0.014	− 0.009	− 0.585	0.559	− 0.035	0.019
	国民身份认知	− 0.012	0.014	− 0.013	− 0.863	0.388	− 0.040	0.015
	公民身份认知	− 0.014	0.007	− 0.026	− 1.920	0.055	− 0.029	0.000
	民族身份认知	0.037	0.009	0.049	3.899	0.000	0.018	0.055

a. 因变量：生态危机压力

　　通过进一步的回归分析，可以看出在政策认同层面，"政策失误"对"生态危机压力"尤为重要。2016 年问卷调查呈现的"政策失误"得分的较大幅度下降，可能带动了"生态危机压力"得分上升（"政策失误"对"生态危机压力"具有正向的预测作用，但前者是反向计分，实际影响应是反向的），显示民众对重大政策失误担忧的增强，起的是强化生态危机压力的作用。在发展认同层面，"中国发展道路"和"渐进式改革"对"生态危机压力"最为重要。2016 年问卷调查呈现的"中国发展道路"得分的较大幅度上升，可能带动了

"生态危机压力"得分下降（"中国发展道路"对"生态危机压力"
具有反向的预测作用），表明对中国发展道路认可程度提高，起的是
弱化生态危机压力的作用。2016 年问卷调查呈现的"渐进式改革"
得分的大幅度下降，可能带动了"生态危机压力"得分上升（"渐进
式改革"对"生态危机压力"具有反向的预测作用，但前者是反向
计分，实际影响应是反向的），表明对激进改革认可程度越高，生态
危机压力会越强。在身份认同层面，"民族身份认知"对"生态危机
压力"最为重要。2016 年问卷调查呈现的"民族身份认知"得分的
下降，可能带动了"生态危机压力"得分下降（"民族身份认知"对
"生态危机压力"具有正向的预测作用），显示民众越不看重民族身
份，生态危机压力越弱。

以回归分析方法检验 2016 年问卷调查涉及的五种影响因素得分
与"生态危机压力"得分之间的关系（见表 8 – 26 – 1、表 8 – 26 – 2
和表 8 – 26 – 3），显示总体性的预测作用显著，F（5，6516）=
124.228，$p < 0.001$，$R^2 = 0.087$。在用来检验的 5 个预测变量中，有
4 个变量对"生态危机压力"具有显著的预测作用（只有"权利认
知"的预测作用不显著），预测作用最强的影响因素是"公民满意
度"（$\beta = -0.199$）。由于"公民满意度"对"生态危机压力"具有
反向的预测作用，2016 年问卷调查显示的公民满意度总体水平的下
降，应该是导致生态危机压力增强的一个重要原因。

表 8 – 26 – 1　　五种影响因素对"生态危机压力"的回归分析（一）

模型汇总									
模型	R	R方	调整 R方	标准估计的 误差	更改统计量				
					R方更改	F更改	$df1$	$df2$	$sig. F$更改
1	0.295[a]	0.087	0.086	0.70472	0.087	124.228	5	6516	0.000

a. 测量变量：（常量），权利认知，利益认知，政治沟通认知，政治参与行为，公民满意度

表 8 - 26 - 2　　五种影响因素对"生态危机压力"的回归分析（二）

Anova[b]

模型		平方和	df	均方	F	Sig.
1	回归	308.480	5	61.696	124.228	0.000[a]
	残差	3236.070	6516	0.497		
	总计	3544.550	6521			

a. 预测变量：（常量），权利认知，利益认知，政治沟通认知，政治参与行为，公民满意度
b. 因变量：生态危机压力

表 8 - 26 - 3　　五种影响因素对"生态危机压力"的回归分析（三）

系数[a]

模型	非标准化系数		标准系数	t	Sig.	B 的 95% 置信区间	
	B	标准误差	β			下限	上限
（常量）	5.628	0.118		47.570	0.000	5.396	5.860
权利认知	-0.013	0.013	-0.014	-0.998	0.318	-0.038	0.012
利益认知	-0.101	0.014	-0.089	-7.356	0.000	-0.128	-0.074
政治沟通认知	-0.071	0.014	-0.077	-5.108	0.000	-0.099	-0.044
政治参与行为	-0.036	0.012	-0.039	-3.094	0.002	-0.059	-0.013
公民满意度	-0.164	0.012	-0.199	-14.072	0.000	-0.187	-0.141

a. 因变量：生态危机压力

　　对"公民满意度"下的 10 个子项作进一步的回归检验（见表 8 - 26 - 4、表 8 - 26 - 5 和表 8 - 26 - 6），显示总体性的预测作用显著，$F_{(10, 6555)} = 59.302$，$p < 0.001$，$R^2 = 0.083$。在用来检验的 10 个预测变量中，有 6 个变量对"生态危机压力"具有显著的预测作用（"不满意收入水平""生活状况改善""服务水平提高"和"城乡服务差距"的预测作用不显著），预测作用较强的三个子项是"形式大于内容"（$β = 0.151$）、"满意生活水平"（$β = -0.092$）和"满意政府服务"（$β = -0.073$）。

表 8 - 26 - 4　"公民满意度"各子项对"生态危机压力"的回归分析（一）

模 型 汇 总

模型	R	R方	调整R方	标准估计的误差	更改统计量				
					R方更改	F更改	df1	df2	sig.F更改
1	0.288ᵃ	0.083	0.082	0.70835	0.083	59.302	10	6555	0.000

a. 测量变量：（常量），满意生活水平，不满意收入水平，生活状况改善，物价影响生活，改善生活信心，满意政府服务，服务水平提高，服务帮助不大，城乡服务差距，形式大于内容

表 8 - 26 - 5　"公民满意度"各子项对"生态危机压力"的回归分析（二）

Anovaᵇ

模型		平方和	df	均方	F	Sig.
1	回归	297.548	10	29.755	59.302	0.000ᵃ
	残差	3288.991	6555	0.502		
	总计	3586.538	6565			

a. 预测变量：（常量），满意生活水平，不满意收入水平，生活状况改善，物价影响生活，改善生活信心，满意政府服务，服务水平提高，服务帮助不大，城乡服务差距，形式大于内容
b. 因变量：生态危机压力

表 8 - 26 - 6　"公民满意度"各子项对"生态危机压力"的回归分析（三）

系数ᵃ

模型		非标准化系数		标准系数	t	Sig.	B 的95%置信区间	
		B	标准误差	β			下限	上限
1	（常量）	3.147	0.069		45.375	0.000	3.011	3.283
	满意生活水平	-0.064	0.010	-0.092	-6.556	0.000	-0.083	-0.045
	不满意收入水平	0.009	0.008	0.013	1.043	0.297	-0.008	0.025

续表

模型		非标准化系数		标准系数	t	Sig.	B 的 95% 置信区间	
		B	标准误差	β			下限	上限
1	生活状况改善	−0.020	0.011	−0.025	−1.773	0.076	−0.042	0.002
	物价影响生活	0.046	0.009	0.064	4.933	0.000	0.028	0.065
	改善生活信心	−0.038	0.011	−0.046	−3.444	0.001	−0.060	−0.017
	满意政府服务	−0.057	0.012	−0.073	−4.923	0.000	−0.080	−0.035
	服务水平提高	−0.007	0.012	−0.008	−0.559	0.576	−0.031	0.017
	服务帮助不大	0.042	0.009	0.064	4.805	0.000	0.025	0.060
	城乡服务差距	0.015	0.011	0.019	1.449	0.147	−0.005	0.036
	形式大于内容	0.107	0.009	0.151	11.322	0.000	0.088	0.125

系数[a]

a. 因变量：生态危机压力

　　从"公民满意度"的角度对"生态危机压力"得分上升作进一步的解释，可以看出在"个人生活满意度"层面，2016 年问卷调查呈现的"满意生活水平"得分下降，可能带动了"生态危机压力"得分上升（"满意生活水平"对"生态危机压力"具有反向的预测作用），显示对现有生活水平越不满意，生态危机压力会越强。在"公共服务满意度"层面，2016 年问卷调查呈现的"形式大于内容"得分大幅度下降，可能带动了"生态危机压力"得分上升（"形式大于内容"对"生态危机压力"具有正向的预测作用，但前者是反向计分，实际影响应是反向的），显示民众越认为公共服务的形式大于内容，生态危机压力会越强。2016 年问卷调查呈现的"满意政府服务"得分上升，可能带动了"生态危机压力"得分下降（"满意政府服务"对"生态危机压力"具有反向的预测作用），显示民众越满意政府提供的公共服务，生态危机压力会越弱。

　　从回归分析的结果可以看出，生态危机压力之所以增强，至少是受了以下因素的影响：一是民众对重大政策失误担忧的增强；二是激进改革情绪增强；三是对生活状态不满的情绪增强；四是对形式主义的公共服务的不满情绪增强。同时还应该看到，对中国发展道路认可程度的提高以及对政府提供的公共服务满意度的提高，都会起到弱化生态危机压力的重要作用。

（二）环境危机可能性

"环境危机可能性"是测量生态危机压力的一个重要指标，其得分由 2012 年的 3.14 分上升到 2016 年的 3.48 分，上升了 0.34 分，显示的是民众对环境危机可能性的判断大幅度增强。

以回归分析方法检验 2016 年问卷调查涉及的六种认同得分与"环境危机可能性"得分之间的关系（见表 8 - 27 - 1、表 8 - 27 - 2 和表 8 - 27 - 3），显示总体性的预测作用显著，F (6, 6535) = 30.557，$p < 0.001$，$R^2 = 0.027$。在用来检验的 6 个预测变量中，只有 2 个变量对"环境危机可能性"具有显著的预测作用，即"政策认同"（$\beta = -0.105$）和"发展认同"（$\beta = -0.097$）。由于政策认同和发展认同对"环境危机可能性"具有的都是反向的预测作用，2016 年问卷调查显示的政策认同、发展认同总体水平不同程度的下降，应是导致环境危机可能性判断增强的重要原因，而最主要的不利影响应来自政策认同。

表 8 - 27 - 1　　六种认同对"环境危机可能性"的回归分析（一）

模型 汇 总									
模型	R	R 方	调整 R 方	标准估计的误差	更改统计量				
					R 方更改	F 更改	$df1$	$df2$	$sig. F$ 更改
1	0.165[a]	0.027	0.026	1.04453	0.027	30.557	6	6535	0.000

a. 测量变量：（常量），体制认同，政党认同，身份认同，文化认同，政策认同，发展认同

表 8 - 27 - 2　　六种认同对"环境危机可能性"的回归分析（二）

Anova[b]

模型		平方和	df	均方	F	Sig.
1	回归	200.032	6	33.339	30.557	0.000[a]
	残差	7129.937	6535	1.091		
	总计	7329.968	6541			

a. 预测变量：（常量），体制认同，政党认同，身份认同，文化认同，政策认同，发展认同
b. 因变量：环境危机可能性

表 8 - 27 - 3　　六种认同对"环境危机可能性"的回归分析（三）

系数[a]

模型		非标准化系数		标准系数	t	Sig.	B 的 95% 置信区间	
		B	标准误差	β			下限	上限
1	（常量）	4.660	0.127		36.762	0.000	4.411	4.908
	体制认同	- 0.042	0.028	- 0.020	- 1.488	0.137	- 0.098	0.013
	政党认同	- 0.016	0.025	- 0.008	- 0.611	0.541	- 0.065	0.034
	身份认同	0.036	0.024	0.022	1.494	0.135	- 0.011	0.083
	文化认同	0.022	0.026	0.012	0.864	0.387	- 0.028	0.073
	政策认同	- 0.177	0.023	- 0.105	- 7.616	0.000	- 0.222	- 0.131
	发展认同	- 0.159	0.024	- 0.097	- 6.571	0.000	- 0.206	- 0.111

a. 因变量：环境危机可能性

对具有显著预测作用的两种认同下的 7 个子项作进一步的回归检验（见表 8 - 27 - 4、表 8 - 27 - 5 和表 8 - 27 - 6），显示总体性的预测作用显著，$F_{(7, 6546)} = 34.843$，$p < 0.001$，$R^2 = 0.055$。在用来检验的 7 个预测变量中，只有 3 个变量对"环境危机可能性"具有显著的预测作用，即"政策失误"（$\beta = 0.182$）、"渐进式改革"（$\beta = 0.091$）和"发展与个人关系"（$\beta = 0.032$）。

表 8 - 27 - 4　三种认同各子项对"环境危机可能性"的回归分析（一）

模 型 汇 总

模型	R	R方	调整R方	标准估计的误差	更改统计量				
					R方更改	F 更改	df 1	df 2	sig. F 更改
1	0.235ᵃ	0.055	0.054	1.02935	0.055	34.843	7	6546	0.000

a. 测量变量：（常量），政策适用性，政策失误，政策能够有效推行，发展方向，发展与个人关系，渐进式改革，中国发展道路

表 8 - 27 - 5　三种认同各子项对"环境危机可能性"的回归分析（二）

Anovaᵇ

模型		平方和	df	均方	F	Sig.
1	回归	406.097	7	36.918	34.843	0.000ᵃ
	残差	6935.880	6546	1.060		
	总计	7341.977	6557			

a. 预测变量：（常量），政策适用性，政策失误，政策能够有效推行，发展方向，发展与个人关系，渐进式改革，中国发展道路
b. 因变量：环境危机可能性

表 8 - 27 - 6　三种认同各子项对"环境危机可能性"的回归分析（三）

系数ᵃ

模型		非标准化系数		标准系数	t	Sig.	B 的 95% 置信区间	
		B	标准误差	β			下限	上限
1	（常量）	2.474	0.121		20.500	0.000	2.237	2.711
	政策适用性	0.001	0.018	0.000	0.035	0.972	-0.035	0.037
	政策失误	0.173	0.012	0.182	14.053	0.000	0.149	0.197
	政策能够有效推行	-0.027	0.014	-0.025	-1.924	0.054	-0.055	0.001
	发展方向	0.031	0.017	0.025	1.768	0.077	-0.003	0.064

系数ᵃ							
模型	非标准化系数		标准系数	t	Sig.	B 的 95% 置信区间	
	B	标准误差	β			下限	上限
发展与个人关系	0.026	0.012	0.032	2.171	0.030	0.003	0.050
1　渐进式改革	0.079	0.011	0.091	7.063	0.000	0.057	0.100
中国发展道路	−0.009	0.015	−0.008	−0.589	0.556	−0.039	0.021

a. 因变量：环境危机可能性

　　通过进一步的回归分析，可以看出在政策认同层面，"政策失误"对"环境危机可能性"尤为重要。2016 年问卷调查呈现的"政策失误"得分的较大幅度下降，可能带动了"环境危机可能性"得分上升（"政策失误"对"环境危机可能性"具有正向的预测作用，但前者是反向计分，实际影响应是反向的），显示民众越担忧重大政策失误，对环境危机可能性的判断越强。在发展认同层面，"渐进式改革"和"发展与个人关系"对"环境危机可能性"最为重要。2016 年问卷调查呈现的"渐进式改革"得分的大幅度下降，可能带动了"环境危机可能性"得分上升（"渐进式改革"对"环境危机可能性"具有反向的预测作用，但前者是反向计分，实际影响应是反向的），表明对激进改革认可程度越高，对环境危机可能性的判断会越强。2016 年问卷调查呈现的"发展与个人关系"得分的大幅度下降，也可能带动了"环境危机可能性"得分上升（"发展与个人关系"对"环境危机可能性"具有正向的预测作用，但前者是反向计分，实际影响应是反向的），显示民众越认为国家发展与个人关系不紧密，对环境危机可能性的判断会越强。

　　以回归分析方法检验 2016 年问卷调查涉及的五种影响因素得分与"环境危机可能性"得分之间的关系（见表 8 - 28 - 1、表 8 - 28 - 2 和表 8 - 28 - 3），显示总体性的预测作用显著，$F (5, 6521) = 72.590$，

$p < 0.001$，$R^2 = 0.053$。用来检验的 5 个预测变量都对"环境危机可能性"具有显著的预测作用，预测作用最强的影响因素是"公民满意度"（$\beta = -0.126$）。由于"公民满意度"对"环境危机可能性"具有反向的预测作用，2016 年问卷调查显示的公民满意度总体水平的下降，应是导致环境危机可能性判断增强的一个重要原因。

表 8 - 28 - 1 　　　五种影响因素对"环境危机可能性"的
回归分析（一）

模型汇总								
模型	R	R 方	调整 R 方	标准估计的误差	更改统计量			
					R 方更改	F 更改	$df1$	$df2$	$sig. F$ 更改
1	0.230[a]	0.053	0.052	1.03011	0.053	72.590	5	6521	0.000

a. 测量变量：（常量），权利认知，利益认知，政治沟通认知，政治参与行为，公民满意度

表 8 - 28 - 2 　　　五种影响因素对"环境危机可能性"的
回归分析（二）

Anova[b]					
模型		平方和	df	均方	F	$Sig.$
1	回归	385.134	5	77.027	72.590	0.000[a]
	残差	6919.548	6521	1.061		
	总计	7304.682	6526			

a. 预测变量：（常量），权利认知，利益认知，政治沟通认知，政治参与行为，公民满意度
b. 因变量：环境危机可能性

表 8 – 28 – 3　五种影响因素对"环境危机可能性"的回归分析（三）

系数[a]

模型		非标准化系数		标准系数	t	Sig.	B 的 95% 置信区间	
		B	标准误差	β			下限	上限
1	（常量）	6.206	0.173		35.906	0.000	5.867	6.545
	权利认知	– 0.050	0.019	– 0.038	– 2.635	0.008	– 0.087	– 0.013
	利益认知	– 0.059	0.020	– 0.036	– 2.932	0.003	– 0.099	– 0.020
	政治沟通认知	– 0.087	0.020	– 0.065	– 4.246	0.000	– 0.127	– 0.047
	政治参与行为	– 0.093	0.017	– 0.069	– 5.395	0.000	– 0.126	– 0.059
	公民满意度	– 0.149	0.017	– 0.126	– 8.746	0.000	– 0.183	– 0.116

a. 因变量：环境危机可能性

对"公民满意度"下的 10 个子项作进一步的回归检验（见表 8 – 28 – 4、表 8 – 28 – 5 和表 8 – 28 – 6），显示总体性的预测作用显著，$F_{(10, 6560)} = 42.620$，$p < 0.001$，$R^2 = 0.061$。在用来检验的 10 个预测变量中，有 4 个变量对"环境危机可能性"具有显著的预测作用（"满意生活水平""生活状况改善""改善生活信心""满意政府服务""服务水平提高"和"城乡服务差距"的预测作用不显著），预测作用较强的三个子项是"形式大于内容"（$β = 0.129$）、"服务帮助不大"（$β = 0.126$）和"不满意收入水平"（$β = 0.045$）。

表 8 – 28 – 4　"公民满意度"各子项对"环境危机可能性"的回归分析（一）

模 型 汇 总

模型	R	R 方	调整 R 方	标准估计的误差	更改统计量				
					R 方更改	F 更改	df1	df2	sig. F 更改
1	0.247[a]	0.061	0.060	1.02731	0.061	42.620	10	6560	0.000

a. 测量变量：（常量），满意生活水平，不满意收入水平，生活状况改善，物价影响生活，改善生活信心，满意政府服务，服务水平提高，服务帮助不大，城乡服务差距，形式大于内容

表 8 - 28 - 5 　 "公民满意度"各子项对"环境危机可能性"的回归分析（二）

Anova[b]

模型		平方和	df	均方	F	Sig.
1	回归	449.791	10	44.979	42.620	0.000[a]
	残差	6923.184	6560	1.055		
	总计	7372.975	6570			

a. 预测变量：（常量），满意生活水平，不满意收入水平，生活状况改善，物价影响生活，改善生活信心，满意政府服务，服务水平提高，服务帮助不大，城乡服务差距，形式大于内容
b. 因变量：环境危机可能性

表 8 - 28 - 6 　 "公民满意度"各子项对"环境危机可能性"的回归分析（三）

系数[a]

模型	非标准化系数		标准系数	t	Sig.	B 的 95% 置信区间	
	B	标准误差	β			下限	上限
（常量）	2.604	0.101		25.890	0.000	2.407	2.801
满意生活水平	-0.027	0.014	-0.028	-1.936	0.053	-0.055	0.000
不满意收入水平	0.043	0.012	0.045	3.548	0.000	0.019	0.067
生活状况改善	-0.013	0.016	-0.011	-0.782	0.434	-0.045	0.019
物价影响生活	0.032	0.014	0.030	2.321	0.020	0.005	0.058
1 改善生活信心	-0.013	0.016	-0.011	-0.789	0.430	-0.044	0.019
满意政府服务	-0.023	0.017	-0.020	-1.352	0.176	-0.056	0.010
服务水平提高	0.000	0.018	0.000	0.026	0.979	-0.034	0.035
服务帮助不大	0.121	0.013	0.126	9.414	0.000	0.095	0.146
城乡服务差距	0.010	0.015	0.008	0.624	0.532	-0.020	0.039
形式大于内容	0.130	0.014	0.129	9.506	0.000	0.103	0.156

a. 因变量：环境危机可能性

　　通过进一步的回归检验可以看出，在"公民满意度"方面，"环境危机可能性"与"文化危机可能性"所涉及的重点因素是相同的，

主要表现为民众对收入水平的不满情绪增强、对形式主义的公共服务的不满情绪增强以及认为公共服务对自己的帮助不大，都会使环境危机可能性的判断增强。

（三）环境恶化影响生活

"环境恶化影响生活"也是测量生态危机压力的一个重要指标，其得分由 2012 年的 3.54 分上升到 2016 年的 3.71 分，上升了 0.17 分，显示的是民众对环境恶化已经影响生活的判断有增强趋势。

以回归分析方法检验 2016 年问卷调查涉及的六种认同得分与"环境恶化影响生活"得分之间的关系（见表 8-29-1、表 8-29-2 和表 8-29-3），显示总体性的预测作用显著，$F(6, 6536) = 14.305$，$p < 0.001$，$R^2 = 0.013$。在用来检验的 6 个预测变量中，有 5 个变量对"环境恶化影响生活"具有显著的预测作用（只有"政党认同"的预测作用不显著，预测作用较强的三种认同是"身份认同"（$\beta = 0.109$）、"发展认同"（$\beta = -0.046$）和"政策认同"（$\beta = -0.045$）。由于政策认同和发展认同对"环境恶化影响生活"具有的都是反向的预测作用，2016 年问卷调查显示的政策认同、发展认同总体水平不同程度的下降，应是导致环境恶化影响生活判断增强的重要原因，而最主要的不利影响应来自发展认同；身份认同对"环境恶化影响生活"具有正向的预测作用，身份认同总体水平的下降，起的应是弱化环境恶化影响生活判断的作用。

表 8-29-1　六种认同对"环境恶化影响生活"的回归分析（一）

					模 型 汇 总				
模型	R	R 方	调整 R 方	标准估计的误差	更改统计量				
					R 方更改	F 更改	$df1$	$df2$	$sig. F$ 更改
1	0.114^a	0.013	0.012	1.06209	0.013	14.305	6	6536	0.000

a. 测量变量：（常量），体制认同，政党认同，身份认同，文化认同，政策认同，发展认同

表 8 - 29 - 2　六种认同对"环境恶化影响生活"的回归分析（二）

Anova[b]

模型		平方和	df	均方	F	Sig.
1	回归	96. 823	6	16. 137	14. 305	0. 000[a]
	残差	7372. 866	6536	1. 128		
	总计	7469. 689	6542			

a. 预测变量：（常量），体制认同，政党认同，身份认同，文化认同，政策认同，发展认同
b. 因变量：环境恶化影响生活

表 8 - 29 - 3　六种认同对"环境恶化影响生活"的回归分析（三）

系数[a]

模型	非标准化系数		标准系数	t	Sig.	B 的 95% 置信区间	
	B	标准误差	β			下限	上限
（常量）	3. 600	0. 129		27. 937	0. 000	3. 347	3. 852
体制认同	− 0. 093	0. 029	− 0. 043	− 3. 228	0. 001	− 0. 150	− 0. 037
政党认同	0. 002	0. 026	0. 001	0. 075	0. 940	− 0. 049	0. 053
身份认同	0. 180	0. 024	0. 109	7. 411	0. 000	0. 133	0. 228
文化认同	0. 069	0. 026	0. 035	2. 595	0. 009	0. 017	0. 120
政策认同	− 0. 077	0. 024	− 0. 045	− 3. 246	0. 001	− 0. 123	− 0. 030
发展认同	− 0. 076	0. 025	− 0. 046	− 3. 079	0. 002	− 0. 124	− 0. 027

模型列左侧标注 1

a. 因变量：环境恶化影响生活

对预测作用较强的三种认同下的 11 个子项作进一步的回归检验（见表 8 - 29 - 4、表 8 - 29 - 5 和表 8 - 29 - 6），显示总体性的预测作用显著，$F_{(11, 6547)} = 25. 271$，$p < 0.001$，$R^2 = 0.041$。在用来检验的 11 个预测变量中，有 7 个变量对"环境恶化影响生活"具有显著的预测作用（"中国人自豪感""国民身份认知""公民身份认知"和"政策适用性"的预测作用不显著），预测作用较强的四个子项是"政策失误"（$\beta = 0.142$）、"民族身份认同"（$\beta = 0.094$）、"渐进式改革"（$\beta = 0.081$）和"发展与个人关系"（$\beta = -0.042$）。

表 8 - 29 - 4　三种认同各子项对"环境恶化影响生活"的回归分析（一）

模型	R	R方	调整 R 方	标准估计的误差	更改统计量				
					R 方更改	F 更改	df1	df2	sig. F 更改
1	0.202[a]	0.041	0.039	1.04691	0.041	25.271	11	6547	0.000

模　型　汇　总

a. 测量变量：（常量），中国人自豪感，国民身份认知，公民身份认知，民族身份认知，发展方向，发展与个人关系，渐进式改革，中国发展道路，政策适用性，政策失误，政策能够有效推行

表 8 - 29 - 5　三种认同各子项对"环境恶化影响生活"的回归分析（二）

Anova[b]

模型		平方和	df	均方	F	Sig.
1	回归	304.674	11	27.698	25.271	0.000[a]
	残差	7175.609	6547	1.096		
	总计	7480.283	6558			

a. 预测变量：（常量），中国人自豪感，国民身份认知，公民身份认知，民族身份认知，发展方向，发展与个人关系，渐进式改革，中国发展道路，政策适用性，政策失误，政策能够有效推行
b. 因变量：环境恶化影响生活

表 8 - 29 - 6　三种认同各子项对"环境恶化影响生活"的回归分析（三）

系数[a]

模型	非标准化系数		标准系数	t	Sig.	B 的 95% 置信区间	
	B	标准误差	β			下限	上限
（常量）	2.432	0.123		19.845	0.000	2.192	2.672
中国人自豪感	0.008	0.020	0.006	0.417	0.677	- 0.031	0.048
国民身份认知	0.016	0.020	0.012	0.759	0.448	- 0.025	0.056
公民身份认知	- 0.020	0.011	- 0.025	- 1.788	0.074	- 0.041	0.002
1　民族身份认知	0.101	0.014	0.094	7.346	0.000	0.074	0.128
发展方向	0.049	0.018	0.040	2.796	0.005	0.015	0.084
发展与个人关系	- 0.035	0.012	- 0.042	- 2.900	0.004	- 0.059	- 0.011

系数ᵃ							
模型	非标准化系数		标准系数	t	*Sig.*	B 的95% 置信区间	
	B	标准误差	β			下限	上限
1 渐进式改革	0.071	0.011	0.081	6.248	0.000	0.049	0.093
中国发展道路	-0.031	0.016	-0.027	-2.017	0.044	-0.062	-0.001
政策适用性	0.012	0.019	0.009	0.631	0.528	-0.025	0.049
政策失误	0.136	0.013	0.142	10.892	0.000	0.112	0.161
政策能够有效推行	0.034	0.015	0.031	2.325	0.020	0.005	0.062

a. 因变量：环境恶化影响生活

通过进一步的回归分析，可以看出对"环境恶化影响生活"预测作用较强的四个子项，有三个子项与"生态危机压力"相同，表现为民众对重大政策失误担忧的增强以及激进改革情绪增强，都会强化环境恶化影响生活的判断；民众越不看重民族身份，环境恶化影响生活的判断越会弱化。有所不同的是，"环境恶化影响生活"更偏重于"发展与个人关系"而不是"中国发展道路"。2016 年问卷调查呈现的"发展与个人关系"得分的大幅度下降，可能带动了"环境恶化影响生活"得分下降（"发展与个人关系"对"环境恶化影响生活"具有反向的预测作用，但前者是反向计分，实际影响应是正向的），显示民众对国家发展与个人之间的紧密关系认识程度下降，起的应是弱化环境恶化影响生活判断的作用。

以回归分析方法检验 2016 年问卷调查涉及的五种影响因素得分与"环境恶化影响生活"得分之间的关系（见表 8 - 30 - 1、表 8 - 30 - 2和表 8 - 30 - 3），显示总体性的预测作用显著，F（5，6522）=49.873，$p < 0.001$，$R^2 = 0.037$。用来检验的 5 个预测变量都对"环境恶化影响生活"具有显著的预测作用，预测作用最强的影响因素是"公民满意度"（$\beta = -0.145$）。由于"公民满意度"对"环境恶化影响生活"具有反向的预测作用，2016 年问卷调查显示的公民满意度总体水

平的下降，应是导致环境恶化影响生活判断增强的一个重要原因。

表 8 - 30 - 1　五种影响因素对"环境恶化影响生活"的回归分析（一）

模 型 汇 总

模型	R	R 方	调整 R 方	标准估计的误差	更改统计量				
					R 方更改	F 更改	df 1	df 2	sig. F 更改
1	0.192[a]	0.037	0.036	1.04680	0.037	49.873	5	6522	0.000

a. 测量变量：（常量），权利认知，利益认知，政治沟通认知，政治参与行为，公民满意度

表 8 - 30 - 2　五种影响因素对"环境恶化影响生活"的回归分析（二）

Anova[b]

模型		平方和	df	均方	F	Sig.
1	回归	273.255	5	54.651	49.873	0.000[a]
	残差	7146.782	6522	1.096		
	总计	7420.037	6527			

a. 预测变量：（常量），权利认知，利益认知，政治沟通认知，政治参与行为，公民满意度
b. 因变量：环境恶化影响生活

表 8 - 30 - 3　五种影响因素对"环境恶化影响生活"的回归分析（三）

系数[a]

模型		非标准化系数		标准系数	t	Sig.	B 的 95% 置信区间	
		B	标准误差	β			下限	上限
1	（常量）	5.531	0.176		31.490	0.000	5.186	5.875
	权利认知	0.073	0.019	0.055	3.805	0.000	0.035	0.110
	利益认知	-0.159	0.020	-0.096	-7.767	0.000	-0.199	-0.119
	政治沟通认知	0.051	0.021	0.038	2.435	0.015	0.010	0.091
	政治参与行为	-0.107	0.017	-0.079	-6.137	0.000	-0.141	-0.073
	公民满意度	-0.173	0.017	-0.145	-10.004	0.000	-0.207	-0.139

a. 因变量：环境恶化影响生活

对"公民满意度"下的 10 个子项作进一步的回归检验（见表
8 – 30 – 4、表 8 – 30 – 5 和表 8 – 30 – 6），显示总体性的预测作用显
著，$F(10, 6561) = 28.387$，$p < 0.001$，$R^2 = 0.041$。在用来检验的
10 个预测变量中，有 5 个变量对"环境恶化影响生活"具有显著的
预测作用（"不满意收入水平""生活状况改善""改善生活信心"
"满意政府服务"和"服务帮助不大"的预测作用不显著），预测作
用较强的三个子项是"形式大于内容"（$\beta = 0.122$）、"物价影响生
活"（$\beta = 0.074$）和"城乡服务差距"（$\beta = 0.057$）。

表 8 – 30 – 4　　"公民满意度"各子项对"环境恶化影响生活"的
回归分析（一）

模　型　汇　总

模型	R	R 方	调整 R 方	标准估计的误差	更改统计量				
					R 方更改	F 更改	$df1$	$df2$	$sig. F$ 更改
1	0.204ª	0.041	0.040	1.04618	0.041	28.387	10	6561	0.000

a. 测量变量：（常量），满意生活水平，不满意收入水平，生活状况改善，物价影响生活，
改善生活信心，满意政府服务，服务水平提高，服务帮助不大，城乡服务差距，形式大于
内容

表 8 – 30 – 5　　"公民满意度"各子项对"环境恶化影响生活"的
回归分析（二）

Anovaᵇ

模型		平方和	df	均方	F	Sig.
1	回归	310.690	10	31.069	28.387	0.000ª
	残差	7180.926	6561	1.094		
	总计	7491.617	6571			

a. 预测变量：（常量），满意生活水平，不满意收入水平，生活状况改善，物价影响生活，
改善生活信心，满意政府服务，服务水平提高，服务帮助不大，城乡服务差距，形式大于
内容
b. 因变量：环境恶化影响生活

表8－30－6　"公民满意度"各子项对"环境恶化影响生活"的
回归分析（三）

系数[a]

模型	非标准化系数		标准系数	t	Sig.	B 的 95% 置信区间	
	B	标准误差	β			下限	上限
（常量）	2.667	0.102		26.042	0.000	2.466	2.867
满意生活水平	-0.033	0.014	-0.033	-2.289	0.022	-0.061	-0.005
不满意收入水平	0.016	0.012	0.017	1.327	0.185	-0.008	0.041
生活状况改善	-0.006	0.017	-0.005	-0.340	0.734	-0.038	0.027
物价影响生活	0.078	0.014	0.074	5.622	0.000	0.051	0.105
1 改善生活信心	-0.016	0.016	-0.013	-0.973	0.331	-0.048	0.016
满意政府服务	-0.019	0.017	-0.016	-1.085	0.278	-0.052	0.015
服务水平提高	0.050	0.018	0.041	2.801	0.005	0.015	0.086
服务帮助不大	0.024	0.013	0.025	1.869	0.062	-0.001	0.050
城乡服务差距	0.066	0.016	0.057	4.248	0.000	0.036	0.097
形式大于内容	0.124	0.014	0.122	8.932	0.000	0.097	0.151

a. 因变量：环境恶化影响生活

　　从"公民满意度"的角度对"环境恶化影响生活"得分上升作进一步的解释，可以看出在"个人生活满意度"层面，2016年问卷调查呈现的"物价影响生活"得分下降，可能带动了"环境恶化影响生活"得分上升（"物价影响生活"对"环境恶化影响生活"具有正向的预测作用，但前者是反向计分，实际影响应是反向的），显示越对影响生活的物价不满，环境恶化影响生活的判断会越强。在"公共服务满意度"层面，2016年问卷调查呈现的"形式大于内容"得分大幅度下降，可能带动了"环境恶化影响生活"得分上升（"形式大于内容"对"环境恶化影响生活"具有正向的预测作用，但前者是反向计分，实际影响应是反向的），显示民众越认为公共服务的形式大于内容，环境恶化影响生活的判断也会越强。2016年问卷调查呈现的"城乡服务差距"得分下降，也可能带动了"环境恶化影响生活"得分上升（"城乡服务差距"对"环境恶化影响生活"具有正向的预测作用，但前者是反向计分，实际影响应是反向的），显示民众越认可城乡之间存在公共服务差距，环境恶化影响生活的判断会越强。

五　社会危机压力涉及的重要问题

2012 年和 2016 年两次问卷调查都反映出中国公民保持着中等水平的社会危机压力，并且"社会危机压力"的得分由 2012 年的 2.83分下降到 2016 年的 2.82 分，下降了 0.01 分。尽管社会危机压力总体水平变化不是很大，但是测量社会危机压力的各指标得分都有较大幅度增减，需要作进一步的检验和说明。

（一）社会危机可能性

"社会危机可能性"是测量社会危机压力的一个重要指标，其得分由 2012 年的 3.03 分上升到 2016 年的 3.14 分，上升了 0.11 分，显示的是民众对社会危机可能性的判断有所增强。

以回归分析方法检验 2016 年问卷调查涉及的六种认同得分与"社会危机可能性"得分之间的关系（见表 8-31-1、表 8-31-2 和表8-31-3），显示总体性的预测作用显著，F（6，6535）= 126.406，$p < 0.001$，$R^2 = 0.104$。在用来检验的 6 个预测变量中，有 5 个变量对"社会危机可能性"具有显著的预测作用（只有"体制认同"的预测作用不显著），预测作用较强的三种认同是"发展认同"（$\beta = -0.185$）、"政策认同"（$\beta = -0.142$）和"身份认同"（$\beta = -0.044$）。由于这三种认同对"社会危机可能性"具有的都是反向的预测作用，2016 年问卷调查显示的发展认同、政策认同和身份认同总体水平不同程度的下降，应是导致社会危机可能性判断增强的重要原因，而最主要的不利影响应来自发展认同。

表 8 - 31 - 1　　六种认同对"社会危机可能性"的回归分析（一）

模 型 汇 总

模型	R	R 方	调整 R 方	标准估计的误差	更改统计量				
					R 方更改	F 更改	$df1$	$df2$	$sig. F$ 更改
1	0.322[a]	0.104	0.103	1.02948	0.104	126.406	6	6535	0.000

a. 测量变量：（常量），体制认同，政党认同，身份认同，文化认同，政策认同，发展认同

表 8 - 31 - 2　　六种认同对"社会危机可能性"的回归分析（二）

Anova[b]

模型		平方和	df	均方	F	Sig.
1	回归	803.815	6	133.969	126.406	0.000[a]
	残差	6925.990	6535	1.060		
	总计	7729.805	6541			

a. 预测变量：（常量），体制认同，政党认同，身份认同，文化认同，政策认同，发展认同
b. 因变量：社会危机可能性

表 8 - 31 - 3　　六种认同对"社会危机可能性"的回归分析（三）

系数[a]

模型		非标准化系数		标准系数	t	Sig.	B 的 95% 置信区间	
		B	标准误差	β			下限	上限
1	（常量）	5.834	0.125		46.716	0.000	5.589	6.079
	体制认同	0.012	0.028	0.006	0.446	0.656	-0.042	0.067
	政党认同	-0.052	0.025	-0.027	-2.069	0.039	-0.101	-0.003
	身份认同	-0.074	0.024	-0.044	-3.130	0.002	-0.120	-0.028
	文化认同	-0.071	0.026	-0.036	-2.757	0.006	-0.121	-0.020
	政策认同	-0.245	0.023	-0.142	-10.721	0.000	-0.290	-0.201
	发展认同	-0.312	0.024	-0.185	-13.100	0.000	-0.358	-0.265

a. 因变量：社会危机可能性

对预测作用较强的三种认同下的 11 个子项作进一步的回归检验（见表 8 - 31 - 4、表 8 - 31 - 5 和表 8 - 31 - 6），显示总体性的预测作用显著，F（11，6546）= 108.420，$p < 0.001$，$R^2 = 0.154$。在用来检验的 11 个预测变量中，有 4 个变量对"社会危机可能性"具有显著的预测作用，即"政策失误"（$\beta = 0.226$）、"发展与个人关系"（$\beta = 0.147$）、"公民身份认知"（$\beta = 0.099$）和"渐进式改革"（$\beta = 0.067$）。

表 8 - 31 - 4 三种认同各子项对"社会危机可能性"的回归分析（一）

模 型 汇 总

模型	R	R 方	调整 R 方	标准估计的误差	更改统计量				
					R 方更改	F 更改	$df1$	$df2$	$sig. F$ 更改
1	0.393[a]	0.154	0.153	1.00064	0.154	108.420	11	6546	0.000

a. 测量变量：（常量），发展方向，发展与个人关系，渐进式改革，中国发展道路，政策适用性，政策失误，政策能够有效推行，中国人自豪感，国民身份认知，公民身份认知，民族身份认知

表 8 - 31 - 5 三种认同各子项对"社会危机可能性"的回归分析（二）

Anova[b]

模型		平方和	df	均方	F	$Sig.$
1	回归	1194.133	11	108.558	108.420	0.000[a]
	残差	6554.316	6546	1.001		
	总计	7748.449	6557			

a. 预测变量：（常量），发展方向，发展与个人关系，渐进式改革，中国发展道路，政策适用性，政策失误，政策能够有效推行，中国人自豪感，国民身份认知，公民身份认知，民族身份认知
b. 因变量：社会危机可能性

表 8 – 31 – 6   三种认同各子项对"社会危机可能性"的回归分析（三）

模型		非标准化系数		标准系数	t	Sig.	B 的 95% 置信区间	
		B	标准误差	β			下限	上限
1	（常量）	2.063	0.117		17.611	0.000	1.833	2.293
	发展方向	-0.027	0.017	-0.022	-1.635	0.102	-0.060	0.005
	发展与个人关系	0.124	0.012	0.147	10.671	0.000	0.101	0.147
	渐进式改革	0.060	0.011	0.067	5.527	0.000	0.039	0.081
	中国发展道路	-0.005	0.015	-0.004	-0.350	0.726	-0.034	0.024
	政策适用性	-0.045	0.018	-0.032	-2.485	0.013	-0.080	-0.009
	政策失误	0.221	0.012	0.226	18.498	0.000	0.198	0.245
	政策能够有效推行	-0.015	0.014	-0.014	-1.106	0.269	-0.043	0.012
	中国人自豪感	-0.021	0.019	-0.015	-1.077	0.282	-0.058	0.017
	国民身份认知	0.037	0.020	0.027	1.885	0.059	-0.001	0.075
	公民身份认知	0.079	0.010	0.099	7.609	0.000	0.059	0.100
	民族身份认知	0.001	0.013	0.001	0.089	0.929	-0.025	0.027

系数[a]

a. 因变量：社会危机可能性

　　通过进一步的回归分析，可以看出影响"社会危机可能性"的政治认同主要因素与"经济危机可能性""民族冲突可能性""极端民族主义"相同，表现为民众对国家发展与个人之间的紧密关系认识程度下降、对重大政策失误担忧的增强、对公民身份的忽视以及对激进的政治体制改革认可程度的提高，都会增强对社会危机可能性的判断。

　　以回归分析方法检验 2016 年问卷调查涉及的五种影响因素得分与"社会危机可能性"得分之间的关系（见表 8 – 32 – 1、表 8 – 32 – 2 和表 8 – 32 – 3），显示总体性的预测作用显著，$F_{(5, 6521)}$ = 150.147，$p < 0.001$，$R^2 = 0.103$。在用来检验的 5 个预测变量中，有 4 个变量对"社会危机可能性"具有显著的预测作用（只有"利益认知"的预测作用不显著），预测作用最强的影响因素是"权利认知"（$β = -0.179$）。由于"权利认知"对"社会危机可能性"具有反向

的预测作用，2016 年问卷调查显示的权利认知总体水平的下降，应是导致社会危机可能性判断增强的一个重要原因。

表 8 - 32 - 1　　五种影响因素对"社会危机可能性"的回归分析（一）

模 型 汇 总									
模型	R	R 方	调整 R 方	标准估计的误差	更改统计量				
					R 方更改	F 更改	df1	df2	sig. F 更改
1	0.321[a]	0.103	0.103	1.03012	0.103	150.147	5	6521	0.000

a. 测量变量：（常量），权利认知，利益认知，政治沟通认知，政治参与行为，公民满意度

表 8 - 32 - 2　　五种影响因素对"社会危机可能性"的回归分析（二）

Anova[b]						
模型		平方和	df	均方	F	Sig.
1	回归	796.636	5	159.327	150.147	0.000[a]
	残差	6919.687	6521	1.061		
	总计	7716.323	6526			

a. 预测变量：（常量），权利认知，利益认知，政治沟通认知，政治参与行为，公民满意度
b. 因变量：社会危机可能性

表 8 - 32 - 3　　五种影响因素对"社会危机可能性"的回归分析（三）

系数[a]								
模型		非标准化系数		标准系数	t	Sig.	B 的 95% 置信区间	
		B	标准误差	β			下限	上限
1	（常量）	6.649	0.173		38.475	0.000	6.310	6.988
	权利认知	-0.240	0.019	-0.179	-12.738	0.000	-0.277	-0.203
	利益认知	0.033	0.020	0.020	1.654	0.098	-0.006	0.073
	政治沟通认知	-0.076	0.020	-0.056	-3.724	0.000	-0.116	-0.036
	政治参与行为	-0.119	0.017	-0.086	-6.943	0.000	-0.153	-0.085
	公民满意度	-0.141	0.017	-0.116	-8.290	0.000	-0.175	-0.108

a. 因变量：社会危机可能性

对"权利认知"下的 10 个子项作进一步的回归检验（见表 8 - 32 - 4、表 8 - 32 - 5 和表 8 - 32 - 6），显示总体性的预测作用显著，$F(10, 6557) = 77.968$，$p < 0.001$，$R^2 = 0.106$。在用来检验的 10 个预测变量中，有 6 个变量对"社会危机可能性"具有显著的预测作用（"权利意识""权利重要性""扩大公民权"和"保障尚需改进"的预测作用不显著），预测作用较强的三个子项是"权利不重要"（$\beta = 0.170$）、"侵权未受制裁"（$\beta = 0.154$）和"不应指责中国"（$\beta = -0.109$）。

表 8 - 32 - 4　"权利认知"各子项对"社会危机可能性"的
回归分析（一）

模　型　汇　总

模型	R	R 方	调整 R 方	标准估计的误差	更改统计量				
					R 方更改	F 更改	$df1$	$df2$	$sig. F$ 更改
1	0.326[a]	0.106	0.105	1.02873	0.106	77.968	10	6557	0.000

a. 测量变量：（常量），权利意识，权利重要性，扩大公民权，不了解权利，权利不重要，权利有效保障，保障尚需改进，中国人权改善，侵权未受制裁，不应指责中国

表 8 - 32 - 5　"权利认知"各子项对"社会危机可能性"的
回归分析（二）

Anova[b]

模型		平方和	df	均方	F	$Sig.$
1	回归	825.118	10	82.512	77.968	0.000[a]
	残差	6939.133	6557	1.058		
	总计	7764.251	6567			

a. 预测变量：（常量），权利意识，权利重要性，扩大公民权，不了解权利，权利不重要，权利有效保障，保障尚需改进，中国人权改善，侵权未受制裁，不应指责中国
b. 因变量：社会危机可能性

表 8 - 32 - 6　"权利认知"各子项对"社会危机可能性"的
回归分析（三）

系数[a]

模型		非标准化系数		标准系数	t	Sig.	B 的 95% 置信区间	
		B	标准误差	β			下限	上限
1	（常量）	2.829	0.106		26.790	0.000	2.622	3.036
	权利意识	-0.001	0.016	-0.001	-0.042	0.966	-0.032	0.031
	权利重要性	-0.007	0.018	-0.006	-0.388	0.698	-0.043	0.029
	扩大公民权	0.006	0.017	0.004	0.333	0.739	-0.027	0.039
	不了解权利	0.067	0.013	0.066	5.222	0.000	0.042	0.092
	权利不重要	0.145	0.011	0.170	12.993	0.000	0.123	0.167
	权利有效保障	-0.058	0.015	-0.050	-3.746	0.000	-0.088	-0.028
	保障尚需改进	0.024	0.018	0.019	1.381	0.167	-0.010	0.059
	中国人权改善	-0.058	0.016	-0.048	-3.561	0.000	-0.090	-0.026
	侵权未受制裁	0.149	0.012	0.154	12.123	0.000	0.125	0.173
	不应指责中国	-0.124	0.014	-0.109	-8.740	0.000	-0.152	-0.096

a. 因变量：社会危机可能性

从进一步的回归分析结果可以看出，在"权利认知"方面，"社会危机可能性"与"政治危机压力""政治危机可能性"等所涉及的重点因素是相同的，主要表现为对权利与个人关系的忽视程度大幅度提高、对侵权行为的纵容以及反感西方国家对中国的人权状况指手划脚的情绪降低，都会增强对社会危机可能性的判断。

（二）社会冲突影响生活

"社会冲突影响生活"也是测量社会危机压力的一个重要指标，其得分由 2012 年的 2.92 分上升到 2016 年的 3.01 分，上升了 0.09 分，显示的是民众对社会冲突影响生活的判断有所增强。

以回归分析方法检验 2016 年问卷调查涉及的六种认同得分与"社会冲突影响生活"得分之间的关系（见表 8 – 33 – 1、表 8 – 33 – 2 和表 8 – 33 – 3），显示总体性的预测作用显著，F（6，6533）= 143.686，$p < 0.001$，$R^2 = 0.117$。在用来检验的 6 个预测变量中，有 4 个变量对"社会冲突影响生活"具有显著的预测作用（"体制认同"和"文化认同"的预测作用不显著），预测作用较强的三种认同是"发展认同"（$\beta = -0.231$）、"政策认同"（$\beta = -0.088$）和"身份认同"（$\beta = -0.060$）。由于这三种认同对"社会冲突影响生活"具有的都是反向的预测作用，2016 年问卷调查显示的发展认同、政策认同和身份认同总体水平不同程度的下降，应是导致社会冲突影响生活判断增强的重要原因，而最主要的不利影响应来自发展认同。

表 8 – 33 – 1　　六种认同对"社会冲突影响生活"的回归分析（一）

模 型 汇 总

模型	R	R 方	调整 R 方	标准估计的误差	更改统计量				
					R 方更改	F 更改	df1	df2	sig. F 更改
1	0.341[a]	0.117	0.116	1.08859	0.117	143.686	6	6533	0.000

a. 测量变量：（常量），体制认同，政党认同，身份认同，文化认同，政策认同，发展认同

表 8 – 33 – 2　　六种认同对"社会冲突影响生活"的回归分析（二）

Anova[b]

模型		平方和	df	均方	F	Sig.
1	回归	1021.632	6	170.272	143.686	0.000[a]
	残差	7741.817	6533	1.185		
	总计	8763.450	6539			

a. 预测变量：（常量），体制认同，政党认同，身份认同，文化认同，政策认同，发展认同
b. 因变量：社会冲突影响生活

表 8 - 33 - 3　　六种认同对"社会冲突影响生活"的回归分析（三）

系数[a]

模型		非标准化系数		标准系数	t	Sig.	B 的 95% 置信区间	
		B	标准误差	β			下限	上限
1	（常量）	6.078	0.132		46.006	0.000	5.819	6.337
	体制认同	-0.041	0.030	-0.018	-1.393	0.164	-0.099	0.017
	政党认同	-0.071	0.027	-0.035	-2.691	0.007	-0.123	-0.019
	身份认同	-0.107	0.025	-0.060	-4.283	0.000	-0.156	-0.058
	文化认同	-0.046	0.027	-0.022	-1.716	0.086	-0.099	0.007
	政策认同	-0.161	0.024	-0.088	-6.656	0.000	-0.209	-0.114
	发展认同	-0.413	0.025	-0.231	-16.424	0.000	-0.463	-0.364

a. 因变量：社会冲突影响生活

对预测作用较强的三种认同下的 11 个子项作进一步的回归检验（见表 8 - 33 - 4、表 8 - 33 - 5 和表 8 - 33 - 6），显示总体性的预测作用显著，$F(11, 6544) = 119.092$，$p < 0.001$，$R^2 = 0.167$。在用来检验的 11 个预测变量中，有 8 个变量对"社会冲突影响生活"具有显著的预测作用（"中国人自豪感""国民身份认知"和"民族身份认知"的预测作用不显著），预测作用较强的四个子项是"政策失误"（$β = 0.197$）、"发展与个人关系"（$β = 0.148$）、"公民身份认知"（$β = 0.122$）和"渐进式改革"（$β = 0.098$）。

表 8 - 33 - 4　　三种认同各子项对"社会冲突影响生活"的回归分析（一）

模 型 汇 总

模型	R	R 方	调整 R 方	标准估计的误差	R 方更改	F 更改	df1	df2	sig. F 更改
1	0.408[a]	0.167	0.165	1.05793	0.167	119.092	11	6544	0.000

a. 测量变量：（常量），发展方向，发展与个人关系，渐进式改革，中国发展道路，政策适用性，政策失误，政策能够有效推行，中国人自豪感，国民身份认知，公民身份认知，民族身份认知

表 8 - 33 - 5　三种认同各子项对"社会冲突影响生活"的回归分析（二）

Anova[b]

模型		平方和	df	均方	F	Sig.
1	回归	1466.193	11	133.290	119.092	0.000[a]
	残差	7324.163	6544	1.119		
	总计	8790.356	6555			

a. 预测变量：（常量），发展方向，发展与个人关系，渐进式改革，中国发展道路，政策适用性，政策失误，政策能够有效推行，中国人自豪感，国民身份认知，公民身份认知，民族身份认知
b. 因变量：社会冲突影响生活

表 8 - 33 - 6　三种认同各子项对"社会冲突影响生活"的回归分析（三）

系数[a]

模型	非标准化系数		标准系数	t	Sig.	B 的 95% 置信区间	
	B	标准误差	β			下限	上限
（常量）	1.885	0.124		15.218	0.000	1.642	2.128
发展方向	-0.052	0.018	-0.039	-2.938	0.003	-0.087	-0.017
发展与个人关系	0.134	0.012	0.148	10.851	0.000	0.109	0.158
渐进式改革	0.093	0.011	0.098	8.096	0.000	0.070	0.115
中国发展道路	-0.038	0.016	-0.031	-2.441	0.015	-0.069	-0.008
政策适用性	-0.050	0.019	-0.034	-2.645	0.008	-0.087	-0.013
1　政策失误	0.206	0.013	0.197	16.252	0.000	0.181	0.230
政策能够有效推行	0.033	0.015	0.028	2.275	0.023	0.005	0.062
中国人自豪感	-0.009	0.020	-0.006	-0.421	0.673	-0.048	0.031
国民身份认知	0.015	0.021	0.010	0.728	0.467	-0.025	0.056
公民身份认知	0.104	0.011	0.122	9.430	0.000	0.082	0.126
民族身份认知	0.007	0.014	0.006	0.515	0.607	-0.020	0.034

a. 因变量：社会冲突影响生活

通过进一步的回归分析，可以看出影响"社会冲突影响生活"的政治认同主要因素与"经济危机可能性""社会危机可能性""民族冲突可能性""极端民族主义"等相同，表现为民众对国家发展与个人之间的紧密关系认识程度下降、对重大政策失误担忧的增强、对公民身份的忽视以及对激进的政治体制改革认可程度的提高，都会增强对社会冲突影响生活的判断。

以回归分析方法检验 2016 年问卷调查涉及的五种影响因素得分与"社会冲突影响生活"得分之间的关系（见表 8 – 34 – 1、表 8 – 34 – 2 和表 8 – 34 – 3），显示总体性的预测作用显著，$F (5, 6518) = 117.486$，$p < 0.001$，$R^2 = 0.083$。用来检验的 5 个预测变量都对"社会冲突影响生活"具有显著的预测作用，预测作用最强的影响因素是"权利认知"（$\beta = -0.176$）。由于"权利认知"对"社会冲突影响生活"具有反向的预测作用，2016 年问卷调查显示的权利认知总体水平的下降，应是导致社会冲突影响生活判断增强的一个重要原因。

表 8 – 34 – 1　**五种影响因素对"社会冲突影响生活"的回归分析（一）**

模 型 汇 总								
模型	R	R 方	调整 R 方	标准估计的误差	更改统计量			
					R 方更改	F 更改	$df1$	$df2$	sig. F 更改
1	0.288ª	0.083	0.082	1.10934	0.083	117.486	5	6518	0.000

a. 测量变量：（常量），权利认知，利益认知，政治沟通认知，政治参与行为，公民满意度

表 8 – 34 – 2　**五种影响因素对"社会冲突影响生活"的回归分析（二）**

Anovaᵇ					
模型		平方和	df	均方	F	Sig.
1	回归	722.906	5	144.581	117.486	0.000ª
	残差	8021.232	6518	1.231		
	总计	8744.138	6523			

a. 预测变量：（常量），权利认知，利益认知，政治沟通认知，政治参与行为，公民满意度
b. 因变量：社会冲突影响生活

表 8 - 34 - 3　五种影响因素对"社会冲突影响生活"的回归分析（三）

模型		非标准化系数		标准系数	t	Sig.	B 的 95% 置信区间	
		B	标准误差	β			下限	上限
1	（常量）	6.137	0.186		32.969	0.000	5.772	6.502
	权利认知	-0.251	0.020	-0.176	-12.358	0.000	-0.291	-0.211
	利益认知	0.056	0.022	0.031	2.590	0.010	0.014	0.099
	政治沟通认知	-0.045	0.022	-0.031	-2.039	0.041	-0.088	-0.002
	政治参与行为	-0.094	0.018	-0.064	-5.069	0.000	-0.130	-0.057
	公民满意度	-0.147	0.018	-0.113	-7.975	0.000	-0.183	-0.110

系数[a]

a. 因变量：社会冲突影响生活

对"权利认知"下的 10 个子项作进一步的回归检验（见表 8 - 34 - 4、表 8 - 34 - 5 和表 8 - 34 - 6），显示总体性的预测作用显著，$F(10, 6554) = 73.803$，$p < 0.001$，$R^2 = 0.101$。在用来检验的 10 个预测变量中，有 8 个变量对"社会冲突影响生活"具有显著的预测作用（"权利重要性"和"扩大公民权"的预测作用不显著），预测作用较强的三个子项是"权利不重要"（$\beta = 0.197$）、"侵权未受制裁"（$\beta = 0.137$）和"不应指责中国"（$\beta = -0.074$）。

表 8 - 34 - 4　　"权利认知"各子项对"社会冲突影响生活"的
回归分析（一）

模 型 汇 总

模型	R	R 方	调整 R 方	标准估计的误差	更改统计量				
					R 方更改	F 更改	df1	df2	sig. F 更改
1	0.318[a]	0.101	0.100	1.09882	0.101	73.803	10	6554	0.000

a. 测量变量：（常量），权利意识，权利重要性，扩大公民权，不了解权利，权利不重要，权利有效保障，保障尚需改进，中国人权改善，侵权未受制裁，不应指责中国

表 8 – 34 – 5 "权利认知"各子项对"社会冲突影响生活"的
回归分析（二）

Anova[b]

模型		平方和	df	均方	F	Sig.
	回归	891.089	10	89.109	73.803	0.000[a]
1	残差	7913.267	6554	1.207		
	总计	8804.356	6564			

a. 预测变量：（常量），权利意识，权利重要性，扩大公民权，不了解权利，权利不重要，权利有效保障，保障尚需改进，中国人权改善，侵权未受制裁，不应指责中国
b. 因变量：社会冲突影响生活

表 8 – 34 – 6 "权利认知"各子项对"社会冲突影响生活"的
回归分析（三）

系数[a]

模型		非标准化系数		标准系数	t	Sig.	B 的 95% 置信区间	
		B	标准误差	β			下限	上限
	（常量）	2.698	0.113		23.881	0.000	2.477	2.919
	权利意识	0.030	0.017	0.025	1.747	0.081	– 0.004	0.064
	权利重要性	– 0.016	0.020	– 0.012	– 0.814	0.416	– 0.054	0.022
	扩大公民权	0.002	0.018	0.001	0.087	0.931	– 0.034	0.037
	不了解权利	0.044	0.014	0.041	3.205	0.001	0.017	0.071
1	权利不重要	0.179	0.012	0.197	15.020	0.000	0.156	0.202
	权利有效保障	– 0.037	0.016	– 0.030	– 2.251	0.024	– 0.069	– 0.005
	保障尚需改进	– 0.042	0.019	– 0.031	– 2.244	0.025	– 0.079	– 0.005
	中国人权改善	– 0.060	0.017	– 0.046	– 3.420	0.001	– 0.094	– 0.025
	侵权未受制裁	0.140	0.013	0.137	10.699	0.000	0.114	0.166
	不应指责中国	– 0.090	0.015	– 0.074	– 5.908	0.000	– 0.119	– 0.060

a. 因变量：社会冲突影响生活

从进一步的回归分析结果可以看出，在"权利认知"方面，"社会冲突影响生活"与"政治危机压力""政治危机可能性""社会危机可能性"等所涉及的重点因素是相同的，主要表现为对权利与个人关系的忽视程度大幅度提高、对侵权行为的纵容以及反感西方国家对中国的人权状况指手划脚的情绪降低，都会增强对社会冲突影响生活的判断。

（三）社会建设信心的作用

"社会建设信心"也是测量社会危机压力的一个重要指标，其得分由 2012 年的 2.54 分下降到 2016 年的 2.32 分，下降了 0.22 分，显示的是民众对社会建设的信心有大幅度的增强（该指标是反向计分，得分下降表明信心增强）。

以回归分析方法检验 2016 年问卷调查涉及的六种认同得分与"社会建设信心"得分之间的关系（见表 8 - 35 - 1、表 8 - 35 - 2 和表 8 - 35 - 3），显示总体性的预测作用显著，F（6，6531）＝71.958，$p < 0.001$，$R^2 = 0.062$。在用来检验的 6 个预测变量中，有 4 个变量对"社会建设信心"具有显著的预测作用（"身份认同"和"发展认同"的预测作用不显著），预测作用较强的三种认同是"政策认同"（$\beta = 0.140$）、"体制认同"（$\beta = 0.086$）和"文化认同"（$\beta = 0.067$）。尽管这三种认同对"社会建设信心"具有的都是正向的预测作用，但后者是反向计分，实际影响应是反向的。2016 年问卷调查显示的体制认同水平与 2012 年的持平，起的应是稳固社会建设信心的作用；"政策认同"得分的下降，可能带动了"社会建设信心"得分上升，起的是弱化社会建设信心的作用；文化认同得分的上升，可能带动了"社会建设信心"得分下降，起的是强化社会建设信心的作用。

表 8 - 35 - 1 六种认同对"社会建设信心"的回归分析 (一)

模 型 汇 总

模型	R	R 方	调整 R 方	标准估计的误差	更改统计量				
					R 方更改	F 更改	$df1$	$df2$	$sig. F$ 更改
1	0.249^a	0.062	0.061	0.87368	0.062	71.958	6	6531	0.000

a. 测量变量：（常量），体制认同，政党认同，身份认同，文化认同，政策认同，发展认同

表 8 - 35 - 2 六种认同对"社会建设信心"的回归分析 (二)

Anova[b]

模型		平方和	df	均方	F	$Sig.$
1	回归	329.563	6	54.927	71.958	0.000^a
	残差	4985.249	6531	0.763		
	总计	5314.811	6537			

a. 预测变量：（常量），体制认同，政党认同，身份认同，文化认同，政策认同，发展认同
b. 因变量：社会建设信心

表 8 - 35 - 3 六种认同对"社会建设信心"的回归分析 (三)

系数[a]

模型		非标准化系数		标准系数	t	$Sig.$	B 的95%置信区间	
		B	标准误差	β			下限	上限
1	（常量）	1.629	0.106		15.371	0.000	1.422	1.837
	体制认同	0.156	0.024	0.086	6.573	0.000	0.110	0.203
	政党认同	0.071	0.021	0.045	3.322	0.001	0.029	0.112
	身份认同	0.038	0.020	0.027	1.905	0.057	-0.001	0.077
	文化认同	0.108	0.022	0.067	4.991	0.000	0.066	0.151
	政策认同	0.200	0.019	0.140	10.292	0.000	0.162	0.238
	发展认同	0.003	0.020	0.002	0.140	0.888	-0.037	0.042

a. 因变量：社会建设信心

对预测作用较强的三种认同下的 9 个子项作进一步的回归检验（见表 8 – 35 – 4、表 8 – 35 – 5 和表 8 – 35 – 6），显示总体性的预测作用显著，$F_{(9, 6555)} = 79.745$，$p < 0.001$，$R^2 = 0.099$。在用来检验的 9 个预测变量中，有 7 个变量对"社会建设信心"具有显著的预测作用（"文化多元性"和"政改急迫性"的预测作用不显著），预测作用较强的四个子项是"政策适用性"（$\beta = 0.113$）、"政策能够有效推行"（$\beta = 0.104$）、"核心价值观"（$\beta = 0.093$）和"制度优越性"（$\beta = 0.085$）。

表 8 – 35 – 4   三种认同各子项对"社会建设信心"的回归分析（一）

模 型 汇 总

模型	R	R 方	调整 R 方	标准估计的误差	更改统计量				
					R 方更改	F 更改	df1	df2	sig. F 更改
1	0.314[a]	0.099	0.097	0.85808	0.099	79.745	9	6555	0.000

a. 测量变量：（常量），政策适用性，政策失误，政策能够有效推行，文化传统性，文化多元性，核心价值观，体制有效性，政改急迫性，制度优越性

表 8 – 35 – 5   三种认同各子项对"社会建设信心"的回归分析（二）

Anova[b]

模型		平方和	df	均方	F	Sig.
1	回归	528.452	9	58.717	79.745	0.000[a]
	残差	4826.474	6555	0.736		
	总计	5354.926	6564			

a. 预测变量：（常量），政策适用性，政策失误，政策能够有效推行，文化传统性，文化多元性，核心价值观，体制有效性，政改急迫性，制度优越性
b. 因变量：社会建设信心

表 8 - 35 - 6　　　三种认同各子项对"社会建设信心"的回归分析（三）

模型	非标准化系数		标准系数	t	Sig.	B 的 95% 置信区间	
	B	标准误差	β			下限	上限
（常量）	1.574	0.090		17.527	0.000	1.398	1.750
政策适用性	0.130	0.016	0.113	8.356	0.000	0.100	0.161
政策失误	0.020	0.010	0.025	2.053	0.040	0.001	0.040
政策能够有效推行	0.096	0.012	0.104	8.260	0.000	0.073	0.119
文化传统性	0.045	0.012	0.047	3.763	0.000	0.021	0.068
文化多元性	0.014	0.011	0.016	1.296	0.195	-0.007	0.034
核心价值观	0.097	0.014	0.093	6.910	0.000	0.069	0.124
体制有效性	0.053	0.014	0.050	3.680	0.000	0.025	0.081
政改急迫性	-0.007	0.012	-0.008	-0.633	0.527	-0.031	0.016
制度优越性	0.086	0.014	0.085	6.150	0.000	0.059	0.114

系数[a]（模型 1）

a. 因变量：社会建设信心

　　通过进一步的回归分析，可以看出在政策认同层面，"政策适用性"和"政策能够有效推行"对"社会建设信心"最为重要。2016 年问卷调查呈现的"政策适用性"得分上升，可能带动了"社会建设信心"得分下降（"政策适用性"对"社会建设信心"具有正向的预测作用，但后者是反向计分，实际影响应是反向的），显示民众越认为党和政府的政策符合改革开放以来的中国发展实际，社会建设信心越强。2016 年问卷调查呈现的"政策能够有效推行"得分上升，也可能带动了"社会建设信心"得分下降（"政策能够有效推行"对"社会建设信心"具有正向的预测作用，但后者是反向计分，实际影响应是反向的），显示民众越认为中央重大决策能够有效推行，社会建设信心越强。在文化认同层面，"核

心价值观"对"社会建设信心"尤为重要。2016 年问卷调查呈现
的"核心价值观"得分的较大幅度上升，可能带动了"社会建设
信心"得分下降（"核心价值观"对"社会建设信心"具有正向的
预测作用，但后者是反向计分，实际影响应是反向的），表明对社
会主义核心价值观认可程度的提高，也会增强社会建设信心。在体
制认同层面，"制度优越性"对"社会建设信心"尤为重要。2016
年问卷调查呈现的"制度优越性"得分下降，可能带动了"社会
建设信心"得分上升（"体制有效性"对"社会建设信心"具有正
向的预测作用，但后者是反向计分，实际影响应是反向的），显示
对中国政治制度优越性认可程度的下降，会起到弱化社会建设信心
的作用。

以回归分析方法检验 2016 年问卷调查涉及的五种影响因素得分
与"社会建设信心"得分之间的关系（见表 8 - 36 - 1、表 8 - 36 - 2
和表 8 - 36 - 3），显示总体性的预测作用显著，F（5，6519）=
77.808，$p < 0.001$，$R^2 = 0.056$。在用来检验的 5 个预测变量中，有
4 个变量对"社会建设信心"具有显著的预测作用（只有"政治参
与行为"的预测作用不显著），预测作用最强的影响因素是"权利
认知"（$\beta = 0.127$）。尽管"权利认知"对"社会建设信心"具有
正向的预测作用，但后者是反向计分，实际影响应是反向的。2016
年问卷调查显示的权利认知总体水平的下降，起的应是弱化社会建
设信心的作用。

表 8 - 36 - 1   五种影响因素对"社会建设信心"的回归分析（一）

模 型 汇 总

模型	R	R 方	调整 R 方	标准估计的误差	更改统计量				
					R 方更改	F 更改	$df1$	$df2$	$sig. F$ 更改
1	0.237[a]	0.056	0.056	0.87608	0.056	77.808	5	6519	0.000

a. 测量变量：（常量），权利认知，利益认知，政治沟通认知，政治参与行为，公民满意度

表 8 - 36 - 2　　　五种影响因素对"社会建设信心"的回归分析（二）

Anova[b]

模型		平方和	df	均方	F	Sig.
	回归	298.592	5	59.718	77.808	0.000[a]
1	残差	5003.402	6519	0.768		
	总计	5301.994	6524			

a. 预测变量：（常量），权利认知，利益认知，政治沟通认知，政治参与行为，公民满意度
b. 因变量：社会建设信心

表 8 - 36 - 3　　　五种影响因素对"社会建设信心"的回归分析（三）

系数[a]

模型		非标准化系数		标准系数	t	Sig.	B 的 95% 置信区间	
		B	标准误差	β			下限	上限
	（常量）	1.934	0.147		13.159	0.000	1.646	2.222
	权利认知	0.141	0.016	0.127	8.768	0.000	0.109	0.172
	利益认知	0.023	0.017	0.017	1.348	0.178	-0.010	0.057
1	政治沟通认知	0.127	0.017	0.112	7.286	0.000	0.093	0.161
	政治参与行为	-0.099	0.015	-0.086	-6.789	0.000	-0.128	-0.070
	公民满意度	0.063	0.015	0.063	4.371	0.000	0.035	0.092

a. 因变量：社会建设信心

对"权利认知"下的 10 个子项作进一步的回归检验（见表 8 - 36 - 4、表 8 - 36 - 5 和表 8 - 36 - 6），显示总体性的预测作用显著，$F_{(10, 6553)} = 54.197$，$p < 0.001$，$R^2 = 0.076$。在用来检验的 10 个预测变量中，有 5 个变量对"社会建设信心"具有显著的预测作用（"权利意识""扩大公民权""不了解权利""权利不重要"和"侵权未受制裁"的预测作用不显著），预测作用较强的三个子项是"权利有效保障"（$β = 0.130$）、"中国人权改善"（$β = 0.110$）和"权利重要性"（$β = 0.064$）。

表 8 - 36 - 4 "权利认知"各子项对"社会建设信心"的回归分析（一）

模 型 汇 总

模型	R	R 方	调整 R 方	标准估计的误差	更改统计量				
					R 方更改	F 更改	$df1$	$df2$	$sig. F$ 更改
1	0.276[a]	0.076	0.075	0.86921	0.076	54.197	10	6553	0.000

a. 测量变量：（常量），权利意识，权利重要性，扩大公民权，不了解权利，权利不重要，权利有效保障，保障尚需改进，中国人权改善，侵权未受制裁，不应指责中国

表 8 - 36 - 5 "权利认知"各子项对"社会建设信心"的回归分析（二）

Anova[b]

模型		平方和	df	均方	F	Sig.
1	回归	409.472	10	40.947	54.197	0.000[a]
	残差	4950.997	6553	0.756		
	总计	5360.470	6563			

a. 预测变量：（常量），权利意识，权利重要性，扩大公民权，不了解权利，权利不重要，权利有效保障，保障尚需改进，中国人权改善，侵权未受制裁，不应指责中国
b. 因变量：社会建设信心

表 8 - 36 - 6 "权利认知"各子项对"社会建设信心"的回归分析（三）

系数[a]

模型		非标准化系数		标准系数	t	Sig.	B 的 95% 置信区间	
		B	标准误差	β			下限	上限
1	（常量）	2.095	0.089		23.471	0.000	1.920	2.270
	权利意识	0.018	0.014	0.019	1.304	0.192	-0.009	0.044
	权利重要性	0.068	0.015	0.064	4.388	0.000	0.038	0.098
	扩大公民权	0.021	0.014	0.020	1.466	0.143	-0.007	0.049
	不了解权利	-0.008	0.011	-0.009	-0.711	0.477	-0.029	0.014

模型		非标准化系数		标准系数	t	Sig.	B 的 95% 置信区间	
		B	标准误差	β			下限	上限
1	权利不重要	0.016	0.009	0.022	1.659	0.097	-0.003	0.034
	权利有效保障	0.124	0.013	0.130	9.528	0.000	0.099	0.150
	保障尚需改进	0.040	0.015	0.038	2.699	0.007	0.011	0.069
	中国人权改善	0.112	0.014	0.110	8.087	0.000	0.085	0.139
	侵权未受制裁	-0.016	0.010	-0.020	-1.563	0.118	-0.036	0.004
	不应指责中国	0.028	0.012	0.030	2.333	0.020	0.004	0.052

系数[a]

a. 因变量：社会建设信心

从进一步的回归分析可以看出，在"权利重要性认知"层面，2016 年问卷调查呈现的"权利重要性"得分下降，可能带动了"社会建设信心"得分上升（"权利重要性"对"社会建设信心"具有正向的预测作用，但后者是反向计分，实际影响应是反向的），表明权利规定重要性认知水平下降，会起到弱化社会建设信心的作用。在"权利保障评价"层面，2016 年问卷调查呈现的"权利有效保障"得分较大幅度上升，可能带动了"社会建设信心"得分下降（"权利有效保障"对"社会建设信心"有正向的预测作用，但后者是反向计分，实际影响应是反向的），显示的是民众对权利保障的正面评价越高，社会建设信心会越强。2016 年问卷调查呈现的"中国人权改善"得分上升，也可能带动了"价值观教化"得分下降（"中国人权改善"对"社会建设信心"有正向的预测作用，但后者是反向计分，实际影响应是反向的），显示的是民众对中国人权状况改善的正面评价越高，社会建设信心也会越强。

中国民众的社会建设信心增强，可能受多方面因素的影响，但至少需要注意以下要素所起的重要作用：一是更注重政策的适用性；二是更认可中央政策能够有效推行；三是更认可社会主义核心价值观；四是更注重社会主义制度的优越性；五是更强调权利对公民的重要意义；六是更坚持对公民权利进行有效保障并有效改善中国的人权状况。

六　国际性危机压力涉及的重要问题

2012 年和 2016 年两次问卷调查都反映出中国公民保持着较高水平的国际性危机压力，并且"国际性危机压力"的得分由 2012 年的 3.02 分上升到 2016 年的 3.04 分，上升了 0.02 分。尽管国际性危机压力总体水平变化不是很大，但是测量国际性危机压力的各指标得分都有较大幅度增减，也需要作进一步的检验和说明。

（一）战争危机可能性

"战争危机可能性"是测量国际性危机压力的一个重要指标，其得分由 2012 年的 2.88 分上升到 2016 年的 3.01 分，上升了 0.13 分，显示民众对战争危机了能性的判断有所增强。

以回归分析方法检验 2016 年问卷调查涉及的六种认同得分与"战争危机可能性"得分之间的关系（见表 8-37-1、表 8-37-2 和表 8-37-3），显示总体性的预测作用显著，$F_{(6, 6536)} = 67.841$，$p < 0.001$，$R^2 = 0.059$。在用来检验的 6 个预测变量中有 3 个变量对"战争危机可能性"具有显著的预测作用，即"政策认同"（$\beta = -0.117$）、"发展认同"（$\beta = -0.099$）和"身份认同"（$\beta = -0.096$）。由于这三种认同对"战争危机可能性"具有的都是反向的预测作用，2016 年问卷调查显示的政策认同、发展认同和身份认同总体水平不同程度的下降，应是导致战争危机可能性判断增强的重要原因，而最主要的不利影响应来自政策认同。

表 8 - 37 - 1　　六种认同对"战争危机可能性"的回归分析（一）

模 型 汇 总

模型	R	R方	调整R方	标准估计的误差	更改统计量				
					R方更改	F更改	$df1$	$df2$	$sig. F$更改
1	0.242[a]	0.059	0.058	1.03474	0.059	67.841	6	6536	0.000

a. 测量变量：（常量），体制认同，政党认同，身份认同，文化认同，政策认同，发展认同

表 8 - 37 - 2　　六种认同对"战争危机可能性"的回归分析（二）

Anova[b]

模型		平方和	df	均方	F	$Sig.$
1	回归	435.816	6	72.636	67.841	0.000[a]
	残差	6997.974	6536	1.071		
	总计	7433.789	6542			

a. 预测变量：（常量），体制认同，政党认同，身份认同，文化认同，政策认同，发展认同
b. 因变量：战争危机可能性

表 8 - 37 - 3　　六种认同对"战争危机可能性"的回归分析（三）

系数[a]

模型		非标准化系数		标准系数	t	$Sig.$	B 的95%置信区间	
		B	标准误差	β			下限	上限
1	（常量）	4.996	0.126		39.806	0.000	4.750	5.242
	体制认同	-0.045	0.028	-0.021	-1.591	0.112	-0.100	0.010
	政党认同	-0.014	0.025	-0.008	-0.564	0.573	-0.064	0.035
	身份认同	-0.157	0.024	-0.096	-6.630	0.000	-0.203	-0.111
	文化认同	0.047	0.026	0.024	1.820	0.069	-0.004	0.097
	政策认同	-0.198	0.023	-0.117	-8.617	0.000	-0.243	-0.153
	发展认同	-0.163	0.024	-0.099	-6.815	0.000	-0.210	-0.116

a. 因变量：战争危机可能性

对预测作用较强的三种认同下的 11 个子项作进一步的回归检验（见表 8 - 37 - 4、表 8 - 37 - 5 和表 8 - 37 - 6），显示总体性的预测作用显著，F（11，6547）= 63.713，$p < 0.001$，$R^2 = 0.097$。在用来检验的 11 个预测变量中，有 7 个变量对"战争危机可能性"具有显著的预测作用（"政策适用性""发展方向""中国发展道路"和"民族身份认知"的预测作用不显著），预测作用较强的四个子项是"政策失误"（$\beta = 0.171$）、"公民身份认知"（$\beta = 0.144$）、"发展与个人关系"（$\beta = 0.079$）和"中国人自豪感"（$\beta = -0.035$）。

表 8 - 37 - 4　　　三种认同各子项对"战争危机可能性"的
回归分析（一）

模 型 汇 总

模型	R	R 方	调整 R 方	标准估计的误差	更改统计量				
					R 方更改	F 更改	df 1	df 2	$sig. F$ 更改
1	0.311[a]	0.097	0.095	1.01356	0.097	63.713	11	6547	0.000

a. 测量变量：（常量），政策适用性，政策失误，政策能够有效推行，发展方向，发展与个人关系，渐进式改革，中国发展道路，中国人自豪感，国民身份认知，公民身份认知，民族身份认知

表 8 - 37 - 5　　　三种认同各子项对"战争危机可能性"的
回归分析（二）

Anova[b]

模型		平方和	df	均方	F	$Sig.$
1	回归	719.983	11	65.453	63.713	0.000[a]
	残差	6725.754	6547	1.027		
	总计	7445.737	6558			

a. 预测变量：（常量），政策适用性，政策失误，政策能够有效推行，发展方向，发展与个人关系，渐进式改革，中国发展道路，中国人自豪感，国民身份认知，公民身份认知，民族身份认知
b. 因变量：战争危机可能性

表 8 - 37 - 6　　三种认同各子项对"战争危机可能性"的
回归分析（三）

系数^a

模型		非标准化系数		标准系数	t	$Sig.$	B 的 95% 置信区间	
		B	标准误差	β			下限	上限
1	（常量）	2.163	0.119		18.230	0.000	1.930	2.395
	政策适用性	-0.035	0.018	-0.026	-1.936	0.053	-0.071	0.000
	政策失误	0.164	0.012	0.171	13.547	0.000	0.140	0.188
	政策能够有效推行	-0.029	0.014	-0.027	-2.094	0.036	-0.057	-0.002
	发展方向	0.011	0.017	0.009	0.620	0.535	-0.023	0.044
	发展与个人关系	0.066	0.012	0.079	5.569	0.000	0.043	0.089
	渐进式改革	0.022	0.011	0.025	2.007	0.045	0.001	0.044
	中国发展道路	0.010	0.015	0.008	0.630	0.528	-0.020	0.039
	中国人自豪感	-0.045	0.019	-0.035	-2.334	0.020	-0.083	-0.007
	国民身份认知	0.044	0.020	0.032	2.201	0.028	0.005	0.082
	公民身份认知	0.113	0.011	0.144	10.712	0.000	0.093	0.134
	民族身份认知	0.002	0.013	0.002	0.129	0.898	-0.024	0.028

a. 因变量：战争危机可能性

　　通过进一步的回归分析，可以看出在政策认同层面，"政策失误"对"战争危机可能性"尤为重要。2016 年问卷调查呈现的"政策失误"得分的较大幅度下降，可能带动了"战争危机可能性"得分上升（"政策失误"对"战争危机可能性"具有正向的预测作用，但前者是反向计分，实际影响应是反向的），显示民众对重大政策失误担忧的增强，起的是强化战争危机可能性判断的作用。在发展认同层面，"发展与个人关系"对"战争危机可能性"尤为重要。2016 年问卷调查呈现的"发展与个人关系"得分的大幅度下降，可能带动了"战争危机可能性"得分上升（"发展与个人关系"对"战争危机可能性"具有正向的预测作用，但前者是反向计分，实际影响应是反向的），显示民众对国家发展与个人之间的紧密关系认识程度下降，起的也是强化战争危机可能性判断的作用。在身份认同层面，"公民身份认知"和"中国人自豪感"对"战争危机可能性"最为重要。2016年问卷调查呈现的"公民身份认知"得分的大幅度下降，带动的也是"政治危机压力"得分上升（"公民身份认知"对"战争危机可能性"具有正向的预测作用，但前者是反向计分，所以实际影响是反向的），显示越忽视公民身份，战争危机可能性的判断会越强。2016年问卷调查呈现的"中国人自豪感"得分下降，可能带动了"战争危机可能性"得分上升（"中国人自豪感"对"战争危机可能性"具有反向的预测作用），显示中国人自豪感的弱化，会增强战争危机可能性的判断。

以回归分析方法检验2016年问卷调查涉及的五种影响因素得分与"战争危机可能性"得分之间的关系（见表8-38-1、表8-38-2和表8-38-3），显示总体性的预测作用显著，$F_{(5, 6523)} = 88.640$，$p < 0.001$，$R^2 = 0.064$。在用来检验的5个预测变量中，有4个变量对"战争危机可能性"具有显著的预测作用（只有"政治参与行为"的预测作用不显著），预测作用最强的影响因素是"权利认知"（$\beta = -0.150$）。由于"权利认知"对"战争危机可能性"具有反向的预测作用，2016年问卷调查显示的权利认知总体水平的下降，应是导致战争危机可能性判断增强的一个重要原因。

表8-38-1　　　　五种影响因素对"战争危机可能性"的
回归分析（一）

模 型 汇 总								
模型	R	R 方	调整 R 方	标准估计的误差	更改统计量			
					R 方更改	F 更改	df1	df2	sig. F 更改
1	0.252[a]	0.064	0.063	1.03188	0.064	88.640	5	6523	0.000

a. 测量变量：（常量），权利认知，利益认知，政治沟通认知，政治参与行为，公民满意度

表8－38－2　　　五种影响因素对"战争危机可能性"的
回归分析（二）

Anova[b]

模型		平方和	df	均方	F	Sig.
1	回归	471.910	5	94.382	88.640	0.000[a]
	残差	6945.589	6523	1.065		
	总计	7417.499	6528			

a. 预测变量：（常量），权利认知，利益认知，政治沟通认知，政治参与行为，公民满意度
b. 因变量：战争危机可能性

表8－38－3　　五种影响因素对"战争危机可能性"的回归分析（三）

系数[a]

模型		非标准化系数		标准系数	t	Sig.	B 的95%置信区间	
		B	标准误差	β			下限	上限
1	（常量）	5.892	0.173		34.038	0.000	5.553	6.232
	权利认知	－0.196	0.019	－0.150	－10.404	0.000	－0.233	－0.159
	利益认知	－0.067	0.020	－0.041	－3.319	0.001	－0.107	－0.027
	政治沟通认知	－0.066	0.020	－0.049	－3.238	0.001	－0.106	－0.026
	政治参与行为	0.009	0.017	0.007	0.532	0.595	－0.025	0.043
	公民满意度	－0.123	0.017	－0.103	－7.184	0.000	－0.156	－0.089

a. 因变量：战争危机可能性

对"权利认知"下的10个子项作进一步的回归检验（见表8－38－4、表8－38－5和表8－38－6），显示总体性的预测作用显著，$F(10, 6558) = 51.645$，$p < 0.001$，$R^2 = 0.073$。在用来检验的10个预测变量中，有7个变量对"战争危机可能性"具有显著的预测作用（"权利意识""扩大公民权"和"保障尚需改进"的预测作用不显著），预测作用较强的三个子项是"权利不重要"（$\beta = 0.154$）、"侵权未受制裁"（$\beta = 0.132$）和"权利有效保障"（$\beta = -0.064$）。

表 8-38-4 "权利认知"各子项对"战争危机可能性"的
回归分析（一）

模 型 汇 总

模型	R	R方	调整R方	标准估计的误差	更改统计量				
					R方更改	F更改	df1	df2	sig. F更改
1	0.270ª	0.073	0.072	1.02637	0.073	51.645	10	6558	0.000

a. 测量变量：（常量），权利意识，权利重要性，扩大公民权，不了解权利，权利不重要，权利有效保障，保障尚需改进，中国人权改善，侵权未受制裁，不应指责中国

表 8-38-5 "权利认知"各子项对"战争危机可能性"的
回归分析（二）

Anovaᵇ

模型		平方和	df	均方	F	Sig.
1	回归	544.049	10	54.405	51.645	0.000ª
	残差	6908.489	6558	1.053		
	总计	7452.538	6568			

a. 预测变量：（常量），权利意识，权利重要性，扩大公民权，不了解权利，权利不重要，权利有效保障，保障尚需改进，中国人权改善，侵权未受制裁，不应指责中国
b. 因变量：战争危机可能性

表 8-38-6 "权利认知"各子项对"战争危机可能性"的
回归分析（三）

系数ª

模型		非标准化系数		标准系数	t	Sig.	B的95%置信区间	
		B	标准误差	β			下限	上限
1	（常量）	2.632	0.105		24.981	0.000	2.425	2.838
	权利意识	-0.001	0.016	-0.001	-0.080	0.937	-0.033	0.030
	权利重要性	0.043	0.018	0.035	2.366	0.018	0.007	0.079
	扩大公民权	-0.019	0.017	-0.016	-1.149	0.250	-0.052	0.014

模型		非标准化系数		标准系数	t	$Sig.$	B 的 95% 置信区间	
		B	标准误差	β			下限	上限
1	不了解权利	0.044	0.013	0.044	3.442	0.001	0.019	0.069
	权利不重要	0.129	0.011	0.154	11.569	0.000	0.107	0.151
	权利有效保障	-0.072	0.015	-0.064	-4.704	0.000	-0.103	-0.042
	保障尚需改进	-0.008	0.017	-0.006	-0.459	0.646	-0.042	0.026
	中国人权改善	-0.043	0.016	-0.036	-2.613	0.009	-0.075	-0.011
	侵权未受制裁	0.124	0.012	0.132	10.168	0.000	0.100	0.148
	不应指责中国	-0.051	0.014	-0.045	-3.569	0.000	-0.078	-0.023

系数[a]

a. 因变量：战争危机可能性

从"权利认知"的角度对"战争危机可能性"得分上升作进一步的解释，可以看出在"权利重要性认知"层面，2016年问卷调查呈现的"权利不重要"得分大幅度下降，可能带动了"战争危机可能性"得分上升（"权利不重要"对"战争危机可能性"具有正向的预测作用，但前者是反向计分，实际影响应是反向的），显示民众对权利与个人关系的忽视程度大幅度提高，应是导致战争危机可能性判断强化的一个重要原因。在"权利保障评价"层面，2016年问卷调查呈现的"侵权未受制裁"得分的大幅度下降，也可能带动了"战争危机可能性"得分上升（"侵权未受制裁"对"战争危机可能性"具有正向的预测作用，但前者是反向计分，实际影响应是反向的），显示出对侵权行为的纵容，亦会强化战争危机可能性的判断。2016年问卷调查呈现的"权利有效保障"得分上升，可能带动了"战争危机可能性"得分下降（"权利有效保障"对"战争危机可能性"具有反向的预测作用），显示民众对基本权利得到很好保障的认可程度较大幅度提升，起的应是弱化战争危机可能性判断的作用。

（二）颠覆危险

"颠覆危险"也是测量国际性危机压力的一个重要指标，其得分由 2012 年的 2.92 分下降到 2016 年的 2.79 分，下降了 0.13 分，显示的是民众对来自国外势力的颠覆危险压力有所增强（该指标是反向计分，得分下降表明认可"国外势力的各种颠覆活动是威胁中国发展的主要危险"的人增多）。

以回归分析方法检验 2016 年问卷调查涉及的六种认同得分与"颠覆危险"得分之间的关系（见表 8 - 39 - 1、表 8 - 39 - 2 和表 8 - 39 - 3），显示总体性的预测作用显著，F（6，6529）= 29.563，$p < 0.001$，$R^2 = 0.026$。在用来检验的 6 个预测变量中，有 4 个变量对"颠覆危险"具有显著的预测作用（"政党认同"和"文化认同"的预测是不显著），预测作用较强的三种认同是"发展认同"（$\beta = -0.074$）、"身份认同"（$\beta = -0.068$）和"体制认同"（$\beta = -0.034$）。尽管这三种认同对"颠覆危险"具有的都是反向的预测作用，但后者是反向计分，实际影响应是正向的。2016 年问卷调查显示的"体制认同"得分与 2012 年的持平，起的应是稳定"颠覆危险"得分的作用；"发展认同"和"身份认同"得分下降，可能带动了"颠覆危险"得分下降，起的应是增强颠覆危险压力的作用。

表 8 - 39 - 1　　六种认同对"颠覆危险"的回归分析（一）

模型汇总									
模型	R	R 方	调整 R 方	标准估计的误差	更改统计量				
					R 方更改	F 更改	$df1$	$df2$	$sig. F$ 更改
1	0.163ᵃ	0.026	0.026	1.08052	0.026	29.563	6	6529	0.000

a. 测量变量：（常量），体制认同，政党认同，身份认同，文化认同，政策认同，发展认同

表 8 - 39 - 2　　六种认同对"颠覆危险"的回归分析（二）

Anova[b]

模型		平方和	df	均方	F	Sig.
1	回归	207.094	6	34.516	29.563	0.000[a]
	残差	7622.751	6529	1.168		
	总计	7829.845	6535			

a. 预测变量：（常量），体制认同，政党认同，身份认同，文化认同，政策认同，发展认同
b. 因变量：颠覆危险

表 8 - 39 - 3　　六种认同对"颠覆危险"的回归分析（三）

系数[a]

模型		非标准化系数		标准系数	t	Sig.	B 的 95% 置信区间	
		B	标准误差	β			下限	上限
1	（常量）	4.737	0.131		36.134	0.000	4.480	4.994
	体制认同	- 0.075	0.029	- 0.034	- 2.562	0.010	- 0.133	- 0.018
	政党认同	- 0.032	0.026	- 0.017	- 1.211	0.226	- 0.083	0.020
	身份认同	- 0.115	0.025	- 0.068	- 4.651	0.000	- 0.164	- 0.067
	文化认同	- 0.011	0.027	- 0.005	- 0.395	0.693	- 0.063	0.042
	政策认同	- 0.055	0.024	- 0.032	- 2.281	0.023	- 0.102	- 0.008
	发展认同	- 0.125	0.025	- 0.074	- 4.999	0.000	- 0.174	- 0.076

a. 因变量：颠覆危险

　　对预测作用较强的三种认同下的 11 个子项作进一步的回归检验（见表 8 - 39 - 4、表 8 - 39 - 5 和表 8 - 39 - 6），显示总体性的预测作用显著，F (11, 6544) = 29.717，$p < 0.001$，$R^2 = 0.048$。在用来检验的 10 个预测变量中，有 5 个变量对"颠覆危险"具有显著的预测作用（"发展方向""中国发展道路""国民身份认知""民族身份认知"和"制度优越性"的预测作用不显著），预测作用较强的四个子项是"公民身份认知"（$\beta = 0.118$）、"发展与个人关系"（$\beta = 0.095$）、"政改急迫性"（$\beta = 0.065$）和"中国人自豪感"（$\beta = -0.035$）。

表 8 - 39 - 4　　　三种认同各子项对"颠覆危险"的回归分析（一）

模 型 汇 总

模型	R	R方	调整R方	标准估计的误差	更改统计量				
					R方更改	F更改	df1	df2	sig. F更改
1	0.218ᵃ	0.048	0.046	1.06921	0.048	29.717	11	6544	0.000

a. 测量变量：（常量），发展方向，发展与个人关系，渐进式改革，中国发展道路，中国人自豪感，国民身份认知，公民身份认知，民族身份认知，体制有效性，政改急迫性，制度优越性

表 8 - 39 - 5　　　三种认同各子项对"颠覆危险"的回归分析（二）

Anovaᵇ

模型		平方和	df	均方	F	Sig.
1	回归	373.708	11	33.973	29.717	0.000ᵃ
	残差	7481.231	6544	1.143		
	总计	7854.939	6555			

a. 预测变量：（常量），发展方向，发展与个人关系，渐进式改革，中国发展道路，中国人自豪感，国民身份认知，公民身份认知，民族身份认知，体制有效性，政改急迫性，制度优越性
b. 因变量：颠覆危险

表 8 - 39 - 6　　　三种认同各子项对"颠覆危险"的回归分析（三）

系数ᵃ

模型	非标准化系数		标准系数	t	Sig.	B 的95%置信区间	
	B	标准误差	β			下限	上限
（常量）	2.593	0.124		20.904	0.000	2.349	2.836
发展方向	0.019	0.018	0.015	1.105	0.269	-0.015	0.054
发展与个人关系	0.081	0.012	0.095	6.677	0.000	0.057	0.105
渐进式改革	0.029	0.012	0.032	2.492	0.013	0.006	0.051
中国发展道路	0.017	0.016	0.015	1.109	0.268	-0.013	0.048
中国人自豪感	-0.047	0.020	-0.035	-2.281	0.023	-0.087	-0.007

模型		非标准化系数		标准系数	t	$Sig.$	B 的 95% 置信区间	
		B	标准误差	β			下限	上限
1	国民身份认知	0.010	0.021	0.007	0.482	0.630	−0.031	0.051
	公民身份认知	0.095	0.011	0.118	8.619	0.000	0.074	0.117
	民族身份认知	0.026	0.014	0.023	1.820	0.069	−0.002	0.053
	体制有效性	−0.039	0.018	−0.030	−2.171	0.030	−0.074	−0.004
	政改急迫性	0.074	0.015	0.065	5.082	0.000	0.045	0.102
	制度优越性	−0.029	0.017	−0.024	−1.662	0.097	−0.063	0.005

系数 a

a. 因变量：颠覆危险

通过进一步的回归分析，可以看出在发展认同层面，"发展与个人关系"对"颠覆危险"尤为重要。2016 年问卷调查呈现的"发展与个人关系"得分的大幅度下降，可能带动了"颠覆危险"得分下降（"发展与个人关系"对"颠覆危险"具有正向的预测作用，在两者都是反向计分的状态下，实际影响应是正向的），显示民众对国家发展与个人之间的紧密关系认识程度下降，起的是强化颠覆危险压力的作用。在身份认同层面，"公民身份认知"和"中国人自豪感"对"颠覆危险"尤为重要。2016 年问卷调查呈现的"公民身份认知"得分的大幅度下降，带动的也是"颠覆危险"得分下降（"公民身份认知"对"颠覆危险"具有正向的预测作用，在两者都是反向计分的状态下，实际影响应是正向的），显示越忽视公民身份，颠覆危险的压力会越强。2016 年问卷调查呈现的"中国人自豪感"得分下降，亦可能带动了"颠覆危险"得分下降（"中国人自豪感"对"颠覆危险"具有反向的预测作用，但后者是反向计分，实际影响应是正向的），显示中国人自豪感的弱化，也会强化颠覆危险的压力。在体制认同层面，"政改急迫性"对"颠覆危险"尤为重要。2016 年问卷调查呈现的"政改急迫性"得分上升，可能带动了"颠覆危险"得分上升（"政改急迫性"对"颠覆危险"具有正向的预测作用，在两者都是反向计分的状态下，实际影响应是正向的），显示政治体制改革的急迫感越不强烈，颠覆危险的压力会越低。

以回归分析方法检验 2016 年问卷调查涉及的五种影响因素得分与"颠覆危险"得分之间的关系（见表 8-40-1、表 8-40-2 和表 8-40-3），显示总体性的预测作用显著，F（5，6515）＝44.769，$p < 0.001$，$R^2 = 0.033$。在用来检验的 5 个预测变量中，有 2 个变量对"颠覆危险"具有显著的预测作用（"利益认知""政治沟通认知"、"政治参与行为"的预测作用不显著），预测作用最强的影响因素是"权利认知"（$\beta = -0.134$）。尽管"权利认知"对"颠覆危险"具有反向的预测作用，但后者是反向计分，实际影响应是正向的。2016 年问卷调查显示的"权利认知"总分的下降，可能带动了"颠覆危险"得分下降，起的应是增强颠覆危险压力的作用。

表 8-40-1　　五种影响因素对"颠覆危险"的回归分析（一）

模 型 汇 总

模型	R	R方	调整R方	标准估计的误差	更改统计量				
					R方更改	F更改	$df1$	$df2$	$sig. F$更改
1	0.182[a]	0.033	0.032	1.07662	0.033	44.769	5	6515	0.000

a. 测量变量：（常量），权利认知，利益认知，政治沟通认知，政治参与行为，公民满意度

表 8-40-2　　五种影响因素对"颠覆危险"的回归分析（二）

Anova[b]

模型		平方和	df	均方	F	Sig.
1	回归	259.463	5	51.893	44.769	0.000[a]
	残差	7551.649	6515	1.159		
	总计	7811.112	6520			

a. 预测变量：（常量），权利认知，利益认知，政治沟通认知，政治参与行为，公民满意度
b. 因变量：颠覆危险

表 8 – 40 – 3　　五种影响因素对"颠覆危险"的回归分析（三）

系数[a]

模型		非标准化系数		标准系数	t	Sig.	B 的 95% 置信区间	
		B	标准误差	β			下限	上限
1	（常量）	5.004	0.181		27.698	0.000	4.650	5.359
	权利认知	– 0.181	0.020	– 0.134	– 9.172	0.000	– 0.219	– 0.142
	利益认知	0.005	0.021	0.003	0.254	0.799	– 0.036	0.047
	政治沟通认知	0.019	0.021	0.014	0.883	0.377	– 0.023	0.061
	政治参与行为	– 0.007	0.018	– 0.005	– 0.390	0.696	– 0.042	0.028
	公民满意度	– 0.109	0.018	– 0.089	– 6.124	0.000	– 0.144	– 0.074

a. 因变量：颠覆危险

　　对"权利认知"下的 10 个子项作进一步的回归检验（见表 8 – 40 – 4、表 8 – 40 – 5 和表 8 – 40 – 6），显示总体性的预测作用显著，$F(10, 6551) = 38.107$，$p < 0.001$，$R^2 = 0.055$。在用来检验的 10 个预测变量中，有 7 个变量对"颠覆危险"具有显著的预测作用（"扩大公民权""中国人权改善"和"不应指责中国"的预测作用不显著），预测作用较强的三个子项是"权利不重要"（$\beta = 0.164$）、"侵权未受制裁"（$\beta = 0.079$）和"权利重要性"（$\beta = 0.054$）。

表 8 – 40 – 4　　"权利认知"各子项对"颠覆危险"的回归分析（一）

模型汇总

模型	R	R 方	调整 R 方	标准估计的误差	更改统计量				
					R 方更改	F 更改	df1	df2	sig. F 更改
1	0.234[a]	0.055	0.054	1.06549	0.055	38.107	10	6551	0.000

a. 测量变量：（常量），权利意识，权利重要性，扩大公民权，不了解权利，权利不重要，权利有效保障，保障尚需改进，中国人权改善，侵权未受制裁，不应指责中国

表 8 - 40 - 5   "权利认知"各子项对"颠覆危险"的回归分析（二）

Anova[b]

模型		平方和	df	均方	F	Sig.
1	回归	432.617	10	43.262	38.107	0.000[a]
	残差	7437.166	6551	1.135		
	总计	7869.784	6561			

a. 预测变量：（常量），权利意识，权利重要性，扩大公民权，不了解权利，权利不重要，权利有效保障，保障尚需改进，中国人权改善，侵权未受制裁，不应指责中国
b. 因变量：颠覆危险

表 8 - 40 - 6   "权利认知"各子项对"颠覆危险"的回归分析（三）

系数[a]

模型		非标准化系数		标准系数	t	Sig.	B 的 95% 置信区间	
		B	标准误差	β			下限	上限
1	（常量）	2.644	0.109		24.156	0.000	2.430	2.859
	权利意识	-0.043	0.017	-0.037	-2.575	0.010	-0.076	-0.010
	权利重要性	0.070	0.019	0.054	3.665	0.000	0.032	0.107
	扩大公民权	-0.024	0.017	-0.019	-1.383	0.167	-0.058	0.010
	不了解权利	0.042	0.013	0.041	3.133	0.002	0.016	0.068
	权利不重要	0.141	0.012	0.164	12.182	0.000	0.118	0.163
	权利有效保障	-0.060	0.016	-0.052	-3.768	0.000	-0.092	-0.029
	保障尚需改进	-0.038	0.018	-0.029	-2.068	0.039	-0.073	-0.002
	中国人权改善	0.017	0.017	0.014	1.033	0.302	-0.016	0.051
	侵权未受制裁	0.076	0.013	0.079	6.006	0.000	0.051	0.101
	不应指责中国	0.006	0.015	0.005	0.398	0.691	-0.023	0.035

a. 因变量：颠覆危险

　　从"权利认知"的角度对"颠覆危险"得分上升作进一步的解释，可以看出在"权利重要性认知"层面，2016 年问卷调查呈现的"权利不重要"得分大幅度下降，可能带动了"颠覆危险"得分下降

（"权利不重要"对"颠覆危险"具有正向的预测作用，在两者都是反向计分的状态下，实际影响应是正向的），显示民众对权利与个人关系的忽视程度大幅度提高，应是导致颠覆危险压力强化的一个重要原因。2016年问卷调查呈现的"权利重要性"得分下降，可能带动了"颠覆危险"得分上升（"权利重要性"对"颠覆危险"具有正向的预测作用，但后者是反向计分，实际影响应是反向的），表明权利规定重要性认知水平下降，会弱化颠覆危险的压力。在"权利保障评价"层面，2016年问卷调查呈现的"侵权未受制裁"得分的大幅度下降，也可能带动了"颠覆危险"得分下降（"侵权未受制裁"对"颠覆危险"具有正向的预测作用，在两者都是反向计分的状态下，实际影响应是正向的），显示出对侵权行为的纵容，亦会增强颠覆危险的压力。

（三）金融危机影响

"金融危机影响"也是测量国际性危机压力的一个重要指标，其得分由2012年的3.26分上升到2016年的3.31分，上升了0.05分，显示的是民众对来自国际性的金融危机的压力有所增强。

以回归分析方法检验2016年问卷调查涉及的六种认同得分与"金融危机影响"得分之间的关系（见表8-41-1、表8-41-2和表8-41-3），显示总体性的预测作用显著，$F_{(6, 6532)}$ = 17.693，$p < 0.001$，$R^2 = 0.016$。在用来检验的6个预测变量中，有4个变量对"金融危机影响"具有显著的预测作用（"体制认同"和"文化认同"的预测作用不显著），预测作用较强的三种认同是"政策认同"（$\beta = -0.076$）、"发展认同"（$\beta = -0.055$）和"政党认同"（$\beta = 0.048$）。由于政策认同和发展认同对"金融危机影响"具有的都是反向的预测作用，2016年问卷调查显示的"政策认同"和"发展认同"得分下降，可能带动了"金融危机影响"得分上升，起的是增强金融危机压力的作用；政党认同对"金融危机影响"具有正向预测作用，"政党认同"得分下降，可能带动了"金融危机影响"得分下降，起的应是减弱金融危机压力的作用。

表 8－41－1　六种认同对"金融危机影响"的回归分析（一）

模 型 汇 总

模型	R	R 方	调整 R 方	标准估计的误差	更改统计量				
					R 方更改	F 更改	df1	df2	sig. F 更改
1	0.126[a]	0.016	0.015	1.00404	0.016	17.693	6	6532	0.000

a. 测量变量：（常量），体制认同，政党认同，身份认同，文化认同，政策认同，发展认同

表 8－41－2　六种认同对"金融危机影响"的回归分析（二）

Anova[b]

模型		平方和	df	均方	F	Sig.
1	回归	107.017	6	17.836	17.693	0.000[a]
	残差	6584.933	6532	1.008		
	总计	6691.950	6538			

a. 预测变量：（常量），体制认同，政党认同，身份认同，文化认同，政策认同，发展认同
b. 因变量：金融危机影响

表 8－41－3　六种认同对"金融危机影响"的回归分析（三）

系数[a]

模型	非标准化系数		标准系数	t	Sig.	B 的 95% 置信区间	
	B	标准误差	β			下限	上限
（常量）	4.087	0.122		33.554	0.000	3.848	4.326
体制认同	-0.032	0.027	-0.016	-1.177	0.239	-0.086	0.021
政党认同	0.084	0.024	0.048	3.431	0.001	0.036	0.132
1 身份认同	-0.072	0.023	-0.046	-3.133	0.002	-0.117	-0.027
文化认同	0.020	0.025	0.011	0.800	0.424	-0.029	0.069
政策认同	-0.122	0.022	-0.076	-5.456	0.000	-0.166	-0.078
发展认同	-0.086	0.023	-0.055	-3.719	0.000	-0.132	-0.041

a. 因变量：金融危机影响

对预测作用较强的三种认同下的 10 个子项作进一步的回归检验（见表 8 - 41 - 4、表 8 - 41 - 5 和表 8 - 41 - 6），显示总体性的预测作用显著，$F(10, 6541) = 39.264$，$p < 0.001$，$R^2 = 0.057$。在用来检验的 10 个预测变量中，有 5 个变量对"金融危机影响"具有显著的预测作用（"政策适用性""政策能够有效推行""发展方向""共产党领导重要性"和"对多党竞争的态度"的预测作用不显著），预测作用较强的四个子项是"政策失误"（$\beta = 0.175$）、"发展与个人关系"（$\beta = 0.076$）、"政党制度重要性"（$\beta = 0.055$）和"中国发展道路"（$\beta = 0.045$）。

表 8 - 41 - 4　三种认同各子项对"金融危机影响"的回归分析（一）

模　型　汇　总

模型	R	R 方	调整 R 方	标准估计的误差	更改统计量				
					R 方更改	F 更改	$df1$	$df2$	$sig. F$ 更改
1	0.238[a]	0.057	0.055	0.98370	0.057	39.264	10	6541	0.000

a. 测量变量：（常量），政策适用性，政策失误，政策能够有效推行，发展方向，发展与个人关系，渐进式改革，中国发展道路，共产党领导重要性，政党制度重要性，对多党竞争的态度

表 8 - 41 - 5　　三种认同各子项对"金融危机影响"的回归分析（二）

Anova[b]

模型		平方和	df	均方	F	Sig.
1	回归	379.941	10	37.994	39.264	0.000[a]
	残差	6329.439	6541	0.968		
	总计	6709.379	6551			

a. 预测变量：（常量），政策适用性，政策失误，政策能够有效推行，发展方向，发展与个人关系，渐进式改革，中国发展道路，共产党领导重要性，政党制度重要性，对多党竞争的态度
b. 因变量：金融危机影响

表 8 - 41 - 6　　　三种认同各子项对"金融危机影响"的回归分析（三）

系数[a]

模型	非标准化系数		标准系数	t	Sig.	B 的 95% 置信区间	
	B	标准误差	β			下限	上限
（常量）	1.988	0.108		18.363	0.000	1.776	2.201
政策适用性	-0.025	0.018	-0.019	-1.400	0.161	-0.060	0.010
政策失误	0.160	0.012	0.175	13.553	0.000	0.137	0.183
政策能够有效推行	0.019	0.014	0.019	1.403	0.161	-0.008	0.046
发展方向	0.032	0.016	0.027	1.949	0.051	0.000	0.063
发展与个人关系	0.060	0.011	0.076	5.510	0.000	0.039	0.081
渐进式改革	0.025	0.011	0.030	2.300	0.021	0.004	0.045
中国发展道路	0.049	0.015	0.045	3.349	0.001	0.020	0.078
共产党领导重要性	0.016	0.017	0.013	0.942	0.346	-0.018	0.050
政党制度重要性	0.053	0.013	0.055	4.148	0.000	0.028	0.079
对多党竞争的态度	0.013	0.011	0.015	1.162	0.245	-0.009	0.035

a. 因变量：金融危机影响

　　通过进一步的回归分析，可以看出在政策认同层面，"政策失误"对"金融危机影响"尤为重要。2016 年问卷调查呈现的"政策失误"得分的较大幅度下降，可能带动了"金融危机影响"得分上升（"政策失误"对"金融危机影响"具有正向的预测作用，但前者是反向计分，实际影响应是反向的），显示民众对重大政策失误的担忧增强，起的是增强金融危机压力的作用。在发展认同层面，"发展与个人关系"和"中国发展道路"对"金融危机影响"最为重要。2016 年问卷调查呈现的"发展与个人关系"得分的大幅度下降，可能带动了"金融危机影响"得分上升（"发展与个人关系"对"金融危机影响"具有正向的预测作用，但前者是反向计分，实际影响应是反向的），显示民众对国家发展与个人之间的紧密关系认识程度下降，起的也是增强作用。2016 年问卷调查呈现的"中国发展道路"得分的较大幅度上升，可能带动了"金融危机影响"得分上升（"中国发展道路"对"金融危机影响"具有正向的预测作用），表明对中国发展道路认可程度越高，金融危机的压力会越强。在政党认同层面，"政党制度重要性"对"金融危机影响"尤为重要。2016 年问卷调查呈现的"政党制度重要性"得分下降，可能带动了"金融危机影响"得分下降（"政党制度重要性"对"金融危机影响"具有正向的预测作用），显示对中国政党制度认可程度的降低，会弱化金融危机的压力。

以回归分析方法检验 2016 年问卷调查涉及的五种影响因素得分与"金融危机影响"得分之间的关系（见表 8 - 42 - 1、表 8 - 42 - 2 和表 8 - 42 - 3），显示总体性的预测作用显著，F（5，6518）= 34.803，$p < 0.001$，$R^2 = 0.026$。在用来检验的 5 个预测变量中，有 2 个变量对"金融危机影响"具有显著的预测作用（"利益认知""政治沟通认知"和"政治参与行为"的预测作用不显著），预测作用最强的影响因素是"权利认知"（$\beta = -0.117$）。由于"权利认知"对"金融危机影响"具有反向的预测作用，2016 年问卷调查显示的权利认知总体水平的下降，应是金融危机压力增强的一个重要原因。

表 8 - 42 - 1 五种影响因素对"金融危机影响"的回归分析（一）

模型 汇 总									
模型	R	R 方	调整 R 方	标准估计的误差	更改统计量				
					R 方更改	F 更改	$df1$	$df2$	$sig. F$ 更改
1	0.161[a]	0.026	0.025	0.99803	0.026	34.803	5	6518	0.000

a. 测量变量：（常量），权利认知，利益认知，政治沟通认知，政治参与行为，公民满意度

表 8 - 42 - 2　　五种影响因素对"金融危机影响"的回归分析（二）

Anova[b]

模型		平方和	df	均方	F	Sig.
1	回归	173.331	5	34.666	34.803	0.000[a]
	残差	6492.386	6518	0.996		
	总计	6665.717	6523			

a. 预测变量：（常量），权利认知，利益认知，政治沟通认知，政治参与行为，公民满意度
b. 因变量：金融危机影响

表 8 - 42 - 3　　　五种影响因素对"金融危机影响"的回归分析（三）

系数[a]

模型		非标准化系数		标准系数	t	Sig.	B 的 95% 置信区间	
		B	标准误差	β			下限	上限
1	（常量）	4.938	0.168		29.474	0.000	4.609	5.266
	权利认知	-0.145	0.018	-0.117	-7.949	0.000	-0.181	-0.109
	利益认知	-0.028	0.020	-0.018	-1.443	0.149	-0.066	0.010
	政治沟通认知	0.009	0.020	0.007	0.451	0.652	-0.030	0.048
	政治参与行为	-0.002	0.017	-0.001	-0.105	0.916	-0.034	0.031
	公民满意度	-0.085	0.017	-0.075	-5.128	0.000	-0.117	-0.052

a. 因变量：金融危机影响

　　对"权利认知"下的 10 个子项作进一步的回归检验（见表 8 - 42 - 4、表 8 - 42 - 5 和表 8 - 42 - 6），显示总体性的预测作用显著，$F(10, 6554) = 32.277$，$p < 0.001$，$R^2 = 0.047$。在用来检验的 10 个预测变量中，有 4 个变量对"金融危机影响"具有显著的预测作用（"权利意识""权利重要性""扩大公民权""保障尚需改进""中国人权改善"和"不应指责中国"的预测作用不显著），预测作用较强的三个子项是"权利不重要"（$\beta = 0.126$）、"侵权未受制裁"（$\beta = 0.087$）和"不了解权利"（$\beta = 0.076$）。

表8－42－4 "权利认知"各子项对"金融危机影响"的回归分析（一）

模 型 汇 总

模型	R	R方	调整 R方	标准估计的误差	更改统计量				
					R方更改	F更改	df1	df2	sig. F更改
1	0.217[a]	0.047	0.045	0.98902	0.047	32.277	10	6554	0.000

a. 测量变量：（常量），权利意识，权利重要性，扩大公民权，不了解权利，权利不重要，权利有效保障，保障尚需改进，中国人权改善，侵权未受制裁，不应指责中国

表8－42－5 "权利认知"各子项对"金融危机影响"的回归分析（二）

Anova[b]

模型		平方和	df	均方	F	Sig.
	回归	315.716	10	31.572	32.277	0.000[a]
1	残差	6410.818	6554	0.978		
	总计	6726.535	6564			

a. 预测变量：（常量），权利意识，权利重要性，扩大公民权，不了解权利，权利不重要，权利有效保障，保障尚需改进，中国人权改善，侵权未受制裁，不应指责中国
b. 因变量：金融危机影响

表8－42－6 "权利认知"各子项对"金融危机影响"的回归分析（三）

系数[a]

模型		非标准化系数		标准系数	t	Sig.	B的95%置信区间	
		B	标准误差	β			下限	上限
1	（常量）	2.510	0.102		24.718	0.000	2.311	2.709
	权利意识	-0.027	0.015	-0.025	-1.729	0.084	-0.057	0.004
	权利重要性	0.027	0.018	0.023	1.523	0.128	-0.008	0.061
	扩大公民权	0.016	0.016	0.014	0.978	0.328	-0.016	0.047
	不了解权利	0.071	0.012	0.076	5.785	0.000	0.047	0.096
	权利不重要	0.100	0.011	0.126	9.327	0.000	0.079	0.121
	权利有效保障	-0.032	0.015	-0.030	-2.174	0.030	-0.061	-0.003

续表

模型		非标准化系数		标准系数	t	$Sig.$	B 的 95% 置信区间	
		B	标准误差	β			下限	上限
1	保障尚需改进	0.012	0.017	0.010	0.734	0.463	-0.021	0.045
	中国人权改善	0.020	0.016	0.018	1.272	0.203	-0.011	0.051
	侵权未受制裁	0.077	0.012	0.087	6.574	0.000	0.054	0.101
	不应指责中国	-0.023	0.014	-0.022	-1.691	0.091	-0.050	0.004

系数[a]

a. 因变量：金融危机影响

　　从"权利认知"的角度对"金融危机影响"得分上升作进一步的解释，可以看出在"权利重要性认知"层面，2016年问卷调查呈现的"权利不重要"得分大幅度下降，可能带动了"金融危机影响"得分上升（"权利不重要"对"金融危机影响"具有正向的预测作用，但前者是反向计分，实际影响应是反向的），显示民众对权利与个人关系的忽视程度大幅度提高，起的是增强金融危机压力的作用。2016年问卷调查呈现的"不了解权利"得分大幅度下降，也可能带动了"金融危机影响"得分上升（"不了解权利"对"金融危机影响"具有正向的预测作用，但前者是反向计分，实际影响应是反向的），表明越对公民权利不了解，金融危机压力感会越强。在"权利保障评价"层面，2016年问卷调查呈现的"侵权未受制裁"得分的大幅度下降，亦可能带动了"金融危机影响"得分上升（"侵权未受制裁"对"金融危机影响"具有正向的预测作用，但前者是反向计分，实际影响应是正向的），显示对侵权行为的纵容，亦会增强金融危机的压力。

　　通过回归分析可以看出，战争危机、颠覆危险和金融危机作为三种国际性危机压力，都会受到来自"发展认同"的影响，并且主要是受"发展与个人关系"的影响，只是金融危机还要受到"中国发展道路"的影响。战争危机和金融危机都会受到"政策认同"的影响，并且主要是受"政策失误"的影响。战争危机和颠覆危险都会受到"身份认同"的危险，并且主要是受"公民身份认知"和"中国人自豪感"的影响。有重要区别的是，颠覆危险偏重于"体制认同"的影响（尤其是"政改急迫性"的影响），金融危机偏重于"政党认同"的影响（尤其是"政党制度重要性"的影响）。三种国际性危机压力都会受到来自"权利认知"的影响，并且主要受到"权利不重要"和"侵权未受制裁"的影响，但是有所不同的是，战争危机还偏重于"权利有效保障"的影响，颠覆危险偏重于"权利重要性"的影响，金融危机则偏重于"不了解权利"的影响。只有注意到这些相同点和不同点，才能对国际性危机压力有更全面的了解。

（四）危机压力局部变化的原因解释

通过以上的回归检验，可以对造成危机压力局部变化的主要原因作一个简单的小结。

第一，政治危机压力的增强，主要受发展认同水平下降和权利认知水平下降的影响，最重要的原因是民众对国家发展与个人之间的紧密关系认识水平下降以及公民对权利与个人关系的忽视。

第二，经济危机压力的增强，主要受政策认同水平下降和权利认知水平下降的影响，最重要的原因是民众对重大政策失误的担忧有所增强并担心政府会更纵容侵权行为。

第三，文化危机压力的增强，主要受发展认同水平下降和权利认知水平下降的影响，最重要的原因是民众对重大政策失误的担忧有所增强以及公民对权利与个人关系的忽视。

第四，生态危机压力的增强，主要受政策认同水平下降和公民满意度水平下降的影响，最重要的原因是民众对重大政策失误的担忧有所增强以及对公共服务形式大于内容的抱怨。民众对"生态危机可能性"的判断有所增强，对"环境恶化影响生活"的担心有所增强，也都出于同样的原因。

第五，民众对"政治危机可能性""经济危机可能性""社会危机可能性""战争危机可能性"的判断有所增强，最重要的原因都是民众对重大政策失误的担忧有所增强以及公民对权利与个人关系的忽视。民众的"极端民族主义"情绪增强,对"社会冲突影响生活"和"国际金融危机影响"的担心增强,也都出于同样的原因。

第六,民众对"文化危机可能性"的判断有所增强,最重要的原因是对重大政策失误的担忧有所增强并强调公共服务对自己的帮助不大。

第七,民众对"民族冲突可能性"的判断有所增强,最重要的原因是对国家发展与个人之间的紧密关系认识程度下降以及公民对权利与个人关系的忽视。

第八,民众的"颠覆危险"压力增强,最重要的原因是"公民身份认知"水平下降以及公民对权利与个人关系的忽视。

第九,民众对"腐败带来危机"认可程度的降低,最重要的原因是"中国人自豪感"弱化以及对政府改善权利保障的要求弱化。

第十,民众的"国家经济发展信心"减弱,最重要的原因是"中国人自豪感"弱化并担心政府会更纵容侵权行为。

第十一,民众的"个人经济发展信心"减弱,最重要的原因是"国民身份认知"水平降低以及对生活水平的满意度下降。

第十二,民众对"价值观教化"作用认可程度的提高,最重要的原因是对社会主义核心价值观认可程度的提高以及对权利保障有了更高的正面评价。

第十三,民众的"社会建设信心"增强,最重要的原因是对"政策适用性"认可程度的提高以及对权利保障有了更高的正面评价。

第九章　政治文化指数的构成与变化

依据 2012 年和 2016 年两次问卷调查的数据，可以对政治文化指数的构成和变化情况作综合性的说明，并指出在不同公民群体中，确实存在一定的指数差异。了解了这样的指数差异，可以更全面地认识当前中国政治文化的基本形态。

一　两次问卷调查的政治文化指数比较

如本书第一章所言，在政治文化指数之下，有两个重要的二级指标，一个是政治认同指数，另一个是危机压力指数。

按照 5 分分值计算的政治认同总分，即政治认同指数。2012 年问卷调查显示，政治认同指数的得分在 1.64—4.78 分，均值为 3.67，标准差为 0.40。2016 年问卷调查显示，政治认同指数的得分在 1.83—4.90 分，均值为 3.63，标准差为 0.39（见表 9-1 和图 9-1）。2016 年与 2012 年相比，政治认同指数略有下降。

按照 5 分分值反向计分的危机压力总分，即危机压力指数。2012 年问卷调查显示，危机压力指数的得分在 1.50—4.78 分，均值为 3.24，标准差为 0.44。2016 年问卷调查显示，危机压力指数的得分在 1.81—4.78 分，均值为 3.16，标准差为 0.41（见表 9-2 和图 9-2）。2016 年与 2012 年相比，危机压力指数有所下降。

表 9 - 1   两次问卷调查的政治认同指数比较

项目	N	极小值	极大值	均值	标准差
2012 年政治认同指数	6109	1.64	4.78	3.6733	0.39836
2016 年政治认同指数	6544	1.83	4.90	3.6302	0.38810

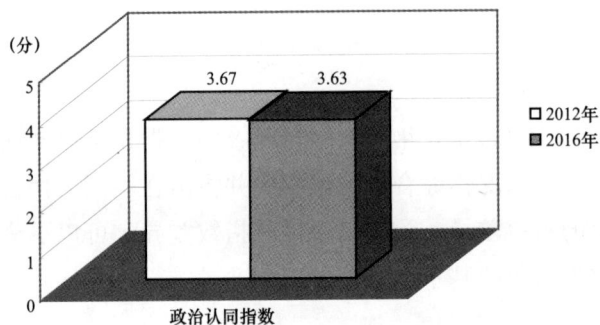

图 9 - 1   两次问卷调查的政治认同指数比较

表 9 - 2   两次问卷调查的危机压力指数比较

项目	N	极小值	极大值	均值	标准差
2012 年危机压力指数	6116	1.50	4.78	3.2405	0.44451
2016 年危机压力指数	6518	1.81	4.78	3.1561	0.41464

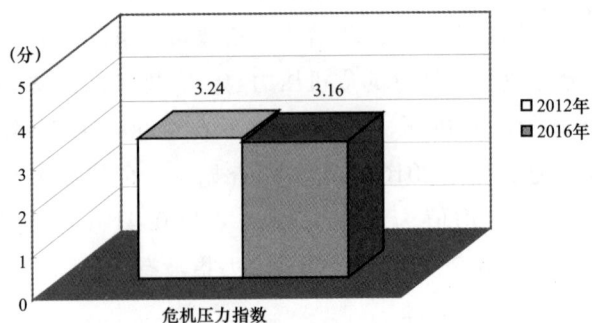

图 9 - 2   两次问卷调查的危机压力指数比较

　　政治文化指数即政治认同指数与危机压力指数的综合得分。2012 年问卷调查显示，政治文化指数的得分在 1.81—4.63 分，均值为 3.46，标准差为 0.36。2016 年问卷调查显示，政治文化指数的得分在 2.22—4.69 分，均值为 3.39，标准差为 0.35（见表 9－3－1 和图 9－3）。2016 年与 2012 年相比，政治文化指数也有所下降。

表 9－3－1　　　　　两次问卷调查的政治文化指数比较

项目	N	极小值	极大值	均值	标准差
2012 年政治文化指数	6071	1.81	4.63	3.4577	0.36463
2016 年政治文化指数	6482	2.22	4.69	3.3942	0.35312

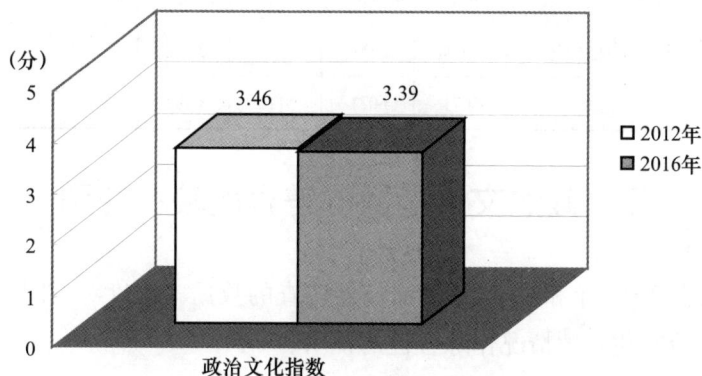

图 9－3　两次问卷调查的政治文化指数比较

　　对两次问卷调查所反映的政治认同指数、危机压力指数、政治文化指数之间的相关性进行检验，可以看出各种指数两两之间都具有显著的正向相关关系，表明各指数的得分高低，都会带来其他指数的得分变化（见表 9－3－2）。

表 9 - 3 - 2　　　　　　　　　　　**各种指数之间的相关**

指标	项目	2012 年问卷调查			2016 年问卷调查		
		政治文化指数	政治认同指数	危机压力指数	政治文化指数	政治认同指数	危机压力指数
政治文化指数	Pearson 相关性	1	0.849 **	0.881 **	1	0.871 **	0.888 **
	显著性（双侧）		0.000	0.000		0.000	0.000
	N	6071	6071	6071	6482	6482	6482
政治认同指数	Pearson 相关性	0.849 **	1	0.498 **	0.871 **	1	0.546 **
	显著性（双侧）	0.000		0.000	0.000		0.000
	N	6071	6109	6071	6482	6544	6482
危机压力指数	Pearson 相关性	0.881 **	0.498 **	1	0.888 **	0.546 **	1
	显著性（双侧）	0.000	0.000		0.000	0.000	
	N	6071	6071	6116	6482	6482	6518

二　政治文化指数的差异比较：性别

根据 2012 年和 2016 年两次问卷调查的数据，可以对不同性别被试的政治文化指数情况作综合性的说明。

（一）不同性别被试的政治认同指数比较

2012 年问卷调查结果显示，男性被试政治认同指数的得分在 1.64—4.78 分，均值为 3.70，标准差为 0.41；女性被试政治认同指数的得分在 2.18—4.78 分，均值为 3.65，标准差为 0.39。

2016 年问卷调查结果显示，男性被试政治认同指数的得分在 1.83—4.90 分，均值为 3.64，标准差为 0.40；女性被试政治认同指数的得分在 2.33—4.89 分，均值为 3.62，标准差为 0.38。

对不同性别被试政治认同指数的差异性进行方差分析（见表 9 - 4 - 1、表 9 - 4 - 2 和图 9 - 4），2012 年问卷调查显示不同性别被试的政治认同指数之间差异显著，$F = 20.202$，$p < 0.001$，男性被试（$M = 3.70$，$SD = 0.41$）的得分显著高于女性被试（$M = 3.65$，$SD = 0.39$）；2016 年问卷调查也显示不同性别被试的政治认同指数之间差异显著，$F = 4.763$，$p < 0.05$，男性被试（$M = 3.64$，$SD = 0.40$）的得分显著高于女性被试（$M = 3.62$，$SD = 0.38$）。

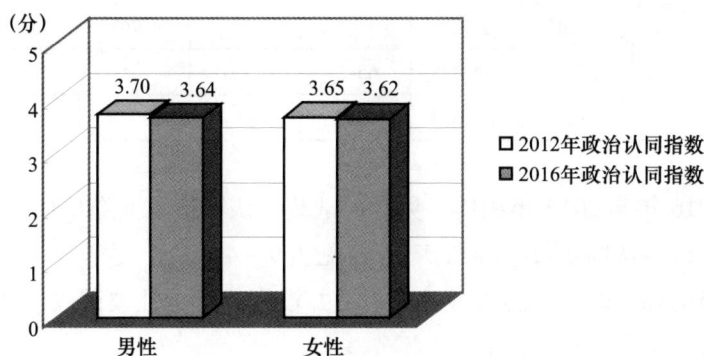

图 9 - 4　不同性别被试的政治认同指数比较

表 9 - 4 - 1　　　　　不同性别被试政治认同指数的差异比较

2012 年问卷调查		N	均值	标准差	标准误	95% 置信区间		极小值	极大值
						下限	上限		
政治认同指数	男性	3046	3.6963	0.40890	0.00741	3.6817	3.7108	1.64	4.78
	女性	3063	3.6505	0.38630	0.00698	3.6368	3.6642	2.18	4.78
	总数	6109	3.6733	0.39836	0.00510	3.6633	3.6833	1.64	4.78
2016 年问卷调查		N	均值	标准差	标准误	95% 置信区间		极小值	极大值
						下限	上限		
政治认同指数	男性	3276	3.6406	0.39878	0.00697	3.6269	3.6543	1.83	4.90
	女性	3268	3.6197	0.37685	0.00659	3.6067	3.6326	2.33	4.89
	总数	6544	3.6302	0.38810	0.00480	3.6208	3.6396	1.83	4.90

中国政治文化研究——政治文化指数的变化

表9-4-2   不同性别被试政治认同指数的方差分析结果

2012年问卷调查		平方和	df	均方	F	显著性
政治认同指数	组间	3.196	1	3.196	20.202	0.000
	组内	966.067	6107	0.158		
	总数	969.263	6108			
2016年问卷调查		平方和	df	均方	F	显著性
政治认同指数	组间	0.717	1	0.717	4.763	0.029
	组内	984.798	6542	0.151		
	总数	985.515	6543			

2016年与2012年相比，男性被试政治认同指数下降0.06分，女性被试政治认同指数下降0.03分（见表9-4-3）。尽管女性被试得分下降的幅度略小于男性被试，但是并没有改变男性被试政治认同指数显著高于女性被试的状态。

表9-4-3   不同性别被试政治认同指数的变化

项目	2012年问卷调查	2016年问卷调查	2016年比2012年增减
男性	3.70	3.64	-0.06
女性	3.65	3.62	-0.03

（二）不同性别被试的危机压力指数比较

2012年问卷调查结果显示，男性被试危机压力指数的得分在1.50—4.78分，均值为3.25，标准差为0.46；女性被试危机压力指数的得分在1.88—4.72分，均值为3.23，标准差为0.43。

2016年问卷调查结果显示，男性被试危机压力指数的得分在1.81—4.78分，均值为3.17，标准差为0.43；女性被试危机压力指数的得分在1.86—4.72分，均值为3.15，标准差为0.40。

对不同性别被试危机压力指数的差异性进行方差分析（见表9-5-1、表9-5-2和图9-5），2012年问卷调查显示不同性别被试的危机压力指数之间差异显著，$F = 5.023$，$p < 0.05$，男性被

·512·

试（$M = 3.25$，$SD = 0.46$）的得分显著高于女性被试（$M = 3.23$，$SD = 0.43$）；2016 年问卷调查也显示不同性别被试的危机压力指数之间差异显著，$F = 4.513$，$p < 0.05$，男性被试（$M = 3.17$，$SD = 0.43$）的得分显著高于女性被试（$M = 3.15$，$SD = 0.40$）。

表 9 – 5 – 1　　　　不同性别被试危机压力指数的差异比较

2012 年问卷调查		N	均值	标准差	标准误	95% 置信区间		极小值	极大值
						下限	上限		
危机压力指数	男性	3052	3.2533	0.46273	0.00838	3.2369	3.2697	1.50	4.78
	女性	3064	3.2278	0.42529	0.00768	3.2127	3.2429	1.88	4.72
	总数	6116	3.2405	0.44451	0.00568	3.2294	3.2517	1.50	4.78
2016 年问卷调查		N	均值	标准差	标准误	95% 置信区间		极小值	极大值
						下限	上限		
危机压力指数	男性	3270	3.1670	0.42506	0.00743	3.1524	3.1815	1.81	4.78
	女性	3248	3.1451	0.40365	0.00708	3.1313	3.1590	1.86	4.72
	总数	6518	3.1561	0.41464	0.00514	3.1460	3.1662	1.81	4.78

表 9 – 5 – 2　　　　不同性别被试危机压力指数的方差分析结果

2012 年问卷调查		平方和	df	均方	F	显著性
危机压力指数	组间	0.992	1	0.992	5.023	0.025
	组内	1207.280	6114	0.197		
	总数	1208.272	6115			
2016 年问卷调查		平方和	df	均方	F	显著性
危机压力指数	组间	0.775	1	0.775	4.513	0.034
	组内	1119.678	6516	0.172		
	总数	1120.453	6517			

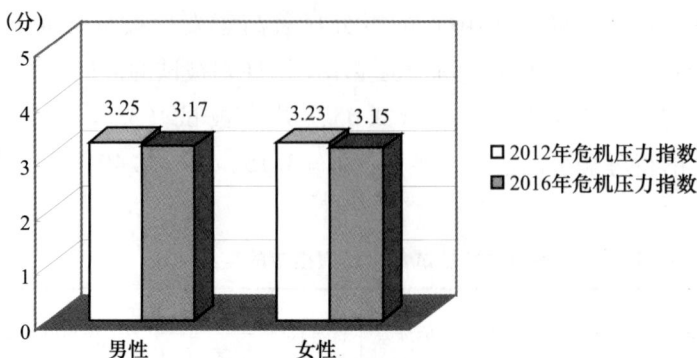

图 9 - 5　不同性别被试的危机压力指数比较

2016 年与 2012 年相比，男性被试和女性被试的危机压力指数都下降了 0.08 分（见表 9 - 5 - 3），并且保持了男性被试危机压力指数显著高于女性被试的状态。

表 9 - 5 - 3　　　　　不同性别被试危机压力指数的变化

项目	2012 年问卷调查	2016 年问卷调查	2016 年比 2012 年增减
男性	3.25	3.17	- 0.08
女性	3.23	3.15	- 0.08

（三）不同性别被试的政治文化指数比较

2012 年问卷调查结果显示，男性被试政治文化指数的得分在 1.81—4.63 分，均值为 3.48，标准差为 0.38；女性被试政治文化指数的得分在 2.22—4.60 分，均值为 3.44，标准差为 0.35。

2016 年问卷调查结果显示，男性被试政治文化指数的得分在 2.22—4.67 分，均值为 3.41，标准差为 0.36；女性被试政治文化指数的得分在 2.54—4.69 分，均值为 3.38，标准差为 0.34。

对不同性别被试政治文化指数的差异性进行方差分析（见表 9 - 6 - 1、表 9 - 6 - 2 和图 9 - 6），2012 年问卷调查显示不同性别被试的政治文化指数之间差异显著，$F = 14.352$，$p < 0.001$，男性被试

（$M=3.48, SD=0.38$）的得分显著高于女性被试（$M=3.44$，$SD=0.35$）；2016年问卷调查也显示不同性别被试的政治文化指数之间差异显著，$F=5.883$，$p<0.05$，男性被试（$M=3.40$，$SD=0.36$）的得分显著高于女性被试（$M=3.38$，$SD=0.34$）。

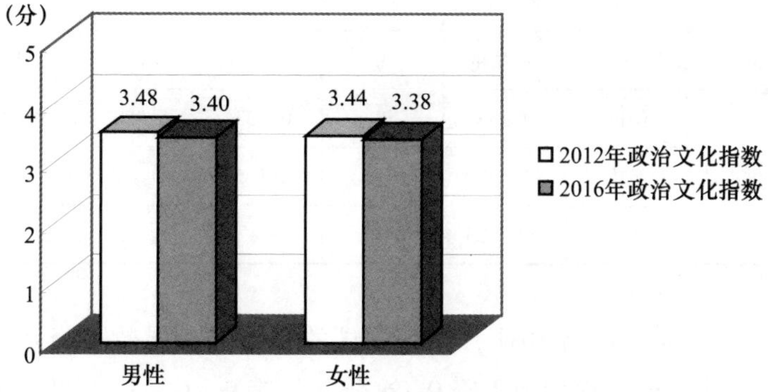

图9-6 不同性别被试的政治文化指数比较

表9-6-1 不同性别被试政治文化指数的差异比较

2012 年问卷调查		N	均值	标准差	标准误	95% 置信区间		极小值	极大值
						下限	上限		
政治文化指数	男性	3030	3.4755	0.38102	0.00692	3.4619	3.4891	1.81	4.63
	女性	3041	3.4401	0.34669	0.00629	3.4277	3.4524	2.22	4.60
	总数	6071	3.4577	0.36463	0.00468	3.4486	3.4669	1.81	4.63

2016 年问卷调查		N	均值	标准差	标准误	95% 置信区间		极小值	极大值
						下限	上限		
政治文化指数	男性	3250	3.4048	0.36361	0.00638	3.3923	3.4173	2.22	4.67
	女性	3232	3.3836	0.34197	0.00602	3.3718	3.3954	2.54	4.69
	总数	6482	3.3942	0.35312	0.00439	3.3856	3.4028	2.22	4.69

表 9 - 6 - 2   不同性别被试政治文化指数的方差分析结果

2012 年问卷调查		平方和	df	均方	F	显著性
	组间	1.904	1	1.904	14.352	0.000
政治文化指数	组内	805.131	6069	0.133		
	总数	807.035	6070			
2016 年问卷调查		平方和	df	均方	F	显著性
	组间	0.733	1	0.733	5.883	0.015
政治文化指数	组内	807.390	6480	0.125		
	总数	808.123	6481			

2016 年与 2012 年相比，男性被试的政治文化指数下降 0.08 分，女性被试的政治文化指数下降 0.06 分（见表 9 - 6 - 3）。尽管女性被试得分下降的幅度略小于男性被试，但是并没有改变男性被试政治文化指数显著高于女性被试的状态。

表 9 - 6 - 3   不同性别被试政治文化指数的变化

项目	2012 年问卷调查	2016 年问卷调查	2016 年比 2012 年增减
男性	3.48	3.40	- 0.08
女性	3.44	3.38	- 0.06

从两次问卷调查的结果可以看出，性别的不同可以带来政治文化指数方面的差异，无论是政治认同指数和危机压力指数，还是综合性的政治文化指数，都表现出了男性公民显著高于女性公民的特征。

三 政治文化指数的差异比较：民族

根据 2012 年和 2016 年两次问卷调查的数据，可以对汉族与少数民族被试的政治文化指数情况作综合性的说明。

（一）汉族与少数民族被试的政治认同指数比较

2012 年问卷调查结果显示，汉族被试政治认同指数的得分在 1.64—4.78 分，均值为 3.67，标准差为 0.40；少数民族被试政治认同指数的得分在 2.18—4.68 分，均值为 3.74，标准差为 0.42。

2016 年问卷调查结果显示，汉族被试政治认同指数的得分在 1.83—4.90 分，均值为 3.63，标准差为 0.39；少数民族被试政治认同指数的得分在 2.33—4.64 分，均值为 3.66，标准差为 0.40。

对汉族与少数民族被试政治认同指数的差异性进行方差分析（见表 9-7-1、表 9-7-2 和图 9-7），2012 年问卷调查显示汉族与少数民族被试的政治认同指数之间差异显著，$F = 14.003$，$p < 0.001$，汉族被试（$M = 3.67$，$SD = 0.40$）的得分显著低于少数民族被试（$M = 3.74$，$SD = 0.42$）。2016 年问卷调查也显示汉族与少数民族被试的政治认同指数之间差异显著，$F = 3.954$，$p < 0.05$，汉族被试（$M = 3.63$，$SD = 0.39$）的得分显著低于少数民族被试（$M = 3.66$，$SD = 0.40$）。

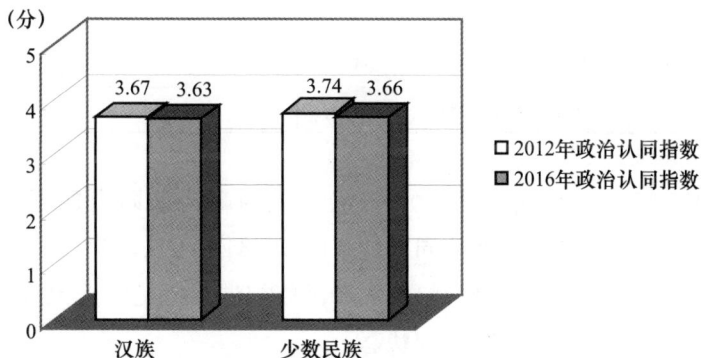

图 9-7 汉族与少数民族被试的政治认同指数比较

表 9 - 7 - 1　　汉族与少数民族被试政治认同指数的差异比较

2012 年问卷调查		N	均值	标准差	标准误	95% 置信区间		极小值	极大值
						下限	上限		
政治认同指数	汉族	5619	3.6678	0.39625	0.00529	3.6574	3.6781	1.64	4.78
	少数民族	487	3.7381	0.41774	0.01893	3.7009	3.7753	2.18	4.68
	总数	6106	3.6734	0.39843	0.00510	3.6634	3.6834	1.64	4.78

2016 年问卷调查		N	均值	标准差	标准误	95% 置信区间		极小值	极大值
						下限	上限		
政治认同指数	汉族	5931	3.6271	0.38655	0.00502	3.6172	3.6369	1.83	4.90
	少数民族	613	3.6598	0.40186	0.01623	3.6279	3.6917	2.33	4.64
	总数	6544	3.6302	0.38810	0.00480	3.6208	3.6396	1.83	4.90

表 9 - 7 - 2　汉族与少数民族被试政治认同指数的方差分析结果

2012 年问卷调查		平方和	df	均方	F	显著性
政治认同指数	组间	2.218	1	2.218	14.003	0.000
	组内	966.938	6104	0.158		
	总数	969.156	6105			

2016 年问卷调查		平方和	df	均方	F	显著性
政治认同指数	组间	0.595	1	0.595	3.954	0.047
	组内	984.919	6542	0.151		
	总数	985.515	6543			

　　2016 年与 2012 年与相比，汉族被试的政治认同指数下降 0.04 分，少数民族被试的政治认同指数下降 0.08 分（见表 9 - 7 - 3）。尽管少数民族被试得分下降的幅度大于汉族被试，但是依然保持了政治认同指数显著高于汉族被试的状态。

表 9 - 7 - 3　　　汉族与少数民族被试政治认同指数的变化

项目	2012 年问卷调查	2016 年问卷调查	2016 年比 2012 年增减
汉族	3.67	3.63	− 0.04
少数民族	3.74	3.66	− 0.08

（二）汉族与少数民族被试的危机压力指数比较

2012 年问卷调查结果显示，汉族被试危机压力指数的得分在 1.50—4.78 分，均值为 3.24，标准差为 0.44；少数民族被试危机压力指数的得分在 1.93—4.78 分，均值为 3.26，标准差为 0.45。

2016 年问卷调查结果显示，汉族被试危机压力指数的得分在 1.81—4.78 分，均值为 3.16，标准差为 0.42；少数民族被试危机压力指数的得分在 2.14—4.54 分，均值为 3.14，标准差为 0.37。

对危机压力指数的差异性进行方差分析（见表 9 - 8 - 1、表 9 - 8 - 2 和图 9 - 8），可以发现 2012 年和 2016 年两次问卷调查所显示的汉族与少数民族被试的危机压力指数之间的差异都没有达到显著水平。

表 9 - 8 - 1　　　汉族与少数民族被试危机压力指数的差异比较

2012 年问卷调查		N	均值	标准差	标准误	95% 置信区间		极小值	极大值
						下限	上限		
危机压力指数	汉族	5626	3.2392	0.44405	0.00592	3.2276	3.2508	1.50	4.78
	少数民族	487	3.2564	0.45064	0.02042	3.2163	3.2965	1.93	4.78
	总数	6113	3.2406	0.44456	0.00569	3.2294	3.2517	1.50	4.78

2016 年问卷调查		N	均值	标准差	标准误	95% 置信区间		极小值	极大值
						下限	上限		
危机压力指数	汉族	5905	3.1582	0.41872	0.00545	3.1475	3.1689	1.81	4.78
	少数民族	613	3.1358	0.37275	0.01506	3.1062	3.1653	2.14	4.54
	总数	6518	3.1561	0.41464	0.00514	3.1460	3.1662	1.81	4.78

表 9 - 8 - 2   汉族与少数民族被试危机压力指数的方差分析结果

2012 年问卷调查		平方和	df	均方	F	显著性
危机压力指数	组间	0.133	1	0.133	0.671	0.413
	组内	1207.818	6111	0.198		
	总数	1207.950	6112			
2016 年问卷调查		平方和	df	均方	F	显著性
危机压力指数	组间	0.279	1	0.279	1.626	0.202
	组内	1120.174	6516	0.172		
	总数	1120.453	6517			

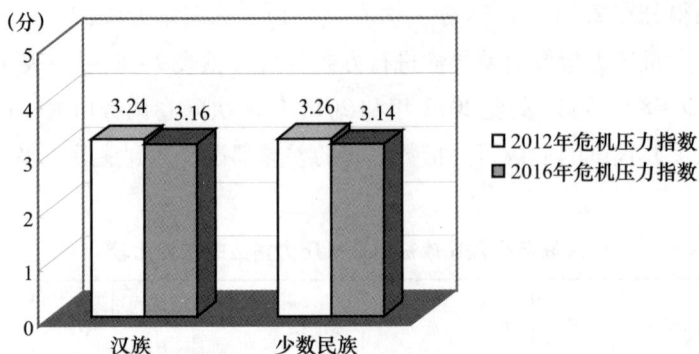

图 9 - 8   汉族与少数民族被试的危机压力指数比较

　　2016 年与 2012 年相比，汉族被试的危机压力指数下降 0.08 分，少数民族被试的危机压力指数下降 0.12 分（见表 9 - 8 - 3）。尽管两者之间的得分差异不显著，但还是要特别注意少数民族被试得分下降的幅度较大并且在危机压力指数上由高于汉族被试变成了低于汉族被试的现象。

表 9 - 8 - 3　　　汉族与少数民族被试危机压力指数的变化

项目	2012 年问卷调查	2016 年问卷调查	2016 年比 2012 年增减
汉族	3. 24	3. 16	－ 0. 08
少数民族	3. 26	3. 14	－ 0. 12

（三）汉族与少数民族被试的政治文化指数比较

2012 年问卷调查结果显示，汉族被试政治文化指数的得分在 1. 81—4. 60 分，均值为 3. 45，标准差为 0. 36；少数民族被试政治文化指数的得分在 2. 24—4. 63 分，均值为 3. 50，标准差为 0. 37。

2016 年问卷调查结果显示，汉族被试政治文化指数的得分在 2. 22—4. 69 分，均值为 3. 39，标准差为 0. 35；少数民族被试政治文化指数的得分在 2. 62—4. 42 分，均值为 3. 40，标准差为 0. 34。

对汉族与少数民族被试政治文化指数的差异性进行方差分析（见表 9 - 9 - 1、表 9 - 9 - 2 和图 9 - 9），2012 年问卷调查显示汉族与少数民族被试的政治文化指数之间差异显著，$F = 6. 359$，$p < 0. 05$，汉族被试（$M = 3. 45$，$SD = 0. 36$）的得分显著低于少数民族被试（$M = 3. 50$，$SD = 0. 37$）。2016 年问卷调查则显示汉族与少数民族被试政治文化指数之间差异不显著。

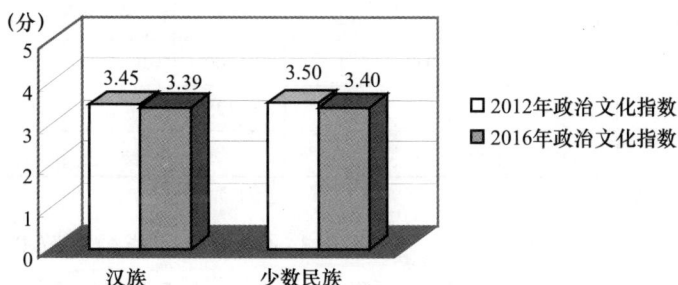

图 9 - 9　汉族与少数民族被试的政治文化指数比较

表 9 - 9 - 1 汉族与少数民族被试政治文化指数的差异比较

2012 年问卷调查		N	均值	标准差	标准误	95% 置信区间		极小值	极大值
						下限	上限		
政治文化指数	汉族	5585	3.4543	0.36398	0.00487	3.4448	3.4639	1.81	4.60
	少数民族	483	3.4979	0.37075	0.01687	3.4648	3.5311	2.24	4.63
	总数	6068	3.4578	0.36468	0.00468	3.4486	3.4670	1.81	4.63
2016 年问卷调查		N	均值	标准差	标准误	95% 置信区间		极小值	极大值
						下限	上限		
政治文化指数	汉族	5875	3.3938	0.35436	0.00462	3.3848	3.4029	2.22	4.69
	少数民族	607	3.3980	0.34114	0.01385	3.3708	3.4252	2.62	4.42
	总数	6482	3.3942	0.35312	0.00439	3.3856	3.4028	2.22	4.69

表 9 - 9 - 2 汉族与少数民族被试政治文化指数的方差分析结果

2012 年问卷调查		平方和	df	均方	F	显著性
政治文化指数	组间	0.845	1	0.845	6.359	0.012
	组内	806.026	6066	0.133		
	总数	806.871	6067			
2016 年问卷调查		平方和	df	均方	F	显著性
政治文化指数	组间	0.009	1	0.009	0.075	0.784
	组内	808.113	6480	0.125		
	总数	808.123	6481			

　　2016 年与 2012 年相比，汉族被试的政治文化指数下降 0.06 分，少数民族被试的政治文化指数下降 0.10 分（见表 9 - 9 - 3）。由于少数民族被试的得分下降幅度大于汉族被试，缩小了两者之间的得分差距，使得汉族与少数民族被试的政治文化指数差异由 2012 年的显著变成了 2016 年的不显著。

表9-9-3　　汉族与少数民族被试政治文化指数的变化

项目	2012 年问卷调查	2016 年问卷调查	2016 年比 2012 年增减
汉族	3.45	3.39	-0.06
少数民族	3.50	3.40	-0.10

从两次问卷调查的结果可以看出，民族的不同可以带来政治文化指数方面的差异，无论是政治认同指数和危机压力指数，还是综合性的政治文化指数，大都表现出了少数民族公民得分高于汉族公民的特征（只是 2016 年的危机压力指数少数民族被试略低于汉族被试）。但是需要注意的是，政治文化指数所显示的民族差异性呈现的是缩小而不是扩大的趋势。未来是否能够保持这样的趋势，还需要进一步的调查才能给出明确的答案。

四　政治文化指数的差异比较：年龄

根据 2012 年和 2016 年两次问卷调查的数据，可以对不同年龄被试的政治文化指数情况作综合性的说明。

（一）不同年龄被试的政治认同指数比较

2012 年问卷调查结果显示，青年被试（18—45 岁）政治认同指数的得分在 2.06—4.68 分，均值为 3.64，标准差为 0.40；中年被试（46—60 岁）政治认同指数的得分在 1.64—4.78 分，均值为 3.68，标准差为 0.39；老年被试（61 岁及以上）政治认同指数的得分在 2.11—4.78 分，均值为 3.77，标准差为 0.39。

2016 年问卷调查结果显示，青年被试政治认同指数的得分在 2.31—4.90 分，均值为 3.61，标准差为 0.39；中年被试政治认同指数的得分在 1.83—4.83 分，均值为 3.63，标准差为 0.39；老年被试政治认同指数的得分在 2.69—4.74 分，均值为 3.73，标准差为 0.37。

对不同年龄被试政治认同指数的差异性进行方差分析（见表

9-10-1、表9-10-2、表9-10-3 和图9-10），2012 年问卷调查显示不同年龄被试的政治认同指数之间差异显著，$F = 41.977$，$p < 0.001$，老年被试（$M = 3.77$，$SD = 0.39$）的得分显著高于中年被试（$M = 3.68$，$SD = 0.39$）和青年被试（$M = 3.64$，$SD = 0.40$），中年被试的得分显著高于青年被试。2016 年问卷调查也显示不同年龄被试的政治认同指数之间差异显著，$F = 26.400$，$p < 0.001$，老年被试（$M = 3.73$，$SD = 0.37$）的得分显著高于中年被试（$M = 3.63$，$SD = 0.39$）和青年被试（$M = 3.61$，$SD = 0.39$），中年被试与青年被试之间的得分差异不显著。

表9-10-1　　不同年龄被试政治认同指数的差异比较

2012 年问卷调查		N	均值	标准差	标准误	95% 置信区间		极小值	极大值
						下限	上限		
政治认同指数	青年	3214	3.6383	0.40056	0.00707	3.6244	3.6521	2.06	4.68
	中年	1896	3.6824	0.39194	0.00900	3.6648	3.7001	1.64	4.78
	老年	996	3.7686	0.38700	0.01226	3.7446	3.7927	2.11	4.78
	总数	6106	3.6733	0.39835	0.00510	3.6633	3.6833	1.64	4.78
2016 年问卷调查		N	均值	标准差	标准误	95% 置信区间		极小值	极大值
						下限	上限		
政治认同指数	青年	3700	3.6123	0.38652	0.00635	3.5999	3.6248	2.31	4.90
	中年	2201	3.6301	0.39232	0.00836	3.6138	3.6465	1.83	4.83
	老年	641	3.7325	0.36687	0.01449	3.7041	3.7610	2.69	4.74
	总数	6542	3.6301	0.38811	0.00480	3.6207	3.6395	1.83	4.90

2016 年与 2012 年相比，青年被试的政治认同指数下降 0.03 分，中年被试的政治认同指数下降 0.05 分，老年被试的政治认同指数下降 0.04 分（见表9-10-4）。正是由于中年被试得分下降的幅度大于青年被试，使得青年被试与中年被试的得分差异由显著变成了不显著。

表 9 - 10 - 2　　　不同年龄被试政治认同指数的方差分析结果

2012 年问卷调查		平方和	df	均方	F	显著性
政治认同指数	组间	13.146	2	6.573	41.977	0.000
	组内	955.631	6103	0.157		
	总数	968.777	6105			
2016 年问卷调查		平方和	df	均方	F	显著性
政治认同指数	组间	7.892	2	3.946	26.400	0.000
	组内	977.365	6539	0.149		
	总数	985.257	6541			

表 9 - 10 - 3　　　不同年龄被试政治认同指数的多重比较

2012 年问卷调查	(I) 年龄段	(J) 年龄段	均值差(I−J)	标准误	显著性	95% 置信区间 下限	上限
政治认同指数	青年	中年	− 0.04415 *	0.01146	0.000	− 0.0666	− 0.0217
		老年	− 0.13032 *	0.01435	0.000	− 0.1585	− 0.1022
	中年	青年	0.04415 *	0.01146	0.000	0.0217	0.0666
		老年	− 0.08618 *	0.01549	0.000	− 0.1165	− 0.0558
	老年	青年	0.13032 *	0.01435	0.000	0.1022	0.1585
		中年	0.08618 *	0.01549	0.000	0.0558	0.1165
2016 年问卷调查	(I) 年龄段	(J) 年龄段	均值差(I−J)	标准误	显著性	95% 置信区间 下限	上限
政治认同指数	青年	中年	− 0.01780	0.01041	0.087	− 0.0382	0.0026
		老年	− 0.12019 *	0.01654	0.000	− 0.1526	− 0.0878
	中年	青年	0.01780	0.01041	0.087	− 0.0026	0.0382
		老年	− 0.10239 *	0.01735	0.000	− 0.1364	− 0.0684
	老年	青年	0.12019 *	0.01654	0.000	0.0878	0.1526
		中年	0.10239 *	0.01735	0.000	0.0684	0.1364

*．均值差的显著性水平为 0.05

(分)

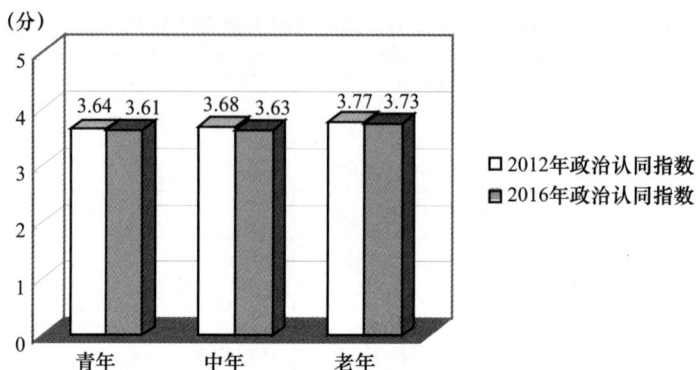

图9-10　不同年龄被试的政治认同指数比较

表9-10-4　　　　　　不同年龄被试政治认同指数的变化

项目	2012 年问卷调查	2016 年问卷调查	2016 年比 2012 年增减
青年	3.64	3.61	-0.03
中年	3.68	3.63	-0.05
老年	3.77	3.73	-0.04

（二）不同年龄被试的危机压力指数比较

2012 年问卷调查结果显示，青年被试危机压力指数的得分在 1.50—4.78 分，均值为 3.20，标准差为 0.44；中年被试危机压力指数的得分在 1.67—4.78 分，均值为 3.27，标准差为 0.45；老年被试危机压力指数的得分在 1.75—4.78 分，均值为 3.31，标准差为 0.44。

2016 年问卷调查结果显示，青年被试危机压力指数的得分在 1.81—4.78 分，均值为 3.14，标准差为 0.41；中年被试危机压力指数的得分在 2.14—4.67 分，均值为 3.15，标准差为 0.42；老年被试危机压力指数的得分在 2.33—4.72 分，均值为 3.27，标准差为 0.42。

对不同年龄被试危机压力指数的差异性进行方差分析（见表

9－11－1、表9－11－2、表9－11－3和图9－11），2012年问卷调查显示不同年龄被试危机压力指数之间的差异显著，$F = 30.070$，$p < 0.001$，老年被试（$M = 3.31$，$SD = 0.44$）的得分显著高于中年被试（$M = 3.27$，$SD = 0.45$）和青年被试（$M = 3.20$，$SD = 0.44$），中年被试的得分显著高于青年被试。2016年问卷调查也显示不同年龄被试的危机压力指数之间的差异显著，$F = 28.238$，$p < 0.001$，老年被试（$M = 3.27$，$SD = 0.42$）的得分显著高于中年被试（$M = 3.15$，$SD = 0.42$）和青年被试（$M = 3.14$，$SD = 0.41$），中年被试与青年被试之间的得分差异不显著。

表9－11－1　　　　不同年龄被试危机压力指数的差异比较

2012年问卷调查		N	均值	标准差	标准误	95% 置信区间		极小值	极大值
						下限	上限		
危机压力指数	青年	3211	3.2005	0.44068	0.00778	3.1853	3.2157	1.50	4.78
	中年	1902	3.2723	0.44555	0.01022	3.2522	3.2923	1.67	4.78
	老年	1000	3.3092	0.44195	0.01398	3.2817	3.3366	1.75	4.78
	总数	6113	3.2406	0.44451	0.00569	3.2295	3.2518	1.50	4.78
2016年问卷调查		N	均值	标准差	标准误	95% 置信区间		极小值	极大值
						下限	上限		
危机压力指数	青年	3676	3.1407	0.40830	0.00673	3.1275	3.1540	1.81	4.78
	中年	2200	3.1478	0.41917	0.00894	3.1303	3.1653	2.14	4.67
	老年	640	3.2721	0.41804	0.01652	3.2397	3.3046	2.33	4.72
	总数	6516	3.1560	0.41468	0.00514	3.1460	3.1661	1.81	4.78

表9-11-2　　不同年龄被试危机压力指数的方差分析结果

2012 年问卷调查		平方和	df	均方	F	显著性
危机压力指数	组间	11.771	2	5.885	30.070	0.000
	组内	1195.878	6110	0.196		
	总数	1207.649	6112			
2016 年问卷调查		平方和	df	均方	F	显著性
危机压力指数	组间	9.631	2	4.816	28.238	0.000
	组内	1110.692	6513	0.171		
	总数	1120.323	6515			

表9-11-3　　不同年龄被试危机压力指数的多重比较

2012 年问卷调查	(I) 年龄段	(J) 年龄段	均值差 (I-J)	标准误	显著性	95% 置信区间	
						下限	上限
危机压力指数	青年	中年	-0.07177*	0.01280	0.000	-0.0969	-0.0467
		老年	-0.10865*	0.01602	0.000	-0.1401	-0.0772
	中年	青年	0.07177*	0.01280	0.000	0.0467	0.0969
		老年	-0.03688*	0.01728	0.033	-0.0708	-0.0030
	老年	青年	0.10865*	0.01602	0.000	0.0772	0.1401
		中年	0.03688*	0.01728	0.033	0.0030	0.0708
2016 年问卷调查	(I) 年龄段	(J) 年龄段	均值差 (I-J)	标准误	显著性	95% 置信区间	
						下限	上限
危机压力指数	青年	中年	-0.00707	0.01113	0.525	-0.0289	0.0148
		老年	-0.13137*	0.01769	0.000	-0.1660	-0.0967
	中年	青年	0.00707	0.01113	0.525	-0.0148	0.0289
		老年	-0.12430*	0.01855	0.000	-0.1607	-0.0879
	老年	青年	0.13137*	0.01769	0.000	0.0967	0.1660
		中年	0.12430*	0.01855	0.000	0.0879	0.1607

*. 均值差的显著性水平为 0.05

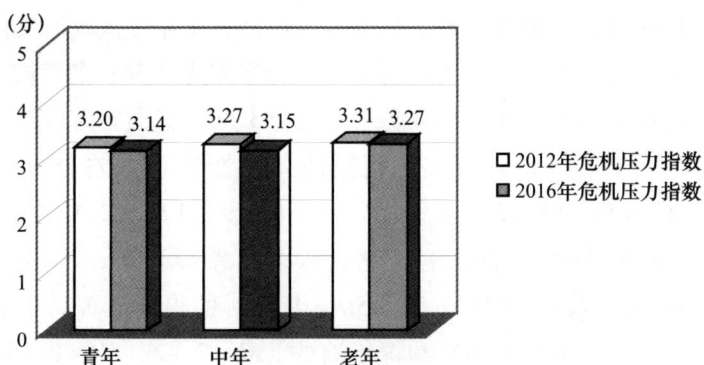

图 9 - 11　不同年龄被试的危机压力指数比较

2016 年与 2012 年相比，青年被试的危机压力指数下降 0.06 分，中年被试的危机压力指数下降 0.12 分，老年被试的危机压力指数下降 0.04 分（见表 9 - 11 - 4）。老年被试得分下降的幅度小于青年被试和中年被试，使其依然保持了原有的较高得分优势。中年被试得分的较大幅度下降，使其得分与青年被试接近，两者之间的得分差异亦由显著变成了不显著。

表 9 - 11 - 4　　　　　不同年龄被试危机压力指数的变化

项目	2012 年问卷调查	2016 年问卷调查	2016 年比 2012 年增减
青年	3.20	3.14	- 0.06
中年	3.27	3.15	- 0.12
老年	3.31	3.27	- 0.04

（三）不同年龄被试的政治文化指数比较

2012 年问卷调查结果显示，青年被试政治文化指数的得分在 2.14—4.63 分，均值为 3.42，标准差为 0.36；中年被试政治文化指数的得分在 1.81—4.57 分，均值为 3.48，标准差为 0.36；老年被试政治文化指数的得分在 2.10—4.57 分，均值为 3.54，标准差为 0.36。

2016 年问卷调查结果显示，青年被试政治文化指数的得分在

2.28—4.69 分，均值为 3.38，标准差为 0.35；中年被试政治文化指数的得分在 2.22—4.67 分，均值为 3.39，标准差为 0.36；老年被试政治文化指数的得分在 2.54—4.64 分，均值为 3.50，标准差为 0.35。

对不同年龄被试政治文化指数的差异性进行方差分析（见表 9 - 12 - 1、表 9 - 12 - 2、表 9 - 12 - 3 和图 9 - 12），2012 年问卷调查显示不同年龄被试的政治文化指数之间差异显著，$F = 46.235$，$p < 0.001$，老年被试（$M = 3.54$，$SD = 0.36$）的得分显著高于中年被试（$M = 3.48$，$SD = 0.36$）和青年被试（$M = 3.42$，$SD = 0.36$），中年被试的得分显著高于青年被试。2016 年问卷调查也显示不同年龄被试的政治文化指数之间差异显著，$F = 34.652$，$p < 0.001$，老年被试（$M = 3.50$，$SD = 0.35$）的得分显著高于中年被试（$M = 3.39$，$SD = 0.36$）和青年被试（$M = 3.38$，$SD = 0.35$），中年被试与青年被试之间的得分差异不显著。

表 9 - 12 - 1　　　　不同年龄被试政治文化指数的差异比较

2012 年问卷调查		N	均值	标准差	标准误	95% 置信区间		极小值	极大值
						下限	上限		
政治文化指数	青年	3195	3.4203	0.35944	0.00636	3.4078	3.4327	2.14	4.63
	中年	1885	3.4776	0.36495	0.00841	3.4611	3.4941	1.81	4.57
	老年	988	3.5412	0.36416	0.01159	3.5185	3.5639	2.10	4.57
	总数	6068	3.4578	0.36462	0.00468	3.4486	3.4669	1.81	4.63
政治文化指数	青年	3657	3.3774	0.34816	0.00576	3.3661	3.3886	2.28	4.69
	中年	2185	3.3907	0.35792	0.00766	3.3757	3.4057	2.22	4.67
	老年	638	3.5025	0.34638	0.01371	3.4756	3.5295	2.54	4.64
	总数	6480	3.3942	0.35313	0.00439	3.3856	3.4028	2.22	4.69

表 9 – 12 – 2　　不同年龄被试政治文化指数的方差分析结果

2012 年问卷调查		平方和	df	均方	F	显著性
政治文化指数	组间	12.113	2	6.056	46.235	0.000
	组内	794.472	6065	0.131		
	总数	806.585	6067			
2016 年问卷调查		平方和	df	均方	F	显著性
政治文化指数	组间	8.553	2	4.277	34.652	0.000
	组内	799.385	6477	0.123		
	总数	807.938	6479			

表 9 – 12 – 3　　　　不同年龄被试政治文化指数的多重比较

2012 年问卷调查	(I) 年龄段	(J) 年龄段	均值差 (I – J)	标准误	显著性	95% 置信区间 下限	95% 置信区间 上限
政治文化指数	青年	中年	– 0.05732 *	0.01051	0.000	– 0.0779	– 0.0367
		老年	– 0.12094 *	0.01318	0.000	– 0.1468	– 0.0951
	中年	青年	0.05732 *	0.01051	0.000	0.0367	0.0779
		老年	– 0.06362 *	0.01422	0.000	– 0.0915	– 0.0358
	老年	青年	0.12094 *	0.01318	0.000	0.0951	0.1468
		中年	0.06362 *	0.01422	0.000	0.0358	0.0915
政治文化指数	青年	中年	– 0.01336	0.00950	0.160	– 0.0320	0.0053
		老年	– 0.12519 *	0.01507	0.000	– 0.1547	– 0.0956
	中年	青年	0.01336	0.00950	0.160	– 0.0053	0.0320
		老年	– 0.11183 *	0.01581	0.000	– 0.1428	– 0.0808
	老年	青年	0.12519 *	0.01507	0.000	0.0956	0.1547
		中年	0.11183 *	0.01581	0.000	0.0808	0.1428

＊. 均值差的显著性水平为 0.05

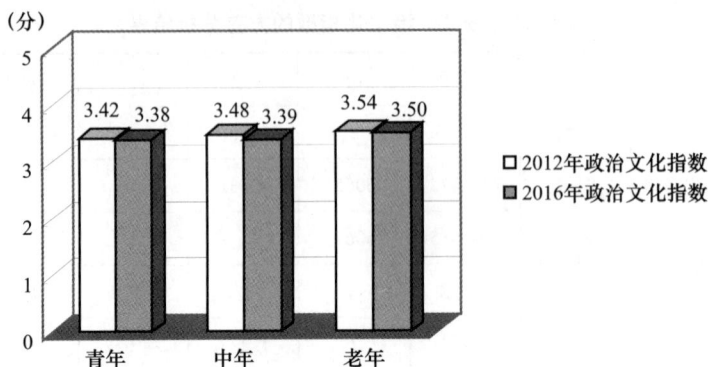

图 9 - 12　不同年龄被试政治文化指数比较

2016 年与 2012 年相比，青年被试和老年被试的政治文化指数均下降 0.04 分，中年被试的政治文化指数下降 0.09 分（见表 9 - 12 - 4）。恰是由于中年被试得分的较大幅度下降，使其得分与青年被试接近，将两者之间的得分差异由显著变成了不显著。

表 9 - 12 - 4　　　　不同年龄被试政治文化指数的变化

项目	2012 年问卷调查	2016 年问卷调查	2016 年比 2012 年增减
青年	3.42	3.38	− 0.04
中年	3.48	3.39	− 0.09
老年	3.54	3.50	− 0.04

从两次问卷调查的结果可以看出，年龄的不同可以带来政治文化指数方面的差异，无论是政治认同指数和危机压力指数，还是综合性的政治文化指数，都表现出了老年群体显著高于中年和青年群体的特征。中年群体和青年群体的差异，在 2012 年问卷调查中有清晰的表现（中年被试的政治认同指数、危机压力指数和政治文化指数都显著高于青年被试），但是在 2016 年的问卷调查中已经看不到显著的差异，只是表现出中年群体的政治认同指数、危机压力指

数和政治文化指数略高于青年群体。对于这样的变化，显然应给予一定的关注。

五　政治文化指数的差异比较：学历

根据 2012 年和 2016 年两次问卷调查的数据，可以对不同学历被试的政治文化指数情况作综合性的说明。

（一）不同学历被试的政治认同指数比较

2012 年问卷调查结果显示，初中及以下学历被试政治认同指数的得分在 1.92—4.78 分，均值为 3.67，标准差为 0.38；高中学历被试政治认同指数的得分在 2.22—4.68 分，均值为 3.68，标准差为 0.40；大专及以上学历被试政治认同指数的得分在 1.64—4.68 分，均值为 3.66，标准差为 0.44。

2016 年问卷调查结果显示，初中及以下学历被试政治认同指数的得分在 1.83—4.90 分，均值为 3.64，标准差为 0.38；高中学历被试政治认同指数的得分在 2.17—4.89 分，均值为 3.60，标准差为 0.39；大专及以上学历被试政治认同指数的得分在 2.32—4.74 分，均值为 3.64，标准差为 0.40。

对不同学历被试政治认同指数的差异性进行方差分析（见表 9 - 13 - 1、表 9 - 13 - 2、表 9 - 13 - 3 和图 9 - 13），2012 年问卷调查显示不同学历被试的政治认同指数之间差异不显著。2016 年问卷调查则显示不同学历被试的政治认同指数之间差异显著，$F = 7.882$，$p < 0.001$，高中学历被试（$M = 3.60$，$SD = 0.39$）的得分显著低于初中及以下学历被试（$M = 3.64$，$SD = 0.38$）和大专及以上学历被试（$M = 3.64$，$SD = 0.40$），初中及以下学历被试与大专及以上学历被试之间的得分差异不显著。

表 9 - 13 - 1　　　　不同学历被试政治认同指数的差异比较

2012 年问卷调查		N	均值	标准差	标准误	95% 置信区间		极小值	极大值
						下限	上限		
政治认同指数	初中	3371	3.6740	0.37906	0.00653	3.6612	3.6869	1.92	4.78
	高中	1539	3.6795	0.40492	0.01032	3.6593	3.6998	2.22	4.68
	大专	1195	3.6621	0.44084	0.01275	3.6370	3.6871	1.64	4.68
	总数	6105	3.6731	0.39836	0.00510	3.6631	3.6831	1.64	4.78

2016 年问卷调查		N	均值	标准差	标准误	95% 置信区间		极小值	极大值
						下限	上限		
政治认同指数	初中	2880	3.6445	0.38444	0.00716	3.6304	3.6585	1.83	4.90
	高中	2133	3.6030	0.38616	0.00836	3.5866	3.6194	2.17	4.89
	大专	1528	3.6418	0.39562	0.01012	3.6219	3.6616	2.32	4.74
	总数	6541	3.6303	0.38805	0.00480	3.6209	3.6397	1.83	4.90

表 9 - 13 - 2　　　不同学历被试政治认同指数的方差分析结果

2012 年问卷调查		平方和	df	均方	F	显著性
政治认同指数	组间	0.212	2	0.106	0.668	0.513
	组内	968.426	6102	0.159		
	总数	968.638	6104			
2016 年问卷调查		平方和	df	均方	F	显著性
政治认同指数	组间	2.369	2	1.184	7.882	0.000
	组内	982.420	6538	0.150		
	总数	984.789	6540			

表 9 - 13 - 3　　　　**不同学历被试政治认同指数的多重比较**

2012 年问卷调查	（I）学历	（J）学历	均值差（I - J）	标准误	显著性	95% 置信区间	
						下限	上限
政治认同指数	初中	高中	- 0.00548	0.01226	0.655	- 0.0295	0.0185
		大专	0.01199	0.01341	0.372	- 0.0143	0.0383
	高中	初中	0.00548	0.01226	0.655	- 0.0185	0.0295
		大专	0.01746	0.01536	0.256	- 0.0126	0.0476
	大专	初中	- 0.01199	0.01341	0.372	- 0.0383	0.0143
		高中	- 0.01746	0.01536	0.256	- 0.0476	0.0126
2016 年问卷调查	（I）学历	（J）学历	均值差（I - J）	标准误	显著性	95% 置信区间	
						下限	上限
政治认同指数	初中	高中	0.04146 *	0.01107	0.000	0.0198	0.0632
		大专	0.00268	0.01227	0.827	- 0.0214	0.0267
	高中	初中	- 0.04146 *	0.01107	0.000	- 0.0632	- 0.0198
		大专	- 0.03878 *	0.01299	0.003	- 0.0643	- 0.0133
	大专	初中	- 0.00268	0.01227	0.827	- 0.0267	0.0214
		高中	0.03878 *	0.01299	0.003	0.0133	0.0643

＊. 均值差的显著性水平为 0.05

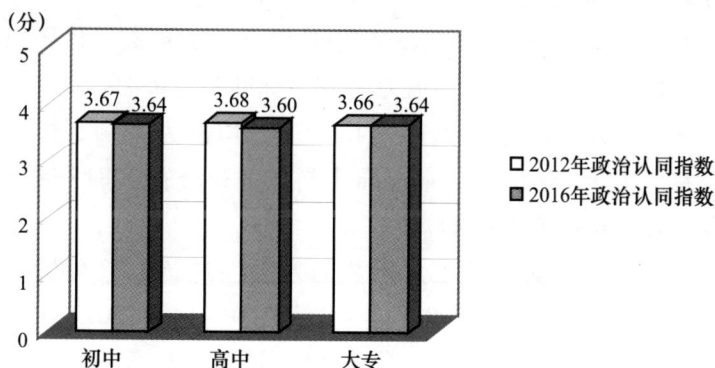

图 9 - 13　不同学历被试的政治认同指数比较

2016 年与 2012 年相比，初中及以下学历被试的政治认同指数下降 0.03 分，高中学历被试的政治认同指数下降 0.08 分，大专及以上学历被试的政治认同指数下降 0.02 分（见表 9 - 13 - 4）。由于初中及以下学历被试和大专及以上学历被试的得分下降幅度小于高中学历被试，使得高中学历被试的政治认同指数由 2012 年的最高分降至 2016 年的最低分，并显著低于另外两种被试。

表 9 - 13 - 4　　　　　不同学历被试政治认同指数的变化

项目	2012 年问卷调查	2016 年问卷调查	2016 年比 2012 年增减
初中	3.67	3.64	- 0.03
高中	3.68	3.60	- 0.08
大专	3.66	3.64	- 0.02

（二）不同学历被试的危机压力指数比较

2012 年问卷调查结果显示，初中及以下学历被试危机压力指数的得分在 1.50—4.78 分，均值为 3.26，标准差为 0.43；高中学历被试危机压力指数的得分在 1.67—4.64 分，均值为 3.25，标准差为 0.45；大专及以上学历被试危机压力指数的得分在 1.51—4.78 分，均值为 3.18，标准差为 0.48。

2016 年问卷调查结果显示，初中及以下学历被试危机压力指数的得分在 1.86—4.72 分，均值为 3.18，标准差为 0.41；高中学历被试危机压力指数的得分在 2.14—4.68 分，均值为 3.14，标准差为 0.42；大专及以上学历被试危机压力指数的得分在 1.81—4.78 分，均值为 3.13，标准差为 0.41。

对不同学历被试危机压力指数的差异性进行方差分析（见表 9 - 14 - 1、表 9 - 14 - 2、表 9 - 14 - 3 和图 9 - 14）；2012 年问卷调查显示不同学历被试的危机压力指数之间差异显著，$F = 13.078$，$p < 0.001$；大专及以上学历被试（$M = 3.18$，$SD = 0.48$）的得分显著低于初中及以下学历被试（$M = 3.26$，$SD = 0.43$）和高中学历被试（$M = 3.25$，$SD = 0.45$）；高中学历被试与初中及以下学历被试之间

的得分差异不显著。2016 年问卷调查也显示不同学历被试的危机压力指数之间差异显著，$F = 11.563$，$p < 0.001$，初中及以下学历被试（$M = 3.18$，$SD = 0.41$）的得分显著高于高中学历被试（$M = 3.14$，$SD = 0.42$）和大专及以上学历被试（$M = 3.13$，$SD = 0.41$），高中学历被试与大专及以上学历被试之间的得分差异不显著。

表 9 - 14 - 1　　　不同学历被试危机压力指数的差异比较

2012 年问卷调查		N	均值	标准差	标准误	95% 置信区间		极小值	极大值
						下限	上限		
危机压力指数	初中	3375	3.2570	0.42728	0.00735	3.2426	3.2715	1.50	4.78
	高中	1544	3.2487	0.45111	0.01148	3.2262	3.2712	1.67	4.64
	大专	1193	3.1818	0.47694	0.01381	3.1547	3.2089	1.51	4.78
	总数	6112	3.2402	0.44429	0.00568	3.2291	3.2514	1.50	4.78
危机压力指数	初中	2872	3.1838	0.41280	0.00770	3.1687	3.1989	1.86	4.72
	高中	2119	3.1383	0.41520	0.00902	3.1206	3.1559	2.14	4.68
	大专	1524	3.1293	0.41462	0.01062	3.1085	3.1502	1.81	4.78
	总数	6515	3.1562	0.41468	0.00514	3.1462	3.1663	1.81	4.78

表 9 - 14 - 2　　　不同学历被试危机压力指数的方差分析结果

2012 年问卷调查		平方和	df	均方	F	显著性
危机压力指数	组间	5.143	2	2.571	13.078	0.000
	组内	1201.146	6109	0.197		
	总数	1206.289	6111			
2016 年问卷调查		平方和	df	均方	F	显著性
危机压力指数	组间	3.964	2	1.982	11.563	0.000
	组内	1116.168	6512	0.171		
	总数	1120.132	6514			

2016 年与 2012 年相比，初中及以下学历被试的危机压力指数下降 0.08 分，高中学历被试的危机压力指数下降 0.11 分，大专及以上学历被试的危机压力指数下降 0.05 分（见表 9 – 14 – 4）。正是由于高中学历被试得分的较大幅度下降，使其危机压力指数由接近初中及以下学历被试，变成了接近大专及以上学历被试，导致了危机压力指数差异性的重要变化。

表 9 – 14 – 3　　　　不同学历被试危机压力指数的多重比较

2012 年问卷调查	（I）学历	（J）学历	均值差（I – J）	标准误	显著性	95% 置信区间	
						下限	上限
危机压力指数	初中	高中	0.00834	0.01362	0.540	– 0.0184	0.0350
		大专	0.07528 *	0.01494	0.000	0.0460	0.1046
	高中	初中	– 0.00834	0.01362	0.540	– 0.0350	0.0184
		大专	0.06694 *	0.01709	0.000	0.0334	0.1004
	大专	初中	– 0.07528 *	0.01494	0.000	– 0.1046	– 0.0460
		高中	– 0.06694 *	0.01709	0.000	– 0.1004	– 0.0334
2016 年问卷调查	（I）学历	（J）学历	均值差（I – J）	标准误	显著性	95% 置信区间	
						下限	上限
危机压力指数	初中	高中	0.04550 *	0.01186	0.000	0.0223	0.0687
		大专	0.05443 *	0.01312	0.000	0.0287	0.0801
	高中	初中	– 0.04550 *	0.01186	0.000	– 0.0687	– 0.0223
		大专	0.00892	0.01391	0.521	– 0.0183	0.0362
	大专	初中	– 0.05443 *	0.01312	0.000	– 0.0801	– 0.0287
		高中	– 0.00892	0.01391	0.521	– 0.0362	0.0183

*．均值差的显著性水平为 0.05

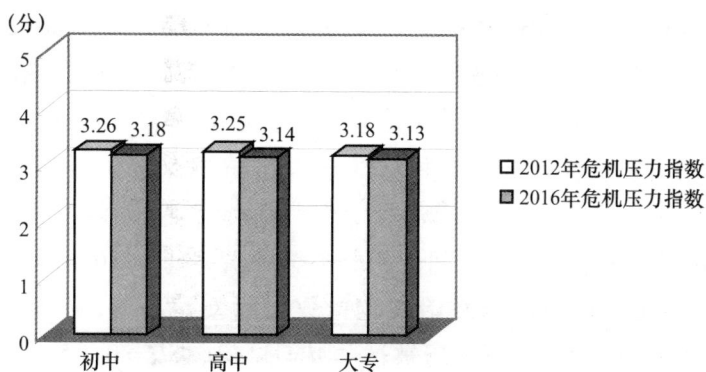

图 9 - 14　不同学历被试的危机压力指数比较

表 9 - 14 - 4　　　　不同学历被试危机压力指数的变化

项目	2012 年问卷调查	2016 年问卷调查	2016 年比 2012 年增减
初中	3.26	3.18	-0.08
高中	3.25	3.14	-0.11
大专	3.18	3.13	-0.05

（三）不同学历被试的政治文化指数比较

2012 年问卷调查结果显示，初中及以下学历被试政治文化指数的得分在 1.89—4.57 分，均值为 3.47，标准差为 0.34；高中学历被试政治文化指数的得分在 2.15—4.56 分，均值为 3.46，标准差为 0.38；大专及以上学历被试政治文化指数的得分在 1.81—4.63 分，均值为 3.42，标准差为 0.40。

2016 年问卷调查结果显示，初中及以下学历被试政治文化指数的得分在 2.22—4.67 分，均值为 3.42，标准差为 0.35；高中学历被试政治文化指数的得分在 2.40—4.69 分，均值为 3.37，标准差为 0.35；大专及以上学历被试政治文化指数的得分在 2.49—4.67 分，均值为 3.39，标准差为 0.36。

对不同学历被试政治文化指数的差异性进行方差分析（见表

9 - 15 - 1、表 9 - 15 - 2、表 9 - 15 - 3 和图 9 - 15），2012 年问卷调查显示不同学历被试的政治文化指数之间差异显著，$F = 6.984$，$p < 0.001$，大专及以上学历被试（$M = 3.42$，$SD = 0.40$）的得分显著低于初中及以下学历被试（$M = 3.47$，$SD = 0.34$）和高中学历被试（$M = 3.46$，$SD = 0.38$）；高中学历被试与初中及以下学历被试之间的得分差异不显著。2016 年问卷调查也显示不同学历被试的政治文化指数之间差异显著，$F = 9.547$，$p < 0.001$；初中及以下学历被试（$M = 3.42$，$SD = 0.35$）的得分显著高于高中学历被试（$M = 3.37$，$SD = 0.35$）和大专及以上学历被试（$M = 3.39$，$SD = 0.36$）；高中学历被试与大专及以上学历被试之间的得分差异不显著。

表 9 - 15 - 1　　　　不同学历被试政治文化指数的差异比较

2012 年问卷调查		N	均值	标准差	标准误	95% 置信区间		极小值	极大值
						下限	上限		
政治文化指数	初中	3347	3.4672	0.34301	0.00593	3.4556	3.4788	1.89	4.57
	高中	1530	3.4637	0.37663	0.00963	3.4448	3.4826	2.15	4.56
	大专	1190	3.4222	0.40349	0.01170	3.3993	3.4452	1.81	4.63
	总数	6067	3.4575	0.36451	0.00468	3.4483	3.4667	1.81	4.63
2016 年问卷调查		N	均值	标准差	标准误	95% 置信区间		极小值	极大值
						下限	上限		
政治文化指数	初中	2854	3.4151	0.34892	0.00653	3.4023	3.4279	2.22	4.67
	高中	2108	3.3721	0.35324	0.00769	3.3570	3.3872	2.40	4.69
	大专	1517	3.3864	0.35868	0.00921	3.3683	3.4044	2.49	4.67
	总数	6479	3.3944	0.35309	0.00439	3.3858	3.4030	2.22	4.69

表 9 – 15 – 2　　不同学历被试政治文化指数的方差分析结果

2012 年问卷调查		平方和	df	均方	F	显著性
政治文化指数	组间	1.852	2	0.926	6.984	0.001
	组内	804.132	6064	0.133		
	总数	805.985	6066			
2016 年问卷调查		平方和	df	均方	F	显著性
政治文化指数	组间	2.374	2	1.187	9.547	0.000
	组内	805.276	6476	0.124		
	总数	807.651	6478			

表 9 – 15 – 3　　　不同学历被试政治文化指数的多重比较

2012 年问卷调查	(I) 学历	(J) 学历	均值差 (I－J)	标准误	显著性	95% 置信区间	
						下限	上限
政治文化指数	初中	高中	0.00348	0.01124	0.757	－0.0186	0.0255
		大专	0.04494 *	0.01229	0.000	0.0208	0.0690
	高中	初中	－0.00348	0.01124	0.757	－0.0255	0.0186
		大专	0.04146 *	0.01408	0.003	0.0139	0.0691
	大专	初中	－0.04494 *	0.01229	0.000	－0.0690	－0.0208
		高中	－0.04146 *	0.01408	0.003	－0.0691	－0.0139
2016 年问卷调查	(I) 学历	(J) 学历	均值差 (I－J)	标准误	显著性	95% 置信区间	
						下限	上限
政治文化指数	初中	高中	0.04305 *	0.01013	0.000	0.0232	0.0629
		大专	0.02874 *	0.01120	0.010	0.0068	0.0507
	高中	初中	－0.04305 *	0.01013	0.000	－0.0629	－0.0232
		大专	－0.01431	0.01187	0.228	－0.0376	0.0090
	大专	初中	－0.02874 *	0.01120	0.010	－0.0507	－0.0068
		高中	0.01431	0.01187	0.228	－0.0090	0.0376

＊. 均值差的显著性水平为 0.05

（分）

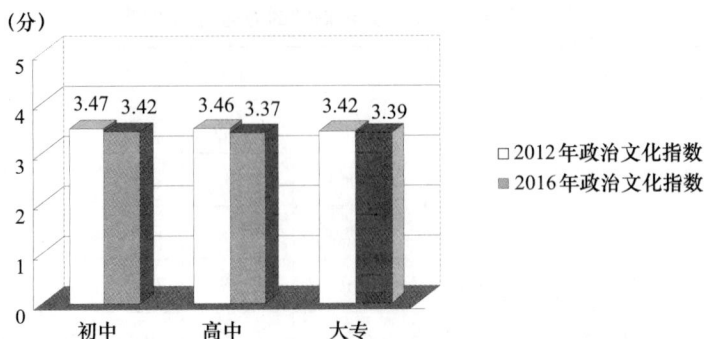

图 9 - 15　不同学历被试的政治文化指数比较

2016 年与 2012 年相比，初中及以下学历被试的政治文化指数下降 0.05 分，高中学历被试的政治文化指数下降 0.09 分，大专及以上学历被试的政治文化指数下降 0.03 分（见表 9 - 15 - 4）。正是由于高中学历被试得分的较大幅度下降，使其政治文化指数由接近初中及以下学历被试，变成了接近大专及以上学历被试，导致了政治文化指数差异性的重要变化。

表 9 - 15 - 4　　　　　不同学历被试政治文化指数的变化

项目	2012 年问卷调查	2016 年问卷调查	2016 年比 2012 年增减
初中	3.47	3.42	− 0.05
高中	3.46	3.37	− 0.09
大专	3.42	3.39	− 0.03

从两次问卷调查的结果可以看出，学历的不同可以带来政治文化指数方面的差异，低学历（初中及以下学历）和高学历（大专及以上学历）群体的政治认同指数接近，但是低学历群体的危机压力指数和综合性的政治文化指数都显著高于高学历群体。中等学历（高中学历）群体的表现则有很大的变化，政治认同指数由 2012 年的最高变成了2016 年的最低并显著低于低学历和高学历群体，危机压力指数也由偏

高转向偏低，并且使得 2016 年的综合性政治文化指数处于最低得分的位置。也就是说，在政治文化指数的学历差异方面，既要注意低学历和高学历群体的稳定性特征，也要注意中等学历群体的变动性特征。

六 政治文化指数的差异比较：政治面貌

根据 2012 年和 2016 年两次问卷调查的数据，可以对不同政治面貌被试的政治文化指数情况作综合性的说明。

（一）不同政治面貌被试的政治认同指数比较

2012 年问卷调查结果显示，中共党员被试政治认同指数的得分在 1.64—4.68 分，均值为 3.78，标准差为 0.45；共青团员被试政治认同指数的得分在 2.35—4.63 分，均值为 3.66，标准差为 0.38；群众被试政治认同指数的得分在 2.00—4.78 分，均值为 3.66，标准差为 0.39。

2016 年问卷调查结果显示，中共党员被试政治认同指数的得分在 2.17—4.72 分，均值为 3.76，标准差为 0.39；共青团员被试政治认同指数的得分在 2.33—4.78 分，均值为 3.63，标准差为 0.37；群众被试政治认同指数的得分在 1.83—4.90 分，均值为 3.62，标准差为 0.39。

对不同政治面貌被试政治认同指数的差异性进行方差分析（见表 9-16-1、表 9-16-2、表 9-16-3 和图 9-16），2012 年问卷调查显示不同政治面貌被试的政治认同指数之间差异显著，$F = 31.992$，$p < 0.001$，中共党员被试（$M = 3.78$，$SD = 0.45$）的得分显著高于共青团员被试（$M = 3.66$，$SD = 0.38$）和群众被试（$M = 3.66$，$SD = 0.39$），共青团员被试与群众被试之间的得分差异不显著。2016 年问卷调查也显示不同政治面貌被试的政治认同指数之间差异显著，$F = 35.346$，$p < 0.001$，中共党员被试（$M = 3.76$，$SD = 0.39$）的得分显著高于共青团员被试（$M = 3.63$，$SD = 0.37$）和群众被试（$M = 3.62$，$SD = 0.39$），共青团员被试与群众被试之间的得分差异不显著。

2016 年与 2012 年相比，中共党员被试的政治认同指数下降 0.02 分，共青团员被试的政治认同指数下降 0.03 分，群众被试的政治认同指数下降 0.04 分（见表 9 - 16 - 4）。由于三种被试的得分都有小幅下降，所以 2016 年依然维持了在政治认同指数上中共党员被试得分显著高于共青团员和群众被试、共青团员被试与群众被试之间的得分差异不显著的状态。

表 9 - 16 - 1   不同政治面貌被试政治认同指数的差异比较

2012 年问卷调查		N	均值	标准差	标准误	95% 置信区间		极小值	极大值
						下限	上限		
政治认同指数	党员	831	3.7757	0.44682	0.01550	3.7452	3.8061	1.64	4.68
	团员	618	3.6620	0.37786	0.01520	3.6322	3.6919	2.35	4.63
	群众	4654	3.6569	0.38897	0.00570	3.6457	3.6680	2.00	4.78
	总数	6103	3.6736	0.39826	0.00510	3.6636	3.6835	1.64	4.78
2016 年问卷调查		N	均值	标准差	标准误	95% 置信区间		极小值	极大值
						下限	上限		
政治认同指数	党员	594	3.7560	0.39351	0.01615	3.7243	3.7877	2.17	4.72
	团员	1058	3.6296	0.36580	0.01125	3.6075	3.6517	2.33	4.78
	群众	4892	3.6150	0.38942	0.00557	3.6041	3.6259	1.83	4.90
	总数	6544	3.6302	0.38810	0.00480	3.6208	3.6396	1.83	4.90

表 9 - 16 - 2   不同政治面貌被试政治认同指数的方差分析结果

2012 年问卷调查		平方和	df	均方	F	显著性
政治认同指数	组间	10.046	2	5.023	31.992	0.000
	组内	957.782	6100	0.157		
	总数	967.828	6102			
2016 年问卷调查		平方和	df	均方	F	显著性
政治认同指数	组间	10.537	2	5.269	35.346	0.000
	组内	974.977	6541	0.149		
	总数	985.515	6543			

表 9 - 16 - 3　　不同政治面貌被试政治认同指数的多重比较

2012 年问卷调查	(I) 政治面貌	(J) 政治面貌	均值差 (I - J)	标准误	显著性	95% 置信区间	
						下限	上限
政治认同指数	党员	团员	0.11366 *	0.02105	0.000	0.0724	0.1549
		群众	0.11882 *	0.01492	0.000	0.0896	0.1481
	团员	党员	- 0.11366 *	0.02105	0.000	- 0.1549	- 0.0724
		群众	0.00516	0.01696	0.761	- 0.0281	0.0384
	群众	党员	- 0.11882 *	0.01492	0.000	- 0.1481	- 0.0896
		团员	- 0.00516	0.01696	0.761	- 0.0384	0.0281
2016 年问卷调查	(I) 政治面貌	(J) 政治面貌	均值差 (I - J)	标准误	显著性	95% 置信区间	
						下限	上限
政治认同指数	党员	团员	0.12644 *	0.01979	0.000	0.0876	0.1652
		群众	0.14104 *	0.01678	0.000	0.1082	0.1739
	团员	党员	- 0.12644 *	0.01979	0.000	- 0.1652	- 0.0876
		群众	0.01460	0.01309	0.265	- 0.0111	0.0403
	群众	党员	- 0.14104 *	0.01678	0.000	- 0.1739	- 0.1082
		团员	- 0.01460	0.01309	0.265	- 0.0403	0.0111

＊. 均值差的显著性水平为 0.05

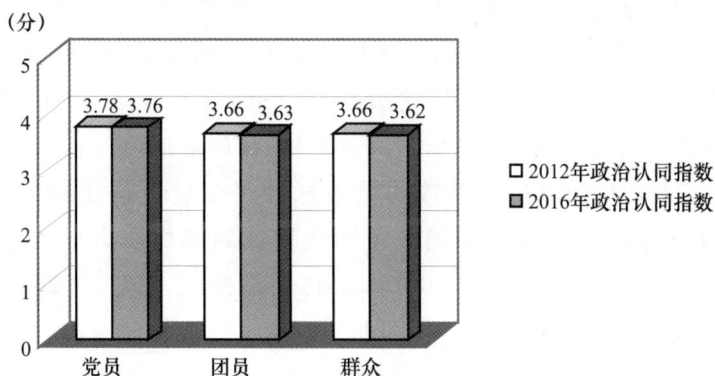

图 9 - 16　不同政治面貌被试的政治认同指数比较

表 9 - 16 - 4　　　　　不同政治面貌被试政治认同指数的变化

项目	2012 年问卷调查	2016 年问卷调查	2016 年比 2012 年增减
党员	3.78	3.76	- 0.02
团员	3.66	3.63	- 0.03
群众	3.66	3.62	- 0.04

（二）不同政治面貌被试的危机压力指数比较

2012 年问卷调查结果显示，中共党员被试危机压力指数的得分在 1.81—4.78 分，均值为 3.31，标准差为 0.47；共青团员被试危机压力指数的得分在 1.90—4.68 分，均值为 3.16，标准差为 0.40；群众被试危机压力指数的得分在 1.50—4.78 分，均值为 3.24，标准差为 0.44。

2016 年问卷调查结果显示，中共党员被试危机压力指数的得分在 2.22—4.61 分，均值为 3.26，标准差为 0.44；共青团员被试危机压力指数的得分在 2.22—4.56 分，均值为 3.11，标准差为 0.38；群众被试危机压力指数的得分在 1.81—4.78 分，均值为 3.15，标准差为 0.42。

对不同政治面貌被试危机压力指数的差异性进行方差分析（见表 9 - 17 - 1、表 9 - 17 - 2、表 9 - 17 - 3 和图 9 - 17），2012 年问卷调查显示不同政治面貌被试的危机压力指数之间差异显著，$F = 20.903, p < 0.001$，中共党员被试（$M = 3.31$，$SD = 0.47$）的得分显著高于共青团员被试（$M = 3.16$，$SD = 0.40$）和群众被试（$M = 3.24, SD = 0.44$），共青团员被试的得分显著低于群众被试。2016 年问卷调查也显示不同政治面貌被试的危机压力指数之间差异显著，$F = 23.771$，$p < 0.001$，中共党员被试（$M = 3.26$，$SD = 0.44$）的得分显著高于共青团员被试（$M = 3.11$，$SD = 0.38$）和群众被试（$M = 3.15$，$SD = 0.42$），共青团员被试的得分显著低于群众被试。

表 9 - 17 - 1　　不同政治面貌被试危机压力指数的差异比较

2012 年问卷调查		N	均值	标准差	标准误	95% 置信区间		极小值	极大值
						下限	上限		
危机压力指数	党员	835	3.3088	0.46964	0.01625	3.2769	3.3407	1.81	4.78
	团员	616	3.1568	0.40252	0.01622	3.1250	3.1887	1.90	4.68
	群众	4659	3.2395	0.44343	0.00650	3.2268	3.2523	1.50	4.78
	总数	6110	3.2407	0.44463	0.00569	3.2295	3.2518	1.50	4.78

2016 年问卷调查		N	均值	标准差	标准误	95% 置信区间		极小值	极大值
						下限	上限		
危机压力指数	党员	592	3.2584	0.43976	0.01807	3.2229	3.2939	2.22	4.61
	团员	1050	3.1140	0.37600	0.01160	3.0912	3.1368	2.22	4.56
	群众	4876	3.1527	0.41750	0.00598	3.1410	3.1644	1.81	4.78
	总数	6518	3.1561	0.41464	0.00514	3.1460	3.1662	1.81	4.78

表 9 - 17 - 2　　不同政治面貌被试危机压力指数的方差分析结果

2012 年问卷调查		平方和	df	均方	F	显著性
危机压力指数	组间	8.211	2	4.106	20.903	0.000
	组内	1199.496	6107	0.196		
	总数	1207.708	6109			

2016 年问卷调查		平方和	df	均方	F	显著性
危机压力指数	组间	8.117	2	4.059	23.771	0.000
	组内	1112.336	6515	0.171		
	总数	1120.453	6517			

表 9 - 17 - 3　　不同政治面貌被试危机压力指数的多重比较

2012 年问卷调查	(I) 政治面貌	(J) 政治面貌	均值差 (I−J)	标准误	显著性	95% 置信区间	
						下限	上限
危机压力指数	党员	团员	0.15197 *	0.02354	0.000	0.1058	0.1981
		群众	0.06925 *	0.01665	0.000	0.0366	0.1019
	团员	党员	−0.15197 *	0.02354	0.000	−0.1981	−0.1058
		群众	−0.08272 *	0.01900	0.000	−0.1200	−0.0455
	群众	党员	−0.06925 *	0.01665	0.000	−0.1019	−0.0366
		团员	0.08272 *	0.01900	0.000	0.0455	0.1200
2016 年问卷调查	(I) 政治面貌	(J) 政治面貌	均值差 (I−J)	标准误	显著性	95% 置信区间	
						下限	上限
危机压力指数	党员	团员	0.14444 *	0.02124	0.000	0.1028	0.1861
		群众	0.10573 *	0.01798	0.000	0.0705	0.1410
	团员	党员	−0.14444 *	0.02124	0.000	−0.1861	−0.1028
		群众	−0.03871 *	0.01406	0.006	−0.0663	−0.0112
	群众	党员	−0.10573 *	0.01798	0.000	−0.1410	−0.0705
		团员	0.03871 *	0.01406	0.006	0.0112	0.0663

*. 均值差的显著性水平为 0.05

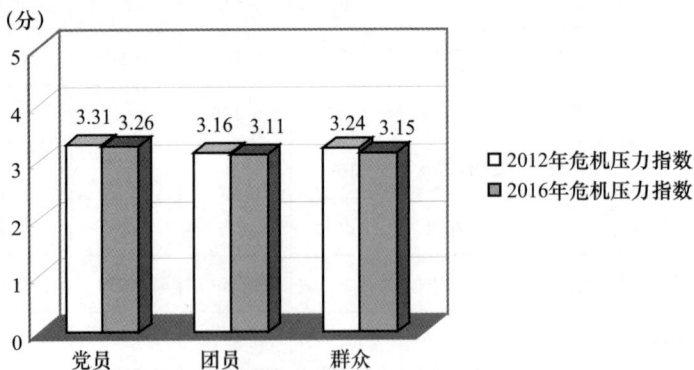

图 9 - 17　不同政治面貌被试的危机压力指数比较

2016 年与 2012 年相比，中共党员和共青团被试的危机压力指数都下降了 0.05 分，群众被试的危机压力指数下降 0.09 分（见表 9 - 17 - 4）。由于三种被试的得分都有所下降，所以 2016 年依然维持了在危机压力指数上中共党员被试得分显著高于共青团员和群众被试、共青团员被试得分显著低于群众被试的状态。

表 9 - 17 - 4　　　　不同政治面貌被试危机压力指数的变化

项目	2012 年问卷调查	2016 年问卷调查	2016 年比 2012 年增减
党员	3. 31	3. 26	− 0. 05
团员	3. 16	3. 11	− 0. 05
群众	3. 24	3. 15	− 0. 09

（三）不同政治面貌被试的政治文化指数比较

2012 年问卷调查结果显示，中共党员被试政治文化指数的得分在 1.81—4.63 分，均值为 3.54，标准差为 0.40；共青团员被试政治文化指数的得分在 2.14—4.60 分，均值为 3.41，标准差为 0.33；群众被试政治文化指数的得分在 2.10—4.54 分，均值为 3.45，标准差为 0.36。

2016 年问卷调查结果显示，中共党员被试政治文化指数的得分在 2.54—4.64 分，均值为 3.51，标准差为 0.36；共青团员被试政治文化指数的得分在 2.49—4.56 分，均值为 3.37，标准差为 0.32；群众被试政治文化指数的得分在 2.22—4.69 分，均值为 3.38，标准差为 0.36。

对不同政治面貌被试政治文化指数的差异性进行方差分析（见表 9 - 18 - 1、表 9 - 18 - 2、表 9 - 18 - 3 和图 9 - 18），2012 年问卷调查显示不同政治面貌被试的政治文化指数之间差异显著，$F = 29.045, p < 0.001$，中共党员被试（$M = 3.54$，$SD = 0.40$）的得分显著高于共青团员被试（$M = 3.41$，$SD = 0.33$）和群众被试（$M = 3.45, SD = 0.36$），共青团员被试的得分显著低于群众被试。2016 年问卷调查也显示不同政治面貌被试的政治文化指数之间差异

显著，$F = 34.702$，$p < 0.001$，中共党员被试（$M = 3.51$，$SD = 0.36$）的得分显著高于共青团员被试（$M = 3.37$，$SD = 0.32$）和群众被试（$M = 3.38$，$SD = 0.36$），共青团员被试与群众被试之间的得分差异不显著。

表9 – 18 – 1　　不同政治面貌被试政治文化指数的差异比较

2012年问卷调查		N	均值	标准差	标准误	95% 置信区间		极小值	极大值
						下限	上限		
政治文化指数	党员	828	3.5423	0.40483	0.01407	3.5147	3.5699	1.81	4.63
	团员	614	3.4101	0.33095	0.01336	3.3838	3.4363	2.14	4.60
	群众	4623	3.4492	0.35913	0.00528	3.4388	3.4595	2.10	4.54
	总数	6065	3.4579	0.36468	0.00468	3.4488	3.4671	1.81	4.63
2016年问卷调查		N	均值	标准差	标准误	95% 置信区间		极小值	极大值
						下限	上限		
政治文化指数	党员	590	3.5083	0.36390	0.01498	3.4789	3.5377	2.54	4.64
	团员	1046	3.3731	0.32127	0.00993	3.3536	3.3926	2.49	4.56
	群众	4846	3.3849	0.35590	0.00511	3.3749	3.3949	2.22	4.69
	总数	6482	3.3942	0.35312	0.00439	3.3856	3.4028	2.22	4.69

表9 – 18 – 2　不同政治面貌被试政治文化指数的方差分析结果

2012年问卷调查		平方和	df	均方	F	显著性
政治文化指数	组间	7.655	2	3.827	29.045	0.000
	组内	798.798	6062	0.132		
	总数	806.453	6064			
2016年问卷调查		平方和	df	均方	F	显著性
政治文化指数	组间	8.565	2	4.283	34.702	0.000
	组内	799.558	6479	0.123		
	总数	808.123	6481			

表 9 – 18 – 3　　不同政治面貌被试政治文化指数的多重比较

2012 年问卷调查	（I）政治面貌	（J）政治面貌	均值差（I – J）	标准误	显著性	95% 置信区间 下限	95% 置信区间 上限
政治文化指数	党员	团员	0.13223 *	0.01933	0.000	0.0943	0.1701
		群众	0.09312 *	0.01370	0.000	0.0663	0.1200
	团员	党员	– 0.13223 *	0.01933	0.000	– 0.1701	– 0.0943
		群众	– 0.03911 *	0.01559	0.012	– 0.0697	– 0.0085
	群众	党员	– 0.09312 *	0.01370	0.000	– 0.1200	– 0.0663
		团员	0.03911 *	0.01559	0.012	0.0085	0.0697
2016 年问卷调查	（I）政治面貌	（J）政治面貌	均值差（I – J）	标准误	显著性	95% 置信区间 下限	95% 置信区间 上限
政治文化指数	党员	团员	0.13520 *	0.01809	0.000	0.0997	0.1707
		群众	0.12339 *	0.01532	0.000	0.0934	0.1534
	团员	党员	– 0.13520 *	0.01809	0.000	– 0.1707	– 0.0997
		群众	– 0.01181	0.01198	0.324	– 0.0353	0.0117
	群众	党员	– 0.12339 *	0.01532	0.000	– 0.1534	– 0.0934
		团员	0.01181	0.01198	0.324	– 0.0117	0.0353

＊. 均值差的显著性水平为 0.05

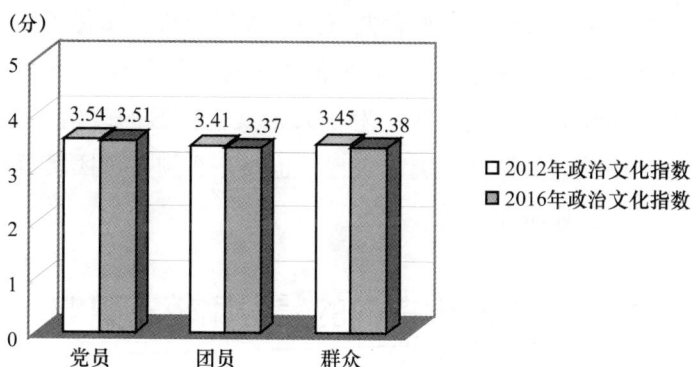

图 9 – 18　　不同政治面貌被试的政治文化指数比较

2016 年与 2012 年相比，中共党员的政治文化指数都下降 0.03 分，共青团被试的政治文化指数下降 0.04 分，群众被试的政治文化指数下降 0.05 分（见表 9 - 18 - 4）。由于三种被试的得分都有所下降，所以 2016 年依然维持了在政治文化指数上中共党员被试得分显著高于共青团员和群众被试的状态，但是共青团员被试与群众被试之间的得分差异由显著变成了不显著。

表 9 - 18 - 4　　　　　不同政治面貌被试政治文化指数的变化

项目	2012 年问卷调查	2016 年问卷调查	2016 年比 2012 年增减
党员	3.54	3.51	- 0.03
团员	3.41	3.37	- 0.04
群众	3.45	3.39	- 0.06

从两次问卷调查的结果可以看出，政治面貌的不同可以带来政治文化指数方面的差异，无论是政治认同指数和危机压力指数，还是综合性的政治文化指数，都表现出了中共党员群体显著高于群众和共青团员群体的特征。共青团员群体与群众群体的政治认同指数差异不显著，但是危机压力指数差异显著，两次问卷调查都是共青团员被试的得分显著低于群众被试，并使得共青团员被试的政治文化指数两次调查都低于群众被试，只是 2012 年两者之间的得分差异显著，2016 年的得分差异不显著。也就是说，对于政治文化指数的政治面貌差异，既要注意到中共党员群体的突出表现，也要注意到共青团员群体的整体表现比群众群体略差的现实状况。

七　政治文化指数的差异比较：职业

根据 2012 年和 2016 年两次问卷调查的数据，可以对不同职业被试（按照六类职业划分的标准）的政治文化指数情况作综合性的说明。

（一）不同职业被试的政治认同指数比较

2012 年问卷调查结果显示，务农人员被试政治认同指数的得分在 2.15—4.78 分，均值为 3.68，标准差为 0.37；工商业人员被试政治认同指数的得分在 2.06—4.68 分，均值为 3.67，标准差为 0.43；专业技术人员被试政治认同指数的得分在 2.11—4.64 分，均值为 3.66，标准差为 0.44；公务员被试政治认同指数的得分在 2.53—4.64 分，均值为 3.77，标准差为 0.43；在校学生被试政治认同指数的得分在 2.46—4.61 分，均值为 3.72，标准差为 0.37；其他职业人员被试政治认同指数的得分在 1.64—4.78 分，均值为 3.66，标准差为 0.40。

2016 年问卷调查结果显示，务农人员被试政治认同指数的得分在 2.32—4.90 分，均值为 3.67，标准差为 0.36；工商业人员政治认同指数的得分在 2.31—4.89 分，均值为 3.60，标准差为 0.41；专业技术人员被试政治认同指数的得分在 2.42—4.74 分，均值为 3.61，标准差为 0.43；公务员被试政治认同指数的得分在 2.17—4.63 分，均值为 3.75，标准差为 0.45；在校学生被试政治认同指数的得分在 2.35—4.72 分，均值为 3.62，标准差为 0.37；其他职业人员被试政治认同指数的得分在 1.83—4.83 分，均值为 3.63，标准差为 0.38。

对不同职业被试政治认同指数的差异性进行方差分析（见表 9 - 19 - 1、表 9 - 19 - 2、表 9 - 19 - 3、表 9 - 19 - 4 和图 9 - 19），2012 年问卷调查显示不同职业被试的政治认同指数之间差异显著，$F = 2.859$，$p < 0.05$，公务员被试（$M = 3.77$，$SD = 0.43$）的得分显著高于务农人员被试（$M = 3.68$，$SD = 0.37$）、工商业人员被试（$M = 3.67$，$SD = 0.43$）、专业技术人员被试（$M = 3.66$，$SD = 0.44$）和其他职业人员被试（$M = 3.66$，$SD = 0.40$），与在校学生被试（$M = 3.72$，$SD = 0.37$）之间的得分差异不显著；其他职业人员被试的得分显著低于在校学生被试，与务农人员、工商业人员、专业技术人员被试之间的得分差异不显著；务农人员、工商业人员、专业技术人

员、在校学生四种被试两两之间的得分差异均不显著。2016 年问卷调查也显示不同职业被试的政治认同指数之间差异显著，$F = 7.864$，$p < 0.001$，公务员被试（$M = 3.75$，$SD = 0.45$）的得分显著高于务农人员被试（$M = 3.67$，$SD = 0.36$）、工商业人员被试（$M = 3.60$，$SD = 0.41$）、专业技术人员被试（$M = 3.61$，$SD = 0.43$）、在校学生被试（$M = 3.62$，$SD = 0.37$）和其他职业人员被试（$M = 3.63$，$SD = 0.38$）；务农人员被试的得分显著高于工商业人员、专业技术人员、在校学生、其他职业人员被试；工商业人员、专业技术人员、在校学生、其他职业人员四种被试两两之间的得分差异均不显著。

表 9 - 19 - 1　　　　不同职业被试政治认同指数的差异比较

2012 年问卷调查		N	均值	标准差	标准误	95% 置信区间		极小值	极大值
						下限	上限		
政治认同指数	务农人员	2288	3.6781	0.37308	0.00780	3.6628	3.6934	2.15	4.78
	工商业人员	1302	3.6651	0.42689	0.01183	3.6419	3.6883	2.06	4.68
	技术人员	466	3.6613	0.43848	0.02031	3.6214	3.7012	2.11	4.64
	公务员	150	3.7690	0.42576	0.03476	3.7003	3.8377	2.53	4.64
	在校学生	254	3.7154	0.37317	0.02341	3.6693	3.7615	2.46	4.61
	其他职业	1647	3.6613	0.39738	0.00979	3.6421	3.6805	1.64	4.78
	总数	6107	3.6733	0.39841	0.00510	3.6633	3.6833	1.64	4.78

2016 年问卷调查		N	均值	标准差	标准误	95% 置信区间		极小值	极大值
						下限	上限		
政治认同指数	务农人员	1790	3.6664	0.36283	0.00858	3.6496	3.6832	2.32	4.90
	工商业人员	1866	3.6003	0.40626	0.00940	3.5818	3.6187	2.31	4.89
	技术人员	407	3.6082	0.42526	0.02108	3.5668	3.6497	2.42	4.74
	公务员	119	3.7460	0.44873	0.04113	3.6646	3.8275	2.17	4.63
	在校学生	753	3.6235	0.36927	0.01346	3.5971	3.6499	2.35	4.72
	其他职业	1608	3.6251	0.38286	0.00955	3.6064	3.6439	1.83	4.83
	总数	6543	3.6303	0.38793	0.00480	3.6209	3.6397	1.83	4.90

(分)

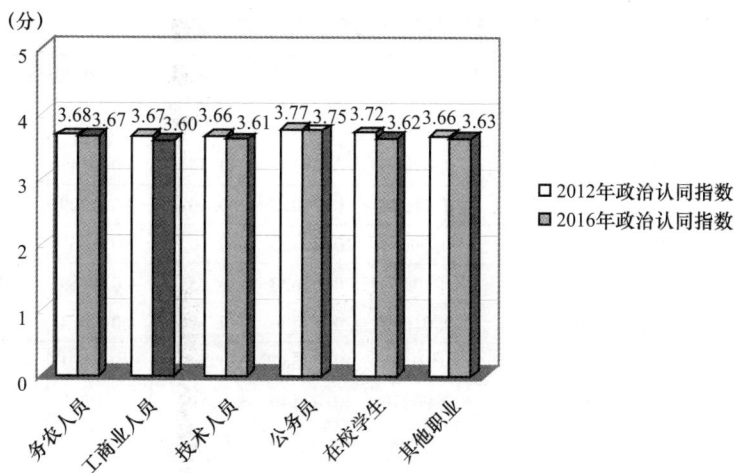

图 9 - 19 不同职业被试的政治认同指数比较

表 9 - 19 - 2　　不同职业被试政治认同指数的方差分析结果

2012 年问卷调查		平方和	df	均方	F	显著性
政治认同指数	组间	2.266	5	0.453	2.859	0.014
	组内	966.965	6101	0.158		
	总数	969.231	6106			
2016 年问卷调查		平方和	df	均方	F	显著性
政治认同指数	组间	5.887	5	1.177	7.864	0.000
	组内	978.617	6537	0.150		
	总数	984.504	6542			

　　2016 年不同职业被试的政治认同指数与 2012 年相比，务农人员被试下降 0.01 分，工商业人员被试下降 0.07 分，专业技术人员被试下降 0.05 分，公务员被试下降 0.02 分，在校学生被试下降 0.10 分，其他职业人员被试下降 0.03（见表 9 - 19 - 5）。由于务农人员和公务员被试得分下降的幅度小于其他被试，加之原来得分较高的在校学生被试得分较大幅度下降，使得务农人员和公务员被试的政治认同指数与其他被试明显地拉开了差距。

表 9 - 19 - 3　　不同职业被试政治认同指数的多重比较（2012 年）

因变量	（I）职业	（J）职业	均值差（I-J）	标准误	显著性	95% 置信区间	
						下限	上限
政治认同指数	务农人员	工商业人员	0.01299	0.01382	0.347	-0.0141	0.0401
		技术人员	0.01678	0.02023	0.407	-0.0229	0.0564
		公务员	-0.09087 *	0.03355	0.007	-0.1567	-0.0251
		在校学生	-0.03728	0.02633	0.157	-0.0889	0.0143
		其他职业	0.01678	0.01286	0.192	-0.0084	0.0420
	工商业人员	务农人员	-0.01299	0.01382	0.347	-0.0401	0.0141
		技术人员	0.00379	0.02149	0.860	-0.0383	0.0459
		公务员	-0.10386 *	0.03433	0.002	-0.1712	-0.0366
		在校学生	-0.05027	0.02731	0.066	-0.1038	0.0033
		其他职业	0.00379	0.01476	0.797	-0.0252	0.0327
	技术人员	务农人员	-0.01678	0.02023	0.407	-0.0564	0.0229
		工商业人员	-0.00379	0.02149	0.860	-0.0459	0.0383
		公务员	-0.10765 *	0.03737	0.004	-0.1809	-0.0344
		在校学生	-0.05406	0.03105	0.082	-0.1149	0.0068
		其他职业	0.00000	0.02089	1.000	-0.0409	0.0410
	公务员	务农人员	0.09087 *	0.03355	0.007	0.0251	0.1567
		工商业人员	0.10386 *	0.03433	0.002	0.0366	0.1712
		技术人员	0.10765 *	0.03737	0.004	0.0344	0.1809
		在校学生	0..05359	0.04100	0.191	-0.0268	0.1340
		其他职业	0.10765 *	0.03395	0.002	0.0411	0.1742
	在校学生	务农人员	0.03728	0.02633	0.157	-0.0143	0.0889
		工商业人员	0.05027	0.02731	0.066	-0.0033	0.1038
		技术人员	0.05406	0.03105	0.082	-0.0068	0.1149
		公务员	-0.05359	0.04100	0.191	-0.1340	0.0268
		其他职业	0.05406 *	0.02684	0.044	0.0014	0.1067
	其他职业	务农人员	-0.01678	0.01286	0.192	-0.0420	0.0084
		工商业人员	-0.00379	0.01476	0.797	-0.0327	0.0252
		技术人员	0.00000	0.02089	1.000	-0.0410	0.0409
		公务员	-0.10765 *	0.03395	0.002	-0.1742	-0.0411
		在校学生	-0.05406 *	0.02684	0.044	-0.1067	-0.0014

＊．均值差的显著性水平为 0.05

表9-19-4　　**不同职业被试政治认同指数的多重比较（2016年）**

因变量	（I）职业	（J）职业	均值差（I-J）	标准误	显著性	95% 置信区间	
						下限	上限
政治认同指数	务农人员	工商业人员	0.06614*	0.01280	0.000	0.0411	0.0912
		技术人员	0.05818*	0.02125	0.006	0.0165	0.0998
		公务员	-0.07961*	0.03663	0.030	-0.1514	-0.0078
		在校学生	0.04290*	0.01681	0.011	0.0100	0.0758
		其他职业	0.04128*	0.01329	0.002	0.0152	0.0673
	工商业人员	务农人员	-0.06614*	0.01280	0.000	-0.0912	-0.0411
		技术人员	-0.00796	0.02117	0.707	-0.0495	0.0335
		公务员	-0.14575*	0.03658	0.000	-0.2175	-0.0740
		在校学生	-0.02324	0.01670	0.164	-0.0560	0.0095
		其他职业	-0.02487	0.01317	0.059	-0.0507	0.0009
	技术人员	务农人员	-0.05818*	0.02125	0.006	-0.0998	-0.0165
		工商业人员	0.00796	0.02117	0.707	-0.0335	0.0495
		公务员	-0.13779*	0.04032	0.001	-0.2168	-0.0587
		在校学生	-0.01528	0.02380	0.521	-0.0619	0.0314
		其他职业	-0.01690	0.02147	0.431	-0.0590	0.0252
	公务员	务农人员	0.07961*	0.03663	0.030	0.0078	0.1514
		工商业人员	0.14575*	0.03658	0.000	0.0740	0.2175
		技术人员	0.13779*	0.04032	0.001	0.0587	0.2168
		在校学生	0.12251*	0.03817	0.001	0.0477	0.1973
		其他职业	0.12088*	0.03676	0.001	0.0488	0.1929
	在校学生	务农人员	-0.04290*	0.01681	0.011	-0.0758	-0.0100
		工商业人员	0.02324	0.01670	0.164	-0.0095	0.0560
		技术人员	0.01528	0.02380	0.521	-0.0314	0.0619
		公务员	-0.12251*	0.03817	0.001	-0.1973	-0.0477
		其他职业	-0.00162	0.01709	0.924	-0.0351	0.0319
	其他职业	务农人员	-0.04128*	0.01329	0.002	-0.0673	-0.0152
		工商业人员	0.02487	0.01317	0.059	-0.0009	0.0507
		技术人员	0.01690	0.02147	0.431	-0.0252	0.0590
		公务员	-0.12088*	0.03676	0.001	-0.1929	-0.0488
		在校学生	0.00162	0.01709	0.924	-0.0319	0.0351

*．均值差的显著性水平为0.05

表 9 - 19 - 5　　　　　不同职业被试政治认同指数的变化

项目	2012 年问卷调查	2016 年问卷调查	2016 年比 2012 年增减
务农人员	3. 68	3. 67	- 0. 01
工商业人员	3. 67	3. 60	- 0. 07
技术人员	3. 66	3. 61	- 0. 05
公务员	3. 77	3. 75	- 0. 02
在校学生	3. 72	3. 62	- 0. 10
其他职业	3. 66	3. 63	- 0. 03

（二）不同职业被试的危机压力指数比较

2012 年问卷调查结果显示，务农人员被试危机压力指数的得分在 1. 67—4. 78 分，均值为 3. 26，标准差为 0. 43；工商业人员被试危机压力指数的得分在 1. 86—4. 67 分，均值为 3. 26，标准差为 0. 49；专业技术人员被试危机压力指数的得分在 1. 99—4. 78 分，均值为 3. 22，标准差为 0. 48；公务员被试危机压力指数的得分在 1. 88—4. 39 分，均值为 3. 36，标准差为 0. 46；在校学生被试危机压力指数的得分在 1. 50—4. 68 分，均值为 3. 15，标准差为 0. 42；其他职业人员被试危机压力指数的得分在 1. 51—4. 72 分，均值为 3. 20，标准差为 0. 42。

2016 年问卷调查结果显示，务农人员被试危机压力指数的得分在 1. 86—4. 56 分，均值为 3. 16，标准差为 0. 39；工商业人员被试危机压力指数的得分在 1. 94—4. 72 分，均值为 3. 14，标准差为 0. 44；专业技术人员被试危机压力指数的得分在 2. 32—4. 78 分，均值为 3. 18，标准差为 0. 44；公务员被试危机压力指数的得分在 2. 44—4. 53 分，均值为 3. 21，标准差为 0. 45；在校学生被试危机压力指数的得分在 2. 22—4. 72 分，均值为 3. 13，标准差为 0. 38；其他职业人员被试危机压力指数的得分在 1. 81—4. 72 分，均值为 3. 17，标准差为 0. 42。

对不同职业被试危机压力指数的差异性进行方差分析（见表 9 - 20 - 1、表 9 - 20 - 2、表 9 - 20 - 3、表 9 - 20 - 4 和图 9 - 20），

2012 年问卷调查显示不同职业被试的危机压力指数之间差异显著，$F = 8.549$，$p < 0.001$，公务员被试（$M = 3.36$，$SD = 0.46$）的得分显著高于务农人员被试（$M = 3.26$，$SD = 0.43$）、工商业人员被试（$M = 3.26$，$SD = 0.49$）、专业技术人员被试（$M = 3.21$，$SD = 0.48$）、在校学生被试（$M = 3.15$，$SD = 0.42$）和其他职业人员被试（$M = 3.20$，$SD = 0.42$）；务农人员被试的得分显著高于专业技术人员、在校学生、其他职业人员被试，与工商业人员被试之间的得分差异不显著；工商业人员被试的得分显著高于在校学生、其他职业人员被试，与专业技术人员被试之间的得分差异不显著；专业技术人员、在校学生、其他职业人员三种被试相互间的得分差异均不显著。2016 年问卷调查显示不同职业被试的危机压力指数之间的差异未达到显著水平，但是在校学生被试（$M = 3.13$，$SD = 0.38$）的得分显著低于务农人员被试（$M = 3.16$，$SD = 0.39$）、专业技术人员被试（$M = 3.18$，$SD = 0.44$）、公务员被试（$M = 3.21$，$SD = 0.45$）和其他职业人员被试（$M = 3.17$，$SD = 0.42$），与工商业人员被试（$M = 3.14$，$SD = 0.44$）之间的得分差异不显著。

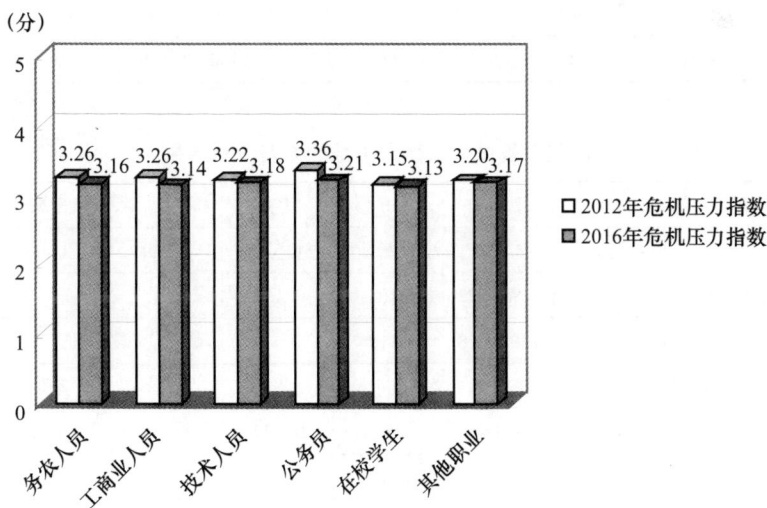

图 9 - 20　不同职业被试的危机压力指数比较

表 9 - 20 - 1　　　　不同职业被试危机压力指数的差异比较

2012 年问卷调查		N	均值	标准差	标准误	95% 置信区间		极小值	极大值
						下限	上限		
危机压力指数	务农人员	2289	3.2627	0.42652	0.00891	3.2452	3.2802	1.67	4.78
	工商业人员	1303	3.2608	0.48655	0.01348	3.2344	3.2873	1.86	4.67
	技术人员	465	3.2164	0.47518	0.02204	3.1731	3.2597	1.99	4.78
	公务员	152	3.3615	0.45784	0.03714	3.2881	3.4348	1.88	4.39
	在校学生	253	3.1532	0.41501	0.02609	3.1018	3.2045	1.50	4.68
	其他职业	1652	3.2032	0.42294	0.01041	3.1828	3.2236	1.51	4.72
	总数	6114	3.2406	0.44454	0.00569	3.2295	3.2518	1.50	4.78

2016 年问卷调查		N	均值	标准差	标准误	95% 置信区间		极小值	极大值
						下限	上限		
危机压力指数	务农人员	1785	3.1649	0.38584	0.00913	3.1470	3.1828	1.86	4.56
	工商业人员	1853	3.1420	0.43923	0.01020	3.1220	3.1621	1.94	4.72
	技术人员	410	3.1774	0.44104	0.02178	3.1346	3.2203	2.32	4.78
	公务员	119	3.2074	0.45204	0.04144	3.1253	3.2895	2.44	4.53
	在校学生	749	3.1257	0.37794	0.01381	3.0986	3.1529	2.22	4.72
	其他职业	1601	3.1673	0.42212	0.01055	3.1466	3.1880	1.81	4.72
	总数	6517	3.1560	0.41466	0.00514	3.1460	3.1661	1.81	4.78

表 9 - 20 - 2　　　不同职业被试危机压力指数的方差分析结果

2012 年问卷调查		平方和	df	均方	F	显著性
危机压力指数	组间	8.396	5	1.679	8.549	0.000
	组内	1199.622	6108	0.196		
	总数	1208.018	6113			

2016 年问卷调查		平方和	df	均方	F	显著性
危机压力指数	组间	1.894	5	0.379	2.205	0.051
	组内	1118.505	6511	0.172		
	总数	1120.399	6516			

表 9 - 20 - 3　　**不同职业被试危机压力指数的多重比较（2012 年）**

因变量	（I）职业	（J）职业	均值差（I－J）	标准误	显著性	95% 置信区间	
						下限	上限
危机压力指数	务农人员	工商业人员	0.00188	0.01538	0.903	－ 0.0283	0.0320
		技术人员	0.04636 *	0.02254	0.040	0.0022	0.0905
		公务员	－ 0.09875 *	0.03712	0.008	－ 0.1715	－ 0.0260
		在校学生	0.10956 *	0.02936	0.000	0.0520	0.1671
		其他职业	0.05954 *	0.01431	0.000	0.0315	0.0876
	工商业人员	务农人员	－ 0.00188	0.01538	0.903	－ 0.0320	0.0283
		技术人员	0.04447	0.02394	0.063	－ 0.0025	0.0914
		公务员	－ 0.10064 *	0.03798	0.008	－ 0.1751	－ 0.0262
		在校学生	0.10768 *	0.03045	0.000	0.0480	0.1674
		其他职业	0.05766 *	0.01642	0.000	0.0255	0.0898
	技术人员	务农人员	－ 0.04636 *	0.02254	0.040	－ 0.0905	－ 0.0022
		工商业人员	－ 0.04447	0.02394	0.063	－ 0.0914	0.0025
		公务员	－ 0.14511 *	0.04141	0.008	－ 0.2263	－ 0.0639
		在校学生	0.06321	0.03462	0.068	－ 0.0047	0.1311
		其他职业	0.01319	0.02326	0.571	－ 0.0324	0.0588
	公务员	务农人员	0.09875 *	0.03712	0.008	0.0260	0.1715
		工商业人员	0.10064 *	0.03798	0.008	0.0262	0.1751
		技术人员	0.14511 *	0.04141	0.000	0.0639	0.2263
		在校学生	0.20831 *	0.04548	0.000	0.1192	0.2975
		其他职业	0.15830 *	0.03756	0.000	0.0847	0.2319
	在校学生	务农人员	－ 0.10956 *	0.02936	0.000	－ 0.1671	－ 0.0520
		工商业人员	－ 0.10768 *	0.03045	0.000	－ 0.1674	－ 0.0480
		技术人员	－ 0.06321	0.03462	0.068	－ 0.1311	0.0047
		公务员	－ 0.20831 *	0.04548	0.000	－ 0.2975	－ 0.1192
		其他职业	－ 0.05002	0.02992	0.095	－ 0.1087	0.0086
	其他职业	务农人员	－ 0.05954 *	0.01431	0.000	－ 0.0876	－ 0.0315
		工商业人员	－ 0.05766 *	0.01642	0.000	－ 0.0898	－ 0.0255
		技术人员	－ 0.01319	0.02326	0.571	－ 0.0588	0.0324
		公务员	－ 0.15830 *	0.03756	0.000	－ 0.2319	－ 0.0847
		在校学生	0.05002	0.02992	0.095	－ 0.0086	0.1087

*．均值差的显著性水平为 0.05

表 9 - 20 - 4　　　不同职业被试危机压力指数的多重比较（2016 年）

因变量	（I）职业	（J）职业	均值差 （I - J）	标准误	显著性	95% 置信区间	
						下限	上限
危机 压力指数	务农人员	工商业人员	0.02286	0.01375	0.096	- 0.0041	0.0498
		技术人员	- 0.01254	0.02270	0.581	- 0.0570	0.0320
		公务员	- 0.04250	0.03924	0.279	- 0.1194	0.0344
		在校学生	0.03916 *	0.01804	0.030	0.0038	0.0745
		其他职业	- 0.00237	0.01427	0.868	- 0.0303	0.0256
	工商业人员	务农人员	- 0.02286	0.01375	0.096	- 0.0498	0.0041
		技术人员	- 0.03539	0.02262	0.118	- 0.0797	0.0089
		公务员	- 0.06536	0.03920	0.095	- 0.1422	0.0115
		在校学生	0.01630	0.01795	0.364	- 0.0189	0.0515
		其他职业	- 0.02523	0.01414	0.074	- 0.0530	0.0025
	技术人员	务农人员	0.01254	0.02270	0.581	- 0.0320	0.0570
		工商业人员	0.03539	0.02262	0.118	- 0.0089	0.0797
		公务员	- 0.02996	0.04316	0.488	- 0.1146	0.0546
		在校学生	0.05170 *	0.02546	0.042	0.0018	0.1016
		其他职业	0.01017	0.02294	0.658	- 0.0348	0.0551
	公务员	务农人员	0.04250	0.03924	0.279	- 0.0344	0.1194
		工商业人员	0.06536	0.03920	0.095	- 0.0115	0.1422
		技术人员	0.02996	0.04316	0.488	- 0.0546	0.1146
		在校学生	0.08166 *	0.04090	0.046	0.0015	0.1618
		其他职业	0.04013	0.03938	0.308	- 0.0371	0.1173
	在校学生	务农人员	- 0.03916 *	0.01804	0.030	- 0.0745	- 0.0038
		工商业人员	- 0.01630	0.01795	0.364	- 0.0515	0.0189
		技术人员	- 0.05170 *	0.02546	0.042	- 0.1016	- 0.0018
		公务员	- 0.08166 *	0.04090	0.046	- 0.1618	- 0.0015
		其他职业	- 0.04153 *	0.01835	0.024	- 0.0775	- 0.0056
	其他职业	务农人员	0.00237	0.01427	0.868	- 0.0256	0.0303
		工商业人员	0.02523	0.01414	0.074	- 0.0025	0.0530
		技术人员	- 0.01017	0.02294	0.658	- 0.0551	0.0348
		公务员	- 0.04013	0.03938	0.308	- 0.1173	0.0371
		在校学生	0.04153 *	0.01835	0.024	0.0056	0.0775

*．均值差的显著性水平为 0.05

　　2016 年不同职业被试的危机压力指数与 2012 年相比，务农人员被试下降 0.11 分，工商业人员被试下降 0.12 分，专业技术人员被试下降 0.04 分，公务员被试下降 0.15 分，在校学生被试下降 0.02 分，其他职业人员被试下降 0.02 分（见表 9 - 20 - 5）。由于公务员被试得分下降的幅度最大，使得其危机压力指数由 2012 年的显著高于另五种被试，变成了 2016 年的只高于一种被试；在校学生被试的危机压力指数，则由 2012 年的显著低于三种被试变成了显著低于四种被试。

表 9 - 20 - 5　　　　　　　不同职业被试危机压力指数的变化

项目	2012 年问卷调查	2016 年问卷调查	2016 年比 2012 年增减
务农人员	3.26	3.16	- 0.10
工商业人员	3.26	3.14	- 0.12
技术人员	3.22	3.18	- 0.04
公务员	3.36	3.21	- 0.15
在校学生	3.15	3.13	- 0.02
其他职业	3.20	3.18	- 0.02

（三）不同职业被试的政治文化指数比较

　　2012 年问卷调查结果显示，务农人员被试政治文化指数的得分在 2.10—4.57 分，均值为 3.47，标准差为 0.34；工商业人员被试政治文化指数的得分在 2.14—4.53 分，均值为 3.46，标准差为 0.40；专业技术人员被试政治文化指数的得分在 2.22—4.63 分，均值为 3.44，标准差为 0.40；公务员被试政治文化指数的得分在 2.23—4.36 分，均值为 3.57，标准差为 0.39；在校学生被试政治文化指数的得分在 2.69—4.60 分，均值为 3.44，标准差为 0.33；其他职业人员被试政治文化指数的得分在 1.81—4.47 分，均值为 3.43，标准差为 0.36。

　　2016 年问卷调查结果显示，务农人员被试政治文化指数的得分在 2.28—4.59 分，均值为 3.42，标准差为 0.32；工商业人员被试政治文化指数的得分在 2.28—4.69 分，均值为 3.37，标准差为 0.38；专业技术人员被试政治文化指数的得分在 2.59—4.65 分，均值为 3.39，标准差为 0.38；公务员被试政治文化指数的得分在 2.65—4.52 分，均值为 3.48，标准差为 0.40；在校学生被试政治文化指数的得分在 2.49—4.59 分，均值为 3.38，标准差为 0.32；其他职业人员被试政治文化指数的得分在 2.22—4.64 分，均值为 3.40，标准差为 0.35。

对不同职业被试政治文化指数的差异性进行方差分析（见表 9-21-1、表 9-21-2、表 9-21-3、表 9-21-4 和图 9-21），2012 年问卷调查显示不同职业被试的政治文化指数之间差异显著，$F = 5.392, p < 0.001$，公务员被试（$M = 3.57, SD = 0.39$）的得分显著高于务农人员被试（$M = 3.47, SD = 0.34$）、工商业人员被试（$M = 3.46, SD = 0.40$）、专业技术人员被试（$M = 3.44, SD = 0.40$）、在校学生被试（$M = 3.44, SD = 0.33$）和其他职业人员被试（$M = 3.43, SD = 0.36$）；其他职业人员被试的得分显著低于务农人员、工商业人员被试，与专业技术人员、在校学生被试之间的得分差异不显著；务农人员、工商业人员、专业技术人员、在校学生四种被试两两之间的得分差异均不显著。2016 年问卷调查也显示不同职业被试的政治文化指数之间差异显著，$F = 4.332, p < 0.01$，公务员被试（$M = 3.48, SD = 0.40$）的得分显著高于工商业人员被试（$M = 3.37, SD = 0.38$）、专业技术人员被试（$M = 3.39, SD = 0.38$）、在校学生被试（$M = 3.38, SD = 0.32$）和其他职业人员被试（$M = 3.40, SD = 0.35$），与务农人员被试（$M = 3.42, SD = 0.32$）之间的得分差异不显著；务农人员被试的得分显著高于工商业人员、在校学生被试，与专业技术人员、其他职业人员被试之间的得分差异不显著；工商业人员被试的得分显著低于其他职业人员被试，与专业技术人员、在校学生被试之间的得分差异不显著；专业技术人员、在校学生、其他职业人员三种被试相互间的得分差异均不显著。

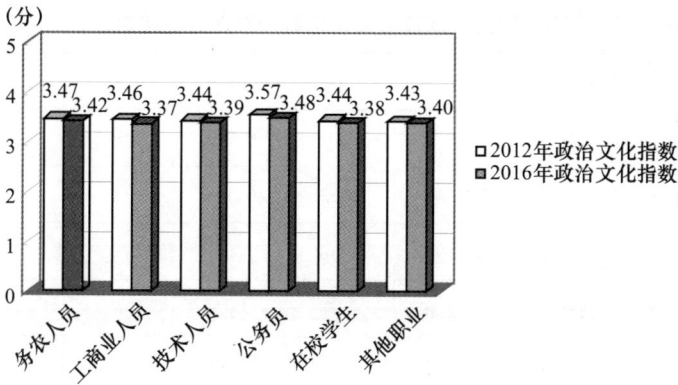

图 9 - 21　不同职业被试的政治文化指数比较

表 9 - 21 - 1　　　不同职业被试政治文化指数的差异比较

2012 年问卷调查		N	均值	标准差	标准误	95% 置信区间		极小值	极大值
						下限	上限		
政治文化指数	务农人员	2273	3.4715	0.33807	0.00709	3.4576	3.4854	2.10	4.57
	工商业人员	1295	3.4624	0.40468	0.01125	3.4403	3.4845	2.14	4.53
	技术人员	463	3.4390	0.40355	0.01875	3.4022	3.4759	2.22	4.63
	公务员	150	3.5694	0.38832	0.03171	3.5068	3.6321	2.23	4.36
	在校学生	251	3.4396	0.33313	0.02103	3.3982	3.4810	2.69	4.60
	其他职业	1637	3.4330	0.35518	0.00878	3.4158	3.4503	1.81	4.47
	总数	6069	3.4578	0.36468	0.00468	3.4486	3.4670	1.81	4.63
2016 年问卷调查		N	均值	标准差	标准误	95% 置信区间		极小值	极大值
						下限	上限		
政治文化指数	务农人员	1771	3.4159	0.31983	0.00760	3.4010	3.4308	2.28	4.59
	工商业人员	1844	3.3734	0.38047	0.00886	3.3560	3.3908	2.28	4.69
	技术人员	406	3.3926	0.38261	0.01899	3.3552	3.4299	2.59	4.65
	公务员	119	3.4767	0.40032	0.03670	3.4040	3.5494	2.65	4.52
	在校学生	744	3.3763	0.32473	0.01191	3.3530	3.3997	2.49	4.59
	其他职业	1597	3.3971	0.35478	0.00888	3.3797	3.4145	2.22	4.64
	总数	6481	3.3943	0.35311	0.00439	3.3857	3.4029	2.22	4.69

表9-21-2　　不同职业被试政治文化指数的方差分析结果

2012 年问卷调查		平方和	df	均方	F	显著性
政治文化指数	组间	3.573	5	0.715	5.392	0.000
	组内	803.414	6063	0.133		
	总数	806.987	6068			
2016 年问卷调查		平方和	df	均方	F	显著性
政治文化指数	组间	2.694	5	0.539	4.332	0.001
	组内	805.279	6475	0.124		
	总数	807.973	6480			

2016 年不同职业被试的政治文化指数与 2012 年相比，务农人员被试下降 0.05 分，工商业人员被试下降 0.09 分，专业技术人员被试下降 0.05 分，公务员被试下降 0.09 分，在校学生被试下降 0.06 分，其他职业人员被试下降 0.03 分（见表 9-21-5）。由于公务员被试得分下降的幅度较大，使得其政治文化指数由 2012 年的显著高于另五种被试，变成了 2016 年的只显著高于四种被试。

从两次问卷调查的结果可以看出，在政治文化指数上存在着显著的职业差异，主要的表现是在六种职业中，公务员被试的政治认同指数、危机压力指数和综合性的政治文化指数都是最高的，并且有一些重要的变化：政治认同指数由 2012 年的显著高于四种职业被试变成了 2016 年显著高于五种职业被试；危机压力指数由 2012 年的显著高于五种职业被试变成了 2016 年只显著高于一种职业被试；政治文化指数则由 2012 年的显著高于五种职业被试变成了 2016 年显著高于四种职业被试。另五种职业被试也显示出了一定的差异性，但都不及公务员被试的突出表现。

表9-21-3 不同职业被试政治文化指数的多重比较（2012年）

因变量	（I）职业	（J）职业	均值差（I-J）	标准误	显著性	95% 置信区间	
						下限	上限
政治文化指数	务农人员	工商业人员	0.00908	0.01267	0.474	-0.0158	0.0339
		技术人员	0.03243	0.01856	0.081	-0.0040	0.0688
		公务员	-0.09796 *	0.03069	0.001	-0.1581	-0.0378
		在校学生	0.03188	0.02421	0.188	-0.0156	0.0793
		其他职业	0.03845 *	0.01180	0.001	0.0153	0.0616
	工商业人员	务农人员	-0.00908	0.01267	0.474	-0.0339	0.0158
		技术人员	0.02335	0.01971	0.236	-0.0153	0.0620
		公务员	-0.10705 *	0.03140	0.001	-0.1686	-0.0455
		在校学生	0.02280	0.02510	0.364	-0.0264	0.0720
		其他职业	0.02937 *	0.01354	0.030	0.0028	0.0559
	技术人员	务农人员	-0.03243	0.01856	0.081	-0.0688	0.0040
		工商业人员	-0.02335	0.01971	0.236	-0.0620	0.0153
		公务员	-0.13040 *	0.03420	0.000	-0.1974	-0.0634
		在校学生	-0.00056	0.02853	0.984	-0.0565	0.0554
		其他职业	0.00601	0.01916	0.754	-0.0316	0.0436
	公务员	务农人员	0.09796 *	0.03069	0.001	0.0378	0.1581
		工商业人员	0.10705 *	0.03140	0.001	0.0455	0.1686
		技术人员	0.13040 *	0.03420	0.000	0.0634	0.1974
		在校学生	0.12984 *	0.03757	0.001	0.0562	0.2035
		其他职业	0.13641 *	0.03105	0.000	0.0755	0.1973
	在校学生	务农人员	-0.03188	0.02421	0.188	-0.0793	0.0156
		工商业人员	-0.02280	0.02510	0.364	-0.0720	0.0264
		技术人员	0.00056	0.02853	0.984	-0.0554	0.0565
		公务员	-0.12984 *	0.03757	0.001	-0.2035	-0.0562
		其他职业	0.00657	0.02468	0.790	-0.0418	0.0549
	其他职业	务农人员	-0.03845 *	0.01180	0.001	-0.0616	-0.0153
		工商业人员	-0.02937 *	0.01354	0.030	-0.0559	-0.0028
		技术人员	-0.00601	0.01916	0.754	-0.0436	0.0316
		公务员	-0.13641 *	0.03105	0.000	-0.1973	-0.0755
		在校学生	-0.00657	0.02468	0.790	-0.0549	0.0418

*. 均值差的显著性水平为 0.05

表 9 - 21 - 4　　　不同职业被试政治文化指数的多重比较（2016 年）

因变量	(I) 职业	(J) 职业	均值差 (I - J)	标准误	显著性	95% 置信区间	
						下限	上限
政治 文化指数	务农人员	工商业人员	0.04250 *	0.01173	0.000	0.0195	0.0655
		技术人员	0.02334	0.01940	0.229	- 0.0147	0.0614
		公务员	- 0.06081	0.03340	0.069	- 0.1263	0.0047
		在校学生	0.03956 *	0.01541	0.010	0.0094	0.0698
		其他职业	0.01881	0.01217	0.122	- 0.0050	0.0427
	工商业人员	务农人员	- 0.04250 *	0.01173	0.000	- 0.0655	- 0.0195
		技术人员	- 0.01916	0.01933	0.322	- 0.0571	0.0187
		公务员	- 0.10331 *	0.03335	0.002	- 0.1687	- 0.0379
		在校学生	- 0.00294	0.01532	0.848	- 0.0330	0.0271
		其他职业	- 0.02369 *	0.01205	0.049	- 0.0473	- 0.0001
	技术人员	务农人员	- 0.02334	0.01940	0.229	- 0.0614	0.0147
		工商业人员	0.01916	0.01933	0.322	- 0.0187	0.0571
		公务员	- 0.08415 *	0.03676	0.022	- 0.1562	- 0.0121
		在校学生	0.01622	0.02176	0.456	- 0.0264	0.0589
		其他职业	- 0.00453	0.01960	0.817	- 0.0430	0.0339
	公务员	务农人员	0.06081	0.03340	0.069	- 0.0047	0.1263
		工商业人员	0.10331 *	0.03335	0.002	0.0379	0.1687
		技术人员	0.08415 *	0.03676	0.022	0.0121	0.1562
		在校学生	0.10037 *	0.03482	0.004	0.0321	0.1686
		其他职业	0.07962 *	0.03351	0.018	0.0139	0.1453
	在校学生	务农人员	- 0.03956 *	0.01541	0.010	- 0.0698	- 0.0094
		工商业人员	0.00294	0.01532	0.848	- 0.0271	0.0330
		技术人员	- 0.01622	0.02176	0.456	- 0.0589	0.0264
		公务员	- 0.10037 *	0.03482	0.004	- 0.1686	- 0.0321
		其他职业	- 0.02075	0.01565	0.185	- 0.0514	0.0099
	其他职业	务农人员	- 0.01881	0.01217	0.122	- 0.0427	0.0050
		工商业人员	0.02369 *	0.01205	0.049	0.0001	0.0473
		技术人员	0.00453	0.01960	0.817	- 0.0339	0.0430
		公务员	- 0.07962 *	0.03351	0.018	- 0.1453	- 0.0139
		在校学生	0.02075	0.01565	0.185	- 0.0099	0.0514

* . 均值差的显著性水平为 0.05

表 9 - 21 - 5　　　　　　不同职业被试政治文化指数的变化

项目	2012 年问卷调查	2016 年问卷调查	2016 年比 2012 年增减
务农人员	3.47	3.42	- 0.05
工商业人员	3.46	3.37	- 0.09
技术人员	3.44	3.39	- 0.05
公务员	3.57	3.48	- 0.09
在校学生	3.44	3.38	- 0.06
其他职业	3.43	3.40	- 0.03

八　政治文化指数的差异比较：户籍

根据 2012 年和 2016 年两次问卷调查的数据，可以对不同户籍被试的政治文化指数情况作综合性的说明。

（一）不同户籍被试的政治认同指数比较

2012 年问卷调查结果显示，城镇户籍被试政治认同指数的得分在 2.00—4.78 分，均值为 3.69，标准差为 0.41；农村户籍被试政治认同指数的得分在 1.64—4.78 分，均值为 3.66，标准差为 0.39。

2016 年问卷调查结果显示，城镇户籍被试政治认同指数的得分在 1.83—4.89 分，均值为 3.62，标准差为 0.40；农村户籍被试政治认同指数的得分在 2.32—4.90 分，均值为 3.64，标准差为 0.37。

对不同户籍被试政治认同指数的差异性进行方差分析（见表 9 - 22 - 1、表 9 - 22 - 2 和图 9 - 22），2012 年问卷调查显示不同户籍被试的政治认同指数之间差异显著，$F = 12.231$，$p < 0.001$，城镇户籍被试（$M = 3.69$，$SD = 0.41$）的得分显著高于农村户籍被试（$M = 3.66$，$SD = 0.39$）。2016 年问卷调查也显示不同户籍被试的政治认同

总分即政治认同指数之间差异显著，$F = 6.286$，$p < 0.05$，城镇户籍被试（$M = 3.62$，$SD = 0.40$）的得分显著低于农村户籍被试（$M = 3.64$，$SD = 0.37$）。

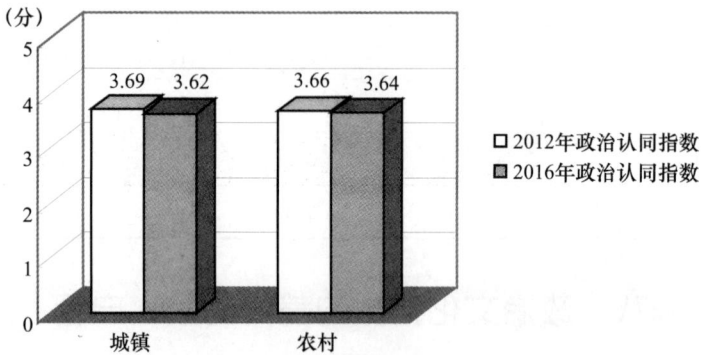

图 9 – 22　不同户籍被试的政治认同指数比较

表 9 – 22 – 1　　　　不同户籍被试政治认同指数的差异比较

2012 年问卷调查		N	均值	标准差	标准误	95% 置信区间		极小值	极大值
						下限	上限		
政治认同指数	城镇	2628	3.6939	0.41006	0.00800	3.6782	3.7096	2.00	4.78
	农村	3468	3.6579	0.38864	0.00660	3.6450	3.6708	1.64	4.78
	总数	6096	3.6734	0.39838	0.00510	3.6634	3.6834	1.64	4.78

2016 年问卷调查		N	均值	标准差	标准误	95% 置信区间		极小值	极大值
						下限	上限		
政治认同指数	城镇	3036	3.6173	0.40309	0.00732	3.6030	3.6316	1.83	4.89
	农村	3506	3.6414	0.37439	0.00632	3.6290	3.6538	2.32	4.90
	总数	6542	3.6302	0.38813	0.00480	3.6208	3.6396	1.83	4.90

表9－22－2　　　不同户籍被试政治认同指数的方差分析结果

2012 年问卷调查		平方和	df	均方	F	显著性
政治认同指数	组间	1.938	1	1.938	12.231	0.000
	组内	965.382	6094	0.158		
	总数	967.320	6095			
2016 年问卷调查		平方和	df	均方	F	显著性
政治认同指数	组间	0.946	1	0.946	6.286	0.012
	组内	984.440	6540	0.151		
	总数	985.386	6541			

2016 年与 2012 年相比，城镇户籍被试的政治认同指数下降 0.07 分，农村户籍被试的政治认同指数下降 0.02 分（见表 9－22－3）。正是由于城镇户籍被试得分下降的幅度远大于农村户籍被试，使其由政治认同指数显著高于农村户籍被试，变成了显著低于农村户籍被试。

表9－22－3　　　　不同户籍被试政治认同指数的变化

项目	2012 年问卷调查	2016 年问卷调查	2016 年比 2012 年增减
城镇	3.69	3.62	－0.07
农村	3.66	3.64	－0.02

（二）不同户籍被试的危机压力指数比较

2012 年问卷调查结果显示，城镇户籍被试危机压力指数的得分在 1.51—4.78 分，均值为 3.25，标准差为 0.47；农村户籍被试危机压力指数的得分在 1.50—4.78 分，均值为 3.23，标准差为 0.42。

2016 年问卷调查结果显示，城镇户籍被试危机压力指数的得分在 1.81—4.78 分，均值为 3.15，标准差为 0.44；农村户籍被试危机压力指数的得分在 1.86—4.56 分，均值为 3.16，标准差为 0.39。

对不同户籍被试危机压力指数的差异性进行方差分析（见表 9-23-1、表 9-23-2 和图 9-23），可以发现 2012 年和 2016 年两次问卷调查所显示的不同户籍被试危机压力指数之间的差异性，都没有达到显著水平。

表 9-23-1　　　不同户籍被试危机压力指数的差异比较

2012 年问卷调查		N	均值	标准差	标准误	95% 置信区间		极小值	极大值
						下限	上限		
危机压力指数	城镇	2630	3.2516	0.47320	0.00923	3.2335	3.2697	1.51	4.78
	农村	3473	3.2320	0.42191	0.00716	3.2180	3.2460	1.50	4.78
	总数	6103	3.2404	0.44481	0.00569	3.2293	3.2516	1.50	4.78
2016 年问卷调查		N	均值	标准差	标准误	95% 置信区间		极小值	极大值
						下限	上限		
危机压力指数	城镇	3026	3.1545	0.43764	0.00796	3.1389	3.1701	1.81	4.78
	农村	3490	3.1575	0.39377	0.00667	3.1445	3.1706	1.86	4.56
	总数	6516	3.1561	0.41469	0.00514	3.1461	3.1662	1.81	4.78

表 9-23-2　　　不同户籍被试危机压力指数的方差分析结果

2012 年问卷调查		平方和	df	均方	F	显著性
危机压力指数	组间	0.574	1	0.574	2.904	0.088
	组内	1206.724	6101	0.198		
	总数	1207.299	6102			
2016 年问卷调查		平方和	df	均方	F	显著性
危机压力指数	组间	0.015	1	0.015	0.085	0.771
	组内	1120.368	6514	0.172		
	总数	1120.383	6515			

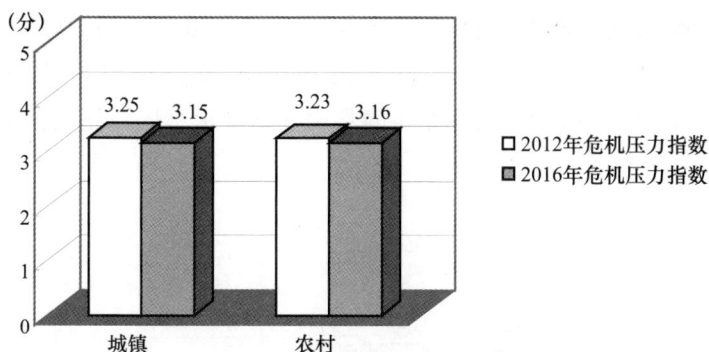

图9-23 不同户籍被试的危机压力指数比较

2016年与2012年相比，城镇户籍被试的危机压力指数下降0.10分，农村户籍被试的危机压力指数下降0.07分（见表9-23-3）。由于城镇户籍被试得分下降的幅度略大于农村户籍被试，使两者之间的得分差距缩小并维系了得分差异不显著的状态。

表9-23-3   不同户籍被试危机压力指数的变化

项目	2012年问卷调查	2016年问卷调查	2016年比2012年增减
城镇	3.25	3.15	-0.10
农村	3.23	3.16	-0.07

（三）不同户籍被试的政治文化指数比较

2012年问卷调查结果显示，城镇户籍被试政治文化指数的得分在2.14—4.63分，均值为3.47，标准差为0.39；农村户籍被试政治文化指数的得分在1.81—4.60分，均值为3.45，标准差为0.35。

2016年问卷调查结果显示，城镇户籍被试政治文化指数的得分在2.22—4.69分，均值为3.39，标准差为0.38；农村户籍被试政治文化指数的得分在2.28—4.59分，均值为3.40，标准差为0.33。

对不同户籍被试政治文化指数的差异性进行方差分析（见表9-24-1、表9-24-2和图9-24），2012年问卷调查显示不同户籍被试的政治文化指数之间差异显著，$F = 8.120$，$p < 0.01$，城镇户籍被试（$M = 3.47$，$SD = 0.39$）的得分显著高于农村户籍被试（$M = 3.45, SD = 0.35$）。2016 年问卷调查则显示不同户籍被试的政治文化指数之间的差异不显著。

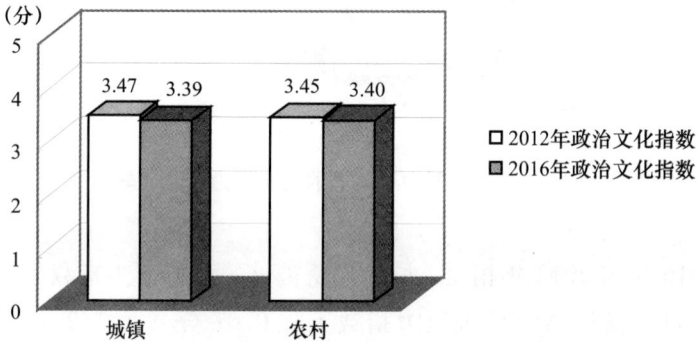

图 9 - 24　不同户籍被试的政治文化指数比较

表 9 - 24 - 1　　　　不同户籍被试政治文化指数的差异比较

2012 年问卷调查		N	均值	标准差	标准误	95% 置信区间		极小值	极大值
						下限	上限		
政治文化指数	城镇	2611	3.4731	0.38856	0.00760	3.4582	3.4880	2.14	4.63
	农村	3447	3.4461	0.34529	0.00588	3.4346	3.4577	1.81	4.60
	总数	6058	3.4578	0.36479	0.00469	3.4486	3.4669	1.81	4.63

2016 年问卷调查		N	均值	标准差	标准误	95% 置信区间		极小值	极大值
						下限	上限		
政治文化指数	城镇	3013	3.3871	0.37628	0.00686	3.3736	3.4005	2.22	4.69
	农村	3467	3.4006	0.33167	0.00563	3.3895	3.4116	2.28	4.59
	总数	6480	3.3943	0.35315	0.00439	3.3857	3.4029	2.22	4.69

表 9 - 24 - 2　　不同户籍被试政治文化指数的方差分析结果

2012 年问卷调查		平方和	df	均方	F	显著性
政治文化指数	组间	1.079	1	1.079	8.120	0.004
	组内	804.917	6056	0.133		
	总数	805.996	6057			
2016 年问卷调查		平方和	df	均方	F	显著性
政治文化指数	组间	0.293	1	0.293	2.347	0.126
	组内	807.746	6478	0.125		
	总数	808.039	6479			

2016 年与 2012 年相比，城镇户籍被试的政治文化指数下降 0.08 分，农村户籍被试的政治文化指数下降 0.05 分（见表 9 - 24 - 3）。由于城镇户籍被试得分下降的幅度略大于农村户籍被试，使两者之间的得分差距缩小并使得指数差异由显著变成了不显著。

表 9 - 24 - 3　　　不同户籍被试政治文化指数的变化

项目	2012 年问卷调查	2016 年问卷调查	2016 年比 2012 年增减
城镇	3.47	3.39	- 0.08
农村	3.45	3.40	- 0.05

比较两次问卷调查的结果，可以看到无论是政治认同指数和危机压力指数，还是综合性的政治文化指数，都出现了"逆转"的现象，即由城镇户籍被试的指数高于农村户籍被试，变成了农村户籍被试的指数高于城镇户籍被试。伴随"逆转"现象的，是政治文化指数的户籍差异性呈现缩小而不是扩大的趋势。未来能否保持这样的趋势，还需要做进一步的观察。

九　政治文化指数的差异比较：单位

根据 2012 年和 2016 年两次问卷调查的数据，可以对不同单位性质被试的政治文化指数情况作综合性的说明。

（一）不同单位性质被试的政治认同指数比较

2012 年问卷调查结果显示，国家机关被试政治认同指数的得分在 2.21—4.64 分，均值为 3.75，标准差为 0.44；国营单位被试政治认同指数的得分在 2.11—4.64 分，均值为 3.72，标准差为 0.43；民营单位被试政治认同指数的得分在 2.06—4.68 分，均值为 3.61，标准差为 0.42；组织社团被试政治认同指数的得分在 2.36—4.64 分，均值为 3.71，标准差为 0.37；其他性质单位被试政治认同指数的得分在 1.64—4.78 分，均值为 3.67，标准差为 0.39。

2016 年问卷调查结果显示，国家机关被试政治认同指数的得分在 2.33—4.63 分，均值为 3.78，标准差为 0.42；国营单位被试政治认同指数的得分在 2.17—4.68 分，均值为 3.64，标准差为 0.38；民营单位被试政治认同指数的得分在 2.31—4.89 分，均值为 3.59，标准差为 0.43；组织社团被试政治认同指数的得分在 2.67—4.90 分，均值为 3.69，标准差为 0.40；其他性质单位被试政治认同指数的得分在 1.83—4.83 分，均值为 3.63，标准差为 0.37。

对不同单位性质被试政治认同指数的差异性进行方差分析（见表 9-25-1、表 9-25-2、表 9-25-3 和图 9-25），2012 年问卷调查显示不同单位性质被试的政治认同指数之间差异显著，$F = 12.975$，$p < 0.001$，民营单位被试（$M = 3.61$，$SD = 0.42$）的得分显著低于国家机关被试（$M = 3.75$，$SD = 0.44$）、国营单位被试（$M = 3.72$，$SD = 0.43$）、组织社团被试（$M = 3.71$，$SD = 0.37$）和其他性质单位被试（$M = 3.67$，$SD = 0.39$）；其他性质单位被试的得分显著低于国家机关、国营单位、组织社团被试；国家机关、国营单位、组织社团三种被试相互间的得分差异均不显著。2016 年问卷调查也显示不同单位性质被试的政治认同指数之间差异显著，$F = 11.794$，$p < 0.001$，国家机关被试（$M = 3.78$，$SD = 0.42$）的得分显著高于国营单位被试（$M = 3.64$，$SD = 0.38$）、民营单位被试（$M = 3.59$，$SD = 0.43$）、组织社团被试（$M = 3.69$，

$SD = 0.40$）和其他性质单位被试（$M = 3.63$，$SD = 0.37$）；民营单位被试的得分显著低于国营单位、组织社团、其他性质单位被试；其他性质单位被试的得分显著低于组织社团被试，与国营单位被试之间的得分差异不显著；组织社团被试与国营单位被试之间的得分差异不显著。

通过比较可以看出，2016 年不仅延续了 2012 年一种被试（民营单位被试）政治认同指数显著低于另四种被试的现象，还出现了一种被试（国家机关被试）政治认同指数显著高于另四种被试的现象。

表 9 - 25 - 1　　不同单位性质被试政治认同指数的差异比较

2012 年问卷调查		N	均值	标准差	标准误	95% 置信区间		极小值	极大值
						下限	上限		
政治认同指数	国家机关	162	3.7499	0.43674	0.03431	3.6822	3.8177	2.21	4.64
	国营单位	940	3.7223	0.42532	0.01387	3.6951	3.7496	2.11	4.64
	民营单位	950	3.6091	0.41979	0.01362	3.5824	3.6359	2.06	4.68
	组织社团	756	3.7090	0.37071	0.01348	3.6826	3.7355	2.36	4.64
	其他性质	3224	3.6672	0.38639	0.00681	3.6538	3.6805	1.64	4.78
	总数	6032	3.6741	0.39917	0.00514	3.6640	3.6842	1.64	4.78

2016 年问卷调查		N	均值	标准差	标准误	95% 置信区间		极小值	极大值
						下限	上限		
政治认同指数	国家机关	161	3.7758	0.41737	0.03289	3.7108	3.8408	2.33	4.63
	国营单位	811	3.6426	0.38376	0.01348	3.6161	3.6690	2.17	4.68
	民营单位	1430	3.5885	0.42836	0.01133	3.5663	3.6108	2.31	4.89
	组织社团	336	3.6856	0.39518	0.02156	3.6431	3.7280	2.67	4.90
	其他性质	3803	3.6320	0.36862	0.00598	3.6203	3.6437	1.83	4.83
	总数	6541	3.6301	0.38816	0.00480	3.6207	3.6395	1.83	4.90

表9-25-2 不同单位性质被试政治认同指数的方差分析结果

2012 年问卷调查		平方和	df	均方	F	显著性
政治认同指数	组间	8.204	4	2.051	12.975	0.000
	组内	952.746	6027	0.158		
	总数	960.951	6031			
2016 年问卷调查		平方和	df	均方	F	显著性
政治认同指数	组间	7.062	4	1.765	11.794	0.000
	组内	978.312	6536	0.150		
	总数	985.374	6540			

表9-25-3 不同单位性质被试政治认同指数的多重比较

2012 年问卷调查	(I) 单位	(J) 单位	均值差 (I-J)	标准误	显著性	95% 置信区间 下限	上限
政治认同指数	国家机关	国营单位	0.02759	0.03382	0.415	-0.0387	0.0939
		民营单位	0.14078 *	0.03380	0.000	0.0745	0.2070
		组织社团	0.04088	0.03442	0.235	-0.0266	0.1084
		其他性质	0.08276 *	0.03201	0.010	0.0200	0.1455
	国营单位	国家机关	-0.02759	0.03382	0.415	-0.0939	0.0387
		民营单位	0.11319 *	0.01829	0.000	0.0773	0.1490
		组织社团	0.01329	0.01942	0.494	-0.0248	0.0514
		其他性质	0.05517 *	0.01474	0.000	0.0263	0.0841
	民营单位	国家机关	-0.14078 *	0.03380	0.000	-0.2070	-0.0745
		国营单位	-0.11319 *	0.01829	0.000	-0.1490	-0.0773
		组织社团	-0.09989 *	0.01938	0.000	-0.1379	-0.0619
		其他性质	-0.05802 *	0.01468	0.000	-0.0868	-0.0292
	组织社团	国家机关	-0.04088	0.03442	0.235	-0.1084	0.0266
		国营单位	-0.01329	0.01942	0.494	-0.0514	0.0248
		民营单位	0.09989 *	0.01938	0.000	0.0619	0.1379
		其他性质	0.04187 *	0.01607	0.009	0.0104	0.0734
	其它性质	国家机关	-0.08276 *	0.03201	0.010	-0.1455	-0.0200
		国营单位	-0.05517 *	0.01474	0.000	-0.0841	-0.0263
		民营单位	0.05802 *	0.01468	0.000	0.0292	0.0868
		组织社团	-0.04187 *	0.01607	0.009	-0.0734	-0.0104

续表

2016 年问卷调查	（I）单位	（J）单位	均值差（I－J）	标准误	显著性	95% 置信区间	
						下限	上限
政治认同指数	国家机关	国营单位	0.13324 *	0.03338	0.000	0.0678	0.1987
		民营单位	0.18726 *	0.03216	0.000	0.1242	0.2503
		组织社团	0.09024 *	0.03708	0.015	0.0175	0.1629
		其他性质	0.14379 *	0.03113	0.000	0.0828	0.2048
	国营单位	国家机关	－ 0.13324 *	0.03338	0.000	－ 0.1987	－ 0.0678
		民营单位	0.05402 *	0.01701	0.001	0.0207	0.0874
		组织社团	－ 0.04300	0.02510	0.087	－ 0.0922	0.0062
		其他性质	0.01055	0.01496	0.481	－ 0.0188	0.0399
	民营单位	国家机关	－ 0.18726 *	0.03216	0.000	－ 0.2503	－ 0.1242
		国营单位	－ 0.05402 *	0.01701	0.001	－ 0.0874	－ 0.0207
		组织社团	－ 0.09703 *	0.02346	0.000	－ 0.1430	－ 0.0510
		其他性质	－ 0.04348 *	0.01200	0.000	－ 0.0670	－ 0.0199
	组织社团	国家机关	－ 0.09024 *	0.03708	0.015	－ 0.1629	－ 0.0175
		国营单位	0.04300	0.02510	0.087	－ 0.0062	0.0922
		民营单位	0.09703 *	0.02346	0.000	0.0510	0.1430
		其他性质	0.05355 *	0.02202	0.015	0.0104	0.0967
	其他性质	国家机关	－ 0.14379 *	0.03113	0.000	－ 0.2048	－ 0.0828
		国营单位	－ 0.01055	0.01496	0.481	－ 0.0399	0.0188
		民营单位	0.04348 *	0.01200	0.000	0.0199	0.0670
		组织社团	－ 0.05355 *	0.02202	0.015	－ 0.0967	－ 0.0104

＊. 均值差的显著性水平为 0.05

(分)

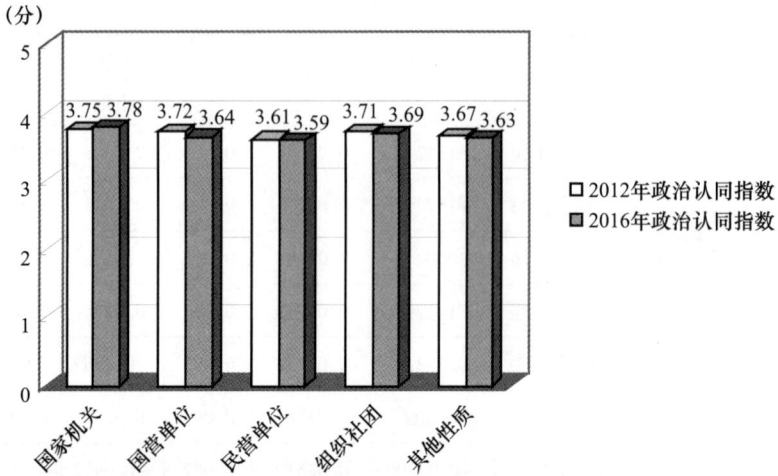

图 9 - 25　不同单位性质被试的政治认同指数比较

2016 年不同单位性质被试的政治认同指数与 2012 年相比，国家机关被试上升 0.03 分，国营单位被试下降 0.08 分，民营单位被试下降 0.02 分，组织社团被试下降 0.02 分，其他性质单位被试下降 0.04 分（见表 9 - 25 - 4）。国家机关被试的得分上升和另四种被试得分的下降，凸显了国家机关的得分优势。民营单位被试得分下降的幅度尽管不大，但由于原来得分偏低，因此未能改变政治认同指数显著低于另四种被试的状态。

表 9 - 25 - 4　不同单位性质被试政治认同指数的变化

项目	2012 年问卷调查	2016 年问卷调查	2016 年比 2012 年增减
国家机关	3.75	3.78	+ 0.03
国营单位	3.72	3.64	- 0.08
民营单位	3.61	3.59	- 0.02
组织社团	3.71	3.69	- 0.02
其他性质	3.67	3.63	- 0.04

（二）不同单位性质被试的危机压力指数比较

2012 年问卷调查结果显示，国家机关被试危机压力指数的得分在 2.35—4.78 分，均值为 3.33，标准差为 0.45；国营单位被试危机压力指数的得分在 1.88—4.72 分，均值为 3.30，标准差为 0.49；民营单位被试危机压力指数的得分在 1.86—4.64 分，均值为 3.20，标准差为 0.46；组织社团被试危机压力指数的得分在 1.81—4.57 分，均值为 3.24，标准差为 0.44；其他性质单位被试危机压力指数的得分在 1.50—4.78 分，均值为 3.23，标准差为 0.42。

2016 年问卷调查结果显示，国家机关被试危机压力指数的得分在 2.44—4.53 分，均值为 3.25，标准差为 0.42；国营单位被试危机压力指数的得分在 2.33—4.61 分，均值为 3.15，标准差为 0.41；民营单位被试危机压力指数的得分在 1.94—4.78 分，均值为 3.17，标准差为 0.47；组织社团被试危机压力指数的得分在 1.86—4.56 分，均值为 3.17，标准差为 0.45；其他性质单位被试危机压力指数的得分在 1.81—4.72 分，均值为 3.15，标准差为 0.39。

对不同单位性质被试危机压力指数的差异性进行方差分析（见表 9 - 26 - 1、表 9 - 26 - 2、表 9 - 26 - 3 和图 9 - 26），2012 年问卷调查显示不同单位性质被试的危机压力指数之间差异显著，$F = 9.253$，$p < 0.001$，民营单位被试（$M = 3.20$，$SD = 0.46$）的得分显著低于国家机关被试（$M = 3.33$，$SD = 0.45$）、国营单位被试（$M = 3.30$，$SD = 0.49$）、组织社团被试（$M = 3.24$，$SD = 0.44$）和其他性质单位被试（$M = 3.23$，$SD = 0.42$）；国家机关被试的得分显著高于组织社团、其他性质单位被试，与国营单位被试之间的得分差异不显著；国营单位被试的得分显著高于组织社团、其他性质单位被试；组织社团被试与其他性质单位被试之间的得分差异不显著。2016 年问卷调查也显示不同单位性质被试的危机压力指数之间差异显著，$F = 3.127$，$p < 0.05$，国家机关被试（$M = 3.25$，$SD = 0.42$）的得分显著高于国营单位被试（$M = 3.15$，$SD = 0.41$）、民营单位被试（$M = 3.17$，$SD = 0.47$）、组织社团被试（$M = 3.17$，$SD = 0.45$）和其他性质单位被试（$M = 3.15$，$SD = 0.39$）；民营单位、国营单位、组织社团、其他性质单位四种被试两两之间的得分差异均不显著。

表 9 - 26 - 1　　　不同单位性质被试危机压力指数的差异比较

2012 年问卷调查		N	均值	标准差	标准误	95% 置信区间		极小值	极大值
						下限	上限		
危机压力指数	国家机关	165	3.3288	0.44592	0.03472	3.2602	3.3973	2.35	4.78
	国营单位	939	3.3032	0.49111	0.01603	3.2718	3.3347	1.88	4.72
	民营单位	953	3.1957	0.46340	0.01501	3.1663	3.2252	1.86	4.64
	组织社团	757	3.2439	0.43757	0.01590	3.2127	3.2751	1.81	4.57
	其他性质	3223	3.2297	0.42319	0.00745	3.2151	3.2444	1.50	4.78
	总数	6037	3.2403	0.44445	0.00572	3.2291	3.2515	1.50	4.78
2016 年问卷调查		N	均值	标准差	标准误	95% 置信区间		极小值	极大值
						下限	上限		
危机压力指数	国家机关	162	3.2509	0.41978	0.03298	3.1858	3.3161	2.44	4.53
	国营单位	811	3.1516	0.40517	0.01423	3.1237	3.1796	2.33	4.61
	民营单位	1423	3.1702	0.46666	0.01237	3.1459	3.1944	1.94	4.78
	组织社团	336	3.1679	0.44512	0.02428	3.1201	3.2157	1.86	4.56
	其他性质	3783	3.1465	0.39186	0.00637	3.1340	3.1590	1.81	4.72
	总数	6515	3.1560	0.41471	0.00514	3.1460	3.1661	1.81	4.78

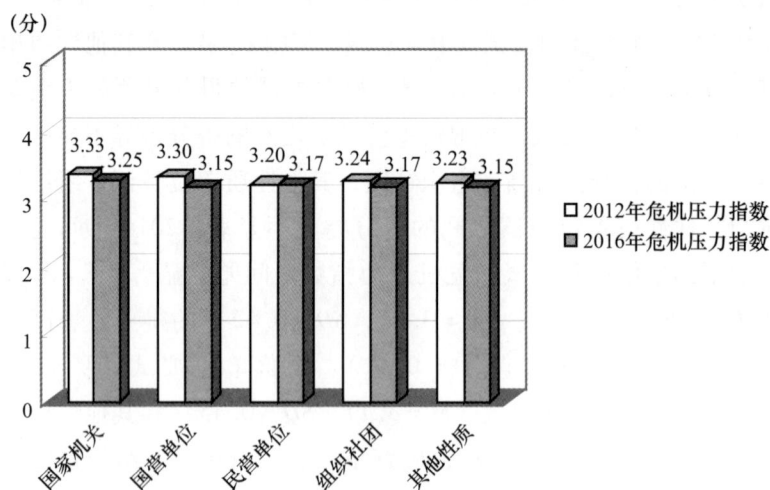

图 9 - 26　不同单位性质被试的危机压力指数比较

表9-26-2　不同单位性质被试危机压力指数的方差分析结果

2012 年问卷调查		平方和	df	均方	F	显著性
危机压力指数	组间	7.271	4	1.818	9.253	0.000
	组内	1185.056	6032	0.196		
	总数	1192.327	6036			
2016 年问卷调查		平方和	df	均方	F	显著性
危机压力指数	组间	2.148	4	0.537	3.127	0.014
	组内	1118.132	6510	0.172		
	总数	1120.280	6514			

表9-26-3　　不同单位性质被试危机压力指数的多重比较

2012 年问卷调查	(I) 单位	(J) 单位	均值差 (I-J)	标准误	显著性	95% 置信区间	
						下限	上限
危机压力指数	国家机关	国营单位	0.02558	0.03742	0.494	-0.0478	0.0989
		民营单位	0.13308 *	0.03737	0.000	0.0598	0.2063
		组织社团	0.08486 *	0.03808	0.026	0.0102	0.1595
		其他性质	0.09905 *	0.03538	0.005	0.0297	0.1684
	国营单位	国家机关	-0.02558	0.03742	0.494	-0.0989	0.0478
		民营单位	0.10749 *	0.02038	0.000	0.0675	0.1474
		组织社团	0.05928 *	0.02165	0.006	0.0168	0.1017
		其他性质	0.07346 *	0.01644	0.000	0.0412	0.1057
	民营单位	国家机关	-0.13308 *	0.03737	0.000	-0.2063	-0.0598
		国营单位	-0.10749 *	0.02038	0.000	-0.1474	-0.0675
		组织社团	-0.04821 *	0.02158	0.026	-0.0905	-0.0059
		其他性质	-0.03403 *	0.01634	0.037	-0.0661	-0.0020
	组织社团	国家机关	-0.08486 *	0.03808	0.026	-0.1595	-0.0102
		国营单位	-0.05928 *	0.02165	0.006	-0.1017	-0.0168
		民营单位	0.04821 *	0.02158	0.026	0.0059	0.0905
		其他性质	0.01419	0.01790	0.428	-0.0209	0.0493
	其他性质	国家机关	-0.09905 *	0.03538	0.005	-0.1684	-0.0297
		国营单位	-0.07346 *	0.01644	0.000	-0.1057	-0.0412
		民营单位	0.03403 *	0.01634	0.037	0.0020	0.0661
		组织社团	-0.01419	0.01790	0.428	-0.0493	0.0209

续表

2016 年问卷调查	（I）单位	（J）单位	均值差（I−J）	标准误	显著性	95%置信区间 下限	95%置信区间 上限
危机压力指数	国家机关	国营单位	0.09931*	0.03567	0.005	0.0294	0.1692
		民营单位	0.08076*	0.03436	0.019	0.0134	0.1481
		组织社团	0.08304*	0.03964	0.036	0.0053	0.1607
		其他性质	0.10441*	0.03325	0.002	0.0392	0.1696
	国营单位	国家机关	−0.09931*	0.03567	0.005	−0.1692	−0.0294
		民营单位	−0.01855	0.01823	0.309	−0.0543	0.0172
		组织社团	−0.01628	0.02689	0.545	−0.0690	0.0364
		其他性质	0.00509	0.01604	0.751	−0.0263	0.0365
	民营单位	国家机关	−0.08076*	0.03436	0.019	−0.1481	−0.0134
		国营单位	0.01855	0.01823	0.309	−0.0172	0.0543
		组织社团	0.00227	0.02514	0.928	−0.0470	0.0516
		其他性质	0.02364	0.01289	0.067	−0.0016	0.0489
	组织社团	国家机关	−0.08304*	0.03964	0.036	−0.1607	−0.0053
		国营单位	0.01628	0.02689	0.545	−0.0364	0.0690
		民营单位	−0.00227	0.02514	0.928	−0.0516	0.0470
		其他性质	0.02137	0.02359	0.365	−0.0249	0.0676
	其他性质	国家机关	−0.10441*	0.03325	0.002	−0.1696	−0.0392
		国营单位	−0.00509	0.01604	0.751	−0.0365	0.0263
		民营单位	−0.02364	0.01289	0.067	−0.0489	0.0016
		组织社团	−0.02137	0.02359	0.365	−0.0676	0.0249

*. 均值差的显著性水平为 0.05

通过比较可以看出，不同单位性质被试危机压力指数的重要变化，是由 2012 年的一种被试（民营单位被试）危机压力指数显著低于另四种被试，变成了 2016 年的一种被试（国家机关被试）危机压力指数显著高于另四种被试。

2016 年不同单位性质被试的危机压力指数与 2012 年相比，国家机关被试下降 0.08 分；国营单位被试下降 0.15 分；民营单位被试下降 0.03 分；组织社团被试下降 0.07 分；其他性质单位被试下降 0.08 分（见表 9−26−4）。民营单位得分下降的幅度小于其他四种被试，使其不再是危机压力指数的最低得分者。国营单位被试得分的较大幅度下降，使其与国家机关被试的得分差异由不显著变成了显著，并将国家机关被试危机压力指数显著高于三种被试变成了显著高于四种被试。

表 9 - 26 - 4　　　　不同单位性质被试危机压力指数的变化

项目	2012 年问卷调查	2016 年问卷调查	2016 年比 2012 年增减
国家机关	3.33	3.25	- 0.08
国营单位	3.30	3.15	- 0.15
民营单位	3.20	3.17	- 0.03
组织社团	3.24	3.17	- 0.07
其他性质	3.23	3.15	- 0.08

（三）不同单位性质被试的政治文化指数比较

2012 年问卷调查结果显示，国家机关被试政治文化指数的得分在 2.38—4.63 分，均值为 3.55，标准差为 0.39；国营单位被试政治文化指数的得分在 2.22—4.57 分，均值为 3.51，标准差为 0.40；民营单位被试政治文化指数的得分在 2.14—4.44 分，均值为 3.40，标准差为 0.39；组织社团被试政治文化指数的得分在 2.24—4.56 分，均值 3.48，标准差为 0.35；其他性质单位被试政治文化指数的得分在 1.81—4.60 分，均值为 3.45，标准差为 0.34。

2016 年问卷调查结果显示，国家机关被试政治文化指数的得分在 2.78—4.52 分，均值为 3.51，标准差为 0.37；国营单位被试政治文化指数的得分在 2.54—4.64 分，均值为 3.40，标准差为 0.35；民营单位被试政治文化指数的得分在 2.40—4.69 分，均值为 3.38，标准差为 0.41；组织社团被试政治文化指数的得分在 2.67—4.59 分，均值为 3.43，标准差为 0.37；其他性质单位被试政治文化指数的得分在 2.22—4.64 分，均值为 3.39，标准差为 0.33。

对不同单位性质被试政治文化指数的差异性进行方差分析（见表 9 - 27 - 1、表 9 - 27 - 2、表 9 - 27 - 3 和图 9 - 27），2012 年问卷调查显示不同单位性质被试的政治文化指数之间差异显著，$F = 13.763$，$p < 0.001$，民营单位被试（$M = 3.40$，$SD = 0.39$）的得

分显著低于国家机关被试（$M = 3.55$，$SD = 0.39$）、国营单位被试（$M = 3.51$，$SD = 0.40$）、组织社团被试（$M = 3.48$，$SD = 0.35$）和其他性质单位被试（$M = 3.45$，$SD = 0.34$）；国家机关被试的得分显著高于组织社团、其他性质单位被试，与国营单位被试之间的得分差异不显著；国营单位被试的得分显著高于组织社团、其他性质单位被试；组织社团被试与其他性质单位被试之间的得分差异不显著。2016年问卷调查也显示不同单位性质被试的政治文化指数之间差异显著，$F = 5.984$，$p < 0.001$，国家机关被试（$M = 3.51$，$SD = 0.37$）的得分显著高于国营单位被试（$M = 3.40$，$SD = 0.35$）、民营单位被试（$M = 3.38$，$SD = 0.41$）、组织社团被试（$M = 3.43$，$SD = 0.37$）和其他性质单位被试（$M = 3.39$，$SD = 0.33$）；民营单位被试的得分显著低于组织社团被试，与国营单位、其他性质单位被试之间的得分差异不显著；国营单位、组织社团、其他性质单位三种被试相互间的得分差异均不显著。

通过比较可以看出，不同单位性质被试政治文化指数的重要变化，是由2012年的一种被试（民营单位被试）政治文化指数显著低于另四种被试，变成了2016年的一种被试（国家机关被试）政治文化指数显著高于另四种被试。

表 9 – 27 – 1　　不同单位性质被试政治文化指数的差异比较

2012 年问卷调查		N	均值	标准差	标准误	95% 置信区间		极小值	极大值
						下限	上限		
政治文化指数	国家机关	161	3.5450	0.39097	0.03081	3.4841	3.6058	2.38	4.63
	国营单位	933	3.5114	0.40448	0.01324	3.4855	3.5374	2.22	4.57
	民营单位	946	3.4023	0.38960	0.01267	3.3775	3.4272	2.14	4.44
	组织社团	753	3.4765	0.34750	0.01266	3.4516	3.5013	2.24	4.56
	其他性质	3201	3.4501	0.34468	0.00609	3.4381	3.4620	1.81	4.60
	总数	5994	3.4579	0.36505	0.00472	3.4487	3.4672	1.81	4.63

续表

2016 年问卷调查		N	均值	标准差	标准误	95% 置信区间		极小值	极大值
						下限	上限		
政治文化指数	国家机关	161	3.5136	0.36748	0.02896	3.4564	3.5708	2.78	4.52
	国营单位	808	3.3975	0.34586	0.01217	3.3736	3.4214	2.54	4.64
	民营单位	1414	3.3817	0.40761	0.01084	3.3604	3.4029	2.40	4.69
	组织社团	333	3.4282	0.37320	0.02045	3.3879	3.4684	2.67	4.59
	其他性质	3763	3.3901	0.32847	0.00535	3.3796	3.4006	2.22	4.64
	总数	6479	3.3942	0.35318	0.00439	3.3856	3.4028	2.22	4.69

表 9 - 27 - 2　　不同单位性质被试政治文化指数的方差分析结果

2012 年问卷调查		平方和	df	均方	F	显著性
政治文化指数	组间	7.274	4	1.819	13.763	0.000
	组内	791.362	5989	0.132		
	总数	798.636	5993			

2016 年问卷调查		平方和	df	均方	F	显著性
政治文化指数	组间	2.976	4	0.744	5.984	0.000
	组内	805.049	6474	0.124		
	总数	808.026	6478			

2016 年不同单位性质被试的政治文化指数与 2012 年相比，国家机关被试下降 0.04 分，国营单位被试下降 0.11 分，民营单位被试下降 0.02 分，组织社团被试下降 0.05 分，其他性质单位被试下降 0.06 分（见表 9 - 27 - 4）。国营单位被试得分的较大幅度下降，使其与国家机关被试的得分差异由不显著变成了显著，并将国家机关被试政治文化指数显著高于三种被试变成了显著高于四种被试。

表9－27－3　　　　不同单位性质被试政治文化指数的多重比较

2012 年问卷调查	（I）单位	（J）单位	均值差（I－J）	标准误	显著性	95% 置信区间	
						下限	上限
政治文化指数	国家机关	国营单位	0.03354	0.03102	0.280	－ 0.0273	0.0944
		民营单位	0.14266 *	0.03099	0.000	0.0819	0.2034
		组织社团	0.06852 *	0.03156	0.030	0.0066	0.1304
		其他性质	0.09493 *	0.02936	0.001	0.0374	0.1525
	国营单位	国家机关	－ 0.03354	0.03102	0.280	－ 0.0944	0.0273
		民营单位	0.10912 *	0.01677	0.000	0.0762	0.1420
		组织社团	0.03498 *	0.01781	0.050	0.0001	0.0699
		其他性质	0.06139 *	0.01352	0.000	0.0349	0.0879
	民营单位	国家机关	－ 0.14266 *	0.03099	0.000	－ 0.2034	－ 0.0819
		国营单位	－ 0.10912 *	0.01677	0.000	－ 0.1420	－ 0.0762
		组织社团	－ 0.07413 *	0.01775	0.000	－ 0.1089	－ 0.0393
		其他性质	－ 0.04772 *	0.01345	0.000	－ 0.0741	－ 0.0214
	组织社团	国家机关	－ 0.06852 *	0.03156	0.030	－ 0.1304	－ 0.0066
		国营单位	－ 0.03498 *	0.01781	0.050	－ 0.0699	－ 0.0001
		民营单位	0.07413 *	0.01775	0.000	0.0393	0.1089
		其他性质	0.02641	0.01472	0.073	－ 0.0025	0.0553
	其他性质	国家机关	－ 0.09493 *	0.02936	0.001	－ 0.1525	－ 0.0374
		国营单位	－ 0.06139 *	0.01352	0.000	－ 0.0879	－ 0.0349
		民营单位	0.04772 *	0.01345	0.000	0.0214	0.0741
		组织社团	－ 0.02641	0.01472	0.073	－ 0.0553	0.0025

2016年问卷调查	（I）单位	（J）单位	均值差（I－J）	标准误	显著性	95% 置信区间	
						下限	上限
政治文化指数	国家机关	国营单位	0.11615 *	0.03043	0.000	0.0565	0.1758
		民营单位	0.13198 *	0.02933	0.000	0.0745	0.1895
		组织社团	0.08547 *	0.03385	0.012	0.0191	0.1518
		其他性质	0.12357 *	0.02838	0.000	0.0679	0.1792
	国营单位	国家机关	－ 0.11615 *	0.03043	0.000	－ 0.1758	－ 0.0565
		民营单位	0.01583	0.01555	0.309	－ 0.0147	0.0463
		组织社团	－ 0.03067	0.02296	0.182	－ 0.0757	0.0143
		其他性质	0.00743	0.01367	0.587	－ 0.0194	0.0342
	民营单位	国家机关	－ 0.13198 *	0.02933	0.000	－ 0.1895	－ 0.0745
		国营单位	－ 0.01583	0.01555	0.309	－ 0.0463	0.0147
		组织社团	－ 0.04650 *	0.02148	0.030	－ 0.0886	－ 0.0044
		其他性质	－ 0.00840	0.01100	0.445	－ 0.0300	0.0132
	组织社团	国家机关	－ 0.08547 *	0.03385	0.012	－ 0.1518	－ 0.0191
		国营单位	0.03067	0.02296	0.182	－ 0.0143	0.0757
		民营单位	0.04650 *	0.02148	0.030	0.0044	0.0886
		其他性质	0.03810	0.02016	0.059	－ 0.0014	0.0776
	其他性质	国家机关	－ 0.12357 *	0.02838	0.000	－ 0.1792	－ 0.0679
		国营单位	－ 0.00743	0.01367	0.587	－ 0.0342	0.0194
		民营单位	0.00840	0.01100	0.445	－ 0.0132	0.0300
		组织社团	－ 0.03810	0.02016	0.059	－ 0.0776	0.0014

＊．均值差的显著性水平为 0.05

（分）

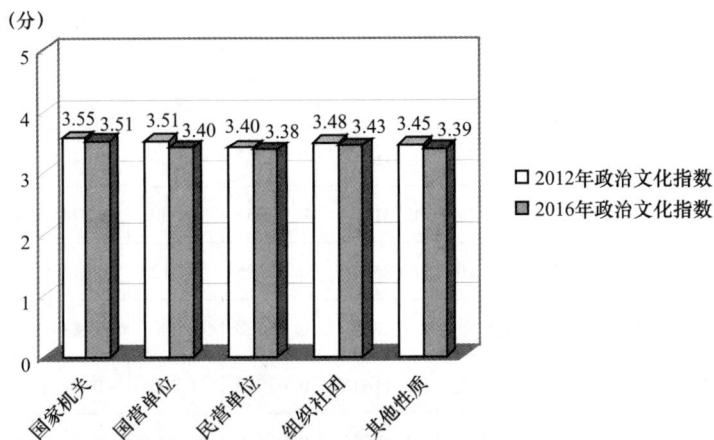

图9-27　不同单位性质被试的政治文化指数比较

表9-27-4　　　　不同单位性质被试政治文化指数的变化

项目	2012年问卷调查	2016年问卷调查	2016年比2012年增减
国家机关	3.55	3.51	-0.04
国营单位	3.51	3.40	-0.11
民营单位	3.40	3.38	-0.02
组织社团	3.48	3.43	-0.05
其他性质	3.45	3.39	-0.06

从两次问卷调查的结果可以看出，在政治文化指数上存在着显著的单位差异，主要的表现是在五种单位中，国家机关被试的政治认同指数、危机压力指数和综合性的政治文化指数都是最高的，并且有一些重要的变化：政治认同指数由2012年的显著高于两种单位被试变成了2016年显著高于另四种单位被试；危机压力指数和综合性的政治文化指数都由2012年的显著高于三种单位被试变成了2016年显著高于另四种单位被试。此外还需要注意的是，民营单位被试的政治认同指数两次调查都显著低于另四种单位被试，危机压力指数和综合性的政治文化指数则在2012年的调查中显著低于另四种单位被试，但

是 2016 年未再延续这样的现象。

十　政治文化指数的差异比较：收入

根据 2012 年和 2016 年两次问卷调查的数据，可以对不同收入被试的政治文化指数情况作综合性的说明。

（一）不同收入被试的政治认同指数比较

2012 年问卷调查结果显示，低收入被试（月可支配平均收入 500 元及以下）政治认同指数的得分在 1.64—4.78 分，均值为 3.68，标准差为 0.39；较低收入被试（月可支配平均收入 501—1500 元）政治认同指数的得分在 2.19—4.68 分，均值为 3.69，标准差为 0.37；中低收入被试（月可支配平均收入 1501—2500 元）政治认同指数的得分在 2.24—4.68 分，均值为 3.67，标准差为 0.40；中高收入被试（月可支配平均收入 2501—3500 元）政治认同指数的得分在 2.13—4.64 分，均值为 3.66，标准差为 0.45；较高收入被试（月可支配平均收入 3501—5000 元）政治认同指数的得分在 2.06—4.64 分，均值为 3.65，标准差为 0.43；高收入被试（月可支配平均收入 5001 元及以上）政治认同指数的得分在 2.15—4.58 分，均值为 3.64，标准差为 0.40。

2016 年问卷调查结果显示，低收入被试政治认同指数的得分在 2.28—4.72 分，均值为 3.66，标准差为 0.37；较低收入被试政治认同指数的得分在 1.83—4.90 分，均值为 3.63，标准差为 0.36；中低收入被试政治认同指数的得分在 2.42—4.83 分，均值为 3.62，标准差为 0.39；中高收入被试政治认同指数的得分在 2.32—4.89 分，均值为 3.62，标准差为 0.42；较高收入被试政治认同指数的得分在 2.31—4.74 分，均值为 3.62，标准差为 0.40；高收入被试政治认同指数的得分在 2.17—4.78 分，均值为 3.63，标准差为 0.41。

对不同收入被试政治认同指数的差异性进行方差分析（见表 9-28-1、表 9-28-2、表 9-28-3、表 9-28-4 和图 9-28），

2012 年问卷调查显示不同收入被试的政治认同指数之间的差异未达到显著水平。2016 年问卷调查也显示不同收入被试的政治认同指数之间的差异未达到显著水平，但是低收入被试（$M = 3.66$，$SD = 0.37$）的得分显著高于较低收入被试（$M = 3.63$，$SD = 0.36$）、中低收入被试（$M = 3.62$，$SD = 0.39$）、中高收入被试（$M = 3.62$，$SD = 0.42$）、较高收入被试（$M = 3.62$，$SD = 0.40$），与高收入被试（$M = 3.63$，$SD = 0.41$）之间的得分差异不显著。

表 9 - 28 - 1　　　　不同收入被试政治认同指数的差异比较

2012 年问卷调查		N	均值	标准差	标准误	95% 置信区间		极小值	极大值
						下限	上限		
政治认同指数	低收入	2001	3.6796	0.38772	0.00867	3.6626	3.6966	1.64	4.78
	较低收入	1571	3.6883	0.37379	0.00943	3.6698	3.7068	2.19	4.68
	中低收入	1230	3.6658	0.40259	0.01148	3.6433	3.6883	2.24	4.68
	中高收入	685	3.6555	0.44839	0.01713	3.6219	3.6892	2.13	4.64
	较高收入	424	3.6506	0.43436	0.02109	3.6091	3.6920	2.06	4.64
	高收入	184	3.6418	0.40027	0.02951	3.5836	3.7001	2.15	4.58
	总数	6095	3.6732	0.39834	0.00510	3.6632	3.6832	1.64	4.78
2016 年问卷调查		N	均值	标准差	标准误	95% 置信区间		极小值	极大值
						下限	上限		
政治认同指数	低收入	1412	3.6566	0.36991	0.00984	3.6373	3.6759	2.28	4.72
	较低收入	1417	3.6258	0.36114	0.00959	3.6070	3.6447	1.83	4.90
	中低收入	1396	3.6198	0.38970	0.01043	3.5993	3.6402	2.42	4.83
	中高收入	1167	3.6247	0.42289	0.01238	3.6004	3.6490	2.32	4.89
	较高收入	829	3.6178	0.39931	0.01387	3.5906	3.6450	2.31	4.74
	高收入	323	3.6299	0.40971	0.02280	3.5850	3.6747	2.17	4.78
	总数	6544	3.6302	0.38810	0.00480	3.6208	3.6396	1.83	4.90

表9-28-2　　不同收入被试政治认同指数的方差分析结果

2012 年问卷调查		平方和	df	均方	F	显著性
政治认同指数	组间	1.123	5	0.225	1.416	0.215
	组内	965.841	6089	0.159		
	总数	966.964	6094			
2016 年问卷调查		平方和	df	均方	F	显著性
政治认同指数	组间	1.323	5	0.265	1.757	0.118
	组内	984.192	6538	0.151		
	总数	985.515	6543			

表9-28-3　　不同收入被试政治认同指数的多重比较（2012 年）

因变量	（I）收入	（J）收入	均值差（I-J）	标准误	显著性	95% 置信区间 下限	95% 置信区间 上限
政治认同指数	低收入	较低收入	-0.00871	0.01343	0.516	-0.0350	0.0176
		中低收入	0.01386	0.01443	0.337	-0.0144	0.0421
		中高收入	0.02412	0.01763	0.171	-0.0104	0.0587
		较高收入	0.02905	0.02129	0.173	-0.0127	0.0708
		高收入	0.03780	0.03068	0.218	-0.0223	0.0979
	较低收入	低收入	0.00871	0.01343	0.516	-0.0176	0.0350
		中低收入	0.02257	0.01516	0.137	-0.0072	0.0523
		中高收入	0.03283	0.01824	0.072	-0.0029	0.0686
		较高收入	0.03776	0.02180	0.083	-0.0050	0.0805
		高收入	0.04651	0.03103	0.134	-0.0143	0.1073
	中低收入	低收入	-0.01386	0.01443	0.337	-0.0421	0.0144
		较低收入	-0.02257	0.01516	0.137	-0.0523	0.0072
		中高收入	0.01026	0.01899	0.589	-0.0270	0.0475
		较高收入	0.01519	0.02243	0.498	-0.0288	0.0592
		高收入	0.02394	0.03148	0.447	-0.0378	0.0857

续表

因变量	（I）收入	（J）收入	均值差（I－J）	标准误	显著性	95% 置信区间 下限	95% 置信区间 上限
政治认同指数	中高收入	低收入	－0.02412	0.01763	0.171	－0.0587	0.0104
		较低收入	－0.03283	0.01824	0.072	－0.0686	0.0029
		中低收入	－0.01026	0.01899	0.589	－0.0475	0.0270
		较高收入	0.00493	0.02461	0.841	－0.0433	0.0532
		高收入	0.01368	0.03307	0.679	－0.0511	0.0785
	较高收入	低收入	－0.02905	0.02129	0.173	－0.0708	0.0127
		较低收入	－0.03776	0.02180	0.083	－0.0805	0.0050
		中低收入	－0.01519	0.02243	0.498	－0.0592	0.0288
		中高收入	－0.00493	0.02461	0.841	－0.0532	0.0433
		高收入	0.00875	0.03516	0.803	－0.0602	0.0777
	高收入	低收入	－0.03780	0.03068	0.218	－0.0979	0.0223
		较低收入	－0.04651	0.03103	0.134	－0.1073	0.0143
		中低收入	－0.02394	0.03148	0.447	－0.0857	0.0378
		中高收入	－0.01368	0.03307	0.679	－0.0785	0.0511
		较高收入	－0.00875	0.03516	0.803	－0.0777	0.0602

＊. 均值差的显著性水平为 0.05

表9－28－4　　不同收入被试政治认同指数的多重比较（2016 年）

因变量	（I）收入	（J）收入	均值差（I－J）	标准误	显著性	95% 置信区间 下限	95% 置信区间 上限
政治认同指数	低收入	较低收入	0.03073 *	0.01459	0.035	0.0021	0.0593
		中低收入	0.03679 *	0.01464	0.012	0.0081	0.0655
		中高收入	0.03184 *	0.01535	0.038	0.0017	0.0619
		较高收入	0.03877 *	0.01698	0.022	0.0055	0.0720
		高收入	0.02671	0.02393	0.264	－0.0202	0.0736

因变量	（I）收入	（J）收入	均值差（I－J）	标准误	显著性	95% 置信区间	
						下限	上限
政治认同指数	较低收入	低收入	－0.03073*	0.01459	0.035	－0.0593	－0.0021
		中低收入	0.00606	0.01463	0.679	－0.0226	0.0347
		中高收入	0.00111	0.01534	0.942	－0.0290	0.0312
		较高收入	0.00804	0.01697	0.636	－0.0252	0.0413
		高收入	－0.00403	0.02392	0.866	－0.0509	0.0429
	中低收入	低收入	－0.03679*	0.01464	0.012	－0.0655	－0.0081
		较低收入	－0.00606	0.01463	0.679	－0.0347	0.0226
		中高收入	－0.00495	0.01539	0.748	－0.0351	0.0252
		较高收入	0.00198	0.01701	0.907	－0.0314	0.0353
		高收入	－0.01008	0.02396	0.674	－0.0570	0.0369
	中高收入	低收入	－0.03184*	0.01535	0.038	－0.0619	－0.0017
		较低收入	－0.00111	0.01534	0.942	－0.0312	0.0290
		中低收入	0.00495	0.01539	0.748	－0.0252	0.0351
		较高收入	0.00693	0.01762	0.694	－0.0276	0.0415
		高收入	－0.00513	0.02439	0.833	－0.0530	0.0427
	较高收入	低收入	－0.03877*	0.01698	0.022	－0.0720	－0.0055
		较低收入	－0.00804	0.01697	0.636	－0.0413	0.0252
		中低收入	－0.00198	0.01701	0.907	－0.0353	0.0314
		中高收入	－0.00693	0.01762	0.694	－0.0415	0.0276
		高收入	－0.01206	0.02545	0.636	－0.0620	0.0378
	高收入	低收入	－0.02671	0.02393	0.264	－0.0736	0.0202
		较低收入	0.00403	0.02392	0.866	－0.0429	0.0509
		中低收入	0.01008	0.02396	0.674	－0.0369	0.0570
		中高收入	0.00513	0.02439	0.833	－0.0427	0.0530
		较高收入	0.01206	0.02545	0.636	－0.0378	0.0620

*. 均值差的显著性水平为 0.05

    2016 年不同职业被试的政治认同指数与 2012 年相比，低收入被试下降 0.02 分，较低收入被试下降 0.06 分，中低收入被试下降 0.05 分，中高收入被试下降 0.04 分，较高收入被试下降 0.03 分，高收入被试下降 0.01 分（见表 9 - 28 - 5）。由于不同收入被试得分的普遍下降并且下降幅度都不是很大，使得政治认同指数差异不显著的现象在 2016 年得以延续。

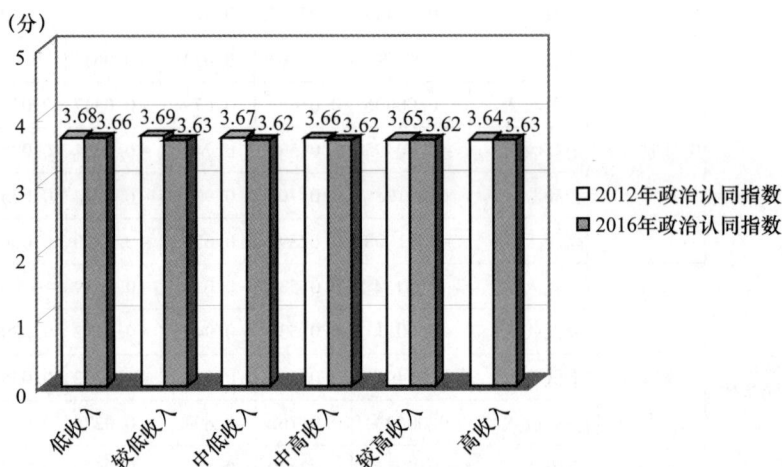

图 9 - 28　不同收入被试的政治认同指数比较

表 9 - 28 - 5　　　　不同收入被试政治认同指数的变化

项目	2012 年问卷调查	2016 年问卷调查	2016 年比 2012 年增减
低收入	3.68	3.66	- 0.02
较低收入	3.69	3.63	- 0.06
中低收入	3.67	3.62	- 0.05
中高收入	3.66	3.62	- 0.04
较高收入	3.65	3.62	- 0.03
高收入	3.64	3.63	- 0.01

（二）不同收入被试的危机压力指数比较

2012 年问卷调查结果显示，低收入被试危机压力指数的得分在 1.51—4.78 分，均值为 3.25，标准差为 0.42；较低收入被试危机压力指数的得分在 1.50—4.61 分，均值为 3.26，标准差为 0.44；中低收入被试危机压力指数的得分在 1.86—4.72 分，均值为 3.22，标准差为 0.46；中高收入被试危机压力指数的得分在 1.88—4.78 分，均值为 3.21，标准差为 0.47；较高收入被试危机压力指数的得分在 2.22—4.50 分，均值为 3.27，标准差为 0.48；高收入被试危机压力指数的得分在 1.78—4.40 分，均值为 3.22，标准差为 0.48。

2016 年问卷调查结果显示，低收入被试危机压力指数的得分在 1.86—4.72 分，均值为 3.16，标准差为 0.39；较低收入被试危机压力指数的得分在 2.03—4.56 分，均值为 3.14，标准差为 0.38；中低收入被试危机压力指数的得分在 2.14—4.67 分，均值为 3.16，标准差为 0.42；中高收入被试危机压力指数的得分在 2.18—4.72 分，均值为 3.20，标准差为 0.46；较高收入被试危机压力指数的得分在 1.81—4.78 分，均值为 3.13，标准差为 0.43；高收入被试危机压力指数的得分在 1.94—4.61 分，均值为 3.14，标准差为 0.45。

对不同收入被试危机压力指数的差异性进行方差分析（见表 9-29-1、表 9-29-2、表 9-29-3、表 9-29-4 和图 9-29），2012 年问卷调查显示不同收入被试危机压力指数之间的差异未达到显著水平，但是中高收入被试（$M = 3.21$，$SD = 0.47$）的得分显著低于较低收入被试（$M = 3.26$，$SD = 0.44$）、较高收入被试（$M = 3.27$，$SD = 0.48$）。2016 年问卷调查则显示不同收入被试的危机压力指数之间差异显著，$F = 3.618$，$p < 0.01$，中高收入被试（$M = 3.20$，$SD = 0.46$）的得分显著高于低收入被试（$M = 3.16$，$SD = 0.39$）、较低收入被试（$M = 3.14$，$SD = 0.38$）、中低收入被试（$M = 3.16$，$SD = 0.42$）、较高收入被试（$M = 3.13$，$SD = 0.43$）、高收入被试（$M = 3.14$，$SD = 0.45$），另五种收入被试两两之间的得分差异均不显著。

表 9 – 29 – 1　　　　　不同收入被试危机压力指数的差异比较

2012 年问卷调查		N	均值	标准差	标准误	95% 置信区间		极小值	极大值
						下限	上限		
危机压力指数	低收入	1998	3.2461	0.41585	0.00930	3.2279	3.2644	1.51	4.78
	较低收入	1572	3.2555	0.44251	0.01116	3.2336	3.2774	1.50	4.61
	中低收入	1234	3.2237	0.45906	0.01307	3.1981	3.2494	1.86	4.72
	中高收入	685	3.2081	0.46555	0.01779	3.1731	3.2430	1.88	4.78
	较高收入	426	3.2659	0.47870	0.02319	3.2203	3.3115	2.22	4.50
	高收入	184	3.2237	0.48414	0.03569	3.1532	3.2941	1.78	4.40
	总数	6099	3.2404	0.44419	0.00569	3.2293	3.2516	1.50	4.78
2016 年问卷调查		N	均值	标准差	标准误	95% 置信区间		极小值	极大值
						下限	上限		
危机压力指数	低收入	1407	3.1557	0.38679	0.01031	3.1355	3.1759	1.86	4.72
	较低收入	1410	3.1387	0.38181	0.01017	3.1188	3.1587	2.03	4.56
	中低收入	1389	3.1559	0.41756	0.01120	3.1339	3.1779	2.14	4.67
	中高收入	1166	3.1988	0.45809	0.01342	3.1725	3.2251	2.18	4.72
	较高收入	823	3.1319	0.42888	0.01495	3.1026	3.1613	1.81	4.78
	高收入	323	3.1416	0.44555	0.02479	3.0928	3.1904	1.94	4.61
	总数	6518	3.1561	0.41464	0.00514	3.1460	3.1662	1.81	4.78

表 9 – 29 – 2　　　　不同收入被试危机压力指数的方差分析结果

2012 年问卷调查		平方和	df	均方	F	显著性
危机压力指数	组间	1.810	5	0.362	1.836	0.102
	组内	1201.328	6093	0.197		
	总数	1203.138	6098			
2016 年问卷调查		平方和	df	均方	F	显著性
危机压力指数	组间	3.104	5	0.621	3.618	0.003
	组内	1117.350	6512	0.172		
	总数	1120.453	6517			

表 9 - 29 - 3　　不同收入被试危机压力指数的多重比较（2012 年）

因变量	（I）收入	（J）收入	均值差（I－J）	标准误	显著性	95% 置信区间	
						下限	上限
危机压力指数	低收入	较低收入	－ 0. 00933	0. 01497	0. 533	－ 0. 0387	0. 0200
		中低收入	0. 02241	0. 01608	0. 163	－ 0. 0091	0. 0539
		中高收入	0. 03807	0. 01966	0. 053	－ 0. 0005	0. 0766
		较高收入	－ 0. 01974	0. 02370	0. 405	－ 0. 0662	0. 0267
		高收入	0. 02249	0. 03421	0. 511	－ 0. 0446	0. 0895
	较低收入	低收入	0. 00933	0. 01497	0. 533	－ 0. 0200	0. 0387
		中低收入	0. 03174	0. 01689	0. 060	－ 0. 0014	0. 0648
		中高收入	0. 04740 *	0. 02033	0. 020	0. 0075	0. 0873
		较高收入	－ 0. 01041	0. 02425	0. 668	－ 0. 0580	0. 0371
		高收入	0. 03181	0. 03460	0. 358	－ 0. 0360	0. 0996
	中低收入	低收入	－ 0. 02241	0. 01608	0. 163	－ 0. 0539	0. 0091
		较低收入	－ 0. 03174	0. 01689	0. 060	－ 0. 0648	0. 0014
		中高收入	0. 01566	0. 02116	0. 459	－ 0. 0258	0. 0571
		较高收入	－ 0. 04215	0. 02495	0. 091	－ 0. 0911	0. 0068
		高收入	0. 00007	0. 03509	0. 998	－ 0. 0687	0. 0689
	中高收入	低收入	－ 0. 03807	0. 01966	0. 053	－ 0. 0766	0. 0005
		较低收入	－ 0. 04740 *	0. 02033	0. 020	－ 0. 0873	－ 0. 0075
		中低收入	－ 0. 01566	0. 02116	0. 459	－ 0. 0571	0. 0258
		较高收入	－ 0. 05781 *	0. 02740	0. 035	－ 0. 1115	－ 0. 0041
		高收入	－ 0. 01559	0. 03687	0. 672	－ 0. 0879	0. 0567
	较高收入	低收入	0. 01974	0. 02370	0. 405	－ 0. 0267	0. 0662
		较低收入	0. 01041	0. 02425	0. 668	－ 0. 0371	0. 0580
		中低收入	0. 04215	0. 02495	0. 091	－ 0. 0068	0. 0911
		中高收入	0. 05781 *	0. 02740	0. 035	0. 0041	0. 1115
		高收入	0. 04222	0. 03917	0. 281	－ 0. 0346	0. 1190
	高收入	低收入	－ 0. 02249	0. 03421	0. 511	－ 0. 0895	0. 0446
		较低收入	－ 0. 03181	0. 03460	0. 358	－ 0. 0996	0. 0360
		中低收入	－ 0. 00007	0. 03509	0. 998	－ 0. 0689	0. 0687
		中高收入	0. 01559	0. 03687	0. 672	－ 0. 0567	0. 0879
		较高收入	－ 0. 04222	0. 03917	0. 281	－ 0. 1190	0. 0346

*．均值差的显著性水平为 0. 05

表 9 - 29 - 4　　不同收入被试危机压力指数的多重比较（2016 年）

因变量	（I）收入	（J）收入	均值差 (I－J)	标准误	显著性	95% 置信区间	
						下限	上限
危机压力指数	低收入	较低收入	0.01699	0.01561	0.276	－ 0.0136	0.0476
		中低收入	－ 0.00021	0.01567	0.989	－ 0.0309	0.0305
		中高收入	－ 0.04313*	0.01640	0.009	－ 0.0753	－ 0.0110
		较高收入	0.02376	0.01818	0.191	－ 0.0119	0.0594
		高收入	0.01410	0.02556	0.581	－ 0.0360	0.0642
	较低收入	低收入	－ 0.01699	0.01561	0.276	－ 0.0476	0.0136
		中低收入	－ 0.01720	0.01566	0.272	－ 0.0479	0.0135
		中高收入	－ 0.06012*	0.01640	0.000	－ 0.0923	－ 0.0280
		较高收入	0.00678	0.01817	0.709	－ 0.0288	0.0424
		高收入	－ 0.00289	0.02555	0.910	－ 0.0530	0.0472
	中低收入	低收入	0.00021	0.01567	0.989	－ 0.0305	0.0309
		较低收入	0.01720	0.01566	0.272	－ 0.0135	0.0479
		中高收入	－ 0.04292*	0.01645	0.009	－ 0.0752	－ 0.0107
		较高收入	0.02397	0.01822	0.188	－ 0.0117	0.0597
		高收入	0.01431	0.02559	0.576	－ 0.0359	0.0645
	中高收入	低收入	0.04313*	0.01640	0.009	0.0110	0.0753
		较低收入	0.06012*	0.01640	0.000	0.0280	0.0923
		中低收入	0.04292*	0.01645	0.009	0.0107	0.0752
		较高收入	0.06689*	0.01886	0.000	0.0299	0.1039
		高收入	0.05723*	0.02605	0.028	0.0062	0.1083
	较高收入	低收入	－ 0.02376	0.01818	0.191	－ 0.0594	0.0119
		较低收入	－ 0.00678	0.01817	0.709	－ 0.0424	0.0288
		中低收入	－ 0.02397	0.01822	0.188	－ 0.0597	0.0117
		中高收入	－ 0.06689*	0.01886	0.000	－ 0.1039	－ 0.0299
		高收入	－ 0.00966	0.02720	0.722	－ 0.0630	0.0437
	高收入	低收入	－ 0.01410	0.02556	0.581	－ 0.0642	0.0360
		较低收入	0.00289	0.02555	0.910	－ 0.0472	0.0530
		中低收入	－ 0.01431	0.02559	0.576	－ 0.0645	0.0359
		中高收入	－ 0.05723*	0.02605	0.028	－ 0.1083	－ 0.0062
		较高收入	0.00966	0.02720	0.722	－ 0.0437	0.0630

＊. 均值差的显著性水平为 0.05

（分）

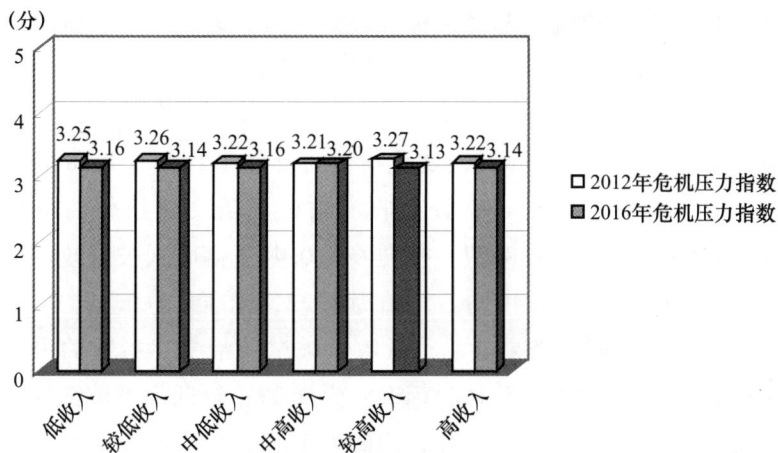

图 9 - 29　不同收入被试的危机压力指数比较

2016 年不同收入被试的危机压力指数与 2012 年相比，低收入被试下降 0.09 分，较低收入被试下降 0.08 分，中低收入被试下降 0.06 分，中高收入被试下降 0.01 分，较高收入被试下降 0.14 分，高收入被试下降 0.08 分（见表 9 - 29 - 5）。由于中高收入被试危机压力指数的得分只是略有下降，另五种收入被试得分都有较大幅度下降，使得中高收入被试的危机压力指数达到了显著高于另五种被试的水平。

表 9 - 29 - 5　　　　不同收入被试危机压力指数的变化

项目	2012 年问卷调查	2016 年问卷调查	2016 年比 2012 年增减
低收入	3.25	3.16	- 0.09
较低收入	3.26	3.14	- 0.08
中低收入	3.22	3.16	- 0.06
中高收入	3.21	3.20	- 0.01
较高收入	3.27	3.13	- 0.14
高收入	3.22	3.14	- 0.08

（三）不同收入被试的政治文化指数比较

2012 年问卷调查结果显示，低收入被试政治文化指数的得分在

1.51—4.78 分，均值为 3.25，标准差为 0.42；较低收入被试政治文化指数的得分在 1.50—4.61 分，均值为 3.26，标准差为 0.44；中低收入被试政治文化指数的得分在 1.86—4.72 分，均值为 3.22，标准差为 0.46；中高收入被试政治文化指数的得分在 1.88—4.78 分，均值为 3.21，标准差为 0.47；较高收入被试政治文化指数的得分在 2.22—4.50 分，均值为 3.27，标准差为 0.48；高收入被试政治文化指数的得分在 1.78—4.40 分，均值为 3.22，标准差为 0.48。

2016 年问卷调查结果显示，低收入被试政治文化指数的得分在 1.86—4.72 分，均值为 3.16，标准差为 0.39；较低收入被试政治文化指数的得分在 2.03—4.56 分，均值为 3.14，标准差为 0.38；中低收入被试政治文化指数的得分在 2.14—4.67 分，均值为 3.16，标准差为 0.42；中高收入被试政治文化指数的得分在 2.18—4.72 分，均值为 3.20，标准差为 0.46；较高收入被试政治文化指数的得分在 1.81—4.78 分，均值为 3.13，标准差为 0.43；高收入被试政治文化指数的得分在 1.94—4.61 分，均值为 3.14，标准差为 0.45。

对不同收入被试政治文化指数的差异性进行方差分析（见表 9 - 30 - 1、表 9 - 30 - 2、表 9 - 30 - 3、表 9 - 30 - 4 和图 9 - 30），2012 年问卷调查显示不同收入被试政治文化指数之间的差异未达到显著水平，但是中高收入被试（$M = 3.43$，$SD = 0.40$）的得分显著高于低收入被试（$M = 3.46$，$SD = 0.34$）、较低收入被试（$M = 3.47$，$SD = 0.35$），较低收入被试的得分显著高于中低收入被试（$M = 3.44$，$SD = 0.38$）。2016 年问卷调查也显示不同收入被试政治文化指数之间的差异未达到显著水平，但是中高收入被试（$M = 3.41$，$SD = 0.40$）的得分显著高于较低收入被试（$M = 3.38$，$SD = 0.32$）、较高收入被试（$M = 3.38$，$SD = 0.47$），低收入被试（$M = 3.41$，$SD = 0.39$）的得分显著高于较高收入被试。

表9－30－1　　不同收入被试政治文化指数的差异比较

2012 年问卷调查		N	均值	标准差	标准误	95% 置信区间		极小值	极大值
						下限	上限		
政治文化指数	低收入	1984	3.4645	0.34164	0.00767	3.4494	3.4795	1.81	4.60
	较低收入	1561	3.4734	0.34984	0.00885	3.4560	3.4908	2.10	4.47
	中低收入	1226	3.4444	0.37748	0.01078	3.4233	3.4656	2.22	4.56
	中高收入	682	3.4323	0.40144	0.01537	3.4021	3.4624	2.22	4.63
	较高收入	422	3.4569	0.40419	0.01968	3.4182	3.4956	2.16	4.38
	高收入	182	3.4339	0.39038	0.02894	3.3768	3.4910	2.14	4.38
	总数	6057	3.4576	0.36443	0.00468	3.4485	3.4668	1.81	4.63
2016 年问卷调查		N	均值	标准差	标准误	95% 置信区间		极小值	极大值
						下限	上限		
政治文化指数	低收入	1399	3.4070	0.32305	0.00864	3.3900	3.4239	2.65	4.59
	较低收入	1407	3.3819	0.32218	0.00859	3.3650	3.3987	2.22	4.59
	中低收入	1379	3.3901	0.35484	0.00956	3.3714	3.4089	2.51	4.67
	中高收入	1157	3.4133	0.39777	0.01169	3.3904	3.4363	2.28	4.67
	较高收入	820	3.3761	0.37216	0.01300	3.3506	3.4017	2.31	4.65
	高收入	320	3.3880	0.37675	0.02106	3.3466	3.4295	2.59	4.69
	总数	6482	3.3942	0.35312	0.00439	3.3856	3.4028	2.22	4.69

表9－30－2　　不同收入被试政治文化指数的方差分析结果

2012 年问卷调查		平方和	df	均方	F	显著性
政治文化指数	组间	1.236	5	0.247	1.863	0.097
	组内	803.036	6051	0.133		
	总数	804.273	6056			
2016 年问卷调查		平方和	df	均方	F	显著性
政治文化指数	组间	1.168	5	0.234	1.875	0.095
	组内	806.955	6476	0.125		
	总数	808.123	6481			

表 9 – 30 – 3 　　不同收入被试政治文化指数的多重比较（2012 年）

因变量	（I）收入	（J）收入	均值差（I－J）	标准误	显著性	95% 置信区间 下限	上限
政治文化指数	低收入	较低收入	− 0.00895	0.01233	0.468	− 0.0331	0.0152
		中低收入	0.02003	0.01323	0.130	− 0.0059	0.0460
		中高收入	0.03219 *	0.01617	0.047	0.0005	0.0639
		较高收入	0.00757	0.01953	0.698	− 0.0307	0.0459
		高收入	0.03058	0.02821	0.278	− 0.0247	0.0859
	较低收入	低收入	0.00895	0.01233	0.468	− 0.0152	0.0331
		中低收入	0.02898 *	0.01390	0.037	0.0017	0.0562
		中高收入	0.04113 *	0.01672	0.014	0.0084	0.0739
		较高收入	0.01652	0.01999	0.409	− 0.0227	0.0557
		高收入	0.03953	0.02853	0.166	− 0.0164	0.0955
	中低收入	低收入	− 0.02003	0.01323	0.130	− 0.0460	0.0059
		较低收入	− 0.02898 *	0.01390	0.037	− 0.0562	− 0.0017
		中高收入	0.01216	0.01740	0.485	− 0.0220	0.0463
		较高收入	− 0.01246	0.02056	0.544	− 0.0528	0.0278
		高收入	0.01055	0.02894	0.716	− 0.0462	0.0673
	中高收入	低收入	− 0.03219 *	0.01617	0.047	− 0.0639	− 0.0005
		较低收入	− 0.04113 *	0.01672	0.014	− 0.0739	− 0.0084
		中低收入	− 0.01216	0.01740	0.485	− 0.0463	0.0220
		较高收入	− 0.02462	0.02256	0.275	− 0.0688	0.0196
		高收入	− 0.00161	0.03039	0.958	− 0.0612	0.0580
	较高收入	低收入	− 0.00757	0.01953	0.698	− 0.0459	0.0307
		较低收入	− 0.01652	0.01999	0.409	− 0.0557	0.0227
		中低收入	0.01246	0.02056	0.544	− 0.0278	0.0528
		中高收入	0.02462	0.02256	0.275	− 0.0196	0.0688
		高收入	0.02301	0.03231	0.476	− 0.0403	0.0863
	高收入	低收入	− 0.03058	0.02821	0.278	− 0.0859	0.0247
		较低收入	− 0.03953	0.02853	0.166	− 0.0955	0.0164
		中低收入	− 0.01055	0.02894	0.716	− 0.0673	0.0462
		中高收入	0.00161	0.03039	0.958	− 0.0580	0.0612
		较高收入	− 0.02301	0.03231	0.476	− 0.0863	0.0403

＊．均值差的显著性水平为 0.05

表9-30-4　　**不同收入被试政治文化指数的多重比较（2016年）**

因变量	（I）收入	（J）收入	均值差（I-J）	标准误	显著性	95% 置信区间	
						下限	上限
政治文化指数	低收入	较低收入	0.02511	0.01333	0.060	-0.0010	0.0512
		中低收入	0.01685	0.01340	0.208	-0.0094	0.0431
		中高收入	-0.00636	0.01403	0.650	-0.0339	0.0211
		较高收入	0.03082*	0.01553	0.047	0.0004	0.0613
		高收入	0.01895	0.02187	0.386	-0.0239	0.0618
	较低收入	低收入	-0.02511	0.01333	0.060	-0.0512	0.0010
		中低收入	-0.00826	0.01338	0.537	-0.0345	0.0180
		中高收入	-0.03146*	0.01401	0.025	-0.0589	-0.0040
		较高收入	0.00572	0.01551	0.712	-0.0247	0.0361
		高收入	-0.00616	0.02186	0.778	-0.0490	0.0367
	中低收入	低收入	-0.01685	0.01340	0.208	-0.0431	0.0094
		较低收入	0.00826	0.01338	0.537	-0.0180	0.0345
		中高收入	-0.02321	0.01407	0.099	-0.0508	0.0044
		较高收入	0.01397	0.01557	0.369	-0.0165	0.0445
		高收入	0.00210	0.02190	0.924	-0.0408	0.0450
	中高收入	低收入	0.00636	0.01403	0.650	-0.0211	0.0339
		较低收入	0.03146*	0.01401	0.025	0.0040	0.0589
		中低收入	0.02321	0.01407	0.099	-0.0044	0.0508
		较高收入	0.03718*	0.01611	0.021	0.0056	0.0688
		高收入	0.02530	0.02230	0.256	-0.0184	0.0690
	较高收入	低收入	-0.03082*	0.01553	0.047	-0.0613	-0.0004
		较低收入	-0.00572	0.01551	0.712	-0.0361	0.0247
		中低收入	-0.01397	0.01557	0.369	-0.0445	0.0165
		中高收入	-0.03718*	0.01611	0.021	-0.0688	-0.0056
		高收入	-0.01188	0.02327	0.610	-0.0575	0.0337
	高收入	低收入	-0.01895	0.02187	0.386	-0.0618	0.0239
		较低收入	0.00616	0.02186	0.778	-0.0367	0.0490
		中低收入	-0.00210	0.02190	0.924	-0.0450	0.0408
		中高收入	-0.02530	0.02230	0.256	-0.0690	0.0184
		较高收入	0.01188	0.02327	0.610	-0.0337	0.0575

*．均值差的显著性水平为0.05

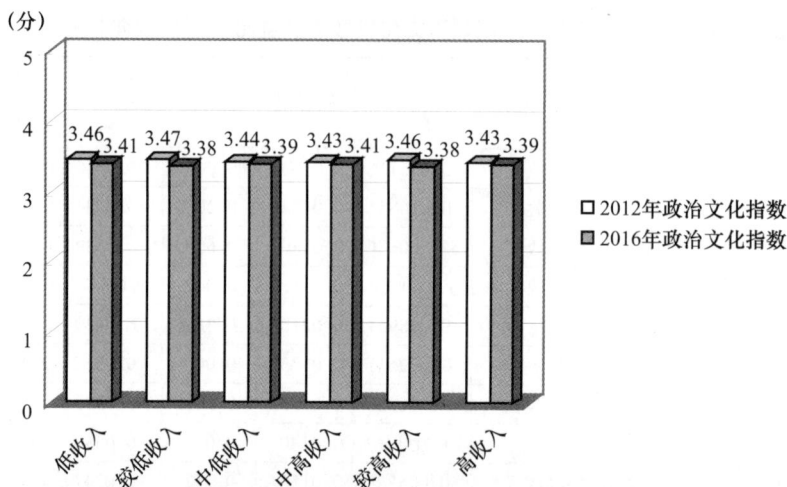

图9-30 不同收入被试的政治文化指数比较

2016 年不同收入被试的政治文化指数与 2012 年相比,低收入被试下降 0.05 分,较低收入被试下降 0.09 分,中低收入被试下降 0.05 分,中高收入被试下降 0.02 分,较高收入被试下降 0.08 分,高收入被试下降 0.04 分(见表 9-30-5)。由于不同收入被试政治文化指数的得分都有所下降,所以依然保持了不同收入被试政治文化指数差异不显著的状态。

表 9-30-5 不同收入被试政治文化指数的变化

项目	2012 年问卷调查	2016 年问卷调查	2016 年比 2012 年增减
低收入	3.46	3.41	-0.05
较低收入	3.47	3.38	-0.09
中低收入	3.44	3.39	-0.05
中高收入	3.43	3.41	-0.02
较高收入	3.46	3.38	-0.08
高收入	3.43	3.39	-0.04

通过比较可以看出，收入因素对政治文化指数的影响不是很大，只是在 2016 年出现了中高收入被试的危机压力指数显著高于另五种收入被试的现象；在政治认同指数和综合的政治文化指数上，都没有显示出因收入水平的不同带来的显著差异。

十一　政治文化指数的差异比较：区域

根据 2012 年和 2016 年两次问卷调查的数据，可以对不同区域被试的政治文化指数情况作综合性的说明。

（一）不同区域被试的政治认同指数比较

2012 年问卷调查结果显示，都会区被试政治认同指数的得分在 2.19—4.78 分，均值为 3.74，标准差为 0.37；东部地区被试政治认同指数的得分在 1.64—4.78 分，均值为 3.56，标准差为 0.43；西部地区被试政治认同指数的得分在 2.00—4.68 分，均值为 3.71，标准差为 0.39；中部地区被试政治认同指数的得分在 2.31—4.68 分，均值为 3.64，标准差为 0.39；东北地区被试政治认同指数的得分在 2.24—4.61 分，均值为 3.72，标准差为 0.37。

2016 年问卷调查结果显示，都会区被试政治认同指数的得分在 2.39—4.89 分，均值为 3.79，标准差为 0.41；东部地区被试政治认同指数的得分在 1.83—4.75 分，均值为 3.60，标准差为 0.39；西部地区被试政治认同指数的得分在 2.17—4.90 分，均值为 3.68，标准差为 0.37；中部地区被试政治认同指数的得分在 2.32—4.79 分，均值为 3.56，标准差为 0.37；东北地区被试政治认同指数的得分在 2.53—4.60 分，均值为 3.53，标准差为 0.36。

对不同区域被试政治认同指数的差异性进行方差分析（见表 9 – 31 – 1、表 9 – 31 – 2、表 9 – 31 – 3 和图 9 – 31），2012 年问卷调查显示不同区域被试的政治认同指数之间差异显著，$F = 42.083$，$p < 0.001$，东部地区被试的得分（$M = 3.56$，$SD = 0.43$）显著低于都会区被试（$M = 3.74$，$SD = 0.37$）、西部地区被试（$M = 3.71$，$SD =$

0.39）、中部地区被试（$M=3.64$，$SD=0.39$）和东北地区被试（$M=3.72$，$SD=0.37$）；都会区被试的得分显著高于西部地区、中部地区被试，与东北地区被试之间的得分差异不显著；西部地区被试的得分显著高于中部地区被试，与东北地区被试之间的得分差异不显著；中部地区被试的得分显著低于东北地区被试。2016 年问卷调查也显示不同区域被试的政治认同指数之间差异显著，$F=72.986$，$p<0.001$，都会区被试（$M=3.79$，$SD=0.41$）的得分显著高于东部地区被试（$M=3.60$，$SD=0.39$）、西部地区被试（$M=3.68$，$SD=0.37$）、中部地区被试（$M=3.56$，$SD=0.37$）和东北地区被试（$M=3.53$，$SD=0.36$）；西部地区被试的得分显著高于东部地区、中部地区、东北地区被试；东部地区被试的得分显著高于中部地区、东北地区被试；中部地区被试与东北地区被试之间的得分差异不显著。

表 9－31－1　　　不同区域被试政治认同指数的差异比较

2012 年问卷调查		N	均值	标准差	标准误	95% 置信区间		极小值	极大值
						下限	上限		
政治认同指数	都会区	1209	3.7419	0.36954	0.01063	3.7210	3.7627	2.19	4.78
	东部地区	1210	3.5613	0.42696	0.01227	3.5372	3.5854	1.64	4.78
	西部地区	1844	3.7080	0.39255	0.00914	3.6900	3.7259	2.00	4.68
	中部地区	1206	3.6385	0.39318	0.01132	3.6163	3.6608	2.31	4.68
	东北地区	640	3.7213	0.37025	0.01464	3.6926	3.7501	2.24	4.61
	总数	6109	3.6733	0.39836	0.00510	3.6633	3.6833	1.64	4.78
2016 年问卷调查		N	均值	标准差	标准误	95% 置信区间		极小值	极大值
						下限	上限		
政治认同指数	都会区	821	3.7909	0.40719	0.01421	3.7630	3.8188	2.39	4.89
	东部地区	1693	3.6026	0.38962	0.00947	3.5840	3.6211	1.83	4.75
	西部地区	1949	3.6766	0.37183	0.00842	3.6601	3.6931	2.17	4.90
	中部地区	1238	3.5590	0.37112	0.01055	3.5383	3.5797	2.32	4.79
	东北地区	843	3.5260	0.36290	0.01250	3.5015	3.5506	2.53	4.60
	总数	6544	3.6302	0.38810	0.00480	3.6208	3.6396	1.83	4.90

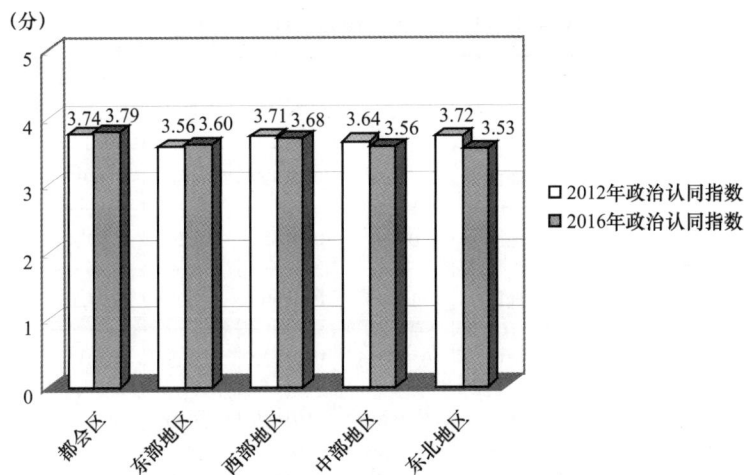

(分)

图9-31　不同区域被试的政治认同指数比较

表9-31-2　　不同区域被试政治认同指数的方差分析结果

2012 年问卷调查		平方和	df	均方	F	显著性
政治认同指数	组间	26.013	4	6.503	42.083	0.000
	组内	943.250	6104	0.155		
	总数	969.263	6108			
2016 年问卷调查		平方和	df	均方	F	显著性
政治认同指数	组间	42.119	4	10.530	72.986	0.000
	组内	943.395	6539	0.144		
	总数	985.515	6543			

　　2016 年不同区域被试的政治认同指数与 2012 年相比，都会区被试上升 0.05 分，东部地区被试上升 0.04 分，西部地区被试下降 0.03 分，中部地区被试下降 0.08 分，东北地区被试下降 0.19 分（见表9-31-4）。都会区被试得分的上升，使其政治认同指数达到了显著高于其他区域被试的水平。东部地区被试得分的上升和西部、中部、东北地区被试得分的不同幅度下降，则改变了东部地区被试政治认同指数显著低于另四种被试的状态。

表 9 - 31 - 3 　　　　不同区域被试政治认同指数的多重比较

2012 年问卷调查	（I）区域	（J）区域	均值差（I－J）	标准误	显著性	95% 置信区间	
						下限	上限
政治认同指数	都会区	东部地区	0.18058 *	0.01599	0.000	0.1492	0.2119
		西部地区	0.03393 *	0.01455	0.020	0.0054	0.0625
		中部地区	0.10335 *	0.01600	0.000	0.0720	0.1347
		东北地区	0.02056	0.01922	0.285	-0.0171	0.0582
	东部地区	都会区	-0.18058 *	0.01599	0.000	-0.2119	-0.1492
		西部地区	-0.14665 *	0.01454	0.000	-0.1752	-0.1181
		中部地区	-0.07724 *	0.01600	0.000	-0.1086	-0.0459
		东北地区	-0.16003 *	0.01921	0.000	-0.1977	-0.1224
	西部地区	都会区	-0.03393 *	0.01455	0.020	-0.0625	-0.0054
		东部地区	0.14665 *	0.01454	0.000	0.1181	0.1752
		中部地区	0.06941 *	0.01456	0.000	0.0409	0.0980
		东北地区	-0.01338	0.01803	0.458	-0.0487	0.0220
	中部地区	都会区	-0.10335 *	0.01600	0.000	-0.1347	-0.0720
		东部地区	0.07724 *	0.01600	0.000	0.0459	0.1086
		西部地区	-0.06941 *	0.01456	0.000	-0.0980	-0.0409
		东北地区	-0.08279 *	0.01922	0.000	-0.1205	-0.0451
	东北地区	都会区	-0.02056	0.01922	0.285	-0.0582	0.0171
		东部地区	0.16003 *	0.01921	0.000	0.1224	0.1977
		西部地区	0.01338	0.01803	0.458	-0.0220	0.0487
		中部地区	0.08279 *	0.01922	0.000	0.0451	0.1205

2016 年问卷调查	（I）区域	（J）区域	均值差（I－J）	标准误	显著性	95% 置信区间	
						下限	上限
政治认同指数	都会区	东部地区	0.18837 *	0.01615	0.000	0.1567	0.2200
		西部地区	0.11430 *	0.01580	0.000	0.0833	0.1453
		中部地区	0.23189 *	0.01710	0.000	0.1984	0.2654
		东北地区	0.26489 *	0.01862	0.000	0.2284	0.3014
	东部地区	都会区	－ 0.18837 *	0.01615	0.000	－ 0.2200	－ 0.1567
		西部地区	－ 0.07407 *	0.01262	0.000	－ 0.0988	－ 0.0493
		中部地区	0.04352 *	0.01420	0.002	0.0157	0.0714
		东北地区	0.07652 *	0.01601	0.000	0.0451	0.1079
	西部地区	都会区	－ 0.11430 *	0.01580	0.000	－ 0.1453	－ 0.0833
		东部地区	0.07407 *	0.01262	0.000	0.0493	0.0988
		中部地区	0.11759 *	0.01380	0.000	0.0905	0.1446
		东北地区	0.15059 *	0.01566	0.000	0.1199	0.1813
	中部地区	都会区	－ 0.23189 *	0.01710	0.000	－ 0.2654	－ 0.1984
		东部地区	－ 0.04352 *	0.01420	0.002	－ 0.0714	－ 0.0157
		西部地区	－ 0.11759 *	0.01380	0.000	－ 0.1446	－ 0.0905
		东北地区	0.03300	0.01696	0.052	－ 0.0002	0.0663
	东北地区	都会区	－ 0.26489 *	0.01862	0.000	－ 0.3014	－ 0.2284
		东部地区	－ 0.07652 *	0.01601	0.000	－ 0.1079	－ 0.0451
		西部地区	－ 0.15059 *	0.01566	0.000	－ 0.1813	－ 0.1199
		中部地区	－ 0.03300	0.01696	0.052	－ 0.0663	0.0002

＊．均值差的显著性水平为 0.05

表9-31-4　　　　　　不同区域被试政治认同指数的变化

项目	2012年问卷调查	2016年问卷调查	2016年比2012年增减
都会区	3.74	3.79	+0.05
东部地区	3.56	3.60	+0.04
西部地区	3.71	3.68	-0.03
中部地区	3.64	3.56	-0.08
东北地区	3.72	3.53	-0.19

（二）不同区域被试的危机压力指数比较

2012年问卷调查结果显示，都会区被试危机压力指数的得分在1.81—4.64分，均值为3.33，标准差为0.45；东部地区被试危机压力指数的得分在1.51—4.67分，均值为3.14，标准差为0.44；西部地区被试危机压力指数的得分在1.88—4.78分，均值为3.22，标准差为0.43；中部地区被试危机压力指数的得分在1.50—4.78分，均值为3.23，标准差为0.43；东北地区被试危机压力指数的得分在2.04—4.68分，均值为3.34，标准差为0.46。

2016年问卷调查结果显示，都会区被试危机压力指数的得分在2.14—4.78分，均值为3.36，标准差为0.55；东部地区被试危机压力指数的得分在1.81—4.53分，均值为3.14，标准差为0.39；西部地区被试危机压力指数的得分在1.94—4.56分，均值为3.17，标准差为0.38；中部地区被试危机压力指数的得分在1.86—4.56分，均值为3.11，标准差为0.40；东北地区被试危机压力指数的得分在2.03—4.43分，均值为3.04，标准差为0.34。

对不同区域被试危机压力指数的差异性进行方差分析（见表9-32-1、表9-32-2、表9-32-3和图9-32），2012年问卷调查显示不同区域被试的危机压力指数之间差异显著，$F = 36.959$，$p < 0.001$，东部地区被试的得分（$M = 3.14$，$SD = 0.44$）显著低于都会区被试（$M = 3.33$，$SD = 0.45$）、西部地区被试（$M = 3.22$，$SD = 0.43$）、中部地区被试（$M = 3.23$，$SD = 0.43$）和东北地区被试（$M = 3.34$，$SD = 0.46$）；都会区被试的得分显著高于西部地区、中部地区被试，与东北地区被试

之间的得分差异不显著；西部地区被试的得分显著低于东北地区被试，
与中部地区被试之间的得分差异不显著；中部地区被试的得分显著低于
东北地区被试。2016 年问卷调查也显示不同区域被试的危机压力指数之
间差异显著，$F = 74.915$，$p < 0.001$，都会区被试（$M = 3.36$，$SD = 0.55$）
的得分显著高于东部地区被试（$M = 3.14$，$SD = 0.39$）、西部地区被试
（$M = 3.17$，$SD = 0.38$）、中部地区被试（$M = 3.11$，$SD = 0.40$）和
东北地区被试（$M = 3.04$，$SD = 0.34$）；东北地区被试的得分显著低
于东部地区、西部地区、中部地区被试；西部地区被试的得分显著高
于东部地区、中部地区被试；东部地区被试与中部地区被试之间的得
分差异不显著。

表 9 - 32 - 1　　　　不同区域被试危机压力指数的差异比较

2012 年问卷调查		N	均值	标准差	标准误	95% 置信区间		极小值	极大值
						下限	上限		
危机压力指数	都会区	1209	3.3268	0.45166	0.01299	3.3013	3.3523	1.81	4.64
	东部地区	1213	3.1391	0.43501	0.01249	3.1146	3.1636	1.51	4.67
	西部地区	1850	3.2214	0.43391	0.01009	3.2016	3.2412	1.88	4.78
	中部地区	1205	3.2327	0.42576	0.01227	3.2086	3.2567	1.50	4.78
	东北地区	639	3.3400	0.46438	0.01837	3.3039	3.3760	2.04	4.68
	总数	6116	3.2405	0.44451	0.00568	3.2294	3.2517	1.50	4.78
2016 年问卷调查		N	均值	标准差	标准误	95% 置信区间		极小值	极大值
						下限	上限		
危机压力指数	都会区	819	3.3596	0.54706	0.01912	3.3221	3.3971	2.14	4.78
	东部地区	1684	3.1387	0.38707	0.00943	3.1202	3.1572	1.81	4.53
	西部地区	1940	3.1664	0.38144	0.00866	3.1494	3.1834	1.94	4.56
	中部地区	1238	3.1100	0.39556	0.01124	3.0879	3.1321	1.86	4.56
	东北地区	837	3.0363	0.34333	0.01187	3.0130	3.0596	2.03	4.43
	总数	6518	3.1561	0.41464	0.00514	3.1460	3.1662	1.81	4.78

表 9 - 32 - 2 不同区域被试危机压力指数的方差分析结果

2012 年问卷调查		平方和	df	均方	F	显著性
危机压力指数	组间	28.540	4	7.135	36.959	0.000
	组内	1179.732	6111	0.193		
	总数	1208.272	6115			
2016 年问卷调查		平方和	df	均方	F	显著性
危机压力指数	组间	49.284	4	12.321	74.915	0.000
	组内	1071.169	6513	0.164		
	总数	1120.453	6517			

表 9 - 32 - 3 不同区域被试危机压力指数的多重比较

2012 年问卷调查	(I) 区域	(J) 区域	均值差 (I - J)	标准误	显著性	95% 置信区间	
						下限	上限
危机压力指数	都会区	东部地区	0.18767 *	0.01786	0.000	0.1527	0.2227
		西部地区	0.10541 *	0.01625	0.000	0.0736	0.1373
		中部地区	0.09413 *	0.01789	0.000	0.0591	0.1292
		东北地区	-0.01317	0.02149	0.540	-0.0553	0.0290
	东部地区	都会区	-0.18767 *	0.01786	0.000	-0.2227	-0.1527
		西部地区	-0.08226 *	0.01623	0.000	-0.1141	-0.0504
		中部地区	-0.09354 *	0.01787	0.000	-0.1286	-0.0585
		东北地区	-0.20083 *	0.02148	0.000	-0.2429	-0.1587
	西部地区	都会区	-0.10541 *	0.01625	0.000	-0.1373	-0.0736
		东部地区	0.08226 *	0.01623	0.000	0.0504	0.1141
		中部地区	-0.01128	0.01627	0.488	-0.0432	0.0206
		东北地区	-0.11857 *	0.02016	0.000	-0.1581	-0.0791
	中部地区	都会区	-0.09413 *	0.01789	0.000	-0.1292	-0.0591
		东部地区	0.09354 *	0.01787	0.000	0.0585	0.1286
		西部地区	0.01128	0.01627	0.488	-0.0206	0.0432
		东北地区	-0.10730 *	0.02150	0.000	-0.1494	-0.0651
	东北地区	都会区	0.01317	0.02149	0.540	-0.0290	0.0553
		东部地区	0.20083 *	0.02148	0.000	0.1587	0.2429
		西部地区	0.11857 *	0.02016	0.000	0.0791	0.1581
		中部地区	0.10730 *	0.02150	0.000	0.0651	0.1494

2016年问卷调查	（I）区域	（J）区域	均值差（I－J）	标准误	显著性	95% 置信区间	
						下限	上限
危机压力指数	都会区	东部地区	0.22094 *	0.01728	0.000	0.1871	0.2548
		西部地区	0.19325 *	0.01690	0.000	0.1601	0.2264
		中部地区	0.24962 *	0.01827	0.000	0.2138	0.2854
		东北地区	0.32333 *	0.01993	0.000	0.2843	0.3624
	东部地区	都会区	− 0.22094 *	0.01728	0.000	− 0.2548	− 0.1871
		西部地区	− 0.02769 *	0.01351	0.040	− 0.0542	− 0.0012
		中部地区	0.02867	0.01518	0.059	− 0.0011	0.0584
		东北地区	0.10238 *	0.01715	0.000	0.0688	0.1360
	西部地区	都会区	− 0.19325 *	0.01690	0.000	− 0.2264	− 0.1601
		东部地区	0.02769 *	0.01351	0.040	0.0012	0.0542
		中部地区	0.05637 *	0.01475	0.000	0.0274	0.0853
		东北地区	0.13008 *	0.01677	0.000	0.0972	0.1630
	中部地区	都会区	− 0.24962 *	0.01827	0.000	− 0.2854	− 0.2138
		东部地区	− 0.02867	0.01518	0.059	− 0.0584	0.0011
		西部地区	− 0.05637 *	0.01475	0.000	− 0.0853	− 0.0274
		东北地区	0.07371 *	0.01815	0.000	0.0381	0.1093
	东北地区	都会区	− 0.32333 *	0.01993	0.000	− 0.3624	− 0.2843
		东部地区	− 0.10238 *	0.01715	0.000	− 0.1360	− 0.0688
		西部地区	− 0.13008 *	0.01677	0.000	− 0.1630	− 0.0972
		中部地区	− 0.07371 *	0.01815	0.000	− 0.1093	− 0.0381

*. 均值差的显著性水平为 0.05

（分）

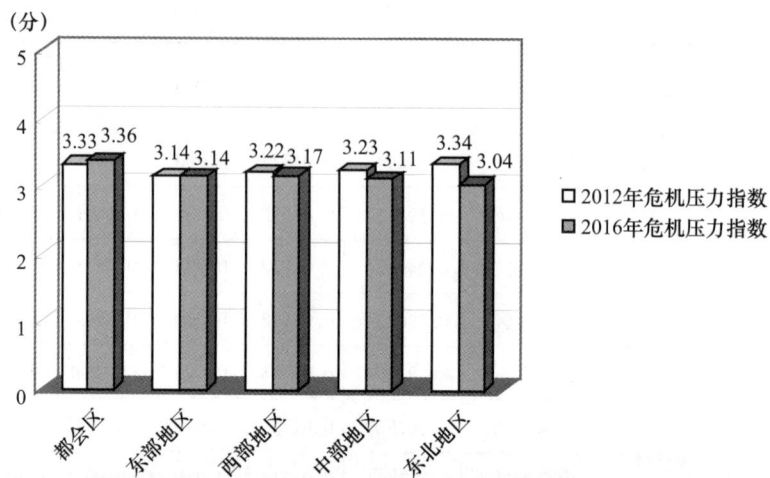

图 9 - 32　不同区域被试的危机压力指数比较

2016 年不同区域被试的危机压力指数与 2012 年相比，都会区被试上升 0.03 分，东部地区被试与 2012 年持平，西部地区被试下降 0.05 分，中部地区被试下降 0.12 分，东北地区被试下降 0.30 分（见表 9 - 32 - 4）。都会区被试得分上升和其他区域被试得分持平或下降，使其危机压力指数达到了显著高于另四种被试的水平。东北地区被试得分的大幅度下降，使其由 2012 年的最高危机压力指数变成了 2016 年的最低危机压力指数，并显著低于另四种区域被试。

表 9 - 32 - 4　　　　不同区域被试危机压力指数的变化

项目	2012 年问卷调查	2016 年问卷调查	2016 年比 2012 年增减
都会区	3.33	3.36	+ 0.03
东部地区	3.14	3.14	0
西部地区	3.22	3.17	- 0.05
中部地区	3.23	3.11	- 0.12
东北地区	3.34	3.04	- 0.30

（三）不同区域被试的政治文化指数比较

2012 年问卷调查结果显示，都会区被试政治文化指数的得分在 2.44—4.54 分，均值为 3.53，标准差为 0.35；东部地区被试政治文化指数的得分在 1.81—4.57 分，均值为 3.35，标准差为 0.38；西部地区被试政治文化指数的得分在 2.19—4.63 分，均值为 3.47，标准差为 0.36；中部地区被试政治文化指数的得分在 2.15—4.57 分，均值为 3.44，标准差为 0.34；东北地区被试政治文化指数的得分在 2.22—4.60 分，均值为 3.53，标准差为 0.36。

2016 年问卷调查结果显示，都会区被试政治文化指数的得分在 2.28—4.69 分，均值为 3.58，标准差为 0.44；东部地区被试政治文化指数的得分在 2.22—4.52 分，均值为 3.37，标准差为 0.33；西部地区政治文化指数的被试得分在 2.31—4.59 分，均值为 3.42，标准差为 0.32；中部地区被试政治文化指数的得分在 2.56—4.57 分，均值为 3.34，标准差为 0.33；东北地区被试政治文化指数的得分在 2.28—4.47 分，均值为 3.28，标准差为 0.31。

对不同区域被试政治文化指数的差异性进行方差分析（见表 9 – 33 – 1、表 9 – 33 – 2、表 9 – 33 – 3 和图 9 – 33），2012 年问卷调查显示不同区域被试的政治文化指数之间差异显著，$F = 47.769$，$p < 0.001$，东部地区被试的得分（$M = 3.35$，$SD = 0.38$）显著低于都会区被试（$M = 3.53$，$SD = 0.35$）、西部地区被试（$M = 3.47$，$SD = 0.36$）、中部地区被试（$M = 3.44$，$SD = 0.34$）和东北地区被试（$M = 3.53$，$SD = 0.36$）；都会区被试的得分显著高于西部地区、中部地区被试，与东北地区被试之间的得分差异不显著；西部地区被试的得分显著低于东北地区被试，显著高于中部地区被试；中部地区被试的得分显著低于东北地区被试。2016 年问卷调查也显示不同区域被试的政治文化指数之间差异显著，$F = 93.227$，$p < 0.001$，都会区被试（$M = 3.58$，$SD = 0.44$）的得分显著高于东部地区被试（$M = 3.37$，$SD = 0.33$）、西部地区被试（$M = 3.42$，$SD = 0.32$）、中部地区被试（$M = 3.34$，$SD = 0.33$）和东北地区被试（$M = 3.28$，$SD = 0.31$）；

东北地区被试的得分显著低于东部地区、西部地区、中部地区被试；西部地区被试的得分显著高于东部地区、中部地区被试；东部地区被试的得分显著高于中部地区被试。

表 9 - 33 - 1　　　　不同区域被试政治文化指数的差异比较

2012 年问卷调查		N	均值	标准差	标准误	95% 置信区间		极小值	极大值
						下限	上限		
政治文化指数	都会区	1202	3.5337	0.35398	0.01021	3.5136	3.5537	2.44	4.54
	东部地区	1198	3.3513	0.37811	0.01092	3.3298	3.3727	1.81	4.57
	西部地区	1834	3.4654	0.35807	0.00836	3.4490	3.4818	2.19	4.63
	中部地区	1202	3.4369	0.34435	0.00993	3.4175	3.4564	2.15	4.57
	东北地区	635	3.5321	0.36257	0.01439	3.5038	3.5603	2.22	4.60
	总数	6071	3.4577	0.36463	0.00468	3.4486	3.4669	1.81	4.63
2016 年问卷调查		N	均值	标准差	标准误	95% 置信区间		极小值	极大值
						下限	上限		
政治文化指数	都会区	819	3.5752	0.44172	0.01543	3.5449	3.6055	2.28	4.69
	东部地区	1670	3.3716	0.33390	0.00817	3.3556	3.3877	2.22	4.52
	西部地区	1928	3.4229	0.32378	0.00737	3.4085	3.4374	2.31	4.59
	中部地区	1230	3.3355	0.33267	0.00949	3.3169	3.3541	2.56	4.57
	东北地区	835	3.2822	0.31055	0.01075	3.2611	3.3033	2.28	4.47
	总数	6482	3.3942	0.35312	0.00439	3.3856	3.4028	2.22	4.69

表 9 - 33 - 2　　　　不同区域被试政治文化指数的方差分析结果

2012 年问卷调查		平方和	df	均方	F	显著性
政治文化指数	组间	24.645	4	6.161	47.769	0.000
	组内	782.391	6066	0.129		
	总数	807.035	6070			
2016 年问卷调查		平方和	df	均方	F	显著性
政治文化指数	组间	43.994	4	10.998	93.227	0.000
	组内	764.129	6477	0.118		
	总数	808.123	6481			

表 9 - 33 - 3　　　不同区域被试政治文化指数的多重比较

2012 年问卷调查	（I）区域	（J）区域	均值差（I－J）	标准误	显著性	95% 置信区间	
						下限	上限
政治文化指数	都会区	东部地区	0.18239 *	0.01466	0.000	0.1536	0.2111
		西部地区	0.06822 *	0.01333	0.000	0.0421	0.0943
		中部地区	0.09673 *	0.01465	0.000	0.0680	0.1254
		东北地区	0.00159	0.01762	0.928	－ 0.0329	0.0361
	东部地区	都会区	－ 0.18239 *	0.01466	0.000	－ 0.2111	－ 0.1536
		西部地区	－ 0.11416 *	0.01334	0.000	－ 0.1403	－ 0.0880
		中部地区	－ 0.08566 *	0.01466	0.000	－ 0.1144	－ 0.0569
		东北地区	－ 0.18080 *	0.01763	0.000	－ 0.2154	－ 0.1462
	西部地区	都会区	－ 0.06822 *	0.01333	0.000	－ 0.0943	－ 0.0421
		东部地区	0.11416 *	0.01334	0.000	0.0880	0.1403
		中部地区	0.02850 *	0.01333	0.032	0.0024	0.0546
		东北地区	－ 0.06663 *	0.01654	0.000	－ 0.0990	－ 0.0342
	中部地区	都会区	－ 0.09673 *	0.01465	0.000	－ 0.1254	－ 0.0680
		东部地区	0.08566 *	0.01466	0.000	0.0569	0.1144
		西部地区	－ 0.02850 *	0.01333	0.032	－ 0.0546	－ 0.0024
		东北地区	－ 0.09514 *	0.01762	0.000	－ 0.1297	－ 0.0606
	东北地区	都会区	－ 0.00159	0.01762	0.928	－ 0.0361	0.0329
		东部地区	0.18080 *	0.01763	0.000	0.1462	0.2154
		西部地区	0.06663 *	0.01654	0.000	0.0342	0.0990
		中部地区	0.09514 *	0.01762	0.000	0.0606	0.1297

续表

2016 年 问卷调查	（I）区域	（J）区域	均值差 （I－J）	标准误	显著性	95% 置信区间	
						下限	上限
政治 文化指数	都会区	东部地区	0.20357 *	0.01465	0.000	0.1748	0.2323
		西部地区	0.15226 *	0.01433	0.000	0.1242	0.1803
		中部地区	0.23971 *	0.01549	0.000	0.2093	0.2701
		东北地区	0.29303 *	0.01689	0.000	0.2599	0.3261
	东部地区	都会区	－ 0.20357 *	0.01465	0.000	－ 0.2323	－ 0.1748
		西部地区	－ 0.05131 *	0.01148	0.000	－ 0.0738	－ 0.0288
		中部地区	0.03614 *	0.01291	0.005	0.0108	0.0614
		东北地区	0.08946 *	0.01456	0.000	0.0609	0.1180
	西部地区	都会区	－ 0.15226 *	0.01433	0.000	－ 0.1803	－ 0.1242
		东部地区	0.05131 *	0.01148	0.000	0.0288	0.0738
		中部地区	0.08745 *	0.01253	0.000	0.0629	0.1120
		东北地区	0.14077 *	0.01423	0.000	0.1129	0.1687
	中部地区	都会区	－ 0.23971 *	0.01549	0.000	－ 0.2701	－ 0.2093
		东部地区	－ 0.03614 *	0.01291	0.005	－ 0.0614	－ 0.0108
		西部地区	－ 0.08745 *	0.01253	0.000	－ 0.1120	－ 0.0629
		东北地区	0.05333 *	0.01540	0.001	0.0231	0.0835
	东北地区	都会区	－ 0.29303 *	0.01689	0.000	－ 0.3261	－ 0.2599
		东部地区	－ 0.08946 *	0.01456	0.000	－ 0.1180	－ 0.0609
		西部地区	－ 0.14077 *	0.01423	0.000	－ 0.1687	－ 0.1129
		中部地区	－ 0.05333 *	0.01540	0.001	－ 0.0835	－ 0.0231

*．均值差的显著性水平为 0.05

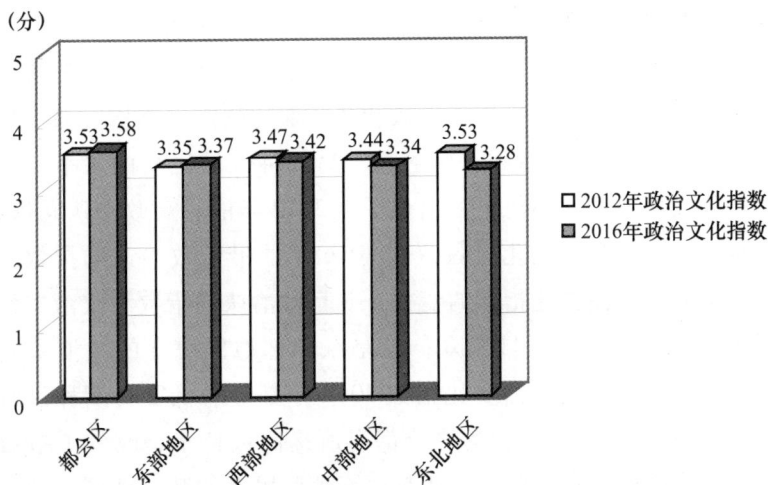

图 9 - 33　不同区域被试的政治文化指数比较

2016 年不同区域被试的政治文化指数与 2012 年相比，都会区被试上升 0.05 分；东部地区被试上升 0.02 分；西部地区被试下降 0.05 分；中部地区被试下降 0.12 分；东北地区被试下降 0.25 分（见表 9 - 33 - 4）。都会区被试得分上升和其他区域被试得分持平或下降，使其政治文化指数达到了显著高于另四种被试的水平。东北地区被试得分的大幅度下降，使其成为 2016 年的最低政治文化指数，并显著低于另四种区域被试。

表 9 - 33 - 4　　　不同区域被试政治文化指数的变化

项目	2012 年问卷调查	2016 年问卷调查	2016 年比 2012 年增减
都会区	3.53	3.58	+ 0.05
东部地区	3.35	3.37	+ 0.02
西部地区	3.47	3.42	- 0.05
中部地区	3.44	3.34	- 0.12
东北地区	3.53	3.28	- 0.25

从两次问卷调查的结果可以看出，民众所在区域的不同，可以带来政治文化指数方面的差异，并应注意以下基本特征：一是都会区民众的政治认同指数、危机压力指数和综合性的政治文化指数都是最高的，并且在2016年都达到了显著高于另四种区域民众的水平；二是东北地区民众的状况不稳定，出现了由2012年的较高政治认同指数、危机压力指数和政治文化指数，到2016年的最低政治认同指数、危机压力指数和政治文化指数的变化，并且政治认同指数和政治文化指数都显著低于另四种区域民众；三是东部部地区民众的政治认同指数、危机压力指数和政治文化指数2012年都显著低于另四种区域民众，但是2016年三种指数的得分都有所提高或持平，改变了指数全面低于其他区域民众的状况；四是西部地区民众的政治认同指数、危机压力指数和政治文化指数大多显著高于中部地区民众（只有2012年的危机压力指数两者之间的差异不显著），并且指数下降的幅度也都小于中部地区民众。

十二　指数反映的中国政治文化形态

如本章第一节所述，在2012年和2016年两次全国性问卷调查中，综合性的政治文化指数都保持在3.4分上下，表明当前的中国政治文化处于较高水平的有利位置，并且具有进一步发展的较大空间。之所以出现这样的现象，是因为中国公民保持了较高的政治认同水平（政治认同指数在两次调查中都达到3.6分以上），并且维持了中等水平的危机压力感知（危机压力总分在两次调查中都保持在2.8分上下），使危机压力指数也能够处在比较有利的较高水平上（危机压力指数在两次调查中都保持在3.2分以上），不至于因危机压力指数过低导致政治文化指数由较高水平下降到中等水平。

依据现有的调查结果，尤其是考虑各种认同和各种危机压力之间的关系，可以大致勾勒出当前中国政治文化的七种基本形态。

第一种是较强国际性危机压力下的高水平身份认同形态。从两次问卷调查的结果可以看出，中国公民感受到了国际金融危机和可能爆

发战争带来的较强压力，并对颠覆危险持有中等强度的压力感，使得
国际性危机的压力达到了较高水平（两次问卷调查国际性危机压力的
得分都高于 3.0 分）。与国际性危机压力关系较为密切的是身份认同，
两次问卷调查都显示中国公民不仅对"国民身份""中国人自豪感"
"民族身份"有高水平的认知，对"公民身份"也有较高水平的认
知，使得公民具有高度的身份认同（两次问卷调查身份认同的得分都
高于 4.4 分）已经成为中国政治文化的一种突出表现。在较强国际性
危机压力的条件下还能保持高水平的身份认同，表明身份认同对中国
而言不仅重要，不只是在全球化的背景下保持强烈的"自我"理念
和认识，还有能够承受国际压力的重要基础。由此必须特别注意不能
让极端民族主义情绪在公民中蔓延，因为回归检验分析已经揭示了极
端民族主义对公民的身份认同起的是负面作用而不是正面作用。

　　第二种是适应于中等强度政治危机压力的较高水平政党认同形
态。从两次问卷调查的结果看，中国公民对政治危机、民族冲突和腐
败带来的危机都持有中等强度的压力感，使得政治危机的总体压力维
持在中等水平上（两次问卷调查政治危机压力的得分都低于 2.8 分）。
与政治危机压力关系密切的是政党认同，两次问卷调查都显示中国公
民不仅高度肯定共产党的领导对中国发展所起的重要作用，也对中国
的政党制度保持了积极的认可态度，并对多党竞争给予了中等水平的
关注，表明公民对以中国共产党为核心的领导体系有较高水平的认同
（两次问卷调查政党认同得分都保持在 3.6 分上下）。对国家的领导体
系和政党制度持怀疑甚至否定态度，会带来严重的政治危机，坚持中
国共产党的领导不仅起着凝聚共识的重要作用，也可以有效地遏制可
能出现的政治危机，由此必须强调中国共产党要坚持正确的发展理念
并尽量避免出现重大的政策失误，使民众坚信能够在中国共产党的领
导下加速国家现代化和生活现代化的进程。

　　第三种是适应于中等强度社会危机压力的较高水平体制认同形
态。两次问卷调查都显示中国公民感受到了社会危机和社会冲突的较
强压力，但是对社会建设的信心有所增强，使得社会危机的总体压力
维持在中等水平上（两次问卷调查社会危机压力的得分都低于 2.9

分）。与社会危机压力关系较为密切的体制认同，两次问卷调查都显示中国公民对体制的有效性和制度的优越性给予了高度的肯定，并表现出中等强度的政治体制改革要求，表明公民对现有体制持的是积极认可的态度（两次问卷调查体制认同得分都保持在 3.4 分以上）。公民较高水平的体制认同不仅有利于解决政治问题、经济问题，也有利于解决社会问题和文化问题，尤其对中国的社会建设具有基础性的作用。由此需要特别注意的是，以提高体制有效性和制度优越性为重要目标的政治体制改革，既可以使社会建设得到更好的体制和制度支持，也可以在提升公民承受社会压力的能力和信心方面提供重要的助力。

第四种是适应于中等强度文化危机压力的较高水平文化认同形态。2016 年问卷调查与 2012 年相比，中国公民感受的文化危机、极端民族主义、民粹主义压力都有所增强，但是对价值观教化作用的认可程度有所提升，使得文化危机的总体压力略有增强（文化危机压力得分由 2012 年的 2.76 分上升到 2016 年的 2.85 分）。与之相对应的是，中国公民对社会主义核心价值观和传统文化的认知水平都有所提高，加之维持了中等水平的多元文化认知，使得公民的文化认同水平略有提高（文化认同得分由 2012 年的 3.44 分上升到 2016 年的 3.47分）。由此显示中国的文化形态具有复杂性和多变性的特征，为保证文化形态的健康发展，不仅要注意错误思潮带来的不利影响，还要注意意识形态的左右摇摆可能起到弱化文化认同的作用。

第五种是较强生态危机压力下的较高水平发展认同形态。两次问卷调查都显示中国公民感受到了环境恶化影响生活和环境危机带来的较强压力，尽管对"环境恶化暂时性"的认可程度略有提高，但生态危机的总体压力呈现出了增强的趋势（生态危机压力得分由 2012年的 3.08 分上升到 2016 年的 3.23 分）。与生态危机压力关系较密切的是发展认同，从两次问卷调查的结果可以看出，中国公民不仅高度认可中国的发展方向，普遍承认国家发展与个人有密切的关系，还提升了对中国发展道路的认可程度，并对渐进式改革持基本支持态度，显示公民对改革开放以来中国的发展确实有较高的评价（两次问卷调查发展认同得分都保持在 3.6 分以上）。较强的发展认同既可以有效地遏制来自政治危机、经济危机、社会危机、文化危机、国际性危机的压力，也对遏制生态危机压力有极为重要的作用，并显示了发展确实会受到来自生态环境的制约。既能够较快发展又能够有良好的生态环境，已经是一种值得高度重视的文化心理，并且需要全社会的共同努力，才有可能将良好的愿望变成现实。

第六种是作用于中等偏低强度经济危机压力的较高水平政策认同形态。两次问卷调查都显示中国公民尽管感受到了趋强的经济危机压力，但是保持着中等强度的国家经济发展信心和个人经济发展信心，使得经济危机的总体压力维持在中等偏低水平上（两次问卷调查经济危机压力的得分都低于 2.5 分），在六种危机压力中保持了压力水平最低的状态。与经济危机压力关系最为密切的是政策认同，两次问卷调查都显示中国公民既对政策的适用性给予了高度肯定，也对政策能够有效推行给予了积极的评价，并对可能出现的政策失误表达了中等强度的担心，表明公民对现行政策抱的是积极支持和肯定的态度（两次问卷调查政策认同得分都接近 3.6 分）。由于政策覆盖了政治、经济、社会、文化、生态和国际领域，所以政策认同的基础性作用是全方位的，但是表现最突出的是具有高度适用性、有效性和可调性的经济政策，对遏制经济危机带来的恐慌心理起了极为重要的作用。由此不仅要注意保持政策尤其是经济政策的优势作用，防止出现重大的决策失误，更要注意纵容侵权行为（尤其是经济领域和社会领域中的侵权行为）会大大减弱公民对政策的支持和信任水平。

第七种是表现为群体差异的政治文化形态。从两次问卷调查不同公民群体政治文化指数的变化可以看出，中国已经形成了一些具有显著差异的基本政治文化形态。一是性别差异形态，男性公民的政治文化水平总体上高于女性公民；二是年龄差异形态，老年公民的政治文化水平总体上高于中年和青年公民；三是学历差异形态，低学历公民的政治文化水平总体上高于中等学历和高学历公民；四是政治面貌差异形态，公民中的中共党员的政治文化水平总体上高于共青团员和群众；五是职业差异形态，公务员的政治文化水平总体上高于其他职业的人员；六是单位差异形态，国家机关人员的政治文化水平总体上高于其他单位的人员；七是区域差异形态，都会区人员的政治文化水平总体上高于其他区域人员。民族、户籍和收入水平也带来了政治文化水平的一定差异，但是还没有形成较为固定的差异形态。

　　基于两次问卷调查计算的政治文化指数，以及所反映的政治文化形态和不同公民群体的指数差异，都只能视为初步的研究成果。要使这样的成果更能广泛地加以应用，需要定期的全国性问卷调查的支持，以及新的数据作进一步的验证。换言之，建构政治文化指数的工作，不仅需要长期的努力，也需要得到各方面的理解和支持。对本书涉及的各种问题，希望能够听到更多的批评意见，使我们的后续工作尽可能避免不必要的失误。